Jörg Meurer

Führung von Franchisesystemen

Führungstypen — Einflußfaktoren —
Verhaltens- und Erfolgswirkungen

GABLER

Die Deutsche Bibliothek - CIP-Einheitsaufnahme

Meurer, Jörg:
Führung von Franchisesystemen : Führungstypen -
Einflussfaktoren - Verhaltens- und Erfolgswirkungen
/ Jörg Meurer. - Wiesbaden : Gabler, 1997
   (Schriftenreihe Unternehmensführung und Marketing ; Bd. 30)
   Zugl.: Münster, Univ., Diss., 1996
   ISBN 3-409-13694-0
NE: GT

D 6 (1995)

Der Gabler Verlag ist ein Unternehmen der Bertelsmann Fachinformation.

© Betriebswirtschaftlicher Verlag Dr. Th. Gabler GmbH, Wiesbaden 1997
Lektorat: Claudia Splittgerber

Das Werk einschließlich aller seiner Teile ist urheberrechtlich geschützt. Jede Verwertung außerhalb der engen Grenzen des Urheberrechtsgesetzes ist ohne Zustimmung des Verlages unzulässig und strafbar. Das gilt insbesondere für Vervielfältigungen, Übersetzungen, Mikroverfilmungen und die Einspeicherung und Verarbeitung in elektronischen Systemen.

Höchste inhaltliche und technische Qualität unserer Produkte ist unser Ziel. Bei der Produktion und Auslieferung unserer Bücher wollen wir die Umwelt schonen: Dieses Buch ist auf säurefreiem und chlorfrei gebleichtem Papier gedruckt.

Die Wiedergabe von Gebrauchsnamen, Handelsnamen, Warenbezeichnungen usw. in diesem Werk berechtigt auch ohne besondere Kennzeichnung nicht zu der Annahme, daß solche Namen im Sinne der Warenzeichen- und Markenschutz-Gesetzgebung als frei zu betrachten wären und daher von jedermann benutzt werden dürften.

Druck und Buchbinder: Lengericher Handelsdruckerei, Lengerich/Westf.
Printed in Germany

ISBN 3-409-13694-0

Man kann alles richtig machen
und das Wichtigste versäumen.
(Alfred Andersch)

Geleitwort

Das Franchising hat seit Mitte der achtziger Jahre in den meisten westlichen Volkswirtschaften ein starkes Wachstum erlebt. Ursächlich für diese Entwicklung ist eine positive Konstellation der wirtschaftlichen, politisch-rechtlichen sowie gesellschaftlichen Rahmenbedingungen, die in Verbindung mit den spezifischen Vorteilen der Organisationsform Franchising eine hohe Wachstumsdynamik erzeugt hat. Gleichwohl sehen sich zahlreiche Systeme Mitte der neunziger Jahre mit schwerwiegenden Problemen im Bereich der Systemführung konfrontiert. Verschiedene Indikatoren deuten darauf hin, daß sich diese Führungsprobleme primär auf den Bereich der innengerichteten Systemführung beziehen. Diese umfaßt die Gestaltung der Beziehungen zwischen der Systemzentrale eines Franchisesystems und den Franchisenehmern als Vertragspartnern. Führung gewinnt dabei in Franchisesystemen aufgrund verschiedener Besonderheiten eine eigenständige Gestalt, wobei im Zentrum der ambivalente Status der Franchisenehmer zwischen rechtlicher und finanzieller Selbständigkeit einerseits und enger vertraglicher Systembindung verbunden mit umfangreichen Weisungs- und Kontrollrechten der Systemzentrale andererseits steht.

Trotz eines sowohl aus praktischer wie theoretischer Sicht angezeigten Forschungsbedarfs steht in der betriebswirtschaftlichen Literatur eine umfassende Auseinandersetzung mit der innengerichteten Führung von Franchisesystemen sowohl hinsichtlich einer taxonomischen Erfassung als auch einer Erklärung und Wirkungsanalyse des Führungsverhaltens bislang noch aus. Schwerpunkte der bisher vorliegenden Arbeiten zum Franchising richten sich auf definitorische Fragen der Abgrenzung gegenüber verwandten Systemtypen, die Überprüfung sektoraler und branchenbezogener Einsatzmöglichkeiten des Franchising sowie die Behandlung ausgewählter strategischer Fragestellungen. Vor diesem Hintergrund ist es das übergeordnete Ziel des Verfassers, auf der Basis einer eigenständig entwickelten Typologie des Führungsverhaltens in Franchisesystemen einen Erklärungsansatz zu generieren und gleichzeitig die Verhaltens- und Erfolgswirkungen der innengerichteten Führung konzeptionell wie empirisch zu erfassen. Die empirische Analyse stützt sich auf eine schriftliche Befragung von mehr als 200 Systemzentralen in Deutschland operierender Franchisesysteme.

Im Anschluß an die Systematisierung und Abgrenzung des Franchisebegriffs sowie eine ausführliche Diskussion und Einordnung des Führungsbegriffs nimmt der Verfasser zunächst eine Würdigung bestehender Forschungs- und Theorieansätze vor. Die Analyse beschränkt sich hier nicht nur auf betriebswirtschaftliche Theorien wie die klassische Führungstheorie, die Theorie des vertikalen Marketing und Netzwerktheorie, sondern bezieht mit der Transaktionskostentheorie und der Principal Agent-Theorie auch volkswirtschaftliche Ansätze der Neuen Institutionen-Ökonomik ein. Ein singulärer Theorieansatz als Grundlage der Arbeit kann aufgrund verschiedener Theoriedefizite nicht identifiziert werden. Im Ergebnis führt die Theoriediskussion daher zur Zugrundelegung eines verhaltenswissenschaftlich-situativen Ansatzes der Kontingenztheorie.

Im zweiten Hauptteil, in dessen Mittelpunkt die theoretische und empirische Ableitung einer Typologie des Führungsverhaltens steht, werden zunächst allgemeine Anforderungen an eine Führungstypologie formuliert. Hieran schließt der Verfasser die Ableitung von Führungsdimensionen als Grundlage einer Typologiebildung an, die verdichtet und in ein Modell der innengerichteten Systemführung überführt werden. Im Hinblick auf die empirische Modellvalidierung werden für die einzelnen Dimensionen Meßindikatoren festgelegt, wobei eine Unterscheidung in strukturelle, technokratische und personelle Führungsdimensionen vorgenommen wird.

In einem ersten empirischen Analyseschritt schließt sich die empirische Überprüfung des Modells der Systemführung im Rahmen einer konfirmatorischen Faktorenanalyse zweiter Ordnung an. Diese Modellvariante der konfirmatorischen Faktorenanalyse, für die in der Literatur erst wenige Anwendungsfälle dokumentiert sind, erlaubt die im Rahmen der Arbeit bedeutsame Ableitung von Aussagen über die relative Bedeutung der verschiedenen Führungsdimensionen für den Gesamtkomplex der innengerichteten Systemführung. Als zentrales Ergebnis kann im Rahmen dieses Analyseschrittes festgehalten werden, daß sich das interorganisationale Führungsverhalten in praxi als weitaus komplexer erweist, als dies klassische zweidimensionale Führungstypologien abzubilden vermögen. An die empirische Validierung des Führungsmodells schließt der Verfasser die Bildung von Führungstypen an, die methodisch auf das Instrumentarium der Clusteranalyse zurückgreift. Insgesamt können fünf deutlich differenzierte Typen der Systemführung identifiziert werden.

Im Sinne des explikativen Teilzeils der Arbeit ist das dritte Hauptkapitel auf die Ableitung von Einflußfaktoren gerichtet, über welche die Entstehung der identifizierten Führungstypen erklärt werden kann. Gemäß dem zugrunde gelegten verhaltenswissenschaftlich-situativen Ansatz werden mit der Markt- und Wettbewerbssituation, den Systemzielen, der absatzmarktgerichteten Systemführung, der Systemkultur sowie der Systemdemographie zunächst theoriegeleitet fünf Einflußfaktorengruppen hinsichtlich ihrer Erklärungsbeiträge analysiert.

Die im Rahmen der Einflußfaktorenanalyse spezifizierten Basis- und Tendenzhypothesen überführt der Verfasser zu ihrer systematischen Überprüfung in einen empirischen Bezugsrahmen. Die statistische Hypothesenprüfung stützt sich methodisch primär auf Verfahren der Varianz- und Kontingenzanalyse. An besonders sensiblen Stellen der Untersuchung wird ferner der LISREL-Ansatz der Kausalanalyse eingesetzt, um anhand der verfügbaren Gütemaße exakte Angaben über die Stärke und Struktur der Kausalbeziehungen zu erhalten. Eine zentrale Einflußfaktorenkategorie, über die eine schwerpunktmäßige oder sogar ausschließliche Erklärung der Führungstypen möglich ist, kann dabei nicht ermittelt werden, so daß sich die Zugrundelegung eines breiten kontingenztheoretischen Bezugsrahmens als gerechtfertigt erweist.

So kann der Verfasser zeigen, daß lediglich ein Teil der Systemzentralen das Führungsverhalten situativ ausrichtet, so daß von einer konsequent situativen Führung in Franchisesystemen nicht ausgegangen werden kann. Im Rahmen der empirischen Zielanalyse werden Führungseinflüsse insbesondere für diejenigen Zielkategorien nachgewiesen, die einen direkten Franchisenehmerbezug besitzen (FN-gerichtete Rentabilitätsziele, soziale Ziele), während vor allem Marktstellungsziele für die Wahl des Führungstyps von nur untergeordneter Bedeutung sind. Als wichtiger Einflußfaktor des Führungsverhaltens kann weiterhin die abnehmergerichtete Wettbewerbsstrategie eines Franchisesystems ermittelt werden. Da die nach dem aktuellen Stand der Strategieforschung spezifizierten Hypothesen insgesamt aber nur zum Teil bestätigt werden können, ist ein strenger Strategie-Führungs-Zusammenhang empirisch nicht aufrecht zu erhalten. Dieser Nachweis markiert ein zentrales Ergebnis der Arbeit.

Über eine weiterhin durchgeführte Analyse des Zusammenhangs zur direkten und indirekten Marktdurchsetzung der Wettbewerbsstrategie kann zudem gezeigt werden, daß ein annähernd linearer Zusammenhang zwischen den Intensitätsniveaus der innengerichteten und der absatzmarktgerichteten Systemführung besteht. Daraus wird die berechtigte Schlußfolgerung gezogen, daß hinter diesen Teilbereichen der Systemführung letztlich ein Konstrukt der Gesamtführungsintensität stehen muß.

Um über die Erklärung der Führungstypen hinaus zusätzlich auch Aussagen über deren relative Vorteilhaftigkeit abzuleiten, untersucht der Verfasser zudem die Verhaltens- und Erfolgswirkungen der einzelnen Führungstypen. Die theoretisch abgeleiteten Verhaltens- und Erfolgswirkungen können empirisch vollständig bestätigt werden. Dabei gelingt eine Replizierung der für den Bereich der interpersonellen Führung im Rahmen der OHIO-Studien nachgewiesenen Unterlegenheit eines laissez faire-Führungsstils, worin ein weiteres zentrales Ergebnis der Arbeit zu sehen ist. Aufbauend auf diesen Ergebnissen werden schließlich Implikationen für die Unternehmenspraxis aufgezeigt, wobei Schlußfolgerungen nicht nur für die Franchisewirtschaft sondern auch für das Management von Vertragshändler- und Filialsystemen formuliert werden.

Insgesamt stellt die Arbeit einen beachtlichen Beitrag zur Führungsdiskussion in Franchisesystemen dar. Dem Verfasser gelingt es, über eine empirisch fundierte Führungstypologie weiterführende Erkenntnisse hinsichtlich der Führungseffizienz und der Erfolgswirkungen der internen Führung abzuleiten. Dies betrifft insbesondere den Zusammenhang zwischen „internem" und „externem" Marketing, der in dieser Form für Franchisesysteme erstmals theoretisch und empirisch aufgearbeitet wird.

Prof. Dr. Dr. h.c. H. Meffert

Vorwort

Nachdem in den achtziger Jahren die Untersuchung von Unternehmensfusionen und -akquisitionen breiten Raum in der betriebswirtschaftlichen Forschung eingenommen hat, erlebt die klassische Kooperationsforschung seit einiger Zeit eine bemerkenswerte Wiederbelebung. Maßgeblich hierfür dürfte das Entstehen neuer Formen der Zusammenarbeit zwischen Unternehmen sein. Unter Stichworten wie „Netzwerkorganisation" und „virtuelles Unternehmen" haben diese in Wissenschaft und Praxis eine breite und intensive Diskussion entfacht.

Zu den komplexesten und facettenreichsten Kooperationsformen zählt das Franchising, das gleichsam als Prototyp netzwerkartiger bzw. virtueller Organisationen angesehen werden kann. Während dem Franchising in der juristischen und volkswirtschaftlichen Forschung, hier insbesondere der Neuen Institutionen-Ökonomik, breite Aufmerksamkeit zuteil wird, hat die betriebswirtschaftliche Forschung vor allem im europäischen Schrifttum mit der rasanten Entwicklung des Franchising in den westlichen Industrienationen nicht Schritt halten können. Eine der zentralen Fragen, deren systematische Untersuchung noch nicht geleistet worden ist, betrifft die Führung derart komplexer Systemtypen, in denen teilweise viele hundert Franchisenehmerbetriebe durch eine Systemzentrale in ihrem markt- und systemgerichteten Verhalten gesteuert und koordiniert werden.

Diese Führungsproblematik bildet den Kern der vorliegenden Arbeit. Deren Untersuchungsziel läßt sich in Form drei zentraler Fragestellungen präzisieren. Grundlage der Untersuchung ist die Frage, ob in Franchisesystemen unterschiedliche Führungstypen identifiziert werden können. Ausgangspunkt ist hier die Hypothese, daß ein schlichter Transfer der Führungstypen, wie sie aus der interpersonellen Führungsforschung hinlänglich bekannt sind, nicht ausreicht, um die Komplexität des Führungsverhaltens in Franchisesystemen zu erfassen und abzubilden. Diese Frage ist notwendigerweise nicht nur theoretisch zu erörtern, sondern bedarf zwingend einer geeigneten empirischen Validierung, die in Gestalt einer clusteranalytisch hergeleiteten Führungstypologie geleistet wird.

Aufbauend auf dieser Typologie betrifft die zweite Fragestellung die Gründe für die Herausbildung unterschiedlicher Typen der Systemführung. Hierzu werden im Rahmen eines situativen Erklärungsansatzes Faktoren in ihrem Kausaleinfluß auf das Führungsverhalten der Franchisegeber untersucht, die von den Systemzielen über die Wettbewerbsstrategie bis hin zu systemdemographischen Merkmalen reichen.

Die dritte und vor allem auch aus Praxissicht essentielle Fragestellung bezieht sich schließlich auf die Verhaltens- und Erfolgswirkungen der Führung. Dabei wird nachgewiesen, daß unterschiedliche Führungstypen einerseits zu signifikant unterschiedlichen Verhaltensweisen der Franchisenehmer führen und anderseits den Markt-, sozialen und ökonomischen Erfolg des gesamten Systems nachhaltig beeinflussen. In diesem Sinne bemüht sich die Arbeit um eine umfassende Typologisierung, Erklärung und Wirkungsanalyse des Führungsphänomens in Franchisesystemen.

Angesichts dieses erklärten Anspruches war die Unterstützung verschiedener Personen für das Entstehen der vorliegenden Arbeit von maßgeblicher Bedeutung. Mein besonderer Dank gilt zunächst meinem akademischen Lehrer, Herrn Professor Dr. Dr. h.c. Heribert Meffert, der meine persönliche und fachliche Entwicklung als wissenschaftlicher Mitarbeiter des Instituts für Marketing umfassend förderte. Er beließ mir bei der Formulierung und Bearbeitung des Dissertationsthemas vielfältige Freiheiten und unterstützte mich - dies vor allem während kritischer Phasen - in vorbildlicher Weise. Herrn Professor Dr. Holger Bonus danke ich für die Übernahme des Zweitgutachtens.

Die empirische Fundierung der Arbeit wäre ohne eine breite Einbindung der Franchisepraxis nicht möglich gewesen. Mein Dank gilt hier zunächst dem Deutschen Franchise-Verband, durch den die empirische Befragung von über 200 Systemzentralen maßgeblich gefördert wurde. Nicht minder zu Dank verpflichtet bin ich zahlreichen Führungskräften und Mitarbeitern der Franchisegeber- und Franchisenehmerorganisationen sowie verschiedenen Vertretern von Unternehmensberatungen, von denen hier die Advisa Franchise Konzept GmbH sowie die Personalberatung Alznauer-Lesaar namentlich erwähnt seien. Sie alle haben in Expertengesprächen sowie durch die Teilnahme an schriftlichen und mündlichen Befragungen Anteil an der empirischen Unterfütterung des theoretischen Ansatzes.

Danken möchte ich nicht zuletzt den Kolleginnen und Kollegen sowie den studentischen Einsatzkräften am Institut für Marketing. Mit einer gewissen zeitlichen Distanz zeigt sich der breite soziale Rückhalt dieser Gemeinschaft, zu dem jeder Einzelne ein Stück beigetragen hat, als wertvolle und für den Erfolg eines Dissertationsvorhabens unerläßliche Stütze. Hervorheben möchte ich hier dennoch Jesko Perrey, der vor allem bei der empirischen Grundlegung wertvolle Hilfestellung leistete und „den Fehler" in der ersten Clusteranalyse fand. Dr. Christoph Burmann stand mir immer wieder ebenso kenntnisreich wie geduldig für Diskussionen zur Verfügung. Susanne Blosze und Jörg Sauer haben die komplexe Charterstellung in vorbildlicher Weise übernommen und sind über die Monate der Zusammenarbeit hinweg endgültig zu guten Freunden geworden. Michael zur Mühlen und Dirk Vollmann haben sich mit Nervenstärke und hoher Kompetenz um die technische Endbearbeitung des Textmanuskripts verdient gemacht.

Ein besonderer Dank gilt meinem Freund Dr. Christian Korte, der mich in einem 72stündigen "Parforce-Ritt" in die Geheimnisse konfirmatorischer Faktorenanalysen zweiter Ordnung und das LISREL-Verfahren einweihte und mir auch danach mit fachlichem und persönlichem Rat zur Seite stand.

Ein herzliches Dankeschön sage ich schließlich meinen Eltern. Sie haben mir stets die Freiheit gelassen, auch solche Schritte zu tun, die ihnen selbst verwehrt, vielleicht auch nicht immer verständlich waren.

Schließlich - und der letzte Absatz ist hier Zeichen des besonderen Dankes - komme ich zu Dir, Beate. Mehr denn je habe ich mit Dir in der Zeit der Promotion eine Frau an meiner Seite gewußt, die mir großen Halt gegeben hat und mit der ich gleichzeitig Stunde um Stunde über alle Facetten meines Themas diskutieren konnte (ein Wochenende hat uns der Führungsbegriff gekostet). Trotz Deiner eigenen beruflichen Belastung hast Du Deine Interessen immer wieder hinter die meinen gestellt; eine Fähigkeit, die um so mehr meine Dankbarkeit und Hochachtung verdient, als ich sie selber in dieser Form (noch) nicht besitze.

Jörg Meurer

Inhaltsverzeichnis

Abbildungsverzeichnis XIX

Tabellenverzeichnis XXIII

Abkürzungsverzeichnis XXVII

A. **Innengerichtete Systemführung als zentrale Herausforderung für Franchisesysteme** 1

    1. Rahmenbedingungen und Entwicklungsstand des Franchising 1

    2. Systematisierung des Franchising und Besonderheiten der Führung von Franchisesystemen 7

    3. Innengerichtete Systemführung als Gegenstand der Untersuchung 19

    4. Bestandsaufnahme und Würdigung von Forschungsansätzen mit Bezug zur interorganisationalen Führung 27

    5. Zielsetzung und Gang der Untersuchung 39

B. **Gestaltungsparameter der innengerichteten Führung von Franchisesystemen und Bildung einer Führungstypologie** 45

    1. Analyse bestehender Typologien des Führungsverhaltens und Ableitung von Führungsdimensionen 45

        1.1 Anforderungen an eine Typologie der innengerichteten Systemführung 45

        1.2 Bestehende Typologien des Führungsverhaltens 48

            1.21 Typologien des interpersonellen Führungsverhaltens 49

            1.22 Typologien des interorganisationalen Führungsverhaltens und Relevanz einer mehrdimensionalen Typologiebildung 55

        1.3 Entwicklung eines Modells der innengerichteten Systemführung als Grundlage einer empirischen Führungstypologie 68

            1.31 Führungsdimensionen als aggregierte Gestaltungsparameter des Führungsverhaltens 68

            1.32 Strukturelle Führungsdimensionen 71

            1.33 Technokratische Führungsdimensionen 75

1.34 Personelle Führungsdimensionen 82

1.35 Integration der Führungsdimensionen und Kennzeichnung des Gesamtspielraums der innengerichteten Systemführung 89

2. Empirische Überprüfung des Modells der innengerichteten Systemführung und Ableitung von Führungstypen in Franchisesystemen 97

   2.1 Design der empirischen Analyse 97

      2.11 Datenerhebung und Datenbasis 97

      2.12 Methodik der Ermittlung und Überprüfung von Führungsdimensionen und Führungstypen 100

   2.2 Konfirmatorische Faktorenanalyse für das Modell der innengerichteten Systemführung 105

   2.3 Bildung und Analyse von Führungstypen in Franchisesystemen 111

      2.31 Ermittlung der Anzahl unterschiedlicher Führungstypen 111

      2.32 Beschreibung und Konsistenzprüfung der Führungstypen 118

         2.321 Rigide-hierarchienah geführte Systeme 118

         2.322 Partnerschaftlich-interaktiv geführte Systeme 122

         2.323 Liberal-vertrauensbasiert geführte Systeme 124

         2.324 Autoritär-minimalistisch geführte Systeme 125

         2.325 Führungsaverse Systeme 126

      2.33 Diskriminanzanalytische Überprüfung der Clusterlösung und Ermittlung der zur Typendifferenzierung zentralen Führungsdimensionen 128

      2.34 Zusammenfassende Würdigung der empirischen Führungstypen 134

C. Analyse der Einflußfaktoren und Erfolgswirkungen des Führungsverhaltens in Franchisesystemen auf Basis der empirischen Führungstypologie 139

1. Theoriegeleitete Analyse von Einflußfaktoren der innengerichteten Führung von Franchisesystemen 139

   1.1 Systematisierung von Einflußfaktoren des Führungsverhaltens 138

	1.2 Markt- und Wettbewerbssituation eines Franchisesystems als zentrale Einfluß-faktoren der Aufgabenumwelt	142
	1.3 Systeminhärente Einflußfaktoren des Führungsverhaltens	150
	1.31 Ziele der Systemzentrale	150
	1.32 Absatzmarktgerichtete Systemführung als zentraler Einflußfaktor des innen-gerichteten Führungsverhaltens	158
	1.321 Grundlegende Wirkungsbeziehungen zwischen Strategie und innengerichteter Führung von Franchisesystemen	159
	1.322 Analyse des Führungseinflusses abneh-mergerichteter Wettbewerbsstrategien von Franchisesystemen	162
	1.323 Wechselwirkungen zwischen operativer Marktdurchsetzung des Franchisekonzepts und innengerichteter Systemführung	173
	1.33 Grundorientierungen der Systemzentrale als Merkmale der Systemkultur	177
	1.34 Systemdemographie und -genese	187
2.	Theoretische Grundlagen einer Wirkungsanalyse der innengerichteten Systemführung	194
	2.1 Ansätze der Erfassung von Verhaltens- und Erfolgswirkungen der Systemführung in der Literatur	194
	2.2 Verhaltens- und Erfolgsdimensionen als Grund-lage der empirischen Analyse	201
	2.21 Ableitung eines Modells des Franchise-nehmerverhaltens	201
	2.22 Ableitung eines Modells zur Erfassung des Erfolgs von Franchisesystemen	206
3.	Empirische Analyse von Einflußfaktoren und Wirkun-gen der innengerichteten Systemführung	212
	3.1 Bezugsrahmen der empirischen Untersuchung und Methodik der Einflußfaktoren- und Wirkungsanalyse	212
	3.2 Analyse des Einflusses der Markt- und Wett-bewerbssituation auf das Führungsverhalten	217
	3.3 Analyse des Einflusses systeminhärenter Faktoren auf das Führungsverhalten	228
	3.31 Zieleinflüsse auf die Systemführung	228

3.32 Beziehungen zwischen innengerichteter und absatzmarktgerichteter Systemführung 235

3.321 Strategieeinflüsse auf das Führungsverhalten 235

3.322 Beziehungen zwischen operativer Marktdurchsetzung und innengerichteter Führung 248

3.33 Einflüsse kulturprägender Grundorientierungen auf das Führungsverhalten 254

3.34 Führungseinflüsse der Systemdemographie und -genese 259

3.4 Analyse der Verhaltens- und Erfolgswirkungen des Führungsverhaltens 271

3.41 Analyse der Führungseinflüsse auf das Franchisenehmerverhalten 271

3.42 Analyse der Erfolgseinflüsse des Führungsverhaltens 279

D. Zusammenfassung und Implikationen der Untersuchung 297

1. Zusammenfassende Würdigung der Untersuchungsergebnisse 297

2. Implikationen für die Unternehmenspraxis 308

   2.1 Implikationen für die Franchisewirtschaft 308

   2.2 Implikationen für das Management von Vertragshändler- und Filialsystemen 313

3. Implikationen für weiterführende Forschungsarbeiten 315

Anhang 321

Literaturverzeichnis 381

Abbildungsverzeichnis

Abb. 1: Subjektiv empfundene Überlastung der Systemzentralen durch Führungsaufgaben 5

Abb. 2: Zentrale Ursachen für das Scheitern von Franchisesystemen 6

Abb. 3: Konstitutive Systemmerkmale des Franchising 9

Abb. 4: Synopse der wichtigsten Klassifikationskriterien von Franchisesystemen 12

Abb. 5: Teilbereiche und Bezugsebenen der Führung von Franchisesystemen 26

Abb. 6: Situativ-verhaltenswissenschaftlicher Bezugsrahmen der Arbeit 42

Abb. 7: Verhaltensformen der Marketingführerschaft 56

Abb. 8: Koordinationsmethoden in vertraglichen Vertriebssystemen 59

Abb. 9: Typologie der „Interorganizational Governance Forms" 62

Abb. 10: Typen strategischer Franchisingnetzwerke 64

Abb. 11: Klassifizierung der identifizierten Führungsdimensionen 67

Abb. 12: Modell der innengerichteten Führung von Franchisesystemen 91

Abb. 13: Formale Modellstruktur der konfirmatorischen Faktorenanalyse 2. Ordnung 103

Abb. 14: Konfirmatorische Faktorenanalyse 2. Ordnung für das Modell der innengerichteten Systemführung 106

Abb. 15: Klassifizierung der ermittelten Führungstypen nach der Intensität der Verhaltensbeeinflussung 137

Abb. 16: Angenommene Zusammenhänge zwischen situativem Kontext und Führungsverhalten 145

Abb. 17: Prozeß der Zielentstehung in Franchisesystemen 154

Abb. 18: Intensitäts-Relationen zwischen absatzmarkt- und innengerichteter Systemführung 175

Abb. 19: Entstehungsmuster einer übergeordneten Systemkultur 179

Abb. 20: Zweistufiges Wirkungsmodell der Systemführung 202

Abb. 21: Grundlegende Verhaltenstypen von Franchise- nehmern 203

Abb. 22: Systematisierung von Erfolgsdimensionen in Franchisesystemen 208

Abb. 23: Reduziertes Modell zur Erfassung des Erfolgs von Franchisesystemen 210

Abb. 24: Empirischer Bezugsrahmen der Einflußfaktoren- und Wirkungsanalyse 213

Abb. 25: Formale Struktur vollständiger LISREL-Modelle 216

Abb. 26: Konfirmatorische Faktorenanalyse für die Systemziele 229

Abb. 27: Konfirmatorische Faktorenanalyse für die Strategiedimensionen (Wettbewerbsvorteile) 236

Abb. 28: Empirisch ermittelte Intensitäts-Relationen zwischen absatzmarkt- und innengerichteter Systemführung 254

Abb. 29: Franchisenehmerzahl und Systemumsatz differenziert nach Führungstypen 260

Abb. 30: Größe der Franchisenehmerbetriebe differenziert nach Führungstypen 268

Abb. 31: Konfirmatorische Faktorenanalyse für die Dimensionen des Franchisenehmerverhaltens 272

Abb. 32: Verteilung der Franchisenehmer-Leistungssegmente differenziert nach Führungstypen 277

Abb. 33: Konfirmatorische Faktorenanalyse für die Erfolgsdimensionen 280

Abb. 34: Vollständiges LISREL-Modell für den Erfolgseinfluß der strukturellen Führungsdimensionen 282

Abb. 35: Vollständiges LISREL-Modell für den Erfolgseinfluß der technokratischen Führungsdimensionen 285

Abb. 36: Vollständiges LISREL-Modell für den Erfolgseinfluß der personellen Führungsdimensionen 287

Abb. 37: Ansatzpunkte für einen geplanten Wandel der innengerichteten Systemführung 311

Tabellenverzeichnis

Tab. 1: Abgrenzung des Franchising gegenüber verwandten Kooperations- und Vertragsformen 17

Tab. 2: Klassifikations- und Prüfschema für die Analyse von Führungstypologien 49

Tab. 3: Synopse zentraler Typologien des interpersonellen Führungsverhaltens 54

Tab. 4a: Synopse zentraler Typologien des interorganisationalen Führungsverhaltens (Teil 1) 65

Tab. 4b: Synopse zentraler Typologien des interorganisationalen Führungsverhaltens (Teil 2) 66

Tab. 5: Vollständigkeitsprüfung der dem Modell der Systemführung zugrunde gelegten Führungsdimensionen 90

Tab. 6: Gestaltungsspielräume der Systemführung im Franchising differenziert nach Führungsdimensionen 94

Tab. 7: Stichprobenstruktur der empirischen Befragung von Systemzentralen 99

Tab. 8: Interkorrelationen der Führungsdimensionen 110

Tab. 9: Fusionierungsprozeß des Ward-Verfahrens und Bestimmung der Clusteranzahl 114

Tab. 10a: Clusterbildende Merkmale der ermittelten Führungstypen (Teil 1) 116

Tab. 10b: Clusterbildende Merkmale der ermittelten Führungstypen (Teil 2) 117

Tab. 11a: Mittelwerte für die clusterbildenden Merkmale der ermittelten Führungstypen (Teil 1) 119

Tab. 11b: Mittelwerte für die clusterbildenden Merkmale der ermittelten Führungstypen (Teil 2) 120

Tab. 12: Klassifikationsmatrix der diskriminanzanalytischen Untersuchung der Führungstypen 129

Tab. 13: Bezüge der empirischen Führungstypen zu den analysierten Führungstypologien 131

Tab. 14: Beiträge der Führungsdimensionen für die Diskriminierung der ermittelten Führungstypen 133

Tab. 15: Hypothetische Kausalbeziehungen zwischen Wettbewerbsstrategie und innengerichteter Systemführung 162

Tab. 16: Synopse ausgewählter empirischer Untersuchungen zu den Verhaltens- und Erfolgswirkungen der innengerichteten Systemführung 196

Tab. 17: Einfluß der Markt- und Wettbewerbssituation auf die innengerichtete Systemführung 219

Tab. 18: Clusterbildende Merkmale der ermittelten Kontexttypen 221

Tab. 19: Zusammenhang zwischen Kontext- und Führungstypen 225

Tab. 20: Einfluß der Systemziele auf das innengerichtete Führungsverhalten 232

Tab. 21: Einfluß der Wettbewerbsstrategie auf das innengerichtete Führungsverhalten 238

Tab. 22: Zentrale Ergebnisse der LISREL-Analysen zum Strategie-Führungs-Zusammenhang 241

Tab. 23: Zusammenhang zwischen den Maßnahmen der direkten Marktdurchsetzung und den Führungstypen 249

Tab. 24: Zusammenhang zwischen den Maßnahmen der indirekten Marktdurchsetzung und den Führungstypen 253

Tab. 25:	Zusammenhang zwischen Systemkultur und innengerichtetem Führungsverhalten	256
Tab. 26:	Kontingenzanalytische Untersuchung des Zusammenhangs zwischen Systemgröße und Führungsverhalten	262
Tab. 27:	Zusammenhang zwischen Systemstruktur und Führungsverhalten	264
Tab. 28:	Systementwicklungsverläufe differenziert nach Führungstypen	265
Tab. 29:	Zusammenhang zwischen Branchenzugehörigkeit und innengerichtetem Führungsverhalten	266
Tab. 30:	Zusammenhang zwischen dem Umfang des franchisierten Betriebsteils beim Franchisenehmer und dem innengerichteten Führungsverhalten	269
Tab. 31:	Franchisenehmerverhalten differenziert nach Führungstypen	274
Tab. 32:	Erfolgsdimensionen differenziert nach Führungstypen	290
Tab. 33:	Erfolgsdimensionen differenziert nach Führungs- und Kontexttypen	294
Tab. 34a:	Synopse der Einflußfaktorenanalyse für die ermittelten Führungstypen (Teil 1)	300
Tab. 34b:	Synopse der Einflußfaktorenanalyse für die ermittelten Führungstypen (Teil 2)	301
Tab. 35:	Synopse der Verhaltens- und Erfolgswirkungen der ermittelten Führungstypen	306

Abkürzungsverzeichnis

a.a.O.	am angegebenen Ort
Abb.	Abbildung
AGBG	Gesetz zur Regelung des Rechts der Allgemeinen Geschäftsbedingungen
AGFI	Adjusted Goodness of Fit-Index
a.L.	am Lech
a.M.	am Main
Aufl.	Auflage
Bd.	Bd.
BddW	Blick durch die Wirtschaft
BFuP	Betriebswirtschaftliche Forschung und Praxis
BGB	Bürgerliches Gesetzbuch
bspw.	beispielsweise
bzw.	beziehungsweise
ca.	circa
c.p.	ceteris paribus
d.h.	das heißt
DB	Der Betrieb
DBW	Die Betriebswirtschaft
Diss.	Dissertation
E.F.F.	European Franchise Federation
e.V.	eingetragener Verein
EG	Europäische Gemeinschaft
et al.	et alteri
etc.	et cetera
EWG	Europäische Wirtschaftsgemeinschaft
EWGV	Vertrag über die Europ. Wirtschaftsgemeinschaft
f.	folgende
FAZ	Frankfurter Allgemeine Zeitung
FD	Führungsdimension
F&E	Forschung und Entwicklung
ff.	fortfolgende
FG	Franchisegeber
FN	Franchisenehmer
GFI	Goodness of Fit-Index
ggf.	gegebenenfalls
ggü.	gegenüber
GVO	Gruppenfreistellungsverordnung

H.	Heft
HB	Handelsblatt
HBR	Harvard Business Review
HGB	Handelsgesetzbuch
HM	Harvard Manager
Hrsg.	Herausgeber
HWB	Handwörterbuch
i.d.R.	in der Regel
Ill.	Illinois
i.S.	im Sinne
i.w.S.	im weiteren Sinne
Jg.	Jahrgang
JITE	Journal of Institutional and Theoretical Economics
JoB	Journal of Business
JoBR	Journal of Business Research
JoM	Journal of Marketing
JoMR	Journal of Marketing Research
JoR	Journal of Retailing
Kap.	Kapitel
LISREL	Linear Structural Relationship
LRP	Long Range Planning
Marketing ZFP	Marketing Zeitschrift für Forschung und Praxis
Mass.	Massachusetts
MW	Mittelwert
N.F.	Neue Fassung
N.J.	New Jersey
n.s.	nicht signifikant
No.	Number
Nr.	Nummer
o.g.	oben genannte(r)
o.Jg.	ohne Jahrgangsangabe
o.S.	ohne Seitenangabe
o.V.	ohne Verfasser
p.a.	per annum
r	Korrelationskoeffizient
RMR	Root Mean Square Residual-Index

S.	Seite
SMJ	Strategic Management Journal
sog.	sogenannte(r)
Sp.	Spalte
SPSS	Superior Performing Software Systems
Tab.	Tabelle
Tex.	Texas
TCD	Total Coefficient of Determination
u.a.	und andere
u.U.	unter Umständen
UT	Utah
vgl.	vergleiche
Vol.	Volume
vs.	versus
WiSt	Wirtschaftswissenschaftliches Studium
WISU	Das Wirtschaftsstudium
z.B.	zum Beispiel
z.T.	zum Teil
ZfB	Zeitschrift für Betriebswirtschaft
ZfbF	Zeitschrift für betriebswirtschaftliche Forschung
ZfO	Zeitschrift für Organisation

A. Innengerichtete Systemführung als zentrale Herausforderung für Franchisesysteme

1. Rahmenbedingungen und Entwicklungsstand des Franchising

Mitte der neunziger Jahre hat das Franchising in Deutschland sowohl aus gesamtwirtschaftlicher als auch aus betriebswirtschaftlich-unternehmensbezogener Perspektive einen hohen Stellenwert erreicht.[1] Die **Ursachen** für die seit Jahren andauernde dynamische Entwicklung des Franchisesektors sind vielschichtig und bestehen in nachhaltigen Veränderungen des unternehmenspolitischen Umfeldes.

Mit Blick auf die **wirtschaftlichen** Rahmenbedingungen sind Wachstumsimpulse vor allem von der starken Expansion des **Dienstleistungssektors** ausgegangen, dem 1995 bereits 60 Prozent der deutschen Franchisesysteme zuzurechnen sind.[2] Dabei trägt das Franchising aufgrund der hohen Motivation und Flexibilität der unternehmerisch selbständig agierenden Franchisenehmer in besonderem Maße einem Wandel des **Käuferverhaltens** Rechnung[3], der sich in dem Wunsch nach individueller Betreuung und Beratung sowie einem steigenden Qualitäts- und Servicebewußtsein der Konsumenten äußert.[4]

Aus strategischer Perspektive erweist sich das Franchising damit aufgrund der starken Dezentralisierung unternehmerischer Verantwortung bei gleichzeitiger Möglichkeit zur straffen Führung des Unternehmensverbundes als besonders geeignet, in einer zahlreiche Güter- und Dienstleistungsmärkte kennzeichnenden

---

[1] Vgl. stellvertretend *Rexrodt, G.*, Franchising als Chance für Existenzgründer, FAZ vom 3. Mai 1994, S. B1; *Kartte, W.*, Kampf gegen den Etikettenschwindel, HB vom 23. April 1991, S. B1; *Bonus, H.*, Bestandsaufnahme und Entwicklungsperspektiven des Franchising, in: Führung von Franchise-Systemen, Dokumentationspapier Nr. 94 der Wissenschaftlichen Gesellschaft für Marketing und Unternehmensführung e.V., Meffert, H., Wagner, H., Backhaus, K. (Hrsg.), Münster 1995, S. 5; *Tietz, B.*, Handbuch Franchising. Zukunftsstrategien für die Marktbearbeitung, 2. Aufl., Landsberg a. L. 1991, S. 51 ff.

[2] Vgl. zum Wachstum des Dienstleistungssektors allgemein *Meffert, H.*, Marktorientierte Führung von Dienstleistungsunternehmen, in: DBW, 54. Jg. (1994), Nr. 4, S. 519 f. sowie mit Bezug zum Franchising *Cross, J.C., Walker, B.J.*, Service Marketing and Franchising: A Practical Business Marriage, in: Business Horizons, Vol. 30 (1987), No. 6, S. 50 ff.

[3] Vgl. zur zentralen Bedeutung der Franchisenehmer-Motivation als Quelle von Wettbewerbsvorteilen *Lillis, Ch.M., Narayana, Ch.L., Gilman, J.L.*, Competitive Advantage Variation over the Life Cycle of a Franchise, in: JoM, Vol. 40 (1976), No. 4, S. 77 ff.

[4] Vgl. *Lakaschus, C.*, Franchising im Spiegelbild des Wertewandels, in: FAZ vom 3. Mai 1994, S. B5.

Situation des Verdrängungswettbewerbs **Wettbewerbsvorteile** zu generieren.[5] Immer mehr Großunternehmen beginnen daher mit der Umwandlung ihrer Niederlassungs- und Filialnetze in Franchisesysteme oder planen eine derartige Reorganisation für die nahe Zukunft.[6]

Neben den ökonomischen Rahmenbedingungen hat sich seit Ende der achtziger Jahre auch der **Rechtsrahmen** für das Franchising positiv verändert. Zentrale Bedeutung kommt dabei der EG-Gruppenfreistellungsverordnung für Franchisevereinbarungen zu, die am 1. Februar 1989 in Kraft getreten ist und in der die wettbewerbsrechtliche Behandlung des Franchising für alle Mitgliedsstaaten erstmals gesamthaft und verbindlich geregelt wird. Damit werden verschiedene wettbewerbsbeschränkende Vereinbarungen, die regelmäßig Bestandteil von Franchiseverträgen sind, vom generellen und umfassenden Kartellverbot des Art. 85 Abs. 1 EWGV befreit.[7] Trotz verschiedener Geltungsbeschränkungen, aufgrund derer die Verordnung primär für große Franchisesysteme Relevanz besitzt, hat die EG-Kommission mit dieser Initiative ein wichtiges Signal für das Franchising gesetzt, durch das auch die nationale Rechtsprechung beeinflußt wurde.[8]

---

[5] Sydow verweist in diesem Zusammenhang auf verschiedene Systeme im Dienstleistungs- und Handelsbereich, die mittlerweile Marktführerpositionen einnehmen. Vgl. *Sydow, J.*, Franchisingsysteme als strategische Netzwerke - Über das Warum des Franchising hinaus, in: Führung von Franchise-Systemen, Dokumentationspapier Nr. 94 der Wissenschaftlichen Gesellschaft für Marketing und Unternehmensführung e.V., Meffert, H., Wagner, H., Backhaus, K. (Hrsg.), a.a.O., S. 17; *Beyer, W.E.*, Franchising als Instrument zur „Festigung der Marktstellung": Möglichkeiten und Grenzen einer Unternehmung als Franchise-Geber unter besonderer Berücksichtigung der Zielkonzeptionen der Franchise-Nehmer, Diss., Berlin 1988, S. 1 f. (im folgenden zitiert als: Beyer, W.E., Franchising als Instrument zur „Festigung der Marktstellung").

[6] Nach vertraulichen Informationen des Verfassers beziehen sich derartige Initiativen z.B. auf die Maschinenbau- und Chemiebranche sowie privatisierte, ehemals im Besitz des Bundes befindliche Unternehmen. Vgl. auch *Bonus, H.*, Bestandsaufnahme und Entwicklungsperspektiven des Franchising, a.a.O., S. 5.

[7] Vgl. *Skaupy, W.*, Die neue EG-Gruppen-Freistellungsverordnung für Franchisevereinbarungen, in: DB, H. 15 vom 14. April 1989, S. 765 f.; *Flohr, E. (Hrsg.)*, Franchise-Handbuch: Recht, Steuern, Versicherungen, Finanzierung, Berlin, München 1994, S. 65 f.

[8] Vgl. *Knigge, J.*, Aktuelle Tendenzen im Franchising, in: Vertikales Marketing im Wandel, Aktuelle Strategien und Operationalisierungen zwischen Hersteller und Handel, Irrgang, W. (Hrsg.), München 1993, S. 306 f.; *Kartte, W.*, Kampf gegen den Etikettenschwindel, a.a.O., S. B1. Zu möglichen Risiken im Bereich der nationalen und supranationalen Rechtsprechung vgl. *Erdmann, G.*, Quo Vadis - Franchising, in: FAZ vom 30. Mai 1995, S. B2 sowie *Fritzemeyer, W.*, Franchise-Nehmer als Arbeitnehmer?, in: FAZ vom 30. Mai 1995, S. B7. Die relevanten Einschränkungen des Geltungsbereichs der Verordnung finden sich bei *Tietz, B.*, Handbuch Franchising. Zukunftsstrategien für die Marktbearbeitung, a.a.O., S. 523 ff.

Binnenwirtschaftlich ist das Franchising in Deutschland zudem maßgeblich durch die deutsche Wiedervereinigung beeinflußt worden. Zahlreiche Systeme verzeichnen seit 1990 eine starke Expansion in Ostdeutschland. 1993 entfielen bereits 22 Prozent der deutschen Franchisenehmerbetriebe auf die neuen Bundesländer.[9] Ferner haben sich verschiedene **gesellschaftliche** Entwicklungen wachstumsfördernd für den Franchisesektor ausgewirkt. Hier ist vor allem der Trend nach Selbstverwirklichung und Eigenbestimmung in Verbindung mit dem Bedürfnis nach Sicherheit und sozialer Einbindung zu nennen, der zu einer Erweiterung des Franchisenehmerpotentials geführt hat.[10] Neben dieser, dem Begriff des **Wertewandels** zu subsumierenden Entwicklung hat schließlich auch die hohe **Arbeitslosigkeit** in Deutschland zum Wachstum des Franchising beigetragen.[11] So begründet sich die Entscheidung vieler Franchisenehmer für die unternehmerische Selbständigkeit aus den als gering eingeschätzten Chancen für einen Wiedereinstieg ins Berufsleben.

Die skizzierten, nur die wichtigsten Triebkräfte des Wachstums wiedergebenden Entwicklungen, haben seit der zweiten Hälfte der achtziger Jahre in Deutschland zu einem **dynamischen Wachstum** des Franchisesektors geführt. Während 1986 nach einer Erhebung des Instituts für Mittelstandsforschung erst 140 Systeme bestanden, nutzten 1989 bereits rund 200 Unternehmen das Franchising als Organisationsform ihrer absatzmarktgerichteten Aktivitäten. Bis Ende 1994 ist die Zahl der Franchisesysteme auf 450 bis 500 angewachsen und hat sich damit gegenüber 1986 mehr als verdreifacht. Parallel zu dieser Entwicklung stieg die Anzahl der den Systemen angeschlossenen Franchisenehmerbetriebe von 7.700 auf ca. 20.000 an.[12] Der gesamte Außenumsatz der deutschen Fran-

---

[9] Vgl. *Maus, M.*, Der lange Weg aus der Kommandowirtschaft, in: HB vom 23. April 1991, S. B1; *Deutscher Franchise-Verband (Hrsg.)*, Franchise-Telex 1994, München 1994, o.S.

[10] Vgl. *Lakaschus, C.*, Franchising im Spiegelbild des Wertewandels, a.a.O., S. B5. Mit speziellem Bezug zur Selbständigkeit von Frauen vgl. *Heimeran-Emans, S.*, Wie schwierig ist es für eine Frau, ein Unternehmen zu gründen?, in: HB vom 7. Mai 1992, S. B5.

[11] Vgl. *Rexroth, G.*, Franchising als Chance für Existenzgründer, a.a.O., S. B1.

[12] Vgl. zur quantitativen Entwicklung des Franchising in Deutschland *Clemens, R.*, Die Bedeutung des Franchising in der Bundesrepublik Deutschland: Eine empirische Studie von Franchisenehmern und -systemen, Schriften zur Mittelstandsforschung, Nr. 23 N.F., Albach, H., Hax, H. (Hrsg.), Stuttgart 1988, S. 49 ff.; *Orthmann, Chr.*, Umfang, Struktur und Ausprägung des Franchisings in der Bundesrepublik Deutschland, Deutsches Franchise-Institut München (Hrsg.), München 1990, S. 55 ff.; *Deutscher Franchise-Verband (Hrsg.)*, Franchise-Telex 1995, München 1995, o.S. Zu abweichenden, jedoch nicht hinreichend validierten Schätzungen der quantitativen Entwicklung des Franchising vgl. z.B. *Tietz, B.*, Handbuch Franchising. Zukunftsstrategien für die Marktbearbeitung, a.a.O., S. 64 f. sowie *Knigge, J.*, Entwicklung und voraussichtliche Zukunftstrends des Franchising in der Bundesrepublik Deutschland. Aktualisierter Bericht, München 1985.

chisesysteme belief sich nach Schätzungen des Deutschen Franchise-Verbandes im Geschäftsjahr 1994 auf 23 Mrd. DM.[13] Im **europäischen Vergleich** weist Deutschland damit hinter Frankreich den zweitgrößten Franchisesektor auf.[14]

Die positive Gesamtentwicklung des Franchising darf indes nicht darüber hinwegtäuschen, daß sich eine steigende Anzahl von Franchisesystemen **Problemen** im Bereich der **Systemführung** gegenübergestellt sieht.[15] Verschiedene Indikatoren deuten darauf hin, daß insbesondere die **innengerichtete Führung** Herausforderungen mit sich bringt, denen sich viele Systemzentralen[16] nicht oder nicht hinreichend gewachsen sehen. Wie aus Abbildung 1 hervorgeht, empfindet nahezu jede vierte Systemzentrale eine Überlastung aufgrund der Ansprüche der Franchisenehmer. Weitere 25 Prozent der Systemzentralen räumen eine solche Überlastung zumindest bedingt ein.[17]

Defizite im Führungsverhalten der Systemzentralen werden vor allem im Bereich der systeminternen Kommunikation, der Gewährung von Mitsprache- und Mitbestimmungsmöglichkeiten der Franchisenehmer sowie deren laufender Betreuung z.B. in Form von Schulungen sowie betriebswirtschaftlicher Unterstützung gesehen.[18] Spiegelbildlich zur Selbsteinschätzung der Franchisegeber beurteilen

---

[13] Vgl. *Deutscher Franchise-Verband (Hrsg.)*, Franchise-Telex 1995, a.a.O., o.S. Dabei entfällt jedoch ein wesentlicher Anteil auf Franchisesysteme in der Getränkeindustrie.

[14] Vgl. *European Franchise Federation (Hrsg.)*, E.F.F. Newsletter, Quarterly No. 4/October, Paris 1994, o.S. Der mit Abstand größte Franchisesektor findet sich in den USA, wo sich bereits Ende des 19. Jahrhunderts die ersten Franchisesysteme entwickelten. Hier bestanden 1991 rund 3.000 Systeme mit mehr als 540.000 Franchisenehmerbetrieben. Vgl. *Hayes, J.P.*, Trotz der Rezession hat Franchising als Rettungsanker funktioniert, in: HB vom 7. Mai 1992, S. B5.

[15] Dem Begriff der Systemführung sollen in einer vorläufigen Systematisierung die beiden Teilbereiche der *absatzmarktgerichteten* und der *innengerichteten* Führung subsumiert werden. Die innengerichtete Führung umfaßt die Gestaltung der systeminternen Beziehungen zu den Franchisenehmern durch die Systemzentrale, die absatzmarktgerichtete Führung dagegen die Profilierung des Systems gegenüber Kunden und Wettbewerbern. Zu einer ausführlichen Auseinandersetzung mit dem Führungsbegriff vgl. Kap. A 3.

[16] Die Begriffe Systemzentrale und Franchisegeber werden nachfolgend synonym verwendet. Sie kennzeichnen das *Leitungsorgan* eines Franchisesystems. Sofern der Begriff Franchisegeber nicht institutionell, sondern personell genutzt wird, erfolgt ein entsprechender Hinweis.

[17] Das Ergebnis entstammt einer im Rahmen des vorliegenden Forschungsprojektes durchgeführten schriftlichen Befragung. Vgl. zur Datenbasis ausführlich Kap. B 2.11. Nach vertraulichen Informationen des Verfassers schätzen Franchiseexperten den Anteil von Systemen mit Problemen im Bereich der franchisenehmergerichteten Führung auf bis zu 90 Prozent.

[18] Vgl. *o.V.*, Franchising gewinnt in Deutschland weiter an Bedeutung, in: BddW vom 13. Juni 1995, S. 1; *o.V.*, Der Franchise-Markt steuert auf einen Qualitätswettbewerb zu, in: HB vom 23./24. Juni 1995, S. K1; *o.V.*, Franchise-Nehmer suchen den Schulterschluß, in: HB vom 12. Juni 1995, S. 14.

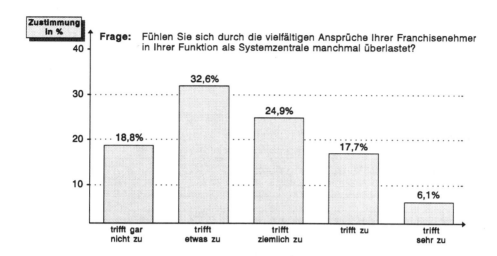

Abb. 1: Subjektiv empfundene Überlastung der Systemzentralen durch Führungsaufgaben (Quelle: Eigene Erhebungen)

daher nur etwa 50 Prozent der Franchisenehmer die Betreuungs- und Unterstützungsleistungen der Systemzentralen als durchweg positiv.[19] Die aufgezeigten Probleme gehen mit einem signifikanten Anstieg der **Insolvenzquote** von Franchisenehmerbetrieben einher. Lag diese 1992 noch bei 2,5 Prozent, so ist sie über 4,2 Prozent in 1993 bis auf 7,2 Prozent im Jahr 1994 angestiegen.[20]

Kann diese Entwicklung nicht kausal der innengerichteten Systemführung zugerechnet werden - die Ursachen können ebenso in Defiziten im Bereich der absatzmarktgerichteten Führung oder aber einer zur Abdeckung von Anfangsverlusten unzureichenden Kapitalausstattung liegen - so untermauert eine Untersuchung von Tietz die zentrale Bedeutung der innengerichteten Führung. Tietz gelangt auf der Basis von Fallstudienerhebungen in gescheiterten Franchise-

---

[19] Vgl. *Verband der Franchisenehmer (Hrsg.)*, Franchise Forum, 1. Jg. (1995), Nr. 1, S. 1.

[20] Vgl. *Deutscher Franchise-Verband (Hrsg.)*, Franchise-Telex 1993, München 1993, o.S., *derselbe*, Franchise-Telex 1994, a.a.O., o.S.; *derselbe*, Franchise-Telex 1995, a.a.O., o.S.; *Mühlhaus, K.*, Gefahr im Verzug, in: Franchise International, o.Jg. (1994), Nr. 1, S. 146. Die Angaben beziehen sich jeweils auf die Mitglieder des Franchise-Verbandes, der aber 75 bis 80 Prozent der deutschen Franchisesysteme repräsentiert.

systemen zu sechs zentralen **Ursachen des Mißerfolgs**.[21] Diese sind in der Abbildung 2 den beiden Teilbereichen der Systemführung zugeordnet. Dabei wird deutlich, daß sich drei der genannten Ursachen ausschließlich und eine weitere partiell auf die Führung der Franchisenehmer durch die Systemzentrale beziehen.[22]

Ursache des Mißerfolges	betroffener Teilbereich der Systemführung	
	intern	extern
falsche Marktpotentialeinschätzung durch Systemzentrale		■
erhebliche Mängel des Franchisekonzepts	■	■
dem Expansionstempo des Systems nicht angepaßte Beratungs-/ Betreuungskapazitäten für FN	■	■
FN-Selektion durch Systemzentrale zu wenig restriktiv	■	
keine Ausrichtung der Systemphilosophie am Grundsatz der Verantwortlichkeit für den Erfolg der FN	■	
zu schwach ausgeprägte Systemkontrolle durch die Systemzentrale	■	

Abb. 2: Zentrale Ursachen für das Scheitern von Franchisesystemen (Quelle: in Anlehnung an Tietz, Handbuch Franchising. Zukunftsstrategien für die Marktbearbeitung, a.a.O., S. 704)

Die aufgezeigten Entwicklungen legen die Schlußfolgerung nah, daß die Ausgestaltung der Beziehungen zwischen der Systemzentrale und den Franchisenehmern einerseits einen Erfolgsfaktor des Franchising darstellt, andererseits

---

[21] Anders als bei Insolvenzen von Franchisenehmern existiert für Franchisesysteme keine vergleichbare Statistik. Zeitreihenvergleiche des regelmäßig in verschiedenen Quellen veröffentlichten Systembestandes offenbaren jedoch insbesondere bei neugegründeten Systemen eine relativ hohe Mortalitätsrate. Zu den Mißerfolgsursachen vgl. *Tietz, B.*, Handbuch Franchising. Zukunftsstrategien für die Marktbearbeitung, a.a.O., S. 704 f. Zu einer ähnlichen Einschätzung gelangt Clemens, der als wesentliche Problemfelder ebenfalls primär solche im Bereich der innengerichteten Führung identifiziert. Vgl. *Clemens, R.*, Die Bedeutung des Franchising in der Bundesrepublik Deutschland: Eine empirische Studie von Franchisenehmern und -systemen, a.a.O., S. 61.

[22] So liegt bei der dritten Ursache ein Koordinationsproblem zwischen marktgerichteter und innengerichteter Systemführung vor, das damit beide Führungsteilbereiche betrifft.

aber in zahlreichen Systemen zu den wichtigsten Problemfeldern gehört. Der aus dieser Konstellation abzuleitenden Relevanz einer wissenschaftlichen Auseinandersetzung mit der Führung von Franchisesystemen steht auf Seiten der Betriebswirtschaftslehre bislang ein eindeutiges **Forschungsdefizit** gegenüber.

Sydow resümiert daher: „Es fehlt an Theorien mittlerer Reichweite, die nach der ökonomisch begründeten Entscheidung für Franchising Hinweise auf die konkrete Organisation und Führung des Franchisingsystems geben, [...]".[23]

Ob dieses Forschungsdefizit aber im Sinne einer von Sydow postulierten „theoretisch fundierten Managementlehre des Franchising" zu deuten ist[24], hängt maßgeblich davon ab, ob das Führungsphänomen in Franchisesystemen[25] eine eigenständige, gegenüber der Führung in klassischen Unternehmenshierarchien, aber auch alternativen Kooperationsformen klar abgrenzbare Gestalt mit spezifischen Problemstellungen aufweist. In diesem Fall wäre eine **Motivation des Forschungsanliegens** sowohl aus Praxis- als auch aus Theoriesicht gegeben. Um diese Frage zu beantworten, bedarf es aber zunächst der Systematisierung des Franchisebegriffs.

2. Systematisierung des Franchising und Besonderheiten der Führung von Franchisesystemen

Die hohe Komplexität des Untersuchungsgegenstands Franchising mit seinen vielfältigen realen Erscheinungsformen läßt im Rahmen einer Begriffssystematisierung ein **dreistufiges Vorgehen** mit den folgenden Teilschritten sinnvoll erscheinen:[26]

---

[23] *Sydow, J.*, Franchisingnetzwerke. Ökonomische Analyse einer Organisationsform der Dienstleistungsproduktion und -distribution, in: ZfB, 64. Jg. (1994), Nr. 1, S. 107. Eine ausführliche Würdigung der bestehenden Literatur zur Führungsproblematik in Franchisesystemen findet sich in Kap. A 3.

[24] Vgl. *ebenda*.

[25] Vgl. zum Begriff „Führungsphänomen" *Steinle, C.*, Führung. Grundlagen, Prozesse und Modelle der Führung in der Unternehmung, Stuttgart 1978, S. 5.

[26] Zu einem ähnlichen Vorgehen vgl. z.B. *Maas, P.*, Franchising in wirtschaftspsychologischer Perspektive - Handlungsspielraum und Handlungskompetenz in Franchise-Systemen: Eine empirische Studie bei Franchise-Nehmern, Frankfurt a.M. u.a. 1990, S. 10 ff.; *Knigge, J.*, Franchise-Systeme im Dienstleistungssektor, Betriebswirtschaftliche Schriften, Heft 63, Berlin 1973, S. 29 ff.

1. Die Erarbeitung einer **Definition** des Franchising,

2. die **Klassifizierung** der Erscheinungsformen des Franchising sowie

3. die **Abgrenzung** und **Einordnung** des Franchising gegenüber verwandten Organisations- und Vertragsformen.

Die **Definition** des Franchising wird wesentlich durch den Umstand erschwert, daß kein singuläres Merkmal besteht, das eine präzise Begriffsbestimmung und -abgrenzung ermöglicht. Definitionen des Franchisebegriffs sind daher notwendigerweise **enumerativ** ausgestaltet. Von einem Franchisesystem wird gesprochen, wenn die als relevant erachteten Systemmerkmale **kumulativ** vorliegen.[27] Die Vielzahl der zur eindeutigen Kennzeichnung des Franchising notwendigen Merkmale beeinträchtigt die Transparenz und Handhabung der von verschiedenen Autoren erarbeiteten Definitionen indes nachhaltig.[28] Im folgenden wird daher eine Verdichtung von insgesamt zehn konstitutiven Merkmalen des Franchising[29] zu **fünf Merkmalsklassen** vorgenommen, die in der Abbildung 3 graphisch veranschaulicht ist.[30]

---

[27] Vgl. *Bauder, W.*, Der Franchise-Vertrag. Eine systematische Darstellung von Rechtstatsachen, Diss., Stuttgart 1988, S. 22 (im folgenden zitiert als Bauder, W., Der Franchise-Vertrag) sowie in Anlehnung an Bauder auch *Metzlaff, K.*, Franchiseverträge und EG-Kartellrecht. Die GruppenfreistellungsVO Nr. 4087/88 für Franchiseverträge, Juristische Schriftenreihe, Bd. 45, Münster, Hamburg 1994, S. 13. Beide Autoren differenzieren zusätzlich zwischen unverzichtbaren und verzichtbaren Merkmalen. Die akzessorischen (= verzichtbaren) Merkmale sollen jedoch in der vorliegenden Arbeit nicht berücksichtigt werden.

[28] Zu dieser Einschätzung gelangt auch *Orthmann, Chr.*, Umfang, Struktur und Ausprägung des Franchisings in der Bundesrepublik Deutschland, a.a.O., S. 6. Wenngleich über Umfang und Gestalt eines solchen Merkmalskatalogs bislang ein allgemeiner Konsens nicht erzielt werden konnte, weichen die einzelnen Vorschläge heute nur noch graduell voneinander ab. Als kritisch ist mit Blick auf einige Definitions-Vorschläge vor allem die unzureichende *Operationalisierbarkeit* der verwendeten Merkmale sowie deren *fehlende Allgemeingültigkeit* anzuführen.

[29] Vgl. zur Bedeutung konstitutiver Merkmale für Begriffsdefinitionen *Meffert, H.*, Marktorientierte Führung von Dienstleistungsunternehmen, a.a.O., S. 521 f.

[30] Die konstitutiven Merkmale wurden auf Basis von zehn Definitionen bzw. Merkmalskatalogen gebildet, die - beginnend mit der für die Definition des Franchising richtungsweisenden Arbeit von Kaub - seit 1980 erarbeitet worden sind. Diese entstammen a) dem *betriebswirtschaftlichen* Schrifttum, b) dem *juristischen* Schrifttum, c) der Regelungspraxis der *Europäischen Kommission* und d) der Selbstregulierungspraxis durch den *Europäischen Franchise-Verband*. Die synoptische Darstellung der jeweils verwendeten Definitionsmerkmale findet sich in Tabelle 1 des Anhangs. Vgl. im einzelnen *Kaub, E.*, Franchise-Systeme in der Gastronomie, Diss., Saarbrücken 1980, S. 20 ff.; *Ahlert, D.*, Absatzkanalstrategien des Konsumgüterherstellers auf der Grundlage Vertraglicher Vertriebssysteme mit dem Handel, in: Vertragliche Vertriebssysteme zwischen Industrie und Handel. Grundzüge einer betriebswirtschaftlichen, rechtlichen und volkswirtschaftlichen Beurteilung, Ahlert, D. (Hrsg.), Wiesbaden 1981, S. 87; *Bauder, W.*, Der Franchise-Vertrag, a.a.O., S. 22 ff.; *Martinek, M.*, Franchising, Grundlagen der zivil- und wettbewerbsrechtlichen Behandlung der vertikalen Gruppenkooperation beim Absatz von Waren und Dienstleistungen, Heidelberg 1987, S. 107 ff. (im folgenden zitiert als: Martinek, M.,

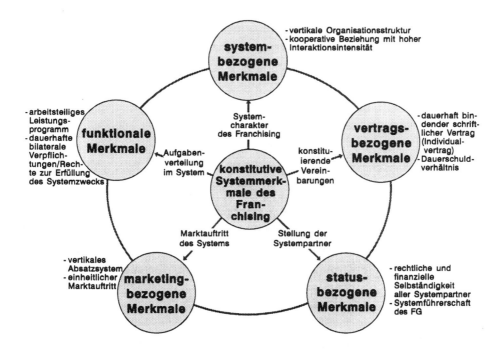

Abb. 3: Konstitutive Systemmerkmale des Franchising

Die **systembezogenen** Merkmale kennzeichnen das Franchising als Beziehungsgefüge zwischen der Systemzentrale und den Franchisenehmern.[31] Ein Franchisesystem liegt regelmäßig dann vor, wenn dieses Beziehungsnetz vertikal strukturiert ist, sich die Partner also auf verschiedenen Marktstufen befin-

---

Franchising); *Beyer, W.E.*, Franchising als Instrument zur „Festigung der Marktstellung", a.a.O., S. 11 ff.; *Orthmann, Chr.*, Umfang, Struktur und Ausprägung des Franchisings in der Bundesrepublik Deutschland, a.a.O., S. 18 f.; *European Franchise Federation (Hrsg.)*, Europäischer Verhaltenskodex für Franchising, in: Jahrbuch Franchising 1992, Deutscher Franchise-Verband (Hrsg.), Frankfurt a.M. 1992, S. 214 f.; *Kommission der Europäischen Gemeinschaften*, Verordnung (EWG) Nr. 4087/88 der Kommission vom 30. November 1988 über die Anwendung von Artikel 85 Absatz 3 des Vertrags auf Gruppen von Franchisevereinbarungen, in: Amtsblatt der Europäischen Gemeinschaften vom 28. Dezember 1988, Nr. L 359/46 ff.; *Baumgarten, A.K.*, Das Franchising als Gesellschaftsverhältnis. Eine Studie zur spezifischen zivilrechtlichen Qualität des Rechtsverhältnisses zwischen Franchise-Geber und Franchise-Nehmer, Diss., Göttingen 1993, S. 19 ff.; *Metzlaff, K.*, Franchiseverträge und EG-Kartellrecht. Die GruppenfreistellungsVO Nr. 4087/88 für Franchiseverträge, a.a.O., S. 12 ff.

[31] Vgl. zum Systembegriff und seiner in diesem Zusammenhang relevanten Definition als offenes, komplexes und durch menschliche Gestaltungsmaßnahmen bewußt geschaffenes Beziehungsgefüge *Grochla, E.*, Systemtheoretisch-kybernetische Modellbildung betrieblicher Systeme, in: Systemtheorie und Betrieb, Grochla, E., Fuchs, H., Lehmann, H. (Hrsg.), ZfbF, Sonderheft Nr. 3, 26. Jg. (1974), S. 12 f.

den.[32] Ferner muß eine kooperative Beziehung mit intensiver und nicht nur fallweiser zwischenbetrieblicher Zusammenarbeit zwischen den Systempartnern vorliegen.[33] Dieses Beziehungsgefüge gründet sich notwendigerweise auf **vertraglicher Basis**, womit die zweite Merkmalsklasse angesprochen ist. Diese beinhaltet die das System konstituierenden Vereinbarungen zwischen den Vertragspartnern im Rahmen des Franchisevertrages. Als notwendige Merkmale sind hier der Abschluß eines dauerhaft bindenden, schriftlichen Vertrages sowie dessen Ausgestaltung als vertragliches Dauerschuldverhältnis zwischen Franchisegeber und Franchisenehmer zu subsumieren.[34] Mit Blick auf die **statusbezogenen** Merkmale, durch die die Stellung der Systempartner zueinander determiniert wird, muß einerseits deren rechtliche und finanzielle Selbständigkeit gewahrt bleiben.[35] Gleichzeitig bedarf es aber einer Kodifizierung der Systemführerschaft des Franchisegebers in Form verschiedener Weisungs- und Kontrollrechte gegenüber den Franchisenehmern.[36]

Beziehen sich die drei ersten Merkmalsklassen auf den grundsätzlichen Systemaufbau, so betreffen die beiden letzten Klassen den Systemzweck und das Systemverhalten. Die **marketingbezogenen** Merkmale kennzeichnen das Franchising zunächst als absatzmarktgerichtetes System.[37] Rein beschaffungsmarktgerichtete Kooperationsformen sind damit von einer Subsumtion unter den Franchisebegriff ausgeschlossen. Weiterhin muß ein am Markt einheitlicher Auftritt

---

[32] Vgl. hierzu ausführlich *Görge, A.*, Die Internationalisierung von Franchisesystemen, Organisation und Management, Bd. 1, Dülfer, E. (Hrsg.), Göttingen 1979, S. 28 ff.

[33] Vgl. *Kaub, E.*, Franchise-Systeme in der Gastronomie, a.a.O., S. 24 sowie *Martinek, M.*, Franchising, a.a.O., S. 123 ff., der explizit auf die hohe Kooperationsintensität verweist.

[34] Mit dem Vorliegen eines Dauerschuldverhältnisses ist die Vertragserfüllung nicht an einzelne, konkrete Leistungsakte geknüpft, sondern vollzieht sich in einer über einen längeren Zeitraum währenden Leistungserbringung der Vertragspartner. Vgl. *Mack, M.*, Neuere Vertragssysteme in der Bundesrepublik Deutschland. Eine Studie zum Franchising, Industrie und Gesellschaft, Bd. 5, Rehbinder, M., Rebe, B. (Hrsg.), Bielefeld 1975, S. 82 f.; *Martinek, M.*, Franchising, a.a.O., S. 259 f.

[35] Das faktische Vorliegen einer rechtlichen und finanziellen Selbständigkeit der Systempartner wird mit Bezug auf die Franchisenehmerseite durch verschiedene gerichtliche Entscheidungen, die von einem Arbeitnehmer- bzw. Angestelltenstatus des Franchisenehmers ausgehen, teilweise in Frage gestellt. Vgl. zum Stand der Diskussion *Bonus, H., Wessels, A.M.*, Der Franchisenehmer - Ein moderner Sklave?, Westfälische Wilhelms-Universität Münster, Volkswirtschaftliche Diskussionsbeiträge, Nr. 198, Münster 1994, S. 1 ff.; *Reinecke, G.*, Das Franchising im Würgegriff des Arbeitsrechts?, in: Jahrbuch Franchising 1992, Deutscher Franchise-Verband (Hrsg.), Frankfurt a.M. 1992, S. 79 ff. Vgl. hierzu auch die Ausführungen in Kap. B 1.32 zur Autonomie als Führungsdimension in Franchisesystemen.

[36] Vgl. *Kaub, E.*, Franchise-Systeme in der Gastronomie, a.a.O., S. 22 ff. Kaub verwendet hierbei den umfassenderen Begriff des Weisungs- und Kontrollsystems.

[37] Dieses Merkmal wird in allen untersuchten Franchise-Definitionen explizit genannt.

der Systempartner gegeben sein.[38] Auf die für die Einordnung als Franchisesystem notwendige Aufgabenverteilung beziehen sich schließlich die **funktionalen** Merkmale. Hier ist einerseits ein arbeitsteiliges Leistungsprogramm zwischen den Systempartnern erforderlich, d.h. Wertaktivitäten aus der Wertkette des Franchisegebers werden vollständig in die Franchisenehmerwertkette übertragen.[39] Außerdem müssen zwischen den Systempartnern dauerhafte, bilaterale Verpflichtungen und Rechte zur Erfüllung des Systemzwecks bestehen. Hierunter fallen insbesondere die Zurverfügungstellung des Franchisekonzepts[40] sowie laufende Unterstützungsleistungen durch den Franchisegeber. Von Franchisenehmerseite ist demgegenüber die Einbringung von Kapital und Arbeitskraft einerseits und die Entrichtung von Systemgebühren an den Franchisegeber andererseits zu fordern.[41]

Unter dieser eng gefaßten Definition des Franchising, die nur einen relativ kleinen Ausschnitt realer Erscheinungsformen vertraglicher Kooperationen erfaßt[42],

---

[38] Die Einheitlichkeit des Systemauftritts betrifft insbesondere die Markierung der Systemleistungen, die Durchsetzung der Corporate-Identity des Systems in der Gestaltung von Outlets und sonstigen Bedienungs- und Kontaktmodalitäten sowie die Sortimentsgestaltung. Vgl. hierzu stellvertretend *Martinek, M.*, Franchising, a.a.O., S. 130, der in diesem Zusammenhang den Begriff der Imageeinheit begründet. Eine Präzisierung des notwendigen *Standardisierungsgrades* ist in der Literatur bislang aber noch nicht vorgenommen worden.

[39] Vgl. *Kaub, E.*, Franchise-Systeme in der Gastronomie, a.a.O., S. 29. Zum Begriff der Wertkette vgl. allgemein *Meffert, H.*, Marketing-Management. Analyse-Strategie-Implementierung, Wiesbaden 1994, S. 51 f. sowie mit speziellem Bezug zum Franchising *Meffert, H., Meurer, J.*, Marktorientierte Führung von Franchisesystemen - theoretische Grundlagen und empirische Befunde, Arbeitspapier Nr. 98 der Wissenschaftlichen Gesellschaft für Marketing und Unternehmensführung e.V., Meffert, H., Wagner, H., Backhaus, K. (Hrsg.), Münster 1995, S. 8 (im folgenden zitiert als: Meffert, H., Meurer, J., Marktorientierte Führung von Franchisesystemen).

[40] Das Franchisekonzept umfaßt ein spezifisches, auf die Erlangung eines Wettbewerbsvorteils ausgerichtetes Leistungsversprechen, eine profilierungsfähige Marke und deren Positionierung, den Betriebstyp bzw. das Dienstleistungskonzept sowie das sog. Leistungserstellungssystem. Vgl. dazu *Meffert, H., Meurer, J.*, Marktorientierte Führung von Franchisesystemen, a.a.O., S. 16.

[41] Zu den Entgeltregelungen und deren Differenzierung in direkte und indirekte Zahlungen vgl. *Orthmann, Chr.*, Umfang, Struktur und Ausprägung des Franchisings in der Bundesrepublik Deutschland, a.a.O., S. 9. Es sei an dieser Stelle auf die z.T. *fehlende Unabhängigkeit* der konstitutiven Systemmerkmale verwiesen. So wird z.B. die hohe Interaktionsintensität als systembezogenes Merkmal nicht zuletzt durch die starke Aufgabenteilung als funktionales Merkmal verursacht. Dieses Problem soll aber in der vorliegenden Arbeit nicht weiter verfolgt werden.

[42] Dies gilt insbesondere im Vergleich zum ungleich breiteren Franchiseverständnis im amerikanischen Schrifttum. Dort werden praktisch alle vertikalen Kooperationsformen auf vertraglicher Basis und teilweise sogar horizontale Kooperationen dem Franchising zugerechnet. Vgl. die Definitionen bei *Hackett, D.W.*, Franchising: The State of the Art, Chicago, Ill. 1977, S. 3 f.; *Vaughn, Ch.L.*, Franchising. It´s Nature, Scope, Advantages, and Developments, 2. Aufl., Lexington, Massachusetts, Toronto 1979, S. 1 f.

hat sich jedoch ein breites **Spektrum von Systemtypen** herausgebildet.[43] Die in diesem Zusammenhang relevanten Klassifikationskriterien können zu drei Kriteriengruppen zusammengefaßt werden (vgl. Abb. 4).

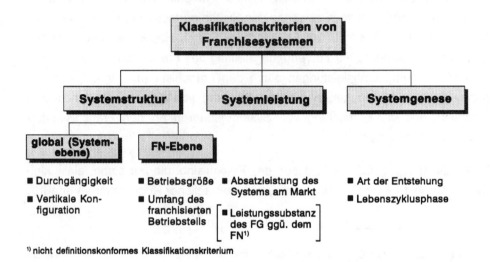

Abb. 4: Synopse der wichtigsten Klassifikationskriterien von Franchisesystemen

Unter **strukturellen** Gesichtspunkten auf der Gesamtsystemebene lassen sich Franchisesysteme zunächst nach der **Durchgängigkeit** der Franchisierung einordnen. Zu unterscheiden sind einerseits reine Franchisesysteme und andererseits sog. Mischsysteme, in denen neben franchisierten Outlets auch Filialen eigenständig durch die Systemzentrale geführt werden.[44] Weiterhin unterscheiden sich Franchisesysteme in ihrer **vertikalen Konfigurierung** nach der Art und institutionellen Zuordnung der Systempartner zu verschiedenen Wirtschaftsstufen.[45] Die wichtigsten realen Erscheinungsformen des Franchising beziehen sich auf die Konfigurierungen: Dienstleistungszentrale/Dienstleistungs-

---

[43] Dabei werden nachfolgend insbesondere solche Erscheinungsformen betrachtet, bei denen ein Zusammenhang zur innengerichteten Systemführung anzunehmen ist. Zu einer detaillierten Analyse der Einflüsse des Systemtyps auf das Führungsverhalten vgl. Kap. C 1.34.

[44] Vgl. *Orthmann, Chr.*, Umfang, Struktur und Ausprägung des Franchisings in der Bundesrepublik Deutschland, a.a.O., S. 23.

[45] Vgl. *Knigge, J.*, Franchise-Systeme im Dienstleistungssektor, a.a.O., S. 39 ff.

einzelbetrieb[46], Hersteller/Einzelhändler, Großhändler/Einzelhändler sowie Hersteller/Großhändler.[47]

Strukturelle Kriterien auf der Ebene des Franchisenehmerbetriebs führen einerseits zu einer Unterscheidung anhand der **Betriebsgröße** in Klein- und Großbetriebsfranchising.[48] Nach dem **Umfang des franchisierten Betriebsteils** ist ferner das vollständige vom partiellen oder Abteilungsfranchising zu differenzieren. Während sich beim vollständigen Franchising das Franchisekonzept auf den Gesamtbetrieb des Franchisenehmers bezieht, betreibt ein Franchisenehmer beim unvollständigen Franchising neben dem Konzept einer Systemzentrale weitere Tätigkeiten.[49]

Die **leistungsbezogenen** Kriterien betreffen vor allem die Absatzleistung des Systems am Markt und ermöglichen damit dessen sektorale Zuordnung.[50] Zu unterscheiden ist hierbei zwischen dem Produkt- und dem Dienstleistungs-

---

[46] Wobei hierunter auch Handwerksbetriebe eingeordnet werden sollen. Vgl. allgemein zur Problematik der sektoralen Zuordnung von Handwerksbetrieben *Zimmermann, T.*, Marketing im Handwerk, Schriftenreihe des Rheinisch-Westfälischen Instituts für Wirtschaftsforschung Essen, Heft 41 N.F., Berlin 1979, S. 15 f.

[47] Tietz weist in diesem Zusammenhang zusätzlich auf dreistufige Systemtypen hin. Aufgrund deren vergleichsweise geringer praktischer Relevanz sollen diese jedoch im Rahmen der vorliegenden Arbeit nicht näher betrachtet werden. Vgl. *Tietz, B.*, Handbuch Franchising. Zukunftsstrategien für die Marktbearbeitung, a.a.O., S. 37.

[48] Vgl. zu dieser Einteilung *Kaub, E.*, Franchise-Systeme in der Gastronomie, a.a.O., S. 47. Bei Kleinbetriebsgrößen können die Jahresumsätze eines Franchisenehmers im Bereich unter 250.000 DM liegen; demgegenüber werden beim Großbetriebsfranchising Umsätze von über 5 Millionen DM erreicht. Vgl. hierzu die Aufstellung in *o.V.*, Die besten im Test, in: Die Geschäftsidee. Fachzeitschrift für Unternehmensgründung und neue Märkte, 20. Jg. (1995), Nr. 2, S. 43 ff. Eine Sonderstellung nehmen die Systeme der Getränkeabfüller ein: Franchisenehmer des Coca Cola-Systems erreichen durchschnittliche Jahresumsätze von 300 bis 400 Millionen DM. Vgl. *o.V.*, Franchising klappt nicht auf Knopfdruck, Interview mit Heinz Wicorek, in: FAZ vom 30. Mai 1995, S. B3.

[49] Vgl. *Tietz, B.*, Handbuch Franchising. Zukunftsstrategien für die Marktbearbeitung, a.a.O., S. 40 f. Unvollständiges Franchising ist daher vor allem im Zusammenhang mit dem Kleinbetriebsfranchising zu beobachten. Es wird häufig in Form von Shop in the Shop-Konzepten betrieben.

[50] Der in der Literatur weiterhin vorgenommenen Klassifizierung nach der *Leistungssubstanz* des Franchisegebers ggü. dem Franchisenehmer, die zu einer - zudem terminologisch unsauberen - Unterscheidung von *Waren-* und *Leistungsprogrammfranchising* führt, soll in der vorliegenden Arbeit nicht gefolgt werden. Im Sinne der oben erfolgten engen Definition des Franchising, die im Zusammenhang mit den funktionalen Merkmalen die Weitergabe eines umfassenden Franchisekonzepts an den Franchisenehmer vorsieht, muß bei definitionskonformen Systemen stets ein Leistungsprogrammfranchising - bzw. *Business Format-Franchising* - vorliegen. Demgegenüber handelt es sich bei den unter dem Terminus Warenfranching gewährten Ausschließlichkeitsrechten im Bereich Warenproduktion und -vertrieb mit selektivem Vertrieb keinesfalls um Franchisesysteme. Diesen Zusammenhang hat bislang ausschließlich Martinek erkannt und ausführlich gewürdigt. Vgl. *Martinek, M.*, Franchising, a.a.O., S. 154 ff.

franchising.⁵¹ Beim Produktfranchising kann sich die Tätigkeit des Franchisenehmers ausschließlich auf die im Zusammenhang mit dem Warenvertrieb anfallenden Aufgaben beschränken - in diesem Fall liegen klassische Franchisesysteme des Handels vor - andererseits existieren Systemformen, bei denen der Franchisenehmer zusätzlich in die Leistungserstellung einbezogen ist.⁵² Aufgrund der im Dienstleistungsbereich notwendigen dezentralen Leistungserstellung werden dagegen beim Dienstleistungsfranchising durch den Franchisenehmer stets produktions- und absatzwirtschaftliche Funktionen übernommen.

Im Zusammenhang mit der **Systemgenese** als dritter Kriteriengruppe werden Franchisesysteme nach der Art ihrer Entstehung sowie nach der Lebenszyklus-Phase klassifiziert. Nach der **Art der Entstehung** sind originäre von derivativen Systemen zu unterscheiden. Bei originären Systemen erfolgt die Systemexpansion durch eine Neugründung franchisierter Betriebe⁵³; demgegenüber liegt bei derivativen Systemen regelmäßig eine Umstellung von Filialsystemen oder aber weniger intensiven Kooperationsformen in franchisierte Betriebe vor⁵⁴. Die Klassifizierung nach der **Lebenszyklus-Phase** erbringt schließlich eine alternative Einteilung von Franchisesystemen in die Einführungs- bzw. Gründungsphase, die Wachstumsphase, die Reifephase, die Sättigungsphase oder die Degenerations- respektive Konsolidierungsphase.⁵⁵

Die **Abgrenzung** und **Einordnung** des Franchising gegenüber verwandten Systemtypen als dritter Teilschritt der Begriffssystematisierung ist in der einschlägigen betriebswirtschaftlichen und rechtswissenschaftlichen Literatur durch ein **traditionelles Verständnis** des Franchising als **vertriebsgerichtete Koope-**

---

[51] Mit der zunehmenden Wettbewerbsdifferenzierung von Produkten durch sog. Value-Added-Services verliert diese Einteilung indes immer mehr an Trennschärfe. Martinek schlägt daher zutreffenderweise eine Klassifizierung nach dem Dominanzprinzip vor. Vgl. *Martinek, M.*, Franchising, a.a.O., S. 157.

[52] Klassisches Beispiel hierfür sind die Franchisesysteme der Getränkeabfüller.

[53] Vgl. *Beyer, W.E.*, Franchising als Instrument zur „Festigung der Marktstellung", a.a.O., S. 53 f.

[54] Derivative Systeme sind daher mit Blick auf die Systemstruktur zumindest temporär Mischsysteme.

[55] Vgl. *Meffert, H.*, Verhaltenswissenschaftliche Aspekte Vertraglicher Vertriebssysteme, in: Vertragliche Vertriebssysteme zwischen Industrie und Handel. Grundzüge einer betriebswirtschaftlichen, rechtlichen und volkswirtschaftlichen Beurteilung, Ahlert, D. (Hrsg.), Wiesbaden 1981, S. 109; *Gregor, Chr., Busch, R.*, Franchising - Ein Instrument zur Ausschöpfung nationaler und internationaler Märkte, in: Marktforschung & Management, 36. Jg. (1992), Nr. 3, S. 146.

rationsform gekennzeichnet.⁵⁶ Die Abgrenzungsbemühungen konzentrieren sich insofern regelmäßig auf drei Schwerpunkte:

1. Alternative **vertikale Kooperationsformen** wie Vertragshändler-, Agentur- und selektive Vertriebssysteme, wobei hier zusätzlich das Filialsystem als **herstellereigene Vertriebsorganisation** diskutiert wird,

2. verschiedene, stärker **horizontal strukturierte Kooperationsformen** wie Genossenschaften, freiwillige Ketten, aber auch Joint Ventures sowie

3. **verwandte Vertragsformen** mit absatzwirtschaftlichem Bezug wie die Lizenzvergabe oder der Know how-Vertrag.

Die Abgrenzung ggü. diesen drei Teilgruppen kann anhand der konstitutiven Merkmale des Franchising erfolgen und ist in der Tabelle 1 synoptisch dargestellt.⁵⁷ Dabei offenbaren sich zahlreiche Unterschiede, die nachfolgend in ihren Konsequenzen für die innengerichteten Führung von Franchisesystemen analysiert werden sollen: Das Franchising unterscheidet sich ggü. allen anderen System- und Vertragstypen zunächst maßgeblich hinsichtlich der **statusbezogenen Merkmale**. Der Franchisenehmer ist einerseits rechtlich und finanziell selbständiger Unternehmer, unterliegt gleichzeitig aber umfangreichen Weisungs- und Kontrollrechten der Systemzentrale, die ihn nicht nur objektiv, sondern auch in der subjektiven Eigenwahrnehmung seiner Selbständigkeit einschränken. Daraus können nachhaltige Motivationsprobleme⁵⁸, wie sie zwar in

---

⁵⁶ Zum Kooperationsbegriff vgl. *Boettcher, E.*, Kooperation und Demokratie in der Wirtschaft, Schriften zur Kooperationsforschung, Bd. 10, Boettcher, E. (Hrsg.), Tübingen 1974, S. 21. Zusätzliche Erkenntnisse gehen von einer bislang allerdings weitestgehend vernachlässigten *netzwerktheoretischen* Betrachtung des Franchising aus. Vgl. hierzu Kap. A 3.

⁵⁷ Vgl. zur Abgrenzungsproblematik insbesondere *Kaub, E.*, Franchise-Systeme in der Gastronomie, a.a.O., S. 48 ff.; *Ahlert, D.*, Absatzkanalstrategien des Konsumgüterherstellers auf der Grundlage Vertraglicher Vertriebssysteme mit dem Handel, a.a.O., S. 77 ff.; *Tietz, B.*, Handbuch Franchising: Zukunftsstrategien für die Marktbearbeitung, a.a.O., S. 16 ff.; *Clemens, R.*, Die Bedeutung des Franchising in der Bundesrepublik Deutschland: Eine empirische Studie von Franchisenehmern und -systemen, a.a.O., S. 15 ff.; *Bauder, W.*, Der Franchise-Vertrag, a.a.O., S. 41 ff.; *Beyer, W.E.*, Franchising als Instrument zur „Festigung der Marktstellung", a.a.O., S. 38 ff.; *Orthmann, Chr.*, Umfang, Struktur und Ausprägung des Franchisings in der Bundesrepublik Deutschland, a.a.O., S. 25 ff.; *Baumgarten, A.K.*, Das Franchising als Gesellschaftsverhältnis. Eine Studie zur spezifischen zivilrechtlichen Qualität des Rechtsverhältnisses zwischen Franchise-Geber und Franchise-Nehmer, a.a.O., S. 10 ff.; *Metzlaff, K.*, Franchiseverträge und EG-Kartellrecht. Die GruppenfreistellungsVO Nr. 4087/88 für Franchiseverträge, a.a.O., S. 32 ff.; *Florenz, P.J.*, Konzept des vertikalen Marketing: Entwicklung und Darstellung am Beispiel der deutschen Automobilwirtschaft, Bergisch-Gladbach, Köln 1992, S. 63 ff.

⁵⁸ Wie die Expertengespräche zeigten, führen Motivationsprobleme teilweise dazu, daß Franchisenehmer nach mehreren Jahren der Systemzugehörigkeit die operative Leitung ihres Betriebs an eigene Angestellte übertragen. Damit aber findet einer impliziter Wandel in Richtung

Filialsystemen, keinesfalls aber in klassischen Kooperationen existieren, sowie schwerwiegende Konflikte entstehen. Diese **Ambivalenz** des Franchisenehmerstatus stellt ein dem Franchising immanentes Führungsproblem dar, das den zentralen Unterschied der Führung von Franchisesystemen sowohl gegenüber hierarchischen als auch kooperativen Systemen begründet.[59]

Ferner weisen Franchisesysteme im Vergleich zu den kooperativen Systemtypen deutliche Unterschiede hinsichtlich der systembezogenen und funktionalen Merkmale auf. Diese beziehen sich insbesondere auf die wesentlich höhere Interaktionsintensität in Verbindung mit einer ausgeprägten vertikalen Arbeitsteilung zwischen den Systempartnern sowie auf den Umfang gegenseitiger Informations- und Leistungspflichten.[60] Daraus ergibt sich bei der Führung von Franchisenehmern durch die Systemzentrale eine ausgesprochene **Komplexität** des Beziehungsgefüges, die aus Sicht des Systemführers eine gegenüber anderen Kooperationsformen intensivere Koordinations- und Kommunikationstätigkeit sowie eine besonders ausgeprägte **Führungskompetenz** erfordert.[61] Aus dieser Komplexität erklärt sich zudem die hohe Bedeutung des **Vertrauenskonstruktes** für die Beziehung der Systempartner.[62]

---

eines Filialsystems statt, da die dezentralen Leitungsaufgaben wiederum in den Händen angestellter Arbeitnehmer liegen.

[59] Dieses Problem hat auch in der einschlägigen Literatur zum Franchising bislang nur wenig Beachtung gefunden, wurde jedoch in den Expertengesprächen des Verfassers immer wieder als zentral herausgestellt. Vgl. zu einer umfassenderen wissenschaftlichen Auseinandersetzung erstmals *Maas, P.*, Franchising in wirtschaftspsychologischer Perspektive - Handlungsspielraum und Handlungskompetenz in Franchise-Systemen: Eine empirische Studie bei Franchise-Nehmern, a.a.O., S. 49 ff.

[60] Als Indikator hierfür kann die Kommunikationsdichte dienen: So liegt die Kontaktfrequenz zwischen der Zentrale und den einzelnen Franchisenehmern durchschnittlich bei einem Kontakt pro Woche. In jedem vierten System bestehen Kontakte jedoch täglich. Hinzu kommen regelmäßige Kontakte der Franchisenehmer zu dezentral arbeitenden Systembetreuern. Das Ergebnis entstammt der im Rahmen des vorliegenden Forschungsprojektes durchgeführten schriftlichen Befragung. Vgl. zur Datenbasis ausführlich Kap. B 2.11.

[61] Vgl. *Guiltinan, J.P., Rejab, I.B., Rodgers, W.C.*, Factors Influencing Coordination in a Franchise Channel, in: JoR, Vol. 56 (1980), No. 3, S. 41; *Meffert, H., Kimmeskamp, G.*, Industrielle Vertriebssysteme im Zeichen der Handelskonzentration, in: Absatzwirtschaft, 26. Jg. (1983), Nr. 3, S. 228 ff. Aufgrund der Multiplikation eines standardisierten Franchisekonzepts ergibt sich ein Koordinationserfordernis jedoch schwerpunktmäßig vertikal, zwischen Franchisegeber und Franchisenehmern, nicht aber horizontal zwischen den struktur- und funktionsgleichen Franchisenehmerbetrieben.

[62] Vgl. hierzu *Sydow, J.*, Franchisingsysteme als strategische Netzwerke - Über das Warum des Franchising hinaus, a.a.O., S. 37 ff. sowie allg. *Rößl, D.*, Die Steuerbarkeit komplexer Austauschbeziehungen vor dem Hintergrund von Informationsasymmetrie und Unsicherheit, unveröffentlichtes Manuskript, S. 11 ff.

Altern. Kooperations-/Vertragsformen / Merkmalsgruppen d. Franchisedef.	Vertragshändlersystem	Agentursystem	selekt. Vertrieb/Alleinvertriebssystem	Filialsystem	Genossenschaft	freiwillige Ketten	Joint Ventures	Lizenzvertrag	Know how-Vertrag
Systembezogene Merkmale	-tendenziell geringere Interaktionsintensität	-/-	-i.d.R. geringere Interaktionsintensität	-kein Kooperationscharakter	-horizontaler Charakter -i.d.R. geringere Interaktionsintensität	-geringere Interaktionsintensität	-zumeist horizontaler Charakter	-deutlich geringere Interaktionsintensität	-deutlich geringere Interaktionsintensität
Vertragsbezogene Merkmale	-geringerer Regelungsumfang bzgl. Innenverhältnis d. Partner	-/-	-i.d.R. weniger umfassende vertragliche Regelungen (insbes. im Innenverhältnis)	-Existenz eines Arbeitsvertrages (=unterschiedl. Vertragstyp) -kein Dauerschuldverhältnis	-gesell.rechtl. statt individ. rechtl. Beziehungen -geringerer Regelungsumfang im Innenverhältnis	-kein vertragl. Dauerschuldverhältnis -gesell.rechtl. statt individ. rechtl. Beziehungen -deutlich eingeschränkter Regelungsumfang des Vertrages	-gesell.rechtl. statt individ. rechtl. Beziehungen -oftmals kürzere Vertragslaufzeit (abhängig vom Kooperationszweck)	-deutlich eingeschränkter Vertragsumfang (insbes. Überlassungsrechte)	-deutlich eingeschränkter Vertragsumfang (insbes. Überlassungsrechte) -nur teilweise Dauerschuldverhältnis
Statusbezogene Merkmale	-geringerer Umfang von Weisungs- u. Kontrollrechten	-Agent handelt in fremdem Namen und auf fremde Rechnung (unterschiedl. Status)	-wesentlich geringerer Umfang von Weisungs- u. Kontrollrechten	-fehlende Selbständigkeit d. Filialleiters[1] -weitergehende Weisungs- u. Kontrollrechte	-strukturelle Unterschiede bzgl. Weisungs- u. Kontrollrechten	-keine Weisungs- und Kontrollrechte	-kein vergleichbares Weisungs- u. Kontrollsystem	-keine vergleichbaren Weisungs- u. Kontrollrechte	-keine vergleichbaren Weisungs- u. Kontrollrechte
Marketingbezogene Merkmale	-i.d.R. geringerer Standardisierungsgrad des Marktauftritts	-/-	-geringerer Standardisierungsgrad des Marktauftritts	-/-[1] Angestelltenstatus	-i.d.R. geringerer Standardisierungsgrad des Marktauftritts	-geringerer Standardisierungsgrad des Marktauftritts -oftmals eher beschaffungsmarktorientiert	-kein verbindl. standard. Marketingkonzept (soweit überhaupt absatzmarktgerichtet)	-kein einheitl. Marktauftritt	-kein einheitl. Marktauftritt
Funktionale Merkmale	-geringeres Leistungsspektrum d. Systemträgers -unterschiedl. Entgeltregelungen -weniger Pflichten des Vertragshändlers	-geringerer Kapitaleinsatz -fehlende Entgeltregelungen	-unterschiedl. Entgeltregelungen -geringeres Spektrum gegenseitiger Rechte und Pflichten (Unterstütz.-leist. etc.)	-strukturelle Unterschiede hinsichtlich gegenseitiger Rechte/Pflichten -stark abweichende Entgeltregelungen	-kein umfassendes Geschäftssystem als Leistung der Zentrale	-deutlich geringerer Umfang gegenseitiger Rechte u. Pflichten	-/-	-kein vergleichbares arbeitsteiliges Leistungsprogramm	-kein vergleichbares arbeitsteiliges Leistungsprogramm

Tab. 1: Abgrenzung des Franchising gegenüber verwandten Kooperations- und Vertragsformen

Im Hinblick auf die im Systemvergleich ebenfalls abweichende **Vertragsgestaltung** in Franchisesystemen ist vor allem das Regelungsobjekt von Bedeutung. Während sich die vertraglichen Vereinbarungen in den verwandten Kooperationsformen regelmäßig stärker auf die absatzmarktgerichtete Führung eines Systems beziehen, erfährt in Franchiseverträgen zusätzlich das **Innenverhältnis** zwischen den Systempartnern eine intensive, in dieser Form in anderen Systemtypen nicht anzutreffende vertragliche Regelungsdichte.[63] Der Franchisevertrag stellt damit die zentrale Legitimationsgrundlage für die Systemführung durch den Franchisegeber dar.[64] Dieser Unterschied gilt im übrigen auch im Verhältnis zu Vertragshändler-Verträgen, in denen vor allem die gegenseitigen Verpflichtungen der Vertragsparteien sowie die Kontroll- und Weisungsrechte einen deutlich geringeren Umfang aufweisen.[65] In Franchisesystemen besteht insofern ein sehr enges Verhältnis zwischen Führungsverhalten und vertraglichen Rahmenbedingungen[66], ohne daß es aufgrund der Komplexität und Langfristigkeit der Beziehung gelingen kann, diese lückenlos zu erfassen und vertraglich zu regeln.[67]

Mit Blick auf die marketingbezogenen Merkmale weisen Franchisesysteme einen nur mit Filialsystemen vergleichbaren **Standardisierungsgrad** auf. Die Durchsetzung eines einheitlichen Marktauftritts begründet die Notwendigkeit von **Kontrollen** der Franchisenehmerbetriebe und führt gleichzeitig zu einer wesentlichen Einschränkung des Handlungsspielraums der Franchisenehmer.[68] Daraus entstehen vor allem bei längerer Systemzugehörigkeit von Franchisenehmern

---

[63] Eine Ausnahme bilden hier allenfalls die Agentursysteme, die aber aufgrund des unterschiedlichen Status des Agenten - dieser handelt in fremdem Namen und auf fremde Rechnung - nicht mit Franchisesystemen zu vergleichen sind.

[64] Vgl. zum Begriff der Führungslegitimation *Kirsch, W.*, Organisatorische Führungssysteme: Bausteine zu einem verhaltenswissenschaftlichen Bezugsrahmen, Planungs- und organisationswissenschaftliche Schriften, Kirsch, W. (Hrsg.), München 1976, S. 89 ff.

[65] Vgl. hierzu insbesondere *Florenz, P.J.*, Konzept des vertikalen Marketing: Entwicklung und Darstellung am Beispiel der deutschen Automobilwirtschaft, a.a.O., S. 69.

[66] Der Franchisevertrag determiniert damit den Spielraum, den die Systemzentrale beim Einsatz verschiedener Führungsinstrumente besitzt. Vgl. hierzu die Ausführungen zum Gestaltungsspielraum des Führungsverhaltens in Kap. B 1.35.

[67] Vgl. hierzu die Ausführungen zur Vertragstheorie in Kap. C 1.33.

[68] So ist in Franchisesystemen z.B. eine eigenständige Betriebstypenprofilierung, die selbst in vertraglichen Vertriebssystemen des Automobilhandels im Rahmen des Intra-Gruppen-Wettbewerbs von Händlerseite realisiert wird, unmöglich. Eigene Profilierungsbestrebungen von Franchisenehmern führen daher immer wieder zu Konflikten mit der Systemzentrale. Vgl. zur Betriebstypenprofilierung im Automobilhandel ausführlich *Wöllenstein, S.*, Betriebstypenprofilierung in vertraglichen Vertriebssystemen. Eine Analyse von Einflußfaktoren und Erfolgswirkungen auf der Grundlage eines Vertragshändlersystems im Automobilhandel, Diss., Münster 1994, in Vorbereitung.

immer wieder **Konflikte**, da diese ein verändertes Rollenverständnis entwickeln, das sich vielfach in Forderungen nach einer höheren Autonomie artikuliert.[69] Aus der Konfliktproblematik ergibt sich indes lediglich ein Unterschied gegenüber den aufgrund ihrer hierarchischen Struktur konfliktärmeren Filialsystemen, nicht aber gegenüber verwandten Kooperationsformen, in denen gleichfalls ein hohes Konfliktpotential besteht.[70]

War im ersten Kapitel die Auseinandersetzung mit der Führungsthematik aus einem evidenten Bedarf der Praxis heraus begründet worden, so wird nun deutlich, daß in Franchisesystemen eigenständige Führungsprobleme existieren, in deren Zentrum der ambivalente Status des Franchisenehmers steht. Damit erlangt die Fragestellung der vorliegenden Arbeit auch aus der **Theorieperspektive** Relevanz.

3. Innengerichtete Systemführung als Gegenstand der Untersuchung

In der deutschen Betriebswirtschaftslehre hat sich ein duales Verständnis des Führungsbegriffs herausgebildet. Führung wird einerseits als Unternehmensführung interpretiert und umfaßt damit die „Steuerung des (Quasi-)Verhaltens der Institution Unternehmung durch das Top-Management".[71] Im Mittelpunkt stehen dabei die Planung, Organisation, Durchsetzung und Kontrolle der betrieblichen Leistungsprozesse.[72] Diesem **managementorientierten** Führungsbegriff ist der **verhaltensorientierte** gegenüberzustellen, den Heinen in Anlehnung an die angelsächsische Organisationstheorie begründet hat. Führung wird danach als „personenbezogene Handlung, bei der einzelne Personen oder Personen-

---

[69] Vgl. zu einer lebenszyklusbezogenen Betrachtung der Konfliktproblematik in Franchisesystemen *Meffert, H.*, Verhaltenswissenschaftliche Aspekte Vertraglicher Vertriebssysteme, a.a.O., S. 109 f.

[70] Auf die hohe Bedeutung systeminterner Konflikte deutet auch die Einrichtung einer Schiedsstelle durch den Deutschen Franchise-Verband hin, durch die eine außergerichtliche Beilegung von Konflikten ermöglicht werden soll.

[71] *Fritz, W.*, Marktorientierte Unternehmensführung und Unternehmenserfolg: Grundlagen und Ergebnisse einer empirischen Untersuchung, Stuttgart 1992, S. 31 (im folgenden zitiert als: Fritz, W., Marktorientierte Unternehmensführung).

[72] Vgl. *Steinmann, H., Schreyögg, G.*, Management: Grundlagen der Unternehmensführung: Konzepte, Funktionen, Praxisfälle, Wiesbaden 1990, S. 487 in Verbindung mit S. 6 f.; *Bea, F.X., Dichtl, E., Schweitzer, M.* (Hrsg.), Allgemeine Betriebswirtschaftslehre, Bd. 2: Führung, 6. Aufl., Stuttgart, Jena 1993, S. 1 f.; *Wunderer, R.*, Führung und Zusammenarbeit. Beiträge zu einer Führungslehre, Stuttgart 1992, S. 3 f.; *Rahn, H.-J.*, Betriebliche Führung, 2. Aufl., Kiel 1992, S. 22 ff.

mehrheiten (Führende) auf andere Personen (Geführte) einwirken, um diese zu einem zielentsprechenden Handeln zu veranlassen", definiert.[73]

Beide Führungsbegriffe weisen ein **komplementäres** Verhältnis auf. Steht im Mittelpunkt des managementorientierten Führungsbegriffs die **sachlich-materielle** Sicht der Führung, so ist der verhaltensorientierte auf die **verhaltensbezogen-personelle** Ebene und damit auf die zur Umsetzung der Sachaufgaben notwendige Verhaltensbeeinflussung gerichtet.[74] Ähnlich argumentiert Ulrich, wenn er betont, daß Unternehmensführung „...nicht nur Menschenführung, sondern Gestaltung und Lenkung eines [...] Systems" bedeutet.[75]

Der zunächst auf die Individual- und Gruppenebene begrenzte, verhaltensorientierte Führungsbegriff wurde in den siebziger und achtziger Jahren auf die **Organisationsebene** ausgeweitet.[76] Führungsprozesse können damit nicht nur intraorganisational zwischen den Mitgliedern einer Organisation erfolgen, sondern auch zwischen Organisationen, wobei sich die konkrete Verhaltensbeeinflussung zumeist zwischen den oberen Leitungsstellen und damit wiederum zwischen Individuen oder Gruppen als Trägern von Entscheidungen vollzieht.[77] Mit dieser **Mehrebenenbetrachtung** des verhaltensorientierten Führungsbegriffs wird die-

---

[73] *Heinen, E.*, Führung als Gegenstand der Betriebswirtschaftslehre, in: Betriebswirtschaftliche Führungslehre: Grundlagen - Strategien - Modelle, Heinen, E. (Hrsg.), 2. Aufl., Wiesbaden 1984, S. 38.

[74] Vgl. *Steinle, C.*, Führung. Grundlagen, Prozesse und Modelle der Führung in der Unternehmung, a.a.O., S. 105 ff.; *Staehle, W.H.*, Management: Eine verhaltenswissenschaftliche Perspektive, 4. Aufl., München 1989, S. 76 f.; *Sprenger, H.-P.*, Kooperative Führungskonzepte in deutschen Unternehmen. Einführungsprobleme und Strategien zu ihrer Bewältigung, Berlin 1987, S. 15 f.

[75] *Ulrich, H.*, Management, Bern, Stuttgart 1984, S. 223.

[76] Vgl. *Evan, W.M.*, Toward a Theory of Interorganizational Relations, in: Distribution Channels: Behavioral Dimensions, Stern, L.W. (Hrsg.), New York u.a. 1969, S. 74; *Kümpers, A.*, Marketingführerschaft. Eine verhaltenswissenschaftliche Analyse des vertikalen Marketing, Diss., Münster 1976, S. 8 f.; *Heide, J.B.*, Interorganizational Governance in Marketing Channels, in: JoM, Vol. 58 (1994), No. 1, S. 71.

[77] Vgl. *Sydow J., Windeler, A.*, Über Netzwerke, virtuelle Integration und Interorganisationsbeziehungen, in: Management interorganisationaler Beziehungen: Vertrauen, Kontrolle und Informationstechnik, Sydow, J., Windeler, A. (Hrsg.), Opladen 1994, S. 8. In Franchisesystemen sind Leitungsstellen auf Seiten der Systemzentrale vor allem die Person des Franchisegebers oder Geschäftsführers, weitere Führungskräfte sowie die dezentral arbeitenden Systembetreuer und -berater. Innerhalb des Franchisenehmerbetriebes ist die Person des Franchisenehmers zumeist die einzige Leitungsstelle. Ausnahmen ergeben sich hier lediglich beim Großbetriebsfranchising. Zum Begriff der Leitungsstelle bzw. Instanz vgl. z.B. *Laux, H., Liermann, F.*, Grundlagen der Organisation. Die Steuerung von Entscheidungen als Grundproblem der Betriebswirtschaftslehre, 3. Aufl., Berlin u.a. 1993, S. 195.

ser unmittelbar für die Untersuchung der Führung von Franchisesystemen als einem speziellen Problem der interorganisationalen Führung anwendbar.

Zur weiteren Präzisierung des für die vorliegende Arbeit relevanten Führungsbegriffs müssen zusätzlich zwei Ansätze der verhaltenswissenschaftlichen Führungsforschung unterschieden werden.[78] Im Mittelpunkt einer Gruppe von Arbeiten steht die Analyse des individuellen **Beeinflussungsprozesses** zwischen Führer und Geführtem bzw. einer führenden und „geführten" Organisation. Dabei werden insbesondere die Entstehung von Führerschaft sowie die Bedingungen, von denen der Beeinflussungserfolg abhängt, analysiert. Daneben wird in einer als eher pragmatisch zu kennzeichnenden Forschungsrichtung auf zumeist empirischer Basis der Zusammenhang zwischen dem **Führungsverhalten** und dem Untergebenenverhalten betrachtet, wobei der konkrete, interaktiv ablaufende Beeinflussungsprozeß im Sinne eines black box-Modells unberücksichtigt bleibt. Dabei erfolgt eine Verdichtung differenzierter Einflußformen des Führers zu sog. **Führungsstilen**, die wiederum im Hinblick auf bestimmte Verhaltenswirkungen wie Zufriedenheit und Effektivität der Mitarbeiter untersucht werden.[79] Im Rahmen der vorliegenden Arbeit soll diesem, von der Betrachtung des Beeinflussungsprozesses abstrahierenden Führungsbegriff gefolgt werden.

Damit ist - unter Berücksichtigung der spezifischen Führungskonstellation in Franchisesystemen - weiterhin zu fragen, über welche grundsätzlichen Einflußformen eine Verhaltensbeeinflussung der Franchisenehmer erreicht werden kann (**Instrumentaler Bezug** der Führung). Da die Franchisenehmer ihrerseits ein eigenes Unternehmen leiten[80], stützt sich das Führungsverhalten der Systemzentrale nicht nur auf die im Rahmen der klassischen Führungsforschung schwerpunktmäßig betrachteten **personellen** Einflußformen zwischen Führern und Geführten z.B. in Gestalt von Anreizen oder negativen Sanktionen.[81]

---

[78] Vgl. hierzu und im folgenden *Steinmann, H., Schreyögg, G.*, Management: Grundlagen der Unternehmensführung: Konzepte, Funktionen, Praxisfälle, a.a.O., S. 497.

[79] Ein Führungsstil umfaßt ein Verhaltensmuster, das durchgängig bei der Mitarbeiterführung zu beobachten ist. Vgl. *Steinle, C.*, Führung. Grundlagen, Prozesse und Modelle der Führung in der Unternehmung, a.a.O., S. 163.

[80] So beschäftigen deutsche Franchisenehmer im Durchschnitt 6,1 Vollzeitangestellte. Vgl. *Biffar, O.D.*, Boom, in: FAZ vom 30. Mai 1995, S. B1.

[81] Die *personellen* Einflußformen umfassen dabei alle Maßnahmen, die auf eine direkte, persönliche Verhaltensbeeinflussung des Franchisenehmers gerichtet sind.

Weiterhin gewinnen **technokratische** Einflußformen Relevanz[82], durch die der Franchisegeber mittelbar auf die Unternehmensführung des Franchisenehmers einwirken kann.[83] Diese bestehen z.B. in Ergebniskontrollen des Franchisenehmerbetriebes oder in gemeinsamen, die zukünftige Geschäftsentwicklung betreffenden Zielvereinbarungen mit dem Franchisenehmer.[84] Ferner kann die Systemzentrale z.B. über die Bildung von Beiräten die Franchisenehmer kollektiv in bestimmte systembezogene Entscheidungen einbeziehen. Zusätzlich sind damit auch **strukturelle** Einflußformen für die Verhaltensbeeinflussung von Bedeutung.[85] Daher müssen in einen für die Analyse von interorganisationalen Führungsphänomenen geeigneten Führungsbegriff gleichermaßen strukturelle, technokratische und personelle Formen der Verhaltensbeeinflussung eingehen.[86]

---

[82] Den *technokratischen* Einflußformen sollen alle Maßnahmen subsumiert werden, die auf eine indirekte Verhaltensbeeinflussung der Franchisenehmer durch den Einsatz betriebswirtschaftlicher Planungs- und Kontrollinstrumente gerichtet sind.

[83] Vgl. zur Notwendigkeit der Einbeziehung technokratischer Einflußformen bei interorganisationalen Beziehungen *Heide, J.B.*, Interorganizational Governance in Marketing Channels, a.a.O., S. 75 ff. Zum geringen Stellenwert technokratischer Formen der Verhaltensbeeinflussung im Bereich der Führungsforschung vgl. *Krystek, U., Zumbrock, S.*, Planung und Vertrauen: Die Bedeutung von Vertrauen und Mißtrauen für die Qualität von Planungs- und Kontrollsystemen, Stuttgart 1993, S. 53; *Macharzina, K.*, Unternehmensführung: das internationale Managementwissen: Konzepte - Methoden - Praxis, Wiesbaden 1983, S. 38 f. Eine inhaltlich identische Differenzierung in eine personen- und sachorientierte Führung findet sich bei *Rahn, H.-J.*, Betriebliche Führung, a.a.O., S. 22 f. Ähnlich differenziert Staehle, der eine personen- und eine sachbezogene Komponente des Management unterscheidet. Vgl. *Staehle, W.H.*, Management: Eine verhaltenswissenschaftliche Perspektive, a.a.O., S. 76 f.

[84] Derartige Kontrollen können dann ihrerseits wieder Grundlage einer unmittelbar personenbezogenen Verhaltensbeeinflussung in Form von Belohnungen oder Bestrafungen des Franchisenehmers sein.

[85] *Strukturelle* Einflußformen betreffen damit aufbauorganisatorische Maßnahmen, die rahmenbildenden Charakter besitzen und damit ebenfalls indirekt das Franchisenehmerverhalten steuern. Staehle spricht in diesem Zusammenhang ausdrücklich von einer strukturellen, in Abgrenzung zur personalen Führung. Vgl. *Staehle, W.H.*, Management: Eine verhaltenswissenschaftliche Perspektive, a.a.O., S. 480. Vgl. zur strukturellen Verhaltensbeeinflussung weiterhin *Schanz, G.*, Organisationsgestaltung, Struktur und Verhalten, München 1982, S. 10 ff.; *Küpper, H.-U.*, Betriebswirtschaftliche Steuerungs- und Lenkungsmechanismen organisationsinterner Kooperation, in: Wunderer, R. (Hrsg.), Kooperation - Gestaltungsprinzipien und Steuerung der Zusammenarbeit zwischen Organisationseinheiten, Stuttgart 1991, S. 180 ff. Küppers Aussagen richten sich zwar auf den Bereich unternehmensinterner Kooperationen, erscheinen aber aufgrund der ähnlichen Problemstruktur durchaus übertragbar. Zur Vernachlässigung des organisationalen Kontextes in der Führungsforschung vgl. ebenfalls *Staehle, W.H.*, Management: Eine verhaltenswissenschaftliche Perspektive, a.a.O., S. 356.

[86] Terminologisch wird damit Khandwalla gefolgt, der zur Strukturierung von Koordinationsmechanismen eine Unterteilung in eine strukturelle, technokratische und personenbezogene Koordination vornimmt. Auf der Instrumenteebene ergeben sich jedoch aufgrund der verschiedenen Zielsetzungen von Führung und Koordination zahlreiche Unterschiede. Vgl. *Khandwalla, P.N.*, Uncertainty and the „Optimal" Design of Organizations. Arbeitspapier zum 19. TIMS-

Die Verhaltensbeeinflussung der Franchisenehmer sollte dabei nie Selbstzweck sein, sondern - dies verdeutlicht der von Heinen geprägte Führungsbegriff - stets auf die Erreichung bestimmter Ziele der Systemzentrale hin ausgerichtet sein (**Zielbezug** der Führung).[87] Nach der Erreichung dieser Ziele, die je nach betrachtetem Franchisesystem deutliche Unterschiede aufweisen dürften und damit nicht als verallgemeinerbar anzusehen sind, bemißt sich der Erfolg jeglicher Verhaltensbeeinflussung der Franchisenehmer und damit der innengerichteten Systemführung.[88] Hierbei soll zwischen vorgelagerten Verhaltenswirkungen auf Ebene der Franchisenehmer und finalen, sich auf den Erreichungsgrad der Systemziele beziehenden Wirkungen differenziert werden (**Wirkungs-** und **Erfolgsbezug** der Führung).[89]

Erschwert wird die zieladäquate Ausgestaltung der strukturellen, technokratischen und personellen Einflußformen allerdings durch Einflüsse, die von der jeweiligen Systemumwelt sowie von spezifischen, situativen Systemmerkmalen ausgehen. Diese kennzeichnen den **situativen Bezug** der Führung.[90] Schließlich hat der Franchisegeber als Systemführer horizontale Verflechtungen zwischen den Franchisenehmern des Systems zu berücksichtigen, die aus dem Netzwerkcharakter von Franchisesystemen resultieren.[91] Damit gewinnen Fragen der Standardisierung oder Differenzierung des Führungsverhaltens sowie

---

Meeting, Houston, Tex. 1972 (deutsche Übersetzung in: Organisationstheorie Bd. 1, E. Grochla (Hrsg.), Stuttgart 1975, S. 140 ff.).

[87] Dabei ist zu unterscheiden zwischen sozialen Zielen (z.B. Zufriedenheit und Identifikation der Franchisenehmer), Marktstellungszielen (z.B. Marktanteil und Umsatz des Systems sowie der Franchisenehmer) sowie Rentabilitäts- und finanziellen Zielen (insbes. Gewinn des Franchisegebers sowie der Franchisenehmer). Eine ausführliche Zieldiskussion findet sich in Kap. C 1.31. Zu der verwendeten Zielsystematik vgl. *Meffert, H.*, Marketing: Grundlagen der Absatzpolitik, 7. Aufl., Wiesbaden 1986, S. 78 f.

[88] Als Beispiel sei das Ziel der Konfliktvermeidung angeführt, dem je nach Konfliktbereitschaft der Systemzentrale unterschiedliche Prioritäten beigemessen werden dürften.

[89] Vgl. hierzu ausführlich Kapitel C 2.2, wo zwischen einer unternehmerischen und einer systembezogenen Verhaltensdimension der Franchisenehmer sowie vier, an die Systemziele anknüpfenden Erfolgsdimensionen differenziert wird.

[90] Damit wird indes lediglich eine Aussage darüber getroffen, daß das Führungsverhalten in seinen Wirkungen situativ beeinflußt werden kann, nicht aber darüber, ob von Systemzentralen faktisch ein an den situativen Kontext angepaßtes Führungsverhalten verfolgt wird.

[91] Vgl. *Sydow, J.*, Franchisingsysteme als strategische Netzwerke - Über das Warum des Franchising hinaus, a.a.O., S. 34 sowie allgemein *Jarillo, J.C.*, On Strategic Networks, in: SMJ, Vol. 9 (1988), No. 1, S. 32. Insofern liegen bei der Führung von Franchisenehmern keine dyadischen Beziehungen vor, in denen sich die Verhaltensbeeinflussung schwerpunktmäßig oder ausschließlich zwischen den Mitgliedern zweier Organisationen vollzieht. Vgl. zum Begriff der dyadischen Beziehung *Kern, E.*, Der Interaktionsansatz im Investitionsgütermarketing: eine konfirmatorische Analyse, Berlin 1990, S. 17.

der Steuerung der horizontalen Kontakte zwischen den Franchisenehmern an Bedeutung (**Systembezug** der Führung).[92]

Im Ergebnis wird der vorliegenden Arbeit damit ein Führungsbegriff zugrunde gelegt, der die zielgerichtete, auf strukturellen, technokratischen und personellen Einflußformen basierende und sich in einem spezifischen situativen Kontext vollziehende Verhaltensbeeinflussung der Franchisenehmer als Mitglieder eines Systems durch den Franchisegeber als vertraglich legitimiertem Systemführer umfaßt.[93] Hierfür wird der Begriff der **innengerichteten** (bzw. franchisenehmergerichteten) **Systemführung** verwendet. Sofern die Ausgestaltung der strukturellen, technokratischen und personellen Einflußformen in einem System durchgängige Verhaltensmuster zeigt, wird von einem **Führungstyp** gesprochen.[94]

Neben der Verhaltensbeeinflussung der Franchisenehmer stellen sich für die Systemzentrale originäre **managementorientierte** Aufgaben, die insbesondere auf die Gestaltung der Beschaffungs-, Produktions- und Absatzfunktion des Franchisesystems gerichtet sind. Diese betreffen sowohl Beziehungen innerhalb des Systems (z.B. Warenversorgung der Franchisenehmer durch den Franchisegeber, Marketingunterstützung der Franchisenehmer durch die Systemzentrale) als auch solche zwischen den Systemmitgliedern und ihrer Umwelt (z.B. Einsatz von Marketingmaßnahmen durch die Systemzentrale).[95] Im Rahmen der vorliegenden Arbeit soll die Betrachtung dieser vielfältigen Sachaufgaben auf die Absatzfunktion und damit die Beziehungen der Systemmitglieder gegenüber

---

[92] So können z.B. unterschiedliche Kontrollfrequenzen der Franchisenehmerbetriebe als Ausdruck eines differenzierten Führungsverhaltens Konflikte verursachen, wenn besonders streng kontrollierte Franchisenehmer hierin eine Benachteiligung sehen.

[93] Da in der Literatur zur interorganisationalen Führung keine hinreichend präzisen Definitionen des Begriffs der Systemführung verwendet werden, muß der Arbeit eine eigenen Definition zugrunde gelegt werden. Vgl. hierzu z.B. *Sydow J., Windeler, A.*, Über Netzwerke, virtuelle Integration und Interorganisationsbeziehungen, a.a.O., S. 3. Diese definieren das Management interorganisationaler Beziehungen als die „absichtsvolle Gestaltung dieser Beziehungen".

[94] Bezugspunkt eines Führungstyps ist damit ein einzelnes Franchisesystem. Die Identifikation von Führungstypen erfordert insoweit die vergleichende Betrachtung mehrerer Systeme. Demgegenüber ist der Bezugspunkt des Führungsstils die individuelle Führer-Geführten-Beziehung. Damit soll eine bewußte Abgrenzung gegenüber dem Begriff des Führungsstils erfolgen, der zudem weder die zusätzlich relevanten Formen der Verhaltensbeeinflussung noch den Systembezug der Führung berücksichtigt. Hinsichtlich der Führungsstil-Definition wird damit im Grundsatz Steinle gefolgt. Vgl. *Steinle, C.*, Führung. Grundlagen, Prozesse und Modelle der Führung in der Unternehmung, a.a.O., S. 163.

[95] Hierunter fallen die Beziehungen zu Wettbewerbern, Kunden, Zulieferern, Kapitalgebern, politischen und juristischen Entscheidungsträgern sowie sonstigen Anspruchsgruppen.

Wettbewerbern und Kunden eingegrenzt werden. Zur Kennzeichnung dieses Führungsaspekts wird der Begriff der **absatzmarktgerichteten Systemführung** verwendet.

Beide **Teilbereiche der Systemführung** sind - im Sinne der o.g. Dualität des Führungsbegriffs - in hohem Maße **interdependent**: Einerseits ist zu vermuten, daß Entscheidungen über die Marktausrichtung eines Systems Auswirkungen auf das Innenverhältnis zwischen der Systemzentrale und den Franchisenehmern haben, andererseits dürfte von innengerichteten Führungsentscheidungen und der durch diese determinierten Qualität der systeminternen Beziehungen ein maßgeblicher Einfluß auf die Wettbewerbsfähigkeit eines Franchisesystems am Markt ausgehen.[96] Die Abbildung 5 zeigt abschließend die beiden Teilbereiche der Systemführung im Überblick.[97]

---

[96] Als illustratives Beispiel kann der Benetton-Fall angeführt werden: Zum einen verfolgte die italienische Systemzentrale ihre Werbekampagne gegen die breite Negativ-Einschätzung der Benetton-Kunden sowie der allgemeinen Öffentlichkeit und zeigte damit eine fehlende Markt- und Kundenorientierung bei der absatzmarktgerichteten Systemführung. Zum anderen wurde die Kampagne auch gegen den internen Widerstand der Händler durchgesetzt, wobei eine klare Konfliktstrategie bis hin zur gerichtlichen Eskalation verfolgt wurde. Das Ergebnis ist ein zerrüttetes Verhältnis zur Händlerschaft mit wiederum starken negativen Rückwirkungen auf die absatzmarktgerichtete Systemführung (Imageeinbrüche). Vgl. o.V., Dem Benetton-Vertriebssystem droht der Zusammenbruch, in: FAZ vom 17. Januar 1995, S. 15; o.V., Hinter der Provokation verbirgt sich kaltes Kalkül: Benettons Werbung hält der Prüfung nicht stand, in: FAZ vom 7. Juli 1995, S. 3. Es sei zusätzlich darauf verwiesen, daß es sich bei Benetton um kein Franchisesystem im engeren Sinne handelt. Vgl. dazu auch Lang, H., Fall Benetton: Warum das Vertriebskonzept des italienischen Bekleidungsherstellers nichts mit Franchising zu tun hat, in: Franchise International, o. Jg. (1995), Nr. 1, S. 34.

[97] Vgl. zum Zusammenhang zwischen innengerichteter und absatzmarktgerichteter Systemführung ausführlich Kapitel C 1.32 und C 3.32.

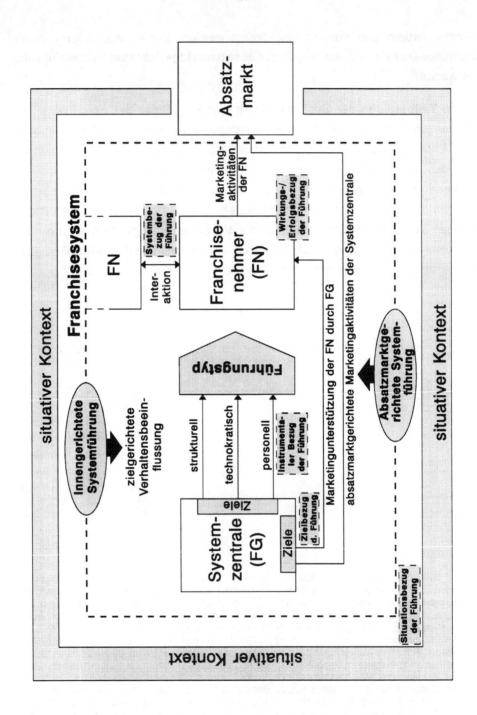

Abb. 5: Teilbereiche und Bezugsebenen der Führung von Franchisesystemen

4. Bestandsaufnahme und Würdigung von Forschungsansätzen mit Bezug zur interorganisationalen Führung

Mit Blick auf die innengerichtete Führung war bereits am Ende des ersten Kapitels das bestehende Defizit an Forschungsarbeiten mit speziellem Bezug zum Franchising herausgestellt worden. Im **deutschsprachigen** Schrifttum lag der Schwerpunkt betriebswirtschaftlicher Untersuchungen des Franchising neben der Systematisierung und Abgrenzung des Franchisebegriffs bislang in der Überprüfung sektoraler und branchenbezogener Einsatzmöglichkeiten sowie ausgewählter strategischer Fragestellungen.[98] Eine größere Anzahl von Veröffentlichungen zum Franchising mit verschiedenen Bezügen zur Führungsthematik existiert demgegenüber im angelsächsischen Raum. Diese Arbeiten sowie die wenigen einschlägigen deutschsprachigen Untersuchungen sollen im Zusammenhang mit grundsätzlich relevanten **Forschungsansätzen** und **Theorien** gewürdigt werden, von denen Beiträge sowohl für die Beschreibung und Erklärung unterschiedlicher Formen des Führungsverhaltens in Franchisesystemen (**Beschreibungs-** und **Erklärungsfunktion**) als auch für die mit Bezug auf die verfolgten Ziele des Franchisegebers vorteilhafte Ausgestaltung des Führungsverhaltens ausgehen können (**Gestaltungsfunktion**). Damit ist gleichzeitig die Frage nach der theoretischen Einordnung der vorliegenden Arbeit angesprochen.[99]

Im Zuge der Systematisierung des Führungsbegriffs ist bereits der empirischpragmatische Zweig der **klassischen Führungsforschung** erwähnt worden. Wenngleich die verschiedenen, in diesem Zusammenhang erarbeiteten Füh-

---

[98] So untersucht Knigge das Franchising als mögliche Vertriebs- und Organisationsform von Dienstleistungsunternehmen, während Vogt und Kirchherr die Eignung des Franchising für den Vertrieb von Investitionsgütern in den Mittelpunkt ihrer Betrachtungen stellen. Kaub wählt eine branchenbezogene Untersuchungsperspektive, indem er auf Basis des entscheidungsorientierten Ansatzes Erfolgsvoraussetzungen und Ausgestaltungsformen des Franchising im Gastronomiebereich herausarbeitet. Strategische Fragestellungen dominieren demgegenüber in den Arbeiten von Görge und Beyer. Während Görge die Internationalisierung von Franchisesystemen untersucht, thematisiert Beyer das Franchising als „Instrument zur Festigung der Marktstellung". Vgl. *Knigge, J.*, Franchise-Systeme im Dienstleistungssektor, a.a.O.; *Vogt, A.*, Franchising von Produktivgütern: Voraussetzungen, Beurteilungskriterien und Einsatzmöglichkeiten, Diss., Darmstadt 1976; *Kirchherr, M.*, Franchising für Investitionsgüter: Optionen für Marktbearbeitungsstrategien, Diss., Saarbrücken 1993; *Kaub, E.*, Franchise-Systeme in der Gastronomie, a.a.O.; *Beyer, W.E.*, Franchising als Instrument zur „Festigung der Marktstellung", a.a.O.; *Görge, A.*, Die Internationalisierung von Franchisesystemen, a.a.O.

[99] Vgl. zur Beschreibungs- und Erklärungsfunktion sowie zur Gestaltungsfunktion als den zentralen Funktionen von Theorien *Kieser, A., Kubicek, H.*, Organisationstheorien I: Wissenschaftstheoretische Anforderungen und kritische Analyse klassischer Ansätze, Stuttgart u.a. 1978, S. 14 f.

rungsstil-Typologien auf die individuelle Führer-Geführten-Beziehung abstellen, erscheint dennoch eine Überprüfung ihrer Übertragbarkeit auf interorganisationale Beziehungen sinnvoll.[100] Neben der Beschreibung grundlegender Führungsstile, wie sie möglicherweise auch in komplexe Typen der Systemführung eingehen, sind Beiträge insbesondere von den sog. Situationstheorien der Führung zu erwarten, die - im Sinne des situativen Bezugs der Führung - den Erfolg eines bestimmten Führungsstils in Abhängigkeit von der Führungssituation betrachten und damit die Notwendigkeit eines Fit von Situation und Führung herausstellen.[101]

Während die Situationstheorien der Führung auf die Individualebene beschränkt bleiben und somit den Systembezug sowie den interorganisationalen Charakter der Führung in Franchisesystemen vernachlässigen, beschäftigen sich die **verhaltenswissenschaftlichen** Arbeiten zum **vertikalen Marketing** traditionell mit interorganisationalen Führungsproblemen. In deren Mittelpunkt steht zum einen die konzeptionelle und empirische Analyse der Konfliktproblematik in Absatzkanälen.[102] Einen weiteren Forschungsschwerpunkt bilden Fragen der Entstehung von Führerschaft in Absatzkanälen, wobei im Sinne der o.g. Beschreibungs- und Erklärungsfunktion primär die Bestimmungsfaktoren untersucht werden, durch die ein Unternehmen die Position des Marketingführers erlangen kann.[103] Darüber hinaus erfolgt eine konzeptionelle Ableitung typenähnlicher Ausprägungsformen des Führungsverhaltens, die für die Ausgestaltung der

---

[100] Vgl. hierzu die Ausführungen in Kap. B 1.21.

[101] Der bekannteste Ansatz geht auf Fiedler zurück, der in seinem Kontingenzmodell der Führung zwei Führungsstile unterscheidet und deren Vorteilhaftigkeit in Abhängigkeit von acht Führungssituationen bestimmt. Vgl. *Fiedler, F.E.*, A Theory of Leadership Effectiveness, New York 1967, S. 146 ff. Weitere situative Ansätze der Führung stammen z.B. von Yukl sowie Vroom und Yetton. Vgl. *Yukl, G.A.*, Leadership in Organizations, Englewood Cliffs, N.J. 1981; *Vroom, V.H., Yetton, P.*, Leadership and Decision-Making, Pittsburg 1973. Vgl. hierzu ausführlich Kapitel B 1.21.

[102] Vgl. hierzu stellvertretend *Stern, L.W. (Hrsg.)*, Distribution Channels: Behavioral Dimensions, a.a.O., S. 21 ff.; *Thompson, D.N. (Hrsg.)*, Contractual Marketing Systems, Lexington, Mass. 1971, S. 109 ff.; *Gaski, J.F.*, The Theory of Power and Conflict in Channels of Distribution, in: JoM, Vol. 48 (1984), No. 2, S. 9 ff. Als mögliche Konfliktursachen werden dabei insbesondere Ziel-, Rollen-, Kommunikations- und insbesondere Machtbeziehungen zwischen Unternehmen eines Absatzkanals untersucht. Vgl. *Steffenhagen, H.*, Konflikt und Kooperation in Absatzkanälen: Ein Beitrag zur verhaltensorientierten Marketingtheorie, Schriftenreihe Unternehmensführung und Marketing, Bd. 5, Meffert, H. (Hrsg.), Wiesbaden 1975, S. 71 ff.

[103] Vgl. *Kümpers, A.*, Marketingführerschaft. Eine verhaltenswissenschaftliche Analyse des vertikalen Marketing, a.a.O., S. 78 ff. Die Problemstellung unterscheidet sich insofern grundlegend von der Führungsproblematik in Franchisesystemen, in denen der Franchisegeber durch vertragliche Regelungen die Rolle des Systemführers einnimmt.

innengerichteten Führung in Franchisesystemen Rückschlüsse erlauben.[104] Zudem beschäftigen sich verschiedene Autoren explizit mit **Führungsproblemen in Franchisesystemen**. Auch hier steht aber die Macht- und Konfliktproblematik eindeutig im Vordergrund.[105]

Die **Kritik** an den Arbeiten zum vertikalen Marketing bezieht sich insbesondere auf drei Aspekte: Zum einen vernachlässigen auch die seit Ende der siebziger Jahre dominierenden empirischen Untersuchungen zumeist den Einfluß von Kontextvariablen, so daß eine Erklärung unterschiedlicher Formen des Führungsverhaltens nicht erfolgt. Vor allem markt- und wettbewerbsbezogene Einflüsse auf die Führung bleiben regelmäßig unberücksichtigt.[106] Zudem finden horizontale Beziehungen in Absatzkanälen, wie sie für die Führung von Franchisesystemen als wichtig herausgearbeitet worden sind, nur geringe Beachtung.[107]

Schließlich werden die empirischen Befragungen zumeist auf die Mitglieder der jeweils unteren Marktstufe eines oder weniger Absatzkanäle, d.h. die jeweils „geführten" Organisationen begrenzt.[108] Vergleichende Analysen zwischen ver-

---

[104] Vgl. hierzu Kap. B 1.22.

[105] Vgl. insbesondere *Schul, P.L., Little, Jr., T.E., Pride, W.M.*, Channel Climate: Its Impact on Channel Member´s Satisfaction, in: JoR, Vol. 61 (1985), No. 2, S. 9 ff.; *Guiltinan, J.P., Rejab, I.B., Rodgers, W.C.*, Factors Influencing Coordination in a Franchise Channel, a.a.O., S. 41 ff.; *Lusch, R.F.*, Sources of Power: Their Impact on Intrachannel Conflict, in: JoMR, Vol. 13 (1976), No. 4, S. 382 ff.; *Brown, J.R., Day, R.L.*, Measures of Manifest Conflict in Distribution Channels, in: JoMR, Vol. 18 (1981), No. 3, S. 263 ff.; *Frazier, G.L., Summers, J.O.*, Perceptions of Interfirm Power and its Use within a Franchise Channel of Distribution, in: JoMR, Vol. 23 (1986), No. 2, S. 169 ff. Die einzige deutschsprachige Arbeit, die sich umfassender mit der Führungsthematik auseinandersetzt, stammt von Maas, der aus einer *wirtschaftspsychologischen Perspektive* Handlungsspielräume von Franchisenehmern untersucht und hieraus Implikationen für das Führungsverhalten der Systemzentrale ableitet. Vgl. *Maas, P.*, Franchising in wirtschaftspsychologischer Perspektive - Handlungsspielraum und Handlungskompetenz in Franchise-Systemen: Eine empirische Studie bei Franchise-Nehmern, a.a.O. Die Arbeit sieht sich aber aufgrund ihrer nur auf ein Franchisesystem beschränkten empirischen Basis dem Vorwurf der mangelnden Verallgemeinerungsfähigkeit ausgesetzt. Da Maas Franchisenehmer eines Systems befragte, in dem die Handlungsspielräume aufgrund verschiedener struktureller Faktoren als gering eingeschätzt werden müssen, besteht hier zudem die Gefahr eines systematischen Fehlers.

[106] Vgl. *Heide, J.B.*, Interorganizational Governance in Marketing Channels, a.a.O., S. 72. Eine Übersicht der zugrunde gelegten Variablenstrukturen findet sich bei *Gaski, J.F.*, The Theory of Power and Conflict in Channels of Distribution, in: JoM, a.a.O., S. 15 ff. Die empirischen Untersuchungen zum vertikalen Marketing sind daher in der überwiegenden Mehrzahl nicht als kontingenztheoretische Arbeiten angelegt.

[107] Vgl. *Steffenhagen, H.*, Konflikt und Kooperation in Absatzkanälen: Ein Beitrag zur verhaltensorientierten Marketingtheorie, a.a.O., S. 161.

[108] Vgl. *Stern, L.W., Reve, T.*, Distribution Channels as Political Economies: A Framework for Comparative Analysis, in: JoM, Vol. 44 (1980), No. 3, S. 53.

schiedenen Absatzkanälen fehlen nahezu vollständig, so daß auch Führungstypen als systemübergreifende Verhaltensmuster allenfalls konzeptionell, nicht aber empirisch abgeleitet werden können. Dies gilt für vertikale Marketingsysteme im allgemeinen und Franchisesysteme im besonderen. Hierin besteht hierin ein zentrales Defizit, das gleichzeitig den Ansatzpunkt für die **Positionierung** des eigenen Forschungsvorhabens bilden wird.

Ebenfalls eine verhaltenswissenschaftliche Basis weisen neuere Veröffentlichungen zum **Beziehungsmanagement** auf. Diese Arbeiten erweitern die bis dato primär auf Beziehungen zu Mitarbeitern und Kunden beschränkte Betrachtung der sozio-emotionalen Beziehungsebene auf Kontakte zu Zulieferern, Wettbewerbern und sonstigen Anspruchsgruppen.[109] Abgesehen von der breiteren Untersuchungsperspektive liegt die Bedeutung dieser Forschungsrichtung vor allem - mit Blick auf den Wirkungsbezug der Führung - in der Einbeziehung von Konstrukten wie dem Vertrauen und Commitment, die für die Qualität interorganisationaler Beziehungen als wichtige Einflußfaktoren erkannt werden.[110]

Neben den verhaltenswissenschaftlichen Ansätzen erscheint die **Neue Institutionen-Ökonomik** für die Untersuchung von interorganisationalen Führungsphänomenen relevant. Im Mittelpunkt der **Transaktionskostentheorie** als deren wichtigster Teildisziplin steht die Effizienzbeurteilung unterschiedlicher institutioneller Formen der Organisation ökonomischer Aktivitäten.[111] Unter den Annahmen begrenzter Rationalität und opportunistischen Verhaltens der Entscheidungsträger werden in Abhängigkeit von der Transaktionssituation, die insbesondere über die Kriterien der Spezifität, Unsicherheit und Häufigkeit operationalisiert wird, effiziente, d.h. transaktionskostenminimale Koordinationsstrukturen gesucht.[112] Franchisesysteme lassen sich dabei als eine **hybride Organisati-**

---

[109] Vgl. *Diller, H., Kusterer, M.*, Beziehungsmanagement. Theoretische Grundlagen und explorative Befunde, in: Marketing ZFP, 10. Jg. (1988), Nr. 3, S. 211 ff.

[110] Vgl. *Morgan, R.M., Hunt, S.D.*, The Commitment-Trust Theory of Relationship Marketing, in: JoM, Vol. 58 (1994), No. 3, S. 20 ff.; *Söllner, A.*, Commitment in Geschäftsbeziehungen: Das Beispiel Lean Production, Wiesbaden 1993, S. 92 ff.

[111] Vgl. *Williamson, O.E.*, Die ökonomischen Institutionen des Kapitalismus. Unternehmen, Märkte, Kooperationen, Tübingen 1990, S. 1; *Picot, A.*, Transaktionskostenansatz in der Organisationstheorie: Stand der Diskussion und Aussagewert, in: DBW, 42. Jg (1982), Nr. 2, S. 269; *Fischer M. et al.*, Marketing und neuere ökonomische Theorie: Ansätze zu einer Systematisierung, in: BFuP, 45. Jg (1993), Nr. 4, S. 450 f.

[112] Vgl. *Hanke, J.*, Hybride Koordinationsstrukturen: Liefer- und Leistungsbeziehungen kleiner und mittlerer Unternehmen der Automobilzulieferindustrie aus transaktionskostentheoretischer Sicht, Bergisch-Gladbach, Köln 1992, S. 5 ff. Die Transaktionskosten umfassen dabei Informationskosten, Kosten der Aushandlung und des Abschlusses von Verträgen sowie der Siche-

onsform deuten, die zwischen den Extrempunkten der marktlichen und hierarchischen Koordination angesiedelt ist und insofern Elemente beider Koordinationsformen in sich vereinigt.[113]

Die Transaktionskostentheorie vermag daher vor allem die **Vorteilhaftigkeit** von Franchisesystemen gegenüber alternativen, stärker hierarchisch oder marktlich ausgeprägten Organisationsformen zu erklären. Bonus gelangt in diesem Zusammenhang zu dem Ergebnis, daß Franchising insbesondere dann komparative Transaktionskostenvorteile bietet, wenn eine spezifische Kombination aus einem hohen Standardisierungsgrad des Marktauftritts und der Notwendigkeit dezentralisierter Entscheidungsrechte vorliegt.[114] Über die Entstehung von Franchisesystemen hinaus liefert die Transaktionskostentheorie auch Erklärungsbeiträge für einen sich in vielen Franchisesystemen im Laufe des Systemlebenszyklus vollziehenden **Strukturwandel** in Richtung einer Filialisierung von Outlets. Grote führt diesen auf hohe Transaktionskosten infolge einer mit zunehmender Dauer des Vertragsverhältnisses steigenden Konfliktintensität zwischen der Systemzentrale und den Franchisenehmern zurück.[115]

---

rung der Vertragserfüllung. Vgl. *Bössmann, E.*, Unternehmungen, Märkte, Transaktionskosten: Die Koordination ökonomischer Aktivitäten, in: WiSt, 12. Jg (1983), Nr. 3, S. 107 f.

[113] Vgl. zum Begriff der hybriden Organisationsform sowie zum hybriden Charakter von Franchisesystemen *Bonus, H.*, The Cooperative Association as a Business Enterprise, in JITE, Vol. 142, No. 2, S. 332 f.; *Rubin, P.H.*, The Theory of the Firm and the Structure of the Franchise Contract, in: The Journal of Law and Economics, Vol. 21 (1978), No. 1, S. 231; *Hanke, J.*, Hybride Koordinationsstrukturen: Liefer- und Leistungsbeziehungen kleiner und mittlerer Unternehmen der Automobilzulieferindustrie aus transaktionskostentheoretischer Sicht, a.a.O., S. 24 ff. Franchiseverträge sind in diesem Zusammenhang als sog. *relationale Verträge* oder *Beziehungskontrakte* zu kennzeichnen. Dabei handelt es sich um eine spezifische Vertragsform längerfristiger Beziehungen, bei denen eine vollständige Regelung des Vertragsverhältnisses aus Komplexitätsgründen nicht möglich ist, so daß das soziale Bindungsgefüge zwischen den Vertragspartnern besondere Bedeutung erlangt. Vgl. *Bonus, H.*, Precarious Relationships in Economics, Westfälische Wilhelms-Universität Münster, Volkswirtschaftliche Diskussionsbeiträge, Nr. 210, Münster 1995, S. 18; *Sydow, J.*, Strategische Netzwerke: Evolution und Organisation, Wiesbaden 1992, S. 103 f.

[114] Vgl. *Bonus, H.*, Bestandsaufnahme und Entwicklungsperspektiven des Franchising, a.a.O., S. 8 ff. Eine stärkere situative Differenzierung nimmt Fischer vor. Er betrachtet auf der Basis einer vergleichenden Analyse alternativer Vertriebssysteme Franchisesysteme dann als vorteilhaft, wenn bei hoher Unsicherheit über die zukünftige Entwicklung der Rahmenbedingungen eine mittlere Spezifität der durch den Franchisenehmer zu tätigenden Investitionen vorliegt, dieser also Möglichkeiten besitzt, das Vertragsverhältnis mit vertretbarem Aufwand wieder zu verlassen, bzw. wenn bei hoher Spezifität der Investitionen lediglich eine „normale" Unsicherheit besteht. Vgl. *Fischer, M.*, Make-or-Buy-Entscheidungen im Marketing. Neue Institutionenlehre und Distributionspolitik, Wiesbaden 1993, S. 228.

[115] Vgl. *Grote, B.*, Ausnutzung von Synergiepotentialen durch verschiedene Koordinationsformen ökonomischer Aktivitäten - Zur Eignung der Transaktionskosten als Entscheidungskriterium, Frankfurt u.a. 1990, S. 130. Dabei wird die steigende Konfliktintensität durch ein mit fortschrei-

Ferner ermöglicht der Transaktionskostenansatz mit Blick auf die o.g. Gestaltungsfunktion von Theorien auch die Ableitung von Empfehlungen für den Einsatz von **Weisungs-, Kontroll- und Anreizsystemen** in Abhängigkeit von der Transaktionssituation.[116] Diese betreffen jedoch weniger die laufende, zielgerichtete Verhaltensbeeinflussung der Franchisenehmer durch die Systemzentrale im Sinne des zugrunde gelegten Führungsbegriffs, sondern vielmehr die grundlegende Ausgestaltung institutioneller Rahmenbedingungen innerhalb des Franchisevertrags.[117] Aus betriebswirtschaftlicher Perspektive gibt zudem die relativ starke Verallgemeinerung der Empfehlungen Anlaß zur Kritik, denn diese bedürfen zu einer Überführung in konkrete Maßnahmen zumeist einer weiteren, durch die Theorie nicht geleisteten Präzisierung.[118]

Weiterhin wird die **Transaktionssituation** über nur relativ wenige Faktoren abgebildet, so daß zentrale Einflußfaktoren wie etwa Ziel- und Strategieeinflüsse allenfalls indirekt, über die Veränderung der Spezifität, Unsicherheit und Häufigkeit von Transaktionen erfaßt werden können.[119] Dem situativen Bezug der Führung wird damit nicht hinreichend Rechnung getragen. Im Hinblick auf die empirische Ausrichtung der vorliegenden Arbeit liegt ein zentrales, bislang ungelöstes Problem zudem in der präzisen **Messung der Transaktionskosten** als Entscheidungskriterium für die Wahl und Ausgestaltung von Koordinationsstrukturen.[120]

---

tender Systemzugehörigkeit die uneingeschränkte Führerschaft des Franchisegebers vermehrt in Frage stellendes Verhalten der Franchisenehmer begründet.

[116] Vgl. mit Bezug auf das Verhältnis von Automobilherstellern und Zulieferern *Hanke, J.*, Hybride Koordinationsstrukturen: Liefer- und Leistungsbeziehungen kleiner und mittlerer Unternehmen der Automobilzulieferindustrie aus transaktionskostentheoretischer Sicht, a.a.O., S. 157 ff.

[117] Vgl. *Sydow, J.*, Franchisingnetzwerke. Ökonomische Analyse einer Organisationsform der Dienstleistungsproduktion und -distribution, a.a.O., S. 103 f. und die dort angegebene Literatur sowie *Kunkel, M.*, Franchising und asymmetrische Informationen: Eine institutionenökonomische Untersuchung, Wiesbaden 1994, S. 31 ff.

[118] Vgl. *Ebers, M., Gotsch, W.*, Institutionenökonomische Theorien der Organisation, in: Organisationstheorien, Kieser, A. (Hrsg.), Stuttgart, Berlin, Köln 1993, S. 235. So wird z.B. die Frage, welche konkreten Anreize gewählt werden sollen, und welche spezifischen Verhaltenswirkungen diese aufweisen, von der Transaktionskostentheorie nicht hinreichend beantwortet.

[119] So können z.B. wettbewerbsstrategische Überlegungen bei der Entscheidung über die alternative Franchisierung oder Filialisierung von Outlets durch die Transaktionskostentheorie nicht erfaßt werden. Vgl. *Sydow, J.*, Franchisingnetzwerke. Ökonomische Analyse einer Organisationsform der Dienstleistungsproduktion und -distribution, a.a.O., S. 105.

[120] Vgl. *Albach, H.*, Kosten, Transaktionen und externe Effekte im betrieblichen Rechnungswesen, in: ZfB, 58. Jg. (1988), Nr. 11, S. 1159 f.; *Rotering, J.*, Zwischenbetriebliche Kooperation als alternative Organisationsform. Ein transaktionskostentheoretischer Erklärungsansatz, Stuttgart 1993, S. 98.

Damit ist gleichzeitig, mit Blick auf den Wirkungs- und Erfolgsbezug der Führung, die Frage der Eignung der Transaktionskosten als dem **singulären Entscheidungskriterium** angesprochen. Aus der Führungsperspektive erweisen sich neben ökonomischen Effizienzkriterien vor allem auch psychographische Konstrukte wie das Vertrauen sowie die Motivation und Identifikation der Franchisenehmer als von zentraler Bedeutung. Diese aber können im Transaktionskostenansatz nur indirekt, nämlich in ihrem Einfluß auf die Höhe der Transaktionskosten, nicht aber als eigenständige Zielgrößen berücksichtigt werden. Eng verbunden damit ist der Einwand, die soziale Einbettung ökonomischer Transaktionen, wie sie ein Wesensmerkmal von Führung als zielorientierter Verhaltensbeeinflussung darstellt, zu vernachlässigen.[121]

Daher soll im **Ergebnis** der Einschätzung Sydows gefolgt werden, der den Nutzen der Transaktionskostentheorie primär in ihrem Lösungsbeitrag für die konstitutive Entscheidung für oder gegen eine Franchisierung und weniger in der Bereitstellung von Entscheidungshilfen für die zeitlich nachgelagerte, originäre Systemführung sieht.[122]

Die **Principal Agent-Theorie** als weiterer Zweig der Neuen Institutionen-Ökonomik betrachtet in mikroökonomischer Perspektive Auftragsbeziehungen bzw. Verträge, bei denen ein Auftraggeber Entscheidungen an einen Auftragnehmer delegiert[123]. Diese auf Franchisesysteme übertragbare Konstellation ist durch Informationsasymmetrien sowie Zielkonflikte gekennzeichnet, die dem Auftragnehmer die Möglichkeit eines den Auftraggeber schädigenden Verhaltens, des sog. „free riding", geben.[124] Zentrale Zielsetzung der Principal Agent-Theorie ist

---

[121] Vgl. *Granovetter, M.*, Economic Action and Social Structure: The Problem of Embeddedness, in: American Journal of Sociology, Vol. 90 (1985), No. 3, S. 481 f.

[122] Vgl. zu dieser Einschätzung *Sydow, J.*, Franchisingnetzwerke. Ökonomische Analyse einer Organisationsform der Dienstleistungsproduktion und -distribution, a.a.O., S. 105. Dies schließt jedoch nicht die fallweise Einbeziehung transaktionskostentheoretischer Erkenntnisse in die weiteren Überlegungen aus. Vgl. hierzu auch die nachfolgenden Ausführungen zur Kontingenztheorie als einem für die Integration verschiedener Theoriezweige geeigneten Meta-Ansatz.

[123] Vgl. zur Kennzeichnung der Principal Agent-Theorie als mikroökonomische Theorie *Petersen, T.*, Optimale Anreizsysteme. Betriebswirtschaftliche Implikationen der Prinzipal-Agenten-Theorie, Beiträge zur Betriebswirtschaftlichen Forschung, Bd. 63, Albach H. et al. (Hrsg.), Wiesbaden 1989, S. 10.

[124] Vgl. *Dnes, A.W.*, The Economic Analysis of Franchising and its Regulation, in: Franchising and the Law: Theoretical and Comparative Approaches in Europe and the United States, Joerges, Ch. (Hrsg.), Baden-Baden 1991, S. 136 f.; *Wenger, E., Terberger, E.*, Die Beziehung zwischen Agent und Prinzipal als Baustein einer ökonomischen Theorie der Organisation, in: WiSt, 17. Jg. (1988), Nr. 10, S. 506 f. Das „free riding" kennzeichnet dabei eine Situation, in der ein

eine ein solches Verhalten verhindernde Vertragsgestaltung vor allem durch entsprechende Anreiz-, Informations- und Kontrollmechanismen.[125]

Dabei liegt auch hier der Schwerpunkt von Arbeiten mit direktem Bezug zum **Franchising** in der Begründung der Vorteilhaftigkeit einer Franchisierung von Outlets gegenüber einer Filialisierung.[126] Nach Brickley et al. nimmt die Wahrscheinlichkeit für eine Franchisierung von Outlets mit steigenden Kontroll- und Überwachungskosten sowie mit zunehmendem Stammkundenanteil eines Outlets zu; letzteres, da sich ein free riding für einen Franchisenehmer nur bei - im Idealfall - einmaligen Kundenkontakten lohnt.[127] Brickley und Dark gelingt zudem die weitgehende empirische Bestätigung der beiden angenommenen Zusammenhänge.[128] Norton weist darüber hinaus ebenfalls empirisch nach, daß innerhalb eines Systems mit abnehmender räumlicher Distanz zwischen der Systemzentrale und einem Outlet und damit sinkenden Kontrollkosten die Wahrscheinlichkeit für eine Filialisierung steigt und vice versa.[129]

Wenngleich die Principal Agent-Theorie einerseits wichtige Einsichten in die grundsätzliche Gestaltung von Anreiz-, Informations- und Kontrollsystemen und andererseits Erklärungsbeiträge für die relative Vorteilhaftigkeit des Franchising liefert, sind mit Blick auf die Führungsproblematik doch verschiedene **Ein-**

Franchisenehmer z.B. durch Verstoß gegen Qualitätsstandards Kosteneinsparungen realisiert. Bei einem geringen Stammkundenanteil schädigt ein derartiges Verhalten das Systemimage, ohne aber für den Franchisenehmer mit die Kosteneinsparungen aufwiegenden Nachteilen verbunden zu sein.

[125] So leiten z.B. Bergen, Dutta und Walker in Abhängigkeit von situativen Variablen wie den Kosten der Verhaltenskontrolle, dem Schwierigkeitsgrad der Ergebnismessung beim Agenten sowie Zielkonflikten zwischen den Vertragspartnern Aussagen über die Vorteilhaftigkeit von verhaltens- gegenüber ergebnisorientierten Anreizsystemen ab, während Moorthy die Vorteilhaftigkeit spezifischer Anreiz- und Entgeltstrukturen zur Überwindung des Zielkonfliktes zwischen Hersteller- und Handelsunternehmen untersucht. Vgl. *Bergen, M., Dutta, S., Walker, O.C., Jr.,* Agency Relationships in Marketing: A Review of the Implications and Applications of Agency and Related Theories, in: JoM, Vol. 56 (1992), No. 2, S. 5; *Moorthy, S.K.,* Managing Channel Profits: Comment, in: Marketing Science, Vol. 6 (1987), No. 3, S. 375 ff.; vgl. auch *Elschen, R.,* Gegenstand und Anwendungsmöglichkeiten der Agency-Theorie, in: ZfbF, 43. Jg. (1991), Nr. 11, S. 1004 ff.

[126] Vgl. *Sydow, J.,* Franchisingnetzwerke. Ökonomische Analyse einer Organisationsform der Dienstleistungsproduktion und -distribution, a.a.O., S. 101 ff.

[127] Vgl. *Brickley, J.A., Dark, F.H., Weisbach, M.S.,* An Agency Perspective on Franchising, in: Financial Management, Vol. 20 (1991), No. 1, S. 27 ff.

[128] Vgl. *Brickley, J.A., Dark, F.H.,* The Choice of Organizational Form: The Case of Franchising, in: Journal of Financial Economics, Vol. 18 (1987), June, S. 401 ff.

[129] Vgl. *Norton, S.W.,* An Empirical Look at Franchising as an Organizational Form, in: JoB, Vol. 61 (1988), No. 2, S. 197 ff.

schränkungen gegeben: Zum einen verlangt die zumeist formal-mathematische Struktur der auf eine Optimierung von Anreiz-, Informations- und Kontrollsystemen gerichteten komplexeren Agency-Modelle eine deutliche Reduzierung situativer Variablen und erschwert somit eine empirische Validierung.[130] Insbesondere fehlt auch der Principal Agent-Theorie der Bezug zu strategischen Entscheidungen, die aber für die Ausgestaltung des Führungsverhaltens zentrale Bedeutung haben können.[131]

Zudem geben die Verhaltensprämissen, insbesondere die strenge Opportunismus-Annahme, Anlaß zur Kritik.[132] Schließlich werden die bei der innengerichteten Führung von Franchisesystemen als wichtig erkannten strukturellen Formen der Verhaltensbeeinflussung aufgrund des mikroökonomischen Charakters der Theorie nicht erfaßt; der Systembezug der Führung bleibt damit weitgehend unberücksichtigt.[133] Im Ergebnis vermag daher auch die Principal Agent-Theorie nur **partielle Beiträge** zur Beschreibung, Erklärung und Gestaltung des Führungsverhaltens zu liefern.

Dies gilt ebenso für die seit Beginn der neunziger Jahre von zahlreichen Autoren aufgegriffene **Netzwerktheorie**. Ähnlich wie die ihr zugrunde liegende Systemtheorie liefern die Veröffentlichungen zur Netzwerktheorie ein geeignetes Instrumentarium für die Beschreibung von komplexen Verhaltensbeziehungen zwischen Organisationen.[134] Bei der Erklärung von Interorganisationsbeziehungen sowie der Ableitung von Gestaltungsempfehlungen wird jedoch der **eklektische** Charakter der Netzwerktheorie offenbar, denn je nach dem verfolgten Erkennt-

---

[130] Vgl. *Bergen, M., Dutta, S., Walker, O.C., Jr.*, Agency Relationships in Marketing: A Review of the Implications and Applications of Agency and Related Theories, a.a.O., S. 19; *Jensen, M.C.*, Organization Theory and Methodology, in: The Accounting Review, Vol. 58 (1983), No. 2, S. 334. Jensen trifft diese Aussage indes nur für einen von zwei Theoriebereichen. Vgl. zur Modellkomplexität beispielhaft *Lal, R.*, Improving Channel Coordination Through Franchising, in: Marketing Science, Vol. 9 (1990), No. 4, S. 299 ff.

[131] Vgl. *Sydow, J.*, Franchisingnetzwerke. Ökonomische Analyse einer Organisationsform der Dienstleistungsproduktion und -distribution, a.a.O., S. 105.

[132] Vgl. *Perrow, C.*, Complex Organizations, 3. Aufl., New York 1986, S. 231 ff. Die Annahme eines eigennützigen, opportunistischen Verhaltens von Franchisenehmern erscheint in dieser Form nicht verallgemeinerbar und relativiert die Empfehlungen zur Ausgestaltung z.B. von Kontrollsystemen.

[133] Vgl. allgemein *Fischer, M.*, Make-or-Buy-Entscheidungen im Marketing. Neue Institutionenlehre und Distributionspolitik, a.a.O., S. 76 f. Weiterführende Modelle der Principal Agent-Theorie berücksichtigen allerdings auch Konstellationen mit mehreren Agenten, erlangen damit indes eine sehr hohe mathematische Komplexität.

[134] Vgl. *Tichy, N., Tushman, M., Fombrum, C.*, Social Network Analysis for Organizations, in: Academy of Management Review, Vol. 4 (1979), Nr. 4, S. 510 ff.

nisziel müssen wiederum institutionenökonomische, verhaltenswissenschaftliche oder organisationstheoretische Ansätze in den Erkenntnisgewinnungsprozeß einbezogen werden.[135]

Neben den o.g. situativen Führungstheorien ist schließlich der **situative Ansatz der Organisationstheorie** hinsichtlich seines Beitrages für die Fragestellung der vorliegenden Arbeit zu prüfen. Ausgehend von den beiden Kernthesen, wonach die formale Organisationsstruktur einen starken Einfluß auf die Effizienz einer Organisation besitzt, gleichzeitig aber keine universell effizienten Organisationsstrukturen existieren, postuliert der situative Ansatz eine Anpassung der Organisationsstruktur an die jeweilige Situation. Erst ein solcher Fit zwischen Struktur und situativem Kontext führt über eine entsprechende (strukturelle) Beeinflussung des Verhaltens der Organisationsmitglieder im Ergebnis zur Effizienz der Gesamtorganisation.[136]

Zentrale **Kritikpunkte** an diesem Grundmodell des situativen Ansatzes beziehen sich auf dessen implizite Prämissen, wonach in jeder Situation nur jeweils eine effiziente Organisationsstruktur besteht und gleichzeitig - im Sinne eines situativen Determinismus - die Situation als unveränderlich angenommen wird.[137] Tatsächlich muß aber in jeder Situation mehr als nur eine effiziente Struktur angenommen werden. Zudem haben Unternehmen durchaus die Möglichkeit, auf ihre

---

[135] Vgl. *Sydow, J.*, Strategische Netzwerke: Evolution und Organisation, a.a.O., S. 125 f. Diese Einschränkung gilt im übrigen auch für die hier nicht weiter betrachtete Kooperationsforschung, die zur Erklärung und Gestaltung kooperativer Beziehungen ebenfalls auf andere Theorien zurückgreift. So verwendet z.B. Boettcher das Gedankengut der Anreiz-Beitrags-Theorie, während Rotering einen transaktionskostenökonomischen Ansatz wählt. Vgl. *Boettcher, E.*, Kooperation und Demokratie in der Wirtschaft, a.a.O., S. 79 ff.; *Rotering, J.*, Zwischenbetriebliche Kooperation als alternative Organisationsform. Ein transaktionskostentheoretischer Erklärungsansatz, a.a.O., S. 148 ff.

[136] Vgl. *Kieser A.*, Der situative Ansatz, in: Organisationstheorien, Kieser, A. (Hrsg.), a.a.O., S. 161; *Kieser, A., Kubicek, H.*, Organisationstheorien II: Wissenschaftstheoretische Anforderungen und kritische Analyse klassischer Ansätze, Stuttgart u.a. 1978, S. 112 ff.; *Lawrence, P.R., Lorsch, J.W.*, Organization and Environment, Managing Differentiation and Integration, Homewood, Ill. 1969, S. 185 ff. Die Begriffe „situativer Ansatz" und „Kontingenztheorie" werden nachfolgend synonym verwendet. Der Kontingenzbegriff stellt auf die Bedingtheit einer Organisationsstruktur durch die Situation ab. Vgl. zu einer theoretischen Fundierung des Kontingenzbegriffs ausführlich *Willke, H.*, Systemtheorie. Eine Einführung in die Grundprobleme der Theorie sozialer Systeme, 4. Aufl., Stuttgart, Jena 1993, S. 28 ff.

[137] Vgl. *Staehle, W.H.*, Management: Eine verhaltenswissenschaftliche Perspektive, a.a.O., S. 52. Der Determinismus-Vorwurf wird vor allem von Schreyögg erhoben. Vgl. *Schreyögg, G.*, Umwelt, Technologie und Organisationsstruktur: Eine Analyse des kontingenztheoretischen Ansatzes, Berlin, Stuttgart 1978, S. 338.

Umwelt gestaltend einzuwirken.[138] Diese Erkenntnisse haben die Entwicklung **kontingenztheoretischer Wahlmodelle** forciert. Diese berücksichtigen einen Handlungsspielraum des Organisationsgestalters, wobei im Sinne der von Chandler begründeten „Structure-follows-Strategy"-These die Organisationsstruktur als Mittel zur Implementierung einer zuvor formulierten Strategie und nicht lediglich als Resultat des situativen Kontextes gesehen wird. Damit tritt zwischen die Kontingenzfaktoren und die formale Organisationsstruktur das Management als Organisationsgestalter.[139] Staehle integriert zusätzlich die Organisationskultur und gelangt im Ergebnis zu einem **verhaltenswissenschaftlich-situativen Ansatz.**[140].

Wenngleich in seiner Grundkonzeption auf die Erklärung und Gestaltung von Organisationsstrukturen ausgerichtet, erscheint der verhaltenswissenschaftlich-situative Ansatz auch für die Untersuchung **interorganisationaler Führungsprobleme** in Franchisesystemen geeignet.[141] Dazu ist anstelle der formalen Organisationsstruktur das Führungsverhalten und damit die Ausgestaltung der strukturellen, technokratischen und personellen Formen der Verhaltensbeeinflussung als kontingent zu verschiedenen Einflußfaktoren zu betrachten.[142] Ein solches Vorgehen erscheint bei einer entsprechend aggregierten Betrachtung der

---

[138] Vgl. *Staehle, W.H.*, Management: Eine verhaltenswissenschaftliche Perspektive, a.a.O., S. 52; *Brose, P.*, Konzeption, Varianten und Perspektiven der Kontingenztheorie, in: Journal für Betriebswirtschaft, 34. Jg. (1984), Nr. 5, S. 240 f.

[139] Vgl. *Staehle, W.H.*, Management: Eine verhaltenswissenschaftliche Perspektive, a.a.O., S. 54 ff.; *Sydow, J.*, Organisationsspielraum und Büroautomation: Zur Bedeutung von Spielräumen bei der Organisation automatisierter Büroarbeit, Mensch und Organisation, Bd. 1, Staehle, W.H. (Hrsg.), Berlin, New York 1985, S. 368 ff.; *Rotering, J.*, Zwischenbetriebliche Kooperation als alternative Organisationsform. Ein transaktionskostentheoretischer Erklärungsansatz, a.a.O., S. 86 f. Vgl. zum Strategie-Struktur-Zusammenhang auch ausführlich Kap. C 1.321.

[140] Vgl. *Staehle, W.H.*, Management: Eine verhaltenswissenschaftliche Perspektive, a.a.O., S. 57 f.

[141] Kontingenztheoretische Untersuchungen mit speziellem Bezug zum Franchising liegen bislang noch nicht vor. Intensiv eingesetzt werden Kontingenzansätze aber z.B. im Bereich der strategischen Unternehmensführung. Vgl. *Lehnert, S.*, Die Bedeutung von Kontingenzansätzen für das Strategische Management: Analyse und Realisationsmöglichkeiten des Strategischen Managements, Frankfurt a.M., Berlin, New York 1983, S. 188 ff. Zudem gibt es erste Untersuchungen im Bereich der Kooperationsforschung, die auf Kontingenzansätze zurückgreifen und dabei z.T. explizit neben strukturellen auch verhaltensbezogene Aspekte berücksichtigen. Vgl. *Halpert, B.P.*, Antecedents, in: Interorganizational Coordination, Rogers, D.L., Whetten, D.A. (Hrsg.), Ames, Iowa 1982, S. 54 ff.; *Tröndle, D.*, Kooperationsmanagement, Bergisch-Gladbach, Köln 1987; *Kleer, M.*, Gestaltung von Kooperationen zwischen Industrie- und Logistikunternehmen, Berlin 1991.

[142] Eine Anwendung organisationstheoretischer Ansätze im Bereich der Absatzkanalforschung fordert auch *Kümpers, A.*, Marketingführerschaft. Eine verhaltenswissenschaftliche Analyse des vertikalen Marketing, a.a.O., S. 249.

- im Verlauf der Arbeit noch abzuleitenden - Gestaltungsparameter des Führungsverhaltens vorteilhaft, setzt aber voraus, daß das bei der Analyse von kollektiven (statt individuellen) Verhaltensmustern bestehende Reduktionismus- bzw. Aggregationsproblem einer Lösung zugeführt werden kann.

Der verhaltenswissenschaftlich-situative Ansatz bietet damit zum einen, mit Bezug zur Erklärungsfunktion von Theorien, die Möglichkeit einer umfassenden Einbeziehung interner und externer, das Führungsverhalten beeinflussender Situationsvariablen. Zudem können Ziele und Strategien des Systemführers im Sinne einer **„Leadership-follows-Strategy"-These** sowie die Systemkultur in ihren Konsequenzen für die Führung untersucht werden. Gleichzeitig erfolgt über die Berücksichtigung des Verhaltens der (geführten) Systemmitglieder sowie der Systemeffizienz der Brückenschlag zur Gestaltungsfunktion von Theorien, da Aussagen über die Vorteilhaftigkeit spezifischer Ausprägungen des Führungsverhaltens getroffen werden können (Wirkungs- und Erfolgsbezug der Führung).

Gleichwohl sieht sich der situative Ansatz dem Vorwurf der **Theorielosigkeit** ausgesetzt.[143] So können z.B. die Kontextvariablen nur aus Plausibilitätsüberlegungen abgeleitet werden, ohne daß der Ansatz hierfür eine theoretische Begründung bereitstellt. In dieser Offenheit liegt aber auch ein zentraler Vorteil begründet: Der situative Ansatz bildet einen leistungsfähigen **Meta-Ansatz**, der die Integration verschiedener, stärker inhaltlich ausgerichteter Theorien zur Ableitung und empirischen Überprüfung von Hypothesen in einem ganzheitlichen Bezugsrahmen ermöglicht.[144] In dieser Eigenschaft und unter primärer Einbeziehung der Organisations-, Verhaltens- und Führungstheorie, aber auch einer flankierenden Einbindung institutionenökonomischer Erkenntnisse, soll der verhaltenswissenschaftlich-situative Ansatz der vorliegenden Arbeit zugrunde gelegt werden.

---

[143] Vgl. *Kieser A.*, Der situative Ansatz, in: Organisationstheorien, Kieser, A. (Hrsg.), a.a.O., S. 181. Damit trifft den situativen Ansatz der gleiche Vorwurf, wie er zuvor für die Netzwerktheorie formuliert worden ist.

[144] Vgl. mit speziellem Bezug zum situativen Ansatz in der Marketingtheorie *Meffert , H.*, Marketing und allgemeine Betriebswirtschaftslehre - Eine Standortbestimmung im Lichte neuerer Herausforderungen der Unternehmensführung, in: Die Betriebswirtschaftslehre im Spannungsfeld zwischen Generalisierung und Spezialisierung, Kirsch, W., Picot, A. (Hrsg.), Wiesbaden 1989, S. 341; *Wolf, J.*, Internationales Personalmanagement: Kontext - Koordination - Erfolg, Wiesbaden 1993, S. 97 ff.

5. Zielsetzung und Gang der Untersuchung

Im Zuge der Diskussion der verhaltenswissenschaftlichen Arbeiten zum vertikalen Marketing ist als ein zentrales Defizit das Fehlen einer leistungsfähigen Typologie des interorganisationalen Führungsverhaltens von Franchisesystemen herausgearbeitet worden. Vor diesem Hintergrund besteht eine erste, **deskriptiv-taxonomische Zielsetzung** der vorliegenden Arbeit in der Ableitung einer derartigen Führungstypologie. Dieses Bestreben fußt auf der zentralen Annahme, daß sich in Franchisesystemen - trotz des nur einen geringen Ausschnitt realer Erscheinungsformen vertikaler Kooperationen erfassenden, engen Franchisebegriffs - dennoch grundverschiedene Führungstypen herausgebildet haben. Grundlage der Typologisierung ist die Bildung sog. **Führungsdimensionen**.[145]

Durch die Aggregation von Führungsdimensionen zu **Führungstypen** kann die Untersuchung von der Analyse individueller Formen der Verhaltensbeeinflussung losgelöst und auf die übergeordnete Typenebene begrenzt erfolgen.[146] Damit wird der durch die Vielzahl potentieller Einflußformen auf das Franchisenehmerverhalten begründeten Komplexität der innengerichteten Führung wirksam begegnet. Ausgehend von dieser Typologie besteht ein zweites Teilziel der Arbeit in der Entwicklung eines **Erklärungsansatzes** für die Herausbildung unterschiedlicher Führungstypen. Im Mittelpunkt dieses **explikativen** Untersuchungsziels steht dabei die Frage, ob das Führungsverhalten primär durch systeminterne und -externe Kontingenzfaktoren oder aber durch Ziel- und Strategieentscheidungen der Systemzentrale beeinflußt wird.

Demgegenüber ist eine dritte, **praktisch-normative** Zielsetzung auf die Frage gerichtet, welche Einflüsse von der innengerichteten Systemführung auf das Franchisenehmerverhalten sowie auf den Erfolg sowohl der Systemzentrale als auch der Franchisenehmer ausgehen und welche Gestaltungsempfehlungen demnach für die Systemführung formuliert werden können. Aus den überge-

---

[145] Unter Führungsdimensionen sollen in einer vorläufigen Arbeitsdefinition solche Merkmale des Führungsverhaltens verstanden werden, anhand derer die Bildung von Führungstypen erfolgt. Diese können einen direkten Bezug zu einzelnen Führungsinstrumenten aufweisen oder aber auf einem höherem Aggregationsniveau gebildet werden. Zu einer ausführlichen Begriffsdefinition vgl. Kap. B 1.31.

[146] Dies schließt nicht aus, daß fallweise, wie etwa bei der Kausalanalyse des Zusammenhangs von innengerichteter und absatzmarktgerichteter Führung, ein disaggregiertes, dimensionsbezogenes Vorgehen gewählt wird.

ordneten Zielsetzungen der Untersuchung ergeben sich die vier folgenden **Forschungsschwerpunkte**:

1. In Analogie zur Bildung von Strukturdimensionen als Grundlage einer kontingenztheoretischen Analyse von Organisationsstrukturen werden Führungsdimensionen als aggregierte Gestaltungsparameter der innengerichteten Führung abgeleitet, operationalisiert und in ein **Modell der innengerichteten Systemführung** überführt. Dabei sind unter Einbeziehung der Systemmerkmale des Franchising für die Führungsdimensionen Gestaltungsspielräume der Systemzentrale zu überprüfen, um auf dieser Basis Aussagen über die Existenz und Ausprägung möglicher Führungstypen im Franchising zu generieren.

2. Anhand der empirisch validierten Führungsdimensionen sind ebenfalls auf empirischer Grundlage **reale Typen** der Systemführung zu ermitteln. Da hierzu forschungsmethodisch ein exploratives Vorgehen gewählt wird, sind diese Typen im Hinblick auf ihre innere **Konsistenz** zu beurteilen.[147] Ferner bedarf es einer Überprüfung anhand der konstitutiven Systemmerkmale sowie vertraglicher und rechtlicher Rahmenbedingungen des Franchising, um möglicherweise definitions-, vertrags- und rechtsinkonforme Führungstypen zu separieren. Schließlich erfolgt eine Identifikation der für die Typenbildung zentralen Führungsdimensionen.

3. Mit Blick auf das explikative Untersuchungziel ist eine Systematisierung relevanter **Einflußfaktoren** des Führungsverhaltens vorzunehmen. Dabei sind einerseits systemexterne und -interne Situationsvariablen und andererseits Ziel-, Strategie- und Kulturvariablen auf Ebene der Systemzentrale zu kennzeichnen, von denen Einflüsse auf die Wahl eines bestimmten Führungstyps ausgehen können. Anhand eines die postulierten Wirkungsbeziehungen verdichtenden **Bezugsrahmens** sind diese empirisch zu überprüfen und Aussagen über die Bestimmungsfaktoren der Wahl von Führungstypen bzw. der Ausgestaltung einzelner Führungsdimensionen abzuleiten.

---

[147] Vgl. *Knoblich, H.*, Die typologische Methode in der Betriebswirtschaftslehre, in: WiSt, 1. Jg. (1972), Nr. 4, S. 144.

4. Im Sinne der Gestaltungsfunktion sind die **Verhaltens- und Erfolgswirkungen** des Führungsverhaltens theoriegeleitet zu analysieren und ebenfalls in den empirischen Bezugsrahmen zu überführen. Im Rahmen der empirischen Analyse ist insbesondere zu untersuchen, ob eine generelle Vorteilhaftigkeit von Führungstypen gegeben ist oder ob sich hinsichtlich der einzelnen Verhaltens- und Erfolgsdimensionen differenzierte Vorteils-Nachteils-Muster ergeben. Daraus sollen unmittelbar praxisrelevante Implikationen für das Führungsverhalten abgeleitet werden.

Die Abbildung 6 faßt als grundlegender **kontingenztheoretischer Bezugsrahmen** die relevanten Einflußfaktorengruppen, Gestaltungsparameter und Wirkungsgrößen des Führungsverhaltens sowie ihre möglichen Wirkungsbeziehungen zusammen. Diese sind im Verlauf der Untersuchung schrittweise zu konkretisieren. Die **empirische** Überprüfung erfolgt auf der Grundlage einer schriftlichen Befragung bundesdeutscher Franchisesysteme zu ihrem innengerichteten und absatzmarktgerichteten Führungsverhalten. Dabei wurde ein im Vergleich zur gängigen Forschungspraxis konträres Vorgehen gewählt: Anstelle der bei Untersuchungen zur interorganisationalen Führung üblichen Datenerhebung auf der Ebene der geführten Organisationen, die auf jeweils ein oder nur wenige Systeme beschränkt erfolgt, wurden im Sinne einer **Querschnittsuntersuchung** Führungskräfte aus mehr als 200 Systemzentralen befragt.

Aus den beschriebenen Ziel- und Schwerpunktsetzungen der Arbeit ergibt sich der folgende **Gang der Untersuchung**: Im **Kapitel B** werden auf der Grundlage eines Anforderungskataloges für die Bildung von Führungstypen zunächst bestehende Typologien analysiert und hinsichtlich ihrer Übertragbarkeit auf Franchisesysteme beurteilt. Aufgrund verschiedener dabei zutage tretender Defizite wird unter Einbeziehung führungs- und organisationstheoretischer Erkenntnisse eine eigene Systematik der Führungsdimensionen im Sinne eines Modells der Systemführung erarbeitet und im Rahmen einer konfirmatorischen Faktorenanalyse höherer Ordnung validiert. Auf der Grundlage der diesen Führungsdimensionen zugrunde liegenden Führungsvariablen erfolgt dann die empirische Bildung von Führungstypen sowie die Ermittlung der für die Diskriminierung der Typen zentralen Führungsdimensionen.

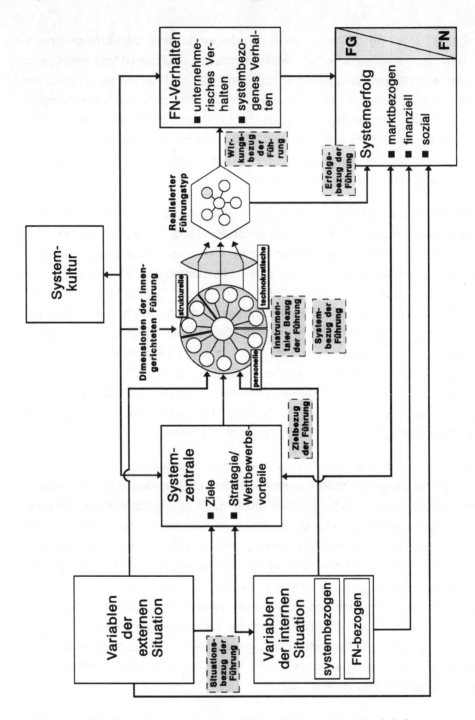

Abb. 6: Situativ-verhaltenswissenschaftlicher Bezugsrahmen der Arbeit

Daran schließt sich im **Kapitel C** die theoriegestützte Ableitung der Einflußfaktoren des Führungsverhaltens an. Dabei werden die Markt- und Wettbewerbssituation als zentrale Einflußfaktoren der Aufgabenumwelt sowie ein Set situativer und verhaltensbezogener, systeminhärenter Faktoren analysiert. Die angenommenen Wirkungsbeziehungen werden jeweils durch Untersuchungshypothesen spezifiziert. Die empirische Überprüfung der Wirkungsbeziehungen erfolgt zumeist mit Bezug auf die Führungstypen, deren Erklärung im Mittelpunkt der empirischen Analyse steht. Zusätzlich werden bei der Untersuchung des Zusammenhangs von absatzmarktgerichteter und innengerichteter Führung disaggregierte Kausalanalysen vorgenommen, um Strategieeinflüsse auf die Ausgestaltung der einzelnen Führungsdimensionen nachzuweisen.

Zur Analyse der Wirkungen des Führungsverhaltens werden die Dimensionen des Franchisenehmerverhaltens und des Systemerfolgs systematisiert und durch die Überführung in einfache deskriptive Modelle der empirischen Analyse zugänglich gemacht. Auch hierbei erfolgt eine Differenzierung in eine aggregierte Untersuchung auf Basis der Führungstypen zur Ermittlung genereller Erfolgsunterschiede sowie eine disaggregierte, den Erfolgsbeitrag einzelner Führungsdimensionen spezifizierende Analyse.

Auf der Basis der ermittelten Bestimmungsfaktoren, Verhaltens- und Erfolgswirkungen der innengerichteten Führung werden im abschließenden **Kapitel D** Implikationen für die praktische Ausgestaltung des Führungsverhaltens in Franchisesystemen formuliert und die Übertragbarkeit der Ergebnisse auf andere interorganisationale Führungsprobleme überprüft. Darüber hinaus werden Schlußfolgerungen für weitere wissenschaftliche Untersuchungen abgeleitet.

B. Gestaltungsparameter der innengerichteten Führung von Franchisesystemen und Bildung einer Führungstypologie

1. Analyse bestehender Typologien des Führungsverhaltens und Ableitung von Führungsdimensionen

Ausgehend von generell-methodischen und speziellen, sich aus den Untersuchungszielen ergebenden Anforderungen an eine Typologie des Führungsverhaltens sind nachfolgend zunächst bestehende Führungstypologien und die ihnen zugrunde liegenden Führungsdimensionen kritisch zu würdigen und hinsichtlich ihrer Übertragbarkeit auf die Führung von Franchisesystemen zu beurteilen. Dieser Schritt ist für den Gang der Untersuchung von zentraler Bedeutung, weil eine **Heuristik** für die Ableitung relevanter Führungsdimensionen nicht existiert, so daß sich die Kenntnis der in bisherigen Arbeiten verwendeten Dimensionen als unerläßlich erweist.

1.1 Anforderungen an eine Typologie der innengerichteten Systemführung

Die typologische Methode steht zwischen den Verfahren der vollständig generalisierenden Abstraktion und der individuellen Einzelfallbetrachtung.[1] Das zentrale Ziel liegt in der **Reduzierung der Komplexität** realer Erscheinungsformen eines Wissensgebietes, die durch eine Vielzahl von Merkmalen gekennzeichnet sind, und deren **strukturierender Ordnung**.[2] Da bei mehr als 450 z.B. hinsichtlich Größe, Branchenzugehörigkeit und strategischen Verhaltensweisen heterogenen Franchisesystemen in Deutschland generalisierende Aussagen über das Führungsverhalten kaum möglich und Einzelfallbetrachtungen im Sinne von Fallstudien aufgrund des Anspruchs, verallgemeinerbare Aussagen abzuleiten, nicht angemessen erscheinen[3], besteht in der Typologisierung als einem Verfahren **mittlerer Abstraktion** eine geeignete Untersuchungsmethode. Der **Prozeß der Typologisierung** umfaßt grundsätzlich zwei aufeinander aufbauende Stufen: In

---

[1] Vgl. *Hoffmann, F., Kreder, M.*, Situationsabgestimmte Strukturform: Ein Erfolgspotential der Unternehmung, in: ZfbF, 37. Jg. (1985), Nr. 6, S. 459.

[2] Vgl. *Knoblich, H.*, Die typologische Methode in der Betriebswirtschaftslehre, a.a.O., S. 142.

[3] Die im Vorfeld der empirischen Untersuchung durchgeführten Expertengespräche in verschiedenen Franchisesystemen stellen derartige Einzelfallbetrachtungen dar. Erst mit der großzahligen Systembefragung werden dann aber verallgemeinerungsfähige Ergebnisse gewonnen.

einem ersten Schritt sind zunächst diejenigen typenbeschreibenden Merkmale und deren Ausprägungen zu bestimmen, die für die Typologisierung herangezogen werden sollen. Danach erfolgt die eigentliche Typenbildung durch eine sinnvolle Kombination dieser Merkmale.[4]

Hinsichtlich der an Typologien zu stellenden Anforderungen nennt Knoblich über die Erfüllung der o.g. Komplexitätsreduktions- und Strukturierungsfunktion hinaus die **Wesentlichkeit** und die **Zweckbezogenheit**.[5] Typen sollen lediglich die zentralen Merkmale der Erscheinungsformen zum Ausdruck bringen,[6] wobei sich die Auswahl dieser zentralen Merkmale wiederum nur nach dem Untersuchungszweck vornehmen läßt. Der Untersuchungszweck wird damit zum wesentlichen Maßstab für die Formulierung von Anforderungen an eine Typologiebildung. Dieser besteht für die vorliegende Arbeit in der auf ein Set systemexterner und -interner Einflußfaktoren gestützten Erklärung sowie der Verhaltens- und Erfolgsbeurteilung realer Erscheinungsformen der innengerichteten Führung von Franchisesystemen, um daraus praxisrelevante Gestaltungsempfehlungen abzuleiten. Damit lassen sich die folgenden **Anforderungen** an eine Führungstypologie formulieren:

Die Führungstypen sind auf Grundlage der wesentlichen, das Führungsverhalten der Systemzentrale **determinierenden Merkmale** (Führungsdimensionen) zu bilden. Daher müssen durch die Führungsdimensionen die in Franchisesystemen als relevant erkannten Formen der strukturellen, technokratischen und personellen Verhaltensbeeinflussung vollständig erfaßt werden. Hiermit ist noch nicht die Frage geklärt, auf welchem Aggregationsniveau diese Einflußformen abgebildet werden sollen.[7] Vor allem auch zur Beantwortung dieser Frage werden zunächst bestehende Typologien des Führungsverhaltens hinsichtlich der ihnen zugrunde

---

[4] Vgl. *Knoblich, H.*, Die typologische Methode in der Betriebswirtschaftslehre, a.a.O., S. 143.

[5] Vgl. *ebenda*.

[6] Die Merkmalsauswahl stellt insofern ein besonders kritisches Problem dar, als damit derjenige Realitätsausschnitt abgesteckt wird, auf den sich eine Untersuchung erstreckt. Eine Reduzierung der Merkmale bedeutet daher immer auch eine Begrenzung des abgebildeten Realitätsausschnitts. Vgl. dazu auch *Kogelheide, B.*, Entwicklung realer Organisationsstrukturen: Eine lebenszyklus-orientierte Analyse, Wiesbaden 1992, S. 245 sowie ausführlich *Binzberger, J.*, Komplexitätsbewältigung durch organisatorische Gestaltung - Theoretische Grundlagen und explorative Fallbeispiele, Diss., Mannheim 1983.

[7] So kann z.B. versucht werden, die drei Einflußformen aggregiert zu erheben, um damit zu dreidimensionalen Typen zu gelangen. Ein alternatives Vorgehen besteht darin, die Einflußformen stärker zu differenzieren und damit einen engeren Bezug zu konkreten Führungsinstrumenten herzustellen. Insofern handelt es sich um ein *Abwägungsproblem* zwischen der angestrebten *Komplexitätsreduktion* und der *Maßnahmennähe* der Typen.

liegenden Führungsdimensionen analysiert. Grundsätzlich soll aber in der vorliegenden Arbeit die Bildung **spezieller Typen**, und damit die Verwendung eines differenzierten Merkmals-Sets, der Bildung allgemeiner Typen vorgezogen werden.[8] Denn zum einen weisen spezielle Typen eine höhere Anschaulichkeit auf, zum anderen erscheint die empirisch gestützte Ableitung differenzierter Aussagen über die Einflußfaktoren des Führungsverhaltens sowie die Messung von Verhaltens- und Erfolgswirkungen der Führung wesentlich realistischer.[9]

Sofern zur Erfassung des Führungsverhaltens auch qualitative Merkmale bzw. Führungsdimensionen Verwendung finden, kann eine methodisch korrekte, empirische Typenbildung nur dann erfolgen, wenn diese Merkmale hinreichend **operationalisiert** werden, somit also klare Meßvorschriften bestehen.[10] Um die praktische Umsetzbarkeit von Gestaltungsempfehlungen sicherzustellen, sollten Führungstypen zudem **empirische Relevanz** besitzen.[11] Sie dürfen nicht nur Idealtypen im Sinne rein gedanklicher Modelle darstellen, sondern müssen verifizierbar, also in der Realität nachweisbar sein. Dies erleichtert die Zuordnung von Franchisesystemen zu einzelnen Typen und damit den Praxistransfer der gewonnenen Ergebnisse. Außerdem können nur empirisch nachgewiesene Führungstypen anhand statistischer Verfahren erklärt und hinsichtlich ihrer Verhaltens- und Erfolgswirkungen untersucht werden. Damit ist gleichzeitig die Forderung nach der **Konsistenz** der gebildeten Typen angesprochen, d.h. diese dürfen keine in sich widersprüchlichen Merkmalskombinationen aufweisen. Derarti-

---

[8] Vgl. zu den Termini des speziellen und allgemeinen Typus *Knoblich, H.*, Die typologische Methode in der Betriebswirtschaftslehre, a.a.O., S. 145.

[9] Diese Annahme liegt auch den zahlreichen kontingenztheoretischen Untersuchungen im Bereich der Organisationsforschung zugrunde, bei denen ebenfalls versucht wird, über Strukturdimensionen ein umfassendes Modell der Organisationsstruktur zu bilden. Einen Überblick über die wichtigsten Forschungsarbeiten und die dabei verwendeten Strukturdimensionen liefert *Breilmann, U.*, Dimensionen der Organisationsstruktur. Ergebnisse einer empirischen Analyse, in: ZfO, 64. Jg. (1995), Nr. 3, S. 159 ff.

[10] Operationalisierung soll mit Kubicek als Entwicklung von Meßvorschriften zur eindeutigen Feststellung von Merkmalsausprägungen an individuellen Objekten definiert werden. Vgl. *Kubicek, H.*, Empirische Organisationsforschung. Konzeption und Methodik, Stuttgart 1975, S. 94. Handelt es sich zusätzlich um *subjektive* Merkmale, die einer individuell unterschiedlichen Beurteilung unterliegen, müssen Vorkehrungen ergriffen werden, damit bei in der Realität identischen Merkmalsausprägungen auch gleiche oder zumindest ähnliche Beurteilungen erfolgen. Vgl. *Knoblich, H.*, Die typologische Methode in der Betriebswirtschaftslehre, a.a.O., S. 144.

[11] Ebenso argumentiert auch *Falter, H.*, Wettbewerbsvorteile von Filialsystemen. Das Beispiel des deutschen Non-Food-Einzelhandels, Wiesbaden 1992, S. 123. Die Unterscheidung von Idealtypus und Realtypus geht wiederum auf Knoblich zurück. Vgl. *Knoblich, H.*, Die typologische Methode in der Betriebswirtschaftslehre, a.a.O., S. 145.

ge Inkonsistenzen können auch bei empirisch validierten Typen auftreten, sofern diese anhand explorativer Verfahren der Datenanalyse gebildet werden.[12]

Schließlich ist mit Blick auf das explikative Teilziel der Arbeit zu hinterfragen, ob die Erklärung bzw. Empfehlung eines bestimmten Führungsstils anhand **situativer Variablen** begründet wird oder ob lediglich generalisierende Aussagen getroffen werden.[13] Zusammenfassend wird der nachfolgenden synoptischen Analyse bestehender Führungstypologien das in der Tabelle 2 gezeigte **Klassifikations- und Prüfschema** zugrunde gelegt. Dieses umfaßt fünf, eine Typologie jeweils klassifizierende Kriterien und jeweils zwei Anforderungskriterien an die verwendeten Führungsdimensionen sowie an die darauf aufbauend abgeleiteten Typen. Im Hinblick auf das primäre Ziel dieses Kapitels sollen dabei jedoch **zwei Fragen** schwerpunktmäßig beantwortet werden:

1. In welchem Umfang bilden die verwendeten Führungsdimensionen die in Franchisesystemen **relevanten Formen** der Verhaltensbeeinflussung ab?

2. Welche Schlußfolgerungen sind daraus für die **Übertragbarkeit** der abgeleiteten Führungstypen auf Franchisesysteme zu ziehen?

1.2 Bestehende Typologien des Führungsverhaltens

Die Bildung von Führungstypologien gehört zu den Forschungsschwerpunkten der Führungstheorie.[14] Die wichtigsten, in diesem Zusammenhang entstandenen Typologien, deren Bezugsobjekt jeweils die **interpersonelle** Verhaltensbeeinflussung von Mitarbeitern durch einen Vorgesetzten ist, sollen zunächst eine kurze Würdigung erfahren. Im Anschluß daran können dann die mit speziellem Bezug zur **interorganisationalen** Führung entstandenen Typologien eingehender analysiert werden.

---

[12] Ähnlich argumentieren Backhaus et al., die mit Bezug auf die Clusteranalyse, als einem explorativen, strukturen-entdeckenden Verfahren, eine Überprüfung der gebildeten Cluster auf ihre Plausibilität hin fordern. Vgl. *Backhaus et al.*, Multivariate Analysemethoden. Eine anwendungsorientierte Einführung, 7. Aufl., Berlin u.a. 1994, S. 315 f. (im folgenden zitiert als: Backhaus et al., Multivariate Analysemethoden).

[13] Die Einbeziehung situativer Variablen soll bei der Diskussion der Typologien nur jeweils kurz betrachtet werden. Eine ausführliche Diskussion der Einflüsse auf das Führungsverhalten erfolgt dann in Kap. C der Arbeit.

[14] Vgl. hierzu die Ausführungen zum pragmatischen Zweig der Führungsforschung in Kap. A 3.

Prüf-/Klassifikations-schritt	Inhaltliche Präzisierung der Ausprägungen	
① Objekt der Typologisierung	interpersonelles Führungsverhalten ⟷	Interorganisationales Führungsverhalten
② Zweck der Typologisierung	Beschreibung, Erklärung des Führungsverhaltens ⟷	Ableitung von Gestaltungsempfehlungen
③ Abgeleitete Führungstypen	Anzahl und Art der Basistypen; Existenz von Mischtypen	
④ Zugrundegelegte Führungsdimensionen/-merkmale	Anzahl und Art verwendeter Führungsdimensionen; (Un-)Abhängigkeit der Dimensionen	
⑤ Situationsbezug der Typen	Einbeziehung situativer Variablen zur Erklärung der Typen/Ableitung von Aussagen über Vorteilhaftigkeit	
⑥ Operationalisierung d. Führungsdimensionen	Existenz eindeutiger Meßvorschriften für die Erfassung der Führungsdimensionen	
⑦ Vollständigkeit der Führungsdimensionen	Erfassung struktureller, technokratischer und personeller Formen der Verhaltensbeeinflussung	
⑧ Empirische Relevanz/Verifizierbarkeit der Typen	empirische Typenbildung ⟷	Konstruktion von (Ideal-)Typen auf analytischem Weg
⑨ Konsistenz der Führungstypen	Plausibilität der Typen/keine inneren Widersprüche	

Tab. 2: Klassifikations- und Prüfschema für die Analyse von Führungstypologien

1.21 Typologien des interpersonellen Führungsverhaltens

Die Typologien des interpersonellen Führungsverhaltens zeichnen sich ausnahmslos durch die Verwendung nur sehr weniger Führungsdimensionen aus. Im Kontinuum-Modell von Tannenbaum und Schmidt werden auf der Basis nur einer Führungsdimension, der **Entscheidungsmacht** des Vorgesetzten, zwei grundlegende Führungsstile, der autoritäre und der kooperative Führungsstil[15]

---

[15] Im Zusammenhang mit den Typologien des interpersonellen Führungsverhaltens wird jeweils der Terminus Führungsstil verwendet. Von Führungstypen soll nur im Zusammenhang mit der Systemführung gesprochen werden. Vgl. hierzu auch die Begriffsdefinitionen und -abgrenzungen in Kapitel A 3 der Arbeit.

unterschieden, zwischen denen fünf Mischtypen angesiedelt sind.[16] In den Iowa-Studien ergänzten White und Lippitt den laissez faire-Führungsstil, der sich vom kooperativen Führungsstil insoweit unterscheidet, als Einflußversuche des Vorgesetzten praktisch vollständig unterbleiben, dieser also von seiner Entscheidungsmacht keinerlei Gebrauch macht. Von Führung i.e.S. kann daher nicht gesprochen werden.[17] Im Hinblick auf die in Franchisesystemen relevanten Formen der Verhaltensbeeinflussung liegt hiermit eine starke Vereinfachung vor, denn es werden lediglich **personelle Einflußformen**, und diese beschränkt auf die Entscheidungsmacht des Vorgesetzten, betrachtet.

Demgegenüber basiert die in den Ohio-Studien abgeleitete Führungstypologie auf zwei Führungsdimensionen. Die auf die personelle Verhaltensbeeinflussung gerichtete **Mitarbeiterorientierung** umfaßt den Grad freundschaftlichen, vertrauensvollen und respektvollen Vorgesetztenverhaltens.[18] Sie bildet damit die sozio-emotionale Beziehungsebene ab und besitzt auch in Franchisesystemen Relevanz, in denen persönliche Kontakte vor allem zwischen den Franchisenehmern und den dezentral operierenden Gebietsleitern, Gebietsbetreuern und Franchiseinspektoren bestehen.[19] Dagegen werden der **Aufgabenorientierung** vor allem solche Vorgesetztenaktivitäten zugerechnet, die auf eine direkte Steuerung des Leistungsprozesses zielen. Dazu gehören die präzise Definition und Abgrenzung von Kompetenzen, die Gewährung von Leistungsanreizen, aber auch Planungs- und Kontrollaktivitäten.[20] Diese Führungsdimension ist damit stärker, aber nicht ausschließlich auf technokratische, die Beziehungsebene zwischen Vorgesetztem und Mitarbeiter nur indirekt tangierende Einflußformen gerichtet, denen auch in Franchisesystemen eine hohe Bedeutung zukommt.[21]

---

[16] Vgl. *Tannenbaum, R., Schmidt, W.H.*, How to Choose a Leadership Pattern, in: HBR, Vol. 36 (1958), No. 2, S. 95. Aufgrund der Verwendung nur einer Führungsdimension handelt es sich beim Kontinuum-Modell strenggenommen um keine Typologie, sondern lediglich um eine Klassifikation von Führungsstilen. Vgl. zur Unterscheidung von Typologie und Klassifikation auch *Knoblich, H.*, Die typologische Methode in der Betriebswirtschaftslehre, a.a.O., S. 142.

[17] Vgl. *White, R.K., Lippitt, R.*, Autocracy and Democracy: An Experimental Inquiry, New York 1960, S. 26 f.

[18] Vgl. *Staehle, W.H.*, Management: Eine verhaltenswissenschaftliche Perspektive, a.a.O., S. 316.

[19] Vgl. zur hohen Bedeutung dieser persönlichen Ansprechpartner *Sydow, J.*, Franchisingsysteme als strategische Netzwerke - Über das Warum des Franchising hinaus, a.a.O., S. 37. Sydow spricht in diesem Zusammenhang von Beziehungsmanagern.

[20] Vgl. *Steinmann, H., Schreyögg, G.*, Management: Grundlagen der Unternehmensführung: Konzepte, Funktionen, Praxisfälle, a.a.O., S. 505.

[21] Dabei ist zu berücksichtigen, daß die auf die Mitarbeitermotivation gerichtete Gewährung von Anreizen/Belohnungen wiederum der personellen Verhaltensbeeinflussung zu subsumieren ist.

Strukturelle Formen der Verhaltensbeeinflussung bleiben aber auch in den Ohio-Studien gänzlich unberücksichtigt.

Durch Kombination jeweils geringer und hoher Ausprägungen beider Führungsdimensionen entstehen vier Führungsstile, die von Blake/Mouton durch einen fünften mit jeweils mittleren Ausprägungen beider Führungsdimensionen ergänzt wurden.[22] Dabei wird eine generelle, nicht situativ begründete Empfehlung für einen Führungsstil ausgesprochen, der durch eine gleichermaßen hohe Mitarbeiter- und Aufgabenorientierung des Führers gekennzeichnet ist.

Ein zu den Ohio-Studien konträres Vorgehen wählt dagegen Fiedler mit seiner **Kontingenztheorie** der Führung. Er geht davon aus, daß ein generell vorteilhafter Führungsstil nicht existiert. Daher bezieht er in sein Modell neben dem Führungsstil und der Gruppenleistung als dritte Variable die Führungssituation ein und gelangt damit zu empirisch gestützten, situativen Empfehlungen eines jeweils vorteilhaften Führungsstils.[23] Interessant erscheinen dabei vor allem die von Fiedler gebildeten Führungsstile. Er betrachtet nämlich - im Gegensatz zu den Ohio-Studien - die Mitarbeiter- und Aufgabenorientierung nicht als unabhängige, führungsstil-bildende Dimensionen, sondern als alternative, einander ausschließende **Führungsstile**, wobei Mischformen von Fiedler nicht gebildet werden.[24] Die zahlreichen, im Zusammenhang mit den Ohio-Studien durchgeführten empirischen Untersuchungen sprechen aber in der Mehrzahl für eine

---

Damit ist die Führungsdimension „Aufgabenorientierung" nicht eindeutig den technokratischen Einflußformen zuzurechnen. Vgl. dazu auch *Staehle, W.H.*, Management: Eine verhaltenswissenschaftliche Perspektive, a.a.O., S. 76 f.

[22] Vgl. *Hersey, P., Blanchard, K.H.*, Management of Organizational Behavior, 3. Aufl., Englewood Cliffs, N.J. 1977, S. 90 ff.; *Blake, R., Mouton, J.*, The New Managerial Grid, Houston 1978, S. 11.

[23] Vgl. *Fiedler, F.E.*, A Theory of Leadership Effectiveness, a.a.O., S. 185 ff. Die Führungssituation wird dabei anhand der Positionsmacht des Führers, der Qualität der Beziehungen zwischen Vorgesetztem und Mitarbeiter sowie der Aufgabenstruktur erfaßt. Insoweit sind die Kontingenzfaktoren sehr eng an die Führungsaufgabe angelehnt.

[24] Fiedler operationalisiert die beiden Führungsstile über das sog. LPC-Maß (Least-Preferred-Coworker), bei dem ein Vorgesetzter den am wenigsten geschätzten Mitarbeiter anhand eines semantischen Differentials beurteilt. Fällt diese Beurteilung freundlich und rücksichtsvoll aus, wird ein mitarbeiterorientierter Führungsstil, bei ungünstiger Beurteilung dagegen ein aufgabenorientierter Führungsstil angenommen. Eine genaue Explizierung der Führungsdimensionen erfolgt dabei nicht. Vgl. dazu sowie zu einer ausführlichen Würdigung der Kontingenztheorie von Fiedler *Steinle, C.*, Führung. Grundlagen, Prozesse und Modelle der Führung in der Unternehmung, a.a.O., S. 170 ff. sowie *Steinmann, H., Schreyögg, G.*, Management: Grundlagen der Unternehmensführung: Konzepte, Funktionen, Praxisfälle, a.a.O., S. 507 ff.

weitgehende Unabhängigkeit von Mitarbeiter- und Aufgabenorientierung und widerlegen insoweit die Annahme Fiedlers.[25]

Die drei Führungstypologien werden zusammenfassend in der Tabelle 3 gewürdigt.[26] Mit Blick auf die beiden, der Beurteilung der Typologien zugrunde gelegten zentralen Fragestellungen kann damit das folgende **Zwischenergebnis** formuliert werden: Aus den Typologien der interpersonellen Führung lassen sich mit der Aufgabenorientierung, der Mitarbeiterorientierung und der Entscheidungsmacht des Vorgesetzten drei grundsätzlich auch in Franchisesystemen relevante Führungsdimensionen identifizieren[27], wobei allerdings die beiden auf personelle Einflußformen gerichteten Dimensionen der Mitarbeiterorientierung und Entscheidungsmacht als nicht unabhängig zu betrachten sind.[28] Technokratische Einflußformen werden nur zum Teil durch die Führungsdimension der Aufgabenorientierung erfaßt, strukturelle Einflußformen bleiben dagegen vollständig unberücksichtigt.[29] Im Hinblick auf die Ableitung von Führungstypen im Rahmen der empirischen Analyse soll damit die folgende **Basishypothese** formuliert werden:[30]

---

[25] Damit sind auch Führungsstile realisierbar, die durch eine gleichzeitig hohe Mitarbeiter- und Aufgabenorientierung gekennzeichnet sind. Vgl. *Steinle, C.*, Führung. Grundlagen, Prozesse und Modelle der Führung in der Unternehmung, a.a.O., S. 166 ff.

[26] Da die Typologien des Führungsverhaltens hier nur eine kurze Würdigung erfahren sollen, werden nicht alle Kriterien des Klassifikations- und Prüfschemas ausführlich diskutiert.

[27] Auch Wunderer gelangt bei einer Führungsstil-Synopse zu den drei genannten Führungsdimensionen, wobei er statt der Entscheidungsmacht des Führers die inhaltlich identische, jedoch aus Mitarbeitersicht betrachtete Partizipationsorientierung als dritte Dimension nennt. Vgl. *Wunderer, R.*, Führung und Zusammenarbeit. Beiträge zu einer Führungslehre, a.a.O., S. 184.

[28] Es erscheint plausibel, daß ein Vorgesetzter bei ausgeprägter Mitarbeiterorientierung von seiner Entscheidungsmacht nur in begrenztem Maß Gebrauch macht und ein höheres Maß an Partizipation zuläßt.

[29] Vgl. zu ähnlichen Einschätzungen *Rühli, E.*, Ein Ansatz zu einem integrierten kooperativen Führungskonzept, in: Unternehmensführung und Organisation, Kirsch, W. (Hrsg.), Wiesbaden 1973, S. 90 f.; *Kümpers, A.*, Marketingführerschaft. Eine verhaltenswissenschaftliche Analyse des vertikalen Marketing, a.a.O., S. 218.

[30] Bei der Formulierung von Untersuchungshypothesen kann zum einen zwischen *Basishypothesen* und *Tendenzhypothesen* unterschieden werden. Basishypothesen werden bei noch ungenauen Vermutungen über die strukturellen Zusammenhänge in der Realität formuliert, um eine erste Orientierung im Forschungsfeld zu erhalten. Sofern dann Vermutungen über konkrete Beziehungen zwischen unabhängigen und abhängigen Variablen bestehen, können Tendenzhypothesen spezifiziert werden. Vgl. *Schanz, G.*, Zwei Arten von Empirismus, in: ZfbF, 27. Jg. (1975), o. Nr., S. 325; *Kopp, M.*, Hypothesenformulierung in der Absatzforschung, Betriebswirtschaftliche Schriften, Heft 60, Berlin 1972, S. 537 ff.; *Kirchgeorg, M.*, Ökologieorientiertes Unternehmensverhalten. Typologien und Erklärungsansätze auf empirischer Grundlage, Schriftenreihe Unternehmensführung und Marketing, Bd. 24, Meffert, H., Steffenhagen, H., Freter, H. (Hrsg.), Wiesbaden 1990, S. 50. Eine weitere Unterscheidung erfolgt in

H_{FT1}: Auf die interpersonelle Verhaltensbeeinflussung zwischen Vorgesetzten und Mitarbeitern gerichtete Führungsstile bilden das interorganisationale Führungsverhalten in Franchisesystemen aufgrund der schwerpunktmäßigen Betrachtung von personellen Einflußformen nur partiell ab.[31]

Es ist jedoch zu vermuten, daß die fünf nachfolgend zu analysierenden Typologien des interorganisationalen Führungsverhaltens, von denen drei einen expliziten Bezug zum Franchising aufweisen, die Identifikation zusätzlicher Führungsdimensionen ermöglichen.

---

nomologische und *empirische* Hypothesen. Nomologische Hypothesen haben sich an der Realität umfassend bewährt und nehmen daher den Charakter von universell-gültigen Gesetzesaussagen an. Empirische Hypothesen kennzeichnen dagegen in empirischen Untersuchungen getestete Vermutungen über die realen Zusammenhänge ohne Gesetzescharakter. Vgl. *Schanz, G.*, Methodologie für Betriebswirte, 2. Aufl., Stuttgart 1988, S. 27. Infolge des noch geringen Kenntnisstandes zur interorganisationalen Führung und dem in dieser Arbeit erfolgenden Hypothesentest an nur einer Stichprobe, weisen die spezifizierten Hypothesen sämtlich den Charakter *empirischer Hypothesen* auf.

[31] Andritzky weist in diesem Zusammenhang darauf hin, daß Hypothesen nicht zwingend als Bedingungssätze im Sinne von Wenn-Dann-Aussagen zu formulieren sind. Vgl. *Andritzky, K.*, Die Operationalisierbarkeit von Theorien zum Konsumentenverhalten, Berlin 1976, S. 17. Hinsichtlich der empirischen Überprüfung der mit H_{FT1} getroffenen Aussage sei auf die in Kapitel B 2.2 verwendete konfirmatorische Faktorenanalyse 2. Ordnung verwiesen, mittels derer eine Messung aller für die Verhaltensbeeinflussung relevanten Führungsdimensionen möglich ist.

Typologie Klassifik.- u. Prüfkriterium	Kontinuum-Theorie nach Tannenbaum/ Schmidt	OHIO-Studien (Fleishman); Adaption durch Blake/Mouton	Kontingenz-Theorie der Führung nach Fiedler
① Objekt der Typologisierung	• Interpersonelle Führung (Führer-Gruppen-Beziehung)	• Interpersonelle Führung (Führer-Gruppen-Beziehung)	• Interpersonelle Führung (Führer-Gruppen-Beziehung)
② Zweck der Typologisierung	• primär deskriptiv/explikativ • in späteren Studien auch Ableitung vorteilhafter Führungsstile	• primär empirisch-deskriptiv • zudem generalisierende Führungsstil-Empfehlungen	• Erklärung des Führungsverhaltens sowie Ableitung vorteilhafter Führungsstile
③ Abgeleitete Führungstypen/-stile	• Basistypen: Autoritärer vs. kooperativer Führungsstil • Erweiterung um laissez-faire-Führungsstil durch Iowa-Studien • 5 Zwischen-/Mischtypen auf dem Kontinuum	• 4 Basistypen durch Kombination der Führungsdimensionen Mitarbeiterorientierung und Aufgabenorientierung • 5 Basistypen im Verhaltensgitter von Blake/Mouton	• 2 Führungsstile a) aufgabenorientierter Führungsstil b) personenorientierter Führungsstil
④ Zugrundegelegte Führungsdimensionen/-merkmale	• eine Führungsdimension (Entscheidungsmacht des Vorgesetzten bzw. Partizipation der Mitarbeiter am Entscheidungsprozeß)	• zwei Führungsdimensionen a) Mitarbeiterorientierung b) Aufgabenorientierung	• führungsstilbildende Merkmale werden nicht explizit genannt (in jedem Fall aber mehrdimensional)
⑤ Situationsbezug der Typen	• zunächst kein Situationsbezug • in späteren Studien Aufnahme von Vorgesetzten-/Mitarbeiter- und Situationsmerkmalen	• keine Erfassung situativer Variablen	• explizite Erfassung der Führungssituation a) Positionsmarkt b) Strukturierung der Aufgabe c) Führer-Mitarbeiter-Beziehung
⑥ Operationalisierung der Führungsdimensionen	• heuristisches Modell ohne eindeutige Meßvorschriften	• differenzierte Erfassung über LBDQ (Leader-Behavior-Description-Questionaire)	• direkte Führungsstil-Messung über LPC-Score (Least-Prefered-Coworker) • Operationalisierung der Situationsdimensionen umstritten
⑦ Vollständigkeit der Führungsdimensionen	• ausschließliche Berücksichtigung personeller Einflußformen (Entscheidungsmacht) • keinerlei technokratische/strukturelle Einflußformen	• personelle Einflußformen • durch Dimension Aufgabenorientierung Bezug zu technokratischen Einflußformen • keinerlei strukturelle Einflußformen	• primär personelle Einflußformen • keinerlei strukturelle Einflußformen
⑧ Empirische Relevanz/Verifizierbarkeit der Führungstypen/-stile	• empirische Bestätigung der Führungsstile	• Ableitung der Führungsdimensionen auf empirischer Basis (über Faktorenanalyse)	• Empirische Ableitung der beiden Führungsstile umstritten • ebenso die in Verbindung mit der Führungssituation erfolgenden Führungsstilempfehlungen
⑨ Konsistenz der Führungstypen/-stile	• gegeben	• Verbindung von Mitarbeiter- und Aufgabenorientierung in einer Person wird z.T. bezweifelt	• gegeben

Tab. 3: Synopse zentraler Typologien des interpersonellen Führungsverhaltens

1.22 Typologien des interorganisationalen Führungsverhaltens und Relevanz einer mehrdimensionalen Typologiebildung

Die erste, Mitte der siebziger Jahre entstandene Typologie des interorganisationalen Führungsverhaltens geht auf Kümpers zurück. Sie untersucht mögliche Verhaltensformen eines **Marketingführers** in Absatzkanälen, wobei Franchisesysteme als Ausprägungsform einer vertraglichen Marketingführerschaft zumindest implizit erfaßt werden.[32]

Bei der Bestimmung der relevanten Führungsdimensionen knüpft Kümpers an Typologien der interpersonellen Führung an, indem sie zwischen der Interaktionsorientierung und der Aufgabenorientierung des Führungsverhaltens unterscheidet.[33] Die **Interaktionsorientierung** umfaßt solche Verhaltensweisen, die auf „die Leistungssteigerung des gesamten Systems durch bereitwillige Untersützung der Elemente und die Sicherung des Gruppenzusammenhalts" abstellen.[34] Im Mittelpunkt stehen hierbei Maßnahmen der Motivation und Partizipation der Systemmitglieder. Dagegen ist die **Aufgabenorientierung** auf „die Lösung von Sachzwängen, die Ordnung geregelter Funktionsabläufe zur Überbrückung räumlicher und zeitlicher Entfernungen im System [...]" gerichtet.[35] Der Aufgabenorientierung subsumiert Kümpers die Einflußformen der Dominanz und der Manipulation durch den Systemführer (vgl. Abb. 7). **Basistypen** der Führung werden von Kümpers nicht gebildet. Das tatsächliche Führungsverhalten besteht daher i.d.R. aus einer Kombination interaktions- und aufgabenorientierter Formen der Verhaltensbeeinflussung, so daß sich eine (unendliche) Anzahl von Führungstypen aus dem Modell ableiten läßt.[36]

---

[32] Im Mittelpunkt der Arbeit von Kümpers steht die Frage nach den Bestimmungsfaktoren der freien, d.h. nicht vertraglich legitimierten Marketingführerschaft von Hersteller- oder Handelsunternehmen.

[33] Ähnlich wie Fiedler bezeichnet Kümpers die Interaktionsorientierung (Mitarbeiterorientierung) und die Aufgabenorientierung als eigenständige *Führungsstile*, wobei sie allerdings - im Sinne der Arbeiten der Ohio-Schule - deren Unabhängigkeit annimmt. Der Terminologie der vorliegenden Arbeit folgend, muß hier jedoch von Führungsdimensionen gesprochen werden, da sich das tatsächliche Führungsverhalten als Kombination aus den Teildimensionen der Interaktions- und Aufgabenorientierung darstellt, diese also nicht bereits eigenständige Führungsstile (-typen) sein können. Vgl. *Kümpers, A.*, Marketingführerschaft. Eine verhaltenswissenschaftliche Analyse des vertikalen Marketing, a.a.O., S. 200 ff.

[34] Vgl. *ebenda*, S. 235.

[35] Vgl. *ebenda*, S. 225. Von diesen beiden Formen der aktiven Verhaltensbeeinflussung unterscheidet Kümpers die sog. passive Verhaltensbeeinflussung. Dieser Unterscheidung soll in der vorliegenden Arbeit nicht weiter gefolgt werden.

[36] Zusätzlich werden Empfehlungen für vorteilhafte Führungstypen in Abhängigkeit von verschiedenen systemexternen und -internen Einflußfaktoren formuliert. Diese Empfehlungen

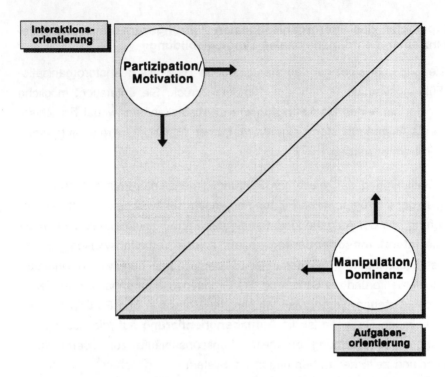

Abb. 7: Verhaltensformen der Marketingführerschaft (Quelle: in enger Anlehnung an Kümpers, A., Marketingführerschaft. Eine verhaltenswissenschaftliche Analyse des vertikalen Marketing, a.a.O., S. 220)

Im Hinblick auf die dieser Arbeit zugrunde gelegte Einteilung der Einflußformen in strukturelle, technokratische und personelle, ist eine **eindeutige Zuordnung** der beiden Führungsdimensionen nicht möglich. Die Interaktionsorientierung umfaßt sowohl personelle als auch strukturelle Formen der Verhaltensbeeinflussung[37], die Aufgabenorientierung beinhaltet im Begriffsverständnis Kümpers dagegen schwerpunktmäßig personelle, z.T. aber auch technokratische Einfluß-

---

werden aber isoliert für die einzelnen Führungsdimensionen ausgesprochen. Aussagen darüber, wann bestimmte Kombinationen beider Dimensionen realisiert werden sollten, erfolgen nicht. Vgl. *Kümpers, A.*, Marketingführerschaft. Eine verhaltenswissenschaftliche Analyse des vertikalen Marketing, a.a.O., S. 219 ff. Aufgrund des heuristischen Charakters der Typologie unterbleibt zudem eine genaue Operationalisierung der Führungsdimensionen. Auch wird weder ein empirischer Nachweis der Führungsdimensionen noch der sich auf deren Basis ergebenden Führungstypen geleistet.

[37] Die insbesondere auf Belohnungen beruhenden Motivationsbemühungen sind der personellen Verhaltensbeeinflussung zuzurechnen. Die Partizipation der Systemmitglieder in Form institutionalisierter Gesprächsgruppen oder Gremien stellt hingegen eine strukturelle Form der Verhaltensbeeinflussung dar. Vgl. zu dieser Zuordnung auch *Hill, W., Fehlbaum, R., Ulrich, P.*, Organisationslehre 1: Ziele, Instrumente und Bedingungen sozialer Systeme, 4. Aufl., Bern, Stuttgart 1989, S. 173. Diese erfassen die Partizipation ausdrücklich als strukturbezogene Instrumentalvariable. Vgl. hierzu auch die Ausführungen in Kap. B 1.32.

formen.[38] In Erweiterung der zuvor diskutierten Typologien des interpersonellen Führungsverhaltens weisen die Führungsdimensionen von Kümpers aber erstmals Bezüge zu allen drei, in Franchisesystemen relevanten Einflußformen auf.

Der primäre Zweck der von Grossekettler vorgelegten Typologie vertraglicher Vertriebssysteme besteht in der Gewinnung wettbewerbstheoretischer Erkenntnisse und der darauf aufbauenden Ableitung wettbewerbsrechtlicher Implikationen.[39] Dennoch weist sie enge Bezüge zur Systemführung auf. Auch Grossekettler verwendet mit dem Zentralisations- und dem Bindungsgrad lediglich zwei Führungsdimensionen. Der **Zentralisationsgrad** umfaßt zum einen die Bedeutung der Tätigkeitsfelder, die durch den (Franchise-)Vertrag geregelt werden, zum anderen aber auch die Mitwirkungsrechte der jeweils untergeordneten Vertragsparteien. Hiermit liegt eine auf strukturelle Formen der Verhaltensbeeinflussung gerichtete Führungsdimension vor.[40] Der **Bindungsgrad** rekurriert dagegen auf die Verhaltensbeeinflussung durch ex ante koordinierte Pläne zwischen den Systempartnern und ist insofern den technokratischen Einflußformen zuzurechnen.[41] Dagegen werden personelle Einflußformen im Gegensatz zu den bislang diskutierten Typologien von Grossekettler nicht berücksichtigt.

Der Bezug zur Führungsthematik ergibt sich insbesondere aus der Positionierung der vier Formen vertraglicher Vertriebssysteme in einem durch die beiden Führungsdimensionen aufgespannten Koordinatensystem. Wie der Abbildung 8 zu entnehmen ist, zeichnen sich Franchisesysteme durch den jeweils

---

[38] Die Ausübung von Macht durch den Systemführer z.B. in Form von negativen Sanktionen der Systemmitglieder ist den personellen Formen der Verhaltensbeeinflussung zu subsumieren. Vgl. *Staehle, W.H.*, Management: Eine verhaltenswissenschaftliche Perspektive, a.a.O., S. 77. Manipulative Maßnahmen des Systemführers in Form von Überredungsversuchen bzw. einer geschickten Verhandlungsführung setzen ebenfalls unmittelbar personenbezogene Einflußformen voraus. Die von Kümpers der Manipulation zugeordnete Einrichtung von Informationssystemen stellt dagegen auf technokratische Formen der Verhaltensbeeinflussung ab.

[39] Vgl. *Grossekettler, H.*, Die volkswirtschaftliche Problematik Vertraglicher Vertriebssysteme, Arbeitspapier Nr. 3 des Lehrstuhls für Betriebswirtschaftslehre, insbes. Distribution und Handel, Ahlert, D. (Hrsg.), Münster 1978, S. 7 ff.

[40] Vgl. *ebenda*, S. 2. Die Klassifizierung vertraglicher Regelungen als strukturelle Verhaltensbeeinflussung beruht auf ihrem rahmenbildenden Charakter.

[41] Vgl. *ebenda*. Grossekettler spricht im Zusammenhang mit dem Zentralisationsgrad auch von langfristiger Führung, während er die dem Bindungsgrad zu subsumierende Verhaltensbeeinflussung über Pläne als kurzfristige Führung bezeichnet. Insofern bilden die Eckpunkte eines durch die beiden Führungsdimensionen aufgespannten Koordinatensystems vier Basistypen der Koordination: die rein marktliche Koordination, die Koordination durch kurzfristige Führung, die Koordination durch langfristige Führung sowie die Koordination durch Kooperation. Zur Einordnung von Plänen als technokratische Form der Verhaltensbeeinflussung vgl. die Ausführungen in Kap. A 3.

höchsten Zentralisations- und Bindungsgrad aus. Durch die **Unschärfenpositionierung** kommen aber Spielräume des Franchisegebers bei der Ausgestaltung der Systemführung zum Ausdruck.[42] Demnach sieht Grossekettler für die Führung von Franchisesystemen einen **Handlungsspielraum** zwischen einem jeweils mittleren und einem maximalen, an eine langfristige Kooperation mit laufender, intensiver Verhaltensabstimmung heranreichenden Zentralisations- und Bindungsgrad.[43] Verschiedene Kombinationen der beiden Führungsdimensionen lassen sich in der Terminologie dieser Arbeit als Führungstypen kennzeichnen, da die zugrunde gelegten Dimensionen unmittelbar auf die Verhaltensbeeinflussung der Kooperationspartner ausgerichtet sind.[44]

Aus einer juristischen Zwecksetzung heraus ist die Typologie von Franchisesystemen nach Martinek entstanden.[45] Entgegen der im Einleitungskapitel vorgenommenen Systematisierung von Franchisesystemen nach strukturellen, leistungsbezogenen und genetischen Kriterien gründet Martinek seine Typologie auf unmittelbar führungsbezogene Merkmale. Hierzu greift er auf die abstrakte (Meta-)Führungsdimension der **Macht- und Interessenkonstellation** zwischen der Systemzentrale und den Franchisenehmern zurück. Eine Präzisierung dieser Dimension unterbleibt, doch läßt sich aus der Gestalt der abgeleiteten Führungs-

---

[42] Grossekettler geht insofern von Idealtypen der betrachteten vertraglichen Vertriebssysteme aus, um die herum sich jedoch Realausprägungen feststellen lassen, die gleichfalls den jeweiligen (idealen) Systemtypen zuzurechnen sind.

[43] Grossekettler sieht also bei einem jeweils maximalen Zentralisations- und Bindungsgrad immer noch den Tatbestand der Kooperation bei rechtlicher Selbständigkeit der Systempartner erfüllt. Daraus läßt sich im Umkehrschluß ableiten, daß er eine dem Anweisungsvertrieb in Filialsystemen gleichkommende Führung von Franchisesystemen implizit ausschließt. Einen maximalen, den Wert 1 annehmenden Zentralisationsgrad nimmt Grossekettler an, wenn ein Systemführer alle Entscheidungen im Namen aller Systemmitglieder trifft, dagegen erreicht der Bindungsgrad den Maximalwert von 1, wenn über Pläne nahezu die gesamte Wirtschaftstätigkeit der Systemmitglieder geregelt wird. Vgl. *Grossekettler, H.*, Die volkswirtschaftliche Problematik Vertraglicher Vertriebssysteme, a.a.O., S. 2.

[44] Wenngleich Grossekettler diese Führungstypen nicht empirisch nachweist, entwickelt er doch zur *Operationalisierung* der beiden Führungsdimensionen präzise Meßvorschriften. *Situative Einflüsse* auf die jeweilige Ausgestaltung der Führungstypen werden dagegen nicht berücksichtigt, was sich aus der volkswirtschaftlich-juristischen Zielsetzung der Typologie begründet. Vgl. *Grossekettler, H.*, Funktionale Kooperation. Eine Untersuchung der Störungen von Marktprozessen und der Möglichkeit ihrer Heilung durch Kooperation, Schriften zur Kooperationsforschung, Boettcher, E. (Hrsg.), Tübingen 1978, S. 12 ff.

[45] Die Typologiebildung ist insbesondere auf die juristische Einordnung des Franchising und die Ableitung rechtlicher Regelungsprogramme, differenziert nach den Systemtypen, ausgerichtet. Vgl. *Martinek, M.*, Franchising, a.a.O., S. 161.

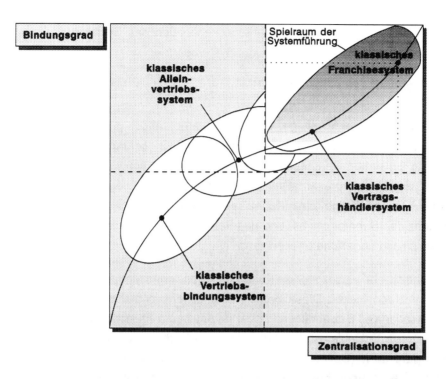

Abb. 8: Koordinationsmethoden in vertraglichen Vertriebssystemen (Quelle: in enger Anlehnung an Grossekettler, H., Die volkswirtschaftliche Problematik Vertraglicher Vertriebssysteme, a.a.O., S. 4a)

typen darauf schließen, daß die Macht- und Interessenkonstellation sowohl personelle als auch strukturelle Formen der Verhaltensbeeinflussung beinhaltet.[46]

Martinek unterscheidet mit dem Subordinations- und dem Partnerschafts-Franchising zwei Führungstypen. Beim **Subordinations-Franchising** liegt ein Quasi-Filialsystem mit autokratischer Führung durch die Systemzentrale vor. Jegliche Mitwirkungsrechte der Franchisenehmer über Gremien oder Beiräte sind ausgeschlossen. Dagegen besteht beim **Partnerschafts-Franchising** ein demokratisch-symbiotisches Interessengefüge zwischen der Systemzentrale und den Franchisenehmern. Die Franchisenehmer werden hierbei nicht als weisungsgebundene Absatzorgane der Systemzentrale gesehen, sondern als gleichbe-

---

[46] So werden einerseits die Machtausübung der Systemzentrale und andererseits Aspekte der kollektiven Partizipation der Franchisenehmer an der Willensbildung innerhalb des Franchisesystems erfaßt.

rechtigte, an der Entwicklung der Marketingkonzeption des Systems sowie an dessen Steuerung zumindest mitbeteiligte Systempartner.[47]

Einen **Situationsbezug** der beiden Führungstypen stellt Martinek nicht her. Stattdessen sieht er das Subordinations- und das Partnerschaftsfranchising in einer gewissen zeitlichen Abfolge, wenn er die autokratisch geführten Systeme als Franchising der zweiten und die partnerschaftlich geführten Systeme als Franchising der dritten Generation einordnet. Auch ein Nachweis der Führungstypen auf empirisch-repräsentativer Basis erfolgt nicht. Allerdings liegen der Typologie fallstudienartige **Einzelfallbetrachtungen** zugrunde, aufgrund derer die Existenz des Subordinations- und des Partnerschafts-Franchising grundsätzlich als empirisch abgesichert gelten kann.[48]

Die hinsichtlich der einbezogenen Führungsdimensionen umfangreichste Typologie stammt von Heide. Diese bezieht sich allgemein auf das Management interorganisationaler Beziehungen, wobei Bezüge zum Franchising explizit hergestellt werden.[49] Heide ist bestrebt, die dabei relevanten **Lenkungs- und Steuerungsformen** (Governance Forms) möglichst umfassend und nicht nur über wenige, stark verdichtete Führungsdimensionen abzubilden. Im Gegensatz zu allen anderen Typologien werden dabei nicht nur die laufende Beziehungs-

---

[47] Martinek geht dabei in seinem Verständnis des Partnerschafts-Franchising soweit, daß er auch genossenschaftsähnliche, quasi-horizontale Kooperationen unter dem Franchise-Begriff subsumiert, deren vertikaler Systemcharakter sich nur noch auf die vertikalen Individualverträge zwischen der Systemzentrale und den Franchisenehmern gründet. Vgl. *Martinek, M.*, Franchising, a.a.O., S. 65. Zusätzlich differenziert Martinek das Partnerschafts-Franchsing in *drei Unterformen*: das Koordinations- oder Austausch-Franchising, das Koalitions- oder Zweierbund-Franchising sowie das Konföderations- oder Bündnis-Franchising.[47] Da diese Differenzierung aber primär auf der Vertragskonstellation zwischen Franchisegeber und Franchisenehmern beruht, liegen hierbei keine Führungstypen, sondern vielmehr *Vertragstypen* vor. Vgl. *Martinek, M.*, Moderne Vertragstypen, Bd. II: Franchising, Know-how-Verträge, Management- und Consultingverträge, Schriftenreihe der Juristischen Schulung H. 110, Weber, H. (Hrsg.), München 1992, S. 65 ff.

[48] Es liegen allerdings noch keine gesicherten Erkenntnisse darüber vor, welche quantitative Bedeutung die beiden Führungstypen aufweisen und ob darüber hinaus noch weitere Führungstypen existieren. Martinek selbst schätzt - jedoch ohne entsprechende empirische Validierung -, daß etwa 60 bis 70 Prozent der deutschen Franchisesysteme dem Subordinations-Franchising zuzurechnen sind, und 30 bis 40 Prozent auf das Partnerschafts-Franchising mit seinen drei Unterformen entfallen. Damit setzt er gleichzeitig voraus, daß nur diese beiden Führungstypen bestehen. Vgl. *Martinek, M.*, Moderne Vertragstypen, Bd. II: Franchising, Know-how-Verträge, Management- und Consultingverträge, a.a.O., S. 78.

[49] Insofern sieht Heide die von ihm verwendeten Führungsdimensionen auch für Franchisesysteme als unmittelbar relevant an.

pflege, sondern auch die vorgelagerte Phase der Beziehungsanbahnung und die nachgelagerte Phase der Beziehungsauflösung betrachtet.[50]

Zur Präzisierung der bei der laufenden Beziehungspflege, die als Systemführung i.e.S. aufgefaßt werden kann, relevanten Lenkungs- und Steuerungssysteme greift Heide auf **fünf Führungsdimensionen** zurück.[51] Mit der Arbeits- und Kompetenzteilung zwischen den Systempartnern liegt eine strukturelle Führungsdimension vor.[52] Demgegenüber beziehen sich Planungssysteme und Überwachungssysteme auf technokratische Formen der Verhaltensbeeinflussung. Anreiz- und Belohnungssysteme sowie Sanktionsmechanismen sind schließlich der personellen Verhaltensbeeinflussung zuzurechnen. Damit bildet Heide alle drei, auch für Franchisesysteme relevanten Formen der Verhaltensbeeinflussung über zumindest eine Führungsdimension ab.[53]

Auf Basis dieser Führungsdimensionen gelangt Heide zu **drei**, in der Abbildung 9 dargestellten **Lenkungs- und Steuerungsformen** interorganisationaler Beziehungen.[54] Dabei unterscheidet er in Anknüpfung an die Terminologie der Institutionen-Ökonomik zwischen einer marktlichen und einer nicht-marktlichen Lenkung und Steuerung, wobei er die nicht-marktliche zusätzlich in eine unilateral-hierarchische und eine bilaterale Lenkung und Steuerung differenziert.

Jede dieser drei wiederum als Führungstypen zu bezeichnenden Lenkungs- und Steuerungsformen ist durch eine spezifische Ausprägung der Führungsdimensionen gekennzeichnet. Dabei faßt Heide die drei Formen als Basistypen auf, die realiter in verschiedenen Mischformen vorkommen können.[55] Für Franchise-

---

[50] Vgl. *Heide, J.B.*, Interorganizational Governance in Marketing Channels, a.a.O., S. 75 ff.

[51] Eine sechste, von Heide angeführte Dimension umfaßt die Art der Anpassungsprozesse, wobei hier insbesondere die Vertragsanpassung gemeint ist. Hierbei handelt es sich jedoch nicht um eine Führungsdimension im Sinne der vorliegenden Arbeit, da kein direkter Bezug zu einer zielgerichteten Verhaltensbeeinflussung vorliegt.

[52] Vgl. zur Einordung der Arbeitsteilung als strukturelle Führungsdimension auch *Hill, W., Fehlbaum, R., Ulrich, P.*, Organisationslehre 1: Ziele, Instrumente und Bedingungen sozialer Systeme, a.a.O., S. 173.

[53] Es stellt sich an dieser Stelle jedoch die Frage nach der Vollständigkeit der Führungsdimensionen. Vgl. dazu auch die Ausführungen in Kap. B 1.3.

[54] Vgl. *Heide, J.B.*, Interorganizational Governance in Marketing Channels, a.a.O., S. 75.

[55] Vgl. *ebenda*, S. 81. Heide selbst spricht hier von Idealtypen.

systeme erweisen sich dabei insbesondere Kombinationen der unilateral-hierarchischen und der bilateralen Lenkung und Steuerung als relevant.[56]

Lenk.-/Steuerungsform (Führungs-)Dimension.	Marktliche Lenkung/ Steuerung	nichtmarktliche Lenkung/Steuerung	
		unilateral/hierarchisch	bilateral
• Beziehungsanbahnung	kein spezifischer Anbahnungsprozeß	selektiver Beitritt; Einübung von Fertigkeiten	selektiver Beitritt; Einübung von Werten/Normen
• laufende Beziehungspflege			
- Arbeits-/Kompetenzteilung (Rollenspezifikation)	Rollenspezifikation auf individuelle Transaktion gerichtet	Rollenspezifikation auf gesamtes Beziehungsgefüge gerichtet	überlappende Rollen; gemeinsame Aktivitäten und Team-Verantwortlichkeiten
- Planungssystem	nicht existent oder begrenzt auf individuelle Transaktion	proaktiv-unilateral; umfassende, bindende Pläne	proaktiv-bilateral; laufende Plananpassung
- Anpassungsprozesse	nicht existent oder durch Austritt oder Entschädigungsforderungen bedingt	Ex ante; explizite Anpassungsmodi	bilateral; hauptsächlich konsolidierter Wandel durch gemeinsame, wechselseitige Anpassung
- Überwachungssystem	extern/reaktiv; outputorientiert	extern/reaktiv; output- und verhaltensorientiert	intern/proaktiv; basierend auf Selbstkontrolle
- Anreizsystem	kurzfristig; gekoppelt an Output	kurz- und langfristig; gekoppelt an Output und Verhalten	langfristig; gekoppelt an systembezogenes Verhalten
- Sanktionsmechanismen	beziehungsextern; Rechtssystem, Wettbewerb, Ausgleichsinvestitionen	beziehungsimmanent; legitimierte Macht/Autorität	beziehungsimmanent; Gegenseitigkeit von Interessen
• Beziehungsauflösung	durch Beendigung der diskreten Transaktion	fixierte Beziehungsdauer oder explizite Beendigungsmechanismen	zeitlich unbegrenzte Beziehung

Abb. 9: Typologie der „Interorganizational Governance Forms" (Quelle: Heide, J.B., Interorganizational Governance in Marketing Channels, a.a.O., S. 81)

Die letzte, im Führungskontext relevante Typologie geht auf Sydow zurück. Darin interpretiert er Franchisesysteme als spezifische Ausprägungsformen **strategischer Netzwerke**.[57] Wie bei der Mehrzahl der bislang diskutierten Typologien

---

[56] Betrachtet man die in der Abbildung 9 wiedergegebenen Ausprägungen der Führungsdimensionen bei den beiden Formen der nicht-marktlichen Lenkung und Steuerung, dann zeigt sich eine Ähnlichkeit zu den von Martinek gebildeten Typen des Subordinations-Franchising (entspricht einer konsequent unilateral-hierarchischen Führung) und des Partnerschafts-Franchising (entspricht einer konsequent bilateralen Führung). Auch für die Typologie von Heide steht im übrigen ein umfassender empirischer Nachweis bislang noch aus. Lediglich für einzelne Führungsdimensionen liegen empirische Untersuchungen vor, wobei dabei auch situative Einflüsse auf die Ausgestaltung der Führungsdimensionen analysiert werden. So hat Heide z.B. den Einfluß unterschiedlicher Abhängigkeitsgrade zwischen Organisationen auf die Art der Anpassungsprozesse bei Veränderungen des interorganisationalen Umfeldes untersucht. Für diese Führungsdimensionen bestehen zudem operationale Meßvorschriften. Vgl. *Heide, J.B.*, Interorganizational Governance in Marketing Channels, a.a.O., S. 78 ff.

[57] Vgl. zum Begriff des strategischen Netzwerks *Sydow, J.*, Strategische Netzwerke: Evolution und Organisation, a.a.O., insbes. S. 60 ff. Dabei steht im Mittelpunkt der Typologiebildung

legt auch Sydow mit der Kopplungsintensität und der Interaktionsrichtung seiner Typologie lediglich zwei Führungsdimensionen zugrunde. Die **Kopplungsintensität** umfaßt dabei den Intensitätsgrad, mit dem die Aktivitäten der Systemzentrale und der Franchisenehmer vertikal und horizontal aufeinander bezogen sind. Die **Interaktionsrichtung** beschreibt darüber hinaus, ob sich systeminterne Kontakte nur vertikal, zwischen der Systemzentrale und den Franchisenehmern, oder auch horizontal, also zwischen den Franchisenehmern ergeben.[58]

Sydow selbst bezeichnet die beiden Führungsdimensionen als **Strukturmerkmale**, durch die der Grad sozialer Organisiertheit eines Franchisesystems zum Ausdruck kommt.[59] Die konkrete Ausgestaltung beider Dimensionen erfordert aber den Einsatz nicht nur struktureller, sondern auch technokratischer und vor allem personeller Formen der Verhaltensbeeinflussung. Eine eindeutige Zuordnung der Dimensionen zu einzelnen Formen der Verhaltensbeeinflussung ist daher nicht möglich.[60] Die Typologie verbleibt insofern auf einem hohen Aggregationsniveau, denn eineindeutige Implikationen für die Ausgestaltung des Führungsverhaltens lassen sich aus ihr nicht ableiten.

Durch Kombination jeweils zweier alternativer Ausprägungsformen beider Führungsdimensionen gelangt Sydow mit dem lose-zentrierten Führungstyp, dem lose-dezentrierten Führungstyp, dem eng-zentrierten Führungstyp sowie dem eng-dezentrierten Führungstyp zu **vier**, in der Abbildung 10 dargestellten **Basistypen** der Systemführung.[61] Anhand von Fallstudienerhebungen in sechs Fran-

---

nicht die Ableitung von Gestaltungsempfehlungen zur Führung von Franchisesystemen, sondern die Beschreibung und Erklärung der identifizierten Führungstypen.

[58] Dabei wird eine Aussage über den durch die Kopplungsintensität abgebildeten Intensitätsgrad der Beziehungen nicht getroffen.Die beiden Führungsdimensionen können insofern nicht als völlig unabhängig bezeichnet werden. Auch Sydow erkennt dieses Problem, spricht aber von „weitgehender Unabhängigkeit". Vgl. *Sydow, J.*, Franchisingsysteme als strategische Netzwerke - Über das Warum des Franchising hinaus, a.a.O., S. 35.

[59] Vgl. *ebenda*, S. 34 f.

[60] So nennt Sydow selbst als mögliche Maßnahmen zur Erhöhung der Kopplungsintensität die Einrichtung von interorganisationalen Gremien (strukturelle Einflußform), den Einsatz interorganisationaler Informationssysteme (technokratische Einflußform mit Bezügen zur personellen Verhaltensbeeinflussung) sowie die Ausbildung eines gemeinsamen Wertesystems (erreichbar insbesondere über personelle Einflußformen). Ähnliche Schlußfolgerungen lassen sich für die Steuerung der Interaktionsrichtung ableiten. Damit handelt es sich bei den von Sydow verwendeten Führungsdimensionen wie bei Martinek um Meta-Dimensionen. Vgl. *Sydow, J.*, Franchisingsysteme als strategische Netzwerke - Über das Warum des Franchising hinaus, a.a.O., S. 34.

[61] Vgl. *ebenda*, S. 35 f. sowie ausführlich *Sydow, J., Kloyer, M.*, Management von Franchisingnetzwerken - Erkenntnisse aus sechs Fallstudien. Forschungsbericht, Universität Wuppertal 1995.

chisesystemen kann er für jeden Typ zumindest ein in der Realität existierendes System nachweisen. Eine breitere empirische Überprüfung unterbleibt jedoch. Ebenso wird eine aufgrund des hohen Aggregationsniveaus wichtige Operationalisierung der Führungsdimensionen nicht vorgenommen.

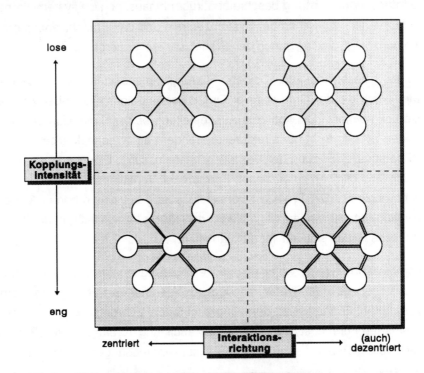

Abb. 10: Typen strategischer Franchisingnetzwerke (Quelle: Sydow, J., Franchisingsysteme als strategische Netzwerke - Über das Warum des Franchising hinaus, a.a.O., S. 35)

Im Ergebnis führt die Analyse der Typologien des interorganisationalen Führungsverhaltens, die synoptisch in der Tabelle 4 wiedergegeben ist, zur Identifikation von insgesamt 12 Führungsdimensionen mit Relevanz für die innengerichtete Führung von Franchisesystemen. Aufgrund der **Heterogenität** der jeweils verwendeten **Führungsdimensionen** weichen zwangsläufig auch die auf deren Basis gebildeten **Führungstypen** erheblich voneinander ab. Hinzu kommt, daß weder die Führungsdimensionen noch die Führungstypen über fallstudienartige Einzelfallbetrachtungen hinaus eine umfassende empirische Bestätigung gefunden haben. Aufgrund des fehlenden Empiriebezuges unterbleibt zudem für die Mehrzahl der Führungsdimensionen eine für die Überführung in eine empirische Untersuchung zwingende Operationalisierung.

Typologie / Klassif. u. Prüfkriterien	Verhaltensformen der Marketingführerschaft (Kümpers 1976)	Koordinationsmethoden in vertraglichen Vertriebssystemen (Grossekettler 1978)	Macht- und Interessenstrukturtypen des Franchising (Martinek 1987)
① Objekt d. Typologisierung	• Verhaltensbeeinflussung v. Absatzmittlern durch den Marketingführer in vertikalen Marketingsystemen (Interorganisationale Führung)	• Koordinations- und Führungsmethoden in vertraglichen Vertriebssystemen (Interorganisationale Führung)	• Typologisierung v. Franchisesystemen nach der Beziehung zwischen Franchisegeber und Franchisenehmer (interorganisationale Führung)
② Zweck d. Typologisierung	• Ableitung von Aussagen über vorteilhafte Formen d. Verhaltensbeeinflussung (praktisch-normativ) • direkter Führungsbezug	• Gewinnung wettbewerbstheoretischer und -rechtlicher Implikationen (Verhinderung v. Marktversagen, Genehmigungsverfahren f. Kooperationen) • indirekter Führungsbezug	• Juristische Einordnung d. Franchising, Ableitung rechtlicher Regelungsprogramme d. Franchising (differenz. nach Typen) • indirekter Führungsbezug
③ Abgeleitete Führungstypen	• Passive Verhaltensbeeinflussung • Aktive Verhaltensbeeinflussung durch n Kombinationen der beiden Führungsdimensionen • keine explizite Nennung von Basistypen	• durch n Kombinationen der beiden Führungsdimensionen • 4 Basistypen d. Koordination (Führung) a) reine Marktkoordination b) Koord. durch kurzfr. Führg. c) Koord. durch langfr. Führg. d) Koordination durch Kooperation	• Subordinations-Franchising • Partnerschafts-Franchising a) Koordinations-/ Austausch-Franchising b) Koalitions-/ Zweierbund-Franchising c) Konförderations-/Bündnis-Franchising • damit 4 Basistypen
④ Zugrundegelegte Führungsdimensionen/-merkmale	• zwei Führungsdimensionen a) Interaktionsorientierung (Partizipation, Motivat.) b) Aufgabenorientierung (Manipulation, Dominanz) • v. Kümpers als Führungsstile bezeichnet	• zwei Führungsdimensionen a) Zentralisationsgrad b) Bindungsgrad	• Macht- und Interessenstruktur als Meta-Dimension a) Vertragstyp b) Machtkonstellation c) Interessenkonstellation (als Teildimensionen)
⑤ Situationsbezug der Typen	• zahlreiche situative Variabl. -Führungspotent. d. Führers -Führungsaufgabe -Systemlebenszyklusphase	• nicht gegeben (erklärt sich aus Zweck der Typologisierung)	• nicht gegeben (erklärt sich aus Zweck der Typologisierung)
⑥ Operationalisierung d. Führungsdimensionen	• aufgrund des rein heuristischen Charakters der Typologie keine Meßvorschriften gegeben	• präzise Meßvorschriften für beide Führungsdimensionen	• keine hinreichende Operationalisierung; nur über Teildimensionen der Metadimension
⑦ Vollständigkeit d. Führungsdimensionen	• schwerpunktmäßig person. Formen d. Verhaltensbeeinfl. (Macht, Motivation, Manipulation) • Bezüge zu struktur. und technokr. Einflußformen	• technokratische u. strukturelle Einflußformen • keine person. Formen der Verhaltensbeeinflussung	• strukturelle u. personelle Einflußfaktoren • Vernachlässigung technokratischer Einflußformen
⑧ Emp. Relevanz/Verifizierbarkeit d. Führungstypen	• keine empirische Überprüfung d. Führungstypen	• keine emp. Überprüfung d. für Franchisesysteme als relevant erachteten Ausprägungen d. Führungsdim.	• keine emp. Überprüfung d. Typen • emp. Nachweis erscheint für Unterformen d. Partnerschaftsfranchising fraglich
⑨ Konsistenz d. Führungstypen	• ist gegeben	• ist gegeben	• für Basistypen gegeben • für Unterformen d. Partnerschaftsfranchising fraglich

Tab. 4a: Synopse zentraler Typologien des interorganisationalen Führungsverhaltens (Teil 1)

Typologie / Klassif. u. Prüfkriterien	Typologie der "Interorganizational Governance Forms" (Heide 1994)	Typen strategischer Franchisingnetzwerke (Sydow 1995)
① Objekt d. Typologisierung	• Interorganisationsbeziehungen von Unternehmungen (Interorganisationale Führung)	• Franchisingnetzwerke mit Erweiterungsmöglichkeit auf weitere Formen strategischer Netzwerke (Interorganisationale Führung)
② Zweck d. Typologisierung	• primär Beschreibung/Erklärung unterschiedlicher Lenkungs- und Steuerungssysteme • Ableitung von Empfehlungen zu deren Anwendung • direkter Führungsbezug	• Beschreibung und Erklärung der strategischen Führung in Franchisesystemen auf Basis der Strukturationstheorie • direkter Führungsbezug

③ Abgeleitete Führungstypen	• marktliche Lenkung/Steuerung
	• nichtmarktliche Lenkung/Steuerung
	  a) unilateral-hierarchisch
	  b) bilateral
	• Mischtypen der drei Basistypen
		• 4 Basistypen auf Basis der beiden Führungsdimensionen Kopplungsintensität und Interaktionsrichtung
		  a) lose-zentrierter Führungstyp
		  b) lose-dezentrierter Führungstyp
		  c) eng-zentrierter Führungstyp
		  d) eng-dezentrierter Führungstyp

④ Zugrundegelegte Führungsdimensionen/-merkmale	• 3 Hauptdimensionen mit Teildimensionen
	  a) Beziehungsanbahnung
	  b) laufende Beziehungspflege
	    - Arbeits- und Kompetenzteilung
	    - Planungssystem
	    - Überwachungssystem
	    - Anreizsystem
	    - Sanktionsmechanismen
	    (- Art der Anpassungsprozesse)
	  c) Beziehungsauflösung
		• 2 Führungsdimensionen
		  a) Kopplungsintensität
		  b) Interaktionsrichtung

⑤ Situationsbezug der Typen	• im Basismodell noch geringe Berücksichtigung als relevant erkannter Situationsvariablen • erste empirische Tests für den Grad der Abhängigkeit der Partner	• nicht gegeben
⑥ Operationalisierung d. Führungsdimensionen	• für ausgewählte, empirisch getestete Führungsdimensionen bestehen klare Meßvorschriften	• lediglich über jeweils zwei Ausprägungen der beiden Führungsdimensionen
⑦ Vollständigkeit d. Führungsdimensionen	• Erfassung personeller, technokratischer und struktureller Einflußformen	• primär strukturelle Einflußformen mit Bezügen zu personellen und technokratischen Formen der Verhaltensbeeinflussung
⑧ Emp. Relevanz/Verifizierbarkeit d. Führungstypen	• kein vollständiger Nachweis der drei Typen • jedoch empirische Überprüfung einzelner Führungsdimensionen (z.B. Art des Anpassungsprozesses)	• durch Fallstudienerhebungen Existenz der 4 Basistypen bestätigt (n=6) • keine großzahligen empirischen Untersuchungen
⑨ Konsistenz d. Führungstypen	• ist gegeben	• ist gegeben

Tab. 4b: Synopse zentraler Typologien des interorganisationalen Führungsverhaltens (Teil 2)

Die Analyse offenbart aber auch, daß sich die Führungsdimensionen der mit der Definition des Führungsbegriffs zugrunde gelegten **Klassifizierung** möglicher Einflußformen der Systemzentrale in strukturelle, technokratische und personelle Formen entweder eindeutig oder aber kombinativ zuordnen lassen. Hierzu sind zusammenfassend in der Abbildung 11 alle in den Typologien des interpersonellen und des interorganisationalen Führungsverhaltens verwendeten Führungsdimensionen anhand dieser drei Einflußformen sowie deren möglicher Kombinationen geordnet. Neun Führungsdimensionen lassen sich dabei eindeutig zuordnen, während drei Dimensionen jeweils zwei Einflußformen, und zwei weitere sogar alle drei Einflußformen umfassen. Damit kann zunächst festgehalten werden, daß mit der Einteilung in strukturelle, technokratische und personelle Einflußformen ein tragfähiger Ansatz zur Klassifizierung von Führungsdimensionen besteht, da offensichtlich alle in der Literatur verwendeten Dimensionen vollständig erfaßt werden können.

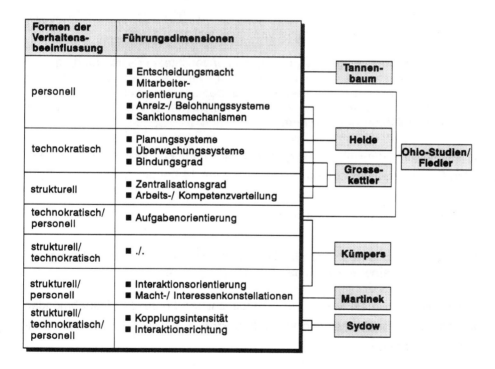

Abb. 11: Klassifizierung der identifizierten Führungsdimensionen

Ferner zeigt die Abbildung 11, daß mit Ausnahme der Typologie von Tannenbaum und Schmidt, der lediglich eine personelle Führungsdimension zugrunde liegt, alle anderen Typologien durch eine **Kombination von Führungsdimen-**

sionen gebildet sind, somit also nicht nur eine, sondern **unterschiedliche** Formen der Verhaltensbeeinflussung umfassen. Dies stützt die mit der Definition des Führungsbegriffs getroffene Annahme, daß sich die Verhaltensbeeinflussung von Franchisenehmern als komplexes Zusammenwirken struktureller, technokratischer und personeller Führungsdimensionen darstellt. Als Grundlage der empirischen Untersuchung kann damit die folgende Basishypothese formuliert werden:

H_{FT2}: Das Führungsverhalten in Franchisesystemen ist durch ein komplexes, integratives Zusammenwirken struktureller, technokratischer und personeller Formen der Verhaltensbeeinflussung gekennzeichnet.

Außerdem verdeutlichen die Typologien, daß die Systemzentrale bei der Ausgestaltung der Führungsdimensionen ausgeprägte **Handlungsspielräume** besitzt.[62] Dies weist auf die Möglichkeit hin, bei der Ausgestaltung der strukturellen, technokratischen und personellen Führungsdimensionen spezifische Verhaltensmuster der Führung und damit unterscheidbare Führungstypen zu entwickeln. Damit kann weiterhin folgende Basishypothese gebildet werden:[63]

H_{FT3}: Die Systemzentrale verfügt bei der innengerichteten Systemführung über Handlungsspielräume. Es lassen sich daher für die Ausprägung der strukturellen, technokratischen und personellen Einflußformen unterschiedliche systemübergreifende Verhaltensmuster und damit Typen der Systemführung identifizieren.

Für den Fortgang der Untersuchung erweist sich nunmehr die Selektion der relevanten Führungsdimensionen aus den insgesamt 14 bei der Analyse der Typologien extrahierten Dimensionen als das **Kernproblem**. Im folgenden Kapitel wird versucht, dieses Problem einer Lösung zuzuführen.

1.3 Entwicklung eines Modells der innengerichteten Systemführung als Grundlage einer empirischen Führungstypologie

Zur Selektion der in ein Modell der innengerichteten Führung aufzunehmenden Führungsdimensionen bestehen methodisch **drei**, zunächst kurz zu kennzeichnende **Alternativen:**

---

[62] Dabei unterbleibt aber mit Ausnahme der Typologie von Grossekettler eine hinreichend genaue Präzisierung der Handlungsspielräume.

[63] Diese Basishypothese ist im weiteren Verlauf der Untersuchung noch zu spezifizieren, indem die Handlungsspielräume für *einzelne* Führungsdimensionen untersucht werden.

1. Zum einen kann die Komplexität des Führungsverhaltens und der dieses abbildenden Führungsdimensionen als gegeben hingenommen werden. Es bietet sich dann ein direkter Einstieg in die empirische Analyse an, wo mittels **explorativer** Verfahren der **Faktorenanalyse** die im Fragebogen erhobenen Variablen des Führungsverhaltens statistisch zu Führungsdimensionen verdichtet werden können. Diese Alternative soll verworfen werden, da ihr kein theoriegeleitetes Vorgehen zugrunde liegt.

2. Eine zweite Möglichkeit besteht in der schrittweisen Überprüfung der aus der Analyse der bestehenden Typologien gewonnenen Führungsdimensionen und der Auswahl geeigneter Dimensionen. Ein solches Vorgehen beinhaltet aber das Risiko eines **systematischen Fehlers** dergestalt, daß bei der Führung von Franchisesystemen relevante, aber in den analysierten Typologien nicht berücksichtigte Führungsdimensionen nicht erfaßt werden können. Daher soll auch dieser Alternative nicht gefolgt werden.

3. Der dritten Alternative liegt ein stärker **theoriegeleitetes Vorgehen** zugrunde. Zunächst ist eine weitere Präzisierung und Eingrenzung des Begriffs der Führungsdimension vorzunehmen. Auf dieser Grundlage kann dann unter Einbeziehung 1.) von Arbeiten zur Organisations- und Führungstheorie, 2.) der aus den bestehenden Typologien gewonnenen Führungsdimensionen und 3.) weiterer, im Führungskontext relevanter Untersuchungen zum Franchising eine eigene Systematik der Führungsdimensionen als Modell der Systemführung abgeleitet sowie empirisch überprüft werden, um schließlich anhand empirisch bestätigter Führungsdimensionen eine Typologie des Führungsverhaltens zu bilden.[64]

Dieser dritten Alternative soll aufgrund ihrer methodischen Absicherung im weiteren Verlauf der Arbeit gefolgt werden.

1.31 Führungsdimensionen als aggregierte Gestaltungsparameter des Führungsverhaltens

Unter einer Führungsdimension wurde bislang allgemein ein für die Bildung von Führungstypen verwendetes Merkmal des Führungsverhaltens verstanden. Unterzieht man die o.g. Führungsdimensionen einer näheren Betrachtung, dann zeigt sich, daß diese sich hinsichtlich ihres **Detaillierungsgrades** deutlich unterscheiden. Während verschiedene Dimensionen, wie z.B. Sanktionsmechanismen oder Überwachungssysteme, einen relativ engen Maßnahmenbezug aufweisen, verbleiben Dimensionen wie die Macht- und Interessenkonstellation oder

---

[64] Damit ist die zweite Alternative Teil der dritten, wobei aber der systematische Fehler einer unvollständigen Erfassung der Führungsdimensionen weitestgehend ausgeschaltet werden kann.

die Kopplungsintensität auf einem hohen, eine unmittelbare Maßnahmenableitung erschwerenden Aggregationsniveau.[65]

In das Modell der Systemführung sollen nur solche Führungsdimensionen eingehen, die auf einem mittleren Aggregationsniveau gebildet sind, d.h. sie sollen Rückschlüsse auf die Ausgestaltung des Führungsverhaltens ermöglichen, ohne aber einen unmittelbaren Maßnahmencharakter aufzuweisen.[66] Insoweit wird in Anlehnung an vergleichbare Arbeiten der Organisationstheorie ein **instrumentaler Begriff** der Führungsdimension zugrunde gelegt.[67] Führungsdimensionen sind bei diesem Begriffsverständnis als **aggregierte Aktions- oder Gestaltungsparameter** des Führungsverhaltens aufzufassen.[68]

Bei der Operationalisierung der Führungsdimensionen sind nach Kubicek zunächst jeweils **Nominaldefinitionen** zu erarbeiten.[69] Erschwert wird die Operationalisierung allerdings dadurch, daß die Führungsdimensionen aufgrund ihres mittleren Aggregationsniveaus zumeist den Charakter von **Konstrukten** besitzen, die einer unmittelbaren Beobachtung und Erfassung in der Realität nicht zugänglich sind. Daher sind zur Messung der Führungsdimensionen **Indikatoren**

---

[65] Ein hohes Aggregationsniveau weisen insbesondere diejenigen Führungsdimensionen auf, die kombinativ zwei oder sogar drei Formen der Verhaltensbeeinflussung umfassen.

[66] Dieser Anforderung genügt z.B. die Führungsdimension Sanktionsmechanismen, da sie keinen unmittelbaren Maßnahmenbezug aufweist (es existieren in Franchisesystemen verschiedene Möglichkeiten der Sanktionierung von Franchisenehmern), aber dennoch so konkret formuliert ist, daß Implikationen für die Ausgestaltung des Führungsverhaltens ableitbar sind.

[67] In der Organisationstheorie wird der korrespondierende Begriff der Strukturdimension verwendet. Strukturdimensionen sind auf die Erfassung realer Organisationsstrukturen nach Art und Ausmaß gerichtet. Sie dienen damit zum einen zur Unterscheidung von Organisationsstrukturen, zum anderen können sie als *Instrumente* zur zweckadäquaten Verhaltens- und Funktionssteuerung durch den Organisationsgestalter verstanden werden. Dieses instrumentale Begriffsverständnis soll analog auch für Führungsdimensionen Anwendung finden. Vgl. zum Begriff der Strukturdimension *Grochla, E.*, Einführung in die Organisationstheorie, Stuttgart 1978, S. 30 f.; *Kieser, A., Kubicek, H.*, Organisation, 3. Aufl., Berlin, New York 1992, S. 168 ff.; *Kogelheide, B.*, Entwicklung realer Organisationsstrukturen: Eine lebenszyklusorientierte Analyse, a.a.O., S. 244 f.

[68] Es sei darauf verwiesen, daß Führungsdimensionen bei einem derartigen Begriffsverständnis *nicht* notwendigerweise *unabhängig* voneinander sein müssen. Wenngleich im Sinne einer Komplexitätsreduktion die Verwendung möglichst weniger, unabhängiger Dimensionen wünschenswert ist, kann nicht ausgeschlossen werden, daß einzelne Gestaltungsparameter miteinander korrelieren. Vgl. hierzu auch *Kieser, A., Kubicek, H.*, Organisation, a.a.O., S. 191 ff. Bei dem zugrunde gelegten Begriff der Führungsdimension können zudem bereits an dieser Stelle die hochaggregierten (Meta-)Dimensionen der Macht- und Interessenkonstellation, der Kopplungsintensität sowie der Interaktionsrichtung aus der weiteren Betrachtung ausgeschlossen werden, da ihnen ein hinreichend enger Maßnahmenbezug fehlt.

[69] Bei Nominaldefinitionen wird die Definition eines (abstrakten) Begriffs anhand solcher Merkmale oder Begriffe vorgenommen, die als bekannt vorausgesetzt werden können. Vgl. *Kubicek, H.*, Empirische Organisationsforschung. Konzeption und Methodik, a.a.O., S. 93.

zu entwickeln, deren Beobachtung leichter möglich ist und die mit der jeweiligen Führungsdimension korrespondieren.[70] Auch diese Indikatoren sollen bei der Ableitung der einzelnen Führungsdimensionen festgelegt werden.[71] Damit sind nunmehr die begrifflichen und methodischen Grundlagen für die nachfolgende Selektion der in das Modell aufzunehmenden Führungsdimensionen gelegt. Dazu wird auf die Klassifizierung in strukturelle, technokratische und personelle Dimensionen zurückgegriffen.

1.32 Strukturelle Führungsdimensionen

Als erste strukturelle Führungsdimension soll die **Partizipation** in das Modell der Systemführung eingehen. Diese, auch in einigen der analysierten Typologien zumindest implizit erfaßte Führungsdimension ist in Franchisesystemen von besonderer Bedeutung, da von ihr wesentliche Beiträge zur Sicherung der Integration des Gesamtsystems ausgehen.[72] Partizipation vollzieht sich in Franchisesystemen nicht in der individuellen Beziehung zwischen dem einzelnen Franchisenehmer und der Systemzentrale, sondern nahezu ausschließlich über eine kollektive Einbindung von Franchisenehmern.[73] Zentrale Bedeutung kommt dabei Gremien in Gestalt von **Beiräten** und **Ausschüssen** zu, über die eine Institutionalisierung der Beteiligung von Franchisenehmern an systembezogenen Entscheidungen erfolgt.[74] Diese Gremien sind zumeist mit gewählten Franchisenehmervertretern sowie Mitarbeitern der Systemzentrale besetzt.[75]

---

[70] Vgl. zum Begriff des Konstrukts und seiner Bedeutung in der Organisationsforschung sowie zur Notwendigkeit von Indikatoren für die Konstruktmessung *Kubicek, H.*, Empirische Organisationsforschung. Konzeption und Methodik, a.a.O., S. 95 ff.

[71] Die Ableitung von Meßvorschriften als zweiter Teilschritt der Operationalisierung soll erst im Rahmen der empirischen Untersuchung erfolgen. Vgl. hierzu *Andritzky, K.*, Die Operationalisierbarkeit von Theorien zum Konsumentenverhalten, a.a.O., S. 20 ff. Andritzky differenziert dabei zwischen einer sprachlich-semantischen und einer empirisch-meßtechnischen Operationalisierung von Begriffen.

[72] Vgl. *Pauli, K.S.*, Franchising, Düsseldorf, Wien, New York 1990, S. 80 ff.; *Beyer, W.E.*, Franchising als Instrument zur „Festigung der Marktstellung", a.a.O., S. 262.

[73] Vgl. *Skaupy, W.*, Franchising: Handbuch für die Betriebs- und Rechtspraxis, 2. Aufl., München 1995, S. 123 f. Zu den Partizipationsmöglichkeiten der Arbeitnehmer des Franchisenehmers, die aber nachfolgend aber nicht näher betrachtet werden, vgl. ausführlich *Selzner, H.*, Betriebsverfassungsrechtliche Mitbestimmung in Franchise-Systemen, Baden-Baden 1994, S. 52 ff.

[74] Vgl. allgemein zu Ausgestaltungsformen und Funktionen von Gremien *Mag, W.*, Ausschüsse, in: Handwörterbuch der Organisation, Frese, E. (Hrsg.), 3. Aufl., Stuttgart 1992, Sp. 252 f. Skaupy weist in diesem Zusammenhang darauf hin, daß in einigen Systemen Interessenvertretungen der Franchisenehmer einen Vereinsstatus und somit eine eigene Rechtsform besitzen. Vgl. *Skaupy, W.*, Franchising: Handbuch für die Betriebs- und Rechtspraxis, a.a.O., S. 124. Neben Gremien bestehen in zahlreichen Systemen Regionaltreffen oder Gesamttreffen

Sofern Franchisegeber ihren Franchisenehmern Partizipationsmöglichkeiten einräumen - wozu sie sich vertraglich nur selten verpflichten[76] - werden in einem System oftmals mehrere Beiräte eingerichtet. Dabei sind insbesondere Werbesowie Produkt- bzw. Sortimentsbeiräte anzutreffen.[77] Darüber hinaus bestehen teilweise Gremien, in denen strategische Fragen der Systementwicklung und Personalfragen diskutiert und vorbereitet werden.[78] Neben solchen institutionalisierten Formen der Mitwirkung werden bei speziellen, zeitlich begrenzten Problemstellungen auch **Projektgruppen** aus Franchisenehmern und Vertretern der Systemzentrale gebildet, die dann als temporäre Organisationsform neben den dauerhaft bestehenden Gremien existieren.[79] Die **Kompetenzen** der Gremien und Projektgruppen beschränken sich zumeist auf Vorschlags- und Mitspracherechte. Vor allem in den primär mit operativen Problemstellungen betrauten Werbe- und Produkt- bzw. Sortimentsbeiräten sind die Franchisenehmer z.T. aber auch unmittelbar in den Entscheidungsprozeß einbezogen.[80]

Im Ergebnis soll die Führungsdimension Partizipation **definiert** werden als die kollektive, institutionalisierte oder fallweise Beteiligung der Franchisenehmer an systembezogenen Entscheidungen durch Einräumung von Vorschlags,- Mitsprache- und z.T. auch (Mit-)Entscheidungskompetenzen. Zur Operationalisierung der Führungsdimension wird auf **vier Indikatoren** zurückgegriffen:

---

aller Franchisenehmer. Diese haben aber weniger eine Partizipations-, als vielmehr eine Kommunikations- und Motivationsfunktion.

[75] Vgl. *Ostmann, S.*, Die Macht der Beiräte, in: Franchise International, o.Jg. (1995), Nr. 1, S. 26 f.; *Bauder, W.*, Der Franchise-Vertrag, a.a.O., S. 214 f.

[76] Bauder weist auf der Basis einer Untersuchung von 88 Franchiseverträgen nach, daß eine vertragliche Einräumung von Mitwirkungsrechten nur in sehr wenigen Systemen erfolgt. So werden Produkt- und Sortimentsbeiräte nur in sechs Prozent der Verträge ausdrücklich erwähnt, häufiger sind dagegen Werbebeiräte genannt. Vgl. *Bauder, W.*, Der Franchise-Vertrag, a.a.O., S. 214 ff.

[77] Wie die Expertengespräche zeigten, sprechen für die Einrichtung dieser Gremien vor allem zwei Gründe: Einerseits sind marketingbezogene Entscheidungen immer wieder Ursache von Konflikten, andererseits besteht hier eine Möglichkeit, das know how der im direkten Kundenkontakt stehenden Franchisenehmer für das Gesamtsystem zu nutzen.

[78] Das Franchisesystem der Fa. Milchhof Eiskrem richtete zunächst mit dem Expansions-, dem Partner-, dem Sortiments- und dem Werbemittelausschuß vier Gremien ein. Diese sollen jedoch zu zwei Gremien mit jeweils 35 Franchisenehmern zusammengefaßt werden. Eine ähnliche Gremienstruktur besteht im OBI-Franchisesystem. Vgl. *Pauli, K.S.*, Franchising, a.a.O., S. 85 sowie Expertengespräche.

[79] Vgl. *Skaupy, W.*, Franchising: Handbuch für die Betriebs- und Rechtspraxis, a.a.O., S. 125.

[80] Vgl. zu den üblicherweise eingeräumten Kompetenzen *Beyer, W.E.*, Franchising als Instrument zur „Festigung der Marktstellung", a.a.O., S. 262.

Führungsdimension	Indikatoren[81]
Partizipation	1. Mitwirkung im Bereich des operativen Marketing
	2. Mitwirkung im Bereich der strategischen Systementwicklung
	3. Mitwirkungsquote bei Entscheidungen von großer Tragweite für das System[82]
	4. Kollektive Einspruchsmöglichkeiten der Franchisenehmer gegen Entscheidungen der Systemzentrale

Eine weitere, in Franchisesystemen bedeutsame Führungsdimension besteht in der den Franchisenehmern durch die Systemzentrale gewährten **Autonomie**.[83] Deren besondere Bedeutung folgt aus der bereits bei der Systematisierung des Franchising herausgearbeiteten Ambivalenz des Franchisenehmerstatus.[84] So gibt der Franchisenehmer - bei gleichzeitiger rechtlicher und finanzieller Selbständigkeit - mit dem Systembeitritt einen wesentlichen Teil seiner wirtschaftlichen Autonomie auf. Derartige, aus Systemsicht notwendig erscheinende Einschränkungen der Handlungsfreiheit von Franchisenehmern, beziehen sich vor allem auf die Sicherstellung eines standardisierten Marktauftritts, wobei hier praktisch alle Bereiche des Marketing-Mix eingeschlossen sind.[85] Sie können weiterhin Bezugsbindungen für Waren und Rohstoffe zur Sicherstellung von Qualitätsstandards, Informationspflichten, technische und betriebswirtschaftliche

---

[81] Die Indikatoren sind hier nur in Kurzform genannt. Zur konkreten Formulierung der auf einer bipolaren Rating-Skala erhobenen Items vgl. den Fragebogen in Anhang 4.

[82] Hierunter ist die Anzahl von Franchisenehmern zu verstehen, die bei bedeutsamen Entscheidungen für das Gesamtsystem in die Willensbildung einbezogen werden. Der Indikator erfaßt insofern den quantitativen Aspekt der Partizipation.

[83] Aspekte der Autonomie, die in den analysierten Führungstypologien trotz ihrer hohen Bedeutung keine Berücksichtigung finden, werden in der Organisationsforschung auch unter dem Begriff der Delegation diskutiert. Da Franchisenehmer selbständige Unternehmer sind, kann aber von einer hierarchischen Verlagerung von Verantwortung nicht gesprochen werden. Daher erscheint der Autonomiebegriff besser geeignet. Vgl. *Kappler, E.*, Autonomie, in: Handwörterbuch der Organisation, Frese, E. (Hrsg.), 3. Aufl., Stuttgart 1992, Sp. 272 ff.; *Hill, W., Fehlbaum, R., Ulrich, P.*, Organisationslehre 1: Ziele, Instrumente und Bedingungen sozialer Systeme, a.a.O., S. 224 f. Die Zuordnung der Autonomie zu den strukturellen Führungsdimensionen erfolgt, da es sich um eine indirekte, über das Setzen von Rahmenbedingungen vollzogene Form der Verhaltensbeeinflussung handelt.

[84] Vgl. dazu die Ausführungen in Kap. A 2 der Arbeit.

[85] Vgl. *Bauder, W.*, Der Franchise-Vertrag, a.a.O., S. 107 ff. sowie S. 203 ff. Ausgenommen ist hier lediglich die Preispolitik, da auch für Franchisesysteme ein Verbot der vertikalen Preisbindung besteht. Vgl. *Tietz, B.*, Handbuch Franchising: Zukunftsstrategien für die Marktbearbeitung, a.a.O., S. 238.

Verfahrensstandards sowie die Einräumung von Kontroll- und Weisungsrechten gegenüber der Systemzentrale umfassen.[86]

Eine aus Sicht der Franchisenehmer zu starke Beschneidung der individuellen Handlungsfreiheit kann andererseits die Zufriedenheit und Motivation von Franchisenehmern nachhaltig beeinträchtigen.[87] Für die Systemzentrale besteht daher ein **Abwägungsproblem** zwischen notwendigen Autonomiebeschränkungen und der gezielten Steuerung von Handlungsspielräumen, die den Franchisenehmer in seiner Eigenwahrnehmung als selbständiger Unternehmer stärken. Handlungsspielräume werden insbesondere bei der nicht unmittelbar den Marktauftritt betreffenden betriebswirtschaftlichen Führung und Organisation des Franchisenehmerbetriebes gewährt, wenngleich auch für diese Bereiche durch Franchisehandbücher vielfach detaillierte und im Franchisevertrag für verbindlich erklärte Vorgaben gemacht werden. Zudem werden auch den Marktauftritt des Systems betreffende Standards teilweise bewußt gelockert, um den Franchisenehmern zusätzliche Entfaltungsmöglichkeiten zu geben.[88]

Autonomie kann daher auf der Basis der vorstehenden Ausführungen **definiert** werden als die systemübergreifend verbindliche Gewährung von Handlungsspielräumen für die Franchisenehmer im Rahmen der zur Erfüllung des Systemzwecks notwendigen Vorgabe von Standards und Pflichten. Zur Operationalisierung dieser Führungsdimension finden **drei Indikatoren** Verwendung:

Führungsdimension	Indikatoren
Autonomie	1. Handlungsfreiheit bei der betriebswirtschaftlichen Führung und Organisation des Franchisenehmerbetriebs
	2. Möglichkeit der Franchisenehmer, sich begründet über bestimmte Systemstandards hinwegzusetzen
	3. Möglichkeit der Franchisenehmer, die Enge des Kontaktes zur Systemzentrale selber zu bestimmen

---

[86] Vgl. *Rudolph, H.*, Absatzpolitische Aspekte des Franchisesystems, in: DBW, 38. Jg. (1978), Nr. 4, S. 560.

[87] Vgl. *Schul, P.L., Little, Jr., T.E., Pride, W.M.*, Channel Climate: Its Impact on Channel Member's Satisfaction, a.a.O., S. 16 f.; *Maas, P.*, Franchising in wirtschaftspsychologischer Perspektive - Handlungsspielraum und Handlungskompetenz in Franchise-Systemen: Eine empirische Studie bei Franchise-Nehmern, a.a.O., S. 212 ff.

[88] Vgl. *Ekkenga, J.*, Die Inhaltskontrolle von Franchise-Verträgen: eine Studie zu den zivilrechtlichen Grenzen der Vertragsgestaltung im Bereich des Franchising unter Einschluß des Vertragshändlerrechts, Abhandlungen zum Arbeits- und Wirtschaftsrecht, Bd. 60, Hefermehl, W. (Hrsg.), Heidelberg 1990, S. 131.

Mit der Partizipation und der Autonomie sind die wichtigsten strukturellen Führungsdimensionen erfaßt. Weitere, in der Organisationstheorie diskutierte Dimensionen wie die Spezialisierung, die Koordination und die Zentralisation werden entweder bereits durch die Systemkonfiguration soweit determiniert, daß sie im Rahmen der Systemführung **nicht disponibel** sind[89], oder werden **kombinativ** durch die Führungsdimensionen erfaßt.[90]

1.33 Technokratische Führungsdimensionen

Die Analyse der Führungstypologien hat zur Identifikation von drei technokratischen Führungsdimensionen geführt, die in angepaßter Form in das Modell der Systemführung eingehen sollen. Die nicht überschneidungsfreien Dimensionen Bindungsgrad und Planungssysteme werden zunächst zu der Führungsdimension **Ex ante-Koordination** zusammengefaßt.[91]

Bereits bei der Systematisierung des Franchisebegriffs ist die vertikale Arbeitsteilung mit der Verlagerung der Markt- und Kundenverantwortung an die Franchisenehmer als konstitutives Merkmal des Franchising herausgearbeitet worden. Trotz der umfassenden Weisungs- und Kontrollrechte, die der Systemzentrale die Möglichkeit einer weitreichenden Einflußnahme auf den einzelnen Franchisenehmer geben, verbleibt die eigentliche Betriebsführung dennoch in dessen Händen. Von den unternehmerischen Fähigkeiten und dem Engagement der Franchisenehmer hängt daher selbst bei langjährig erfolgreich operierenden Franchisesystemen der wirtschaftliche Erfolg des jeweiligen Franchisenehmerbetriebes zu einem wesentlichen Teil ab. Damit beeinflussen die Franchisenehmer wiederum maßgeblich den Umsatz und Marktanteil eines Systems sowie

---

[89] Dies gilt für die Spezialisierung, die durch das Franchisekonzept und die darin vorgesehene Form der Arbeitsteilung zwischen Franchisegeber und Franchisenehmern determiniert wird und im Rahmen der laufenden Systemführung kaum Gestaltungsspielräume für die Systemzentrale beläßt.

[90] Dies gilt für die komplexe Strukturdimension Koordination als Abstimmung arbeitsteiliger Prozesse und deren Ausrichtung auf das Unternehmensziel. Letztlich kann fast jede Führungsaktivität in Franchisesystemen unter dem Koordinationsaspekt gesehen werden. Koordination hat insofern weniger einen instrumentalen, als vielmehr einen Aufgabencharakter. Die (Entscheidungs-)Zentralisation im Sinne Grossekettlers wird dagegen - in lediglich spiegelbildlicher Perspektive - durch die Partizipationsdimension erfaßt.

[91] Mit Grossekettler soll die mittel- bis langfristige Ex ante-Koordination gegenüber kurzfristigen Formen der ad hoc-Koordination abgegrenzt werden, die sich über eine direkte Kommunikation zwischen Systemzentrale und Franchisenehmern vollzieht. Vgl. *Grossekettler, H.*, Die volkswirtschaftliche Problematik Vertraglicher Vertriebssysteme, a.a.O., S. 4.

die absolute Höhe der umsatzabhängigen Gebühren, die einen der beiden wesentlichen Einnahmenströme der Systemzentrale bilden.[92]

Auf diese **Erfolgskopplung** können Systemzentralen reagieren, indem sie durch Zielvereinbarungen im Sinne eines **Management by objectives** oder die gemeinsame Erarbeitung von **Jahresplänen**, z.T. auch unterjährigen Plänen mit den Franchisenehmern, deren unternehmerische Aktivitäten zu steuern und damit eine Ex ante-Koordination der Betriebsergebnisse zu erreichen versuchen.[93] Maßnahmen der Ex ante-Koordination ermöglichen dabei eine indirekte Führung der Franchisenehmer, da diesen die Möglichkeit einer verstärkten Selbstorganisation und Eigenkontrolle gegeben wird.[94] Dennoch ist dieses Instrumentarium sensibel einzusetzen, da hierin betriebswirtschaftliche Unterstützungsleistungen der Systemzentrale bestehen[95], zu deren Inanspruchnahme die Franchisenehmer vertraglich aber zumeist nicht verpflichtet sind.

Eine alternative Möglichkeit der Ex ante-Koordination besteht in vertraglich vereinbarten **Mindest-Umsatz- oder -Absatzzielen** der Franchisenehmer, die der Systemzentrale im Gegensatz zu den zuvor genannten Maßnahmen die Möglichkeit belassen, Sanktionen zu ergreifen, sofern die entsprechenden Vorgaben nicht erreicht werden.[96]

---

[92] Vgl. *Tietz, B.*, Handbuch Franchising: Zukunftsstrategien für die Marktbearbeitung, a.a.O., S. 416. Neben diesen laufenden, zumeist monatlich erfolgenden Zahlungen der Franchisenehmer, die i.d.R. als fester Prozentsatz vom Umsatz berechnet werden, besteht der zweite, diskontinuierliche Einnahmestrom in den Einstandszahlungen neuer Franchisenehmer. Weitere, an Bedeutung jedoch deutlich nachgeordnete, Einnahmen der Systemzentrale stammen aus dem Verkauf von Einrichtungs- und Ausrüstungsgegenständen an die Franchisenehmer, Pachtgebühren sowie dem Verkauf von Rohstoffen und (Halb-)Fertigfabrikaten an die Franchisenehmer. Vgl. *Hanrieder, M.*, Franchising - Planung und Praxis, München 1975, S. 34 f.

[93] Vgl. *van der Burgt, T., Vollmer, M.*, Neue Bundesländer: Aufbau eines Controlling-Konzepts in einem Franchise-Unternehmen (Teil 2), in: Der Controlling-Berater, 1993, Nr. 2, S. 298 ff.; *Wingefeld, V.*, Wie Franchising erfolgreich wird, in: HM, 11. Jg. (1989), Nr. 3, S. 127; *Tietz, B.*, Handbuch Franchising: Zukunftsstrategien für die Marktbearbeitung, a.a.O., S. 360.

[94] Vgl. *Alznauer-Lesaar, M.*, Die wirkliche Macht ist die Vollmacht, in: acquisa - Zeitschrift für Verkauf, Marketing, Motivation, Beilage K&K, 42. Jg. (1994), Nr. 11, S. 29.

[95] Vgl. *Liesegang, H.C.F.*, Der Franchise-Vertrag, 3. Aufl., Heidelberg 1990, S. 20 f.; *Bauder, W.*, Der Franchise-Vertrag, a.a.O., S. 211.

[96] Vgl. *Bauder, W.*, Der Franchise-Vertrag, a.a.O., S. 138 f. Bauder differenziert hierbei zwischen dem Ziel- und dem Kündigungsmodell, wobei letzteres ausdrücklich ein Recht auf einseitige Vertragskündigung durch den Franchisegeber vorsieht, sofern der Franchisenehmer bestimmte ökonomische Ziele nicht erreicht.

Zusammenfassend soll damit unter der Führungsdimension Ex ante-Koordination die auf die betriebswirtschaftliche Steuerung des Franchisenehmerbetriebes gerichtete Verhaltensbeeinflussung durch Zielvereinbarungen und Pläne verstanden werden. Auch die Ex ante Koordination soll über **drei Indikatoren** erfaßt werden:

Führungsdimension	Indikatoren
Ex ante-Koordination	1. Jährliche Zielvereinbarungen zwischen Systemzentrale und den einzelnen Franchisenehmern
	2. Regelmäßige gemeinsame Feinplanung der Geschäftsentwicklung des Franchisenehmerbetriebes
	3. Steuerung der Franchisenehmer über einen vertraglich vereinbarten Geschäftsentwicklungsplan

In sachlogischem Zusammenhang mit der ex ante-Koordination ist die Durchführung systeminterner Kontrollen zu sehen.[97] Kontrolle besitzt in Franchisesystemen einen **ambivalenten** Charakter: Ihre Notwendigkeit folgt einerseits aus betriebswirtschaftlichen Erwägungen, andererseits aber auch - und hierin liegt eine Besonderheit des Franchising - aus einer Mitverantwortung der Systemzentrale für den individuellen Erfolg von Franchisenehmern.[98]

Als erste von zwei kontrollbezogenen Führungsdimensionen soll die **Ergebniskontrolle** in das Modell der Führung eingehen.[99] Ergebniskontrollen sind auf die Erfassung der wirtschaftlichen Daten der Franchisenehmerbetriebe durch die Systemzentrale gerichtet. Das Recht zur Durchführung von Ergebniskontrollen wird in der Mehrzahl der Franchiseverträge explizit vereinbart oder aber ist durch Auslegung anderer ausdrücklicher Bestimmungen zu schlußfolgern.[100] Trotz des sich daraus ergebenden Rechtsanspruchs für die Systemzentrale und der

---

[97] Diese sind auch in den analysierten Typologien als Führungsdimension Überwachungssysteme berücksichtigt worden.

[98] Vgl. *Boehm, H.*, Aufbau eines Franchisesystems, in: Boehm, H., Kuhn, G., Skaupy, W., Checklist Franchising. Franchise-Systeme aufbauen und erfolgreich führen, München 1980, S. 103 und S. 140 f.

[99] Vgl. zur Subsumtion der Kontrolle unter den Führungsbegriff *Thieme, H.R.*, Verhaltensbeeinflussung durch Kontrolle: Wirkung von Kontrollmaßnahmen und Folgerungen für die Kontrollpraxis, Berlin 1982, S. 15 ff. Sofern Franchisenehmer auf die o.g. Möglichkeiten der Ex ante-Koordination verzichten, entsteht die betriebswirtschaftlich paradoxe Situation der Durchführung von Kontrollen ohne vorherige Planung. Vgl. allgemein zum Zusammenhang von Planung und Kontrolle *Pfohl, H.-Chr.*, Planung und Kontrolle, Stuttgart u.a. 1981, S. 17.

[100] Vgl. *Metzlaff, K.*, Franchiseverträge und EG-Kartellrecht. Die GruppenfreistellungsVO Nr. 4087/88 für Franchiseverträge, a.a.O., S. 158 f.; *Bauder, W.*, Der Franchise-Vertrag, a.a.O., S. 199 ff.

Rechtfertigung von Kontrollen aus der o.g. Mitverantwortung der Systemzentrale, handelt es sich auch hier um ein sensibel zu handhabendes Instrumentarium, da extensive Kontrollen von Franchisenehmern häufig in einem Widerspruch zu **vertrauensbildenden** Maßnahmen der Systemzentrale erlebt werden und damit das Systemklima negativ beeinflussen können.[101]

Die wichtigsten **Methoden** im Bereich der Ergebniskontrolle bestehen in Einsichtnahmen in die Geschäftsbücher der Franchisenehmer, der Verpflichtung der Franchisenehmer zur periodischen, meist monatlichen Vorlage von Umsatzberichten - teilweise auch unter Einbeziehung von Kosteninformationen - sowie des vollständigen Jahresabschlusses ihrer Betriebe.[102] Zudem besteht vor allem in größeren Systemen vielfach eine EDV-technische Vernetzung mit den Franchisenehmerbetrieben, über die betriebswirtschaftliche Daten online verfügbar sind.[103] Über die der Kontrolle innewohnende **Präventivfunktion** hinaus wird eine Verhaltensbeeinflussung, und damit der direkte Zusammenhang zur Führung, vor allem durch eine **Rückkopplung** der Kontrollergebnisse zu den Franchisenehmern erreicht. Dies erfolgt vor allem in Form von persönlichen Gesprächen zwischen Systembetreuern und Franchisenehmern.[104]

Die Ergebniskontrolle soll damit zusammenfassend **definiert** werden als die laufende Gewinnung und Bewertung der ökonomischen Daten des Franchisenehmerbetriebes durch die Systemzentrale und die Rückkopplung der Ergebnisse zu den Franchisenehmern.[105] **Drei Indikatoren** werden zur Operationalisierung dieser Führungsdimension herangezogen:

---

[101] Vgl. *Beyer, W.E.*, Franchising als Instrument zur „Festigung der Marktstellung", a.a.O., S. 250 f.

[102] Vgl. *Ekkenga, J.*, Die Inhaltskontrolle von Franchise-Verträgen: eine Studie zu den zivilrechtlichen Grenzen der Vertragsgestaltung im Bereich des Franchising unter Einschluß des Vertragshändlerrechts, a.a.O., S. 156 f. Ekkenga nimmt dabei unter Bezugnahme auf verschiedene gerichtliche Entscheidungen sowie die Rahmengesetzgebung im BGB, HGB und AGBG eine präzise Grenzziehung für den erlaubten Kontrollumfang vor. So ist dem Franchisegeber z.B. nicht das Recht auf Einsichtnahme der Steuererklärung des Franchisenehmers zuzubilligen. Ekkenga bezeichnet aber auch die Pflicht zur Vorlage des Jahresabschlusses als rechtlich nicht haltbare Vertragsklausel. Vgl. auch *Bauder, W.*, Der Franchise-Vertrag, a.a.O., S. 199 ff.

[103] Vgl. zu einer Beschreibung des EDV-Systems von McDonald´s *Pauli, K.S.*, Franchising, a.a.O., S. 90.

[104] Vgl. *Beyer, W.E.*, Franchising als Instrument zur „Festigung der Marktstellung", a.a.O., S. 252.

[105] Vgl. zu dieser Definition allgemein *Thieme, H.R.*, Verhaltensbeeinflussung durch Kontrolle: Wirkung von Kontrollmaßnahmen und Folgerungen für die Kontrollpraxis, a.a.O., S. 12.

Führungsdimension	Indikatoren
Ergebniskontrolle	1. Regelmäßige Erfassung und Auswertung der Franchisenehmer-Betriebsergebnisse durch die Systemzentrale
	2. Intensive Diskussion der Analysen mit den Franchisenehmern
	3. Permanente EDV-technische Erfassung der wichtigsten Daten der Franchisenehmerbetriebe

Von den Ergebniskontrollen zu trennen sind **Verhaltenskontrollen,** die als eigenständige technokratische Führungsdimension erfaßt werden sollen.[106] Diese sind insbesondere auf die Qualität der durch den Franchisenehmer erstellten Leistungen, das äußere Erscheinungsbild des Franchisenehmerbetriebes sowie die Einhaltung sonstiger Verhaltens- und Verfahrensstandards gerichtet.[107] Verhaltenskontrollen sind insofern untrennbar mit der präzisen Formulierung von Vorgaben und Standards verknüpft. Im Gegensatz zu Ergebniskontrollen liegt deren Zweck primär in der Verhinderung eines das Systemimage schädigenden Verhaltens einzelner Franchisenehmer.[108] Vertragliche Grundlage ist die Einräumung eines Zutrittsrechts zum Franchisenehmerbetrieb, das nach Angaben von Bauder in etwa 75 Prozent der Franchiseverträge explizit oder implizit vereinbart ist.[109]

Verhaltenskontrollen können daher **definiert** werden als die Überwachung des laufenden Geschäftsbetriebes des Franchisenehmers hinsichtlich der Einhaltung von Verhaltensstandards. Für die Operationalisierung dieser Führungsdimension finden **zwei Indikatoren** Verwendung:

---

[106] Dies entspricht der üblichen Trennung, wie sie auch in der Literatur zu Kontrollsystemen vorgenommen wird. Vgl. stellvertretend *Töpfer, A.*, Planungs- und Kontrollsysteme industrieller Unternehmungen. Eine theoretische, technologische und empirische Analyse, Betriebswirtschaftliche Forschungsergebnisse, Bd. 73, Kosiol, E. et al. (Hrsg.), Berlin 1976, S. 84.

[107] Vgl. *Beyer, W.E.*, Franchising als Instrument zur „Festigung der Marktstellung", a.a.O., S. 250.

[108] In den Expertengesprächen wurde auch von Franchisenehmerseite wiederholt die Auffassung vertreten, daß derartige Verhaltenskontrollen für den Erfolg des Gesamtsystems von wesentlicher Bedeutung sind.

[109] Vgl. *Bauder, W.*, Der Franchise-Vertrag, a.a.O., S. 201.

Führungsdimension	Indikatoren
Verhaltenskontrolle	1. Strenge Überwachung der Einhaltung von Systemstandards durch die Franchisenehmer
	2. Verpflichtung der Franchisenehmer, im Marketingbereich umfassende Vorgaben und Standards zu befolgen[110]

Die bislang in das Führungsmodell aufgenommenen technokratischen Führungsdimensionen sind jeweils auf die Verhaltensbeeinflussung der (einzelnen) Franchisenehmer durch die Systemzentrale gerichtet, ohne dabei den Systemcharakter der Führung ausdrücklich zu berücksichtigen. Daher soll als eine die Ex ante-Koordination sowie die Ergebnis- und Verhaltenskontrolle überlagernde, vierte Führungsdimension die **Differenzierung des Führungsverhaltens** Verwendung finden.

Wenngleich Systemzentralen über z.T. sehr aufwendige Selektionsverfahren versuchen, qualifizierte Franchisenehmer zu gewinnen, bestehen vielfach signifikante Unterschiede im Umsatz- und Gewinnniveau der Franchisenehmer[111], die nicht allein auf die Dauer der Systemzugehörigkeit oder auf verschiedene regionale Marktpotentiale zurückgeführt werden können. Vielmehr beruhen diese Diskrepanzen auf Unterschieden in der **Leistungsfähigkeit**, aber auch im unternehmerischen **Anspruchsniveau** von Franchisenehmern.[112] Probleme entstehen in diesem Zusammenhang für die Systemzentrale insbesondere dann, wenn aufgrund der Einräumung von Gebietsschutz für die Franchisenehmer eine nur mangelhafte Marktausschöpfung in den betroffenen Regionen hingenommen werden muß, womit mittelfristig eine Verschlechterung der Wettbewerbsposition gegenüber flexibler agierenden Konkurrenten verbunden sein kann.[113]

---

[110] Dieses Item wird verwendet, da angenommen werden kann, daß eine hohe Korrelation zwischen dem Umfang von Vorgaben und Standards und deren faktischer Kontrolle besteht.

[111] Die Heterogenität von Franchisenehmern auch bei Anwendung ausgereifter Akquisitions- und Selektionsinstrumente betont auch Alznauer-Lesaar. Vgl. *Alznauer-Lesaar, M.*, Bewußtseinsänderung statt Verhaltensschulung, in: acquisa - Zeitschrift für Verkauf, Marketing, Motivation, Beilage K&K, 42. Jg. (1994), Nr. 7, S. 28 f.

[112] Die Expertengespräche zeigten, daß bei vergleichbaren regionalen Wettbewerbsverhältnissen Umsatzunterschiede von bis zu 300 Prozent zwischen den Franchisenehmern eines Systems bestehen.

[113] Dieses Problem wurde Ende der achtziger Jahre im Franchisesystem der Fa. Milchhof Eiskrem evident. Das System verzeichnete in den mit Gebietsschutz versehenen Vertragsgebieten der Franchisenehmer im Vergleich zu dem als Filialsystem organisierten Wettbewerber Bofrost eine teilweise deutlich schlechtere Marktausschöpfung. Im Rahmen des im Mai 1991 in Kraft getretenen Nr. 1-Programms wurden der Gebietsschutz sowie verschiedene andere zentrale Systemmerkmale reformiert, um die Wettbewerbsfähigkeit des Systems zu

Vor allem in jüngeren, noch im Aufbau befindlichen Systemen werden solche Leistungsunterschiede der Franchisenehmer aufgrund zu geringer Managementkapazitäten der Systemzentrale oftmals reaktionslos hingenommen.[114] Bei ausreichenden Managementkapazitäten besteht dagegen die Möglichkeit einer bewußten **Differenzierung** des Führungsverhaltens, die sich in einer intensiveren betriebswirtschaftlichen Betreuung mit einer Erhöhung der Besuchsfrequenzen durch Gebietsbetreuer und dem Versuch einer gezielten Einflußnahme auf leistungsschwächere Franchisenehmer manifestiert.[115]

Unter der Differenzierung des Führungsverhaltens soll daher die gezielte Anpassung der technokratischen Verhaltensbeeinflussung an Leistungs- und Qualifikationsunterschiede der Franchisenehmer verstanden werden. Zur Operationalisierung dieser Führungsdimension wird auf **drei Indikatoren** zurückgegriffen:

Führungsdimension	Indikatoren
Differenzierung des Führungsverhaltens	1. Gezielte Einflußnahme auf Franchisenehmer, die sich entgegen den Erwartungen der Zentrale entwickeln
	2. Ausrichtung der Besuchshäufigkeit nach der Erfahrung und Leistungsfähigkeit der Franchisenehmer
	3. Praktizierung eines an die Heterogenität der Franchisenehmer jeweils angepaßten Führungsverhaltens[116]

Damit sind nunmehr vier technokratische Führungsdimensionen abgeleitet und über Meßindikatoren operationalisiert. Diese erfassen sämtliche, in den analysierten Führungstypologien identifizierten Dimensionen sowie die Differenzierung des Führungsverhaltens als zusätzliche, den Systembezug der Verhaltensbeeinflussung berücksichtigende, Führungsdimension.

---

sichern. Vgl. *Hanser, P.*, Turbolader für den Eismann, in: Absatzwirtschaft, 36. Jg. (1993), Nr. 4, S. 86 ff.; *Pauli, K.S.*, Franchising, a.a.O., S. 90; Expertengespräche.

[114] Vgl. zum Problem zu geringer Managementressourcen im Wachstumsprozeß mittelständischer Unternehmen *Gottschlich, W.*, Strategische Führung in mittleren Unternehmen: Konzepte, Operationalisierung und Messung, Marktorientierte Unternehmensführung, Bd. 8, Freter H. (Hrsg.), Frankfurt a.M. u.a. 1989, S. 138 ff.

[115] Allerdings ist eine solche Differenzierung des Führungsverhaltens mit einer Erhöhung der Komplexität und vermutlich auch Kostensteigerungen verbunden. Insofern kann auch bei ausreichenden Managementkapazitäten bewußt eine Entscheidung für ein *standardisiertes Führungsverhalten* getroffen werden.

[116] Statt des Begriffs Führungsverhalten wurde bei der Item-Formulierung auf den geläufigeren, aber im Kontext der Systemführung nicht verwendeten, Begriff Führungsstil zurückgegriffen. Vgl. Frage 12, Item 3 im Fragebogen.

1.34 Personelle Führungsdimensionen

Im Gegensatz zu den technokratischen Führungsdimensionen, bei denen eine Verhaltensbeeinflussung durch den Einsatz betriebswirtschaftlicher (Planungs- und Kontroll-)Systeme erfolgt, sind die personellen Führungsdimensionen auf die direkte und persönliche Beziehung zwischen den Franchisenehmern und Mitarbeitern der Systemzentrale sowie der Franchisenehmer untereinander gerichtet. In Anlehnung an die Typologien der interpersonellen Führung und die von Kümpers verwendete Dimension der Interaktionsorientierung soll dem Modell der Führung als erste personelle Führungsdimension die **Franchisenehmerorientierung** zugrunde gelegt werden.

Eine ausgeprägte Franchisenehmerorientierung äußert sich zum einen in einem verständnisvollen, den Franchisenehmer nicht nur in seinen unternehmerischen, sondern auch persönlichen Problemen **unterstützenden** Führungsverhalten.[117] Vor allem in kleineren Systemen läßt sich mitunter eine sehr intensive persönliche Beziehung zwischen der Person des Franchisegebers und den einzelnen Franchisenehmern beobachten, die als Ausdruck einer starken Franchisenehmerorientierung gedeutet werden kann.[118] Bei größeren Systemen sind es in der Regel Mitarbeiter der Systemzentrale und vor allem die in direktem Franchisenehmerkontakt stehenden regionalen Gebietsbetreuer, die diese **Integrationsfunktion** wahrnehmen können.[119]

Ein zweites, in engem Zusammenhang zu einem derartigen unterstützend-integrativen Verhalten stehendes Merkmal der Franchisenehmerorientierung besteht in dem Bestreben der Systemzentrale, vertrauensvolle Beziehungen zu den Franchisenehmern aufzubauen.[120] **Vertrauen** dient als ein Katalysator der Abläufe innerhalb eines Franchisesystems und ermöglicht die konstruktive Abwick-

---

[117] Vgl. *Schul, P.L., Little, Jr., T.E., Pride, W.M.*, Channel Climate: Its Impact on Channel Member´s Satisfaction, a.a.O., S. 16.

[118] So sind die beiden Geschäftsführer des Franchisesystems Joey´s Pizza-Service durch Mobiltelefone für die Franchisenehmer jederzeit, d.h. auch an Wochenenden und in den Abendstunden erreichbar. Gegenüber den Franchisenehmern wird ausdrücklich kommuniziert, daß sie bei Problemen den direkten Franchisegeberkontakt suchen sollen. Quelle: Expertengespräche. Vgl. beispielhaft auch das Führungsverhalten der OBI-Systemzentrale in *Maus, M., Hommerich, B.*, Warum muß Personalmarketing auf die Arbeitsethik reagieren?, in: Der Arbeitgeber, 44. Jg. (1992), Nr. 3, S. 91.

[119] Vgl. *Sydow, J.*, Franchisingsysteme als strategische Netzwerke - Über das Warum des Franchising hinaus, a.a.O., S. 37.

[120] Vgl. *Schul, P.L., Little, Jr., T.E., Pride, W.M.*, Channel Climate: Its Impact on Channel Member´s Satisfaction, a.a.O., S. 16.

lung von Konflikten.[121] Loose und Sydow verweisen zudem auf die leistungssteigernden Wirkungen, die von vertrauensvollen Beziehungen ausgehen können.[122] Da der Aufbau von Vertrauen sowie ein unterstützend-integratives Führungsverhalten stets auch **kostenverursachend** wirken[123] und zudem eine entsprechende Bereitschaft seitens der Systemzentrale erfordern[124], ist die Franchisenehmerorientierung kein generelles Merkmal, sondern ebenfalls ein Gestaltungsparameter des Führungsverhaltens, der in unterschiedlicher Weise ausgeprägt sein kann.

Die Führungsdimension Franchisenehmerorientierung wird damit im Ergebnis **definiert** als die Praktizierung eines im Verhältnis zu den Franchisenehmern vertrauensbildenden, integrativen und unterstützenden Führungsverhaltens durch die Systemzentrale. Zur Konstruktoperationalisierung werden insgesamt **vier Indikatoren** herangezogen:[125]

Führungsdimension	Indikatoren
Franchisenehmer-orientierung	1. Vertrauenspersonen auf Franchisegeberseite, die Franchisenehmer bei Problemen persönlich unterstützen
	2. Regelmäßige Erhebung der Zufriedenheit der Franchisenehmer durch persönliche oder schriftliche Befragungen
	3. Ausrichtung von Schulungen und Trainings auf die individuellen Stärken und Schwächen der Franchisenehmer
	4. Durchführung aufwendiger, mehrstufiger Auswahlverfahren bei der Selektion neuer Franchisenehmer[126]

---

[121] Vgl. *Bierhoff, H.W.*, Vertrauen in Führungs- und Organisationsbeziehungen, in: Handwörterbuch der Führung, Kieser, A. (Hrsg.), 2. Aufl., Stuttgart 1995, Sp. 2148.

[122] Vgl. *Loose, A., Sydow, J.*, Vertrauen und Ökonomie in Netzwerkbeziehungen - Strukturationstheoretische Betrachtungen, in: Management interorganisationaler Beziehungen: Vertrauen, Kontrolle und Informationstechnik, Sydow, J., Windeler, A. (Hrsg.), a.a.O., S. 165.

[123] Vgl. *ebenda*.

[124] Vgl. *Alznauer-Lesaar, M.*, Ein wichtiger Baustein gelebter Franchise-Kultur, in: acquisa - Zeitschrift für Verkauf, Marketing, Motivation, 42. Jg. (1994), Nr. 8, S. 28 f. Alznauer-Lesaar weist in diesem Zusammenhang auf den kulturprägenden Charakter eines vertrauensbildenden Führungsverhaltens hin.

[125] Die Operationalisierung dieser Führungsdimension gestaltet sich problematisch, da hier einerseits ein sozial erwünschtes Antwortverhalten zu erwarten ist und andererseits eine globale Erhebung oftmals subtiler, sich auf der individuellen Beziehungsebene vollziehender Formen der Verhaltensbeeinflussung gemessen werden soll. Insofern werden hier hohe Anforderungen an die Bestimmung geeigneter Indikatoren gestellt.

[126] Anhand differenzierter Auswahlverfahren wird in Franchisesystemen vielfach zu überprüfen versucht, ob eine Konsistenz der Werte und Normen eines Bewerbers und der Systemkultur besteht. Derartige Verfahren können insofern als Indikator für ein auf vertrauensvolle Bezie-

Als zweite personelle Führungsdimension wird in Anlehnung an die Führungstypologie von Heide die **Rigidität des Führungsverhaltens** in das Führungsmodell aufgenommen.[127] Diese betrifft insbesondere die Handhabung nicht systemkonformer Verhaltensweisen von Franchisenehmern durch die Systemzentrale. Verstoßen Franchisenehmer gegen Vertragsklauseln oder wichtige Systemstandards, kann die Zentrale negative Sanktionen ergreifen, die von persönlichen Ermahnungen, über schriftliche Abmahnungen und Schiedsgerichtsverfahren, bis hin zur Einleitung ordentlicher Gerichtsverfahren und zu Systemausschlüssen reichen.[128] Beyer weist aber zurecht auf die Gefahr des extensiven Einsatzes von Sanktionsmechanismen hin[129], der zur Instabilität des Gesamtsystems führen kann und insbesondere das Systemklima äußerst negativ beeinflussen dürfte.

Andererseits können wiederholte und schwerwiegende Vertragsverstöße von Franchisenehmern das Systemimage nachhaltig schädigen und damit eine Bedrohung des Gesamtsystems induzieren.[130] Der Einsatz von Sanktionsmechanismen ist in diesem Fall nicht im Sinne eines **autoritären** Verhaltens der Systemzentrale zu deuten. Vielmehr kann ein rigides Führungsverhalten auch Ausdruck einer **verantwortungsvollen** Wahrnehmung der Systemführerschaft durch den Franchisegeber sein.[131] Unter der Rigidität des Führungsverhaltens soll daher - werturteilsfrei - die Konsequenz und Strenge verstanden werden, mit der die Systemzentrale zur Durchsetzung der Systemziele auf ein Fehlverhalten

---

hungen gerichtetes Führungsverhalten interpretiert werden. Vgl. *Sydow, J.*, Franchisingsysteme als strategische Netzwerke - Über das Warum des Franchising hinaus, a.a.O., S. 37 f.

[127] Der Begriff Rigidität wird hier in seiner Bedeutung als „*Strenge*" und „*Unnachgiebigkeit*" verwendet, nicht aber im Sinne von Starrheit.

[128] Insofern liegt hier eine Ausübung von *Bestrafungsmacht* durch die Systemzentrale gegenüber einzelnen Franchisenehmern vor. Zum Begriff der Bestrafungsmacht vgl. *Steffenhagen, H.*, Konflikt und Kooperation in Absatzkanälen: Ein Beitrag zur verhaltensorientierten Marketingtheorie, a.a.O., S. 100. Zu den spezifischen Sanktionsmechanismen in Franchisesystemen vgl. *Tietz, B.*, Handbuch Franchising: Zukunftsstrategien für die Marktbearbeitung, a.a.O., S. 380; *Beyer, W.E.*, Franchising als Instrument zur „Festigung der Marktstellung", a.a.O., S. 184.

[129] Vgl. *Beyer, W.E.*, Franchising als Instrument zur „Festigung der Marktstellung", a.a.O., S. 184 f.

[130] Vgl. *Reuss, H.*, Konfliktmanagement im Franchise-Vertriebssystem der Automobilindustrie, Frankfurt a.M, New York 1993, S. 203 f.

[131] Die inhaltliche Deutung eines rigiden Verhaltens kann daher nur im Gesamtkontext der Führung erfolgen. Es kann - je nach Ausgestaltung der übrigen Führungsdimensionen - sowohl Ausdruck eines autoritären als auch eines verantwortungsvollen Führungsverhaltens sein.

von Franchisenehmern reagiert bzw. diesem vorbeugt. Die Operationalisierung dieser Führungsdimension erfolgt über **drei Indikatoren**:

Führungsdimension	Indikatoren
Rigidität des Führungsverhaltens	1. Ergreifen von Sanktionsmaßnahmen, um das System am Markt leistungsfähig zu erhalten
	2. Keine Vertragsverlängerung bei unzureichenden Leistungen von Franchisenehmern
	3. Durchführung von unangemeldeten bzw. vom Franchisenehmer unbemerkten Betriebsprüfungen

Ist die Rigidität des Führungsverhaltens auf die Ausübung von Bestrafungsmacht gerichtet, so soll als weitere Führungsdimension die **Anreizgewährung** als positive Sanktionierung des Franchisenehmerverhaltens durch die Ausübung von Belohnungsmacht aufgenommen werden.[132] Hinsichtlich des Einsatzes derartiger positiver Sanktionen ist grundsätzlich zu berücksichtigen, daß dem Franchising durch die Selbständigkeit der Franchisenehmer an sich bereits ein starker Anreizmechanismus innewohnt, nämlich die direkte Verknüpfung von individueller Leistung und Einkommen. Teilweise verzichten Systemzentralen daher auf jede weitere Form leistungsbezogener Belohnungen der Franchisenehmer.[133]

Da aber bei mehrjähriger Systemzugehörigkeit trotz dieses systemimmanenten Anreizmechanismus nicht selten **Motivationsprobleme** bei den Franchisenehmern auftreten, wird über den gezielten Einsatz von Anreizen versucht, einem Leistungsabfall entgegenzuwirken. Die hierzu verwendeten Instrumente reichen von differenzierten Prämiensystemen, Verkaufswettbewerben und Leistungsclubs, wie sie auch im Bereich der klassischen Vertriebssteuerung eingesetzt werden[134], bis hin zu solchen immateriellen Anreizformen, die als franchisespezifisch anzusehen sind. Diese bestehen z.B. in der Übernahme von sog.

---

[132] Mit diesem Vorgehen wird Heide gefolgt, der ebenfalls negative und positive Sanktionsmechanismen als unabhängige Führungsdimensionen erfaßt. Vgl. *Heide, J.B.*, Interorganizational Governance in Marketing Channels, a.a.O., S. 78.

[133] Zudem werden in jüngster Zeit insbesondere im amerikanischen Schrifttum Stimmen laut, die die Wirksamkeit von Anreizsystemen aufgrund unzutreffender Prämissen über die Verhaltenswirkungen von Anreizen und die tatsächlichen Motivationskräfte des Menschen grundsätzlich in Frage stellen. Vgl. *Kohn, A.*, Why Incentive Plans Cannot Work, in: HBR, Vol. 71 (1993), No. 5, S. 54 ff.; *Sprenger, R.K.*, Mythos Motivation: Wege aus einer Sackgasse, 8. Aufl., Frankfurt a.M., New York 1995, insbes. S. 87 ff.

[134] Vgl. *Pauli, K.S.*, Franchising, S. 87 ff.; *Beyer, W.E.*, Franchising als Instrument zur „Festigung der Marktstellung", a.a.O., S. 263.

Patenschaften erfahrener Franchisenehmer für neue Systemmitglieder oder in der Übernahme von systeminternen Beratungsfunktionen durch besonders erfolgreiche Franchisenehmer.[135]

Im Ergebnis soll die Führungsdimension Anreizgewährung **definiert** werden als die leistungsbezogen-positive Sanktionierung des Franchisenehmerverhaltens durch die Systemzentrale in Form materieller und immaterieller Anreize. Zur Operationalisierung dieser Dimension wird auf **einen Indikator** zurückgegriffen:

Führungsdimension	Indikator
Anreizgewährung	1. Einsatz von Anreizinstrumenten zur Sicherstellung einer hohen Motivation der Franchisenehmer

Schließlich sollen zwei Führungsdimensionen in das Führungsmodell aufgenommen werden, die auf die Ausgestaltung der **systeminternen Kommunikation** gerichtet sind.[136] Hierzu wird zwischen der vertikalen und der horizontalen Systemkommunikation unterschieden. Die **vertikale Systemkommunikation** bezieht sich auf Kontakte der Franchisenehmer zur Systemzentrale sowie zu den dezentral tätigen Gebietsbetreuern, Franchiseinspektoren und -beratern. Die große Bedeutung der vertikalen Kommunikation in Franchisesystemen ist bereits im Zusammenhang mit den konstitutiven Merkmalen des Franchising herausgearbeitet worden. Vor allem die weitreichende Arbeitsteilung bedingt einen sehr hohen vertikalen Kommunikationsbedarf.[137]

Bei der Ausgestaltung dieser Führungsdimension ist allgemein zwischen der Modalität, der Häufigkeit sowie der Richtung des Informationsaustausches zu unterscheiden.[138] Die **Modalität** kennzeichnet das verwendete Kommunika-

---

[135] In dem im Bildungssektor tätigen Franchisesystem F+P Studienkreis wird den erfolgreichsten Franchisenehmern als höchstmögliche Incentive-Stufe die Funktion eines Partnerberaters übertragen. Diese Partnerberater übernehmen die Intensivbetreuung von Franchisenehmern mit wirtschaftlichen Problemen. Quelle: Expertengespräche.

[136] Auch diese Führungsdimensionen werden in den analysierten Typologien nicht explizit erfaßt. Lediglich die von Sydow verwendeten Dimensionen der Kopplungsintensität und der Interaktionsrichtung weisen Bezüge zur Systemkommunikation auf. In Arbeiten zur Absatzkanalforschung wird hingegen die grundsätzliche Bedeutung der Systemkommunikation durchaus anerkannt; sie wird indes in empirischen Studien fast gänzlich vernachlässigt. Vgl. *Guiltinan, J.P., Rejab, I.B., Rodgers, W.C.*, Factors Influencing Coordination in a Franchise Channel, a.a.O., S. 46.

[137] Vgl. dazu die Ausführungen in Kapitel A 2 der Arbeit.

[138] Vgl. *Mohr, J, Nevin, J.R.*, Communication Strategies in Marketing Channels: A Theoretical Perspective, in: JoM, Vol. 54 (1990), No. 4, S. 38. Mohr und Nevin nennen als vierte Komponente den Inhalt des Informationsaustausches. Inhaltliche Aspekte sollen aber aufgrund von Operationalisierungsproblemen im Rahmen dieser Arbeit nicht weiter berücksichtigt werden.

tionsmedium. Hier kann zwischen Formen der direkten, persönlichen Kommunikation zwischen der Systemzentrale und den Franchisenehmern einerseits und unpersönlichen Kommunikationsformen in Gestalt von schriftlichen oder auch per EDV übermittelten Informationen andererseits differenziert werden. Die **Häufigkeit** erfaßt dagegen die Anzahl der vertikalen Kontakte. Diese kann in Franchisesystemen sehr hoch ausgeprägt sein; teilweise sind tägliche Kontakte zwischen Zentrale und Franchisenehmern zu beobachten.[139] Die **Kommunikationsrichtung** schließlich beschreibt, ob Kontakte nur in top down-Richtung verlaufen oder umgekehrt auch eine bewußte Kontaktaufnahme der Franchisenehmer zur Zentrale erfolgt.[140]

Die vertikale Systemkommunikation soll damit **definiert** werden als die Modalität, Häufigkeit und Richtung des Informationsaustausches zwischen der Systemzentrale und den Franchisenehmern. Die Operationalisierung dieser komplexen Führungsdimension erfolgt über **vier Indikatoren**:

Führungsdimension	Indikatoren
Vertikale System-kommunikation[141]	1. Relative Bedeutung persönlicher im Vergleich zu unpersönlicher Kommunikation durch die Systemzentrale
	2. Häufigkeit persönlicher Kontakte von Mitarbeitern der Systemzentrale zu den Franchisenehmern
	3. Häufigkeit persönlicher Kontakte von dezentral arbeitenden Betreuern/Beratern zu den Franchisenehmern
	4. Häufigkeit von Kontaktaufnahmen der Franchisenehmer mit der Systemzentrale

Die **horizontale Systemkommunikation** kennzeichnet demgegenüber den Informationsaustausch zwischen den Franchisenehmern eines Systems und berücksichtigt insofern explizit den Systembezug der Führung. Die Aufnahme dieser Dimension in das Führungsmodell erscheint insoweit notwendig, als von derartigen Horizontalkontakten eine Verhaltensbeeinflussung der Franchisenehmer

---

[139] Vgl. *Meffert, H., Meurer, J.*, Marktorientierte Führung von Franchisesystemen, a.a.O., S. 5.

[140] Auch die bottom up-Kommunikation soll unter Führungsaspekten betrachtet werden, da die Systemzentrale derartige Kontaktaufnahmen bewußt forcieren kann. So ist die Systemzentrale des amerikanischen Franchisesystems Subway für die Franchisenehmer stets gebührenfrei telefonisch zu erreichen. Vgl. *deLuca, F.*, Vortrag beim 10. Deutschen Franchise-Tag am 14. Juni 1994 in Essen, ohne Manuskript.

[141] Eine hohe Ausprägung dieser Führungsdimension kennzeichnet damit eine intensive, persönliche Kommunikation in top down- und bottom up-Richtung.

ausgehen kann, die zumindest partiell durch die Systemzentrale gesteuert werden kann.[142]

Horizontale Kontakte von Franchisenehmern sind insbesondere für die **Lernfähigkeit** eines Franchisesystems von großer Bedeutung.[143] Viele operative Probleme, die vor allem in der Einstiegsphase zu beobachten sind, werden zwischen den Franchisenehmern effizienter gelöst als durch Einschaltung der Systemzentrale.[144] Gleichzeitig können Ideen und innovative Problemlösungen deutlich schneller im System diffundieren. Teilweise nutzen Franchisegeber diese Kontakte auch, um eine indirekte Verhaltensbeeinflussung einzelner Franchisenehmer zu erreichen.[145]

Systemzentralen können die horizontale Kommunikation bewußt fördern, aber auch versuchen, sie soweit wie möglich zu unterbinden.[146] Eine Institutionalisierung horizontaler Kontakte erfolgt vor allem über sog. **ERFA-Gruppen**, die i.d.R. Franchisenehmer einer Region zu einem periodischen Informationsaustausch zusammenführen.[147] Der Grund für den Versuch einer bewußten Unterbindung von Franchisenehmerkontakten besteht dagegen primär in der Befürchtung, Franchisenehmer könnten im Konfliktfall durch eine Gruppenbildung kollektiv und nicht mehr nur individuell gegenüber der Zentrale auftreten, was mit einem entsprechenden Machtzugewinn der Franchisenehmer verbunden wäre.[148]

---

[142] Damit ist die Möglichkeit einer zielorientierten Verhaltensbeeinflussung im Sinne der Führungsdefinition gegeben. Die mit Franchisenehmern geführten Expertengespräche brachten aber auch zum Ausdruck, daß hier lediglich eine partielle Steuerung möglich ist, da Franchisenehmer regelmäßig auch ohne Wissen der Systemzentrale Kontakte unterhalten.

[143] Vgl. allgemein Sydow, J., Franchisingsysteme als strategische Netzwerke - Über das Warum des Franchising hinaus, a.a.O., S. 34 f.

[144] Die Expertengespräche mit Franchisenehmern offenbarten, daß vor allem in jüngeren Systemen mit noch weniger umfassend geregelten Verfahrensabläufen und einem dementsprechend höheren Handlungsspielraum von Franchisenehmern durch informelle Kontakte zu anderen Franchisenehmern ein beträchtlicher Lerneffekt erzielt werden kann.

[145] Insbesondere bei solchen Franchisenehmern, bei denen eine direkte Verhaltensbeeinflussung durch die Zentrale z.B. aufgrund eines dauerhaft angespannten Verhältnisses nicht erfolgversprechend erscheint, wird versucht, über andere Franchisenehmer einen indirekten Einfluß auszuüben. Quelle: Expertengespräche.

[146] Dies dürfte jedoch allenfalls auf informellem Wege möglich sein; ein vertraglicher Unterbindungsversuch dürfte wahrscheinlich an der Klausel des § 138 BGB (Nichtigkeit des Franchisevertrages bei Verstoß gegen die guten Sitten) scheitern.

[147] Vgl. allgemein zu ERFA-Gruppen in Franchisesystemen Tietz, B., Handbuch Franchising: Zukunftsstrategien für die Marktbearbeitung, a.a.O., S. 272 f.

[148] Zudem kann die Gruppenbildung zum Ausbruch bis dato latenter Konflikte führen.

Im Ergebnis soll unter der horizontalen Systemkommunikation die Intensität des informellen oder durch die Systemzentrale institutionalisierten Erfahrungsaustausches zwischen den Franchisenehmern eines Systems verstanden werden.[149] Zur Operationalisierung der Führungsdimension werden **drei Indikatoren** herangezogen:

Führungsdimension	Indikatoren
Horizontale Systemkommunikation	1. Ermöglichung eines intensiven Erfahrungsaustausches der Franchisenehmer durch die Systemzentrale
	2. Durchschnittliche Häufigkeit von persönlichen Kontakten der Franchisenehmer untereinander[150]
	3. Einfluß der gegenseitigen Unterstützung der Franchisenehmer und des Lernens voneinander auf den Systemerfolg[151]

Damit ist die Ableitung der in das Modell der Systemführung eingehenden Führungsdimensionen abgeschlossen. Vor deren empirischer Überprüfung soll zunächst noch eine Spezifizierung des Gesamtmodells sowie die Analyse dimensionsspezifischer Gestaltungsspielräume der Systemzentrale vorgenommen werden.

1.35 Integration der Führungsdimensionen und Kennzeichnung des Gesamtspielraums der innengerichteten Systemführung

Die in den vorangehenden Kapiteln vorgenommene Ableitung von Führungsdimensionen hat zur Identifikation von insgesamt **11 instrumentalen Dimensionen** des Führungsverhaltens in Franchisesystemen geführt. In der Tabelle 5 sind diese zunächst den in den analysierten Typologien der interpersonellen und interorganisationalen Führung verwendeten Dimensionen gegenübergestellt. Dabei wird deutlich, daß alle 14, den Typologien zugrunde gelegten Dimensionen, durch zumindest eine, bei komplexeren Dimensionen z.T. auch durch mehrere instrumentale Führungsdimensionen erfaßt werden.

---

[149] Die Unterscheidung von informellen und institutionalisierten Kontakten kann hier als Modalität der Kommunikation interpretiert werden. Die Frage der Kommunikationsrichtung ist bei horizontalen Kontakten dagegen nicht relevant.

[150] Diese Variable wurde aus Sicht der Systemzentrale erhoben und spiegelt insofern nur die jeweils bekannte Kontakthäufigkeit wider, nicht aber solche Kontakte, die ohne das Wissen des Franchisegebers erfolgen.

[151] Da auch bei dieser Führungsdimension ein sozial erwünschtes Antwortverhalten zu erwarten ist, wird die Einschätzung des Erfolgseinflusses von Franchisenehmer-Kontakten durch die Systemzentrale als indirekter Indikator verwendet.

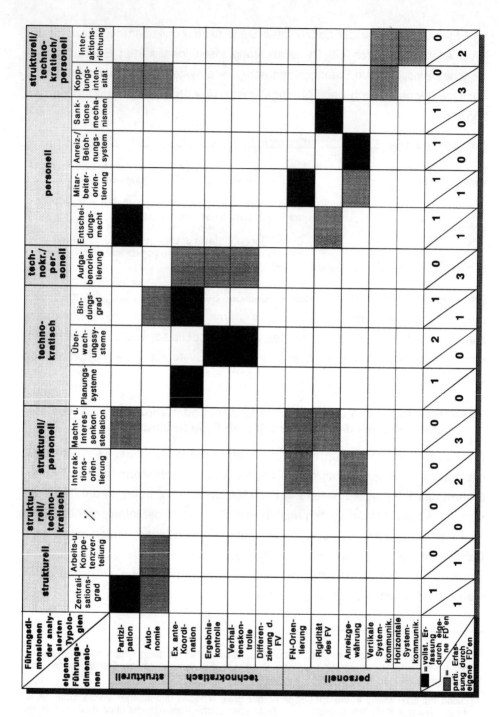

Tab. 5: Vollständigkeitsprüfung der dem Modell der Systemführung zugrunde gelegten Führungsdimensionen

Darüber hinaus gehen in das Führungsmodell aber auch solche Führungsdimensionen ein, die in den analysierten Typologien nicht oder nur indirekt berücksichtigt werden, für die Erfassung des Führungsverhaltens in Franchisesystemen aber unerläßlich sind. Dies gilt für die **Differenzierung** des Führungsverhaltens, die **Autonomie** der Franchisenehmer sowie die beiden Dimensionen mit Bezug zur **Systemkommunikation**. Im Ergebnis entsteht damit das in der Abbildung 12 dargestellte Modell der innengerichteten Führung von Franchisesystemen, dessen empirischer Validierung die folgende Basishypothese zugrunde gelegt werden soll.

H_{FT4}: Das Führungsverhalten in Franchisesystemen kann über elf eigenständige, das Modell der Systemführung konstituierende strukturelle, technokratische und personelle Führungsdimensionen vollständig abgebildet werden.[152]

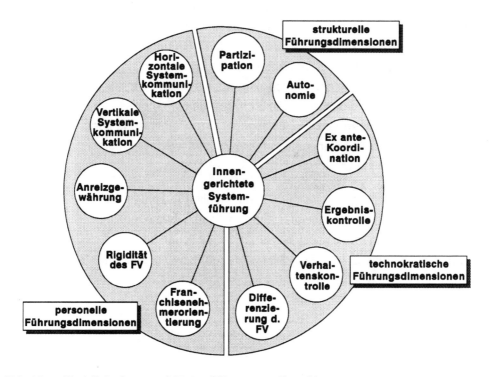

Abb. 12: Modell der innengerichteten Führung von Franchisesystemen

---

[152] Wie bereits im Zusammenhang mit der Hypothese H_{FT1}, so sei auch hier darauf verwiesen, daß die empirische Überprüfung der mit H_{FT4} getroffenen Aussage anhand der in Kapitel B 2.2 verwendeten konfirmatorischen Faktorenanalyse 2. Ordnung ermöglicht wird. Dies gilt vor allem auch für die „Vollständigkeits"-Behauptung, wie sie mit H_{FT4} spezifiziert wird.

Über die grundsätzliche Relevanz der Führungsdimensionen hinaus ist ferner die Frage von zentraler Bedeutung, welche Dimensionen die höchste Bedeutung für den Gesamtkomplex der innengerichteten Führung besitzen und welchen Dimensionen lediglich untergeordnete Bedeutung zukommt. Daher soll weiterhin folgende Basishypothese empirisch überprüft werden:

H_{FT5}: Die einzelnen Führungsdimensionen unterscheiden sich signifikant hinsichtlich ihres Stellenwerts für den Gesamtkomplex der innengerichteten Systemführung in Franchisesystemen.

Mit der Ableitung des Modells der innengerichteten Systemführung besteht im Sinne des zweistufigen Vorgehens bei der Typenbildung zunächst Klarheit über die relevanten Typologisierungsmerkmale, nicht jedoch über die Frage, ob tatsächlich unterschiedliche **Führungstypen** existieren, die sich durch differenzierte Ausprägungen der elf Führungsdimensionen auszeichnen. Diese Frage muß vor dem Hintergrund der für die einzelnen Dimensionen bestehenden **Gestaltungsspielräume** untersucht werden. Grundsätzlich wird der Gestaltungsspielraum einer Führungsdimension in seinem Umfang durch die konstitutiven Systemmerkmale des Franchising, wie sie bei der Definition des Franchise-Begriffs gebildet worden sind, die sich aus dem Franchisevertrag ergebenden Rechte und Pflichten von Franchisegeber und Franchisenehmern sowie allgemeine rechtliche Rahmenbedingungen wie z.B. wettbewerbsrechtliche Bestimmungen determiniert.[153]

Weisen die Führungsdimensionen in der Realität Ausprägungen auf, die jenseits der Grenzen des Gestaltungsspielraums liegen, bestehen damit keine **definitionskonformen** Franchisesysteme[154] oder es liegen sogar Verstöße gegen den (üblichen) Wortlaut von Franchiseverträgen bzw. gesetzliche Bestimmungen

---

[153] Mit dem Gestaltungsspielraum wird der Wertebereich fixiert, in dem die real zu beobachtenden Ausprägungen der einzelnen Führungsdimensionen bei rechts-, vertrags- und definitionskonformen Franchisesystemen liegen müssen.

[154] In diesem Zusammenhang ist der sog. *naturalistische Fehlschluß* zu erwähnen, wonach vom „Sein" nicht zwingend auf das „Sollen" zu schließen ist. Realisieren Franchisesysteme Ausgestaltungsformen der Führungsdimensionen jenseits der definitorischen Grenzen, dann kann darin durchaus eine sinnvolle betriebswirtschaftliche Entscheidung bestehen. In diesem Fall ist dann - im Sinne der Soll-Komponente - nicht zu fordern, daß die Ausgestaltung der Führungsdimension zu ändern ist; vielmehr kann dies darauf hindeuten, daß die Franchisedefinition sich als nicht zweckmäßig erweist. Vgl. zum naturalistischen Fehlschluß *Albert, H.*, Traktat über die kritische Vernunft, 2. Aufl., Tübingen 1969, S. 57 f.; *Schanz, G.*, Einführung in die Methodologie der Betriebswirtschaftslehre, Köln 1975, S. 121.

vor.[155] Durch die Aggregation der einzelnen Gestaltungsspielräume entsteht dann ein **Gesamtspielraum** der Systemführung.[156] Je größer dieser Gesamtspielraum ausgeprägt ist, desto wahrscheinlicher ist ceteris paribus die Existenz unterschiedlicher Führungstypen.[157] Da bei der Ableitung der Führungsdimensionen die jeweiligen optionalen Ausgestaltungsformen bereits grundsätzlich beschrieben worden sind, kann die Erfassung des Gesamtspielraums der Systemführung synoptisch erfolgen. Dazu werden in der Tabelle 6 die aus den Systemmerkmalen des Franchising und den (vertrags-) rechtlichen Bestimmungen resultierenden Einflüsse auf die Führungsdimensionen zusammengefaßt und die jeweiligen Gestaltungsspielräume gekennzeichnet.

Die Tabelle verdeutlicht, daß bei der überwiegenden Mehrzahl der Führungsdimensionen mittlere bis große Gestaltungsspielräume bestehen. Lediglich bei den **strukturellen** Dimensionen müssen vergleichsweise geringe Spielräume angenommen werden, da hier wesentliche rechtliche Einflüsse auf die Ausgestaltung zu berücksichtigen sind. So ergeben sich bei sehr hohen **Partizipationsgraden**, bei denen auch strategische Systementscheidungen von den Franchisenehmern mitgetroffen werden, wettbewerbsrechtliche Probleme, da das System u.U. seinen vertikalen Charakter verliert und Kartellqualität gewinnt.[158]

---

[155] Da Franchiseverträge einen relativ hohen Standardisierungsgrad aufweisen und zudem im juristischen Schrifttum empirische Untersuchungen von Verträgen existieren, können die vertraglichen Einflüsse auf das Führungsverhalten präzise erfaßt werden.

[156] In Analogie zu den analysierten, zumeist zweidimensionalen Führungstypologien kann dieser Gesamtspielraum als n-dimensionales Koordinatensystem aufgefaßt werden, auf dessen Achsen nur die bei rechts-, vertrags- und definitionskonform geführten Franchisesystemen zulässigen Wertebereiche der einzelnen Führungsdimensionen abgetragen sind.

[157] Lägen für alle Führungsdimensionen nur minimale Gestaltungsspielräume vor, müßten rechts-, vertrags- und definitionskonforme Franchisesysteme einen im Extremfall nahezu identischen Führungstyp realisieren. Bei größeren Gestaltungsspielräumen kann davon ausgegangen werden, daß diese von den Systemzentralen genutzt werden, so daß die Wahrscheinlichkeit für die Existenz unterschiedlicher Führungstypen ceteris paribus steigt.

[158] Vgl. *Lübbert, H.*, Vertikale Integrationsformen beim Absatz von Waren und Dienstleistungen, Berlin 1986, S. 30; *Tietz, B.*, Franchising (I), in: WISU, 17. Jg. (1988), Nr. 4, S. 209 f.; *Martinek, M.*, Franchising, a.a.O., S. 464 ff. Martinek formuliert diese Schlußfolgerung nicht mit explizitem Bezug zur Partizipation. Er geht aber davon aus, daß das Koalitions- sowie das Konföderations-Franchising grundsätzlich Kartellmerkmale aufweisen. Beide Formen des Franchising sind aber als Unterformen des Partnerschafts-Franchising durch eine besonders ausgeprägte Partizipation der Franchisenehmer gekennzeichnet. Zu einer kritischen Auseinandersetzung mit der kartellrechtlichen Behandlung des Franchising vgl. *Rubin, P.H.*, The Theory of the Firm and the Structure of the Franchise Contract, a.a.O., S. 231 f.

FD	Einfl.bereiche	Rechtliche Einflüsse	Vertragliche Einflüsse	Definitorische Einflüsse	Gestaltungsspielraum
strukturelle FD	Partizipation	• kartellrechtliche Beschränkungen bei vollständiger Einbeziehung der FN auch in strategische Entscheidungen	• nur soweit Partizipationsrechte der FN ausdrücklich vereinbart sind	• Kooperationscharakter dürfte völligen Verzicht auf Partizipation der FN ausschließen	• gering bis mittel → min: Vorschlags-/Mitspracherechte im operativen Bereich → max: Vorschlags-/Mitspracherechte auch im strateg. Bereich; Mitentscheidung im operat. Bereich
	Autonomie	• starke Autonomiebeschränkung kann zu arbeitsvertragl. FN-Status führen; zudem Knebelungstatbestand mit Nichtigkeitsfolge des Vertrages nach § 138 BGB (Sittenwidrigkeit des Vertrages)	• Legitimation einer weitgehenden Beschränkung der FN-Autonomie	• FN-Status verbietet zu starke Autonomiebeschränkung • aber: notwendige Arbeitsteilung und Standardisierung des Marktauftritts erfordert auch Autonomiebeschränkungen	• zwischen geringen und mittleren Autonomiegraden
technokratische FD	Ex ante-Koordination	• vollständ. Ex ante-Koordination dürfte arbeitsrechtl. Einordnung des Franchisevertrages zur Folge haben; ggf. § 138 BGB einschlägig	• Unterstützungspflicht der Systemzentrale schließt völligen Verzicht auf Ex ante-Koordination (insb. gemeinsame Planung) aus • Möglichkeit der vertraglichen Ex ante-Koord. (Geschäftsentwicklungsplan mit Mindestvorgaben)	• Status des FN schließt vollst. Koord. aus (vgl. vertragl. Einflüsse) • arbeitsteiliges Leistungsprogramm erfordert Mindestmaß an Koord.aktivitäten	• mittlerer Gestaltungsspielraum bei Ausschluß extremaler Ausprägungen (=keine bzw. vollständige Ex ante-Koordination)
	Ergebnis-kontrolle	• Gefahr der Sittenwidrigkeit des Franchisevertrages bei "totaler" Kontrolle	• Einräumung weitgehender Kontrollrechte für FG • betriebswirtschaftl. Unterstütz.pflicht des FG erfordert Mindestmaß an Ergebniskontrolle	• keine über die o.g. hinausgehenden	• mittlerer bis großer Gestalt.spielraum zwischen einem für die betriebswirtsch. Unterst. notwend. (Mindest-)Kontrollniveau u. nahe zu vollst. Transp. d. FN-Betriebe
	Verhaltens-kontrolle	• ähnlich Ergebniskontrolle	• zumeist Recht des FG auf Verhaltenskontrollen vereinbart (Zutritt zum FN-Betrieb)	• Einheitlichkeit des Marktauftritts (Systemimage) erfordert Verhaltenskontrolle	• mittlerer Gestaltungsspielraum zwischen mittlerem und hohem Kontrollniveau
	Differenzierung des FV	• keine spezifischen	• keine spezifischen (allenfalls Unterstützungspflicht des FG)	• keine spezifischen	• groß; betriebswirtsch. Entscheidproblem zwischen Differenzier- und Standardisierungsvorteilen
personelle FD	FN-Orientierung	• keine spezifischen	• keine spezifischen	• koop.-partnerschaftl. Beziehung erford. Mindestmaß an FN-Orient. (grds. aber keine spez. Einflüsse)	• sehr groß; praktisch alle Ausgestaltungsformen möglich (betriebswirtsch. Entscheidung)
	Rigidität des FV	• verschiedene Rechtsfolgen bei Vertragskündigung durch FG (Ausgleichsanspruch für FN etc.) grds. aber negative Sanktionen i.F. von Abmahnungen, Schiedsgerichtsverf., außerordentl. Vertragskündigungen etc. möglich	• umfangreiche Sanktionsmöglichkeiten insb. durch Aufzählung von Kündigungsgründen für den FG im Franchisevertrag	• keine spezifischen (allenfalls Systemführerstatus des FG verlangt Eingriff bei schwerwiegenden, systemgefährdenden Zuwiderhandlungen von FN)	• (sehr) groß; (Führungsentscheidung der Systemzentrale)
	Anreizgewähr.	• keine spezifischen	• aus Inform.- u. Unterstütz.pflichten ergibt sich eine Mindestintensität der vertik. Kommunik.	• keine spezifischen	• sehr groß (Führungsentsch. der Systemzentrale)
	Vertikale Systemkommunikation	• keine spezifischen	• keine spezifischen	• vertik. Arbeitsteilung und koop.-partnerschaftl. Beziehung erfordern regelmäß. Inform.austausch	• groß; zwischen geringer bis mittl. u. sehr hoher Kommunik.-intens.; zudem stellt Modalität betriebswirtsch. Entsch. der Zentrale dar
	Horizontale Systemkommunikation	• Unterbindungsversuch dürfte an § 138 BGB scheitern	• keine spezifischen	• aufgrund der ausschl. vertikalen und nicht horizontalen Arbeitsteil. grds. nur geringer bis mittl. horizontaler Kommunikat.bedarf	• groß; zwischen Duldung bzw. Versuch der (inform.) Unterbindung bis zu gezielter Förderung (ggf. mit Institutionalisierung)

Tab. 6: Gestaltungsspielräume der Systemführung im Franchising differenziert nach Führungsdimensionen

Ein gänzlicher Ausschluß partizipativer Elemente wird indes gegen das konstitutive Systemmerkmal einer kooperativ-partnerschaftlichen Beziehung verstoßen, so daß im Ergebnis in rechts-, vertrags- und definitionskonform geführten Franchisesystemen geringe bis mittlere Partizipationsgrade zu erwarten sind.[159]

Hinsichtlich der **Autonomiegewährung** ist eine vollständige Beschränkung der Handlungsfreiheit von Franchisenehmern juristisch als Knebelung zu würdigen. Rechtsfolge wäre die Nichtigkeit des Vertrages wegen Verstoßes gegen die guten Sitten.[160] Andererseits ist eine relativ weitreichende Beschränkung der Autonomie aus betriebswirtschaftlichen Erwägungen notwendig.[161] Damit können in praxi nur geringe bis mittlere Autonomiegrade realisiert werden[162], ohne gegen (vertrags-)rechtliche oder definitorische Anforderungen zu verstoßen.

Bei den **technokratischen** Führungsdimensionen sind mehrheitlich mittlere Gestaltungsspielräume gegeben. Für die **Ex ante-Koordination** und die Durchführung von **Ergebnis-** und **Verhaltenskontrollen** lassen sich aus vertraglichen und definitorischen Merkmalen Mindestniveaus ableiten, die notwendig sind, um die Verpflichtung der Systemzentrale zur betriebswirtschaftlichen Unterstützung der Franchisenehmer bzw. die Einheitlichkeit des Marktauftritts sicherzustellen.[163] Hinsichtlich der maximal zulässigen Koordinations- und Kontrollintensitäten ist wiederum die Generalklausel des § 138 BGB zu berücksichtigen, wobei

---

[159] Bei einem geringen Partizipationsgrad liegen lediglich Vorschlags- und eingeschränkte Mitspracherechte der Franchisenehmer im operativen Bereich vor. Dagegen ist ein mittlerer Partizipationsgrad durch Mitentscheidungsrechte im operativen Bereich und zusätzlich Vorschlags- und eingeschränkte Mitspracherechte bei strategischen Entscheidungen gekennzeichnet.

[160] Die Nichtigkeit des Vertrages im Falle der Knebelung ergibt sich aus dem § 138 BGB, der die Nichtigkeit eines Rechtsgeschäfts bei Verstoß gegen die guten Sitten vorsieht. Vgl. *Wessels, A.M.*, Franchise-Verträge im Vergleich: Die häufigsten und schwerwiegendsten Fehler bei der Vertragsgestaltung - eine erste und umfassende empirische Ermittlung wesentlicher Regelungsinhalte deutscher Franchise-Verträge, in: Jahrbuch Franchising 1992, Deutscher Franchise-Verband (Hrsg.), a.a.O., S. 119; *Beyer, W.E.*, Franchising als Instrument zur „Festigung der Marktstellung", a.a.O., S. 275.

[161] Vgl. dazu die Ausführungen bei der Ableitung der Führungsdimension in Kapitel B 1.32.

[162] Ein geringer Autonomiegrad liegt bei den in Kapitel B 1.32 aufgezählten Einschränkungen des Handlungsspielraums der Franchisenehmer vor. Ein mittlerer Autonomiegrad ist dagegen durch umfassendere Freiheiten insbesondere im Bereich der internen Betriebsführung der Franchisenehmer gekennzeichnet.

[163] Hinsichtlich der Ex ante-Koordination sind in jedem Fall grobe Planwerte für den Umsatz und die wichtigsten Kostengrößen notwendig, um z.B. in nicht rentabel arbeitenden Franchisenehmerbetrieben eine Analyse der Problemursachen vornehmen zu können. Im Zusammenhang mit der Kontrolltätigkeit erscheint zumindest die Analyse der Jahresabschlüsse der Franchisenehmer und eine periodische Besuchstätigkeit, bei der die Franchisenehmerbetriebe vor Ort überprüft werden, als eine notwendige Mindestanforderung.

diese bei einer betriebswirtschaftlich sinnvollen Koordinations- und Kontrolltätigkeit noch nicht einschlägig sein dürfte.[164] Die **Differenzierung** des Führungsverhaltens stellt demgegenüber eine rein betriebswirtschaftliche Entscheidung dar. Allenfalls aus der Unterstützungpflicht der Systemzentrale läßt sich hier ein notwendiger Mindestdifferenzierungsgrad dergestalt ableiten, daß Franchisenehmer in der Einstiegsphase bzw. bei wirtschaftlichen Problemen gezielt unterstützt werden müssen.

Die **personellen** Führungsdimensionen schließlich sind sämtlich durch große Gestaltungsspielräume gekennzeichnet. Allgemeine rechtliche und Vertragseinflüsse besitzen hier nur geringe Bedeutung. So folgt z.B. aus den vertraglichen Informations- und Unterstützungspflichten zwischen der Systemzentrale und den Franchisenehmern ein nowendiges Mindestniveau an vertikaler Kommunikation. Aus den konstitutiven Systemmerkmalen lassen sich ebenfalls nur wenige und zudem vage Implikationen für die Abgrenzung von Gestaltungsspielräumen ableiten, so daß hier ein breites Spektrum an realisierbaren Ausprägungsformen aus Sicht der Systemzentrale anzunehmen ist.

Betrachtet man die einzelnen Gestaltungsspielräume zusammenfassend, dann ergibt sich in rechts-, vertrags- und definitionskonformen Franchisesystemen ein beträchtlicher **Gesamtspielraum** der innengerichteten Führung. Lediglich zwei von elf Führungsdimensionen sind in ihrer Ausprägung relativ eng begrenzt. Daher kann die bereits im Anschluß an die Analyse bestehender Typologien formulierte Basishypothese H_{FT3}, wonach von der Existenz verschiedener Basistypen der Systemführung auszugehen ist, an dieser Stelle nur bekräftigt werden. Angesichts der unterschiedlichen Gestaltungsspielräume der Führungsdimensionen ist jedoch nicht zu erwarten, daß alle elf Führungsdimensionen einen gleichermaßen hohen Beitrag zur Typenbildung leisten.[165] Dies soll durch die folgende **Basishypothese** zum Ausdruck gebracht werden:

---

[164] So wird eine Sittenwidrigkeitsvermutung erst geäußert, wenn die Systemzentrale z.B. auch Einsicht in die Steuererklärungen und -bescheide ihrer Franchisenehmer verlangt. Vgl. hierzu auch die Ausführungen in Kapitel B 1.33.

[165] Dies wird unmittelbar einsichtig, wenn man sich den Extremfall einer Führungsdimension mit nur einer möglichen Ausprägung vor Augen führt. Diese kann insofern keinen Beitrag zur Typenbildung leisten.

> H_{FT6}: Die strukturellen, technokratischen und personellen Führungsdimensionen tragen aufgrund ihrer spezifischen Gestaltungsspielräume in unterschiedlichem Maße zur Differenzierung der Führungstypen bei, d.h. die Führungsdimensionen liefern signifikant voneinander verschiedene Erklärungsbeiträge für die Typenbildung und -trennung.

Die empirische Ableitung dieser Führungstypen auf der Basis des zunächst ebenfalls empirisch zu validierenden Modells der innengerichteten Systemführung ist Aufgabe des folgenden Kapitels.

2. Empirische Überprüfung des Modells der innengerichteten Systemführung und Ableitung von Führungstypen in Franchisesystemen

In diesem Kapitel ist zunächst eine kurze Beschreibung des Designs der empirischen Analyse vorzunehmen. Daran anschließend sollen das Modell der Systemführung und die in diesem Zusammenhang formulierten Basishypothesen überprüft werden. Anhand der abgeleiteten Führungsdimensionen werden dann Typen der innengerichteten Systemführung gebildet. Daran schließt sich die Identifikation der für die Diskriminierung der Typen zentralen Führungsdimensionen an.

2.1 Design der empirischen Analyse

2.11 Datenerhebung und Datenbasis

Grundlage der empirischen Untersuchung ist eine **schriftliche** Befragung der Systemzentralen in Deutschland operierender Franchisesysteme, die das Institut für Marketing im Zeitraum zwischen März und Mai 1995 in Kooperation mit dem Deutschen Franchise-Verband durchgeführt hat.[166] Hierzu wurden 365 Fragebogen an die im Franchise-Verband organisierten Unternehmen sowie 63 Fragebogen an weitere, nicht im Verband organisierte Franchisesysteme ver-

---

[166] Um Verzerrungen z.B. aufgrund international unterschiedlicher, auf das Führungsverhalten wirkender Rechtsvorschriften zu vermeiden, sollten die Fragebogen nur für die jeweiligen Inlandsaktivitäten auf dem bundesdeutschen Markt beantwortet werden. Bei international tätigen Systemen mit Hauptsitz im Ausland wurden nach Möglichkeit direkt die deutschen Tochtergesellschaften angeschrieben. Sofern die ausländischen Systemzentralen angeschrieben werden mußten, was sich nur in wenigen Fällen als notwendig erwies, erging die ausdrückliche Bitte an die Geschäftsleitungen, die Fragen unter Bezugnahme auf ihre Aktivitäten in Deutschland zu beantworten.

sandt.[167] Zielgruppe der Befragung war jeweils die **Geschäftsleitung**, wobei in mehr als 95 Prozent der angeschriebenen Systeme namentlich bekannte Ansprechpartner bestanden.

Nach Durchführung einer schriftlichen Nachfaßaktion konnte ein Rücklauf von insgesamt 203 Fragebogen verzeichnet werden.[168] Die **Rücklaufquote** liegt mit **47,4 Prozent** deutlich oberhalb der bei vergleichbaren Untersuchungen erzielten Werte.[169] Bei einer Grundgesamtheit von etwa 450 bis 500 in Deutschland tätigen Franchisesystemen repräsentiert diese Stichprobe einen Anteil zwischen 40,1 Prozent und 45,1 Prozent der Grundgesamtheit. Nach der Selektion der für die statistische Analyse nicht verwertbaren Antworten wurden 192 Fragebogen in die Auswertung übernommen.[170] Die **Stichprobenstruktur** ist in der Tabelle 7 wiedergegeben.

Mit Blick auf die **Branchenzugehörigkeit** ergibt sich das folgende Bild: 40 Prozent der befragten Franchisesysteme sind dem Handel zuzurechnen. 13 Prozent der Systeme sind im handwerklichen Bereich, weitere 9 Prozent im Gastronomie- und Hotelleriesektor tätig. 38 Prozent der Franchisesysteme in der Stichprobe entfallen auf sonstige Dienstleistungen. Diese Stichprobenstruktur deckt sich weitgehend mit den regelmäßig vom Deutschen Franchise-Verband durchgeführten Vollerhebungen von Strukturdaten im Mitgliederkreis, so daß mit Bezug auf die Branchenstruktur eine **repräsentative Stichprobe** anzunehmen ist.[171] Hinsichtlich der anhand des Gesamtumsatzes gemessenen **Systemgröße** wird der **mittelständische** Charakter der deutschen Franchisewirtschaft deutlich. 40 Prozent der befragten Systeme verzeichnen Jahresumsätze von weniger

---

[167] Dies entspricht allen im Franchise-Verband als ordentliche und außerordentliche Mitglieder organisierten Systemen. Die nicht organisierten Systeme wurden mittels der Ausstellerlisten von Messen und sonstiger einschlägiger Publikationen ermittelt.

[168] Die Nachfaßaktion beschränkte sich aufgrund der hohen Rückläufe nach der ersten Befragungswelle lediglich auf die Mitgliedsunternehmen des Franchise-Verbandes.

[169] Vgl. *Fritz, W.*, Marktorientierte Unternehmensführung, a.a.O., S. 96; *Hippler, H.-J.*, Methodische Aspekte schriftlicher Befragungen: Probleme und Forschungsperspektiven, in: Planung und Analyse, 6. Jg. (1988), Nr. 6, S. 244.

[170] Die elf, nicht verwertbaren Fragebogen stammten insbesondere von Systemen in der Planungs- und Gründungsphase, für die ein Großteil der Fragen aufgrund des noch nicht laufenden Geschäftsbetriebes nicht beantwortbar war.

[171] Im Franchise-Verband sind 75 bis 80 Prozent der deutschen Franchisesysteme organisiert, so daß Vollerhebungen unter den Mitgliedern die Grundgesamtheit aller deutschen Franchisesysteme weitestgehend widerspiegeln. Vgl. auch *Deutscher Franchise-Verband (Hrsg.)*, Franchise-Telex 1994, a.a.O., o.S.

Branchenstruktur der Stichprobe	Systemanteil in %
Handel	40 %
Handwerk	13 %
Gaststätten/Hotellerie	9 %
sonstige Dienstleistungen	38 %

Umsatzstruktur der Stichprobe[1]	Systemanteil in %
< 10 Mio. DM	40 %
10 Mio. bis 50 Mio. DM	32 %
50 Mio. bis 100 Mio. DM	8 %
100 Mio. bis 250 Mio. DM	9 %
> 250 Mio. DM	11 %

1) Gesamter Systemumsatz in '94

Tab. 7: Stichprobenstruktur der empirischen Befragung von Systemzentralen

als 50 Mio. DM. Der Anteil von Großunternehmen mit Umsätzen über 250 Mio. DM beläuft sich auf lediglich 11 Prozent.[172]

Der Datenerfassung liegt ein **10-seitiger Fragebogen** zugrunde[173], bei dem in 18 Fragen insgesamt 167 Variablen zu 9 Themenkomplexen erhoben werden.[174] Der Aufbau des Fragebogens ist an dem der vorliegenden Arbeit zugrunde gelegten, kontingenztheoretischen Bezugsrahmen orientiert, wobei sich der Schwerpunkt der Fragestellungen auf die innengerichtete Führung von Franchisesystemen richtet.[175] Dabei gelangen nahezu ausschließlich geschlossene

---

[172] Hinsichtlich der Umsatzklassen liegen nach Kenntnis des Verfassers keine Vollerhebungen vor. Angesichts der in Relation zur Grundgesamtheit sehr umfangreichen Stichprobe dürfte das Repräsentanzproblem aber für die vorliegende Arbeit auszuschließen sein. Vgl. zum Repräsentanzproblem *Fritz, W.*, Marktorientierte Unternehmensführung, a.a.O., S. 96 ff.

[173] Hippler weist darauf hin, daß bei schriftlichen Befragungen ein Fragebogenumfang von 12 Seiten nicht überschritten werden sollte. Vgl. *Hippler, H.-J.*, Methodische Aspekte schriftlicher Befragungen: Probleme und Forschungsperspektiven, a.a.O., S. 245.

[174] Im einzelnen wurden folgende Themenkomplexe erhoben:
- Externe Situationsvariablen (System)
- Ziel- und Strategievariablen
- Motive für die Wahl des Franchising
- Kulturvariablen

Fragestellungen zur Anwendung, um eine problemlose und zeiteffiziente Bearbeitung zu gewährleisten. Die überwiegende Mehrzahl der Variablen wird auf 5-stufigen, bipolaren Ratingskalen erhoben, da diese eine problemlose Überführung in multivariate Verfahren der Datenanalyse ermöglichen.[176]

Um die Vollständigkeit und Verständlichkeit der Fragestellungen sicherzustellen, wurde der Fragebogen im März 1995 einem umfassenden **Pretest** unterzogen.[177] Zwischen Juni 1994 und Juli 1995 fanden weiterhin **21 Experteninterviews** zur Thematik der innengerichteten Systemführung statt, deren Ergebnisse u.a. wichtige Impulse für das Fragebogendesign lieferten.[178] Weiterhin führte das Institut für Marketing während der Konzeptionsphase des Forschungsprojekts im November 1994 mit Wissenschaftlern und Praktikern einen eintägigen **Workshop** zur Führung von Franchisesystemen durch.[179]

2.12 Methodik der Ermittlung und Überprüfung von Führungsdimensionen und Führungstypen

Für die statistische Datenauswertung gelangt das im lokalen Netzwerk des wirtschaftswissenschaftlichen Fachbereiches der Universität Münster verfügbare Programm-Paket **SPSS for Windows 6.01** (Superior Performing Statistical Soft-

---

- Maßnahmenvariablen (Marketingbereich)
- Verhaltensvariablen (Franchisenehmer)
- Interne Situationsvariablen (System+FN)

- Führungsvariablen
- Erfolgsvariablen

[175] Vgl. zum kontingenztheoretischen Bezugsrahmen Kapitel A 5, insbesondere Abbildung 6.

[176] Auf Ratingskalen erhobene Daten werden in der empirischen Forschung zumeist unter der Annahme einer vorliegenden Intervallskalierung verarbeitet. Solange aber die für intervallskalierte Daten notwendige Voraussetzung gleicher Skalenabstände unbestätigt ist, muß strenggenommen von lediglich ordinalskalierten Werten ausgegangen werden. In der vorliegenden Arbeit wird jedoch dem in der Literatur üblichen Vorgehen gefolgt und eine Intervallskalierung angenommen. Vgl. dazu auch *Meffert, H.*, Marketingforschung und Käuferverhalten, 2. Aufl., Wiesbaden 1992, S. 185; *Kroeber-Riel, W.*, Konsumentenverhalten, 5. Aufl., München 1992, S. 186; *Backhaus et al.*, Multivariate Analysemethoden, a.a.O., S. XIV f.

[177] Der Pretest wurde schwerpunktmäßig mit Führungskräften von 10 ausgewählten Franchisesystemen durchgeführt.

[178] Die Interviews wurden mit Vertretern des Deutschen Franchise-Verbandes, des Verbandes der Franchise-Nehmer, einer auf den Franchisebereich spezialisierten Unternehmensberatung sowie in vier Franchisesystemen geführt. Ein Überblick findet sich in Anhang 1 der Arbeit.

[179] Die Ergebnisse dieses Workshops liegen in dokumentierter Form vor. Vgl. *Meffert, H., Wagner, H., Backhaus, K. (Hrsg.)*, Führung von Franchise-Systemen, Dokumentationspapier Nr. 94 der Wissenschaftlichen Gesellschaft für Marketing und Unternehmensführung e.V., Münster 1995.

ware) zur Anwendung. Die Analyse der fast ausschließlich metrisch skalierten Daten erfolgt unter Rückgriff auf verschiedene uni-, bi- und multivariate statistische Verfahren. Zur Prüfung des Modells der innengerichteten Systemführung und der Identifikation und Analyse von Führungstypen im vorliegenden B-Kapitel wird auf das der Kausalanalyse zuzurechnende Verfahren der konfirmatorischen Faktorenanalyse, die Clusteranalyse sowie die Diskriminanzanalyse zurückgegriffen.[180] Die Untersuchung der Einflußfaktoren sowie der Verhaltens- und Erfolgswirkungen der Führung in Kapitel C erfolgt unter Einsatz varianz- und kontingenzanalytischer Verfahren, der Clusteranalyse, konfirmatorischer und explorativer Faktorenanalysen sowie anhand des LISREL-Ansatzes der Kausalanalyse.[181]

Für die Überprüfung des Modells der innengerichteten Systemführung besitzt die konfirmatorische Faktorenanalyse als strukturen-prüfendes Verfahren eine hohe Eignung. Das Verfahren ermöglicht die Prüfung auf Basis theoretischer Überlegungen abgeleiteter Hypothesen über die Anzahl von Faktoren (Führungsdimensionen) eines komplexen Konstrukts (innengerichtete Systemführung), die Beziehungen zwischen den Faktoren sowie die Beziehungen zwischen den Faktoren und ihren Indikatoren.[182] Gleichwohl ist die Modellstruktur der üblichen **konfirmatorischen Faktorenanalysen erster Ordnung** der Problemstellung, wie sie sich bei der Überprüfung des formulierten Führungsmodells stellt, nicht angemessen.

Wie die in der Abbildung 13 dargestellte **formale Modellstruktur** offenbart, liegt hierbei keine einfache Faktorenstruktur vor. Vielmehr existiert neben den Faktoren erster Ordnung (Führungsdimensionen) eine zweite, übergeordnete Faktorebene (innengerichtete Systemführung). Nur eine solche komplexere Modellstruktur ermöglicht die Ableitung von Aussagen über die relative Bedeutung der

---

[180] Vgl. ausführlich zu den einzelnen Prozeduren *Schubö, W. et al.*, SPSS: Handbuch der Programmversionen 4.0 und SPSS-X 3.0, Stuttgart, New York 1991, S. 282 ff.; *Brosius, G.*, SPSS/PC+ Advanced Statistics and Tables - Einführung und praktische Beispiele, Hamburg u.a. 1989, S. 97 ff.; *Backhaus et al.*, Multivariate Analysemethoden, a.a.O., S. 56 ff. Allgemeine Verfahrensdarstellungen finden sich bei *Meffert, H.*, Marketingforschung und Käuferverhalten, a.a.O., S. 252 ff. und *Fahrmeir, L., Häußler, W., Tutz, G.*, Diskriminanzanalyse, in: Multivariate statistische Verfahren, Fahrmeir, L., Hamerle, A. (Hrsg.), Berlin, New York 1984, S. 301 ff.

[181] Aufgrund des engeren Problembezuges soll eine Darstellung der zentralen theoretischen und anwendungsbezogenen Grundlagen dieser Verfahren - insbesondere des LISREL-Ansatzes - erst in Kapitel C 3.1 erfolgen.

[182] Vgl. *Backhaus et al.*, Multivariate Analysemethoden, a.a.O., S. 409 ff.

einzelnen Führungsdimensionen zur Erklärung des übergeordneten Konstrukts der innengerichteten Systemführung, wie sie durch die Hypothese H_{FT5} zum Ausdruck gebracht wird. Diese Modellstruktur entspricht dem Anwendungsfall der **konfirmatorischen Faktorenanalyse zweiter Ordnung**, durch die alle in der Abbildung 13 spezifizierten Parameter bestimmt werden können. Für Faktorenanalysen zweiter Ordnung bestehen in der Literatur bislang erst wenige dokumentierte Anwendungen[183], so daß eine komprimierte Darstellung der modelltheoretischen Grundlagen und der zu verwendenden Prüfkriterien an dieser Stelle sinnvoll erscheint.

Im Gegensatz zu vollständigen LISREL-Modellen, bei denen die exogenen und endogenen Konstrukte über faktoranalytische Meßmodelle und die Kausalbeziehungen zwischen exogenen und endogenen Konstrukten regressionsanalytisch in einem Strukturmodell bestimmt werden, liegen bei konfirmatorischen Faktorenanalysen zweiter Ordnung zwei sich **überlappende Meßmodelle** vor.

Die Faktoren erster Ordnung (η, Eta) werden faktoranalytisch durch manifeste, in einer Befragung direkt erhobene Variablen gemessen (erste Meßmodellebene). Diese Faktoren erster Ordnung dienen auf einer zweiten Meßmodellebene ihrerseits als Indikatoren des übergeordneten Faktors (ξ, Ksi). Die Faktorladungen γ zwischen den beiden Faktorebenen ermöglichen Aussagen darüber, welche Bedeutung einem Faktor erster Ordnung η für den übergeordneten Faktor ξ zukommt.[184]

Zur Beurteilung der **globalen Anpassungsgüte** von konfirmatorischen Faktorenanalysen höherer Ordnung können drei, auch bei vollständigen LISREL-

---

[183] Vgl. zu marketingspezifischen Anwendungen insbesondere *Bagozzi, R.P.*, A Field Investigation of the Causal Relations among Cognitions, Affect, Intentions, and Behavior, in: JoMR, Vol. 19 (1982), No. 3, S. 562 ff.; *Balderjahn, I.*, Strukturen sozialen Konsumentenbewußtseins, in: Marketing ZFP, 7. Jg. (1985), Nr. 4, S. 253 ff.; *Wahlers, R.G., Etzel, M.J.*, A Structural Examination of Two Optimal Simulation Level Measurement Models, in: Advances in Consumer Research, Goldberg, M.E. et al. (Hrsg.), Vol. 17, Provo, UT 1990, S. 415 ff.; *Fritz, W.*, Marktorientierte Unternehmensführung, a.a.O., S. 208 ff.; *Korte, Chr.*, Customer Satisfaction Measurement: Kundenzufriedenheitsmessung als Informationsgrundlage des Hersteller- und Handelsmarketing am Beispiel der Automobilwirtschaft, Frankfurt a.M. u.a. 1995, S. 198 ff.

[184] Damit liegt keine Kausalstruktur zwischen den Faktoren erster und zweiter Ordnung vor, sondern eine Meßstruktur. Vgl. *Fritz, W.*, Marktorientierte Unternehmensführung, a.a.O., S. 145 ff. Die weiterhin im Modell verwendeten ζ- und ε- Werte kennzeichnen die nicht erklärten Varianzanteile der Faktoren erster Ordnung sowie der Indikatoren y_i.

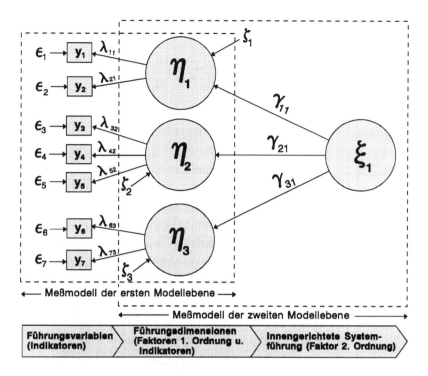

Abb. 13: Formale Modellstruktur der konfirmatorischen Faktorenanalyse 2. Ordnung

Modellen verwendete Fit-Maße verwendet werden.[185] Der „goodness of fit-Index" (GFI) sowie der „adjusted goodness of fit-Index" (AGFI), bei dem eine Anpassung des GFI um die Freiheitsgrade des Modells erfolgt, stellen Prüfgrößen für den durch eine Modellstruktur erklärten Anteil der Stichprobenvarianz dar. Beide Indices weisen einen Wertebereich zwischen null und eins auf, wobei Werte nahe eins einen sehr guten Fit anzeigen. Der „root mean square residual"-Index (RMR) gibt demgegenüber die durch ein Gesamtmodell nicht erklärte Restvarianz an. Hier deuten Werte nahe null auf eine hohe Anpassungsgüte des Modells hin.[186]

---

[185] Vgl. zu den einzelnen Fit-Maßen Backhaus et al., Multivariate Analysemethoden, a.a.O., S. 399 ff.; vgl. zur Übertragbarkeit der Fit-Maße auf konfirmatorische Faktorenanalysen höherer Ordnung Fritz, W., Marktorientierte Unternehmensführung, a.a.O., S. 147 ff. Vor der Parameterberechnung muß ferner die Identifizierbarkeit eines Modells überprüft werden. Dies geschieht üblicherweise anhand der Freiheitsgrade des Modells, die einen Wert größer null aufweisen müssen. Damit ist allerdings lediglich eine notwendige Bedingung der Identifizierbarkeit erfüllt. Vgl. Jöreskog, K.G., Sörbom, D., LISREL 7: A Guide to the Program and Applications, SPSS Inc. (Hrsg.), 2. Aufl., Chicago 1989, S. 16 ff.

[186] Ein viertes Beurteilungskriterium, der Chi Quadrat-Anpassungstest, wird im folgenden nicht verwendet, da in der Literatur Vorbehalte gegen dessen Eignung geäußert werden. Diese

Neben Kriterien zur globalen Beurteilung eines konfirmatorischen Modells existieren **Detailkriterien**, anhand derer die Anpassungsgüte von Teilstrukturen überprüft werden kann.[187] Die Verwendung derartiger Kriterien erweist sich als sinnvoll, da trotz einer zufriedenstellenden Globalanpassung von Modellstrukturen einzelne Modellkomponenten eine nur geringe Anpassungsgüte aufweisen können. Mit Blick auf die im Zusammenhang mit dem Führungsmodell zu testenden Hypothesen sollen mit dem „Total Coefficient of Determination" (TCD) und dem T-Test auf Signifikanz einzelner Parameter zwei Detailkriterien Verwendung finden.

Der über die Prozedur LISREL 7.20 standardmäßig auch für konfirmatorische Faktorenanalysen zweiter Ordnung berechnete TCD-Wert ermöglicht die Messung der **Reliabilität** bzw. Zuverlässigkeit des Meßmodells zweiter Ordnung. Im Führungsmodell entspricht dies dem Zusammenhang zwischen den Führungsdimensionen und dem Gesamtkonstrukt der innengerichteten Führung, wie er über die Basishypothese H_{FT4} zum Ausdruck kommt. Der TCD-Wert gibt den Anteil der Varianz und Kovarianz aller Faktoren erster Ordnung (Führungsdimensionen) an, der durch das Meßmodell zweiter Ordnung erklärt wird und weicht in seinem Erklärungsgehalt insofern gegenüber einer Verwendung zur Überprüfung vollständiger LISREL-Modelle ab.[188] Bei einem möglichen Wertebereich zwischen null und eins ist die Zuverlässigkeit des Meßmodells um so grösser, je mehr sich der TCD-Wert an eins annähert.

Bei der Beurteilung des Führungsmodells ist mit Blick auf die Basishypothesen H_{FT2} und H_{FT5} ferner die Frage relevant, ob von den einzelnen Führungsdimensionen signifikante Einflüsse auf das Gesamtkonstrukt der innengerichteten Systemführung ausgehen. Dazu stellt die Prozedeur LISREL 7.20 einen **Signifikanztest** zur Verfügung. Durch Division der vom Programm ermittelten Parameterwerte durch deren jeweilige Standardfehler ermittelt das Programm einen empirischen T-Wert, anhand dessen beurteilt werden kann, ob der ent-

---

betreffen insbesondere Verzerrungseffekte, die in Abhängigkeit von der Stichprobengröße und bei Abweichungen von der Normalverteilungsprämisse auftreten können. Vgl. *Jöreskog, K.G., Sörbom, D.*, LISREL 7: A Guide to the Program and Applications, a.a.O., S. 43.

[187] Vgl. zu einer ausführlichen Darstellung der Detailkriterien für vollständige LISREL-Modelle und deren Adaption für konfirmatorische Faktorenanalysen höherer Ordnung *Fritz, W.*, Marktorientierte Unternehmensführung, a.a.O., S. 128 ff.

[188] Vgl. *Jöreskog, K.G., Sörbom, D.*, LISREL 7: A Guide to the Program and Applications, a.a.O., S. 42; *Fritz, W.*, Marktorientierte Unternehmensführung, a.a.O., S. 148.

sprechende Parameter signifikant von null verschieden ist.[189] Damit stehen im Ergebnis **fünf Global- und Detailkriterien** für die Beurteilung einer empirischen Modellstruktur zur Verfügung.

2.2 Konfirmatorische Faktorenanalyse für das Modell der innengerichteten Systemführung

Zur Überprüfung des in Kapitel B 1 abgeleiteten Hypothesengerüsts werden die elf Führungsdimensionen und die insgesamt 33 zu deren Operationalisierung verwendeten Indikatorvariablen in die formale Modellstruktur einer konfirmatorischen Faktorenanalyse zweiter Ordnung überführt. Die notwendige Bedingung für die **Identifizierbarkeit** des Modells ist bei 491 Freiheitsgraden erfüllt. Für die Parameterschätzung wird das iterative Schätzverfahren der ungewichteten kleinsten Quadrate (ULS) eingesetzt.[190] Die Ergebnisse sind in der Abbildung 14 vollständig dokumentiert. Zusätzlich finden sich in der Tabelle 8 die für die nachfolgende Analyse ebenfalls benötigten Korrelationen zwischen den Führungsdimensionen.

Die globalen Fit-Maße zeigen mit Werten von 0,873 für den GFI-Index und 0,855 für den AGFI-Index zunächst eine angesichts der hohen Komplexität des Gesamtmodells **zufriedenstellende Anpassungsgüte** der Modellstruktur an. Mit einem RMR-Index von 0,089 bleibt zudem lediglich ein Varianz- und Kovarianzanteil von 8,9 Prozent der Stichprobe unerklärt. Die dem Führungsmodell zugrunde gelegte hierarchische Faktorenstruktur kann damit grundsätzlich bestätigt werden und ermöglicht insofern die Überprüfung der spezifizierten Basishypothesen anhand der Ausprägungen der Detailkriterien und der einzelnen Parameterwerte. Die mit der Hypothese H_{FT4} postulierte Eigenständigkeit der einzelnen Führungsdimensionen soll anhand von **zwei Prüfschritten** beurteilt werden.

---

[189] Backhaus et al. weisen darauf hin, daß signifikante Parameter grundsätzlich bei absoluten T-Werten größer als zwei anzunehmen sind; zudem ist aber auch eine präzise Angabe der Signifikanzniveaus für die einzelnen Parameter möglich. Vgl. *Backhaus et al.*, Multivariate Analysemethoden, a.a.O., S. 405 ff.

[190] LISREL stellt sowohl iterative als auch nicht-iterative Schätzverfahren zur Verfügung. Von den grundsätzlich leistungsfähigeren iterativen Verfahren wird das ULS-Verfahren gewählt, da es keine spezielle Verteilung der zugrunde gelegten Daten erfordert.

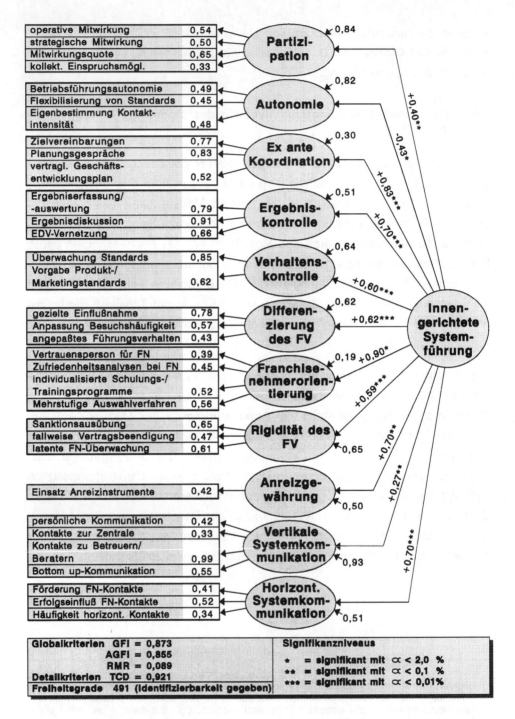

Abb. 14: Konfirmatorische Faktorenanalyse 2. Ordnung für das Modell der innengerichteten Systemführung

Eine Führungsdimension ist dann als eigenständig zu betrachten, wenn sie:

1. einen **signifikanten Einfluß** auf das Gesamtkonstrukt der innengerichteten Systemführung ausübt (**notwendige** Bedingung) und

2. sich von den übrigen Führungsdimensionen **eindeutig** unterscheidet, also keine hohen Korrelationen zu anderen Führungsdimensionen aufweist (**hinreichende** Bedingung).[191]

Mit dem ersten Prüfschritt können gleichzeitig die Basishypothesen H_{FT2} und H_{FT5} getestet werden, mit denen einerseits ein **komplexes Zusammenwirken** struktureller, technokratischer und personeller Führungsdimensionen und andererseits unterschiedliche **Bedeutungsgewichte** der einzelnen Führungsdimensionen für die innengerichtete Systemführung unterstellt werden. Derartige Bedeutungsunterschiede manifestieren sich in verschieden hohen Faktorladungen der einzelnen Führungsdimensionen auf das Gesamtkonstrukt der innengerichteten Systemführung.

Die Abbildung 14 verdeutlicht zunächst, daß alle elf theoretisch abgeleiteten Führungsdimensionen einen signifikanten Einfluß auf das Gesamtkonstrukt der Systemführung aufweisen. Sämtliche Faktorladungen sind bei einer Irrtumswahrscheinlichkeit von weniger als zwei Prozent von null verschieden. Die **notwendige Bedingung** für das Vorliegen jeweils eigenständiger Führungsdimensionen wird damit **vollständig erfüllt**.[192] Dieses Ergebnis ist vor allem hinsichtlich der vier Führungsdimensionen von Bedeutung, die in den analysierten Typologien des Führungsverhaltens nicht explizit berücksichtigt werden.[193] Deren Relevanz im Rahmen der innengerichteten Systemführung kann damit ebenfalls als empirisch bestätigt gelten. Mit Blick auf die Vorzeichen der Faktorladungen läßt sich für alle Führungsdimensionen mit Ausnahme der Autonomiedimension ein positiver Zusammenhang zur Systemführung feststellen.[194] Da mit steigender Autonomie ceteris paribus die Einflußnahme der Systemzentrale auf die Franchise-

---

[191] Die Unterscheidbarkeit hypothetischer Konstrukte in vollständigen LISREL-Modellen und konfirmatorischen Faktorenanalysen wird durch den Begriff der *Diskriminanzvalidität* erfaßt. Vgl. *Fritz, W.*, Marktorientierte Unternehmensführung, a.a.O., S. 137 ff.

[192] Für den Großteil der Führungsdimensionen ergeben sich Irrtumswahrscheinlichkeiten von weniger als 0,01 Prozent. Es handelt sich also um hochsignifikante Zusammenhänge.

[193] Dabei handelt es sich um die Führungsdimensionen: Differenzierung des Führungsverhaltens, Autonomie, vertikale Systemkommunikation und horizontale Systemkommunikation.

[194] Positive Zusammenhänge sind dahingehend zu deuten, daß z.B. durch eine intensivere Verhaltenskontrolle der Franchisenehmer auch die Intensität der Gesamtführung zunimmt.

nehmer sinkt, diese also weniger intensiv „geführt werden", spricht auch dieses Ergebnis für die Konsistenz des Gesamtmodells. Gleichzeitig kann die **Basishypothese H$_{FT2}$** bestätigt werden. Offensichtlich ist das reale Führungsverhalten durch ein komplexes, integratives Zusammenwirken struktureller, technokratischer und personeller Führungsdimensionen gekennzeichnet.[195]

Ein Vergleich der Faktorladungen offenbart ferner, daß die Einflußstärke auf die Systemführung zwischen den Führungsdimensionen deutlich variiert. Als **Schlüsseldimensionen** lassen sich die beiden Führungsdimensionen Ex ante-Koordination und Franchisenehmerorientierung identifizieren, die mit Werten von 0,83 und 0,90 die höchsten Ladungen auf das Konstrukt der innengerichteten Systemführung aufweisen. Zentrale Bedeutung für die Systemführung kommt darüber hinaus den Dimensionen Ergebniskontrolle, Anreizgewährung und der horizontalen Systemkommunikation zu, die jeweils mit Werten von 0,70 auf den Faktor zweiter Ordnung laden. Vergleichsweise geringe Bedeutung besitzen dagegen die beiden strukturellen Führungsdimensionen Partizipation und Autonomie mit Faktorladungen von 0,40 und -0,43.

Auch dieses Ergebnis ist plausibel, da mit den strukturellen Führungsdimensionen primär Rahmenbedingungen gesetzt werden, eine direkte, auf die Person eines Franchisenehmers gerichtete Verhaltensbeeinflussung aber nicht stattfindet. Angesichts dieser Befunde kann auch die Basishypothese H$_{FT5}$ angenommen werden; die Führungsdimensionen unterscheiden sich also signifikant in ihrem Stellenwert für die Systemführung.[196]

Zur Beurteilung der **Unterscheidbarkeit** der Führungsdimensionen als hinreichender Bedingung der Eigenständigkeit, sind die in der Tabelle 8 darge-

---

[195] Eine Ablehnung dieser Hypothese wäre dann notwendig, wenn z.B. die beiden strukturellen Führungsdimensionen keinen signifikanten Einfluß auf das Führungsverhalten besäßen, und sich die Systemführung damit schwerpunktmäßig auf technokratische und personelle Formen der Verhaltensbeeinflussung stützen würde.

[196] In diesem Zusammenhang ist auf die beträchtlichen Unterschiede der Residualvariablen ζ einzugehen, die den jeweils nicht erklärten Varianzanteil einer Führungsdimension erfassen. Offensichtlich gelingt bei der Mehrzahl der Führungsdimensionen eine gute oder sehr gute Operationalisierung; zu bemängeln ist hingegen die Operationalisierung der drei Dimensionen Autonomie, Partizipation und vertikale Kommunikation, bei denen weniger als 20 Prozent der Varianz der Dimensionen über die Meßindikatoren erfaßt wird. Hierin ist allerdings gleichzeitig ein Vorteil der LISREL-Prozedur zu sehen, denn das Verfahren macht derartige Unzulänglichkeiten in der Konstruktoperationalisierung transparent und offenbart damit Ansatzpunkte für die Identifikation verbesserter Indikatoren.

stellten Korrelationskoeffizienten zu betrachten.[197] Bei elf Führungsdimensionen ergeben sich insgesamt 55 Korrelationsbeziehungen. Hinsichtlich eines **Grenzwertes**, bei dem von unterscheidbaren Konstrukten bzw. Führungsdimensionen nicht mehr ausgegangen werden kann, besteht in der Literatur keine einhellige Meinung. Die Forschungspraxis sieht die Unterschiedlichkeit und damit Diskriminanzvalidität von Konstrukten bereits dann als gegeben an, wenn sie nicht vollständig miteinander korrelieren, somit also einen Korrelationskoeffizienten kleiner als eins aufweisen.[198]

Ein Blick in die Tabelle 8 verdeutlicht, daß keine an den Wert von eins nur annähernd heranreichenden Korrelationen zwischen den Führungsdimensionen bestehen. Die drei höchsten Korrelationskoeffizienten werden für die Beziehung von Rigidität und Differenzierung des Führungsverhaltens (r=0,60), Rigidität und Verhaltenskontrolle (r=0,70) sowie Ex ante-Koordination und Franchisenehmerorientierung (r=0,78) berechnet.[199] Alle übrigen 52 Korrelationskoeffizienten

---

[197] Im Gegensatz zur explorativen Faktorenanalyse, bei der orthogonale, also unabhängige Faktoren extrahiert werden, läßt die konfirmatorische Faktorenanalyse Beziehungen zwischen den theoretisch abgeleiteten Konstrukten ausdrücklich zu. Hierin ist einer der wesentlichen Vorzüge dieses Verfahrens zu sehen. Da die konfirmatorische Faktorenanalyse zweiter Ordnung aus vermutlich verfahrenstechnischen Gründen die Korrelationen jeweils streng proportional zur Höhe der Ladungen der Faktoren erster Ordnung auf den Faktor zweiter Ordnung berechnet, wurde für die Bestimmung der Korrelationskoeffizienten zwischen den Führungsdimensionen zusätzlich eine konfirmatorische Faktorenanalyse erster Ordnung durchgeführt, deren Ergebnisse der Tabelle 8 zugrunde liegen. Mit der Betrachtung von Korrelationen - statt β-Koeffizienten - wird dem Vorgehen von Fritz gefolgt, der auf eine Spezifikation der Beta-Matrix ebenfalls verzichtet und die Korrelationen zwischen den Faktoren erster Ordnung betrachtet. Vgl. *Fritz, W.*, Marktorientierte Unternehmensführung, a.a.O., S. 210 ff.

[198] Vgl. *Bagozzi, R.P.*, Causal Modeling: A General Method for Developing and Testing Theories in Consumer Research, in: Monroe, 1981, S. 197; *Hildebrandt, L.*, Kausalanalytische Validierung in der Marketingforschung, in: Marketing ZFP, 6. Jg. (1984), S. 47; *Balderjahn, I.*, Das umweltbewußte Konsumentenverhalten. Eine empirische Studie, Berlin 1986, S. 171.

[199] Bei der Ex ante-Koordination und Franchisenehmerorientierung handelt es sich um die zuvor identifizierten Schlüsseldimensionen, die den höchsten Stellenwert für die innengerichtete Systemführung besitzen. Ein kausaler Zusammenhang erscheint unwahrscheinlich, da eine ausgeprägte Franchisenehmerorientierung und damit ein unterstützendes und vertrauensbasiertes Führungsverhalten nicht gleichzeitig intensive Planungsaktivitäten mit den Franchisenehmern oder den Versuch, diese vertraglich zu steuern, bedingen dürfte (und vice versa). Es ist daher davon auszugehen, daß es sich um eine kausal nicht interpretierbare Korrelation handelt, deren Ausprägung allein aus den hohen Faktorladungen auf das Gesamtkonstrukt der Systemführung resultiert. Beide Führungsdimensionen korrelieren also deshalb so stark, weil es sich um die Schlüsseldimensionen der Führung handelt. Demgegenüber lassen sich die beiden übrigen Korrelationen jeweils kausal interpretieren. Hier dürfte sich ein rigides Führungsverhalten sowohl in intensiveren Verhaltenskontrollen als auch einer stärkeren Differenzierung der Führung niederschlagen. Vgl. zu den vier grundsätzlichen Möglichkeiten der Interpretation von Korrelationskoeffizienten *Backhaus et al.*, Multivariate Analysemethoden, a.a.O., S. 331 f.

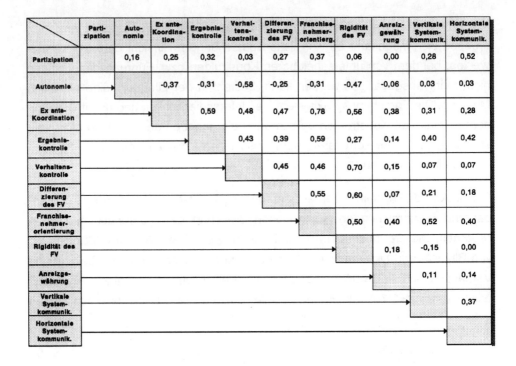

Tab. 8: Interkorrelationen der Führungsdimensionen

weisen absolute Werte auf, die unterhalb von 0,6 liegen. Das spezifizierte Führungsmodell kann daher, trotz der Nichtverfügbarkeit eindeutiger Beurteilungskriterien, als der Anforderung der **Diskriminanzvalidität** genügend angesehen werden.

Hinsichtlich der mit der Basishypothese H_{FT4} aufgestellten Eigenständigkeitsbehauptung für die elf Führungsdimensionen ist damit folgendes **Ergebnis** zu formulieren: Alle Führungsdimensionen besitzen einen statistisch signifikanten Stellenwert für die Systemführung und erfüllen damit die notwendige Bedingung der Eigenständigkeit. Die hinreichende Bedingung der Unterscheidbarkeit der Führungsdimensionen wird ebenfalls erfüllt. Mit Blick auf die durch die Basishypothese H_{FT4} weiterhin postulierte **vollständige Erfassung** der innengerichteten Führung durch die elf Führungsdimensionen ist schließlich der TCD-Index für das Meßmodell zweiter Ordnung heranzuziehen. Mit einem Wert von 0,921 zeigt dieser Index an, daß insgesamt 92,1 Prozent der Varianz und Kovarianz der Führungsdimensionen durch den Faktor zweiter Ordnung erklärt werden. Damit kann hier eine sehr gute Reliabilität des Meßmodells und damit ein äußerst enger Gesamtzusammenhang zwischen den Führungsdimensionen und dem Konstrukt der innengerichteten Systemführung festgestellt werden. Angesichts der die hierarchische Faktorenstruktur insgesamt bestätigenden globalen Fit-Maße, der Erfüllung der notwendigen und hinreichenden Eigenständigkeitsbedingungen der Führungsdimensionen und der hohen Reliabilität des Meßmodells zweiter Ordnung kann die zentrale Hypothese H_{FT4} damit in vollem Umfang bestätigt werden.

Insgesamt belegen die Global- und Detailkriterien, daß sich das aus theoretischen Überlegungen und der Gesamtsicht bestehender Führungstypologien abgeleitete Modell der innengerichteten Systemführung an der Realität bewährt. Mit der empirischen Bestätigung eines differenzierten Sets relevanter Führungsdimensionen ist das Fundament für die nachfolgende Bildung von Führungstypen gelegt.

2.3 Bildung und Analyse von Führungstypen in Franchisesystemen

2.31 Ermittlung der Anzahl unterschiedlicher Führungstypen

Als Führungstypen werden in der vorliegenden Arbeit durchgängige Muster der Verhaltensbeeinflussung bezeichnet, die sich in spezifischen Ausgestaltungsformen der elf Führungsdimensionen manifestieren.[200] Können in zwei Franchisesystemen identische Verhaltensmuster nachgewiesen werden, so realisieren sie einen identischen Führungstyp. Für die Bildung derartiger, in sich homogener, aber untereinander möglichst heterogener Gruppen von Objekten (Franchisesystemen) anhand diesen zugehöriger Merkmalsausprägungen (Führungsdimensionen) stellt die Clusteranalyse ein geeignetes statistisches Instrumentarium zur Verfügung.[201]

Von den vielfältigen, im Rahmen der Clusteranalyse verwendbaren Fusionierungs-Algorithmen soll nachfolgend auf das Ward-Verfahren zurückgegriffen werden.[202] Vergleichende Untersuchungen von Bergs sowie Backhaus et al.

---

[200] Vgl. dazu die Begriffsdefinition und -abgrenzung in Kap. A 3.

[201] Vgl. *Bleymüller, J.*, Multivariate Analyse für Wirtschaftswissenschaftler, Manuskript, Münster 1989, S. 163 ff.

[202] Die Fusionierungs-Algorithmen können in zwei Hauptgruppen unterteilt werden. *Hierarchische* Verfahren weisen einen kontinuierlichen Fusionierungsprozeß auf, in dem entweder - ausgehend von der feinsten Partition - die Objekte schrittweise zusammengefaßt werden, oder - ausgehend von der gröbsten Partition - die Gruppen schrittweise aufgeteilt werden. *Partitionierende* Verfahren gehen dagegen von einer bestimmten Gruppenstruktur aus und gruppieren die Objekte um, bis eine vorgegebene Zielfunktion ihr Optimum erreicht. Vgl. *Steinhausen, D.*,

haben gezeigt, daß dieses Verfahren besonders geeignet ist, die „wahren", das heißt in der Realität tatsächlich existierenden Gruppierungen zu identifizieren.[203] Allerdings kann der Fusionierungsprozeß bei Anwendung des Ward-Verfahrens durch sog. Ausreißer empfindlich gestört und die ermittelte Cluster-Lösung damit verfälscht werden.[204]

Daher soll ein zweistufiges Vorgehen gewählt werden: In einem ersten Schritt sind aus der Stichprobe von 192 befragten Franchisesystemen anhand des Single Linkage-Verfahrens, einem zur Ausreißerselektion besonders geeigneten Fusionierungs-Algorithmus, solche Systeme zu identifizieren und auszusondern, die ein völlig atypisches Führungsverhalten praktizieren, somit also gewissermaßen Individualtypen darstellen.[205] Auf dieser Basis kann dann nachfolgend das Ward-Verfahren eingesetzt werden, um in der um Individualtypen bereinigten Stichprobe systemübergreifende Führungstypen abzuleiten. Im Gegensatz zu den partitionierenden Verfahren der Clusteranalyse, in denen eine Vorgabe der zu bildenden Cluster-Anzahl erfolgen muß[206], nimmt das hierarchische Ward-Verfahren eine schrittweise Zusammenfassung von Objekten vor, bis letztlich die Objektgesamtheit in einem Cluster vereint ist. Die Clusteranzahl ist dann aus dem Verlauf des Fusionierungsprozesses zu ermitteln.[207] Dazu stellt das Ward-

---

Langer, K., Clusteranalyse: Einführung in Methoden und Verfahren der automatischen Klassifikation, Berlin, New York 1977, S. 69; *Backhaus et al.*, Multivariate Analysemethoden, a.a.O., S. 281.

[203] Vgl. *Bergs, S.*, Optimalität bei Clusteranalysen: Experimente zur Bewertung numerischer Klassifikationsverfahren, Diss., Münster 1980, S. 96 f.; *Backhaus et al.*, Multivariate Analysemethoden, a.a.O., S. 298 ff.

[204] Bei Ausreißern handelt es sich um solche Objekte, die im Vergleich zu allen anderen zu klassifizierenden Objekten stark abweichende Merkmalsausprägungen aufweisen und daher keiner Gruppe sinnvoll zugeordnet werden können. Beläßt man diese Objekte in der Stichprobe, kann dies die Gruppenbildung bei bestimmten Fusionierungs-Algorithmen, wie auch dem Ward-Verfahren, stark beeinträchtigen. Vgl. *Backhaus et al.*, Multivariate Analysemethoden, a.a.O., S. 297 ff.

[205] Beim Single Linkage-Verfahren werden jeweils diejenigen Objekte zusammengefaßt, die die größte Ähnlichkeit aufweisen. Das Verfahren neigt damit zur Kettenbildung, erlaubt aber gleichzeitig die Identifikation von Ausreißern, die erst am Ende des Fusionierungsprozesses den bis dahin gebildeten Gruppen zugeordnet werden. Vgl. *Steinhausen, D., Langer, K.*, Clusteranalyse: Einführung in Methoden und Verfahren der automatischen Klassifikation, a.a.O., S. 77 f.

[206] Die partitionierenden Verfahren verlangen insofern eine genaue Vorstellung darüber, wieviele Gruppen von Objekten in der Stichprobe existieren, da andernfalls eine sinnvolle Startpartition nicht vorgegeben werden kann.

[207] Auch insofern entspricht das Ward-Verfahren in besonderer Weise der Problemstellung der vorliegenden Arbeit. Denn angesichts der Vielzahl relevanter Führungsdimensionen und der für diese Dimensionen ermittelten Gestaltungsspielräume erscheint eine aus theoretischen

Verfahren mit dem Elbow-Kriterium eine heuristische Entscheidungshilfe zur Verfügung.[208]

Die Anwendung des Single Linkage-Verfahrens für die Stichprobe von 192 Franchisesystemen führt zur Identifikation von lediglich zehn Ausreißern. Offensichtlich realisieren damit lediglich fünf Prozent der befragten Franchisesysteme Individualtypen der Führung, die ausschließlich in dem entsprechenden System, nicht aber systemübergreifend nachweisbar sind.[209]

In die nachfolgende Clusterbildung nach dem Ward-Verfahren können damit 182 Systeme eingehen. Dabei ist zu berücksichtigen, daß die Gruppenbildung nicht auf der Basis der aggregierten Führungsdimensionen erfolgen kann, sondern auf die 33 Führungsvariablen als Indikatoren der Führungsdimensionen zurückgegriffen werden muß.[210] Tabelle 9 zeigt zunächst die absolute und prozentuale Entwicklung der Fehlerquadratsumme für die 10 letzten Stufen des Fusionierungsprozesses.

Überlegungen begründete Ableitung der zu erwartenden Anzahl von Führungstypen nicht möglich.

[208] Demnach ergibt sich die „richtige" Anzahl von Clustern bei derjenigen Fusionierungsstufe, bei der die Fehlerquadratsumme den stärksten Zuwachs verzeichnet. Die Gruppenbildung erfolgt beim Ward-Verfahren anhand der Fehlerquadratsumme (Varianzkriterium) als Heterogenitätsmaß. Dabei werden im Verlauf der Fusionierung jeweils diejenigen Objekte oder Gruppen zusammengefaßt, die die Fehlerquadratsumme und damit die Heterogenität innerhalb einer Gruppe am wenigsten erhöhen. Vgl. *Bergs, S.*, Optimalität bei Clusteranalysen: Experimente zur Bewertung numerischer Klassifikationsverfahren, a.a.O., S. 30 f.

[209] Da verbindliche Grenzwerte für das Vorliegen eines Ausreißers nicht existieren, werden alle Fälle selektiert, deren Zuordnung zu den bestehenden Gruppen im Dendrogramm des Single Linkage-Verfahrens bei Fehlerquadratsummen über 20 erfolgt. Dazu ist ergänzend anzumerken, daß in Dendrogrammen eine Normierung der Fehlerquadratsummen auf einer Skala von 0 bis 25 erfolgt.

[210] Im Gegensatz zur explorativen berechnet die konfirmatorische Faktorenanalyse keine Faktorwerte, die als Grundlage der Clusteranalyse dienen können. Das gewählte Vorgehen ist damit methodisch bedingt. Vgl. hierzu ausführlich *Wöllenstein, S.*, Betriebstypenprofilierung in vertraglichen Vertriebssystemen. Eine Analyse von Einflußfaktoren und Erfolgswirkungen auf der Grundlage eines Vertragshändlersystems im Automobilhandel, a.a.O. und die dort angegebene Literatur. Das damit evident werdende Problem der Einbeziehung korrelierter Merkmale (Führungsvariablen) in die Clusterbildung dürfte insofern weitgehend zu vernachlässigen sein, als zur Operationalisierung der Führungsdimensionen eine relativ konstante Zahl von Indikatoren Verwendung findet, so daß eine Gleichgewichtung der Ausgangsdaten erreicht wird. Zudem beinhaltet die Verwendung der Führungsvariablen für die Clusterbildung einen Vorteil hinsichtlich der späteren Clusterinterpretation, die auf Basis der Indikatoren leichter fällt als anhand der übergeordneten Führungsdimensionen.

Clusteranzahl (C_i)	Fehlerquadrat- summe (FQS)	prozentualer Anstieg der FQS (C_i auf C_{i-1})
⋮	5289,9	⋮
10	5406,3	2,20%
9	5524,1	2,18%
8	5643,9	2,17%
7	5771,1	2,25%
6	5920,2	2,58%
➤ 5	6070,8	2,54%
4	6254,8	3,03%
3	6492,2	3,79%
2	6755,7	4,06%
1	7687,8	13,80%

Tab. 9: Fusionierungsprozeß des Ward-Verfahrens und Bestimmung der Clusteranzahl

Dabei wird deutlich, daß mit Ausnahme des letzten Fusionierungsschrittes, bei dem aber verfahrensbedingt stets ein starker Anstieg der Fehlerquadratsumme besteht, die absoluten und relativen Zuwächse relativ stetig verlaufen. Allerdings liegen ab dem Übergang von der 5- zur 4-Cluster-Lösung die prozentualen Zuwächse der Fehlerquadratsumme jeweils im Bereich von drei bis vier Prozent, während sie zuvor jeweils zwischen 2,17 und 2,58 Prozent angesiedelt sind. Daher erscheint die Zugrundelegung einer 5-Cluster-Lösung sinnvoll.[211]

Die Tabelle 10 zeigt die 5-Cluster-Lösung im Überblick, wobei für jedes Cluster die jeweiligen Abweichungen der Führungsvariablen vom Gesamtmittelwert ausgewiesen sind.

---

[211] Im weiteren Verlauf der Untersuchung wird diese 5-Cluster-Lösung schrittweise in eine 3-Cluster-Lösung überführt, um Aussagen über jeweils verwandte Führungstypen abzuleiten. Die Wahl der 5-Cluster-Lösung begründet sich im übrigen nicht nur aus der Heranziehung des Elbow-Kriteriums, sondern auch aus der Analyse des Dendrogramms, in dem graphisch der gesamte Fusionierungsprozeß abgebildet ist. Die 5-Cluster-Lösung zeigt hier eine besonders homogene Struktur der Gruppenbildung. Eine kritische Auseinandersetzung mit dem Elbow-Kriterium, insbesondere seiner Eignung zur Identifikation der „richtigen" Clusteranzahl, findet sich bei *Bergs, S.*, Optimalität bei Clusteranalysen: Experimente zur Bewertung numerischer Klassifikationsverfahren, a.a.O., S. 92 ff.

Hervorzuheben ist zunächst die relativ homogene Clustergröße.[212] Während das Cluster I als größtes Cluster 27 Prozent der Franchisesysteme (absolut: 49 Systeme) vereinigt, gehören dem kleinsten Cluster III noch 16 Prozent der befragten Systeme (absolut: 29 Systeme) an. Weiterhin verdeutlichen die starken Mittelwertabweichungen, die sich bei der Mehrzahl der Führungsvariablen bzw. -dimensionen ergeben, daß offensichtlich deutliche Unterschiede zwischen den identifizierten Führungstypen bestehen. Die Führungstypen sollen nachfolgend zunächst einzeln beschrieben werden. Da die Clusteranalyse eine rein auf statistischen, nicht aber inhaltlichen Kriterien beruhende Gruppenbildung vornimmt, ist zusätzlich eine Prüfung der inneren Konsistenz der Typen vorzunehmen.[213]

---

[212] Eine ausgewogene Gruppengröße erweist sich für die weitere statistische Analyse als vorteilhaft. Bei nur kleinen Fallzahlen in einzelnen Gruppen können statistisch gehaltvolle Aussagen über die entsprechenden Gruppen nicht mehr getroffen werden.

[213] Vgl. dazu auch die Anforderungen an eine Typologie-Bildung in Kapitel B 1.1.

Führungs-dimension	Variablen / Ausprägungen strukturelle und technokratische Führungsvariablen	Abweichung der clusterbildenden Variablen im jeweiligen Cluster vom Gesamtmittelwert (n = 182)				
		Cluster I n=49 26,9%	Cluster II n=31 17,0%	Cluster III n=29 15,9%	Cluster IV n=31 17,0%	Cluster V n=42 23,1%
Partizipation	-operative Mitwirkung	0	+++	0	-	-
	-strategische Mitwirkung	0	++++	0	- -	-
	-Mitwirkungsquote	0	+++	0	- -	-
	-kollekt. Einspruchsmöglichkeit	0	+++	0	- -	0
Autonomie	-Betriebsführungsautonomie	-	0	0	+	+
	-Flexibilisierung von Standards	-	0	+++	-	0
	-Eigenbestimmung Kontaktintensität	-	+	-	0	+
Ex ante Koordination	-Zielvereinbarungen	++++	+++	- -	0	- - - -
	-Planungsgespräche	+++	++	0	0	- - - -
	-vertragl. Geschäftsentwicklungsplan	++++	0	- - - -	++	- - - -
Ergebnis-kontrolle	-Ergebniserfassung/-auswertung	+++	++	+++	- - -	- - - -
	-Ergebnisdiskussion	+++	++++	++	- - -	- - - -
	-EDV-Vernetzung	++++	++++	0	- - - -	- - - -
Verhaltens-kontrolle	-Überwachung Standards	+++	+	- - -	+	- - -
	-Vorgabe Produkt-/Marketingstandards	++	0	-	0	- -
Differenzierung des FV	-gezielte Einflußnahme	+	+	0	0	-
	-Anpassung Besuchshäufigkeit	0	+	0	-	-
	-angepaßtes Führungsverhalten	0	0	-	0	-
Abweichung der Cluster-Mittelwerte vom Gesamtmittelwert (n=182)	$\bar{x}_i$	0-0,20	0,21-0,40	0,41-0,60	0,61-0,80	>0,80
	positiv	0	+	++	+++	++++
	negativ	0	-	- -	- - -	- - - -

Tab. 10a: Clusterbildende Merkmale der ermittelten Führungstypen (Teil 1)

Führungs-dimension	Ausprägungen Variablen / personelle Führungsvariablen	Abweichung der clusterbildenden Variablen im jeweiligen Cluster vom Gesamtmittelwert (n = 182)				
		Cluster I n=49 26,9%	Cluster II n=31 17,0%	Cluster III n=29 15,9%	Cluster IV n=31 17,0%	Cluster V n=42 23,1%
Franchise-nehmerorientierung	- Vertrauensperson für FN	+++	+	-	0	---
	- Zufriedenheitsanalysen bei FN	+	++++	-	0	---
	- individualisierte Schulungs-/Trainingsprogramme	+	+++	0	-	----
	- Mehrstufige Auswahlverfahren	+++	++	-	-	----
Rigidität des FV	- Sanktionsausübung	++++	-	----	+++	---
	- fallweise Vertragsbeendigung	++	0	--	0	-
	- latente FN-Überwachung	++++	-	----	-	-
Anreizge-währung	- Einsatz Anreizinstrumente	+++	+	---	+	---
Vertikale System-kommunikation	- persönliche Kommunikation	-	0	+	+	-
	- Kontakte zur Zentrale	0	0	+	0	0
	- Kontakte zu Betreuern/Beratern	0	+	+	-	-
	- Bottom up-Kommunikation	0	+	+	0	--
Horizontale System-kommunikation	- Förderung FN-Kontakte	0	+	+	-	--
	- Erfolgseinfluß FN-Kontakte	0	+++	++	0	----
	- Häufigkeit horizontaler Kontakte	0	+	0	0	-

Abweichung der Cluster-Mittelwerte vom Gesamtmittelwert (n=182)	$\bar{x}_i$	|0-0,20|	|0,21-0,40|	|0,41-0,60|	|0,61-0,80|	>|0,80|
	positiv	0	+	++	+++	++++
	negativ	0	-	--	---	----

Tab. 10b: Clusterbildende Merkmale der ermittelten Führungstypen (Teil 2)

2.32 Beschreibung und Konsistenzprüfung der Führungstypen

2.321 Rigide-hierarchienah geführte Systeme

Der erste Führungstyp zeichnet sich durch eine sehr hohe, im Clustervergleich deutlich überdurchschnittliche Führungsintensität aus.[214] Hinsichtlich der strukturellen Führungsdimensionen lassen sich für die Partizipation und deren vier Indikatoren im Clustervergleich durchschnittliche Ausprägungen feststellen. Wie die in der Tabelle 11 erfaßten Clustermittelwerte der Indikatorvariablen verdeutlichen, wird mit einem Wert von 3,35 ein mittlerer Partizipationsgrad bei operativen Entscheidungen realisiert, während die Einbeziehung der Franchisenehmer in strategische Entscheidungen mit einem Absolutwert von 2,39 nur gering ausfällt. Im Systemvergleich ist dieser erste Führungstyp ferner durch die geringste Autonomie der Franchisenehmer gekennzeichnet. Gleichwohl besitzen die Franchisenehmer bei der betriebswirtschaftlichen Führung und Organisation ihrer Betriebe mit einem Clustermittelwert von 3,94 immer noch ausreichende Handlungsspielräume.[215] Dagegen werden Marketingstandards nur relativ selten gelockert.

Die auf eine enge Führung der Franchisenehmer hindeutende Ausgestaltung der strukturellen Führungsdimensionen findet ihre Entsprechung bei den technokratischen Formen der Verhaltensbeeinflussung. Die Systeme des ersten Führungstyps weisen die umfassendste Ex ante-Koordination auf. Absolutwerte von 4,24 und 4,29 offenbaren ausgeprägte gemeinsame Planungsaktivitäten und eine intensive Führung über Zielvereinbarungen mit den Franchisenehmern. Offensichtlich erhalten die Franchisenehmer in Systemen dieses Typs aber auch eine weitreichende betriebswirtschaftliche Unterstützung, wobei diese - angesichts der Absolutwerte der Führungsvariablen - schon wieder autonomiebeschränkende Wirkungen entfalten dürfte.[216]

---

[214] Unter dem Begriff *Führungsintensität* soll die Stärke der Einflußnahme der Systemzentrale auf die Franchisenehmer verstanden werden. Die Führungsintensität stellt damit auf die *quantitative, intensitätsmäßige* Komponente der Führung ab. Dagegen wird von der *qualitativen* Komponente, d.h. der Frage, über welche einzelnen Führungsdimensionen bzw. -instrumente die Verhaltensbeeinflussung erfolgt, bewußt abstrahiert.

[215] In diesem Ergebnis kommt wiederum der Status eines Franchisenehmers als selbständiger Unternehmer zum Ausdruck.

[216] Bei dieser Intensität von Koordinationsaktivitäten - dies zeigten auch die Expertengespräche - ist es notwendig, die Franchisenehmer regelmäßig in Gespräche mit Gebietsbetreuern einzubinden. Zumindest der subjektiv empfundene Handlungsspielraum der Franchisenehmer nimmt damit deutlich ab.

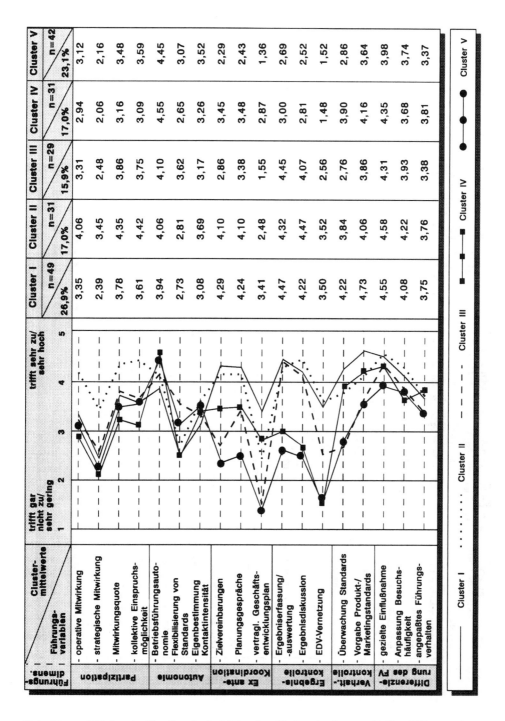

Tab. 11a: Mittelwerte für die clusterbildenden Merkmale der ermittelten Führungstypen (Teil 1)

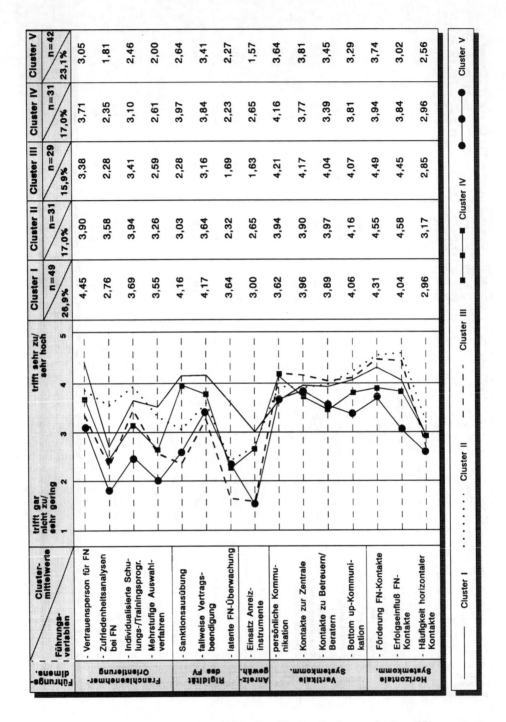

Tab. 11b: Mittelwerte für die clusterbildenden Merkmale der ermittelten Führungstypen (Teil 2)

Dies zeigt sich auch bei der Ergebnis- und Verhaltenskontrolle sowie der Differenzierung des Führungsverhaltens, für welche die Mehrzahl der Indikatoren Mittelwerte zwischen 4 und 5 aufweisen. Die Systemzentralen machen von ihren vertraglich eingeräumten Kontrollrechten insofern konsequent und umfassend Gebrauch.

Die hohe Führungsintensität äußert sich auch in den personellen Führungsdimensionen, wobei sich hier ein sehr interessantes Verhaltensmuster offenbart. Denn dieser Führungstyp zeichnet sich durch eine hohe Franchisenehmerorientierung aus[217], die aber gleichzeitig mit der stärksten Rigidität des Führungsverhaltens einhergeht. Offensichtlich erkennen die Systemzentralen die Bedeutung eines vertrauensfördernden, unterstützenden Führungsverhaltens, wobei jedoch ein Fehlverhalten der Franchisenehmer gleichzeitig rigoros geahndet wird.[218]

Die ausgeprägte Franchisenehmerorientierung scheint denn auch weniger Ausdruck einer partnerschaftlich-vertrauensbasierten Führungskultur zu sein, sondern ist vermutlich allein auf eine weitere Leistungssteigerung der Franchisenehmer gerichtet. Ein derartiges instrumentelles Verständnis der Franchisenehmerorientierung kommt auch in dem im Systemvergleich besonders intensiven Einsatz von Anreizsystemen zur Motivationssteigerung der Franchisenehmer zum Ausdruck.

In einer zusammenfassenden Würdigung kann für den ersten Führungstyp eine große Nähe zu solchen Formen des Führungsverhaltens festgestellt werden, wie sie in klassischen Filial- und Niederlassungssystemen zu vermuten sind. Offensichtlich nehmen die Systemzentralen ihre Führungsrolle konsequent wahr, wobei demokratisch-partnerschaftliche Elemente instrumentell in die Führung einfließen und nicht eine entsprechende Grundüberzeugung der Systemzentrale widerspiegeln. Die Ausprägungen der einzelnen Führungsdimensionen weisen keine offensichtlichen Widersprüche auf, so daß die Konsistenzbedingung als

---

[217] Besondere Bedeutung kommt dabei der Unterstützung der Franchisenehmer durch Vertrauenspersonen zu (Mittelwert: 4,45). Die mit einem Mittelwert von 2,76 nicht systematisch betriebenen Zufriedenheitserhebungen bei Franchisenehmern deuten dagegen auf das unten beschriebene Kulturdefizit hin.

[218] Kein anderer Führungstyp ist durch eine so intensive Nutzung von Sanktionsmechanismen und eine derart konsequente Vertragsauflösung im Falle unzureichender Leistungen der Franchisenehmer gekennzeichnet.

erfüllt angesehen werden kann. Für die weitere Untersuchung soll dieser Führungstyp als rigide-hierarchienah gekennzeichnet werden.[219]

2.322 Partnerschaftlich-interaktiv geführte Systeme

Dem zweiten Führungstyp gehören 17 Prozent der befragten Systeme an. Er zeigt ein den rigide-hierarchienah geführten Systemen nicht unähnliches Ausgestaltungsmuster der Führungsdimensionen; dennoch bestehen einige essentielle Unterschiede. Bei einer durchschnittlich ausgeprägten Autonomiegewährung läßt sich in den Systemen dieses Typs der mit Abstand höchste Partizipationsgrad nachweisen. Mit Absolutwerten von 4,06 bzw. 3,45 werden die Franchisenehmer umfassend in operative Entscheidungen einbezogen und besitzen auch im Bereich der strategischen Systementwicklung Vorschlags- und Mitsprachekompetenzen (vgl. Tab. 11-a). Gleichzeitig werden Entscheidungen nur in Ausnahmefällen gegen das kollektive Votum der Franchisenehmer durchgesetzt.[220]

Diesem stark demokratischen Führungselement steht, mit Blick auf die technokratischen Führungsdimensionen, ein im Vergleich zu den rigide-hierarchienah geführten Systemen selektiverer Einsatz des betriebswirtschaftlichen Instrumentariums zur Führung der Franchisenehmer gegenüber. So werden Planungsgespräche und Zielvereinbarungen als Instrumente der Ex ante-Koordination mit Absolutwerten von jeweils 4,10 gleichfalls intensiv - und deutlich überdurchschnittlich - genutzt. Demgegenüber besitzt die Führung über einen vertraglichen Geschäftsentwicklungsplan als Form der Ex ante-Koordination - mit der Möglichkeit zur Sanktionsausübung im Falle der Nichterreichung der vertraglich fixierten Zielwerte - bei einem Mittelwert von 2,48 nur geringe Bedeutung.

Hinsichtlich der beiden Kontrolldimensionen zeigt Tabelle 11-a beim zweiten Führungstyp eine interessante Konstellation. Während Ergebniskontrollen häufig und umfassend durchgeführt werden, weicht die Intensität von Verhaltenskontrollen deutlich nach unten ab. Dabei offenbart die Analyse der einzelnen Indikatorausprägungen, daß in den Franchisesystemen dieses Typs die mit Abstand intensivste Diskussion der Kontrollergebnisse mit den Franchiseneh-

---

[219] Mit Blick auf die analysierten Typologien der interorganisationalen Führung weist dieses Führungsverhalten eine hohe Ähnlichkeit zu dem von Martinek als Subordinations-Franchising bezeichneten Führungstyp bzw. der unilateral-hierarchischen Steuerung nach Heide auf.

[220] Hierauf deutet ein Clustermittelwert von 4,42 bei einer gleichzeitig sehr geringen Standardabweichung von 0,67 hin.

mern stattfindet.[221] Dies deutet darauf hin, daß Ergebniskontrollen einen sehr stark unterstützenden Charakter besitzen, d.h. mit den Franchisenehmern werden auf der Basis der Kontrollergebnisse Verbesserungsmaßnahmen für deren eigene Betriebsführung erarbeitet. Systeme des zweiten Führungstyps weisen zudem die stärkste Differenzierung des Führungsverhaltens auf.[222]

Korrespondierend mit diesem unterstützenden Einsatz der betriebswirtschaftlichen Systeme ist die Franchisenehmerorientierung ebenfalls deutlich überdurchschnittlich ausgeprägt. Bei Mittelwerten von 3,58 und 3,94 nehmen die Systemzentralen regelmäßige Zufriedenheitsanalysen ihrer Franchisenehmer vor und richten Schulungs- und Trainingsaktivitäten individuell auf die Stärken und Schwächen der einzelnen Franchisenehmer aus. Im Gegensatz zu den rigide-hierarchienah geführten Systemen geht beim zweiten Führungstyp die hohe Franchisenehmerorientierung aber mit einer unterdurchschnittlichen Rigidität des Führungsverhaltens einher. Vor allem negative Sanktionen werden dabei signifikant seltener ergriffen.[223] Gleichzeitig sind die vertikale und vor allem die horizontale Systemkommunikation deutlich höher ausgeprägt, was auf intensive soziale Kontakte hindeutet.

Die Systeme des zweiten Typs zeigen zusammenfassend ein ebenfalls konsistentes Führungsverhalten, das eindeutige Schwerpunktsetzungen bei einzelnen Führungsdimensionen aufweist.[224] Im Mittelpunkt steht dabei eine starke Partnerschaftsorientierung, verbunden mit unterstützenden und vertrauensbildenden Maßnahmen der Systemzentrale und einer intensiven Kommunikation zwischen den Systemmitgliedern. Im Ergebnis soll dieser Führungstyp daher als partnerschaftlich-interaktiv bezeichnet werden.

---

[221] Der entsprechende Mittelwert liegt hier bei 4,47 mit einer sehr geringen Streuungsbreite (Standardabweichung: 0,52).

[222] Insbesondere Bemühungen um eine gezielte Einflußnahme auf einzelne Franchisenehmer sind bei einem Mittelwert von 4,58 für diesen Führungstyp besonders intensiv ausgeprägt.

[223] Hier liegt der entsprechende Clustermittelwert bei 3,03, während er sich bei den rigide-hierarchienah geführten Systemen auf immerhin 4,16 beläuft.

[224] Hinsichtlich der analysierten Typologien der interorganisationalen Führung weist dieses Führungsverhalten ausgeprägte Ähnlichkeiten zu dem von Martinek als Partnerschafts-Franchising bezeichneten Führungstyp bzw. der bilateralen Steuerung nach Heide auf. In der Typologie Sydows bestehen ferner enge Bezüge des partnerschaftlich-interaktiven Führungsverhaltens zum eng-dezentrierten Führungstyp.

2.323 Liberal-vertrauensbasiert geführte Systeme

Das dritte Cluster vereint 15,9 Prozent der Franchisesysteme und stellt damit den am seltensten realisierten Führungstyp dar. Im Vergleich zu den beiden ersten Führungstypen wird bereits aus der Gesamtsicht der Führungsdimensionen in Tabelle 10 eine insgesamt geringere Führungsintensität deutlich. Bei einem durchschnittlichen Partizipationsgrad fällt hier besonders die mit einem Mittelwert von 3,62 ausgeprägte Flexibilisierung von Systemstandards auf, die den Franchisenehmern die im Clustervergleich größten Freiheiten bei der Ausgestaltung ihrer eigenen Unternehmenspolitik beläßt (vgl. Tab. 11-a).

Dementsprechend gering fällt auch die relative Bedeutung von Ex ante-Koordinationsaktivitäten aus.[225] Hervorzuheben ist zudem die mit einem Clustermittelwert von 2,76 im Typenvergleich geringste Intensität von Verhaltenskontrollen. Offensichtlich scheinen die Systemzentralen den Franchisenehmern ein hohes Maß an Vertrauen entgegenzubringen. Lediglich Ergebniskontrollen der Franchisenehmerbetriebe werden als für die Systemführung unverzichtbare Informationsbasis systematisch durchgeführt.

Franchisesysteme dieses Führungstyps weisen ferner intensive Kommunikationsaktivitäten auf, wobei die Systemzentralen besonders den horizontalen Erfahrungsaustausch zwischen den Franchisenehmern fördern. Gleichzeitig ist die Rigidität des Führungsverhaltens im Clustervergleich am niedrigsten ausgeprägt. Bei einem Mittelwert von 2,28 werden Sanktionsmaßnahmen gegen die Franchisenehmer nur in Ausnahmefällen ergriffen; auch eine Verweigerung von Vertragsverlängerungen bei unzureichenden Franchisenehmerleistungen erfolgt nur vergleichsweise selten (MW: 3,16). Die Franchisenehmerorientierung ist sowohl im Vergleich zu den rigide-hierarchienah geführten Systemen als auch zum partnerschaftlich-interaktiven Führungstyp signifikant niedriger ausgeprägt.

Betrachtet man die Gesamtkonstellation der Führungsdimensionen für diesen Führungstyp, dann deutet diese auf ein liberales Führungsverhalten hin, in dessen Zentrum nicht enge, auf einer intensiven Unterstützung basierende Beziehungen zu den Franchisenehmern stehen, sondern deren eigenständige

---

[225] So ist die Steuerung der Franchisenehmerbetriebe durch einen vertraglichen Geschäftsentwicklungsplan mit einem Mittelwert von 1,55 bei diesem Führungstyp nahezu bedeutungslos. Auch Zielvereinbarungen besitzen nur ein vergleichsweise geringes Gewicht (Mittelwert: 2,86).

unternehmerische Entfaltung.[226] Dieses, damit ebenfalls konsistent erscheinende Verhaltensmuster soll zusammenfassend als liberal-vertrauensbasierter Führungstyp bezeichnet werden.

2.324 Autoritär-minimalistisch geführte Systeme

Der vierte Führungstyp, der von 17 Prozent der befragten Systeme praktiziert wird, umfaßt ein durch unterdurchschnittliche Ausprägungen der meisten Führungsdimensionen gekennzeichnetes Führungsverhalten. Auffallend ist hier zunächst der im Clustervergleich niedrigste Partizipationsgrad der Franchisenehmer im operativen und strategischen Bereich.[227] Gleichzeitig werden Entscheidungen von der Systemzentrale durchaus auch gegen das Votum der Franchisenehmer durchgesetzt, was auf ein eher autoritäres Führungsverhalten hindeutet.

Die technokratischen Führungsdimensionen offenbaren eine relativ geringe Führungsintensität, vor allem aber eine nur auf das nötigste begrenzte betriebswirtschaftliche Unterstützung der Franchisenehmer. Ergebniskontrollen werden im Vergleich zu den drei bislang dargestellten Führungstypen signifikant seltener durchgeführt, wobei insbesondere die aus Sicht der Franchisenehmer wichtige Diskussion der Ergebnisse bei einem Clustermittelwert von 2,81 nicht systematisch erfolgt.[228] Demgegenüber werden Verhaltenskontrollen der Franchisenehmer wesentlich intensiver betrieben.

Ex ante-Koordinationsaktivitäten dagegen werden auf mittlerem Niveau durchgeführt. Bemerkenswert ist hier die im Systemvergleich sehr häufig anzutreffende Koordination über einen vertraglichen Geschäftsentwicklungsplan. Im Vergleich zur persönlichen Koordination in Form von Planungsgesprächen und Zielvereinbarungen erfordert dieses Instrument einerseits ein Minimum an Betreuungsleistungen und bietet andererseits für die Zentrale die Möglichkeit, bei

---

[226] Darauf deutet auch der mit einem Clustermittelwert von 1,63 nur sehr geringe Einsatz von Anreizinstrumenten zur Motivation der Franchisenehmer hin. Mit Blick auf die analysierten Typologien läßt dieser Führungstyp die engste Verwandtschaft mit dem lose-dezentrierten Führungstyp von Sydow vermuten, während in den Typologien von Martinek und Heide entsprechende Führungstypen nicht bestehen. In der Typologie von Grossekettler entspricht der liberal-vertrauensbasierte Führungstyp dagegen am ehesten einer durch einen geringen Zentralisations- und Bindungsgrad gekennzeichneten Führung.

[227] So wird für die operative (strategische) Mitwirkung ein Clustermittelwert von 2,94 (2,06) ausgewiesen.

[228] Bei den drei bislang beschriebenen Führungstypen lagen die Mittelwerte dieser Führungsvariable zwischen 4,22 und 4,47. Vgl. dazu die Tabelle 11-a.

Nichterreichung von vertraglich fixierten Zielen rigoros Sanktionen zu ergreifen. Es ist insofern nur als konsistent zu betrachten, wenn der Einsatz von Sanktionsmechanismen bei einem Mittelwert von 3,97 in Systemen dieses Führungstyps sehr intensiv betrieben wird und die Franchisenehmerorientierung eine unterdurchschnittliche Ausprägung aufweist.

Zusammenfassend liegt hier ein Führungsverhalten vor, bei dem die Franchisenehmer vermutlich nicht als Systempartner, sondern vielmehr als „Erfüllungsgehilfen" der Systemzentrale betrachtet werden. Bei einer unterentwickelten betriebswirtschaftlichen Unterstützung und einer nur sehr geringen Einbeziehung der Franchisenehmer in systembezogene Entscheidungen werden unzureichende Leistungen einzelner Franchisenehmer konsequent bestraft.[229] Dieser Führungstyp kann daher als autoritär-minimalistisch gekennzeichnet werden.[230]

2.325 Führungsaverse Systeme

Der fünfte Führungstyp, dem mit 23,1 Prozent nahezu ein Viertel der befragten Systeme zuzurechnen ist, weist im Clustervergleich bei allen Führungsdimensionen mit Ausnahme der Autonomiegewährung unterdurchschnittliche oder sogar stark unterdurchschnittliche Ausprägungen auf (vgl. Tab. 10). Mit Blick auf die strukturellen Führungsdimensionen besitzen die Franchisenehmer einerseits recht ausgeprägte Handlungsspielräume, partizipieren andererseits aber nur unterdurchschnittlich an systembezogenen Entscheidungen.[231]

Bei den technokratischen Führungsdimensionen zeigt sich eine nur sehr geringe Führungsintensität der Systemzentrale. So ist die Ex ante-Koordination als eine der beiden als zentral ermittelten Führungsdimensionen stark unterdurchschnittlich ausgeprägt. Betrachtet man die in der Tabelle 11 abgetragenen Mittelwerte für die Indikatorvariablen der Führungsdimensionen, dann wird deutlich, daß eine Verhaltensbeeinflussung der Franchisenehmer über Zielvereinbarungen oder

---

[229] Auch dieser Führungstyp weist Ähnlichkeiten zu dem von Martinek als Subordinations-Franchising bzw. von Heide als unilateral-hierarchische Führung bezeichneten Führungsverhalten auf. In der Terminologie von Kümpers liegt ein Führungstyp vor, der durch eine Dominanz der Aufgaben- über die Interaktionsorientierung gekennzeichnet ist.

[230] Der Terminus „minimalistisch" wird aufgrund der nur sehr geringen Intensität betriebswirtschaftlicher Unterstützungsleistungen verwendet.

[231] Dabei besteht mit einem Wert von 3,12 ein mittlerer Partizipationsgrad bei operativen und ein mit einem Mittelwert von 2,16 nur geringer Partizipationsgrad bei strategischen Entscheidungen.

Planungsgespräche bei diesem Führungstyp allenfalls sporadisch, nicht aber systematisch erfolgt.[232] Auch Ergebniskontrollen werden mit nur sehr geringer Intensität betrieben, d.h. die Systemzentralen nutzen die ihnen vertraglich zustehenden Rechte kaum, nehmen damit aber auch ihre Führerrolle nur ungenügend wahr. Dies gilt gleichermaßen für Verhaltenskontrollen, die im Clustervergleich ebenfalls deutlich seltener durchgeführt werden.

Die geringe instrumentelle Führungsintensität findet ihre Entsprechung auch bei den personellen Führungsdimensionen. Die Franchisenehmerorientierung als ebenfalls zentrale Führungsdimension ist nur sehr gering ausgeprägt. Während die Franchisenehmer bei einem Mittelwert von 3,05 zumindest noch eine grundlegende Betreuung durch Vertrauenspersonen erfahren, sind die übrigen Verhaltensweisen im Rahmen der Franchisenehmerorientierung wiederum nur sehr schwach entwickelt. Bemerkenswert ist, daß gleichzeitig auch die Rigidität des Führungsverhaltens und hier insbesondere die fallweise Ausübung von Sanktionen ein nur geringes Niveau aufweisen. Offensichtlich verhalten sich die Systeme dieses Typs weder besonders franchisenehmerfreundlich, noch setzen die Systemzentralen ihre vertraglich legitimierte Führerschaft konsequent um.

Im Ergebnis läßt sich für diesen Führungstyp ein spezifisches Verhaltensmuster, über das die zielgerichtete Beeinflussung der Franchisenehmer erfolgt, nicht feststellen. Vielmehr scheint eine systematische Verhaltensbeeinflussung der Franchisenehmer weitgehend zu unterbleiben.[233] Andernfalls müßten - wie für die anderen Führungstypen - bestimmte Schwerpunktsetzungen bei den Führungsdimensionen identifizierbar sein. Insofern erfüllt aber auch dieser Führungstyp die Konsistenzbedingung, denn es ergeben sich zwar betriebswirtschaftlich wenig sinnvoll erscheinende, indes nicht in sich widersprüchliche Ausgestaltungsformen der Führungsdimensionen. Fraglich erscheint allerdings, ob und ggf. wie Systeme dauerhaft am Markt bestehen können, bei denen zentrale Führungsdimensionen wie die Partizipation, die betriebswirtschaftliche Unter-

---

[232] Der Clustermittelwert für Planungsgespräche beläuft sich auf 2,43, für Zielvereinbarungen sogar nur auf 2,29.

[233] Insgesamt erinnert dieser Führungstyp damit an den im Rahmen der Typologien der interpersonellen Führung beschriebenen laissez faire-Führungsstil, bei dem ebenfalls eine systematische Beeinflussung von Mitarbeitern durch ihren Vorgesetzten unterbleibt. Diese werden damit de facto nicht „geführt". In den Typologien der interorganisationalen Führung entspricht das führungsaverse Verhalten dagegen am ehesten einem durch eine gleichermaßen geringe Aufgaben- und Interaktionsorientierung gekennzeichneten (nach Kümpers) bzw. einem lose-zentrierten Führungstyp (nach Sydow).

stützung, die Systemkommunikation und die Franchisenehmerorientierung stark unterdurchschnittlich entwickelt sind. Nachfolgend sollen Systeme dieses Typs als führungsavers bezeichnet werden.

2.33 Diskriminanzanalytische Überprüfung der Clusterlösung und Ermittlung der zur Typendifferenzierung zentralen Führungsdimensionen

Die Analyse der fünf identifizierten Führungstypen offenbart ausgeprägte Unterschiede im Führungsverhalten, die sich in spezifischen Ausprägungsformen der Führungsdimensionen manifestieren. Um die Unterschiedlichkeit der Führungstypen einerseits statistisch abzusichern und andererseits die für die Differenzierung der Typen wichtigsten Führungsvariablen und -dimensionen zu identifizieren, kann auf das Verfahren der **Diskriminanzanalyse** zurückgegriffen werden.[234]

Die Diskriminanzanalyse führt im vorliegenden Fall zur Bestimmung von **vier signifikanten Diskriminanzfunktionen**.[235] Anhand dieser Diskriminanzfunktionen können die 182 in der Stichprobe befindlichen Franchisesysteme klassifiziert, d.h. ihre Zugehörigkeit zu den fünf Führungstypen geschätzt werden. Diese anhand der Diskriminanzfunktionen geschätzte Typenzugehörigkeit ist in einem zweiten Schritt der tatsächlichen, im Rahmen der Clusteranalyse generierten Zuordnung gegenüberzustellen. Der Übereinstimmungsgrad von geschätzter und tatsächlicher Gruppenzugehörigkeit signalisiert dann die Trennschärfe zwischen den identifizierten Führungstypen.[236]

In der Tabelle 12 ist die **Klassifikationsmatrix** für die Führungstypen dargestellt. Mit einem Anteil korrekter Klassifizierungen von 91,76 Prozent wird ein sehr gutes Klassifikationsergebnis erzielt. Nennenswerte Fehlzuordnungen bestehen

---

[234] Die Diskriminanzanalyse gehört zu den strukturen-prüfenden multivariaten Verfahren. Wesentlicher Einsatzzweck ist die Analyse von Gruppenunterschieden. Das Verfahren bietet sich insofern zur Validierung der Ergebnisse von Cluster-Analysen an. Vgl. *Meffert, H.*, Marketingforschung und Käuferverhalten, a.a.O., S. 292 f.; *Fahrmeir, L., Häußler, W., Tutz, G.*, Diskriminanzanalyse, a.a.O., S. 301 f.; *Backhaus et al.*, Multivariate Analysemethoden, a.a.O., S. 91 f.

[235] Dabei erklären die beiden ersten Funktionen bereits 85,28 Prozent der Varianz zwischen den Führungstypen.Vgl. dazu das SPSS-Listing der Diskriminanzanalyse im Anhang der Arbeit. Eine ausführliche Darstellung der Methodik der Diskriminanzanalyse sowie der zur Verfügung stehenden Gütemaße findet sich bei *Brosius, G.*, SPSS/PC+ Advanced Statistics and Tables - Einführung und praktische Beispiele, a.a.O., S. 106-113 und *Backhaus et al.*, Multivariate Analysemethoden, a.a.O., S. 90-163.

[236] Vgl. *Backhaus et al.*, Multivariate Analysemethoden, a.a.O., S. 115 f.

Geschätzte Cluster-zugehörigkeit auf Basis der Diskriminanzanalyse / tatsächliche Cluster-zugehörigkeit gemäß Clusteranalyse	Cluster I Rigide-hierarchie-nah geführte Systeme n=52	Cluster II Partnerschaftlich-interaktiv geführte Systeme n=26	Cluster III Liberal-ver-trauensbasiert geführte Systeme n=32	Cluster IV Autoritär-minimalistisch geführte Systeme n=33	Cluster V Führungs-averse Systeme n=39
Cluster I — Rigide-hierarchienah geführte Systeme (n=49)	n=47 / 95,9%	n=1 / 2,0%	0 / 0%	n=1 / 2,0%	0 / 0%
Cluster II — Partnerschaftlich-interaktiv geführte Systeme (n=31)	n=4 / 12,9%	n=25 / 80,6%	n=1 / 3,2%	n=1 / 3,2%	0 / 0%
Cluster III — Liberal-vertrauensbasiert geführte Systeme (n=29)	0 / 0%	0 / 0%	n=27 / 93,1%	n=1 / 3,4%	n=1 / 3,4%
Cluster IV — Autoritär-minimalistisch geführte Systeme (n=31)	n=1 / 3,2%	0 / 0%	0 / 0%	n=30 / 96,8%	0 / 0%
Cluster V — Führungsaverse Systeme (n=42)	0 / 0%	0 / 0%	n=4 / 9,5%	0 / 0%	n=38 / 90,5%

Anteil korrekt klassifizierter Fälle = 91,76%

Tab. 12: Klassifikationsmatrix der diskriminanzanalytischen Untersuchung der Führungstypen

hen lediglich bei den partnerschaftlich-interaktiv geführten Systemen. Hier werden allein vier Systeme dem rigide-hierarchienahen Führungstyp zugeordnet.[237] Bei den vier übrigen Führungstypen liegt der Anteil der Fehlzuordnungen dagegen jeweils unter zehn Prozent, so daß eine hohe Trennschärfe zwischen den Führungstypen zu konstatieren ist.[238]

---

[237] Die Verwandschaft beider Führungstypen zeigt sich auch bei einer *schrittweisen Agglomeration* der 5 Cluster-Lösung. Bei einer 4 Cluster-Lösung werden zunächst die Führungstypen I und II (rigide-hierarchienah geführte Systeme und partnerschaftlich-interaktiv geführte Systeme) zu einem Cluster zusammengefaßt. Reduziert man die 4 Cluster-Lösung weiter, dann erfolgt zusätzlich eine Zusammenfassung der Cluster IV und V (autoritär-minimalistisch geführte Systeme und führungsaverse Systeme), die damit ebenfalls eine enge Verwandtschaft aufweisen. Lediglich der dritte Führungstyp (liberal-vertrauensbasierte Systeme) bleibt im Rahmen der Cluster-Agglomeration vollständig erhalten. Die graphische Darstellung des Agglomerationsprozesses findet sich in Anhang 2 der Arbeit.

[238] Die Güte der Klassifikation muß stets im Vergleich zu einer zufälligen Zuordnung von Objekten beurteilt werden. Läßt man zur Vereinfachung die unterschiedlichen Clustergrößen unberücksichtigt - was angesichts deren Homogenität gerechtfertigt erscheint - dann ergibt sich bei fünf Gruppen eine Wahrscheinlichkeit von lediglich 20 Prozent für die korrekte Zuordnung eines Objekts (Franchisesystem) zu einer Gruppe (Führungstyp).

Im Ergebnis kann daher auch die **Basishypothese H$_{FT3}$** uneingeschränkt angenommen werden. Offensichtlich lassen sich in Franchisesystemen differenzierte, durch signifikant abweichende Ausgestaltungsmuster der strukturellen, technokratischen und personellen Führungsdimensionen gekennzeichnete Führungstypen unterscheiden. Damit zeigt sich gleichzeitig, daß das Führungsverhalten in Franchisesystemen über die in den Typologien des interpersonellen Führungsverhaltens abgeleiteten Führungsstile mit ihrer Beschränkung auf personelle Formen der Verhaltensbeeinflussung deutlich hinausgeht.[239] Insofern ist auch die **Basishypothese H$_{FT1}$** zu bestätigen. Es bedarf somit eigenständiger Typologien der interorganisationalen Führung.

Die bei der Kennzeichnung der einzelnen Führungstypen aufgezeigten und in der Tabelle 13 zusammengefaßten Parallelen der fünf empirisch ermittelten zu den in den analysierten Typologien abgeleiteten Führungstypen offenbaren ferner den besonderen Wert der empirischen Typologisierung. Die fünf **empirischen Führungstypen** erweisen sich aufgrund des Differenzierungsgrades des zugrunde gelegten Führungsmodells als ungleich komplexer und facettenreicher als die in den analysierten Typologien gebildeten **Idealtypen**. Diese Idealtypen vermögen daher die **Realtypen** der empirischen Führungstypologie nur partiell abzubilden, so daß de facto jeweils mehrere Idealtypen notwendig sind, um die Vielschichtigkeit des durch die Realtypen erfaßten, faktischen Führungsverhaltens in Franchisesystemen zu reproduzieren.

Nachdem damit die Unterschiedlichkeit der Führungstypen auch statistisch nachgewiesen ist, sollen schließlich die für die Diskriminierung der Typen zentralen Führungsvariablen und -dimensionen ermittelt werden. Dazu wird eine **schrittweise Diskriminanzanalyse** durchgeführt.[240]

---

[239] Dies gilt insbesondere für die technokratischen Führungsdimensionen, denen - wie unten noch nachzuweisen ist - zentrale Bedeutung für die Typenbildung zukommt. Diese Dimensionen werden aber nur rudimentär durch klassische Führungsstil-Typologien erfaßt.

[240] Im Gegensatz zur klassischen Diskriminanzanalyse werden dabei nicht alle Variablen simultan zur Diskriminierung der Gruppen herangezogen. Vielmehr erfolgt eine sukzessive Einbeziehung jeweils derjenigen Variablen, die ein bestimmtes Gütemaß optimieren und dabei signifikant zur Verbesserung der Diskriminanz zwischen den Gruppen beitragen. Dazu wurde auf Wilks´ Lambda zurückgegriffen. Dieses „inverse" Gütemaß erfaßt den Anteil von nicht erklärter Varianz zur Gesamtvarianz. Als maximales Signifikanzniveau für die Aufnahme einer Führungsvariablen wurde der Wert 0,025 (= 2,5 %), als minimales Signifikanzniveau für die abermalige Entfernung einer bereits aufgenommenen Führungsvariablen der Wert 0,05 (= 5,0 %) vorgegeben.

Bezüge zu analysierten Typologien / Führungstyp	Typologien des interpersonellen Führungsverhaltens		Typologien des interorganisationalen Führungsverhaltens				
	Tannenbaum/ Schmidt	OHIO-Studien + Fiedler	Kümpers	Grossekettler	Martinek	Heide	Sydow
Rigide-hierarchienah	• eher autoritäre Führung	• sehr hohe Aufgabenorientierung/eher mittlere Mitarbeiterorientierung	• sehr hohe Aufgabenorientierung/mittlere bis hohe Interaktionsorientierung	• eher hoher Zentralisations- und Bindungsgrad	• Subordinations-Franchising	• unilateral-hierarchische Lenkung/Steuerung	• eher eng zentrierter FT
Partnerschaftlich-Interaktiv	• kooperative Führung	• sehr hohe Aufgaben- und Mitarbeiterorientierung	• sehr hohe Interaktions- und Aufgabenorientierung	• keine direkte Entsprechung (tendenziell mittlerer Zentralisations- und Bindungsgrad)	• Partnerschafts-Franchising	• bilaterale Lenkung/Steuerung	• eng-dezentrierter FT
Liberal-vertrauensbasiert	• eher kooperative Führung	• jeweils mittlere Aufgaben- und Mitarbeiterorientierung	• jeweils mittlere Aufgaben- und Interaktionsorientierung	• geringer Zentralisations- und Bindungsgrad	• keine direkte Entsprechung (tendenziell eher Partnerschafts-Franchising)	• keine direkte Entsprechung (eher bilaterale Lenkung/Steuerung)	• lose-dezentrierter FT
Autoritär-minimalistisch	• autoritäre Führung	• Dominanz der Aufgabenorientierung	• Interaktionsorientierung wird von Aufgabenorientierung dominiert	• relativ hoher Zentralisations- und Bindungsgrad	• eher Subordinations-Franchising	• eher unilateral-hierarchische Lenkung/Steuerung	• eng bis lose zentrierter FT
Führungsavers	• keine Entsprechung	• laissez faire-Führungsstil (keine systematische Verhaltensbeeinflussung)	• sehr geringe Interaktions- und Aufgabenorientierung	• keine Entsprechung	• keine Entsprechung	• keine Entsprechung	• eher lose-zentrierter FT

Die grau unterlegten Felder kennzeichnen jeweils diejenigen Idealtypen innerhalb der analysierten Führungstypologien, die die höchste Ähnlichkeit zu den empirisch ermittelten Realtypen der Systemführung aufweisen.

Tab. 13: Bezüge der empirischen Führungstypen zu den analysierten Führungstypologien

Wie die Tabelle 14 verdeutlicht, führt diese im vorliegenden Fall zu einer deutlichen Reduzierung der Führungsvariablen. 14 von insgesamt 33 Variablen erweisen sich bei einem Signifikanzniveau von 2,5 Prozent als trennungswirksam zwischen den Führungstypen.[241] Die gesamte Diskriminanzwirkung einer Variablen, d.h. ihr Beitrag zur Trennung der Führungstypen, kann anhand des **mittleren Diskriminanzkoeffizienten** bestimmt werden.[242] Die als Prozentwerte berechneten Diskriminanzwirkungen der 14 diskriminierenden Führungsvariablen und ihre Zuordnung zu den einzelnen Führungsdimensionen sind ebenfalls in der Tabelle 14 erfaßt.

Als **wichtigste Trennkriterien** für Führungstypen in Franchisesystemen erweisen sich damit die Überwachung von Systemstandards (Diskriminanzwirkung: 10,92 %), die Ausübung von Sanktionen durch die Systemzentrale (Diskriminanzwirkung: 10,70 %), die Ex ante-Koordination über einen vertraglichen Geschäftsentwicklungsplan (Diskriminanzwirkung: 9,27 %) sowie die Diskussion der Resultate von Ergebniskontrollen mit den Franchisenehmern (Diskriminanzwirkung: 8,91 %). Allein diese vier Führungsvariablen vermögen **39,8 Prozent** der Unterschiede zwischen den Führungstypen zu erklären.

Ordnet man die einzelnen Führungsvariablen den entsprechenden Führungsdimensionen zu, dann zeigt sich die zentrale Bedeutung der **technokratischen** Führungsdimensionen für die Diskriminierung der Führungstypen. Die höchsten Diskriminierungsbeiträge liefern die Verhaltenskontrolle (gesamte Diskriminanzwirkung: 18,10 Prozent), die Ex ante-Koordination (gesamte Diskriminanzwirkung: 15,69 Prozent) sowie die Ergebniskontrolle (gesamte Diskriminanzwirkung: 15,54 Prozent). Diese drei technokratischen Führungsdimensionen besitzen damit einen Erklärungsanteil von **49,33 Prozent** für die Typentrennung, d.h. die Führungstypen unterscheiden sich am stärksten hinsichtlich dieser Dimensionen.

---

[241] Zur Validierung wurde anhand dieser 14 Variablen wiederum die Klassifikationsmatrix auf Basis vier signifikanter Diskriminanzfunktionen bestimmt. Dabei wurde mit 87,91 Prozent korrekt zugeordneter Franchisesysteme ein nur unwesentlich schlechteres Klassifikationsergebnis erzielt. Dies bedeutet aber, daß mit den übrigen 19 Führungsvariablen lediglich eine Verbesserung der Klassifikation um 3,85 Prozent möglich ist. Diese Variablen tragen damit nur marginal zur Trennung der Führungstypen bei. Die Klassifikationsmatrix findet sich in Anhang 2 der Arbeit.

[242] Der mittlere Diskriminanzkoeffizient errechnet sich durch Multiplikation der von SPSS automatisch berechneten standardisierten Diskriminanzkoeffizienten mit den Eigenwerten der Diskriminanzfunktionen. Vgl. *Backhaus et al.*, Multivariate Analysemethoden, a.a.O., S. 140 f.

Indikatorvariablen / Führungsvariablen [1]	Wilks' Lambda	mittlerer Diskriminanzkoeffizient	Diskriminanzwirkung in % [2]	Variablenrang	zugehörige Führungsdimension	Diskriminanzwirkung in % [3]	
Strategische Mitwirkung	0,1696	1,2315	6,69 %	7	Partizipation	6,69 %	13,14
Eigenbestimmung Kontaktintensität	0,0712	1,1872	6,45 %	9	Autonomie	6,45 %	
Zielvereinbarungen	0,0657	1,1802	6,42 %	10	Ex ante-Koordination	15,69 %	
Vertraglicher Geschäftsentwicklungsplan	0,2080	1,7050	9,27 %	3			49,33
Ergebnisdiskussion	0,5646	1,6398	8,91 %	4	Ergebniskontrolle	15,54 %	
EDV-Vernetzung	0,1236	1,2205	6,63 %	8			
Überwachung Standards	0,2595	2,0089	10,92 %	1	Verhaltenskontrolle	18,10 %	
Vorgabe Produkt-/Marketingstandards	0,0860	1,3208	7,18 %	6			
Vertrauensperson für FN	0,0609	0,9820	5,34 %	12	Franchisenehmerorientierung	11,28 %	
Zufriedenheitsanalysen bei FN	0,0962	1,0923	5,94 %	11			37,51
Sanktionsausübung	0,3432	1,9682	10,70 %	2	Rigidität des FV	14,22 %	
Latente FN-Überwachung	0,1082	0,6482	3,52 %	14			
Einsatz Anreizinstrumente	0,1426	1,3424	7,30 %	5	Anreizgewährung	7,30 %	
Erfolgseinfluß FN-Kontakte	0,0780	0,8666	4,71 %	13	Horizontale Systemkommunikation	4,71 %	
		18,3936	100 %				

1) reduzierte Variablenstruktur nach schrittweiser Diskriminanzanalyse
2) beschreibt den Anteil einer Führungsvariablen zur Klassifizierung der Fälle (Systeme)
3) beschreibt den rechnerischen Gesamtanteil einer Führungsdimension zur Klassifizierung der Fälle (nach schrittweiser Diskriminanzanalyse)

Tab. 14: Beiträge der Führungsdimensionen für die Diskriminierung der ermittelten Führungstypen

Demgegenüber belaufen sich die Erklärungbeiträge der **personellen** Führungsdimensionen auf insgesamt 37,51 Prozent und der **strukturellen** Führungsdimensionen auf lediglich 13,14 Prozent.[243] Von zwei Führungsdimensionen, der Differenzierung des Führungsverhaltens und der vertikalen Systemkommunikation gehen dagegen keine signifikanten Diskriminanzwirkungen aus. Offensichtlich handelt es sich hierbei um Führungsdimensionen, die in allen fünf Führungstypen relativ ähnliche Ausprägungen aufweisen.[244]

Damit kann schließlich auch die **Basishypothese H_{FT6}** bestätigt werden, denn die Führungsdimensionen liefern signifikant unterschiedliche Beiträge zur Diskriminierung der Führungstypen. Gleichzeitig unterstreicht die schrittweise Diskriminanzanalyse, daß die Streuungsbreite der Ausprägungsformen bei den einzelnen Führungsdimensionen deutlich variiert.[245] Offensichtlich werden die im Theorieteil abgeleiteten **Gestaltungsspielräume** der Führung von den Systemzentralen tatsächlich genutzt. Damit erlangt aber unmittelbar die Frage Relevanz, ob für einzelne Führungsdimensionen solche Ausprägungsformen realisiert werden, bei denen von rechts-, vertrags- und definitionskonform geführten Franchisesystemen nicht mehr auszugehen ist. Diese abschließende inhaltliche Analyse sowie eine für die Untersuchung der Einflußfaktoren sowie der Verhaltens- und Erfolgswirkungen der Führung notwendige Klassifizierung der Führungstypen nach der Intensität der Verhaltensbeeinflussung ist Gegenstand des folgenden Kapitels.

2.34 Zusammenfassende Würdigung der empirischen Führungstypen

Die für die Führungstypen ausgewiesenen Ausprägungsformen verschiedener Führungsvariablen und -dimensionen sind vor dem Hintergrund der rechtlichen, vertraglichen und definitorischen Kriterien kritisch zu beleuchten: Mit Blick auf die **strukturellen** Führungsdimensionen ist zunächst der sehr hohe **Partizipa-**

---

[243] Dieses Ergebnis ist konsistent zur Analyse der Gestaltungsspielräume der Führung in Kap. B 1.35. Hier sind für die beiden strukturellen Führungsdimensionen die geringsten Spielräume für die Systemzentrale diagnostiziert worden.

[244] Vgl. hierzu die Tabelle 10. Diese verdeutlicht, daß in der Tat für diese beiden Führungsdimensionen und die ihnen zugrunde liegenden Indikatoren nur geringe Mittelwertabweichungen zwischen den fünf Führungstypen bestehen, obwohl hier große Gestaltungsspielräume der Systemzentrale festgestellt worden sind.

[245] Je größer die Streuungsbreite einer Führungsdimension zwischen den Führungstypen ausgeprägt ist, desto höher ist grundsätzlich auch die Diskriminanzwirkung der entsprechenden Dimension. Eine in allen Führungstypen identisch ausgeprägte Führungsdimension liefert insofern auch keinerlei Erklärungsbeiträge für die Unterscheidung der Typen.

tionsgrad in den partnerschaftlich-interaktiv geführten Systemen zu hinterfragen. Angesichts der umfassenden Einbeziehung von Franchisenehmern z.T. auch in strategische Entscheidungen erscheint die von Martinek geäußerte Vermutung, wonach Franchisesysteme u. U. ihren vertikalen Charakter verlieren und Kartellqualität erlangen können, für diesen Führungstyp berechtigt.[246] Ohne dieses Problem an dieser Stelle weiter zu vertiefen, können negative wettbewerbsrechtliche Konsequenzen für die entsprechend geführten Systeme nicht vollständig ausgeschlossen werden.

Kritisch erscheint auch die starke **Flexibilisierung von Systemstandards**, wie sie in den liberal-vertrauensbasiert geführten Systemen vorgenommen wird. Diese erweist sich als nicht konform mit den marketingbezogenen Systemmerkmalen des Franchising. Statt eines einheitlichen Marktauftritts dürften diese Systeme eine relativ starke, zudem zentral nicht gesteuerte Differenzierung anstreben, die zwar wettbewerbsstrategisch sinnvoll und berechtigt sein kann, jedoch konstitutiven Merkmalen der nach herrschender Meinung bestehenden Franchisedefinition widerspricht.[247]

Hinsichtlich der **technokratischen** Führungsdimensionen ergeben sich **schwerwiegende Vorbehalte** gegen den fünften, als führungsavers gekennzeichneten Führungstyp. Die völlig unzureichenden Aktivitätsniveaus im Bereich der Ex ante-Koordination, der Ergebnis- und der Verhaltenskontrolle legen den Schluß nahe, daß die entsprechenden Systemzentralen ihre vertraglichen Pflichten gegenüber den Franchisenehmern ungenügend erfüllen und wahrscheinlich z.T. sogar explizit gegen Vertragsklauseln verstoßen. Weitere Indikatoren, wie die äußerst geringe Franchisenehmerorientierung als personelle Führungsdimension, stützen diese Vermutung. Dieses Ergebnis ist um so bemerkenswerter, als es sich mit einem Stichprobenanteil von 23,1 Prozent um den zweitgrößten Führungstyp handelt.[248]

---

[246] Vgl. hierzu die Ausführungen in Kapitel B 1.35.

[247] Angesichts dieser Ergebnisse erscheint es zweifelhaft, ob die im Einleitungskapitel herausgearbeitete, eng gefaßte Definition des Franchising, wie sie sich im deutschsprachigen Schrifttum durchgesetzt hat, als zweckmäßig betrachtet werden kann. Diese Diskussion soll indes nicht Gegenstand der vorliegenden Arbeit sein.

[248] Eine mögliche Erklärung für dieses Führungsverhalten kann darin gesehen werden, daß es sich bei diesen Systemen nicht um den modernen Typus des Business Format-Franchising handelt, sondern um ein sog. Waren- oder Vertriebsfranchising, bei dem den Franchisenehmern kein umfassendes Geschäftskonzept, sondern - einer Lizenzvergabe vergleichbar - lediglich das Recht zum Vertrieb bestimmter, vom Franchisegeber bezogener Waren einge-

Bezüglich der **personellen** Führungsdimensionen sind in Kapitel B 1.35 durchweg große Gestaltungsspielräume für die Systemzentralen festgestellt worden. Hier ergeben sich demgemäß nur zwei als kritisch zu kennzeichnende Ausprägungsformen von Führungsdimensionen, die jeweils die **Rigidität des Führungsverhaltens** betreffen. Zum einen erscheint fraglich, ob angesichts der stark unterdurchschnittlichen Rigidität in den liberal-vertrauensbasiert geführten Systemen, die im übrigen mit der zuvor angesprochenen Flexibilisierung von Systemstandards korrespondiert, die Führerschaft durch die Systemzentrale mit der notwendigen Konsequenz wahrgenommen wird. Hier könnte ein Widerspruch zu den **statusbezogenen** Systemmerkmalen, nämlich der Systemführerschaft durch den Franchisegeber, bestehen.

Der gegenteilige Fall liegt bei den rigide-hierarchienah geführten Systemen vor, in denen das Führungsverhalten durch eine ausgesprochen hohe Rigidität gekennzeichnet ist. Hier gilt es zu hinterfragen, ob in diesen Systemen nicht das **partnerschaftlich-kooperative Element** des Franchising, wie es durch die systembezogenen Definitionsmerkmale begründet wird, verletzt wird. Damit läge auch hier - allerdings mit Bezug auf nur eine Führungsdimension - ein nicht definitionskonformes Führungsverhalten vor.

Im **Ergebnis** ist damit für einen Führungstyp, das führungsaverse Verhalten, mit hinreichender Sicherheit ein nicht rechts-, vertrags- und definitionskonformes Führungsverhalten zu konstatieren. Abgesehen von Vertragsverstößen, die bei gerichtlichen Klagen von Franchisenehmern entsprechende juristische Konsequenzen nach sich ziehen können, sind die führungsaversen Systeme unter definitorischen Aspekten nur mit Vorbehalt als Franchisesysteme modernen Typs zu klassifizieren.[249] Die vier übrigen Führungstypen dagegen erweisen sich als weitgehend rechts-, vertrags- und definitionskonform. Probleme ergeben sich lediglich bei einzelnen Führungsdimensionen, ohne daß hieraus Bedenken gegen die Klassifizierung als Franchisesysteme ableitbar sind.

---

räumt wird. Vgl. zur kritischen Würdigung dieser historischen, unter dem modernen Franchise-Begriff nicht mehr erfaßten Erscheinungsform des Franchising die Ausführungen in Kap. A 2. Weitere Erklärungsbeiträge für die Herausbildung dieses Führungstyps liefert die Einflußfaktorenanalyse im Kapitel C.

[249] Vgl. zu verschiedenen Beispielen für derartige Systeme *Mühlhaus, K.*, Geld verdienen mit Franchising. Vor- und Nachteile der Partnerschaft in Franchise-Systemen, München 1989, S. 88 ff.

Betrachtet man die identifizierten Führungstypen im Überblick, dann wird ferner deutlich, daß nicht nur die Schwerpunktsetzungen bei den jeweils eingesetzten Führungsdimensionen variieren (qualitative Komponente), sondern auch die oben unter dem Terminus der **Führungsintensität** erfaßte quantitative bzw. intensitätsmäßige Komponente der Verhaltensbeeinflussung der Franchisenehmer durch die Systemzentrale (vgl. Abb. 15). Die stärkste Verhaltensbeeinflussung der Franchisenehmer liegt dabei zweifelsfrei in den rigide-hierarchienah sowie den partnerschaftlich-interaktiv geführten Systemen vor. Insbesondere die technokratischen Formen der Verhaltensbeeinflussung, aber auch die personellen Führungsdimensionen sind bei diesen beiden Führungstypen deutlich stärker ausgeprägt als bei den drei übrigen.

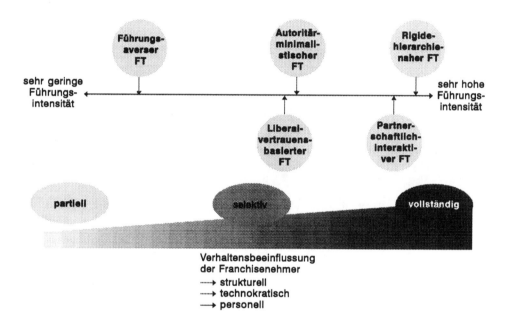

Abb. 15: **Klassifizierung der ermittelten Führungstypen nach der Intensität der Verhaltensbeeinflussung**

Die mit Abstand geringste Führungsintensität besteht demgegenüber bei dem an den laissez faire-Führungsstil der Mitarbeiterführung erinnernden führungsaversen Führungstyp. Mittlere Führungsintensitäten lassen sich schließlich für den liberal-vertrauensbasierten und den autoritär-minimalistischen Führungstyp diagnostizieren. Beiden Führungstypen liegt eine systematische Verhaltensbeeinflussung der Franchisenehmer zugrunde, indes ist diese im Vergleich zum rigide-hierarchienahen und partnerschaftlich-interaktiven Führungsverhalten **selektiver** ausgeprägt.

Damit sind nunmehr sämtliche, für die Überprüfung des Modells der innengerichteten Systemführung und die Bildung von Führungstypen notwendigen empirischen Analyseschritte abgeschlossen. Im folgenden Hauptkapitel sollen im Sinne des explikativen Teilziels der Arbeit Einflußfaktoren der innengerichteten Systemführung abgeleitet und mit Blick auf das praktisch-normative Untersuchungsziel Verhaltens- und Erfolgswirkungen der Führung untersucht werden.

C. Analyse der Einflußfaktoren und Erfolgswirkungen des Führungsverhaltens in Franchisesystemen auf Basis der empirischen Führungstypologie

In Analogie zum Vorgehen im vorausgegangenen B-Kapitel werden nachfolgend zunächst die relevanten **Einflußfaktoren** der innengerichteten Systemführung theoretisch abgeleitet und dabei Hypothesen als Grundlage der empirischen Analyse formuliert. Weiterhin sollen die **Wirkungen** des Führungsverhaltens der Systemzentrale einerseits auf zwei Schlüsseldimensionen des Franchisenehmerverhaltens und andererseits auf verschiedene Erfolgsdimensionen analysiert werden. Auch hierzu werden Hypothesen spezifiziert und in einen integrierten Bezugsrahmen zur Einflußfaktoren- und Wirkungsanalyse überführt. Daran schließt sich die empirische Hypothesenüberprüfung an.

1. Theoriegeleitete Analyse von Einflußfaktoren der innengerichteten Führung von Franchisesystemen

1.1 Systematisierung von Einflußfaktoren des Führungsverhaltens

In der Führungs- und Organisationstheorie besteht heute ein breiter Konsens darüber, daß eine Erklärung von Führungs- und Organisationsphänomenen nicht losgelöst von situativen Faktoren erfolgen kann.[1] Wenngleich der grundsätzliche Einfluß des situativen Kontextes auf die Ausgestaltung des Führungsverhaltens und die Organisationsstruktur einer Unternehmung als gesichert angesehen werden kann, herrscht bezüglich der Art und Anzahl relevanter situativer Faktoren Uneinigkeit.[2] In Anlehnung an Kieser und Kubicek kann zunächst zwischen **monovariaten** und **multivariaten Situationskonzepten** unterschie-

---

[1] Vgl. stellvertretend *Staehle, W.H.*, Management: Eine verhaltenswissenschaftliche Perspektive, a.a.O., S. 47; *Brose, P.*, Konzeption, Varianten und Perspektiven der Kontingenztheorie, a.a.O., S. 230; *Steinmann, H., Schreyögg, G.*, Management: Grundlagen der Unternehmensführung: Konzepte, Funktionen, Praxisfälle, a.a.O., S. 507 f. Aufgrund der in der vorliegenden Arbeit vorgenommenen aggregierten Betrachtung des Führungsphänomens erweisen sich die organisationstheoretischen Ansätze für die Ableitung von Einflußfaktoren und die Generierung von Hypothesen zur Ausgestaltung des Führungsverhaltens gegenüber den auf die interpersonelle Ebene beschränkten führungstheoretischen Ansätzen als besser geeignet. Vgl. zu dieser Einschätzung auch *Guiltinan, J.P., Rejab, I.B., Rodgers, W.C.*, Factors Influencing Coordination in a Franchise Channel, a.a.O., S. 47.

[2] Vgl. *Lehnert, S.*, Die Bedeutung von Kontingenzansätzen für das Strategische Management: Analyse und Realisationsmöglichkeiten des Strategischen Managements, a.a.O., S. 176 ff. Lehnert nimmt dabei einen Zusammenhang zwischen dem Detaillierungsgrad der Situationsbestimmung und dem praxeologischen Wert von Kontingenzaussagen in Form eines umgekehrt U-förmigen Verlaufs an.

den werden.³ Während in den monovariaten Ansätzen jeweils nur ein situativer Faktor als zentrale Einflußgröße herausgestellt wird⁴, begreifen die Vertreter der multivariaten Konzepte die Situation als ein mehrdimensionales Konstrukt. Die Wahl eines bestimmten Führungstyps kann im Sinne der Vertreter dieser Schule nur durch die Berücksichtigung mehrerer, sich in ihrer Wirkung ergänzender oder auch überlagernder situativer Einflußfaktoren erklärt werden.⁵

Angesichts der Komplexität der identifizierten Führungstypen erscheint es nicht realistisch, deren Existenz durch die isolierte Betrachtung eines als dominant angenommenen Einflußfaktors erklären zu wollen. Der vorliegenden Arbeit muß daher ein **mehrdimensionales Situations- und Einflußfaktorenkonzept** zugrunde gelegt werden. Dabei ist zwischen systeminternen und systemexternen Einflußfaktoren zu differenzieren, wobei letztere zusätzlich in Faktoren der globalen und der aufgabenspezifischen Umwelt zu unterteilen sind.⁶ Da die Faktoren der **globalen** Umwelt für alle Franchisesysteme gleichermaßen Relevanz besitzen und daher kein signifikanter Erklärungsbeitrag für die Entstehung differenzierter Führungstypen zu erwarten ist, werden diese nachfolgend nicht weiter berücksichtigt.⁷

Als zentrale Einflußfaktoren der **aufgabenspezifischen** Umwelt, die im Gegensatz zur globalen Umwelt systemindividuell ausgeprägt ist, sollen die Markt- und

---

[3] Vgl. hierzu und im folgenden *Kieser, A., Kubicek, H.*, Organisation, a.a.O., S. 191 ff.

[4] Die vier wichtigsten Ansätze gehen von einem jeweils dominanten Einfluß entweder der Organisationsgröße, der Organisationstechnologie, der Organisationsumwelt oder der Bedürfnisstruktur der Organisationsmitglieder aus.

[5] Kieser und Kubicek bezeichnen die Situation insofern auch als ein offenes Konzept, das in Abhängigkeit vom jeweiligen Forschungsziel konkret auszugestalten ist. Vgl. *Kieser, A., Kubicek, H.*, Organisation, a.a.O., S. 205.

[6] Vgl. *Meffert, H.*, Zur Bedeutung von Konkurrenzstrategien im Marketing, in: Marketing ZFP, 7. Jg. (1985), Nr. 1, S. 17; *Kieser, A., Kubicek, H.*, Organisation, a.a.O., S. 208 f. Achrol, Reve und Stern unterteilen in einem Beitrag mit speziellem Bezug zu vertikalen Marketingsystemen die Aufgabenumwelt zusätzlich in eine Aufgabenumwelt im engeren Sinne (primary task environment) und eine Aufgabenumwelt im weiteren Sinne (secondary task environment), wobei erstere lediglich die direkten Beschaffungs- und Absatzbeziehungen, letztere dagegen auch indirekte Beziehungen zu Zulieferern und Kunden sowie Wettbewerbsbeziehungen umfaßt. Dieser Unterscheidung soll im weiteren jedoch nicht gefolgt werden, da sie für die Einflußfaktorenanalyse keinen erkennbaren Fortschritt erbringt. Vgl. *Achrol R.S., Reve, T., Stern, L.W.*, The Environment of Marketing Channel Dyads: A Framework for Comparative Analysis, in: JoM, Vol. 47 (1983), No. 3, S. 57.

[7] Vgl. zu einem ähnlichen Vorgehen *Hoffmann, F., Kreder, M.*, Situationsabgestimmte Strukturform: Ein Erfolgspotential der Unternehmung, a.a.O., S. 461. Zu den positiven Auswirkungen der Veränderungen der globalen Umwelt - insbesondere der allgemeinen wirtschaftlichen, rechtlichen, politischen und gesellschaftlichen Rahmenbedingungen - auf das Franchising vgl. die einleitenden Ausführungen in Kap. A 1.

Wettbewerbssituation eines Franchisesystems betrachtet werden.[8] Zusätzlich ist es mit Blick auf die Problemstellung dieser Arbeit unabdingbar, **interne** Einflußfaktoren, die in der Systemdemographie und -entstehung begründet liegen, hinsichtlich ihrer Wirkung auf das Führungsverhalten zu analysieren.[9] In diesem Zusammenhang sind z.B. der Einfluß der Systemgröße als gegenwartsbezogener Faktor, aber auch Auswirkungen der historischen Systementwicklung als vergangenheitsbezogene Einflußfaktoren des Führungsverhaltens zu kennzeichnen.

Neben derartigen, allenfalls langfristig veränderbaren situativen Faktoren sind zusätzlich Einflußfaktoren auf der Systemebene zu berücksichtigen, die zwischen die Situation eines Franchisesystems und die Ausgestaltung der innengerichteten Systemführung treten.[10] Diese **intermediären Faktoren** umfassen einerseits die Ziele der Systemzentrale.[11] Besonderes Gewicht soll andererseits dem Zusammenhang zwischen der absatzmarktgerichteten und der innengerichteten Führung eingeräumt werden. Im Sinne eines potentiellen Strategie-Führungs-Zusammenhangs ist daher zu untersuchen, inwieweit die Führungstypen durch die absatzmarktgerichtete Strategie eines Franchisesystems und deren instrumentelle Marktdurchsetzung als **verhaltensbezogene Einflußfaktoren** erklärt werden können bzw. mit diesen in Zusammenhang stehen. Schließlich sind im Sinne des verhaltenswissenschaftlich-situativen Ansatzes Einflüsse der Systemkultur auf das Führungsverhalten zu analysieren.[12]

---

[8] Unberücksichtigt bleiben damit z.B. Technologieeinflüsse, die ebenfalls der aufgabenspezifischen Umwelt zugerechnet werden.

[9] Diese unternehmensinternen situativen Faktoren werden regelmäßig auch in kontingenztheoretischen Arbeiten der Organisationsforschung berücksichtigt. Vgl. *Khandwalla, P.*, The Design of Organizations, New York u.a. 1977, S. 271.

[10] Vgl. *Staehle, W.H.*, Management: Eine verhaltenswissenschaftliche Perspektive, a.a.O., S. 53 ff.; *Khandwalla, P.*, The Design of Organizations, a.a.O., S. 270 ff. Khandwalla verwendet dabei eine Einflußfaktorengruppe, der er Ziel-, Strategie- und Philosophie-/Kulturvariablen subsumiert.

[11] Zu einer ausführlichen Ableitung der für die Ausgestaltung des Führungsverhaltens relevanten Ziele vgl. Kap. C 1.31. Vereinfachend wird zunächst von Zielen der Systemzentrale gesprochen.

[12] Damit wird in Analogie zum Begriff der Unternehmenskultur unterstellt, daß sich bei engen interorganisationalen Beziehungen, wie sie in Franchisesystemen bestehen, ein System von Wertvorstellungen, Verhaltensnormen sowie Denk- und Handlungsweisen herausbildet, welches das Verhalten aller Systemmitglieder prägt und insofern auch Konsequenzen für das Führungsverhalten der Systemzentrale besitzt. Vgl. allgemein zum Begriff der Unternehmenskultur *Meffert, H.*, Marketing-Management. Analyse-Strategie-Implementierung, a.a.O., S. 426; *Meffert, H., Hafner, K., Poggenpohl, M.*, Unternehmenskultur und Unternehmensführung: Ergebnisse einer empirischen Untersuchung, Arbeitspapier Nr. 43 der

1.2 Markt- und Wettbewerbssituation eines Franchisesystems als zentrale Einflußfaktoren der Aufgabenumwelt

Mit Blick auf Führungsphänomene in Interorganisationsbeziehungen im allgemeinen und in Franchisesystemen im besonderen liegen bislang nur sehr wenige Arbeiten vor, die sich explizit mit Einflüssen der Aufgabenumwelt auf das Führungsverhalten befassen. Stern und Reve gelangen daher bei der Untersuchung des Führungsverhaltens in vertikalen Marketingsystemen zu dem Ergebnis: „knowledge of environmental variables and their impact is fragmentary at best".[13] Angesichts dieser **defizitären Situation** erscheint es für den Gang der Untersuchung unabdingbar, auf der Basis einer allgemeinen Systematik von Dimensionen der Markt- und Wettbewerbssituation sowohl die wenigen einschlägigen Arbeiten aus dem Bereich der Absatzkanalforschung als auch grundlegende Untersuchungen aus der situativen Organisationsforschung für die Erklärung des Führungsverhaltens in Franchisesystemen heranzuziehen.

Betrachtet man zentrale **Umweltkonzepte**, wie sie während der siebziger und achtziger Jahre im Bereich der Organisationstheorie erarbeitet wurden, so läßt sich eine immer stärkere Komprimierung der zur Kennzeichnung der Markt- und Wettbewerbssituation herangezogenen Dimensionen feststellen. Verwendet Khandwalla noch fünf Umweltdimensionen, so verdichtet Mintzberg diese zu vier Dimensionen.[14] Miller und Friesen schließlich erfassen die Markt- und Wettbewerbssituation anhand von nur noch drei Dimensionen: der **Umweltdynamik** bzw. **-unsicherheit**, der **Heterogenität** sowie der **Feindlichkeit** („hostility") der Umwelt.[15] Da dieses dreidimensionale Umweltkonzept unmittelbar auch für die

---

Wissenschaftlichen Gesellschaft für Marketing und Unternehmensführung e.V., Meffert, H., Wagner, H. (Hrsg.), Münster 1988, S. 1.

[13] *Stern, L.W., Reve, T.*, Distribution Channels as Political Environments: A Framework for Comparative Analysis, in: JoM, Vol. 44 (1980), No. 2, S. 55.

[14] Khandwalla differenziert dabei zwischen den Dimensionen: Turbulenz, Feindlichkeit, Diversität, technische Komplexität und Restriktivität der Umwelt. Mintzberg dagegen verwendet die Dimensionen: Stabilität, Komplexität, Diversität und Feindlichkeit der Umwelt. Vgl. *Khandwalla, P.*, The Design of Organizations, a.a.O., S. 333 ff.; *Mintzberg, H.*, The Structuring of Organizations. A Synthesis of the Research, Englewood Cliffs, N.J. 1979, S. 268 f.

[15] Vgl. *Miller, D., Friesen, P.H.*, Momentum and Revolution in Organizational Adaptation, in: Academy of Management Journal, Vol. 23 (1980), No. 4, S. 591 ff.; *Miller, D., Friesen, P.H.*, Innovation in Conservative and Entrepreneurial Firms: Two Models of Strategic Momentum, in: SMJ, Vol. 3 (1982), No. 1, S. 1 ff. Auch Kieser und Kubicek greifen in Anlehnung an Jurkovich auf einen dreidimensionalen Ansatz zurück, wobei sie anstatt der Feindlichkeit der Umwelt die verwandte Dimension der Abhängigkeit verwenden. Vgl. *Kieser, A., Kubicek, H.*, Organisation, a.a.O., S. 371; *Jurkovich, R.*, A Core Typology of Organizational Environments, in: Administrative Science Quarterly, Vol. 19 (1974), o. Nr., S. 380 ff.

Situationserfassung von Franchisesystemen geeignet erscheint, wird es der vorliegenden Arbeit zugrunde gelegt.[16]

Durch die Dimension der **Umweltdynamik** wird zunächst das Ausmaß der Veränderlichkeit der Markt- und Wettbewerbssituation im Zeitablauf abgebildet.[17] Eine **dynamische** Umwelt liegt dann vor, wenn sich häufige Veränderungen der relevanten Umweltfaktoren ergeben, diese eine starke Ausprägung aufweisen und zudem unregelmäßig auftreten.[18] Bei jeweils umgekehrten Ausprägungen wird von einer **statischen** Umwelt gesprochen. Die **Heterogenitäts-** oder **Komplexitätsdimension** erfaßt hingegen die Anzahl und Verschiedenartigkeit der bei der Entscheidungsfindung zu berücksichtigenden Umweltbereiche. Eine **komplexe** Markt- und Wettbewerbssituation ist z.B. durch eine Vielzahl unterschiedlicher Kundengruppen oder sehr verschiedenartige strategische Verhaltensweisen der Wettbewerber gekennzeichnet.[19]

Die **Feindlichkeit** der Aufgabenumwelt soll im Rahmen der vorliegenden Arbeit insbesondere in Gestalt der absatzmarktbezogenen Teildimensionen der **Wettbewerbsintensität** und der **Marktattraktivität** Berücksichtigung finden.[20] Bei einer hohen Wettbewerbsintensität und einer nur geringen Attraktivität des bearbeiteten Marktes - z.B. infolge eines nur geringen Wachstums oder eines niedrigen durchschnittlichen Preisniveaus - ist von einer feindlichen Unternehmensumwelt auszugehen.

Mit Blick auf mögliche **situative Kontexte von Franchisesystemen** ist zunächst in Betracht zu ziehen, daß bereits die Wahl des Franchising als Organisationsform der absatzmarktgerichteten Aktivitäten eines Unternehmens situationsbe-

---

[16] Dabei wird vorausgesetzt, daß ein Franchisesystem als Zusammenschluß selbständiger Unternehmen mit jeweils individuellen Unternehmensumwelten über eine gemeinsame Systemumwelt verfügt. Vgl. zu dieser Prämisse auch *Achrol R.S., Reve, T., Stern, L.W.*, The Environment of Marketing Channel Dyads: A Framework for Comparative Analysis, a.a.O., S. 56 ff.

[17] Vgl. *Schanz, G.*, Organisationsgestaltung, Struktur und Verhalten, a.a.O., S. 303 f.

[18] Vgl. *Child, J.*, Organizational Structure, Environment and Performance: The Role of Strategic Choice, in: Sociology, Vol. 6 (1972), No. 1, S. 3 ff.

[19] Vgl. *Niemeier, J.*, Wettbewerbsumwelt und interne Konfiguration: Theoretische Ansätze und empirische Prüfung, Frankfurt a.M., Bern, New York 1986, S. 156.

[20] Vgl. zur Differenzierung der Umweltfeindlichkeit in die Komponenten Wettbewerbsintensität und Marktattraktivität *Niemeier, J.*, Wettbewerbsumwelt und interne Konfiguration: Theoretische Ansätze und empirische Prüfung, a.a.O., S. 156 f. Teilweise wird die Ressourcenverfügbarkeit als zusätzlicher Indikator für den Grad der Feindlichkeit der Unternehmensumwelt herangezogen.

dingt erfolgen dürfte.[21] Damit wird die Frage aufgeworfen, ob Franchisesysteme möglicherweise nur in einer oder wenigen Markt- und Wettbewerbssituationen entstehen, so daß bei der Untersuchung der Führungseinflüsse von einer nur geringen **Kontextvariabilität**, d.h. im Systemvergleich relativ ähnlichen Markt- und Wettbewerbssituationen, auszugehen ist.[22]

Hoffmann und Preble können jedoch anhand von Fallstudienerhebungen nachweisen, daß Franchising sowohl in **Wachstumsmärkten** als auch in **fragmentierten Märkten**, die durch eine Vielzahl kleiner und mittlerer Unternehmen mit jeweils lokaler oder regionaler Marktpräsenz geprägt sind, eingesetzt wird.[23] Zudem spricht für die Existenz unterschiedlicher Markt- und Wettbewerbssituationen, daß die Wahl des Franchising als Organisationsform der absatzmarktgerichteten Aktivitäten eine historische, vielfach zehn oder mehr Jahre zurückliegende Entscheidung darstellt, während hingegen die Markt- und Wettbewerbssituation einem dauerhaften Wandel unterworfen ist. Somit kann der **aktuelle**, ein bestimmtes Führungsverhalten bedingende situative Kontext vom **historischen Gründungskontext** deutlich abweichen (vgl. Abbildung 16). Damit soll der empirischen Untersuchung zunächst die folgende Basishypothese zugrunde gelegt werden:

H_{SIT1}: Franchisesysteme existieren in verschiedenartigen situativen Kontexten, die durch spezifische Konstellationen der Dynamik, Komplexität und Feindlichkeit der Markt- und Wettbewerbssituation gekennzeichnet sind.

Nimmt man diese Basishypothese zunächst als gegeben an[24], dann stellt sich die weiterführende Frage, welche Konsequenzen von den möglichen Ausprägungsformen der drei Umweltdimensionen auf das Führungsverhalten und damit die Wahl eines bestimmten Führungstyps ausgehen können: Eine dynamische

---

[21] Vgl. *Picot, A.*, Der Einfluß wettbewerbsrechtlicher Rahmenbedingungen auf Organisationsstrukturen am Beispiel des Franchising, in: Stabilität und Effizienz hybrider Organisationsformen. Die Kooperation im Lichte der Neuen Institutionenökonomik, Wagner, H., Jäger, W. (Hrsg.), Kooperations- und Genossenschaftswissenschaftliche Beiträge, Bd. 36, begr. von Boettcher, E., Münster 1995, S. 53 f.

[22] Im Extremfall würden Franchisesysteme nur bei einer spezifischen Konstellation der Markt- und Wettbewerbssituation - z.B. dynamisch wachsenden Märkten geringer oder mittlerer Komplexität - gegründet. Dies würde indes bedeuten, daß von der Aufgabenumwelt kein Erklärungsbeitrag für die Entstehung unterschiedlicher Führungstypen ausgeht, da ein homogener situativer Kontext besteht.

[23] Vgl. *Hoffman, R.C., Preble, J.F.*, Franchising: Selecting a Strategy for Rapid Growth, in: LRP, Vol. 24 (1991), No. 4, S. 77 f.

[24] Zur empirischen Überprüfung der Hypothese vgl. Kap. C 3.2.

Umwelt erhöht die **Unsicherheit**, der sich ein Franchisegeber bei der Bewältigung der vielfältigen systemexternen Aufgaben gegenübergestellt sieht.[25] Die Beschaffung von Informationen und die Prognose zukünftiger Entwicklungen der Markt- und Wettbewerbssituation werden demgemäß erschwert. Kümpers betont daher die Notwendigkeit eines partizipativen Führungsverhaltens.[26] Dies ermöglicht die systematische Einbeziehung der den Franchisenehmern zugänglichen Informationen über die regionale Markt- und Wettbewerbssituation in systembezogene Entscheidungen.

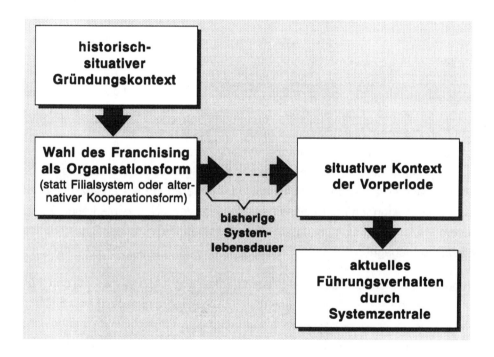

Abb. 16: Angenommene Zusammenhänge zwischen situativem Kontext und Führungsverhalten

Ähnlich argumentieren Burns und Stalker sowie Etgar, wenn sie bei einer hohen Umweltdynamik intensive vertikale Kommunikationsaktivitäten und die Forcierung horizontaler Kontakte zwischen den Systemmitgliedern respektive Fran-

---

[25] Vgl. *Schanz, G.*, Organisationsgestaltung, Struktur und Verhalten, a.a.O., S. 304.
[26] Vgl. *Kümpers, A.*, Marketingführerschaft. Eine verhaltenswissenschaftliche Analyse des vertikalen Marketing, a.a.O., S. 247.

chisenehmern als vorteilhaft ansehen.[27] Zusätzlich betonen sie die Notwendigkeit einer stärkeren Autonomiegewährung und eines demokratischen, weniger autoritären Führungsverhaltens bei hoher Unsicherheit und vice versa.[28]

Unterschiedliche Befunde bestehen demgegenüber hinsichtlich der Ausgestaltung der **technokratischen Führungsdimensionen** in Abhängigkeit von der Umweltdynamik. Mit Stern und Reve kann angenommen werden, daß intensive Ex ante-Koordinationsaktivitäten zu einer Verringerung der Reaktionsgeschwindigkeit und Flexibilität eines Franchisesystems führen[29] und daher in stabilen Markt- und Wettbewerbssituationen eher anzutreffen sind als in dynamischen. Diese Auffassung teilt auch Etgar, der in dynamischen Umweltsituationen ein geringeres Maß an zentraler Steuerung für vorteilhaft hält.[30]

Seine Annahme kann Etgar indes empirisch nicht bestätigen. Stattdessen gelangt er bei der Untersuchung von Hersteller-Händler-Beziehungen in acht nicht-franchisierten Absatzkanälen zu dem Ergebnis, daß eine turbulente Umweltsituation eine höhere Steuerungsintensität durch die Herstellerunternehmen zur Folge hat. Etgar begründet dieses, der allgemeinen Auffassung in der Literatur widersprechende Ergebnis mit dem höheren **Risiko** absatzkanalbezogener Entscheidungen bei Unsicherheit und dem Versuch des Marketingführers, diesem Risiko durch eine verstärkte Verhaltensbeeinflussung der Systempartner wirksam zu begegnen.

Grundsätzlich erscheint aber bei Zusammenfassung der Befunde zu den Führungseinflüssen der Umweltdynamik die Realisierung eines **partnerschaftlich-interaktiven** oder eines **liberal-vertrauensbasierten** Führungstyps bei unsicheren, sich dynamisch entwickelnden Markt- und Wettbewerbssituationen wahr-

---

[27] Vgl. *Burns, T., Stalker, G.M.*, The Management of Innovation, London 1961, zitiert bei *Etgar, M.*, Channel Environment and Channel Leadership, in: JoMR, Vol. 14 (1977), No. 1, S. 71; ähnlich argumentieren *Achrol R.S., Reve, T., Stern, L.W.*, The Environment of Marketing Channel Dyads: A Framework for Comparative Analysis, a.a.O., S. 63 f.

[28] Vgl. *Etgar, M.*, Channel Environment and Channel Leadership, a.a.O., S. 71. Diese Auffassung wird auch in kontingenztheoretischen Untersuchungen zur Ausgestaltung der Organisationsstruktur vertreten. So betont Schanz die Möglichkeit einer stärkeren Verhaltensformalisierung - und damit geringeren Autonomiegewährung - bei stabilen Umweltsituationen. Vgl. *Schanz, G.*, Organisationsgestaltung, Struktur und Verhalten, a.a.O., S. 305.

[29] Vgl. *Stern, L.W., Reve, T.*, Distribution Channels as Political Environments: A Framework for Comparative Analysis, a.a.O., S. 56.

[30] Vgl. hierzu und im folgenden *Etgar, M.*, Channel Environment and Channel Leadership, a.a.O., S. 72 und S. 75.

scheinlicher.[31] Denn im Vergleich zu den alternativen Führungstypen umfassen diese bei relativ hohen Autonomiegraden intensive vertikale und horizontale Kommunikationsaktivitäten und einen mittleren bis hohen Partizipationsgrad der Franchisenehmer an systembezogenen Entscheidungen.[32]

Hinsichtlich der Auswirkungen der **Komplexitätsdimension** auf das Führungsverhalten bestehen keine einschlägigen Untersuchungen mit Bezug zu vertikalen Marktingsystemen.[33] Daher muß hier auf allgemeine Erkenntnisse der Organisationstheorie zurückgegriffen werden. Dort wird die Komplexität der Aufgabenumwelt vor allem in ihren Konsequenzen für die Gestaltung des organisatorischen **Entscheidungssystems** analysiert.[34] Mintzberg betont die Notwendigkeit einer Dezentralisierung von Entscheidungen bei komplexen Umweltsituationen, da sich nur auf diesem Wege die erschwerte Informationssammlung und -verarbeitung bewerkstelligen lassen.[35]

Mit Blick auf Franchisesysteme ist hier zunächst anzuführen, daß Dezentralität zu den **Wesensbestandteilen** des Franchising gehört. Dennoch offenbaren die fünf identifizierten Führungstypen Unterschiede hinsichtlich der Zentralität der systeminternen Entscheidungsfindung und -durchsetzung. Diese ist insbesondere in den rigide-hierarchienah, aber auch in den autoritär-minimalistisch geführten Systemen relativ hoch ausgeprägt.[36] Beide Führungstypen sind daher bei einer legitim erscheinenden Übertragung der organisationstheoretischen Erkenntnisse auf interorganisationale Führungsphänomene eher in weniger komplexen Umweltsituationen zu erwarten. Analog zur Unsicherheitsdimension

---

[31] Als Beispiel sei das Franchisesystem Joey´s Pizza-Service genannt, das im sich dynamisch entwickelnden Home-Delivery-Markt über ein partnerschaftlich-interaktives Führungsverhalten ein hohes Wachstum realisieren konnte.

[32] Beide Führungstypen unterscheiden sich allerdings deutlich hinsichtlich der technokratischen Führungsdimensionen, wobei der partnerschaftlich-interaktive Führungstyp im Sinne der empirischen Ergebnisse Etgars durch eine höhere technokratische Führungsintensität gekennzeichnet ist.

[33] Vgl. auch Achrol, Stern und Reve, die ebenfalls die Dominanz der Dynamik- bzw. Unsicherheitsdimension in Arbeiten mit speziellem Bezug zu vertikalen Marktingsystemen betonen. Vgl. *Achrol R.S., Reve, T., Stern, L.W.*, The Environment of Marketing Channel Dyads: A Framework for Comparative Analysis, a.a.O., S. 62.

[34] Vgl. *Schanz, G.*, Organisationsgestaltung, Struktur und Verhalten, a.a.O., S. 303.

[35] Vgl. *Mintzberg, H.*, The Structuring of Organizations. A Synthesis of the Research, a.a.O., S. 273; ebenso argumentiert *Schanz, G.*, Organisationsgestaltung, Struktur und Verhalten, a.a.O., S. 303.

[36] Hierauf deuten die jeweiligen Ausprägungen der strukturellen und technokratischen Führungsdimensionen bei diesen Führungstypen.

erscheint es weiterhin auch bei komplexen Markt- und Wettbewerbsumfeldern sinnvoll, die vertikale und horizontale Kommunikation innerhalb eines Franchisesystems zu fördern und gleichzeitig das spezifische Wissen der Franchisenehmer über deren systematische Partizipation für das Gesamtsystem zu nutzen. Khandwalla hält daher differenzierte Informations-, aber auch Kontrollsysteme für geeignet, um die erforderliche Unternehmens- respektive **Systemintegration** bei hoher Umweltkomplexität zu gewährleisten.[37]

Dies läßt zunächst wiederum den partnerschaftlich-interaktiven sowie den liberal-vertrauensbasierten Führungstyp als besonders geeignet zur Bewältigung komplexer situativer Rahmenbedingungen erscheinen.[38] Dabei ist allerdings zu berücksichtigen, daß die liberal-vertrauensbasiert geführten Systeme über vergleichsweise gering differenzierte Planungs- und Kontrollsysteme verfügen.[39]

Die höchste Bedeutung bei Vorliegen komplexer Markt- und Wettbewerbssituationen dürfte daher im Ergebnis der **partnerschaftlich-interaktive** Führungstyp besitzen, der bei einer ausgeprägten Dezentralisierung gleichzeitig eine hohe Kommunikationsintensität sowie professionelle Planungs- und Kontrollsysteme aufweist.

Für die Kennzeichnung der Führungseinflüsse der über die Dimensionen der Wettbewerbsintensität und der Marktattraktivität erfaßten **Feindlichkeit** der Aufgabenumwelt stehen wiederum spezielle Arbeiten mit Bezug zur interorganisationalen Führung zur Verfügung. Hinsichtlich der **Wettbewerbsintensität** wird eine eindeutig positive Korrelation zur Kontroll- und Steuerungsintensität angenommen.[40] Diese wird aus der hohen Bedeutung eines geschlossenen, auf maximale

---

[37] Vgl. *Khandwalla, P.*, The Design of Organizations, a.a.O., S. 338.

[38] Als Beispiel kann hier die Studienkreis F+P Gesellschaft für Franchise- und Partnersysteme angeführt werden. Das System ist seit Beginn der neunziger Jahre nicht zuletzt durch eine sehr differenzierte Gremienstruktur und professionelle Planungs- und Kontrollsysteme im komplexen Aus- und Weiterbildungsmarkt zu einem der erfolgreichsten und am schnellsten wachsenden Anbieter geworden.

[39] Dies gilt insbesondere für die Ex ante-Koordination sowie für die Verhaltenskontrolle der Franchisenehmer, die sowohl beim partnerschaftlich-interaktiven als auch beim rigide-hierarchienahen Führungstyp deutlich intensiver ausgeprägt sind.

[40] Als Beispiel sei hier das Milchhof Eiskrem-System genannt, das im hart umkämpften Tiefkühl-Heimservice-Markt lange Zeit einen rigide-hierarchienahen Führungstyp verfolgte, diesen aber mittlerweile mehr und mehr in Richtung eines partnerschaftlich-interaktiven Führungsverhaltens verändert.

Effizienz gerichteten Verhaltens aller Systemmitglieder abgeleitet.[41] Etgar gelingt zudem der empirische Nachweis der angenommenen Wirkungsbeziehung.[42]

Im Zusammenhang mit der Marktattraktivität werden Einflüsse auf die Systemführung vor allem in Abhängigkeit vom **Marktwachstum** untersucht. Die einschlägigen Arbeiten gehen hier durchweg davon aus, daß eine negative Korrelation zwischen der Wachstumsrate des relevanten Marktes und der Führungsintensität der Systemzentrale besteht.[43] Hoffmann und Preble begründen diesen Zusammenhang damit, daß Ineffizienzen sich bei einem starken Marktwachstum noch weniger deutlich auf den Umsatz und Gewinn eines Franchisesystems auswirken als in stagnierenden Märkten. Etgar führt zudem mögliche Managementengpässe in Wachstumsphasen als Begründung für eine geringere innengerichtete Führungsintensität an.

Dementsprechend ist bei hoher Wettbewerbsintensität und einem geringen oder sogar stagnierenden Marktwachstum die Realisierung von Führungstypen zu erwarten, die eine intensive, auf die **Sicherung der Systemeffizienz** gerichtete Verhaltensbeeinflussung der Franchisenehmer durch die Systemzentrale umfassen. Diese Voraussetzung erfüllen aber vor allem der **rigide-hierarchienahe** sowie der **partnerschaftlich-interaktive** Führungstyp mit ihrer jeweils intensiven betriebswirtschaftlichen Steuerung der Franchisenehmer über entsprechende Instrumente der Ex ante-Koordination sowie der Verhaltens- und Ergebniskontrolle.[44]

Zusammenfassend sollen die Einflüsse der Aufgabenumwelt auf das Führungsverhalten in Gestalt verschiedener Basis- und Tendenzhypothesen der empirischen Analyse zugrunde gelegt werden. Der grundsätzliche Einfluß der Markt-

---

[41] Vgl. *Etgar, M.*, Channel Environment and Channel Leadership, a.a.O., S. 71 f.

[42] Die Stichprobe setzte sich dabei wiederum aus Hersteller- und Handelsunternehmen in nichtfranchisierten Absatzkanälen zusammen. Vgl. *Etgar, M.*, Channel Environment and Channel Leadership, a.a.O., S. 74 f.

[43] Vgl. hierzu und im folgenden *Hoffman, R.C., Preble, J.F.*, Franchising: Selecting a Strategy for Rapid Growth, a.a.O., S. 82; *Etgar, M.*, Channel Environment and Channel Leadership, a.a.O., S. 70 f. Ähnlich, allerdings mit Bezug auf klassische Unternehmensorganisationen argumentieren *Miller, D., Friesen, P.H.*, A Longitudinal Study of the Corporate Life Cycle, in: Management Science, Vol. 30 (1984), No. 10, S. 1172.

[44] Dies bedeutet indes nicht, daß beide Führungstypen nur bei feindlichen Aufgabenumwelten eingesetzt werden sollten. Es ist aber wahrscheinlich, daß sie bei hoher Wettbewerbsintensität und geringem Marktwachstum signifikant häufiger als die drei alternativen Führungstypen realisiert werden.

und Wettbewerbssituation auf die Führung wird zunächst durch die folgende **Basishypothese** festgehalten:

H$_{SIT2}$: Die Markt- und Wettbewerbssituation eines Franchisesystems liefert einen Erklärungsbeitrag für die Existenz der Führungstypen, d.h. die Führungstypen unterscheiden sich signifikant hinsichtlich ihrer jeweiligen situativen Kontexte.

Ferner werden die differenzierten Einflüsse der drei Umweltdimensionen auf die Führung durch fünf **Tendenzhypothesen** spezifiziert:

H$_{SIT2a}$: Je höher die Dynamik und Unsicherheit des Markt- und Wettbewerbsumfeldes ausgeprägt sind, desto häufiger verfolgen Systemzentralen ein partnerschaftlich-interaktives oder liberal-vertrauensbasiertes Führungsverhalten.

H$_{SIT2b}$: Je höher die Stabilität des Markt- und Wettbewerbsumfeldes ausgeprägt ist, desto häufiger realisieren Systemzentralen einen rigide-hierarchienahen oder autoritär-minimalistischen Führungstyp.

H$_{SIT2c}$: Je höher die Komplexität und Heterogenität der Markt- und Wettbewerbssituation ausgeprägt ist, desto häufiger wird ein partnerschaftlich-interaktives Führungsverhalten verfolgt.

H$_{SIT2d}$: Je stärker die Wettbewerbsintensität auf dem relevanten Markt und je geringer die Marktattraktivität ausgeprägt sind, desto höher ist die Bedeutung eines partnerschaftlich-interaktiven oder rigide-hierarchienahen Führungsverhaltens durch die Systemzentrale.

H$_{SIT2e}$: Führungsaverse Systemzentralen richten ihr Führungsverhalten nicht an der spezifischen Markt- und Wettbewerbssituation aus.

1.3 Systeminhärente Einflußfaktoren des Führungsverhaltens

1.31 Ziele der Systemzentrale

Die Literatur zur interorganisationalen Führung hat sich mit der Zielthematik bislang fast ausschließlich aus dem Blickwinkel der **Konfliktforschung** beschäftigt.[45] Schwerpunktmäßig werden dabei Situationen der Zielentsprechung und Zieldivergenz sowie der Zielverträglichkeit und Zielkonkurrenz zwischen

---

[45] Vgl. z.B. *Rosenberg L.J., Stern, L.W.*, Toward the Analysis of Conflict in Distribution Channels: A Descriptive Model, in: JoM, Vol. 34 (1970), No. 4, S. 44; *Steffenhagen, H.*, Konflikt und Kooperation in Absatzkanälen: Ein Beitrag zur verhaltensorientierten Marketingtheorie, a.a.O., S. 72 ff.; *Reuss, H.*, Konfliktmanagement im Franchise-Vertriebssystem der Automobilindustrie, a.a.O., S. 69 ff.

Organisationen in Absatzkanälen untersucht, wobei das Interesse primär der Erklärung von Systemkonflikten aus spezifischen Zielbeziehungen sowie den Möglichkeiten der Vermeidung und Handhabung bestehender Konflikte gilt.[46] Demgegenüber steht eine Analyse des Einflusses von Zielen auf das Führungsverhalten in interorganisationalen Beziehungen bislang noch aus.[47]

Ziele kennzeichnen als generelle Imperative einen erwünschten, zukünftigen Zustand, den Individuen oder Organisationen durch ihr Verhalten zu erreichen versuchen.[48] Im Kontext der vorliegenden Arbeit sind vor allem die **Verhaltenssteuerungs-** und **Organisationsgestaltungsfunktion** von Zielen hervorzuheben.[49] Der Bezug zum Führungsverhalten ist evident, denn Ziele wirken im Sinne der genannten Funktionen unmittelbar oder mittelbar auf die Ausgestaltung der strukturellen, technokratischen und personellen Formen der Verhaltensbeeinflussung.[50] Damit kann an dieser Stelle bereits folgende Basishypothese formuliert werden:

H$_{ZI}$: Das Zielsystem der Systemzentrale liefert einen Erklärungsbeitrag für das Führungsverhalten, d.h. den Führungstypen liegen jeweils durch unterschiedliche Prioritätensetzungen gekennzeichnete Zielsysteme zugrunde.

---

[46] Die Aspekte der Zielentsprechung und Zieldivergenz beziehen sich auf die inhaltliche Übereinstimmung der Zielsetzungen, während Zielverträglichkeit und Zielkonkurrenz die Vereinbarkeit von Zielen hinsichtlich der Zielerreichung kennzeichnen. Vgl. *Steffenhagen, H.*, Konflikt und Kooperation in Absatzkanälen: Ein Beitrag zur verhaltensorientierten Marketingtheorie, a.a.O., S. 46.

[47] So werden nach Kenntnis des Verfassers in den amerikanischen Veröffentlichungen zur Thematik der Führung in Absatzkanälen Ziele als Einflußfaktor des Führungsverhaltens nicht systematisch untersucht.

[48] Vgl. zum Begriff des „generellen Imperativs" *Heinen, E.*, Grundlagen betriebswirtschaftlicher Entscheidungen: Das Zielsystem der Unternehmung, Die Betriebswirtschaft in Forschung und Praxis, Bd. 1, Heinen, E. et al. (Hrsg.), 2. Aufl., Wiesbaden 1971, S. 51. Ähnliche Zieldefinitionen finden sich bei *Hauschildt, J.*, Entscheidungsziele, Tübingen 1977, S. 9; *Staehle, W.H.*, Management: Eine verhaltenswissenschaftliche Perspektive, a.a.O., S. 408.

[49] Vgl. *Porter, L.W., Lawler, E.E., Hackman, J.R.*, Behavior in Organizations, New York u.a. 1975, S. 78 f. Porter, Lawler und Hackman unterscheiden zusätzlich die Rechtfertigungsfunktion, die Leistungsbeurteilungs- bzw. Kontrollfunktion sowie die Information von Organisationsmitgliedern und Dritten über den Organisationszweck als Funktionen von Zielen.

[50] Vgl. allgemein *Staehle, W.H.*, Management: Eine verhaltenswissenschaftliche Perspektive, a.a.O., S. 405 sowie zu den nachfolgenden Anforderungen S. 408 f. Damit Ziele die genannten Verhaltenswirkungen erfüllen können, müssen sie einer Reihe von Anforderungen genügen. Zu nennen sind hier insbesondere die Quantifizierung und Operationalität, die Konsistenz und Kompatibilität sowie die Autorisierung, schriftliche Formulierung und Bekanntmachung.

Bei der Kennzeichnung der Zielwirkungen auf das Führungsverhalten sind allerdings Besonderheiten zu berücksichtigen, die sich aus dem Interorganisationscharakter des Führungsphänomens in Franchisesystemen ergeben. Mack bemerkt dazu: „Ist nun schon die Zielsetzung eines einzelnen erwerbswirtschaftlichen Unternehmens [...] sehr komplex, so verkompliziert sich [...] das Zielsystem im Franchising."[51] Daher soll zunächst die aus der Organisationstheorie bekannte Unterscheidung zwischen Individualzielen, Zielen für die Organisation und Zielen der Organisation auf Franchisesysteme übertragen werden, um hieraus die als Einflußfaktoren des Führungsverhaltens relevanten Ziele abzuleiten.[52]

Grundsätzlich verfolgen alle institutionellen Mitglieder eines Franchisesystems, d.h. die Systemzentrale wie auch jeder Franchisenehmer(-betrieb), **Formalziele**.[53] Vor allem die Systemzentrale wird aufgrund ihres Führerstatus zudem **Ziele für das Franchisesystem** formulieren, die z.B. auf das mittelfristige Wachstum oder das angestrebte Image des Systems am Markt gerichtet sein können, und durch ein abgestimmtes Verhalten aller Systemmitglieder erreicht werden sollen. Ziele für das Franchisesystem können aber auch von Franchisenehmerseite formuliert und über Gremien an die Systemzentrale herangetragen werden (z.B. Erhöhung der durchschnittlichen Franchisenehmerumsätze im System).[54]

---

[51] *Mack, M.*, Neuere Vertragssysteme in der Bundesrepublik Deutschland. Eine Studie zum Franchising, a.a.O., S. 58.

[52] Individualziele kennzeichnen die Ziele, die ein Organisatonsteilnehmer durch seinen Beitritt zur Organisation zu erreichen versucht. Ziele für die Organisation sind demgegenüber von seiten der Organisationsteilnehmer gewünschte Zustände der Organisation, die diese an die Organisationsleitung (Management) herantragen, ohne daß diese verbindlichen Charakter besitzen. Diese Ziele für die Organisation werden zu Zielen der Organisation, wenn sie in einem offiziell legitimierten Zielbildungsprozeß von dazu berechtigten Instanzen autorisiert werden. Diese Unterscheidung geht auf Kirsch zurück und wurde nachfolgend von verschiedenen Autoren übernommen. Vgl. *Kirsch, W.*, Die Unternehmensziele in organisationstheoretischer Sicht, in: ZfbF, 21. Jg (1969), o. Nr., S. 665 ff.; *Kieser, A., Kubicek, H.*, Organisation, a.a.O., S. 5 f.

[53] Im Zusammenhang mit den Organisationsteilnehmern eines Franchisesystems soll anstatt von (personenbezogenen) Individualzielen von (organisationsbezogenen) Formalzielen der Systemzentrale und der Franchisenehmer(-betriebe) gesprochen werden. Hinsichtlich der Formalziele wird ferner vorausgesetzt, daß diese innerhalb der entsprechenden Institutionen als Ergebnis eines intraorganisationalen Entscheidungsprozesses verbindlich festgelegt und autorisiert worden sind. Vgl. zu dieser Argumentation auch *Steffenhagen, H.*, Konflikt und Kooperation in Absatzkanälen: Ein Beitrag zur verhaltensorientierten Marketingtheorie, a.a.O., S. 45.

[54] Es wird damit an dieser Stelle deutlich, daß die Zielbildung, sofern sie Abstimmungsprozesse zwischen der Systemzentrale und den Franchisenehmern umfaßt, einen engen Bezug zur Führungsdimension Partizipation aufweist und daher *Bestandteil* der Systemführung ist.

Diese für das System formulierten Ziele erlangen auf zwei alternativen Wegen den Charakter von **Zielen des Systems** (vgl. Abb. 17). Zum einen kann z.B. ein von der Systemzentrale formuliertes Wachstumsziel für das System in Regionaltreffen mit den Franchisenehmern diskutiert und im Rahmen einer Jahrestagung offiziell durch alle Systemmitglieder verabschiedet werden. Mit dieser formalen, auf **systeminternen Abstimmungsprozessen** fußenden Ziellegitimation entstehen offizielle Ziele des Franchisesystems. Denkbar - und in der Realität zweifellos häufiger anzutreffen - sind zum anderen Situationen, in denen die Systemzentrale auf kollektive Abstimmungsprozesse verzichtet und Ziele relativ **autonom** formuliert.[55] Auch in diesem Fall handelt es sich aber um Ziele des Systems, da die Systemzentrale qua ihres vertraglichen Führerstatus zur Vorgabe der Ziele des Systems autorisiert ist.[56]

Mit Bezug zum Führungsverhalten ist von besonderer Bedeutung, welche Ziele **verhaltenssteuernd** für die Systemzentrale wirken und damit als sog. **operative Ziele** zu kennzeichnen sind.[57] Die Formalziele der Franchisenehmer und die von Franchisenehmerseite für das System formulierten Ziele dürften allenfalls in Form von Nebenbedingungen das Franchisegeberverhalten beeinflussen.[58] Hinsichtlich der in einem kollektiven Abstimmungsprozeß verabschiedeten Ziele des Systems weisen Kieser und Kubicek auf deren Kompromißcharakter hin.[59] Die Ziele des Systems entsprechen daher bei kollektiver Zielbildung im Regelfall nicht vollständig den Formalzielen der Systemzentrale bzw. den von dieser für

---

Andererseits wirken die Ziele als Ergebnis des Abstimmungsprozesses wiederum verhaltenssteuernd und sind insofern *Einflußfaktor* des Führungsverhaltens der Systemzentrale.

[55] Insofern ist an dieser Stelle Steffenhagen zu widersprechen, der davon ausgeht, daß ein Distributionssystem nur auf der Basis eines zwischenbetrieblichen Verhandlungsprozesses zu einer übergeordneten Zielsetzung, d.h. zu Zielen des Systems gelangen kann. Vgl. hierzu auch die Ergebnisse zum Partizipationsgrad in den fünf identifizierten Führungstypen, wie sie in Kap. B 2.32 dargestellt werden. Diese legen aufgrund der geringen Partizipation an strategischen Systementscheidungen den Schluß nahe, daß zumeist eine autonome Zielformulierung durch die Systemzentrale erfolgt. Vgl. *Steffenhagen, H.*, Konflikt und Kooperation in Absatzkanälen: Ein Beitrag zur verhaltensorientierten Marketingtheorie, a.a.O., S. 49 f.

[56] Die Systemzentrale erklärt damit praktisch die von ihr formulierten Ziele für das System zu offiziellen Zielen des Systems. Da diesen Zielen aber kein Konsens der Systemmitglieder zugrunde liegt, dürfte die Zielakzeptanz zumeist geringer ausgeprägt sein. Ähnlich argumentiert Florenz, der in vertraglichen Vertriebssystemen i.d.R. eine autonome Zielfestlegung durch den Systemführer annimmt. Vgl. *Florenz, P.J.*, Konzept des vertikalen Marketing: Entwicklung und Darstellung am Beispiel der deutschen Automobilwirtschaft, a.a.O., S. 74.

[57] Vgl. *Porter, L.W., Lawler, E.E., Hackman, J.R.*, Behavior in Organizations, a.a.O., S. 82.

[58] Insbesondere in größeren Franchisesystemen dürfte die Systemzentrale zudem keine Transparenz über die Formalziele der Franchisenehmer besitzen.

[59] Vgl. *Kieser, A., Kubicek, H.*, Organisation, a.a.O., S. 6.

das System formulierten Zielen. Zudem dürften mit den Franchisenehmern abgestimmte Ziele zumeist eher die Gestalt von allgemeinen Systemgrundsätzen und nicht von konkreten Handlungszielen aufweisen.[60]

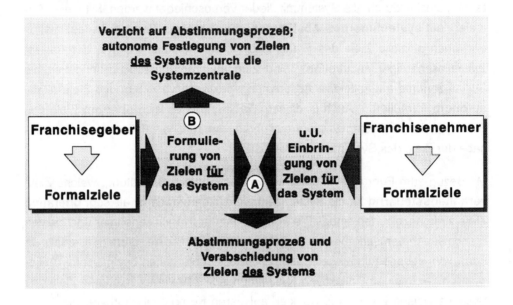

Abb. 17: Prozeß der Zielentstehung in Franchisesystemen

Damit ist als **Zwischenergebnis** festzuhalten, daß vor allem die Formalziele der Systemzentrale und die von dieser formulierten Ziele für das System Handlungsrelevanz besitzen, denn nur diese spiegeln verzerrungsfrei den vom Franchisegeber gewünschten, zukünftigen Zustand des Franchisesystems wider. Mit der institutionellen Kennzeichnung der das Führungsverhalten grundsätzlich beeinflussenden Ziele sind indes noch nicht die relevanten **Zielinhalte** beschrieben.[61] Hierzu soll auf die von Ulrich und Fluri entwickelten **Basiskategorien** von Zielen zurückgegriffen werden, die auch für die Systematisierung von Zielen der

---

[60] Derartige Systemgrundsätze, die insbesondere auf die angestrebte Qualität der Zusammenarbeit zwischen Franchisegeber und Franchisenehmer gerichtet sind, werden in verschiedenen Franchisesystemen bereits im Vertrag vereinbart. Vgl. zu einer beispielhaften Aufzählung diesbezüglicher Vertragswortlaute *Bauder, W.*, Der Franchise-Vertrag, a.a.O., S. 209.

[61] Unter dem Zielinhalt soll dabei der Teilbereich der Realität verstanden werden, hinsichtlich dessen ein bestimmter zukünftiger Zustand angestrebt wird. Vgl. *Staehle, W.H.*, Management: Eine verhaltenswissenschaftliche Perspektive, a.a.O., S. 408.

Systemzentrale geeignet erscheinen.[62] Damit kann differenziert werden zwischen:

- Marktstellungszielen,
- Rentabilitätszielen,
- finanziellen Zielen sowie
- sozialen Zielen.

Marktstellungsziele beziehen sich auf die angestrebte Markt- und Wettbewerbsposition des Franchisesystems und stellen insofern typische, von der Systemzentrale für das System formulierte Ziele dar. Hinsichtlich der **Marktstellungsziele** sollen ökonomische und psychographische Ziele unterschieden werden. Ökonomische Marktstellungsziele beziehen sich insbesondere auf den Umsatz eines Franchisesystems und seinen Marktanteil. Demgegenüber stellen der Bekanntheitsgrad und das Image des Systems bzw. seines Leistungsprogramms wesentliche psychographische Marktstellungsziele dar.[63]

Der Kategorie der Marktstellungsziele dürfte insbesondere eine Lenkungsfunktion für die absatzmarktgerichtete Führung eines Franchisesystems zukommen.[64] Mit Bezug zur innengerichteten Führung sind zwar Einflüsse auf einzelne Führungsdimensionen zu vermuten[65], doch erscheint eine Erklärung unterschiedlicher Führungstypen über Zielprioritäten bei den Marktstellungszielen nicht möglich. Diese Annahme soll durch folgende Hypothese der empirischen Untersuchung zugrunde gelegt werden:

---

[62] Die weiterhin von Ulrich und Fluri genannten Prestigeziele werden hier nicht explizit berücksichtigt. Stattdessen wird das Image als ein wesentliches Teilziel in der Kategorie der Prestigeziele den Marktstellungszielen subsumiert und insoweit die von Ulrich und Fluri auf ökonomische Zielinhalte beschränkte Kategorie der Marktstellungsziele um psychographische Zielinhalte erweitert. Vgl. zu dieser Systematisierung der Zielkategorien *Ulrich, P, Fluri, E.*, Management. Eine konzentrierte Einführung, Bern, Stuttgart 1975, S. 80; *Meffert, H.*, Marketing: Grundlagen der Absatzpolitik, a.a.O., S. 78 f.

[63] Zur Differenzierung ökonomischer und psychographischer Marketingziele vgl. *ebenda*. S. 82.

[64] So werden z.B. Bekanntheitsgradziele über eine entsprechende Strategieformulierung durch die Systemzentrale Einflüsse auf die Ausgestaltung der kommunikationspolitischen Aktivitäten eines Franchisesystems besitzen.

[65] So kann angenommen werden, daß eine hohe Priorität von Imagezielen sich in stärkeren Verhaltenskontrollen niederschlägt, um auf diesem Wege ein imageschädigendes Verhalten der Franchisenehmer zu verhindern.

H_Zla: Die Führungstypen unterscheiden sich nicht signifikant hinsichtlich der Bedeutung von Marktstellungszielen im Zielsystem der Systemzentrale, d.h. die Marktstellungsziele liefern keinen eigenständigen Erklärungsbeitrag für die Ausgestaltung des innengerichteten Führungsverhaltens.

Rentabilitäts- und **finanzielle** Ziele als weitere Zielkategorien beziehen sich einerseits auf Zielgrößen wie den Gewinn sowie die Umsatz- und Kapitalrentabilität und andererseits auf Liquiditäts- sowie Kapitalstrukturgrößen.[66] Im Gegensatz zu den Marktstellungszielen werden Rentabilitäts- und finanzielle Ziele in Franchisesystemen i.d.R. nicht system-, sondern unternehmensbezogen formuliert.[67] Die Verwendung disaggregierter Zielobjekte ist notwendig, da es sich bei der Systemzentrale und den Franchisenehmerbetrieben um jeweils rechtlich und finanziell selbständige Unternehmen handelt, die über Gewinn-, Rentabilitäts- und Finanzkennziffern eigenständig gesteuert werden müssen.[68]

Daher ist zwischen franchisegeber- und Franchisenehmergerichteten Rentabilitäts- und finanziellen Zielen zu differenzieren, wobei Führungseinflüsse primär von den Franchisenehmergerichteten Zielen zu erwarten sind. Eine Besonderheit des Franchising liegt darin begründet, daß die Systemzentrale zur Wahrung des **finanziellen Gleichgewichts** und damit der langfristigen Stabilität des Systems ein ausgeprägtes Interesse an der Ertrags- und Finanzkraft der Franchisenehmerbetriebe aufweisen sollte.[69] Beyer und Kaub gehen daher davon aus, daß Franchisenehmerbezogene Rentabilitäts- und finanzielle Ziele grundsätzlich

---

[66] Ulrich und Fluri subsumieren den finanziellen Zielen zusätzlich die Kreditwürdigkeit. Diese stellt jedoch keine eigenständige Zielgröße dar, da sie sich aus den originären Zielgrößen der Liquidität und Kapitalstruktur ergibt. Vgl. *Ulrich, P, Fluri, E.*, Management. Eine konzentrierte Einführung, a.a.O., S. 80.

[67] Insofern sind die Rentabilitäts- und finanziellen Ziele zunächst als Formalziele zu kennzeichnen, welche die Systemmitglieder zu erreichen versuchen.

[68] So lassen sich aus einer Kennziffer „Systemgewinn" keine Aussagen darüber ableiten, ob alle Franchisenehmer einen angemessenen Gewinn erzielt haben oder ob ein Teil der Franchisenehmerbetriebe wirtschaftlich gefährdet ist. Weiterhin ergeben sich Ermittlungsprobleme hinsichtlich der Rentabilitätskennziffern, da zumeist Rechtsformunterschiede zwischen der Systemzentrale und den Franchisenehmerbetrieben bestehen und somit die Gewinnermittlungsvorschriften abweichen können. Vgl. *Clemens, R.*, Die Bedeutung des Franchising in der Bundesrepublik Deutschland: Eine empirische Studie von Franchisenehmern und -systemen, S. 69 f.; *Orthmann, Chr.*, Umfang, Struktur und Ausprägung des Franchisings in der Bundesrepublik Deutschland, a.a.O., S. 120 ff.; *Tietz, B.*, Handbuch Franchising: Zukunftsstrategien für die Marktbearbeitung, a.a.O., S. 618 ff.

[69] Vgl. insbes. *Kaub, E.*, Franchise-Systeme in der Gastronomie, a.a.O., S. 216. Ein Gleichgewichtszustand ist dabei insbesondere vertikal, zwischen dem Franchisegeber und den Franchisenehmern, aber auch horizontal, zwischen den Franchisenehmern, anzustreben.

auch Bestandteil des Zielsystems der Systemzentrale sind.[70] Welchen Einfluß diese Ziele auf das Führungsverhalten der Systemzentrale ausüben, wird wiederum wesentlich durch die Stellung im Zielsystem der Systemzentrale bestimmt. Dabei ist insbesondere ein Zusammenhang zu den auf die betriebswirtschaftliche Steuerung der Franchisenehmer gerichteten technokratischen Führungsdimensionen der Ex ante-Koordination, der Kontrolle und der Differenzierung des Führungsverhaltens anzunehmen, der durch folgende Tendenzhypothesen spezifiziert werden soll:[71]

H_{ZIb}: Je höher die Priorität Franchisenehmergerichteter Rentabilitätsziele der Systemzentrale ausgeprägt ist, desto eher werden planungs- und kontrollintensive Führungstypen und damit ein rigide-hierarchienahes oder partnerschaftlich-interaktives Führungsverhalten verfolgt.

H_{ZIc}: Je geringer die den Franchisenehmergerichteten Rentabilitätszielen beigemessene Priorität durch die Systemzentrale ausgeprägt ist, desto eher ist ein führungsaverses oder autoritär-minimalistisches Führungsverhalten anzutreffen.

Der stärkste Einfluß auf das Führungsverhalten ist von den **sozialen Zielen** als dritter Zielkategorie zu erwarten. Diese sind insbesondere auf die Gestaltung der sozio-emotionalen Beziehungen zwischen der Systemzentrale und den Franchisenehmern gerichtet und tangieren insoweit unmittelbar Führungsaspekte.[72] Als wichtigste Zielinhalte lassen sich die Zufriedenheit und Motivation der Franchisenehmer, deren Identifikation mit dem System sowie der Aufbau von gegenseitigem Vertrauen kennzeichnen. Zudem sollen dieser Zielkategorie Konfliktvermeidungsziele subsumiert werden. Je höher die den sozialen Zielen beigemessene Priorität ausgeprägt ist, desto mehr Wert dürften Systemzentralen auf eine hohe **Beziehungsqualität** zu den Franchisenehmern legen.[73]

---

[70] Vgl. *Beyer, W.E.*, Franchising als Instrument zur „Festigung der Marktstellung", a.a.O., S. 219 ff.; *Kaub, E.*, Franchise-Systeme in der Gastronomie, a.a.O., S. 216 und S. 231 ff.

[71] Mit Blick auf die empirische Untersuchung werden Hypothesen hier nur für die Franchisenehmergerichteten *Rentabilitätsziele* formuliert. Auf eine Erhebung von finanziellen Zielen (Liquidität, Kapitalstruktur etc.) mußte aus Gründen einer notwendigen Beschränkung des Fragebogenumfangs verzichtet werden.

[72] Zudem sind dieser Zielkategorie interne, mitarbeitergerichtete Ziele der Systemzentrale zu subsumieren. Diese sollen hier jedoch nicht weiter berücksichtigt werden.

[73] Sydow und Windeler sprechen in diesem Zusammenhang auch vom sog. Beziehungskapital. Vgl. *Sydow J., Windeler, A.*, Über Netzwerke, virtuelle Integration und Interorganisationsbeziehungen, a.a.O., S. 8.

In der Literatur zum Franchising besteht Einigkeit darüber, daß dieser Zielkategorie ein besonderer, über den in klassischen Unternehmungen hinausgehender Stellenwert zukommt.[74] Diese Einschätzung beruht auf der Erkenntnis, daß die Franchisenehmer einen zentralen **Engpaßfaktor** für die dauerhafte Erreichung der Marktstellungsziele sowie der Rentabilitäts- und finanziellen Ziele bilden.[75]

Die Unterschiedlichkeit der fünf identifizierten Führungstypen legt jedoch den Schluß nahe, daß die Bedeutung der Beziehungsqualität nicht von allen Systemzentralen in gleichem Umfang anerkannt wird. Vor allem für ein führungsaverses und ein autoritär-minimalistisches Führungsverhalten muß angesichts der festgestellten Ausprägungen der strukturellen, technokratischen und personellen Führungsdimensionen angenommen werden, daß die Systemzentralen die Franchisenehmergerichteten sozialen Ziele deutlich niedriger gewichten, als dies bei den übrigen Führungstypen der Fall ist.[76] Damit kann der empirischen Untersuchung weiterhin die folgende Tendenzhypothese zugrunde gelegt werden:

H_{ZId}: Je geringer die den Franchisenehmergerichteten sozialen Zielen beigemessene Priorität seitens der Systemzentrale ausgeprägt ist, desto wahrscheinlicher ist ein führungsaverses oder autoritär-minimalistisches Führungsverhalten.

1.32 Absatzmarktgerichtete Systemführung als zentraler Einflußfaktor des innengerichteten Führungsverhaltens

Im Prozeß der strategischen Planung schließt sich an die Zielformulierung die Ableitung von Strategien und operativen Maßnahmen an.[77] Damit erfolgt der Brückenschlag zur absatzmarktgerichteten Führung von Franchisesystemen, die neben der Gestaltung der systeminternen Beziehungen den zweiten zentralen

---

[74] Vgl. die Zielübersicht bei *Beyer, W.E.*, Franchising als Instrument zur „Festigung der Marktstellung", a.a.O., S. 61 sowie explizit S. 215; *Tietz, B., Mathieu, G.*, Das Franchising als Kooperationsmodell für den mittelständischen Groß- und Einzelhandel, Köln u.a. 1979, S. 26; *Kaub, E.*, Franchise-Systeme in der Gastronomie, a.a.O., S. 214.

[75] Ähnlich argumentiert *Beyer, W.E.*, Franchising als Instrument zur „Festigung der Marktstellung", a.a.O., S. 214. Insofern stehen die sozialen Ziele in einer *Mittel-Zweck-Vermutung* zu den Marktstellungs- sowie den Rentabilitäts- und finanziellen Zielen.

[76] Beide Führungstypen sind durch eine im Typenvergleich geringe Partizipation, betriebswirtschaftliche Unterstützung der Franchisenehmer, Franchisenehmerorientierung und Kommunikationsintensität (letzteres vor allem für den führungsaversen Führtungstyp) gekennzeichnet. Vgl. hierzu im Detail die Ausführungen in Kap. B 2.32.

[77] Vgl. *Meffert, H.*, Marketing-Management. Analyse-Strategie-Implementierung, a.a.O., S. 25.

Teilbereich der Systemführung darstellt.[78] Dabei sind zunächst **marktteilnehmergerichtete Strategien** als Einflußfaktor der innengerichteten Systemführung zu untersuchen; zudem sollen Wechselwirkungen zwischen der maßnahmenbezogenen **Intensität der Marktdurchsetzung** des Franchisekonzepts durch die Systemzentrale und den innengerichteten Führungsaktivitäten analysiert werden.

1.321 Grundlegende Wirkungsbeziehungen zwischen Strategie und innengerichteter Führung von Franchisesystemen

In der Organisationstheorie wird der Analyse des Zusammenhangs von Strategie und Organisationsstruktur eines Unternehmens ein hoher Stellenwert beigemessen. Begründet durch die Untersuchungen Chandlers, der in Zeitreihenanalysen für amerikanische Industrieunter nehmen nachweisen konnte, daß unterschiedliche Organisationsstrukturen auf die jeweils verfolgte Wachstumsstrategie zurückzuführen sind[79], haben sich in der Nachfolge verschiedene Autoren konzeptionell und empirisch mit dem **Strategie-Struktur-Zusammenhang** beschäftigt. Die Ergebnisse dieser Studien lassen sich zu zwei zentralen Annahmen über die relevanten Wirkungsbeziehungen zusammenfassen:

Eine erste Gruppe von Arbeiten geht davon aus, daß zwischen Strategie und Struktur eines Unternehmens keine sequentiellen Beziehungen dergestalt bestehen, daß die Strategie eines Unternehmens einseitig dessen Organisationsstruktur beeinflußt.[80] Stattdessen werden wechselseitige Einflüsse zwischen Strategie und Struktur angenommen.[81] Insbesondere sind damit auch Wirkungen der Struktur auf die Strategie möglich („**Strategy follows structure**"), die primär auf eine Kanalisierungs- bzw. Filterfunktion der Organisationsstruktur

---

[78] Vgl. dazu die Systematisierung des Führungsbegriffs in Kap A 3 sowie *Meffert, H., Meurer, J.*, Marktorientierte Führung von Franchisesystemen, a.a.O., S. 5 f.

[79] Vgl. *Chandler, A.D.*, Strategy and Structure, Cambridge, Mass. 1962, insbes. S. 15.

[80] Vgl. *Miles, R.E., Snow, C.C.*, Organizational Strategy, Structure, and Process, New York 1978, S. 7 f.; *Hall, D.J., Saias, M.A.*, Strategy follows Structure!, in: SMJ, Vol. 1 (1980), No. 2, S. 150; *Schertler, W.*, Unternehmensorganisation, München, Wien 1982, S. 121 ff.

[81] Vgl. *Gaitanides, M.*, Strategie und Struktur: Zur Bedeutung ihres Verhältnisses für die Unternehmensentwicklung, in: ZfO, 54. Jg. (1985), Nr. 2, S. 116; *Gabele, E.*, Unternehmensstrategie und Organisationsstruktur, in: ZfO, 48. Jg. (1979), Nr. 4, S. 183 ff. und die dort jeweils angegebene Literatur.

für die der Strategieformulierung zugrunde liegenden Informations- und Kommunikationsprozesse zurückgeführt werden.[82]

Die zweite Gruppe von Arbeiten unterstellt dagegen im Sinne Chandlers einen unmittelbaren und kausalen Einfluß der Strategie auf die Struktur ("**Structure follows Strategy**"). Demnach sind Unternehmen dann effizient, wenn sie ihre Struktur jeweils so gestalten, daß die gewählte Strategie durch operative Maßnahmen bestmöglich umgesetzt werden kann ("**Fit-Konzept**"). Die Organisationsstruktur wird damit in einer Implementierungsfunktion für die Unternehmensstrategie gesehen.[83] Schreyögg erweitert den klassischen Strategie-Struktur-Zusammenhang, indem er auch eine strategieabhängige Ausgestaltung von **Führungssystemen** annimmt.[84] Dieser Auffassung soll auch in der vorliegenden Arbeit gefolgt werden; die Strategie eines Franchisesystems wird damit im Sinne einer "**Leadership follows Strategy**"-These als Einflußfaktor der innengerichteten Führung betrachtet.[85]

Hinsichtlich der dabei zu analysierenden Strategietypen wird eine Eingrenzung auf **abnehmergerichtete Wettbewerbsstrategien** vorgenommen. Diese umfassen nach Meffert langfristige Verhaltenspläne, die auf die Realisierung eines oder mehrerer Wettbewerbsvorteile im relevanten Markt gerichtet sind und stellen damit den zentralen Ansatzpunkt für die dauerhafte Profilierung eines Unternehmens respektive Franchisesystems im Wettbewerb dar.[86] Wettbewerbsvorteile können grundsätzlich über Innovations-, Qualitäts-, Markierungs,- Pro-

---

[82] Vgl. *Hall, D.J., Saias, M.A.*, Strategy follows Structure!, a.a.O., S. 156; *Schreyögg, G.*, Unternehmensstrategie: Grundfragen einer Theorie strategischer Unternehmensführung, Berlin, New York 1984, S. 128.

[83] Vgl. *Welge, M.K.*, Unternehmensführung, Bd. 2: Organisation, Stuttgart 1987, S. 200; *Kieser, A., Kubicek, H.*, Organisation, a.a.O., S. 423 f.

[84] Vgl. *Schreyögg, G.*, Unternehmensstrategie: Grundfragen einer Theorie strategischer Unternehmensführung, a.a.O., S. 128 ff.; ähnlich auch *Meffert, H.*, Marketing-Management. Analyse-Strategie-Implementierung, a.a.O., S. 368 ff. sowie *Meffert, H.*, Marketing und strategische Unternehmensführung - ein wettbewerbsorientierter Kontingenzansatz, Arbeitspapier Nr. 32 der Wissenschaftlichen Gesellschaft für Marketing und Unternehmensführung e.V., Meffert, H., Wagner, H. (Hrsg.), Münster 1986, S. 32 f.

[85] Ähnlich, wie dies bereits im Rahmen des Zielkapitels erläutert worden ist, folgt für die Systemzentrale aus ihrem vertraglich legitimierten Führerstatus die Möglichkeit, aber auch die Verpflichtung zur Festlegung und Weiterentwicklung einer für alle Systemmitglieder verbindlichen Gesamtstrategie des Franchisesystems. Vgl. dazu auch *Bauder, W.*, Der Franchise-Vertrag, a.a.O., S. 216 f.

[86] Vgl. *Meffert, H.*, Marketing-Management. Analyse-Strategie-Implementierung, a.a.O., S. 127. Die vorgenommene Eingrenzung erscheint vor diesem Hintergrund vertretbar.

grammbreiten- und Preisvorteile generiert werden.[87] Zusätzlich stellen aufgrund der schwerpunktmäßigen Verbreitung des Franchising im Dienstleistungs- und Handelsbereich Servicevorteile sowie Vorteile im Bereich der Standortpolitik und Ladengestaltung potentielle Profilierungsdimensionen von Franchisesystemen dar.[88]

Dabei erweist es sich bei der Kennzeichnung möglicher Führungseinflüsse der Profilierungsdimensionen als Schlüsselproblem, daß die vorliegenden Arbeiten zum Strategie-Struktur-Zusammenhang insbesondere den Einfluß von Diversifikationsstrategien auf die Wahl funktionaler oder divisionaler Strukturen thematisieren.[89] Demgegenüber sind Wirkungsbeziehungen von abnehmergerichteten Wettbewerbsstrategien auf weitere strukturelle sowie die technokratischen und personellen Führungsdimensionen bislang kaum und zudem nur mit Bezug auf klassische Unternehmenorganisationen, nicht aber für kooperative Systeme untersucht worden.[90]

Zu einer ersten Orientierung wird daher in der Tabelle 15 anhand von Plausibilitätsüberlegungen sowie unter Einbeziehung der wenigen einschlägigen Untersuchungen die tendenzielle Eignung der Führungstypen für die Umsetzung der sechs betrachteten Profilierungsdimensionen im Rahmen abnehmergerichteter Wettbewerbsstrategien beurteilt. Die Begründung der angenommenen Wirkungsbeziehungen ist Gegenstand des folgenden Kapitels.

---

[87] Vgl. *Meffert, H., Bruhn, M.*, Dienstleistungsmarketing: Grundlagen, Konzepte, Methoden, Wiesbaden 1995, S. 171; *Meffert, H.*, Marketing-Management. Analyse-Strategie-Implementierung, a.a.O., S. 126 f. Hinsichtlich der Profilierungsdimension Programmbreite ergibt sich das Problem, daß diese für Franchisesysteme im Dienstleistungsbereich die Breite und Tiefe des Leistungsprogramms, bei Systemen im Handelsbereich dagegen die Sortimentsbreite- und tiefe erfaßt. Da eine unmittelbare Vergleichbarkeit hier nicht gegeben ist, soll diese Dimension - bereits mit Blick auf die empirische Analyse - nachfolgend nicht weiter berücksichtigt werden.

[88] Vgl. *Meffert, H., Meurer, J.*, Marktorientierte Führung von Franchisesystemen, a.a.O., S. 13 ff.; *Kube, Ch.*, Erfolgsfaktoren von Filialsystemen, Diagnose und Umsetzung im Strategischen Controlling, Wiesbaden 1991, S. 135 f.; *Tietz, B.*, Handbuch Franchising: Zukunftsstrategien für die Marktbearbeitung, a.a.O., S. 230; *Kaub, E.*, Franchise-Systeme in der Gastronomie, a.a.O., S. 369.

[89] Vgl. *Miller, D.*, Configurations of Strategy and Structure: Towards a Synthesis, in: SMJ, Vol. 7 (1986), No. 3, S. 233; *Gaitanides, M.*, Strategie und Struktur: Zur Bedeutung ihres Verhältnisses für die Unternehmensentwicklung, a.a.O., S. 115.

[90] Vgl. dazu auch die kurze Synopse weiterführender Arbeiten bei *Miller, D.*, Relating Porter´s Business Strategies to Environment and Structure: Analysis and Performance Implications, in: Academy of Management Journal, Vol. 31 (1988), No. 2, S. 280 ff.

Wettb.vorteil Führungstyp	Innovations-vorteil	Qualitäts-vorteil	Markie-rungs-vorteil	Preis-/Kosten-vorteil	Service-vorteil	Standort-/Geschäftsstätten-vorteil
Rigide-hierarchienah	0	++	++	++	0	+
Partner-schaftlich-interaktiv	++	++	+	0	++	0
Liberal-vertrauens-basiert	+	–	0	0	++	–
Autoritär-minimalistisch	– –	0	0	++	–	0
Führungs-avers	–	– –	– –	0	– –	– –

angenommener Strategie-Führungs-Fit:	++ = sehr hoch + = hoch	0 = mittel	– = gering – – = sehr gering

Tab. 15: Hypothetische Kausalbeziehungen zwischen Wettbewerbsstrategie und innengerichteter Systemführung

1.322 Analyse des Führungseinflusses abnehmergerichteter Wettbewerbsstrategien von Franchisesystemen

Eine Profilierung über **Innovationsvorteile**, die zumeist mit einer ausgeprägten Risikoneigung und Flexibilität der Entscheidungsträger einher geht[91], basiert primär auf einem hohen Anteil neuer Produkte bzw. Dienstleistungen im Leistungsprogramm sowie der Besetzung von Pionierpositionen am Markt.[92] Innovationsgerichtete Wettbewerbsstrategien besitzen für Franchisesysteme besondere Bedeutung. Vielfach bilden von Klein- oder Mittelunter nehmen entwickelte innovative Produkt- und Dienstleistungsideen das auslösende Moment für die Gründung eines Franchisesystems.[93] Über die Multiplikation des Franchise-

---

[91] Vgl. *Bleicher, K.*, Organisation: Strategien, Strukturen, Kulturen, 2. Aufl., Wiesbaden 1990, S. 785 ff.

[92] Vgl. *Meffert, H.*, Marketing-Management. Analyse-Strategie-Implementierung, a.a.O., S. 127.

[93] Diese Beobachtung deckt sich mit empirischen Untersuchungen, wonach kleinere Unternehmen oftmals durch eine höhere Innovationskraft gekennzeichnet sind. Vgl. *Adams, W., Brock, J.W.*, Warum Großfirmen träge werden, Landsberg a.L. 1988, S. 67 ff. Vgl. auch die Übersicht über innovative Franchisekonzepte in *von Plüskow, H.-J.*, Franchise: 2500 Angebote für Existenzgründer, in: Impulse, 1995, Nr. 5, S. 109 ff.

konzepts kann - insbesondere bei bestehenden Kapitalrestriktionen - eine wesentlich schnellere Marktdurchdringung als beim Aufbau eines Filialsystems und damit die Errichtung von Markteintrittsbarrieren gegenüber Wettbewerbern erfolgen.[94] Dabei handelt es sich zumeist nicht um technologieintensive, mit hohen F&E-Aufwendungen verbundene Innovationen, sondern um spezifische Problemlösungen für neuartige Kundenbedürfnisse insbesondere im Dienstleistungssektor.[95]

Mit Blick auf die innengerichtete Systemführung stellt die dauerhafte Behauptung derartiger Innovationsvorteile insbesondere Anforderungen an die Ausgestaltung der strukturellen und personellen Führungsdimensionen. Steinmann und Schreyögg verweisen auf die besondere Bedeutung von individuellen Handlungsspielräumen, die Einräumung von Widerspruchsmöglichkeiten sowie die Hinnahme auch nicht unter nehmenskonformer Verhaltensweisen von Mitarbeitern in innovationsorientierten Unternehmen.[96] Miller betont zusätzlich die Eignung sog. **organischer Organisationsstrukturen** bei der Implementierung von Innovationsstrategien. Diese sind vor allem durch eine intensive Zusammenarbeit in Gremien und Projektgruppen, ein auf Experten- und nicht Bestrafungsmacht gestütztes Führungsverhalten sowie offene vertikale und horizontale Kommunikationsbeziehungen gekennzeichnet.[97]

Vor diesem Hintergrund können die in Franchisesystemen anzutreffenden Produkt- und Sortimentsbeiräte sowie zu Innovationszwecken gebildete Projektgruppen aus Franchisenehmern und Mitarbeitern der Systemzentrale wesentliche Triebkräfte bei der Weiterentwicklung des Leistungsprogramms darstellen, da sie eine systematische Einbeziehung der im direkten Markt- und Kundenkontakt stehenden Franchisenehmer in Innovationsprozesse ermöglichen.[98] Offene Kommunikationsbeziehungen gewährleisten darüber hinaus eine schnelle Diffu-

---

[94] Vgl. *Beyer, W.E.*, Franchising als Instrument zur „Festigung der Marktstellung", a.a.O., S. 156.

[95] Ähnlich argumentiert Tietz, der innovative Franchisekonzepte im Dienstleistungsbereich auf Nachfrageveränderungen zurückführt. Vgl. *Tietz, B.*, Handbuch Franchising: Zukunftsstrategien für die Marktbearbeitung, a.a.O., S. 6; vgl. auch *Preble, J.F., Hoffman, R.C.*, Competitive Advantage through Specialty Franchising, in: Journal of Services Marketing, Vol. 8 (1994), No. 2, S. 8 ff.

[96] Vgl. *Steinmann, H., Schreyögg, G.*, Management: Grundlagen der Unternehmensführung: Konzepte, Funktionen, Praxisfälle, a.a.O., S. 548.

[97] Vgl. *Miller, D.*, Configurations of Strategy and Structure: Towards a Synthesis, a.a.O., S. 245 f.

[98] Vgl. zu einer ähnlichen Argumentation *Beyer, W.E.*, Franchising als Instrument zur „Festigung der Marktstellung", a.a.O., S. 262 f.

sion von Ideen im System, vor allem aber einen unmittelbaren Wissens- und Ideentransfer von den Franchisenehmern zur Systemzentrale.

Beurteilt man die identifizierten Führungstypen hinsichtlich ihrer Kongruenz mit den von Steinmann und Schreyögg sowie Miller herausgearbeiteten Merkmalen einer innovationsadäquaten Führung, dann weisen insbesondere die **partnerschaftlich-interaktiv** geführten Systeme aufgrund der intensiven Gremienarbeit, einer untergeordneten Bedeutung von Sanktionen sowie der stark überdurchschnittlichen Kommunikationsintensität ein Führungsverhalten auf, das als unmittelbarer Ausdruck einer innovationsorientierten Wettbewerbsstrategie gedeutet werden kann. Demgegenüber erscheint vor allem der autoritär-minimalistische Führungstyp angesichts der Ausprägungsformen der strukturellen und personellen Führungsdimensionen, insbesondere einer innovationsfeindlichen Rigidität des Führungsverhaltens in Verbindung mit einer stark unterdurchschnittlichen Partizipation der Franchisenehmer, zur Umsetzung von Innovationsstrategien ungeeignet.[99]

In einem hinsichtlich der Implikationen für das Führungsverhalten engen Zusammenhang stehen Wettbewerbsstrategien, die auf die Erlangung von Qualitäts- und Markierungsvorteilen gerichtet sind. Bei einer ausgeprägten **Qualitätsorientierung** beruht die Profilierung im Wettbewerb auf dem Angebot von Produkten oder Dienstleistungen, die den spezifischen Konsumentenbedürfnissen in höherem Maße als konkurrierende Leistungsangebote entsprechen.[100] Zur Kennzeichnung der Führungseinflüsse ist dabei die Differenzierung zwischen dem objektiven und dem subjektiven Qualitätsbegriff von zentraler Bedeutung. Während bei dem für die faktische Profilierung letztlich entscheidenden **subjektiven** Qualitätsbegriff die Qualität als Erfüllungsgrad eines Konsumentenbedürfnisses interpretiert wird, erfolgt beim **objektiven** oder technischen Qualitätsbegriff gleichsam eine Übersetzung von Leistungsanforderungen in technische Normen und Standards. Damit kann im Rahmen von Qualitätssicherungssystemen eine systematische Qualitätssteuerung erfolgen.[101]

---

[99] Vgl. hierzu auch die detaillierte Beschreibung des Führungstyps in Kap. B 2.324.

[100] Vgl. hierzu und im folgenden *Meffert, H.*, Marketing-Management. Analyse-Strategie-Implementierung, a.a.O., S. 129.

[101] Vgl. *Shetty, Y.K.*, Product Quality and Competitive Strategy, in: Business Horizons, Vol. 30 (1987), No. 3, S. 51 f.

Diese erweist sich in Franchisesystemen vor allem dann als von essentieller Bedeutung, wenn die Leistungserstellung dezentral durch die Franchisenehmer erfolgt, die Systemzentrale dementsprechend den Erstellungsprozeß also nicht direkt steuern kann.[102] Eine derartige Verlagerung der Leistungserstellungsfunktion in die Franchisenehmerwertkette ist aber regelmäßig bei Systemen im **Dienstleistungsbereich** gegeben.[103] Im Führungskontext rücken damit zunächst Kontrollaspekte in den Vordergrund. Hier ist bei qualitätsorientierten Wettbewerbsstrategien zu erwarten, daß Systemzentralen im Franchisehandbuch präzise und umfassende Verfahrensstandards formulieren und deren Einhaltung durch die Franchisenehmer und deren Betriebspersonal im Rahmen von regelmäßigen Verhaltenskontrollen überprüfen.[104]

Zudem dürfte von speziell auf das individuelle Stärken-Schwächen-Profil der Franchisenehmer ausgerichteten Schulungen und Trainingsprogrammen sowie der Erörterung von Qualitätsfragen in Produkt- und Marketingbeiräten eine wichtige Qualitätssicherungsfunktion ausgehen.[105] Schließlich dürfte sich eine Profilierung über Qualitätsvorteile vermutlich nur dann dauerhaft durchsetzen lassen, wenn die Systemzentrale bei wiederholten Verletzungen von Standards durch einzelne Franchisenehmer bereit ist, diesen durch geeignete Sanktionen zu begegnen.[106] Diesen komplexen Anforderungen an die Umsetzung von Qualitätsvorteilen im Rahmen der innengerichteten Führung dürften lediglich der **rigide-hierarchienahe** und der **partnerschaftlich-interaktive** Führungstyp genügen, wobei letzterer eine Schwerpunktsetzung im Bereich individualisierter Schulungs- und Trainingsprogramme sowie der Gremienarbeit aufweist, während rigide-hierarchienah führende Systemzentralen Kontroll- und Sanktionsmechanismen eine relativ höhere Bedeutung beimessen.[107]

---

[102] Vgl. *Hoffman, R.C., Preble, J.F.,* Franchising: Selecting a Strategy for Rapid Growth, a.a.O., S. 76.

[103] Vgl. *Meffert, H., Meurer, J.,* Marktorientierte Führung von Franchisesystemen, a.a.O., S. 3.

[104] So werden z.B. die Franchisenehmer von McDonald´s regelmäßig durch Inspektoren - teilweise in Zusammenarbeit mit Lebensmittelinstituten - hinsichtlich der Einhaltung der sog. Q.S.C. & V.-Standards (Quality, Speed, Cleanliness & Value) kontrolliert. Vgl. *Sydow, J.,* Strategische Netzwerke: Evolution und Organisation, a.a.O., S. 31.

[105] Vgl. allgemein zur Bedeutung der Gremienarbeit im Bereich der Qualitätssicherung *Scharrer, E.,* Qualität - ein betriebswirtschaftlicher Faktor, in: ZfB, 61. Jg. (1991), Nr. 7, S. 712.

[106] Vgl. dazu auch die Ausführungen in Kap. B 1.34.

[107] Insofern liegt beim partnerschaftlich-interaktiven Führungstyp eine Substitution von Kontroll- und Bestrafungsmechanismen durch eine stärkere Systemintegration vor.

Eine Profilierung über **Markierungsvorteile** erlangt wettbewerbsstrategisch vor allem dann Bedeutung, wenn Leistungsangebote aus Abnehmersicht durch eine relativ starke Homogenität gekennzeichnet sind, objektive Leistungsvorteile demgemäß also nur schwierig zu erlangen sind. Die Wettbewerbsprofilierung kann in derartigen Situationen über eine psychologische Differenzierung erfolgen, die im wesentlichen auf dem **Image** von Produkten oder Dienstleistungen beruht.[108] Auf Markierungsvorteile gerichtete Wettbewerbsstrategien stellen damit naturgemäß hohe Anforderungen an die absatzmarktgerichtete Systemführung. Franchisesysteme wie OBI, McDonald´s, PORST oder TUI zeigen hier, wie insbesondere durch integrierte kommunikationspolitische Maßnahmen Aufbau und Pflege von Firmen- bzw. Systemmarken erfolgreich betrieben werden können.

Wie oben bereits angedeutet, sind die Implikationen für die innengerichtete Systemführung mit denen bei Verfolgung qualitätsorientierter Strategien vergleichbar.[109] Zusätzlich dürfte jedoch eine weitgehende Autonomiebeschränkung der Franchisenehmer bei der Konzeption und Realisierung eigener Marketingaktivitäten erforderlich sein, da nur auf diesem Wege eine vollständige Integration aller absatzmarktgerichteten Aktivitäten des Systems sicherzustellen ist.[110] Ein derartiges Ausprägungsmuster der Führungsdimensionen weisen aber lediglich die **rigide-hierarchienah** geführten Systeme auf, die bei einer stark überdurchschnittlichen Vorgabe und Kontrolle von Marketingstandards ihren Franchisenehmern zwar im Bereich der betriebswirtschaftlich-organisatorischen Führung ihres Betriebes, nicht aber bei der Durchführung eigener absatzpolitischer Maßnahmen größere Handlungsspielräume belassen.[111]

---

[108] Vgl. *Meffert, H.*, Marketing-Management. Analyse-Strategie-Implementierung, a.a.O., S. 134.

[109] So ist als Grundvoraussetzung einer Markenprofilierung ebenfalls eine hohe Produkt- bzw. Dienstleistungsqualität erforderlich. Im Rahmen der innengerichteten Systemführung muß daher insbesondere die Erfüllung von Qualitätsstandards durch die Franchisenehmer sichergestellt werden, so daß Kontroll- und Schulungsaktivitäten wesentliche Bedeutung zukommt.

[110] Dies soll an einem Praxis-Beispiel erläutert werden, das dem Verfasser vertraulich im Rahmen der Expertengespräche mitgeteilt wurde: Hier begann ein Franchisenehmer eines Home Delivery-Services damit, die üblicherweise auf Hochglanzpapier gedruckten Speisekarten auf drucktechnisch deutlich minderwertigem Recyclingpapier zu fertigen. Gleichzeitig wurde die Auslieferung nur noch mit Fahrrädern vorgenommen. Diese Maßnahmen zielten angesichts der primär studentischen Zielgruppe auf eine lokale Umpositionierung der Marke in Richtung einer stärkeren Umweltorientierung, die aber der nationalen Markenpositionierung deutlich zuwiderlief.

[111] Vgl. dazu auch die detaillierte Beschreibung des Führungstyps in Kap. B 2.32. Die partnerschaftlich-interaktiv geführten Systeme nehmen dagegen eine etwas stärkere Flexibilisierung von Marketingstandards bei gleichzeitig signifikant niedrigerer Intensität von Verhaltenskontrollen vor. Im Gegensatz zur Qualitätsorientierung erscheint bei Verfolgung von Markierungs-

Gänzlich andere Konsequenzen für das Führungsverhalten lassen sich für eine **preisorientierte** Wettbewerbsstrategie kennzeichnen, bei der eine Profilierung eindimensional über in Relation zur Konkurrenz niedrigere Preise angestrebt wird. Preisorientierte Strategien sind insofern eindeutig gegenüber den bislang beschriebenen Wettbewerbsvorteilen abzugrenzen, bei denen jeweils relative Leistungsvorteile angestrebt werden. Dabei wird vorausgesetzt, daß Niedrigpreisstrategien mit der Existenz einer ebenfalls wettbewerbsüberlegenen **Kostenposition** einher gehen, so daß die Möglichkeiten zur Realisierung von Kostenvorteilen in den Vordergrund der Strategiediskussion rücken.[112]

Die Analyse von **Kostensenkungspotentialen** erlangt in Franchisesystemen eine besondere Komplexität, da nicht eine einzelne Marktstufe, sondern ein vertikales System Gegenstand kostensenkender Maßnahmen ist. Zudem müssen Branchenunterschiede in die Analyse einbezogen werden. So läßt sich etwa die klassischerweise aus der Perspektive von Herstellerunternehmen vorgenommene Untersuchung der Quellen potentieller Kostenvorteile mit der Fokussierung auf **Produktionsprozesse** lediglich auf solche Franchisesysteme übertragen, die über ihre Franchisenehmer die in eigenen Produktionsstätten hergestellten Waren vertreiben.[113]

Hier dürften mit der Steigerung der Produktionsmenge einher gehende **Skaleneffekte** zweifellos eine wichtige Rolle einnehmen. Bei dezentraler Leistungserstellung, wie sie in den im Dienstleistungssektor operierenden Systemen besteht, besitzen Skaleneffekte dagegen eine geringe, weil im wesentlichen auf den einzelnen Franchisenehmerbetrieb begrenzte Bedeutung.[114] Zudem bestehen Kostensenkungspotentiale im Beschaffungsbereich, im Bereich der Vertriebslogistik sowie im administrativen Bereich. Dabei ist jedoch zu berücksichtigen, daß Kostenvorteile hier primär gegenüber weniger stark integrierten Kooperationsformen, nicht aber gegenüber Filialsystemen realisiert werden können, die

---

vorteilen eine Substitution von Kontrollen durch eine stärkere Systemintegration nur bedingt möglich.

[112] Vgl. *Meffert, H.*, Marketing-Management. Analyse-Strategie-Implementierung, a.a.O., S. 135 ff.

[113] Dies gilt z.B. für Franchisesysteme in der Textilbranche, die vielfach über eigene Produktionsstätten verfügen.

[114] Vgl. zur eingeschränkten Bedeutung von Größenvorteilen im Dienstleistungsbereich *Meffert, H., Bruhn, M.*, Dienstleistungsmarketing: Grundlagen, Konzepte, Methoden, a.a.O., S. 174; *Meffert, H.*, Marktorientierte Führung von Dienstleistungsunternehmen, a.a.O., S. 529.

Vorteile z.B. einer zentralisierten Beschaffung in identischer Weise nutzen können.[115]

Mit Blick auf den vertikalen Systemcharakter ist von wesentlicher Bedeutung, daß eine **Preisbindung** der nachgelagerten Marktstufe auch in Franchisesystemen wettbewerbsrechtlich untersagt ist.[116] Somit können niedrige Preise von der Systemzentrale nur dann wirksam durchgesetzt werden, wenn die Franchisenehmer eine im Vergleich zu lokalen Wettbewerbern vorteilhafte Kostenposition aufweisen. Andernfalls ist kaum zu erwarten, daß die von der Systemzentrale ausgesprochenen, auf eine Preisführerschaft ausgerichteten Preisempfehlungen von den Franchisenehmern dauerhaft übernommen werden. Hierin dürfte zweifellos ein zentrales Problem preisorientierter Strategien in Franchisesystemen liegen. Die Sicherstellung einer günstigen Kostenposition der Franchisenehmer stellt einerseits hohe Anforderungen an das Franchisekonzept[117], andererseits aber auch an das **Kostenmanagement** der Franchisenehmerbetriebe, auf das die Systemzentralen insbesondere durch die technokratischen Formen der Verhaltensbeeinflussung einwirken können. Damit ist die Umsetzung preis- bzw. kostenorientierter Strategien angesprochen.

Diese kann sich - entsprechend der in der Literatur vorherrschenen Auffassung - einerseits in einer straffen, filialsystemähnlichen Führung mit intensiver betriebswirtschaftlicher Steuerung der Franchisenehmer über entsprechende Planungs- und Kontrollinstrumente manifestieren, um hierüber Ineffizienzen im System frühzeitig zu lokalisieren. Dieses Implementierungsmuster würde zur Realisierung eines **rigide-hierarchienahen** Führungsverhaltens führen, bei dem hinsichtlich sämtlicher technokratischer Führungsdimensionen stark überdurchschnittliche Ausprägungen bestehen.[118] Andererseits offenbaren aber Praxisbei-

---

[115] Im Gegensatz dazu spricht Tietz von allgemein geringeren Betriebskosten des Franchisegebers im Vergleich zu Filialsystemen und begründet dies allein über Standardisierungsvorteile. Diese bestehen indes auch bei Filialsystemen, so daß die Begründung nicht zwingend erscheint. Vgl. *Tietz, B.*, Handbuch Franchising: Zukunftsstrategien für die Marktbearbeitung, a.a.O., S. 27 f.

[116] Vgl. *Wessels, A.M.*, Alles, was Recht ist, in: Franchise International, o. Jg. (1993), Nr. 1, S. 139; *Flohr, E. (Hrsg.)*, Franchise-Handbuch: Recht, Steuern, Versicherungen, Finanzierung, a.a.O., S. 74.

[117] Dies gilt insbesondere für das die internen Betriebsabläufe beim Franchisenehmer regelnde Leistungserstellungssystem als Element des Franchisekonzepts.

[118] Es sei an dieser Stelle darauf verwiesen, daß auch die partnerschaftlich-interaktiv geführten Systeme einen intensiven Einsatz von Planungs- und Kontrollinstrumenten aufweisen. Die Gesamtkonstellation der Führungsdimensionen bei diesem Führungstyp, primär die mit hohem Aufwand verbundene Gremienarbeit, die Durchführung von Zufriedenheitserhebungen bei den

spiele, daß Systemzentralen bei der Umsetzung von Kostenführerschaftsstrategien z.T. den Einsatz verschiedener Führungsinstrumente bewußt reduzieren, um damit Kostensenkungspotentiale auch im administrativen Bereich zu realisieren.[119] Dies kann sich vor allem in einer mit nur geringer Intensität oder durch vergleichsweise wenig qualifizierte Mitarbeiter durchgeführten dezentralen Betreuung der Franchisenehmer, geringen Schulungs- und Trainingsaktivitäten, aber auch in einer nur wenig entwickelten Gremienarbeit bzw. Partizipation äußern.[120] Derartige Verhaltensmuster zeigen sich aber bei den **autoritär-minimalistisch** geführten Systemen, deren Führungsverhalten ebenfalls als Ausdruck kostenorientierter Strategien interpretiert werden kann.

Über die klassischen, im Herstellerbereich relevanten Wettbewerbsvorteile hinaus bieten **Servicevorteile** in Franchisesystemen eine wichtige Option zur Profilierung im Wettbewerb. Mit Tietz soll dabei ein konzeptionell enger Servicebegriff zugrunde gelegt werden, der am Faktor **Personal** anknüpft.[121] Wettbewerbsvorteile können hier einerseits in einer intensiven persönlichen Bedienung und Beratung der Kunden, andererseits in einem flexiblen Eingehen auf Kundenwünsche durch den Franchisenehmer und dessen Personal bestehen. Eine hohe Serviceintensität ist insofern in einem direkten Zusammenhang zur **Kundenbindung** auf der Ebene des Franchisenehmerbetriebes zu sehen.[122]

Franchisenehmern sowie die Individualisierung von Schulungs- und Trainingsprogrammen, deuten hier jedoch nicht auf eine preis- bzw. kostenorientierte Strategie.

[119] Als Beispiel läßt sich das im Bereich Aus- und Weiterbildung tätige Franchisesystem „Schülerhilfe" anführen. Vgl. hierzu auch *Sydow, J.*, Franchisingsysteme als strategische Netzwerke - Über das Warum des Franchising hinaus, a.a.O., S. 35. Sydow diagnostiziert für dieses System eine nur geringe Kopplungsintensität zwischen Systemzentrale und Franchisenehmern. Dabei ist zu berücksichtigen, daß Kostenvorteile hier beim Franchisegeber realisiert werden. Diese können aber in Form geringerer Franchisegebühren oder niedrigerer Bezugspreise für die vom Franchisegeber bezogenen Waren an die Franchisenehmer weitergegeben werden, so daß deren Kostenstruktur indirekt verbessert wird.

[120] In den Expertengesprächen wurde deutlich, daß die Gremien- und Beiratsarbeit, die Arbeit in Erfa-Gruppen, die Schulung von Franchisenehmern und insbesondere die persönliche, dezentrale Betreuung der Franchisenehmer durch qualifizierte Mitarbeiter wesentliche kostentreibende Kräfte im Rahmen der innengerichteten Systemführung darstellen.

[121] Vgl. *Tietz, B.*, Handbuch Franchising: Zukunftsstrategien für die Marktbearbeitung, a.a.O., S. 230.

[122] Ähnlich argumentiert Kube, der jedoch einen weiter gefaßten Servicebegriff zugrunde legt. Vgl. *Kube, Ch.*, Erfolgsfaktoren von Filialsystemen, Diagnose und Umsetzung im Strategischen Controlling, a.a.O., S. 144 f.

Die besondere Eignung des Franchising zur Umsetzung von Servicevorteilen erklärt sich aus dem Status der Franchisenehmer, die grundsätzlich im Gegensatz zu angestellten Filialleitern aufgrund der unmittelbaren Verknüpfung von Eigenleistung und Erfolg ein elementares Interesse am Aufbau und der Pflege von Kundenbeziehungen besitzen dürften. Insoweit kann man von einer **Systemimmanenz der Servicekomponente** im Franchising sprechen. Dennoch zeigen auch hier Praxisbeispiele, daß im Rahmen der systemübergreifenden Wettbewerbsstrategie einer Profilierung über Servicevorteile durchaus ein unterschiedlicher Stellenwert beigemessen wird.[123]

Mit Bezug zur Systemführung ist anzunehmen, daß bei einer angestrebten Profilierung über Servicevorteile der Auswahl sowie der laufenden Verkaufs- und Marketingschulung der Franchisenehmer und deren Personal zentrale Bedeutung zukommt. Weiterhin dürfte eine intensive horizontale Kommunikation dazu beitragen, daß sog. „best practices" im System schneller diffundieren können.[124] Soweit über die **Bedienungs- und Beratungskomponente** hinaus auch eine flexible Erfüllung von Kundenwünschen sichergestellt werden soll, sind hierzu Handlungsspielräume für die Franchisenehmer erforderlich. Daher kann angenommen werden, daß **Flexibilitätsvorteile** mit einer gewissen Lockerung von Standards einher gehen, welche die Franchisenehmer in die Lage versetzen, eine moderate Anpassung ihrer Marktbearbeitung an lokale Gegebenheiten vorzunehmen.[125]

Stellt man dieses Anforderungsprofil wiederum den fünf identifizierten Führungstypen gegenüber, dann dürfte ein **partnerschaftlich-interaktives** Führungsverhalten in besonderem Maße mit der Betonung der Bedienungs- und Beratungskomponente korrespondieren, während der **liberal-vertrauensbasierte** Füh-

---

[123] Vgl. *Tietz, B.*, Handbuch Franchising: Zukunftsstrategien für die Marktbearbeitung, a.a.O., S. 230. Tietz führt hier als Beispiel die auf persönliche Bedienung und Beratung der Kunden ausgerichtete Strategie des Franchisesystems „Ihr Platz" (Drogeriekette) an.

[124] Hierunter sind z.B. bestimmte Bedienungs- oder Auftragsabwicklungsverfahren und -abläufe zu verstehen, die sich besonders gut in einem System bewährt haben. Die Expertengespräche verdeutlichten hier, daß derartige kontinuierliche Verbesserungen sehr schnell zwischen den Franchisenehmern weitergegeben werden, soweit über einen Gebietsschutz der Intra-Systemwettbewerb ausgeschaltet ist. Organisationales Lernen vollzieht sich insofern in Franchisesystemen zu einem wesentlichen Teil horizontal, d.h. zwischen den Franchisenehmern.

[125] Eine derartige Lockerung bzw. bewußte Nicht-Formulierung von Standards kann sich z.B. auf die Öffnungszeiten - soweit die Betriebe nicht unter das Ladenschlußgesetz fallen - sowie die Möglichkeit zur eigenständigen Anpassung der Personalintensität durch den Franchisenehmer beziehen.

rungstyp aufgrund der bewußten Lockerung von Marketingstandards bei Verfolgung von serviceorientierten Strategien mit Dominanz der Flexibilitätskomponente eine hohe Eignung aufzuweisen scheint.

Als letzte mögliche Profilierungsdimension sollen schließlich Vorteile betrachtet werden, die aus der **Ladengestaltung** der Franchisenehmerbetriebe in Verbindung mit der Standortwahl resultieren.[126] Eine derartige Profilierung ist per se für Franchisesysteme im Handelsbereich möglich, zusätzlich aber auch für stationär erbrachte Dienstleistungen, bei denen die Leistungserbringung im Ladenraum des Franchisenehmers erfolgt.[127] Wettbewerbsvorteile beruhen hier auf einer aus Konsumentensicht präferierten **Geschäftsatmosphäre**, die auf der ganzheitlichen Wirkung der vielfältigen, im Bereich der Ladengestaltung zur Verfügung stehenden Gestaltungselemente basiert und der Geschäftsstätte ein spezifisches Image verleiht.[128] Wesentliche Bedeutung kommt dabei sog. **erlebnisorientierten Betreibungskonzepten** zu, die bei aktuellen und potentiellen Kunden „relativ intensive, und zwar angenehme Wahrnehmungen und Empfindungen"[129] hervorrufen.

Eine Profilierung über die Atmosphäre und das Image der Franchisenehmerbetriebe tangiert in erster Linie die Ausgestaltung des Franchisekonzepts in der Gründungsphase eines Systems und besitzt insofern den Charakter einer **konstitutiven**, im Systemlebenszyklus meist nur graduell veränderbaren Entscheidung. Implikationen für die innengerichtete Systemführung ergeben sich insbesondere mit Blick auf die Autonomie der Franchisenehmer sowie die Durchführung von Verhaltenskontrollen. So ist zum einen über die Formulierung detaillierter, die Ladengestaltung regelnder Standards zu gewährleisten, daß sämtliche

---

[126] Wird die Ladenraumgestaltung von einigen Autoren unter marketinginstrumentellen Gesichtspunkten behandelt, so weist Kube ausdrücklich auf den strategischen Charakter hin, der in Zusammenhang mit der Standortwahl zusätzliche Evidenz gewinnt. Dabei besteht eine enge Verwandtschaft zur sog. Betriebstypenstrategie. Vgl. *Kube, Ch.*, Erfolgsfaktoren von Filialsystemen, Diagnose und Umsetzung im Strategischen Controlling, a.a.O., S. 135.

[127] Als Beispiele seien hier im Franchising betriebene Sonnenstudios sowie der gesamte, dem Dienstleistungsbreich im weitesten Sinne zuzurechnende Gastronomiebereich genannt.

[128] Vgl. *Donovan, R.J., Rossiter, J.R.*, Store Atmosphere: An Environmental Psychology Approach, in: JoR, Vol. 58 (1982), No. 1, S. 34 ff.; *Diller, H., Kusterer, M.*, Erlebnisbetonte Ladengestaltung im Einzelhandel - Eine empirische Studie, in: Handelsforschung 1986, Jahrbuch der Forschungsstelle für den Handel Berlin (FfH) e.V., Bd. 1, Trommsdorff, V. (Hrsg.), Heidelberg 1986, S. 108.

[129] *Silberer, G.*, Die Bedeutung und Messung von Kauferlebnissen im Handel, in: Handelsforschung 1989 - Grundsatzfragen, Jahrbuch der Forschungsstelle für den Handel Berlin (FfH) e.V., Trommsdorff, V. (Hrsg.), Wiesbaden 1989, S. 61.

Gestaltungselemente des Betreibungskonzeptes stringent auf das angestrebte Geschäftsstättenimage hin ausgerichtet werden. Zum anderen ist über Kontrollen der Franchisenehmerbetriebe vor Ort dafür Sorge zu tragen, daß das äußere Erscheinungsbild sowie die gesamte Innenraumgestaltung dauerhaft diesen Standards entsprechen.[130] Das Anforderungsprofil ähnelt damit dem bei Verfolgung qualitäts- und insbesondere markierungsorientierter Strategien, so daß der Realisierung eines **rigide-hierarchienahen** Führungstyps auch hier eine besondere Bedeutung zukommen dürfte.

Zusammenfassend offenbart die Analyse potentieller Wettbewerbsvorteile und ihrer Konsequenzen für die innengerichtete Systemführung, daß der partnerschaftlich-interaktive sowie der rigide-hierarchienahe Führungstyp den vergleichsweise breitesten **Strategie-Führungs-Fit** aufweisen, während eine liberal-vertrauensbasierte und autoritär-minimalistische Systemführung nur selektiv, d.h. zur Implementierung einzelner Wettbewerbsvorteile geeignet erscheinen (vgl. auch Tab. 15). Ein führungsaverses Verhalten schließlich kann gemäß den theoretischen Überlegungen nicht als Ausdruck einer spezifischen Strategie gedeutet werden. Damit läßt sich die folgende Basishypothese formulieren:

H$_{STRA}$: Die abnehmergerichtete Wettbewerbsstrategie eines Franchisesystems liefert einen Erklärungsbeitrag für die Existenz der identifizierten Führungstypen, d.h. die Führungstypen unterscheiden sich signifikant hinsichtlich der Art (Profilierungsfokus) und Anzahl (Profilierungsbreite) der in den entsprechenden Franchisesystemen realisierten Wettbewerbsvorteile.

Weiterhin sollen auf Basis der vorstehenden Ergebnisse folgende **Tendenzhypothesen** im Rahmen der empirischen Analyse überprüft werden:

H$_{STRAa}$: Je stärker Franchisesysteme eine Wettbewerbsprofilierung über Innovationsvorteile realisieren, desto eher verfolgen die Systemzentralen ein partnerschaftlich-interaktives Führungsverhalten.

H$_{STRAb}$: Je stärker eine Wettbewerbsprofilierung über Qualitätsvorteile ausgeprägt ist, desto eher realisieren Systemzentralen ein rigide-hierarchienahes oder partnerschaftlich-interaktives Führungsverhalten.

---

[130] Derartige Verhaltenskontrollen sind z.B. regelmäßig auf den allgemeinen Zustand und die Sauberkeit des unmittelbaren Umfeldes, der Fassade sowie des Innenraums des Franchisenehmerbetriebes gerichtet. Zu einer detaillierten Auflistung aller relevanten Kontrollbereiche vgl. den exemplarischen Aufbau eines Kontrollberichts bei *Tietz, B.*, Handbuch Franchising: Zukunftsstrategien für die Marktbearbeitung, a.a.O., S. 411.

H$_{STRAc}$: Je stärker sich die Profilierung im Wettbewerb auf Markierungsvorteile stützt, desto eher wird von seiten der Systemzentralen ein rigide-hierarchienaher Führungstyp verfolgt.

H$_{STRAd}$: Je stärker sich die Wettbewerbsprofilierung auf Kosten- bzw. Preisvorteile stützt, desto eher wird ein rigide-hierarchienahes oder autoritär-minimalistisches Führungsverhalten realisiert.

H$_{STRAe}$: Je größer die Bedeutung von Servicevorteilen im Rahmen der abnehmergerichteten Wettbewerbsstrategien ausgeprägt ist, desto eher verfolgen Systemzentralen ein liberal-vertrauensbasiertes oder partnerschaftlich-interaktives Führungsverhalten.

H$_{STRAf}$: Je stärker sich die Wettbewerbsprofilierung auf die Geschäftsstättenatmosphäre stützt, desto eher wird ein rigide-hierarchienahes Führungsverhalten durch die Systemzentralen praktiziert.

1.323 Wechselwirkungen zwischen operativer Marktdurchsetzung des Franchisekonzepts und innengerichteter Systemführung

Die Durchsetzung der abnehmergerichteten Wettbewerbsstrategien am Markt erfolgt über operative Marketingmaßnahmen. Hierzu steht Franchisesystemen das gesamte Spektrum von Marketinginstrumenten zur Verfügung, das von der Kommunikationspolitik über die Produkt- und Sortimentspolitik, die Preis- und Konditionenpolitik bis hin zu logistischen Maßnahmen reicht.[131] Erweiterungen und strukturelle Unterschiede des absatzpolitischen Instrumentariums ergeben sich jedoch aus der Zugehörigkeit von Franchisesystemen zum Dienstleistungssektor bzw. zum Handel.[132] Die Marktdurchsetzung der Systemstrategie erfolgt dabei grundsätzlich **arbeitsteilig** zwischen der Systemzentrale und den Franchisenehmern. Dabei können **drei Maßnahmenschwerpunkte** unterschieden werden:[133]

---

[131] Vgl. *Tietz, B.*, Handbuch Franchising: Zukunftsstrategien für die Marktbearbeitung, a.a.O., S. 221 f. Eine Ausnahme bildet hier lediglich der dem Bereich der Distributionspolitik zu subsumierende Entscheidungstatbestand der Absatzwegewahl, der durch die Entscheidung für eine Franchisierung bereits prädisponiert ist.

[132] Vgl. zu den in diesen Branchenkontexten jeweils zur Verfügung stehenden Instrumenten *Meffert, H.*, Marktorientierte Führung von Dienstleistungsunter nehmen, a.a.O., S. 530 ff.; *Hansen, U.*, Absatz- und Beschaffungsmarketing des Einzelhandels, Göttingen 1990, S. 173 ff.; *Oehme, W.*, Handels-Marketing. Entstehung, Aufgabe, Instrumente, München 1983, S. 73 ff.

[133] Vgl. *Meffert, H., Meurer, J.*, Marktorientierte Führung von Franchisesystemen, a.a.O., S. 17 ff.

1. **Direkt** auf den Absatzmarkt gerichtete Marketingaktivitäten der Systemzentrale z.B. in Form von nationalen Werbekampagnen, Sponsoringaktivitäten oder der Einführung eines zentralen Beschwerdemanagement.

2. **Marketingunterstützungsmaßnahmen** der Systemzentrale für die Franchisenehmer z.B. in Form von Verkaufsörderungsmaßnahmen, Konzepten für regionale Werbemaßnahmen sowie Corporate Identity-Maßnahmen.[134] Dabei handelt es sich aus der Perspektive der Systemzentrale um eine **indirekte** Form der Marktdurchsetzung, deren Effektivität maßgeblich davon abhängt, wie intensiv die Unterstützungsmaßnahmen von seiten der Franchisenehmer zu deren regionaler oder lokaler Profilierung genutzt werden.

3. Eigene, über die Nutzung o.g. Unterstützungsmaßnahmen der Systemzentrale hinausgehende, lokale oder regionale **Marketingaktivitäten der Franchisenehmer** insbesondere im Bereich der Kommunikationspolitik.[135]

Im Führungskontext soll untersucht werden, ob und gegebenfalls welche Zusammenhänge zwischen den von der Systemzentrale ergriffenen Marketingmaßnahmen und der innengerichteten Verhaltensbeeinflussung der Franchisenehmer bestehen. Dem liegt der Gedanke zugrunde, daß die Marketingmaßnahmen Ausdruck der **instrumentellen Durchsetzung** der Systemstrategie am Markt, die Führungsdimensionen dagegen Ausdruck der instrumentellen Durchsetzung des verfolgten Führungstyps nach innen, gegenüber den Franchisenehmern, sind. Während sich kausale Einflüsse - wie zuvor gezeigt - lediglich auf der Ebene von Strategien und Führungstypen kennzeichnen lassen, rückt bei Betrachtung der Maßnahmenebene die Frage in den Vordergrund, ob die **Intensität** von absatzmarkt- und innengerichteter Strategiedurchsetzung stets durch ein symmetrisches Verhältnis gekennzeichnet ist, oder ob auch asymmetrische Relationen bestehen können.

Unter Verwendung der in Kapitel B 2.34 abgeleiteten Intensitätsskala der Verhaltensbeeinflussung ergibt sich die in der Abbildung 18 dargestellte Matrix. Darin sind vier mögliche **Intensitäts-Relationen** zwischen markt- und innengerichteter Systemführung abgetragen. Die Relationen A und C beschreiben ein jeweils symmetrisches, die Relationen B und D dagegen ein asymmetrisches Verhältnis von markt- und innengerichteter Strategiedurchsetzung.

---

[134] Vgl. die Aufstellungen bei *Boehm, H.*, Die Betreuung von Franchise-Nehmern, in: Jahrbuch Franchising 1992, Deutscher Franchise-Verband (Hrsg.), a.a.O., S. 209 ff.; *Siebers, S.*, Mehr Power beim Start, in: Franchise International, o. Jg. (1995), Nr. 1, S. 150.

[135] Hierunter können z.B. kleinere PR- oder Sponsoringaktivitäten von Franchisenehmern in ihrem lokalen Wettbewerbsumfeld fallen.

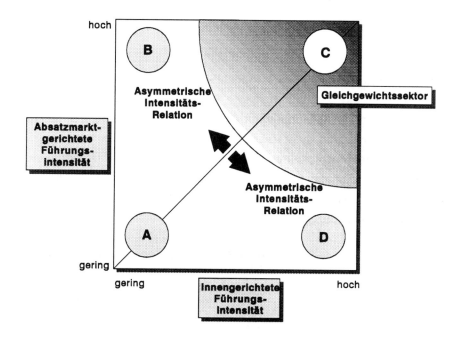

Abb. 18: Intensitäts-Relationen zwischen absatzmarkt- und innengerichteter Systemführung

Relationen vom Typ A dürften mittelfristig zum **Ausssscheiden** des Systems im Wettbewerb führen, da die Systemzentrale ihre Führungsfunktion nach außen und innen vollständig vernachlässigt.[136] Ferner ist anzunehmen, daß auch Relationen vom Typ B und D jeweils nur während eines **begrenzten Zeitraums** realisiert werden können. So kann etwa in Wachstumsphasen die Marktdurchsetzung des Systems temporär ein deutliches Übergewicht gegenüber der innengerichteten Führung erlangen. Der Aufbau von Beiräten und Gremien erfolgt z.B. häufig erst nach mehreren Jahren, da Management- und finanzielle Ressourcen der Systemzentrale zunächst schwerpunktmäßig auf die Profilierung des Systems am Markt ausgerichtet sind. Andererseits zeigen Praxisbeipiele, daß in Phasen schwerwiegender interner Systemkonflikte der Maßnahmenfokus über längere Zeit auf die Beziehungen zu den Franchisenehmern gerichtet sein kann - mit

---

[136] Dennoch existieren derartige Systeme am Markt. Das ethisch unhaltbare und teilweise auch strafrechtlich belangbare Gründungsmotiv ist dann häufig auf den Erhalt der Einstiegsgebühren von möglichst vielen Franchisenehmern gerichtet, ohne daß diese angemessene Gegenleistungen durch die Systemzentralen erhalten.

einer entsprechenden Vernachlässigung der absatzmarktgerichteten Systemführung.[137]

Die **Gleichgewichtsfähigkeit** eines Franchisesystems dürfte aber nur dann zu gewährleisten sein[138], wenn dauerhaft eine Relation im oberen Bereich der Diagonale in Abbildung 18 („**Gleichgewichtssektor**") erreicht wird, die Systemzentrale also eine annähernd symmetrische Ressourcenallokation bei insgesamt hoher Führungsintensität vornimmt.[139] Da eine theoretische Untermauerung dieser aus den Expertengesprächen induktiv abgeleiteten Zusammenhänge in der Literatur noch aussteht, soll hier als Grundlage der empirischen Analyse nur eine **Basishypothese** spezifiziert werden:

H_{INSTR}: Es besteht ein positiver, annähernd linearer Zusammenhang zwischen der Intensität der absatzmarktgerichteten und der innengerichteten Strategiedurchsetzung in Franchisesystemen.

Neben den Zielen, Strategien und operativen Marketingmaßnahmen eines Franchisesystems sind weitere Einflüsse auf die Ausgestaltung der innengerichteten Systemführung von der **Unternehmens- bzw. Systemkultur** zu erwarten. Dies bringt Heinen zum Ausdruck, wenn er bemerkt, daß Führung immer auch einen „[...] Prozeß der Realisation unter nehmensbezogener Werte und Normen, die eine Unternehmenskultur kennzeichnen", darstellt.[140]

---

[137] So vollzog sich das Wachstum des Eismann-Systems, des mit mehr als 1.500 Franchisenehmern zweitgrößten Franchisesystems in Deutschland, in drei Entwicklungsphasen: Nach einer von der Systemgründung 1974 bis 1985 währenden Phase der *Produktionsorientierung* entwickelte das System nach gravierenden internen Führungsproblemen in der zweiten Hälfte der achtziger Jahre eine ausgesprochene *Franchisenehmerorientierung*. In dieser Zeit wurden aber - wie die Systemzentrale Ende der achtziger Jahre realisierte - wichtige Reformen im Bereich der absatzmarktgerichteten Führung vernachlässigt. Eine zweite Systemreform führte dann ab 1992 zu einer deutlich höheren *Kundenorientierung* des Systems. Quelle: Expertengespräche.

[138] Die Gleichgewichtsfähigkeit wird allgemein als das Vermögen eines System bezeichnet, sich durch Befriedigung der beteiligten Organisationen selber zu erhalten. Vgl. *Steffenhagen, H.*, Konflikt und Kooperation in Absatzkanälen: Ein Beitrag zur verhaltensorientierten Marketingtheorie, a.a.O., S. 53.

[139] Eine Ausnahme bilden hier lediglich Systeme, die eine konsequent kostenorientierte Wettbewerbsstrategie verfolgen. Hier können allein unter Kostensenkungsaspekten die Marketingaktivitäten der Systemzentrale stark reduziert sein.

[140] *Heinen, E.*, Unternehmenskultur als Gegenstand der Betriebswirtschaftslehre, in: Unternehmenskultur: Perspektiven für Wissenschaft und Praxis, Heinen, E. (Hrsg.), München 1987, S. 39.

1.33 Grundorientierungen der Systemzentrale als Merkmale der Systemkultur

Den zahlreichen betriebswirtschaftlichen Veröffentlichungen auf dem Gebiet der Kulturforschung liegt überwiegend die Institution Unternehmung als Bezugsobjekt der Kulturanalyse und -gestaltung zugrunde.[141] **Unternehmenskulturen** werden dabei als eine Gesamtheit verschiedener unter nehmensinterner Subkulturen aufgefaßt, die wiederum in ein System übergeordneter Teilkulturen - insbesondere Branchen-, Gesellschafts- und Länderkulturen - eingebettet sind und durch diese geprägt werden.[142] Vergleichsweise geringe Beachtung finden dagegen **Unternehmenskooperationen** als Gegenstand kulturbezogener Betrachtungen. In diesem Zusammenhang entstandene Arbeiten untersuchen weniger die Existenz einer unter nehmensübergreifenden **Organisationskultur**, sondern primär die Kompatibilität von spezifischen Unternehmenskulturen der Kooperationspartner als Erfolgsvoraussetzung einer effektiven zwischenbetrieblichen Zusammenarbeit.[143]

Fraglich ist damit zunächst, ob ein Franchisesystem als vertraglicher Zusammenschluß rechtlich selbständiger Unternehmen überhaupt über eine eigenständige Kultur verfügen kann, oder ob nicht vielmehr ein Nebeneinander verschiedener, im Idealfall kompatibler Unternehmenskulturen besteht. Faßt man im Sinne Dülfers die Wahrscheinlichkeit der Entstehung einer unter nehmensübergreifenden **Organsationskultur** als Funktion gemeinsamer Interessen der

---

[141] Die Arbeiten zur Unternehmenskultur sind vor allem aus der Erkenntnis heraus entstanden, daß neben klassischen Erfolgsfaktoren der Unternehmung sog. „weiche" Erfolgsfaktoren existieren, die sich auf das sozio-emotionale Beziehungsgefüge der Mitarbeiter beziehen. Vgl. stellvertretend *Meffert, H., Hafner, K.,* Unternehmenskultur und marktorientierte Unternehmensführung: Bestandsaufnahme und Wirkungsanalyse, Arbeitspapier Nr. 35 der Wissenschaftlichen Gesellschaft für Marketing und Unternehmensführung e.V., Meffert, H., Wagner, H. (Hrsg.), Münster 1987, S. 1 f.; *Deal, T.E., Kennedy, A.A.,* Corporate Cultures: The Rites and Rituals of Corporate Life, Reading, Mass. u.a. 1982, S. 3 ff.; *Schwarz, G.,* Unternehmenskultur als Element des Strategischen Managements, Betriebswirtschaftliche Forschungsergebnisse, Bd. 92, Schmidt, R.-B., Schweitzer, M. (Hrsg.), Berlin 1989, S. 1.

[142] Vgl. *Meffert, H., Hafner, K.,* Unternehmenskultur und marktorientierte Unternehmensführung: Bestandsaufnahme und Wirkungsanalyse, a.a.O., S. 4 ff. Diese Einbettung und wechselseitige Beeinflussung von Teil- und Subkulturen wird unter dem Begriff der Vielschichtigkeit einer Unternehmenskultur behandelt.

[143] Vgl. *Dülfer, E.,* Organisationskultur: Phänomen - Philosophie - Technologie. Eine Einführung in die Diskussion, in: Organisationskultur: Phänomen - Philosophie - Technologie, Dülfer, E. (Hrsg.), 2. Aufl., Stuttgart 1991, S. 3 f.; *Meffert, H.,* Marketing-Management. Analyse-Strategie-Implementierung, a.a.O., S. 446; *Scholz, Ch., Hofbauer, W.,* Organisationskultur. Die vier Erfolgsprinzipien, Wiesbaden 1990, S. 135.

Kooperationspartner an der zwischenbetrieblichen Zusammenarbeit auf[144], dann ist durchaus zu erwarten, daß sich in Franchisesystemen eine eigenständige **Systemkultur** herausbilden kann.

Wenngleich von einer Interessenidentität zwischen Franchisegeber und Franchisenehmer i.d.R. nicht ausgegangen werden kann[145], so läßt die enge, systembedingte Erfolgskopplung sowie die in vielen Systemen wertorientiert ausgerichtete Partnerakquisition zumindest eine **Interessensymmetrie** erwarten.[146] Nicht umsonst werden Franchisesysteme wie McDonald´s oder Pepsi Cola in Kulturtypologien als Beispiele für eine ausgeprägte Kooperationskultur angeführt.[147] In Analogie zum Begriff der Unternehmenskultur soll daher unter einer **Systemkultur** die Gesamtheit von gemeinsamen, unter nehmensübergreifenden Wertvorstellungen, Verhaltensnormen sowie Denk- und Handlungsweisen verstanden werden, durch die das Verhalten der Mitarbeiter in den kooperierenden Unternehmen und damit das Erscheinungsbild eines kooperativen Systems am Markt geprägt wird.[148] Wie Abbildung 19 graphisch veranschaulicht, sind bei einem solchen Begriffsverständnis die u.U. fortbestehenden Unternehmenskulturen der

---

[144] Vgl. *Dülfer, E.*, Organisationskultur: Phänomen - Philosophie - Technologie. Eine Einführung in die Diskussion, a.a.O., S. 3.

[145] Vgl. hierzu und im folgenden *Kaub, E.*, Franchise-Systeme in der Gastronomie, a.a.O., S. 226 ff.; ähnlich argumentiert auch Skaupy, der im Gegensatz zu Kaub nicht mögliche Zielkonflikte, sondern die Struktur der Systemvorteile aus Franchisegeber- und Franchisenehmersicht analysiert. Vgl. *Skaupy, W.*, Franchising: Handbuch für die Betriebs- und Rechtspraxis, a.a.O., S. 50 ff.

[146] Eine derartige, als wertorientiert zu kennzeichnende Partnerakquisition betreibt z.B. das Franchisesystem „The Body Shop". Bewerber müssen hier regelmäßig in persönlichen Gesprächen und Aufsätzen ihre persönlichen Ziele und Wertvorstellungen offenbaren. Dabei werden Fragen gestellt wie z.B. „Wie willst Du am liebsten sterben?" Vgl. *Steinmann, H., Schreyögg, G.*, Management: Grundlagen der Unternehmensführung: Konzepte, Funktionen, Praxisfälle, a.a.O., S. 531. Vgl. zur besonderen Bedeutung von auf die persönlichen Werte und Normen eines Bewerbers gerichteten Akquisitionsverfahren in Franchisesystemen auch *Sydow, J.*, Franchisingsysteme als strategische Netzwerke - Über das Warum des Franchising hinaus, a.a.O., S. 37 f.

[147] Vgl. *Meffert, H.*, Marketing-Management. Analyse-Strategie-Implementierung, a.a.O., S. 434.

[148] Sydow spricht in diesem Zusammenhang von einer sog. Interorganisations- oder Netzwerkkultur. Vgl. *Sydow, J.*, Strategische Netzwerke: Evolution und Organisation, a.a.O., S. 93 u. S. 154. Vgl. zur allgemeinen Definition der Unternehmenskultur *Meffert, H., Hafner, K.*, Unternehmenskultur und marktorientierte Unternehmensführung: Bestandsaufnahme und Wirkungsanalyse, a.a.O., S. 4; *Sathe, V.*, Culture and Related Corporate Realities. Text, Cases and Readings on Organizational Entry, Establishment, and Change, Homewood, Ill. 1985, S. 10 f.; *Schein, E.H.*, Organizational Culture and Leadership. A Dynamic View, San Francisco u.a. 1985, S. 9; *Kobi, J.-M., Wüthrich, H.A.*, Unternehmenskultur verstehen, erfassen und gestalten, Landsberg a. L. 1986, S. 34.

Kooperationspartner als Subkulturen der Systemkultur zu begreifen.[149] Speziell für Franchisesysteme ist allerdings zu erwarten, daß die Systemkultur regelmäßig stärker durch die Systemzentrale als durch die von den einzelnen Franchisenehmern eingebrachten Normen und Werte geprägt wird.[150]

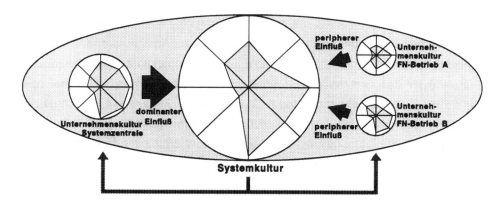

Abb. 19: Entstehungsmuster einer übergeordneten Systemkultur

Bezüglich des Zusammenhangs zwischen Unternehmens- bzw. Systemkultur und (System-)Führung, der in der Literatur unbestritten ist, lassen sich **drei** grundlegende **Wirkungsbeziehungen** kennzeichnen: Zum einen wird der System- bzw. Unternehmenskultur eine eigenständige Führungsfunktion zugesprochen.[151] Werte und Normen werden in Gestalt von Präferenzen, Hand-

---

[149] Mit der Systemkultur wird damit eine weitere Kulturebene eingeführt, die zwischen die Unternehmenskultur und die übergeordneten Teilkulturen (insb. die Branchenkultur) treten kann. Vgl. allgemein zum Verhältnis der Unternehmenskultur zu unter- und übergeordneten Kulturebenen *Meffert, H., Hafner, K.*, Unternehmenskultur und marktorientierte Unternehmensführung: Bestandsaufnahme und Wirkungsanalyse, a.a.O., S. 5 u. S. 11 f.

[150] Dies ist insbesondere darauf zurückzuführen, daß die Selektionsentscheidung hinsichtlich der Aufnahme neuer Systemmitglieder allein in Händen der Systemzentrale liegt. Auch Bleicher unterstellt die Möglichkeit der Herausbildung einer eigenständigen Kooperationskultur. Daneben sieht er bei Kooperationen als weitere Möglichkeiten die alleinige Dominanz der Kultur eines Partnerunter nehmens sowie den parallelen Fortbestand der Individualkulturen, wobei es in bezug auf das Kooperationsfeld zu einem sog. „Subkultur-Split" kommt, d.h. die Partner übertragen jeweils Teile ihrer Individualkulturen auf die Kooperation. Vgl. *Bleicher, K.*, Unternehmenspolitische und unter nehmenskulturelle Voraussetzungen erfolgreicher strategischer Partnerschaften, in: Strategische Partnerschaften im Handel, Zentes, J. (Hrsg.), Stuttgart 1992, S. 318.

[151] Vgl. *Dill, P., Hügler, G.*, Unternehmenskultur und Führung betriebswirtschaftlicher Organisationen - Ansatzpunkte für ein kulturbewußtes Management, in: Unternehmenskultur: Perspektiven für Wissenschaft und Praxis, Heinen, E. (Hrsg.), München 1987, S. 146 ff.; *Staehle, W.H.*, Management: Eine verhaltenswissenschaftliche Perspektive, a.a.O., S. 480. Staehle spricht in diesem Zusammenhang auch von der Unternehmenskultur als einem Substitut für strukturelle und personale Führung.

lungsmaximen und Verhaltensvorschriften als unmittelbar handlungsleitend betrachtet. Eine starke Systemkultur beeinflußt insofern indirekt das Mitarbeiterverhalten und ergänzt bzw. ersetzt partiell eine direkte Verhaltensbeeinflussung über strukturelle, technokratische und personelle Führungsdimensionen (**„Kultur ergänzt Führung"**).[152]

In Zusammenhang dazu ist die zweite Wirkungsbeziehung zu sehen, bei der Führungsstile bzw. Führungstypen als unmittelbarer Ausfluß der System- oder Unternehmenskultur betrachtet werden.[153] Bezugsobjekt der Kulturanalyse ist hier weniger das Gesamtunter nehmen, sondern die Führer-Geführten-Beziehung. Der Kulturbegriff wird insofern primär auf den Aspekt der Führungskultur fokussiert (**„Führung ist Ausdruck von (Führungs-)Kultur"**). In diesem Sinne sind - was unmittelbar einsichtig erscheint - die fünf ermittelten Führungstypen in Franchisesystemen jeweils Ausdruck spezifischer Führungskulturen.

Im Kontext der Einflußfaktorenanalyse ist aber insbesondere die dritte Wirkungsbeziehung zwischen Kultur und Führung relevant. Die System- bzw. Unternehmenskultur wird dabei explizit als **Einflußfaktor** des Führungsverhaltens betrachtet. Diesen Zusammenhang heben auch Meffert et al. hervor, wenn sie in einer empirischen Untersuchung die Wirkung der Unternehmenskultur auf das Führungsverhalten als den wichtigsten kulturellen Einflußbereich identifizieren.[154] Führung ist damit eben nicht nur Ausdruck einer spezifischen Führungskultur, sondern wird umfassend durch die gemeinsamen Wertvorstellungen, Verhaltensnormen sowie Denk- und Handlungweisen in einem Unternehmen oder Franchisesystem und damit durch die Unternehmens- bzw. Systemkultur beeinflußt (**„Kultur beeinflußt Führungsverhalten"**). Diese Auffassung entspricht dem von Heinen geprägten entscheidungsorientierten Kulturbegriff, demzufolge

---

[152] Diese Wirkungsbeziehung ist in engem Zusammenhang zum instrumentellen Kulturbegriff zu sehen, wie er den der sog. objektivistischen Kulturforschung zuzurechnenden Arbeiten zugrunde liegt. Zur Unterscheidung von objektivistischer und individualistischer Kulturforschung vgl. *Heinen, E.*, Unternehmenskultur als Gegenstand der Betriebswirtschaftslehre, a.a.O., S. 15 ff.

[153] Vgl. hierzu und im folgenden *Wunderer, R.*, Führung und Zusammenarbeit. Beiträge zu einer Führungslehre, a.a.O., S. 135 ff.

[154] Vgl. *Meffert, H., Hafner, K., Poggenpohl, M.*, Unternehmenskultur und Unternehmensführung: Ergebnisse einer empirischen Untersuchung, a.a.O., S. 12 f.

die Unternehmenskultur ganzheitlich auf die übrigen Subsysteme der Organisation und damit auch das Führungssystem wirkt.[155]

Hinsichtlich der **Merkmale** einer Systemkultur kann in Anlehnung an Schein zwischen Artefakten, Werten und Normen sowie grundlegenden Annahmen bzw. Grundorientierungen unterschieden werden.[156] **Artefakte** als nach außen hin sichtbare Kulturmerkmale besitzen in Franchisesystemen eine besondere Bedeutung. In Form von einheitlich gestalteten Firmengebäuden, Franchisenehmeroutlets, aber auch einer standardisierten Bekleidung sowohl der Franchisenehmer als auch des im Kundenkontakt stehenden Franchisegeber- und Franchisenehmerpersonals signalisieren derartige Artefakte einerseits eine Einheitlichkeit des System am Markt, andererseits aber auch die Zusammengehörigkeit der Systempartner nach innen.[157]

Im Rahmen der Kulturdiagnose stellen allerdings nicht Artefakte, sondern insbesondere **Grundorientierungen** die relevanten, auch empirisch erfaßbaren Beurteilungskriterien für Unternehmens- bzw. Systemkulturen dar.[158] Dabei soll zwischen anspruchsgruppen- und sachbezogenen Grundorientierungen differenziert werden. Während den **anspruchsgruppenbezogenen** Grundorientierungen die Kunden-, Wettbewerbs- und Mitarbeiterorientierung subsumiert werden, beziehen sich die **sachbezogenen** Grundorientierungen insbesondere auf die Kosten-, Innovations-, Rendite- sowie Qualitäts- bzw. Leistungsorientierung eines Systems.[159]

Mit Blick auf die Erklärung des Führungsverhaltens ist nachfolgend zunächst der Frage nachzugehen, ob den identifizierten Führungstypen unterschiedliche Grundorientierungen zugrunde liegen.[160] Dies wird durch folgende, im weiteren

---

[155] Vgl. *Heinen, E.*, Unternehmenskultur als Gegenstand der Betriebswirtschaftslehre, a.a.O., S. 43.

[156] Vgl. *Schein, E.H.*, Organizational Culture and Leadership. A Dynamic View, a.a.O., S. 13 ff.

[157] Dieses Phänomen wird insbesondere im Rahmen von Messeauftritten deutlich, bei denen in vielen Systemen die Mitarbeiter der Systemzentrale wie auch die Franchisenehmer einheitlich gekleidet sind und somit eine Einheit nach außen und innen bilden.

[158] Vgl. zur Bedeutung der Grundorientierungen für die Kulturdiagnose *Meffert, H., Hafner, K., Poggenpohl, M.*, Unternehmenskultur und Unternehmensführung: Ergebnisse einer empirischen Untersuchung, a.a.O., S. 9.

[159] Nachfolgend wird die Technologieorientierung aufgrund der sehr geringen Verbreitung des Franchising in technologieintensiven Märkten und der damit verbundenen geringen Relevanz dieser möglichen Grundorientierung nicht weiter berücksichtigt.

[160] Dabei ist hinsichtlich der Wirkungsbeziehungen zwischen Systemkultur und Führungsverhalten zweitrangig, ob die entsprechenden Grundorientierungen, im Sinne einer Systemkultur,

Verlauf der Untersuchung noch zu präzisierende **Basishypothese** zum Ausdruck gebracht:

> H_{KUL}: Die anhand von Grundorientierungen operationalisierte Systemkultur eines Franchisesystems liefert einen Erklärungsbeitrag für die Existenz der Führungstypen, d.h. die Führungstypen unterscheiden sich signifikant hinsichtlich der Ausprägungsmuster der marktteilnehmer- und sachbezogenen Grundorientierungen.

Für die Kennzeichnung des Führungseinflusses einzelner Grundorientierungen stehen spezifische Untersuchungen für den Franchisebereich nicht zur Verfügung, so daß mögliche Wirkungsbeziehungen nur aus allgemeinen Arbeiten zur Unternehmenskultur in Verbindung mit Plausibilitätsüberlegungen ableitbar sind. Meffert et al. können in einer empirischen Untersuchung nachweisen, daß in Unternehmen mit schwachen Unternehmenskulturen, die durch unterdurchschnittliche Ausprägungen aller Grundorientierungen gekennzeichnet sind, nur wenige Verhaltensstandards, geringe Mitspracherechte sowie im Unternehmensvergleich weniger intensiv ausgeprägte Informations- und Kommunikationsbeziehungen bestehen. Diese Ausprägungsformen deuten auf eine insgesamt nur geringe Führungsintensität in diesen Unternehmen hin.[161]

Bei Übertragung dieses Ergebnisses auf die empirisch ermittelten Führungstypen in Franchisesystemen sollte sich ein führungsaverses Verhalten zumindest partiell auf eine sehr **schwach ausgeprägte Systemkultur** zurückführen lassen. Damit kann der empirischen Untersuchung folgende Tendenzhypothese zugrunde gelegt werden.

> H_{KULa}: Führungsaverse Franchisesysteme zeichnen sich durch schwache Systemkulturen und damit unterdurchschnittliche Ausprägungen der kulturprägenden Grundorientierungen aus.

Hinsichtlich der **anspruchsgruppenbezogenen** Grundorientierungen einer Systemzentrale soll dagegen untersucht werden, ob ein positiver Zusammenhang zwischen der Orientierung an den Bedürfnissen des Marktes und der eigenen Mitarbeiter in der Systemzentrale einerseits und der Gestaltung der Bezie-

---

systemweit verankert sind, oder ob es sich lediglich um Grundorientierungen der Systemzentrale - und damit de facto um Merkmale einer Subkultur - handelt.

[161] Vgl. *Meffert, H., Hafner, K., Poggenpohl, M.*, Unternehmenskultur und Unternehmensführung: Ergebnisse einer empirischen Untersuchung, a.a.O., S. 9. Dieser Kulturtyp wird als „kulturignorant" bezeichnet und erinnert damit auch semantisch an den führungsaversen Führungstyp.

hungen zu den Franchisenehmern andererseits besteht. Zu fragen ist dabei insbesondere, ob die starke Franchisenehmerorientierung, wie sie die partnerschaftlich-interaktiv und die rigide-hierarchienah geführten Systeme aufweisen, mit entsprechend hoch ausgeprägten anspruchsgruppenbezogenen Grundorientierungen einher geht. Die Gültigkeit dieses Zusammenhangs würde eine gleichgewichtige Ausrichtung des absatzmarkt- und innengerichteten Führungsverhaltens innerhalb des strategischen Dreiecks zwischen Kunden, Wettbewerbern und den systeminternen Anspruchsgruppen für diesen Führungstyp implizieren, während bei einer lediglich hohen Mitarbeiterorientierung auf eine ausgeprägte **Innenorientierung** zu schließen wäre.[162] Dieser angenommene Wirkungszusammenhang wird durch folgende Tendenzhypothese spezifiziert:

H_{KULb}: **Die im Typenvergleich eine besonders hohe Franchisenehmerorientierung aufweisenden partnerschaftlich-interaktiv und rigide-hierarchienah geführten Franchisesysteme sind auch durch eine signifikant höhere Kunden-, Wettbewerbs- und Mitarbeiterorientierung gekennzeichnet.**

Bei den sachbezogenen Grundorientierungen fällt die inhaltliche Nähe zu den im Vorkapitel diskutierten abnehmergerichteten Wettbewerbsstrategien auf. Grundsätzlich ist eine Differenzierung zwischen Kultur- und Strategiekonstrukten sinnvoll und notwendig, weil eine bestimmte Grundorientierung nicht auch zu einem entsprechenden marktgerichteten Verhalten führen muß, sondern sich allein auf das **Innenverhältnis** zwischen den Systempartnern auswirken kann.[163] Da aber die Implikationen für das Führungsverhalten jeweils identisch sind, kann für die von der Überschneidung betroffenen Grundorientierungen auf eine abermalige Betrachtung in diesem Kapitel verzichtet werden.[164] Stattdessen erscheint es er-

---

[162] Diese beiden Führungstypen sind durch die stärkste Franchisenehmerorientierung gekennzeichnet. Dabei ist jedoch zu berücksichtigen, daß die Franchisenehmerorientierung im Falle des rigide-hierarchienahen Führungstyps vermutlich instrumentell und nicht im Sinne einer verinnerlichten Handlungsnorm der Systemzentrale zu interpretieren ist. Vgl. dazu auch die in den Tabellen 10-b und 11-b dargestellten Ausprägungen der zur Operationalisierung der Führungsdimension verwendeten Indikatoren.

[163] Eine ausgeprägte Kostenorientierung muß insofern nicht zwingend auch zu einer Strategie der Preisführerschaft führen, wenn im relevanten Markt die entsprechenden Wettbewerbspositionen bereits durch Konkurrenten besetzt sind oder wenn die Kostenorientierung nur systemintern durch z.B. eine Optimierung systeminterner Prozesse umgesetzt wird, nicht aber in Form niedrigerer Preise. Bei einer Entsprechung von Grundorientierung und Wettbewerbsstrategie (Strategie-Kultur-Fit) sind aber positive Verstärkungseffekte bezüglich der Wirkungen auf die Systemführung zu vermuten.

[164] Stattdessen sollen im Rahmen der empirischen Analyse die in Kap. C 1.322 für die innovations-, qualitäts- und kosten- bzw. preisgerichtete Wettbewerbsstrategie formulierten Tendenzhypothesen dahingehend überprüft werden, ob die postulierten Einflüsse auf das Führungsverhalten auch von entsprechenden Ausprägungen der inhaltlich kongruenten Grundorientie-

giebiger, mit der **Vertrags-** und der **Vertrauensorientierung** zwei zusätzliche Grundorientierungen zu analysieren, die über die traditionell diskutierten Kulturmerkmale hinausgehen, in Franchisesystemen aber zur Erklärung des Führungsverhaltens vermutlich einen wichtigen Beitrag leisten können.

In der Vertragstheorie besteht heute Einigkeit darüber, daß sich in Franchisesystemen eine Habitualisierung von Verhaltensweisen zwischen Franchisegeber und Franchisenehmern herausbilden kann, die bis hin zu einer Loslösung vom konkreten Vertragstext führt.[165] Joerges spricht in diesem Zusammenhang von einer „**Marginalität des förmlichen Vertragsrechts** für das reale Verhalten der Beteiligten".[166] Diesen, vor allem mit fortlaufender Vertragslaufzeit eintretenden Bedeutungsverlust begründet Martinek mit der Kooperationsdynamik und einem dem Franchising immanenten Flexibilitätserfordernis[167], dem nur dann entsprochen werden kann, wenn dem Vertrag Rahmencharakter für die Regelung der Zusammenarbeit zukommt, nicht aber die zentrale Steuerungsfunktion.

In diesem Kontext soll über die **Vertragsorientierung** die relative Bedeutung erfaßt werden, die dem Franchisevertrag aus Sicht der Systemzentrale für die innengerichtete Systemführung beigemessen wird. Eine ausgeprägte Vertragsorientierung ist demnach durch den Versuch gekennzeichnet, das Verhalten der Franchisenehmer möglichst umfassend über vertragliche oder andere verbindliche Vereinbarungen zu programmieren.[168] Gleichzeitig wird der Vertrag damit zu einem zentralen Führungsinstrument und ersetzt insofern mitunter fehlende

---

rungen ausgehen. Hieraus ergibt sich eine interessante Vergleichsmöglichkeit der *Erklärungsmächtigkeit von Strategie- und Kulturvariablen* für die innengerichtete Systemführung.

[165] Hierin ist eine der zentralen Ausssagen der *Theorie der relationalen Kontrakte* zu sehen, in deren Mittelpunkt die Frage steht, durch welche Mechanismen langfristige (Geschäfts-) Beziehungen gesteuert werden. Vgl. *Martinek, M.*, Moderne Vertragstypen, Bd. II: Franchising, Know-how-Verträge, Management- und Consultingverträge, a.a.O., S. 40; *Macaulay, S.*, Long-Term Continuing Relations: The American Experience Regulating Dealerships and Franchising, in: Franchising and the Law: Theoretical and Comparative Approaches in Europe and the United States, Joerges, Ch. (Hrsg.), a.a.O., S. 189; *Schanze, E.*, Symbiotic Contracts: Exploring Long-Term Agency Structures Between Contract and Corporation, in: Franchising and the Law: Theoretical and Comparative Approaches in Europe and the United States, Joerges, Ch. (Hrsg.), a.a.O., S. 87 ff.

[166] *Joerges, Ch.*, Franchise-Verträge und Europäisches Wettbewerbsrecht, in: Zeitschrift für das gesamte Handelsrecht und Wirtschaftsrecht, 151. Jg. (1987), o. Nr., S. 212.

[167] Vgl. *Martinek, M.*, Moderne Vertragstypen, Bd. II: Franchising, Know-how-Verträge, Management- und Consultingverträge, a.a.O., S. 40.

[168] Eine zentrale Funktion kommt hier dem Franchisehandbuch zu, in dem Verfahrensabläufe und Systemstandards umfassend geregelt werden und das durch den Franchisevertrag zum verbindlichen Regelwerk erklärt wird.

Führungskompetenz. Demgegenüber besitzt der Franchisevertrag bei einer geringen Vertragsorientierung nur **rahmenbildenden** Charakter. Die tatsächliche Verhaltensbeeinflussung stützt sich stattdessen auf Einflußformen, die allenfalls mittelbar über den Franchisevertrag geregelt werden; die Führungskompetenz der Systemzentrale dürfte in der Regel höher ausgeprägt sein.

Bereits bei der Beschreibung der Führungstypen wurde deutlich, daß Vertragskomponenten wie Standards, Sanktionen und vertraglichen Geschäftsentwicklungsplänen je nach Führungstyp unterschiedliche Bedeutung zukommt. Vor allem der **autoritär-minimalistische** Führungstyp ist durch ein Ausprägungsmuster der Führungsdimensionen gekennzeichnet, bei dem den soeben genannten Vertragskomponenten im Vergleich zu vertraglich nicht fixierbaren Formen der Verhaltensbeeinflussung besonders große Bedeutung zukommt.[169] Dies deutet auf eine ausgeprägte Vertragsorientierung der entsprechenden Systemzentralen hin. Dieser vermutete Kausalzusammenhang soll über folgende Hypothese spezifiziert werden:

H_{KULc} **Je stärker die Vertragsorientierung einer Systemzentrale ausgeprägt ist, desto eher wird diese ein autoritär-minimalistisches Führungsverhalten gegenüber den Franchisenehmern praktizieren.**

Bei der Ableitung der einzelnen Führungsdimensionen in Kapitel B der Arbeit ist bereits ansatzweise die besondere Bedeutung des **Vertrauens** in Franchisesystemen herausgearbeitet worden. Vertrauen, im Sinne Luhmanns als ein Mechanismus zur Reduktion sozialer Komplexität verstanden[170], kann allgemein dazu beitragen, „den bürokratischen Koordinations- und Kontrollaufwand zu senken, [...], einen offenen Informationsaustausch zu praktizieren und vielleicht sogar auf eine weitgehende [...] Formalisierung (inter-)organisatorischer Regelungen zu verzichten."[171] Der Zusammenhang von Vertrauen und Führung ist damit evident; insbesondere scheint Vertrauen bestimmte Formen der strukturellen und technokratischen Verhaltensbeeinflussung substituieren zu können,

---

[169] So sind z.B. persönliche Gespräche mit den Franchisenehmern zur Analyse von Betriebsergebnissen, deren Partizipation über Gremien, die Franchisenehmerorientierung der Zentrale sowie Kommunikationsaspekte bei diesem Führungstyp z.T. stark unterdurchschnittlich ausgeprägt.

[170] Vgl. *Luhmann, N.*, Vertrauen. Ein Mechanismus der Reduktion sozialer Komplexität, 2. Aufl., Stuttgart 1973, S. 1 ff.

[171] Vgl. *Loose, A., Sydow, J.*, Vertrauen und Ökonomie in Netzwerkbeziehungen - Strukturationstheoretische Betrachtungen, a.a.O., S. 165.

während personelle Führungsdimensionen, namentlich die Systemkommunikation, positiv beeinflußt werden.[172]

Bei Übertragung dieser potentiellen Wirkungen des Vertrauenskonstruktes auf Franchisesysteme erscheint es zunächst plausibel anzunehmen, daß Systemzentralen mit einer ausgeprägten Vertrauensorientierung ihren Franchisenehmern mehr Autonomie gewähren, ein geringeres Maß an Ex ante-Koordinationsaktivitäten entwickeln, Verhaltens- und Ergebniskontrollen deutlich reduzieren sowie eine intensive Kommunikation im System fördern. Der **liberal-vertrauensbasierte** Führungstyp, dies verdeutlicht schon die semantische Verwandtschaft, sollte insofern zumindest partiell durch eine ausgeprägte Vertrauensorientierung der Systemzentrale gegenüber den Franchisenehmern zu erklären sein.[173] Andererseits gelangt Sydow aber mit Blick auf den Kontrollaspekt in einer explorativen Untersuchung von sechs Franchisesystemen zu dem Ergebnis, daß „Vertrauen und Kontrolle in erfolgreichen Netzwerken in hohem Maße zu koexistieren" scheinen[174], was auf ein komplementäres, nicht aber substitutionales Verhältnis zwischen Vertrauen und techokratischen Führungsdimensionen hindeutet.

Dieser zunächst nicht zu erwartende Zusammenhang kann in einer spezifischen **Kontrollphilosophie** begründet liegen, bei der Ergebnis- und Verhaltenskontrollen nicht mehr im Sinne einer klassischen Filialrevision betrieben werden, sondern durch ein stark unterstützendes - und damit wiederum vertrauensbildendes - Moment gekennzeichnet sind.[175] Eine solche Kontrollphilosophie ist aber für den **partnerschaftlich-interaktiven** Führungstyp anzunehmen, bei dem im Rahmen von Planungs- und Kontrollaktivitäten persönlichen Gesprächen mit den Franchisenehmern über die zukünftige Entwicklung ihres Betriebes sowie über die Resultate von Ergebniskontrollen die im Typenvergleich höchste Bedeutung

---

[172] Eine starke Vertrauensorientierung dürfte insofern auch mit einem positiven Menschenbild einher gehen, das deutlich von dem durch die Opportunismusannahme gekennzeichneten Menschenbild abweicht, wie es die Theorien der Neuen Institutionen-Ökonomik unterstellen.

[173] Das Ausprägungsmuster der Führungsdimensionen deckt sich für diesen Führungstyp vollständig, d.h. hinsichtlich der Autonomie-, Koordinations-, Kontroll- und Kommunikationsdimension mit den angenommenen Führungsimplikationen einer starken Vertrauensorientierung.

[174] *Sydow, J.*, Franchisingsysteme als strategische Netzwerke - Über das Warum des Franchising hinaus, a.a.O., S. 39.

[175] Tietz spricht in diesem Zusammenhang vom „Konzept der Verbindung von Fachberatung und -kontrolle". Vgl. *Tietz, B.*, Handbuch Franchising: Zukunftsstrategien für die Marktbearbeitung, a.a.O., S. 408 f.

zukommt.[176] Aufbauend auf diesen Ergebnissen kann damit schließlich folgende Tendenzhypothese zur Präzisierung des Kultur-Führungs-Zusammenhangs formuliert werden:

H_{KULd} Je stärker die Vertrauensorientierung einer Systemzentrale ausgeprägt ist, desto eher wird diese ein partnerschaftlich-interaktives oder ein liberal-vertrauensbasiertes Führungsverhalten gegenüber den Franchisenehmern praktizieren.

1.34 Systemdemographie und -genese

Als letzte Gruppe von Einflußfaktoren sollen schließlich ausgewählte Merkmale der Unternehmensdemographie und -genese hinsichtlich ihres Einflusses auf die innengerichtete Systemführung untersucht werden. Im Mittelpunkt stehen dabei:

- die Systemgröße,
- die Homogenität der Systemstruktur, insbesondere die Durchgängigkeit der Franchisierung des Systems im Wachstumsprozeß,
- die Branchenzugehörigkeit,
- die Größe der Franchisenehmerbetriebe sowie
- die Bedeutung des betrachteten Franchisekonzepts für die Einkommenserzielung der Franchisenehmer.[177]

Insbesondere im Bereich der **Organisationstheorie** liegen zahlreiche Forschungsergebnisse zum Einfluß der **Unternehmens- bzw. Systemgröße** auf verschiedene Strukturdimensionen vor, deren Übertragbarkeit auf kooperative Systeme möglich erscheint. Grundsätzlich wird in den angesprochenen Arbeiten eine positive Korrelation zwischen der Größe einer Organisation und ihrem Formalisierungsgrad angenommen.[178] In diesem Zusammenhang kann Töpfer für Industrieunternehmen empirisch nachweisen, daß mit zunehmender Organisationsgröße die Bedeutung von Planungs- und Kontrollsystemen zur Erfüllung des steigenden Koordinationsbedarfs zunimmt.[179] Diesen Zusammenhang bestätigen Hulbert und Brandt auch für das Verhältnis von Unternehmenszentralen zu ihren

---

[176] Vgl. hierzu auch die genaue Beschreibung dieses Führungstyps in Kap. B 2.322.

[177] Dies betrifft die Unterscheidung zwischen vollständigem und partiellem Franchising. Vgl. dazu auch Kap. A 2.

[178] Vgl. *Child, J.*, Organization: A Guide to Problems and Practice, London u.a. 1977, S. 210 ff.; *Schanz, G.*, Organisationsgestaltung, Struktur und Verhalten, a.a.O., S. 267 ff.; *Kieser, A., Kubicek, H.*, Organisation, a.a.O., S. 304 ff.

[179] Vgl. *Töpfer, A.*, Planungs- und Kontrollsysteme industrieller Unternehmungen. Eine theoretische, technologische und empirische Analyse, a.a.O., S. 308.

ausländischen Tochtergesellschaften, einer den Beziehungen in Franchisesystemen vergleichbaren Konstellation.[180] Zu ähnlichen Ergebnissen gelangt Mulford, der für Netzwerke von Non Profit-Organisationen einen steigenden Organisationsgrad mit zunehmender Systemgröße voraussagt.[181]

In den Arbeiten zur **Führungstheorie** findet dagegen die Unternehmensgröße als Kontingenzfaktor nahezu keine Berücksichtigung.[182] Lediglich Wunderer nimmt Stellung zu dieser Wirkungsbeziehung, indem er für den Bereich der interpersonellen Führung von einer negativen Korrelation zwischen der Unternehmensgröße und dem Grad partizipativer Führung ausgeht.[183] Ähnlich äußert sich Alznauer-Lesaar, der speziell für Franchisesysteme die Existenz kritischer Systemgrößen annimmt, bei deren Überschreitung eine persönliche Führung der Franchisenehmer stark erschwert wird.[184]

Bei Übertragung dieser Ergebnisse auf die identifizierten Führungstypen[185] erscheint in großen Franchisesystemen ein **rigide-hierarchienahes** Führungsverhalten besonders wahrscheinlich.[186] Denn bei diesem Führungstyp sind einerseits die Planungs-, Kontroll- und Partnerselektionsverfahren am weitesten entwickelt, andererseits nehmen die entsprechenden Systemzentralen hier die

---

[180] Vgl. *Hulbert, J.M., Brandt, W.K.*, Managing the Multinational Subsidiary, New York 1980, S. 132.

[181] Vgl. *Mulford, C.L.*, Interorganizational Relations, New York 1982, S. 140.

[182] Dies dürfte dadurch zu erklären sein, daß bei interpersonellen Führungsphänomenen Aspekten der Abteilungsgröße und Leitungsspanne eine vermutlich größere Bedeutung für das Führungsverhalten zukommt.

[183] Vgl. *Wunderer, R.*, Führung und Zusammenarbeit. Beiträge zu einer Führungslehre, a.a.O., S. 191.

[184] Vgl. *Alznauer-Lesaar, M.*, Voraussetzung für den Unternehmenserfolg, in: acquisa - Zeitschrift für Verkauf, Marketing, Motivation, 42. Jg. (1994), Nr. 10, S. 28.

[185] Beim Transfer der Ergebnisse der empirischen Organisationsforschung ist zu berücksichtigen, daß Franchisesysteme aufgrund der Multiplikation eines standardisierten Franchisekonzepts losgelöst von der Größe des Systems ein relativ hohes Maß an Formalisierung aufweisen. Zudem sollten Kontrollmechanismen schon frühzeitig, d.h. im Gründungsstadium, systemweit installiert werden, da wegen der räumlichen Distanz zwischen der Systemzentrale und den Franchisenehmern die notwendige Transparenz über die Geschäftsentwicklung des Franchisenehmers sichergestellt werden muß und eine spätere Einrichtung auf Widerstände bei den Franchisenehmern stoßen kann.

[186] Dabei erscheint eine Operationalisierung der Systemgröße durch die Anzahl der Franchisenehmer am besten geeignet, da hier engere Bezüge zur Führung bestehen als bei umsatzbezogenen Operationalisierungsansätzen. Bei diesen bleibt unberücksichtigt, ob ein bestimmter Gesamtumsatz mit vielen kleinen oder wenigen großen Franchisenehmern erzielt worden ist. Dies ist aber für die Führung von wesentlicher Bedeutung. Vgl. allgemein zur Operationalisierung der Unternehmensgröße *Kieser, A., Kubicek, H.*, Organisation, a.a.O., S. 292 ff.

umfassendste Autonomiebeschränkung der Franchisenehmer durch Vorgaben und Standards und damit Formalisierung von Abläufen vor. Demgegenüber dürfte ein **liberal-vertrauensbasiertes** Führungsverhalten eher in kleinen Systemen anzutreffen sein, da hier eine sehr intensive horizontale und vertikale Kommunikation besteht, andererseits eine Formalisierung noch wesentlich geringer ausgeprägt ist. Bemerkenswert erscheint angesichts der skizzierten Einflüsse der Systemgröße der partnerschaftlich-interaktive Führungstyp: Bei diesem liegt ein Ausprägungsmuster der Führungsdimensionen vor, das potentielle Merkmale sowohl großer als auch kleiner Systeme in sich vereinigt.[187]

In engem Zusammenhang zur Systemgröße steht die **Homogenität der Systemstruktur**. Hier soll der Frage nachgegangen werden, welcher Einfluß von der parallelen Betreibung eigener **Filialen** durch die Systemzentrale auf die Führung der Franchisenehmer ausgeht. Die Gründe für den Parallelbetrieb von Filialen und franchisierten Outlets sind vielfältig. Insbesondere wird eine Filialisierung dann einer Franchisierung vorgezogen, wenn bei geringer räumlicher Distanz zur Systemzentrale niedrige Kosten der Filialsteuerung entstehen, besonders attraktive Standorte erschlossen werden sollen oder wenn für die Systemzentrale ehemals relevante Kapitalrestriktionen nicht mehr bestehen, so daß für die Filialisierung genügend Eigen- oder Fremdkapital zur Verfügung steht.[188]

Dabei sind drei alternative **Entwicklungsverläufe** zu unterscheiden: Zum einen können bisher reine Filialsysteme das Franchising als zusätzliche Organisationsform nutzen, indem bestehende Filialen auf Franchising umgestellt oder neue Outlets franchisiert werden. Andererseits können reine Franchisesysteme mit einer Filialisierung beginnen, wobei auch hier die Umstellungsoption von der Filialisierung lediglich der neugegründeten Outlets zu unterscheiden ist.[189] Eine

---

[187] So sind einerseits die Ex ante-Koordination und die Ergebniskontrolle stark überdurchschnittlich ausgeprägt, was auf mittlere bis große Systeme hindeutet. Andererseits läßt die intensive persönliche Kommunikation und die stark ausgeprägte Partizipation der Franchisenehmer eher kleine Systemgrößen erwarten.

[188] Vgl. *Carney, M., Gedajlovic, E.*, Vertical Integration in Franchise Systems: Agency Theory and Resource Explanations, in: SMJ, Vol. 12 (1991), No. 8, S. 608 ff.; *Norton, S.W.*, An Empirical Look at Franchising as an Organizational Form, a.a.O., S. 197 ff.; *Tietz, B.*, Handbuch Franchising: Zukunftsstrategien für die Marktbearbeitung, a.a.O., S. 455 ff. In der Literatur wird daher z.T. die Auffassung vertreten, daß erfolgreiche Franchisesysteme früher oder später vollständig filialisiert werden. Vgl. dazu *Ochsenfeldt A.R., Kelly, A.O.*, Will Successfull Franchise Systems Ultimately Become Wholly-Owned Chains?, in: JoR, Vol. 44 (1969), No. 4, S. 69 ff.; anders jedoch *Picot, A.*, Der Einfluß wettbewerbsrechtlicher Rahmenbedingungen auf Organisationsstrukturen am Beispiel des Franchising, a.a.O., S. 44.

[189] Vgl. allgemein *Tietz, B.*, Handbuch Franchising: Zukunftsstrategien für die Marktbearbeitung, a.a.O., S. 455 ff.

dritte, in der Praxis ebenfalls häufig anzutreffende Möglichkeit besteht in der Fortführung der üblicherweise bei der Systemgründung eröffneten eigenen Filialen bei ansonsten reiner Franchisierung, wobei hierfür vor allem Lernvorteile für die Systemzentrale ausschlaggebend sind.[190]

Einflüsse derartiger Mischsysteme auf das Führungsverhalten sind insbesondere dann zu erwarten, wenn in der Systemzentrale keine organisatorische Trennung zwischen den für die Führung der Filialleiter und der Franchisenehmer zuständigen leitenden Mitarbeitern besteht, beide Systembereiche also in Personalunion geleitet werden. In diesem Fall dürfte ein Mischtyp der Systemführung gefordert sein, der den Anforderungen beider Systembereiche gerecht wird.[191] Als ein derartiger **hybrider Führungstyp** kann das rigide-hierarchienahe Führungsverhalten aufgefaßt werden, das gleichermaßen gegenüber Franchisenehmern wie auch Filialleitern praktiziert werden kann und insofern möglicherweise auf die Notwendigkeit einer parallelen Führung von filialisierten und franchisierten Outlets zurückzuführen ist.[192] In ähnlicher Weise erscheint auch das partnerschaftlich-interaktive Führungsverhalten bei gewissen Adaptionen für die Führung von Mischsystemen geeignet.[193]

Auch das autoritär-minimalistische Führungsverhalten weist aufgrund der starken Betonung von Sanktionen und der geringen Partizipation Parallelen zu filialspezifischen Führungstypen auf. Möglicherweise handelt es sich hierbei um einen Führungstyp, wie ihn **franchisierende Filialsysteme** mit organisatorischer

---

[190] Die Systemzentrale erwirbt dabei durch den Eigenbetrieb von Filialen ständig eigene Erfahrungen, die wiederum in die Führung der Franchisenehmer eingehen. Typische Beispiele sind die Optimierung von Verfahren und die Gewinnung von Kostenstrukturdaten. Wie dem Verfasser im Rahmen der Expertengespräche mitgeteilt wurde, betreibt z.B. die Zentrale des Grillmaster-Franchisesystems zunächst jedes neu eröffnete Outlet als Filiale, um Erkenntnisse über das lokale Marktpotential zu gewinnen. Erst nach dieser Einführungsphase wird das Outlet an einen Franchisenehmer übergeben, der dann auf Basis der zuvor gewonnenen Kennziffern beurteilt werden kann.

[191] Vgl. *Meffert, H., Wagner, H., Backhaus, K. (Hrsg.)*, Führung von Franchise-Systemen, a.a.O., S. 68 f. Auch in den Expertengesprächen wurde deutlich, daß eine parallele Praktizierung unterschiedlicher Führungstypen nur bei organisatorischer Trennung der für den Filial- und Franchisebereich zuständigen Führungskräfte möglich ist, während eine Führung in Personalunion stets auf einen Misch- bzw. hybriden Führungstyp hinausläuft.

[192] Tietz unterscheidet drei Filialsteuerungskonzepte, wobei das Konzept mit den am stärksten ausgeprägten demokratischen Elementen eine enge Verwandtschaft zum rigide-hierarchienahen Führungsverhalten aufweist. Vgl. *Tietz, B.*, Handbuch Franchising: Zukunftsstrategien für die Marktbearbeitung, a.a.O., S. 462 f.

[193] Dies dürfte vor allem die strukturellen Führungsdimensionen betreffen: Hier erscheint für die Führung von angestellten Filialleitern eine Reduzierung des Partizipations- und Autonomiegrades unerläßlich.

Trennung von filialisierten und franchisierten Outlets verfolgen, wobei in das Führungsverhalten gegenüber den Franchisenehmern autoritäre Elemente eingegangen sind, andererseits aber die spezifischen Anforderungen des Franchising nicht ausreichend Berücksichtigung gefunden haben.[194] Hingegen ist für ein führungsaverses wie auch ein liberal-vertrauensbasiertes Führungsverhalten anzunehmen, daß dieses schwerpunktmäßig in reinen Franchisesystemen bzw. Systemen, die allenfalls ihre Pilotbetriebe als Filialen weiterführen, realisiert wird.[195]

Eine Erklärung der komplexen Führungstypen über die **Branchenzugehörigkeit** der Franchisesysteme als einem weiteren Merkmal der Systemdemographie dürfte kaum möglich sein.[196] Indes lassen sich Brancheneinflüsse auf **einzelne Führungsdimensionen** kennzeichnen. So erscheint im Gastronomiebereich eine hohe Intensität von Verhaltenskontrollen der Franchisenehmerbetriebe notwendig, da Verstöße gegen Hygiene- und Frischestandards nicht nur eine Qualitätsminderung zur Folge haben, sondern darüber hinaus gesundheitliche Risiken für die Kunden bestehen.

Erreichen derartige Vorfälle eine breitere Öffentlichkeit, kann dies, wie bereits oben herausgearbeitet, zu einer nachhaltigen Imagegefährdung des gesamten Systems führen. Insofern ist im Gastronomiebereich weder ein **führungsaverses** noch ein **liberal-vertrauensbasiertes** Führungsverhalten zu erwarten, da beide Führungstypen eine stark unterdurchschnittliche Verhaltenskontrolle und eine sehr geringe Rigidität, wie sie aber bei der Handhabung eines wiederholten Fehlverhaltens von Franchisenehmern als notwendig erkannt worden ist, vorsehen.

---

[194] Dies gilt primär für die notwendige betriebswirtschaftliche Betreuung der Franchisenehmer sowie die Förderung der Systemkommunikation, die bei diesem Führungstyp deutlich unterdurchschnittlich ausgeprägt sind.

[195] Insbesondere für den führungsaversen Typ erscheint es unrealistisch, daß eine Systemzentrale, die den Filialbereich notwendigerweise relativ eng führen wird, den Franchisebereich selbst bei einer organisatorischen Trennung der Leitungsfunktionen mit einer so geringen Intensität führt.

[196] So kommt Bolz für den verwandten Bereich der Führung internationaler Tochtergesellschaften auf Basis von Literaturanalysen und eigenen empirischen Untersuchungen zu dem Ergebnis, daß keine signifikanten Brancheneinflüsse auf die Standardisierung bzw. Differenzierung von Informations-, Planungs- und Kontroll- sowie Personalsystemen feststellbar sind. Vgl. *Bolz, J.*, Wettbewerbsorientierte Standardisierung der internationalen Marktbearbeitung: Eine empirische Analyse in europäischen Schlüsselmärkten, Darmstadt 1992, S. 162 ff.

Weitere Einflüsse auf das Führungsverhalten lassen sich mit Blick auf die **branchenspezifische Herkunft** der Franchisenehmer ableiten. Während Systeme im Handel sowie im klassischen Dienstleistungssektor vielfach keine spezifischen Vorkenntnisse ihrer Franchisenehmer erwarten und diese Systeme insofern gerade auch Bewerber aufnehmen, die zuvor in einer Angestelltenposition tätig waren, ist bei Franchisesystemen im handwerklichen Bereich oftmals eine entsprechende berufliche Qualifikation der Bewerber notwendig. Nicht selten schließen sich diesen Systemen ehemals selbständige Handwerker an, die eigenständig im Wettbewerb nicht mehr bestehen können.[197] Gehören einem Franchisesystem aber schwerpunktmäßig Franchisenehmer an, die bereits vor dem Systemeintritt beruflich selbständig waren, dürften hiervon auch Konsequenzen für die Systemführung ausgehen.[198] In derartigen Systemen ist die Realisierung des rigide-hierarchienahen oder autoritär-minimalistischen Führungstyps seltener zu erwarten, da die ausgeprägte **Rigidität** von den an die berufliche Selbständigkeit gewöhnten Franchisenehmern nicht widerspruchsfrei hingenommen werden dürfte. Ein partnerschaftlich-interaktives oder liberal-vertrauensbasiertes Führungsverhalten erscheint daher in Franchisesystemen des handwerklichen Sektors wahrscheinlicher.

Ähnliche Einflüsse sind auch für die durchschnittliche **Größe der Franchisenehmerbetriebe** zu erwarten. Grundsätzlich ist davon auszugehen, daß das Machtgefälle zwischen der Systemzentrale und den Franchisenehmern um so größer ausgeprägt ist, je geringer die Betriebsgröße der Franchisenehmerbetriebe ausfällt.[199] Damit dürften beim Großbetriebsfranchising von Franchisenehmerseite in stärkerem Maße Partizipationsansprüche gestellt und Handlungsspielräume gefordert werden. Daher ist anzunehmen, daß der Partizipationsgrad und die Autonomiegewährung mit steigender Betriebsgröße der Franchisenehmer eher zunehmen, die Rigidität des Führungsverhaltens dagegen tendenziell abnehmen wird. Das Großbetriebsfranchising läßt daher die Realisierung eines partnerschaftlich-interaktiven oder liberal-vertrauensbasierten Führungsverhaltens erwarten, während der rigide-hierarchienahe Führungstyp vornehmlich im Kleinbetriebsfranchising verfolgt werden dürfte.

---

[197] Vgl. *o.V.*, Franchise gibt Handwerkern Sicherheit, in: HB vom 14. März 1995, S. 20.

[198] Vgl. zu einer ähnlichen Argumentation *Beyer, W.E.*, Franchising als Instrument zur „Festigung der Marktstellung", a.a.O., S. 54.

[199] Vgl. allgemein, mit Bezug auf das Abhängigkeitsverhältnis zwischen Mutterunternehmen und ihren Tochtergesellschaften *Kieser, A., Kubicek, H.*, Organisation, a.a.O., S. 293.

Bei der bisherigen Analyse von Einflußfaktoren konnten nur in sehr geringem Umfang Faktoren herausgearbeitet werden, von denen ein Erklärungsbeitrag für die Entstehung eines führungsaversen Verhaltens von Systemzentralen angenommen werden kann. Mit dem **Umfang des franchisierten Betriebsteils**, der die Bedeutung des Franchisekonzepts für die Einkommenserzielung der Franchisenehmer determiniert, dürfte allerdings ein solcher Einflußfaktor identifiziert sein.

Bereits bei der Systematisierung des Franchising zu Beginn der Arbeit haben Konzepte des sog. **partiellen Franchising** Erwähnung gefunden, die so ausgestaltet sind, daß sie in einen bestehenden Geschäftsbetrieb integriert werden können („shop in the shop"-Konzepte).[200] Die Franchisenehmer beziehen dann regelmäßig nur einen Teil ihres Einkommens aus dem Franchising. Damit kann möglicherweise auch die bislang ungeklärte Frage beantwortet werden, warum Franchisenehmer dauerhaft in Systemen verbleiben, in denen zentrale Führungsdimensionen wie die Partizipation, die betriebswirtschaftliche Unterstützung, die Systemkommunikation und die Franchisenehmerorientierung stark unterdurchschnittlich entwickelt sind.

Neben möglichen Austrittsbarrieren z.B. durch spezifische Investitionen dürfte diese Entscheidung auch darin begründet liegen, daß der Systemzugehörigkeit aus Sicht der Franchisenehmer eine deutlich geringere Bedeutung beigemessen wird, als im Falle der gesamten Einkommenserzielung aus dem Franchising.

Zudem kann sich aus Sicht der Systemzentralen hier sogar die Notwendigkeit einer **moderaten Führung** der Franchisenehmer ergeben, da diese sich in erster Linie als nicht nur rechtlich und finanziell, sondern auch wirtschaftlich weitgehend selbständige Unternehmer und nur in zweiter Linie als Partner eines Franchisesystems begreifen. Insofern scheint das **partielle Franchising** die einzige Systemkonstellation darzustellen, in der ein führungsaverses Verhalten betriebswirtschaftlich begründet werden kann.

Als Grundlage der empirischen Untersuchung lassen sich damit für die Systemdemographie zusammenfassend die folgenden **Hypothesen** spezifizieren:

---

[200] Vgl. hierzu die Systematisierung des Franchising in Kapitel A 2 der Arbeit.

H_DEM1 In großen Franchisesystemen ist ein rigide-hierarchienahes Führungsverhalten, in kleinen Systemen dagegen ein liberal-vertrauensbasiertes Führungsverhalten signifikant häufiger anzutreffen als statistisch zu erwarten.

H_DEM2 In Mischsystemen, in denen parallel filialisierte und franchisierte Outlets bestehen, praktiziert die Systemzentrale häufiger als statistisch zu erwarten ein rigide-hierarchienahes oder ein partnerschaftlich-interaktives Führungsverhalten.

H_DEM3 In Franchisesystemen der Gastronomiebranche dominieren kontrollintensive Führungstypen mittlerer bis hoher Rigidität, so daß ein führungsaverses sowie ein liberal-vertrauensbasiertes Führungsverhalten dort signifikant seltener realisiert werden als statistisch zu erwarten.

H_DEM4 In Franchisesystemen des handwerklichen Sektors werden Führungstypen mit geringer und mittlerer Rigidität und damit ein liberal-vertrauensbasiertes oder partnerschaftlich-interaktives Führungsverhalten signifikant häufiger durch die Systemzentrale verfolgt als statistisch zu erwarten.

H_DEM5 Je größer die durchschnittliche Betriebsgröße der Franchisenehmerbetriebe ausgeprägt ist, desto eher wird ein partnerschaftlich-interaktives oder liberal-vertrauensbasiertes Führungsverhalten verfolgt.

H_DEM6 Bei partiellem Franchising ist ein führungsaverses Verhalten von Systemzentralen signifikant häufiger nachzuweisen als statistisch zu erwarten.

Mit den Merkmalen der Systemdemographie ist die letzte Gruppe relevanter Einflußfaktoren des Führungsverhaltens hinsichtlich möglicher Wirkungsbeziehungen analysiert. Bevor diese zu ihrer empirischen Überprüfung in einen Bezugsrahmen überführt werden, sind nachfolgend zunächst noch potentielle Verhaltens- und Erfolgswirkungen der innengerichteten Führung abzuleiten.

2. Theoretische Grundlagen einer Wirkungsanalyse der innengerichteten Systemführung

2.1 Ansätze der Erfassung von Verhaltens- und Erfolgswirkungen der Systemführung in der Literatur

Mit der Wirkungsanalyse der innengerichteten Systemführung erfolgt an dieser Stelle der Arbeit ein grundlegender **Wechsel der Untersuchungsperspektive**. Wurde die Führung bislang als abhängige, zu erklärende Variable betrachtet, so rückt sie nunmehr in die Position der unabhängigen Variablen, deren Erklärungsbeitrag für das Franchisenehmerverhalten und den Erfolg eines Franchisesystems hinsichtlich Art und Ausmaß ermittelt werden soll. Speziell auf Franchisesysteme bezogene Untersuchungen der Verhaltens- und Erfolgswirkungen der innengerichteten Systemführung liegen bislang erst in sehr geringem Umfang vor.

In der Tabelle 16 sind die wichtigsten, seit 1980 veröffentlichten Arbeiten synoptisch gegenübergestellt. Mit Ausnahme der Studie von Javanovski, in der die **Systemzentralen** von 40 deutschen Franchisesystemen befragt werden, liegen allen anderen Arbeiten Befragungen von **Franchisenehmern** jeweils eines oder nur weniger Systeme zugrunde.[201]

Schul, Little und Pride untersuchen in zwei Studien den Einfluß verschiedener Führungsdimensionen auf die **Konfliktwahrnehmung** der Franchisenehmer einerseits und deren **Zufriedenheit** andererseits. Sie können nachweisen, daß die wahrgenommene Konfliktintensität aus Franchisenehmersicht negativ mit der Partizipation an systembezogenen Entscheidungen, der Unterstützung und Betreuung der Franchisenehmer durch die Systemzentrale sowie der Formulierung von verbindlichen Richtlinien und Anweisungen als Ausdruck einer Formalisierung systeminterner Abläufe verknüpft ist.[202]

In ihrer zweiten Studie analysieren die Autoren die Auswirkungen des **Systemklimas** (Channel Climate) auf die Zufriedenheit der Franchisenehmer. Dabei wird das Konstrukt des „Channel Climate" auf die vier Führungsdimensionen Formalisierung, Personenorientierung, Autonomie und Anreizgewährung zurückgeführt, wobei eine Konstruktoperationalisierung und -messung nur auf

---

[201] Vgl. im einzelnen *Sibley, S.D., Michie, D.A.*, An Exploratory Investigation of Cooperation in a Franchise Channel, in: JoR, Vol. 58 (1982), No. 4, S. 23 ff.; *Schul, P.L., Pride, W.M., Little Jr., T.E.*, The Impact of Channel Leadership on Intrachannel Conflict, in: JoM, Vol. 47 (1983), No. 3, S. 21 ff.; *Schul, P.L., Little Jr., T.E., Pride, W.M.*, Channel Climate: Its Impact on Channel Member´s Satisfaction, a.a.O., S. 9 ff.; *Guiltinan, J.P., Rejab, I.B., Rodgers, W.C.*, Factors Influencing Coordination in a Franchise Channel, a.a.O., S. 41 ff.; *Lewis, M.Chr., Lambert, D.M.*, A Model of Channel Member Performance, Dependence and Satisfaction, in: JoR, Vol. 67 (1991), No. 2, S. 205 ff.; *Javanovski, M.*, Ergebnisse einer empirischen Erfolgsfaktorenstudie über das vertikal-kooperative Absatzsystem Franchising, in: Jahrbuch Franchising 1994, Deutscher Franchise-Verband (Hrsg.), Frankfurt a.M. 1994, S. 24 ff.

[202] Vgl. *Schul, P.L., Pride, W.M., Little Jr., T.E.*, The Impact of Channel Leadership on Intrachannel Conflict, a.a.O., S. 31.

Studie	unabhängige Variablen (mit Führungsbezug)	abhängige Variablen (mit Verhaltens-/Erfolgsbezug)	Datenbasis/ Stichprobe	statistische Verfahren	zentrale Ergebnisse
Sibley, Michie '82	a) Sanktionsmechanismen (Bestrafungsmacht) b) FN-Unterstützung und -Betreuung (als Ausdruck von Belohnungs-, legitimierter, Experten- und Identifikationsmacht des FG)	wahrgenommene Kooperationsintensität /-qualität aus FN-Sicht (als Verhaltensindikator)	ein Franchisesystem (landwirtsch. Geräte); darin 123 FN befragt (n=123); Land: USA	Faktorenanalyse; multiple Regressionsanalyse	die wahrgenommene Intensität/Qualität der Kooperation aus FN-Sicht steigt mit zunehmender FN-Unterstützung und -Betreuung; der Einsatz von Bestrafungsmacht übt keinen signifikanten Einfluß auf die wahrgenommene Intensität/Qualität der Kooperation aus
Schul, Pride, Little '83	3 Führungsdimensionen a) Partizipation b) FN-Unterstützung/-Betreuung (pers./sachlich) c) Richtlinien, Anweisungen (Formalisierung)	2 Konfliktdimensionen a) Konflikte im administrativen Bereich b) Konflikte im Bereich FN-Unterstützung und Marktdurchsetzung des Franchisekonzepts durch FG	6 Franchisesysteme (Immobilienmakler); Befragung von 349 FN (n=349); Land: USA	Faktorenanalyse; kanonische Korrelationsanalyse	27% der Varianz der Konfliktwahrnehmungen können durch die 3 Führungsdimensionen erklärt werden; alle 3 FD sind negativ mit der Intensität der Konfliktwahrnehmung durch die FN korreliert
Schul, Pride, Little '85	4 Führungsdimensionen a) Formalisierg./Unterstützung b) FN-Orientierung c) Autonomie d) Anreizgewährung (Dimensionen sollen insg. das "Channel Climate" erfassen)	Zufriedenheit der FN mit: a) Systemadministration b) Unterstützungsmaßnahmen c) Anreizstruktur d) Gebührenstruktur	6 Franchisesysteme (Immobilienmakler); Befragung von 349 FN (n=349); Land: USA	konfirmatorische Faktorenanalyse; kanonische Korrelationsanalyse	mehr als 35% der Varianz der Gesamtzufriedenheit werden durch die 4 Dimensionen des Systemklimas erklärt; alle 4 Dimensionen korrelieren positiv mit der Gesamtzufriedenheit der FN, wobei der geringste Einfluß von der Autonomiegewährung ausgeht
Guiltinan, Rejab, Rodgers '80	4 Führungsdimensionen[1] a) vertikale Kommunikation b) Autorität des FG c) Einfluß der FN, Partizipation d) Autonomie der FN [1] ohne "Unsicherheit" als 5. Dimension	wahrgenommene Koordinationsintensität/ -qualität mit FG aus FN-Sicht	ein Franchisesystem (Fast-Food-Sektor); Befragung von 154 FN (n=154); Land: USA	Faktorenanalyse; Korrelationsanalyse; Regressionsanalyse (multiple)	Erklärungsbeiträge für die wahrgenommene Koordination aus FN-Sicht gehen nur von der vertikalen Kommunikation und dem Einfluß der FN bzw. deren Partizipation aus; Autorität des FG und Autonomie der FN liefern keine signifikanten Erklärungsbeiträge
Lewis, Lambert '91	5 Var., die als abhängige u. unabhängige Var. dienen: a) Reinvestitionsverhalten der FN b) FN-Leistung ("Performance") c) wahrgenommene Verantwortung des FG für FN-Ergebnisse finanz. Abhängigk. FN von FG	potentieller Wiedereintritt ins System d) Zufriedenheit der FN mit einzelnen Unterstützungsmaßnahmen des FG e) Gesamtzufriedenheit mit FG-Unterstützung	ein Franchisesystem (Fast-Food-Sektor); Befragung von 107 FN (n=107); Land: USA	konfirmatorische Faktorenanalyse; Kausalanalyse (LISREL)	FN-Performance hängt von finanzieller Abhängigkeit des FN vom FG ab (=Teil des FN-Einkommens aus der Franchise); Gesamtzufriedenheit der FN beeinflußt positiv einen potentiellen Wiederbeitritt zum System
Javanovski '94	verschiedene Führungsvariablen (offene und geschlossene Fragestellungen hinsichtlich Erfolgseinfluß)	durchschnittliches jährliches Umsatzwachstum der Systeme	40 Franchisesysteme; Befragung der Systemzentralen; Land: Deutschland	Mittelwertvergleiche mit Signifikanztests	Akquisition, Betreuung und Motivation der FN sind zentrale Erfolgsdeterminanten (aber: Eigeneinschätzung der Zentralen ohne statistische Validierung); Beziehungsharmonie FG/FN wird von weniger erfolgreichen Systemzentralen höher gewichtet als von erfolgreichen

Tab. 16: Synopse ausgewählter empirischer Untersuchungen zu den Verhaltens- und Erfolgswirkungen der innengerichteten Systemführung

der Ebene dieser vier Dimensionen erfolgt.[203] Im Ergebnis können mehr als 35 Prozent der Varianz der Gesamtzufriedenheit der Franchisenehmer, die sich aus Teilbeurteilungen der Systemadministration, der erhaltenen Unterstützungsmaßnahmen sowie der Anreiz- und Gebührenstruktur zusammensetzt, auf diese vier Führungsdimensionen zurückgeführt werden.[204]

In der Untersuchung von Sibley und Michie wird dagegen die wahrgenommene **Kooperationsintensität und -qualität** aus Franchisenehmersicht als zu erklärende Variable untersucht. Als unabhängige Variablen mit Führungsbezug verwenden die Autoren den Einsatz von Sanktionsmechanismen als Ausdruck der Bestrafungsmacht des Franchisegebers sowie die Unterstützung und Betreuung der Franchisenehmer als Ausdruck von Belohnungs-, legitimierter, Experten- und Identifikationsmacht.[205] Dabei kann ein signifikant positiver Zusammenhang zwischen der Franchisenehmerunterstützung/-betreuung und der wahrgenommenen Intensität und Qualität der systeminternen Kooperation durch die Franchisenehmer nachgewiesen werden. Demgegenüber wird der erwartete negative Einfluß des Einsatzes von Sanktionsmechanismen empirisch nicht bestätigt, was auf die grundsätzliche Notwendigkeit eines Einsatzes von Sanktionen auch aus Franchisenehmersicht hindeutet.[206]

Mit der wahrgenommenen **Koordinationsintensität und -qualität** verwenden Guiltinan, Rejab und Rodgers in ihrer Untersuchung ein ähnliches Konstrukt als abhängige Variable. Als unabhängige Variablen dienen neben der Unsicherheit der Markt- und Wettbewerbsentwicklung mit der vertikalen Kommunikation, der Autorität der Systemzentrale sowie der Partizipation und Autonomie der Franchisenehmer vier Führungsdimensionen.[207] Signifikante Erklärungsbeiträge für die wahrgenommene Koordinationsintensität und -qualität aus Franchisenehmersicht können dabei nur für die vertikale Kommunikation und die Partizi-

---

[203] De facto wird damit lediglich der Zusammenhang zwischen den vier Führungsdimensionen und der Zufriedenheit der Franchisenehmer gemessen, während das Konstrukt des Systemklimas zwar auf der theoretischen Sprachebene verwendet, der Zusammenhang zu den einzelnen Führungsdimensionen empirisch jedoch nicht überprüft wird.

[204] Vgl. *Schul, P.L., Little Jr., T.E., Pride, W.M.*, Channel Climate: Its Impact on Channel Member´s Satisfaction, a.a.O., S. 32.

[205] Vgl. *Sibley, S.D., Michie, D.A.*, An Exploratory Investigation of Cooperation in a Franchise Channel, a.a.O., S. 27 f.

[206] Vgl. *ebenda*, S. 35 f.

[207] Vgl. *Guiltinan, J.P., Rejab, I.B., Rodgers, W.C.*, Factors Influencing Coordination in a Franchise Channel, a.a.O., S. 45 ff.

pation, nicht aber für die Autorität der Systemzentrale sowie die Autonomie der Franchisenehmer ermittelt werden.[208]

Die besondere Bedeutung von Unterstützungsleistungen der Systemzentrale aus Sicht der Franchisenehmer können, wie bereits Sibley und Michie, auch Lewis und Lambert nachweisen. Sie ermitteln einen - indes zu erwartenden - stark positiven Zusammenhang zwischen der Zufriedenheit der Franchisenehmer mit der Betreuung durch die Systemzentrale und einem potentiellen Wiedereintritt in das entsprechende Franchisesystem.[209] Zudem berücksichtigen die Autoren explizit den **Franchisenehmererfolg**, führen diesen aber nicht auf das Führungsverhalten der Systemzentrale, sondern auf das Reinvestitionsverhalten der Franchisenehmer sowie die finanzielle Abhängigkeit der Franchisenehmer vom Franchisegeber zurück. Dabei können signifikante Einflüsse allerdings nicht festgestellt werden.

Javanovski schließlich versucht, auf der Basis einer mündlichen Befragung von 40 Systemzentralen **Erfolgsfaktoren** der markt- und innengerichteten Führung von Franchisesystemen abzuleiten. Als Erfolgsindikator verwendet er ausschließlich das durchschnittliche jährliche Umsatzwachstum der Systeme. Im Rahmen einer offenen Fragestellung nach den wichtigsten Erfolgsdeterminanten ermittelt er eine sehr hohe Bedeutung der Akquisition, Betreuung und Motivation der Franchisenehmer, kann dieses Ergebnis im Rahmen weiterführender Mittelwertvergleichstests aber nur partiell bestätigen.[210] Aufgrund der geringen Güte der eingesetzten statistischen Verfahren, die insbesondere zur Aufdeckung von Kausalbeziehungen nicht geeignet sind, müssen die Ergebnisse Javanovskis indes in ihrem Aussagewert deutlich eingeschränkt werden.

Betrachtet man die für Franchisesysteme vorliegenden Forschungsarbeiten zu den Verhaltens- und Erfolgseinflüssen der innengerichteten Führung zusammenfassend, dann lassen sich **vier zentrale Ergebnisse** festhalten:

---

[208] Vgl. *ebenda*, S. 54 ff.

[209] Vgl. hierzu und zu den folgenden Ergebnissen *Lewis, M.Chr., Lambert, D.M.*, A Model of Channel Member Performance, Dependence and Satisfaction, a.a.O., S. 217 ff. Hinsichtlich des Wiedereintrittsverhaltens wurden aktuelle Franchisenehmer befragt, ob sie nach Ablauf des Franchisevertrages diesen verlängern bzw. bei nochmaliger Eintrittsentscheidung wiederum dem entsprechenden System beitreten würden.

[210] Vgl. *Javanovski, M.*, Ergebnisse einer empirischen Erfolgsfaktorenstudie über das vertikalkooperative Absatzsystem Franchising, a.a.O., S. 40 ff.

1. Die bisherigen Arbeiten untersuchen jeweils nur Einflüsse **einzelner Führungsdimensionen**. Dagegen werden Führungstypen als aggregierte Verhaltensmuster der Systemführung weder hinsichtlich ihrer Verhaltenswirkungen noch potentieller Erfolgseinflüsse analysiert. Daher können etwaige **Überlagerungs-** oder **Verstärkungseffekte**, die aus dem typenspezifischen Zusammenwirken verschiedener Führungsdimensionen entstehen, nicht erfaßt werden.

2. Als abhängige Variablen werden schwerpunktmäßig Wahrnehmungskonstrukte auf Ebene der Franchisenehmer untersucht, die sich auf die Qualität der Beziehungen zur Systemzentrale richten. In Analogie zu den der Gestaltung der systeminternen Beziehungen zugrunde liegenden sozialen Zielen können Variablen wie die Zufriedenheit oder Konfliktwahrnehmung der Franchisenehmer als Indikatoren des **sozialen Erfolgs** interpretiert werden.[211] Für diese Erfolgsdimension sind angesichts der o.g. Ergebnisse Einflüsse des Führungsverhaltens als gesichert anzunehmen. Insbesondere die Unterstützung und Betreuung der Franchisenehmer, deren Partizipation an systembezogenen Entscheidungen, die Franchisenehmerorientierung, die Anreizgewährung und die vertikale Kommunikation wirken offenbar positiv auf den sozialen Erfolg.

3. Die als abhängige Variablen untersuchten Wahrnehmungskonstrukte erfassen nur mittelbar das **faktische Franchisenehmerverhalten**. Zwar sind von Konstrukten wie z.B. der Zufriedenheit oder Konfliktwahrnehmung der Franchisenehmer Rückschlüsse auf das Franchisenehmerverhalten gegenüber der Systemzentrale möglich.[212] Doch bleibt die Frage weitgehend unbeantwortet, inwieweit auch das **absatzmarktgerichtete Verhalten** der Franchisenehmer durch die Ausgestaltung der innengerichteten Systemführung beeinflußt werden kann.[213]

4. Schließlich liegen bislang keine statistisch gesicherten Erkenntnisse über den Einfluß der innengerichteten Führung auf klassische **ökonomische** und **psychographische Erfolgsgrößen** vor. Zudem unterbleibt eine Differenzierung nach der Ebene der Erfolgsentstehung bzw -zurechnung in system-, franchisegeber- und Franchisenehmerbezogene Erfolgsdimensionen.[214]

---

[211] Der Begriff ist an den in der Organisationsforschung verwendeten Begriff der sozialen Effizienz angelehnt. Vgl. *Welge, M.K.*, Unternehmensführung, Bd. 2: Organisation, a.a.O., S. 601 f. Zur Verwendung von Zielerreichungsgraden als Erfolgsindikatoren sowie zur Systematisierung relevanter Erfolgsdimensionen vgl. die Ausführungen in Kap. C 2.22.

[212] Vgl. *Sibley, S.D., Michie, D.A.*, An Exploratory Investigation of Cooperation in a Franchise Channel, a.a.O., S. 31 und die dort angegebene Literatur.

[213] Diese Frage ist von zentraler Bedeutung, da das absatzmarktgerichtete Verhalten der Franchisenehmer deren eigenen Erfolg, aber auch den Systemerfolg wesentlich beeinflußt.

[214] Angesichts des noch unzureichenden Kenntnisstandes über die Verhaltens- und Erfolgswirkungen der Systemführung muß an dieser Stelle zunächst noch auf eine Formulierung von Untersuchungshypothesen verzichtet werden. Diese erfolgt erst im Anschluß an die Ableitung des Franchisenehmer-Verhaltensmodells sowie des Erfolgsmodells in den beiden Folgekapiteln.

Erweitert man das Betrachtungsspektrum und bezieht zusätzlich auch solche Arbeiten in die Analyse ein, die nicht direkt das Führungsverhalten in Franchisesystemen zum Gegenstand haben, dann sind relevante Beiträge grundsätzlich auch aus dem Bereich der **handelsbezogenen Erfolgsfaktorenforschung** sowie aus Arbeiten zum **vertikalen Marketing** zu erwarten.[215] Für den Bereich der Erfolgsfaktorenforschung kann dabei auf umfassende Synopsen der zahlreichen, seit Mitte der achtziger Jahre entstandenen Veröffentlichungen zurückgegriffen werden.[216]

Diese offenbaren, daß Führungsaspekte nur von sehr wenigen Autoren einbezogen werden. So gelangt Kube auf der Basis einer Analyse von 30 empirischen Studien zu dem Ergebnis, daß „der Faktor Management bzw. Führung in quantitativen Erfolgsfaktorenstudien des Handels so gut wie keine Berücksichtigung findet".[217]

Soweit dennoch Führungsaspekte als potentielle Erfolgsdeterminanten analysiert werden, erfolgt dies zudem im Rahmen einer **betriebs-** und nicht **systembezogenen Betrachtung**. Untersuchungsgegenstand ist insofern die Mitarbeiterführung in den Filialen durch das Filialmanagement, nicht aber die mit der Problemstellung dieser Arbeit korrespondierende Führung des Filialnetzes respektive der Führungskräfte in den Filialen durch die Unternehmenszentrale.[218]

---

[215] Arbeiten im Bereich der handelsbezogenen Erfolgsfaktorenforschung erscheinen im Vergleich zu industriebezogenen Studien vor allem deshalb relevant, weil hier vielfach Filialsysteme Gegenstand der Untersuchung sind. Soweit in diesen Studien Probleme der Filialführung durch die Unternehmenszentrale behandelt werden, erscheint eine Übertragung der Ergebnisse auf Franchisesysteme tendenziell möglich.

[216] Vgl. insbesondere *Schröder, H.*, Erfolgsfaktorenforschung im Handel: Stand der Forschung und kritische Würdigung der Ergebnisse, in: Marketing ZFP, 16. Jg. (1994), Nr. 2, S. 89 ff.; *Kube, Ch.*, Erfolgsfaktoren von Filialsystemen, Diagnose und Umsetzung im Strategischen Controlling, a.a.O., S. 30 ff.; *Fritz, W.*, Marketing - ein Schlüsselfaktor des Unternehmenserfolges? Eine kritische Analyse vor dem Hintergrund der empirischen Erfolgsfaktorenforschung, in: Marketing ZFP, 12. Jg. (1990), Nr. 2, S. 91 ff.

[217] *Kube, Ch.*, Erfolgsfaktoren von Filialsystemen, Diagnose und Umsetzung im Strategischen Controlling, a.a.O., S. 119.

[218] Vgl. z.B. *Patt, P.-J.*, Strategische Erfolgsfaktoren im Einzelhandel: Eine empirische Analyse am Beispiel des Bekleidungsfachhandels, Schriften zu Marketing und Management, Bd. 14, Meffert, H. (Hrsg.), Frankfurt a.M. u.a. 1988, S. 187 ff.; *Wöllenstein, S.*, Betriebstypenprofilierung in vertraglichen Vertriebssystemen. Eine Analyse von Einflußfaktoren und Erfolgswirkungen auf der Grundlage eines Vertragshändlersystems im Automobilhandel, a.a.O.; *Burmann, Chr.*, Fläche und Personalintensität als Erfolgsfaktoren im Einzelhandel, Schriftenreihe Unternehmensführung und Marketing, Bd. 27, Meffert, H., Steffenhagen, H., Freter, H. (Hrsg.), Wiesbaden 1995, S. 144 ff.

Auch weitere Arbeiten im Bereich der **Absatzkanalforschung**, in denen franchiseähnliche Kooperationsformen untersucht werden, vermögen für die Kennzeichnung von Verhaltens- und Erfolgswirkungen der Führung keine zusätzlichen Beiträge zu leisten. Wie bereits im Rahmen der Einleitung bei der Beschreibung relevanter Forschungsansätze erwähnt, liegt der Schwerpunkt dieser Arbeiten eindeutig im Bereich der **Macht- und Konfliktforschung**.[219] Insbesondere Erfolgseinflüsse bleiben dagegen regelmäßig unberücksichtigt. Angesichts dieser bestehenden Forschungsdefizite soll den nachfolgenden Überlegungen zunächst das in der Abbildung 20 dargestellte **zweistufige Wirkungsmodell** der Systemführung zugrunde gelegt werden. Damit werden Führungseinflüsse zum einen auf das Franchisenehmerverhalten und zum anderen auf den Erfolg unterstellt.[220] Die Ableitung eines Verhaltens- und eines Erfolgsmodells als Basis der späteren empirischen Analyse ist Gegenstand des folgenden Kapitels.

2.2 Verhaltens- und Erfolgsdimensionen als Grundlage der empirischen Analyse

2.21 Ableitung eines Modells des Franchisenehmerverhaltens

Der Versuch einer modellmäßigen Abbildung des Franchisenehmerverhaltens erfolgt vor dem Hintergrund einer hohen Komplexität: Ein Franchisenehmer ist selbständiger Unternehmer, der in seinem Betrieb eigene Mitarbeiter führt, Kundenkontakte aufbaut und pflegt, Geschäftsverbindungen zu Zulieferern unterhält, aber auch mit anderen Franchisenehmern und schließlich mit der Systemzentrale und deren Mitarbeitern interagiert. Eine wesentliche Reduktion dieser komplexen Verhaltensdimensionen erscheint jedoch möglich, wenn man die grundlegenden **Verhaltenserwartungen** betrachtet, die von der Systemzentrale an

---

[219] Vgl. insbesondere die umfassende Synopse bei *Gaski, J.F.*, The Theory of Power and Conflict in Channels of Distribution, a.a.O., S. 9 ff.; ein kurzer Überblick, der auch die wichtigsten, seit Mitte der achtziger Jahre veröffentlichten Arbeiten umfaßt, findet sich bei *Cronin Jr., J.J., Baker, T.L., Hawes, J.M.*, An Assessment of the Role Performance Measurement of Power-Dependency in Marketing Channels, in: JoBR, Vol. 30 (1994), o. Nr., S. 201 ff.

[220] Nicht näher betrachtet werden sollen dagegen die direkten Wirkungen des Franchisenehmerverhaltens sowie die Wirkungen sonstiger Einflußfaktoren wie z.B. der absatzmarktgerichteten Führung auf den Erfolg. Es sei darauf verwiesen, daß dieser Ansatz ausdrücklich nicht als Erfolgsfaktorenanalyse angelegt ist, da schwerpunktmäßig Führungstypen und nicht einzelne Führungsdimensionen hinsichtlich ihrer Wirkungen untersucht werden und zudem keine Gewichtung der Verhaltens- und Erfolgswirkungen in Relation zu weiteren Einflußgrößen stattfindet.

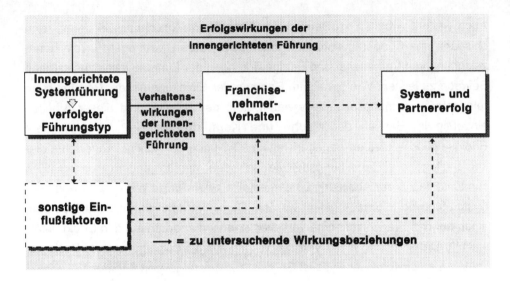

Abb. 20: Zweistufiges Wirkungsmodell der Systemführung

Franchisenehmer gerichtet sind. Diese Verhaltenserwartungen kennzeichnen in ihrer Gesamtheit die **Rolle** eines Franchisenehmers, wie sie durch die Systemzentrale definiert wird.[221]

Übernimmt man das Rollenkonzept der Organisationsforschung für die vorliegende Problemstellung, dann kann zwischen der unmittelbar aufgabenbezogenen, unternehmerischen Rolle eines Franchisenehmers und dessen systeminterner, auf die Beziehungen zur Systemzentrale und den übrigen Systemmitgliedern gerichteten Rolle differenziert werden.[222] Demgemäß sollen als zentrale Bereiche des Franchisenehmerverhaltens die **unternehmerische** und die **systembezogene** Dimension unterschieden werden. Erstere betrifft vor allem das absatzmarktgerichtete Verhalten eines Franchisenehmers, aber auch die Abwicklung der betriebsinternen Abläufe, die z.B. die Einstellung und Führung des eigenen Personals sowie die kaufmännisch-administrative Leitung seines

---

[221] Die Anknüpfung an die Verhaltenserwartungen der Systemzentrale hat zudem den wesentlichen Vorteil, daß ein engerer Bezug zur Führung der Franchisenehmer hergestellt werden kann. Denn es ist zu erwarten, daß die Systemzentrale ihr Führungsverhalten auf die Erfüllung der entsprechenden Verhaltenserwartungen ausrichtet. Vgl. zum Rollenbegriff allgemein *Staehle, W.H.*, Management: Eine verhaltenswissenschaftliche Perspektive, a.a.O., S. 248 sowie zur Übertragbarkeit auf Interorganisationsbeziehungen *Gill, L.E., Stern, L.W.*, Roles and Role Theory in Distribution Channel Systems, in: Distribution Channels: Behavioral Dimensions, Stern, L.W. (Hrsg.), a.a.O., S. 22 ff.

[222] Vgl. allgemein zu diesen beiden Rolleninhalten *Kieser, A., Kubicek, H.*, Organisation, a.a.O., S. 455 ff.

Betriebes umfaßt. Demgegenüber soll über die systembezogene Verhaltensdimension insbesondere die Interaktion der Franchisenehmer mit der Systemzentrale gekennzeichnet werden, wobei diese z.B. die Erfüllung von Informations- und Berichtspflichten sowie die Kooperationsbereitschaft eines Franchisenehmers beinhaltet.

Setzt man eine Unabhängigkeit dieser beiden grundlegenden Verhaltensdimensionen voraus, dann läßt sich das in der Abbildung 21 wiedergegebene Modell bilden, aus dem vier grundlegende **Verhaltenstypen von Franchisenehmern** abgeleitet werden können.[223]

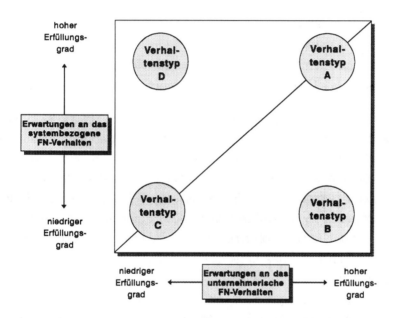

Abb. 21: Grundlegende Verhaltenstypen von Franchisenehmern

Der **Verhaltenstyp A** kennzeichnet Franchisenehmer, die sowohl die Erwartungen an ihr unternehmerisches Engagement als auch an das systeminterne Verhalten gegenüber der Systemzentrale vollständig erfüllen. Damit handelt es sich jeweils um das Franchisenehmer-Segment eines Systems, das der Rol-

---

[223] Dieses Modell wurde vom Verfasser in verschiedenen Expertengesprächen diskutiert. Dabei wurde bestätigt, daß i.d.R. alle vier Verhaltenstypen in einem Franchisesystem nachweisbar sind.

lenerwartung der Systemzentrale in vollem Umfang entspricht. Dagegen zeichnet sich der **Verhaltenstyp B** durch große unternehmerische Initiative aus, wohingegen die Verhaltenserwartungen im Innenverhältnis nicht erfüllt werden. Damit besteht eine hohe Konfliktwahrscheinlichkeit, weil z.B. Franchisenehmer zur eigenständigen Profilierung im regionalen Wettbewerbsumfeld gegen bestimmte Systemstandards verstoßen.

Eine umgekehrte Konstellation liegt beim **Verhaltenstyp D** vor. Hier verbinden sich Defizite im unternehmerischen Verhalten mit einer vollständigen Erfüllung aller auf die Beziehung zur Systemzentrale gerichteten Verhaltenserwartungen; ein Verhalten, wie es vor allem von Franchisenehmern, die vor dem Systembeitritt in einem Angestelltenverhältnis beschäftigt waren, Relevanz besitzen dürfte. Der **Verhaltenstyp C** schließlich kennzeichnet Franchisenehmer, die weder bei der Führung ihres eigenen Betriebes noch in ihrem systeminternen Verhalten den an sie gestellten Anforderungen genügen, so daß hier mittelfristig eine Auflösung des Vertragsverhältnisses durch die Systemzentrale wahrscheinlich ist.

Mit Blick auf die innengerichtete Systemführung ist nun von besonderem Interesse, inwieweit Einflüsse des Führungsverhaltens der Systemzentrale auf das unternehmerische und systembezogene Franchisenehmerverhalten und damit den in einem System vorherrschenden Verhaltenstyp bestehen. Insbesondere soll dabei untersucht werden, ob für die identifizierten Führungstypen signifikante Ausprägungsunterschiede für die Dimensionen des Franchisenehmerverhaltens nachgewiesen werden können, ob also z.B. ein autoritär-minimalistisches Führungsverhalten ein ausgeprägtes unternehmerisches, aber lediglich gering entwickeltes systembezogenes Verhalten der Franchisenehmer induziert. Da auf entsprechende Forschungsergebnisse an dieser Stelle nicht zurückgegriffen werden kann, müssen der empirischen Analyse zwei allgemeine **Basishypothesen** zugrunde gelegt werden:

H_{VER1a} Die Führungstypen unterscheiden sich in ihren Wirkungen auf das **unternehmerische** Verhalten der Franchisenehmer.

H_{VER1b} Die Führungstypen unterscheiden sich in ihren Wirkungen auf das **systembezogene** Verhalten der Franchisenehmer.

In der Franchisepraxis wird anstatt dieses zweidimensionalen Modells i.d.R. eine **eindimensionale** Beurteilung der Franchisenehmer eines Systems vorgenommen. Anhand marktbezogener bzw. finanzieller Kennziffern wie dem Umsatz, der

Neukundengewinnung oder dem Gewinn erfolgt eine Zuordnung der Franchisenehmer zu verschiedenen **Leistungssegmenten**.[224] In der vorliegenden Arbeit wird eine Dreiteilung in ein A-, B- und C-Segment zugrunde gelegt. Das C-Leistungssegment entspricht dabei der sog. **Fehlbesetzungsquote**, gibt also den Anteil von Franchisenehmern eines Systems an, die nach Einschätzung der Systemzentrale ungeeignet für ihre Aufgabe sind.[225] Demgegenüber umfaßt das A-Leistungssegment die Gruppe der Franchisenehmer, die ein besonders hohes, innerhalb des jeweiligen Systems deutlich überdurchschnittliches Leistungsniveau erreichen.[226]

Die **Segmentverteilung** kann über das Führungsverhalten in vielfältiger Weise beeinflußt werden: Über eine konsequente Nichtverlängerung oder vorzeitige Auflösung von Verträgen mit Franchisenehmern des C-Segments kann dieses umfangmäßig begrenzt werden. Andererseits kann aber auch über eine differenzierte Betreuung versucht werden, die Leistungsfähigkeit der entsprechenden Franchisenehmer dauerhaft zu steigern, so daß diese zumindest ein durchschnittliches Leistungsniveau errreichen. Ebenso ist anzunehmen, daß z.B. über eine intensive Ex ante-Koordination in Verbindung mit einer umfassenden Ergebniskontrolle und -diskussion eine umfangmäßige Vergrößerung des A-Segmentes möglich ist, da Defizite in der Betriebsführung von Franchisenehmern erkannt werden und deren Leistungsniveau dauerhaft gesteigert werden kann. Im Rahmen der empirischen Analyse soll daher zusätzlich folgende Basishypothese überprüft werden:

H$_{VER2}$ Die Führungstypen unterscheiden sich signifikant hinsichtlich der Leistungsverteilung der Franchisenehmer eines Systems und sind daher durch unterschiedliche Umfänge der A-, B- und C-Franchisenehmer-Leistungssegmente gekennzeichnet.

---

[224] Vgl. z.B. *Tietz, B., Mathieu, G.*, Das Franchising als Kooperationsmodell für den mittelständischen Groß- und Einzelhandel, a.a.O., S. 235. Mit Blick auf das zuvor diskutierte Verhaltensmodell liegt damit ein enger Bezug zum unternehmerischen Verhalten der Franchisenehmer vor, während hingegen das systembezogene Verhalten für die Einschätzung des Leistungsniveaus von untergeordneter Bedeutung sein dürfte.

[225] Vgl. *Alznauer-Lesaar-Personalberatung (Hrsg.)*, Das Unbehagen der Franchise-Geber hinsichtlich der Franchise-Nehmer-Auswahl, Ergebnisse einer Umfrage, Unterlagen zum Spezialseminar „Die Auswahl von Franchise-Nehmern" des DFI Deutsches Franchise-Institut GmbH am 17. Januar 1994 in München, München 1994, S. 3 ff.

[226] Mit der Einteilung der Franchisenehmer in Leistungsklassen liegt hier bereits ein relativ enger Erfolgsbezug vor. Die segmentbezogene Betrachtung soll jedoch aufgrund der gleichfalls bestehenden inhaltlichen Nähe zu dem zuvor abgeleiteten Verhaltensmodell den Verhaltenswirkungen der Systemführung subsumiert werden.

2.22 Ableitung eines Modells zur Erfassung des Erfolgs von Franchisesystemen

In empirischen Untersuchungen des Unternehmenserfolges werden zumeist finanzielle Erfolgskriterien verwendet, unter denen dem Gewinn sowie verschiedenen Rentabilitätsmaßen wie z.B. dem Return on Investment besondere Bedeutung zukommt.[227] Abgesehen von einer z.T. eingeschränkten Aussagefähigkeit finanzieller Erfolgskriterien z.B. aufgrund von rechtsformabhängigen Rechnungslegungsvorschriften liegt ein zentraler Kritikpunkt an einer derartigen eindimensionalen Erfolgsmessung darin begründet, daß vielfach keine Kongruenz zwischen den tatsächlich verfolgten strategischen Zielsetzungen von Unternehmungen und der ausschließlichen Verwendung finanzieller Erfolgskriterien besteht.[228]

Fritz folgert daraus: „Unter unter nehmenspolitischen bzw. strategischen Aspekten bedarf es der Berücksichtigung solcher Erfolgsgrößen, welche die Gesamtausrichtung des Unternehmens nach **innen** (Hervorhebung durch den Verf.) und außen widerspiegeln. Unternehmenserfolg geht dann in eine Erfüllung mehrdimensionaler Unternehmenszielsetzungen über...".[229]

Diese Konzeption des Unternehmenserfolges entspricht dem sog. **Zielansatz** der Erfolgsforschung, bei dem der Erfolg eines Unternehmens als **Grad der Zielerreichung** gemessen wird.[230] Neben der Betonung der Zweckrationalität unternehmerischen Handelns liegt der wesentliche Vorteil des Zielansatzes in der Einfachheit seiner Anwendung insbesondere in bezug auf empirische Untersuchungen.[231] Der Zielansatz wird daher auch der vorliegenden Arbeit zugrunde gelegt.[232]

---

[227] Vgl. *Fritz, W.*, Marktorientierte Unternehmensführung und Unternehmenserfolg, a.a.O., S. 221.

[228] Vgl. *Schröder, H.*, Erfolgsfaktorenforschung im Handel: Stand der Forschung und kritische Würdigung der Ergebnisse, a.a.O., S. 99 f.; *Jacobsen, R.*, The Validity of ROI as a Measure of Business Performance, in: The American Economic Review, Vol. 77 (1987), No. 3, S. 476.

[229] *Fritz, W.*, Marktorientierte Unternehmensführung und Unternehmenserfolg, a.a.O., S. 222 f.

[230] Vgl. *Welge, M.K.*, Unternehmensführung, Bd. 2: Organisation, a.a.O., S. 604; *Staehle, W.H.*, Management: Eine verhaltenswissenschaftliche Perspektive, a.a.O., S. 412.

[231] Der Aspekt der Einfachheit ist aus dem Blickwinkel der vorliegenden Arbeit in zweifacher Hinsicht von Bedeutung: Zum einen dürften in den primär mittelständischen Systemzentralen bestimmte finanzielle Erfolgskennziffern wie der Return on Investment überhaupt nicht berechnet werden. Zum anderen - und hierin liegt der zentrale Grund für die Wahl des Zielansatzes - sind die wenigsten Franchisesysteme aufgrund ihrer Rechtsform und Größe publizitätspflichtig. Daher war nicht zu erwarten, daß in einer schriftlichen Befragung objektive finanzielle oder marktbezogene Erfolgsgrößen genannt werden. Vgl. zu einer ausführlichen Würdigung des

In Anknüpfung an die oben abgeleiteten Zielkategorien in Franchisesystemen soll nachfolgend zwischen dem Markterfolg, dem finanziellen Erfolg und dem sozialen Erfolg unterschieden werden, wobei der Markterfolg zusätzlich in eine ökonomische und eine psychographische Komponente aufzuteilen ist.[233] Damit wird im Sinne des Zielansatzes ein mehrdimensionaler Erfolgsbegriff zugrunde gelegt, der auch die Erreichung innengerichteter, auf das Verhältnis von Systemzentrale und Franchisenehmern bezogener Ziele einbezieht. Neben dieser **inhaltlichen** Systematisierung erfordert ein für Franchisesysteme geeignetes Erfolgsmodell zusätzlich eine Differenzierung nach der **Ebene der Erfolgsentstehung**. Daher ist eine weitere Unterteilung in systembezogene Erfolgsgrößen sowie in Erfolgsgrößen auf Ebene der Systemzentrale und der Franchisenehmer notwendig.[234] Damit entsteht die in der Abbildung 22 dargestellte Matrix.

Diese verdeutlicht, daß eine eindeutige Trennung zwischen dem Systemerfolg sowie dem Franchisegeber- und Franchisenehmererfolg nur hinsichtlich der finanziellen Erfolgsdimension möglich ist, da hier konsolidierte Systemerfolgsgrößen von individuell zurechenbaren Erfolgsgrößen auf der Ebene des Franchisegebers und der Franchisenehmer abgegrenzt werden können. Hinsichtlich des Markterfolges sowie des sozialen Erfolges ist dagegen eine eindeutige Differenzierung zwischen system- und franchisegeberbezogenen Erfolgsgrößen i.d.R. nicht möglich; vielmehr indizieren hier die systembezogenen Erfolgsgrößen gleichzeitig den Erfolg des Franchisegebers als Systemführer.[235]

Zielansatzes *Staehle, W.H.*, Management: Eine verhaltenswissenschaftliche Perspektive, a.a.O., S. 412.

[232] Dabei wird auf eine Gewichtung der Zielerreichungsgrade mit den gleichfalls erhobenen Zielprioritäten sowie eine darüber hinausgehende Bildung eines Erfolgsindex bewußt verzichtet. Zu den vielfältigen Prämissen, die bei einer Zielgewichtung und anschließenden Indexbildung erfüllt sein müssen, und die damit den Wert eines derartigen Vorgehens in Frage stellen, vgl. ausführlich *Fritz, W.*, Marktorientierte Unternehmensführung und Unternehmenserfolg, a.a.O., S. 225 f.

[233] Vgl. hierzu die Zielableitung in Kap. C 1.31 der Arbeit.

[234] Der Erfolg ist dann als um so größer zu betrachten, je stärker die Franchisegeber- und Franchisenehmerziele sowie die Ziele des Systems erreicht werden können.

[235] Eine Ausnahme bildet hier der Eigenbetrieb von Filialen durch die Systemzentrale. In diesem Fall besteht wiederum ein originär dem Franchisegeber zuzurechnender Markterfolg. Damit wird auch der Grund für die Problematik der Erfolgszurechnung deutlich: Anders als beim finanziellen Systemerfolg, der sich als Summe der Teilerfolge aller Systempartner ergibt, errechnet sich der marktbezogene Systemerfolg als Summe der Teilerfolge lediglich der Franchisenehmer (Bsp.: Systemumsatz = Σ FN-Umsätze), während hingegen die Systemzentrale in reinen Franchisesystemen keinen eigenständigen Markterfolg erzielen kann, da sie keine

Ebene\Inhalt	System	Systemmitglieder	
		Franchisegeber	Franchisenehmer (∅)
Markterfolg -ökonomisch	- Gesamtumsatz - Gesamtmarktanteil	indiziert Erfolg des FG als Systemführer	- regionaler FN-Umsatz - regionaler Marktanteil
-psychographisch	- Systembekanntheitsgrad - Systemimage /1	-originärer Markterfolg des FG nur bei Eigenbetrieb von Filialen /2	- regionale Bekanntheit - regionales Image /3
finanzieller Erfolg	- konsolidierter Systemgewinn - konsolidierte Umsatz-/ Kapitalrentabilität des Systems /4	- FG-Gewinn - FG-Kapitalrentabilität[1)] /5	- FN-Gewinn - Umsatz-/Kapitalrentabilität des FN /6
sozialer Erfolg	- Zufriedenheit der FN - Motivation der FN - Identifikation der FN - vertrauensvolle Beziehungen - geringe Konfliktintensität /7	indiziert Erfolg des FG als Systemführer -Erreichungsgrad sozialer Ziele in bezug auf die Mitarbeiter in der Systemzentrale /8	- Erreichungsgrad der sozialen Ziele in bezug auf die Mitarbeiter des Franchisenehmerbetriebes (=FN-Ziele) /9

1) keine Umsatzrentabilität, da FG keine Eigenumsätze erzielt (Ausnahme: Eigenbetrieb von Filialen)

Abb. 22: Systematisierung von Erfolgsdimensionen in Franchisesystemen

Für die weiterführende Analyse sollen aus dieser Matrix vier Zellen herausgelöst und in ein empirisches Meßmodell überführt werden. Über den systembezogenen **Markterfolg** sollen zunächst die Erreichung von Umsatz- und Marktanteilszielen als ökonomische Erfolgsgrößen einerseits sowie von Bekanntheitsgrad- und Imagezielen als psychographische Erfolgsgrößen andererseits erfaßt werden.[236] Hinsichtlich des **finanziellen Erfolgs** wird der Trennung in den finanziellen Franchisegebererfolg und den durchschnittlichen finanziellen Franchisenehmererfolg gefolgt. Beide Erfolgsdimensionen werden in der vorliegenden Arbeit insbesondere über die Erreichung von Gewinnzielen gemessen. Angesichts der im Rahmen des Zielkapitels angeführten Begründung für die Notwendigkeit einer Formulierung von franchisenehmerbezogenen Gewinnzielen durch die Systemzentrale erscheint es vertretbar, den finanziellen Franchisenehmer-

---

Eigenumsätze verzeichnet. Ein ähnlicher Argumentationsgang läßt sich für den sozialen Erfolg aufbauen.

[236] Zur Operationalisierung der Erfolgsdimensionen anhand geeigneter Indikatoren vgl. die Ausführungen in Kap. C 3.42.

erfolg aus Sicht der Systemzentrale zu erfassen.[237] Schließlich wird der **soziale Erfolg** als systembezogene Erfolgsgröße betrachtet. Er beschreibt damit die Erreichung von Zielgrößen wie der Zufriedenheit, Identifikation und Motivation der Franchisenehmer eines Systems.

Die vier Erfolgsdimensionen und die zwischen diesen unterstellten **Wirkungsbeziehungen** sind in der Abbildung 23 dargestellt. Dabei ist anzunehmen, daß die Erreichung der sozialen Ziele positiv auf den Markterfolg sowie den finanziellen Erfolg der Franchisenehmer, aber auch der Systemzentrale wirkt.[238] Andererseits ist in umgekehrter Richtung von einem hohen Markterfolg des Systems und vor allem einem hohen finanziellen Franchisenehmererfolg eine positive Rückwirkung auf die Erreichung der sozialen Ziele zu erwarten.[239]

Eine tendenziell negative Beziehung dürfte dagegen zwischen den beiden finanziellen Erfolgsdimensionen bestehen, da sich bei der Allokation eines gegebenen Systemgewinns der Gewinn der Franchisenehmer als Residualgröße des Franchisenehmergewinns und vice versa ergibt.[240]

---

[237] Der finanzielle Franchisenehmererfolg wird damit als Erreichung der von der Systemzentrale formulierten, Franchisenehmergerichteten Rentabilitätsziele gemessen. Die Formulierung Franchisenehmerbezogener finanzieller Ziele durch die Systemzentrale ist in Kapitel C 1.31 aus der Notwendigkeit der Wahrung des finanziellen Gleichgewichts innerhalb des Systems begründet worden.

[238] So kann angesichts der Ergebnisse der empirischen Organisations- und Führungsforschung ein positiver Zusammenhang zwischen der Zufriedenheit oder auch Motivation der Franchisenehmer und ihrer Arbeitsleistung angenommen werden. Vgl. allgemein *Welge, M.K.*, Unternehmensführung, Bd. 2: Organisation, a.a.O., S. 601 f.

[239] So führen steigende Systemumsätze, sofern sie nicht auf den Systembeitritt zusätzlicher Franchisenehmer zurückzuführen sind, bei einem unveränderten Gewinnverteilungsmodus zu höheren Franchisenehmergewinnen. Diese wiederum dürften sich zumindest auf die Zufriedenheit der Franchisenehmer positiv auswirken und zudem ceteris paribus die Wahrscheinlichkeit systeminterner Konflikte reduzieren. Die Beziehung zwischen dem sozialen Erfolg und dem Markterfolg des Systems sowie dem finanziellen Franchisenehmererfolg ist insofern nicht als einseitig dependent, sondern als interdependent zu kennzeichnen.

[240] Dabei ist allerdings zu berücksichtigen, daß diese negative Beziehung nur bei einer Kurzfristbetrachtung Gültigkeit besitzt. Investiert z.B. die Systemzentrale einen Großteil des Gewinns in die weitere Systementwicklung (Werbung, Produktentwicklung, Verbesserung der Franchisenehmerbetreuung), ist dadurch mittelfristig eine Erhöhung des Systemgewinns möglich, so daß in Folgeperioden sowohl der Franchisegeber- als auch der Franchisenehmergewinn absolut steigen kann.

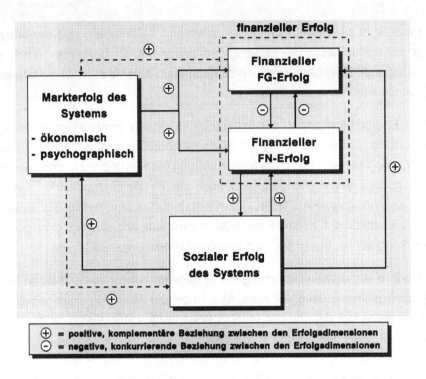

Abb. 23: Reduziertes Modell zur Erfassung des Erfolgs von Franchisesystemen

Betrachtet man die möglichen Einflüsse der innengerichteten Systemführung auf diese Erfolgsdimensionen, dann ist zwischen **direkten** und **indirekten** Wirkungen zu differenzieren. Direkte Einflüsse des Führungsverhaltens auf den sozialen Erfolg können angesichts der empirischen Ergebnisse der oben analysierten Forschungsarbeiten als praktisch gesichert angenommen werden.[241] Offen ist jedoch die Frage, inwieweit durch die spezifische Kombination der Führungsdimensionen innerhalb eines Führungstyps eine Verstärkung oder ggf. auch Neutralisation von Erfolgswirkungen eintritt. Angesichts der herausgearbeiteten Beziehungen zwischen den Erfolgsdimensionen sind ferner über die Beeinflussung des sozialen Erfolgs indirekte Wirkungen des Führungsverhaltens auf den Markterfolg des Systems und die finanziellen Erfolgsgrößen, insbesondere den finanziellen Franchisenehmererfolg, anzunehmen.

---

[241] Vgl. Kapitel C 2.1. Positive Einflüsse auf den sozialen Erfolg konnten hier vor allem für folgende Führungsdimensionen nachgewiesen werden: die Unterstützung und Betreuung der Franchisenehmer, deren Partizipation an systembezogenen Entscheidungen, die Franchisenehmerorientierung, die Anreizgewährung und die vertikale Kommunikation.

Weiterhin sind aber auch **direkte Einflüsse** des Führungsverhaltens auf die letztgenannten Erfolgsdimensionen wahrscheinlich. So kann über die technokratischen Führungsdimensionen unmittelbar Einfluß auf den finanziellen Franchisenehmererfolg genommen werden, wenn z.B. auf der Basis von Ergebniskontrollen mit den Franchisenehmern Kostensenkungsmaßnahmen für deren Betriebe erarbeitet werden.

Auch der **Markterfolg** eines Systems kann direkt über verschiedene Führungsdimensionen beeinflußt werden. Denn wenn, wie im Rahmen der Einflußfaktorenanalyse herausgearbeitet, die „Leadership-follows-Strategy"-These Gültigkeit besitzt, und Maßnahmen der innengerichtete Führung der Implementierung marktgerichteter Strategien dienen, dann müssen Einflüsse einzelner Führungsdimensionen und damit auch der Führungstypen auf den Markterfolg eines Systems nachweisbar sein.[242]

Im Rahmen der empirischen Analyse sollen die Erfolgseinflüsse der Führungstypen über die drei folgenden **Hypothesen** untersucht werden:

H_{ERF1a} Zwischen den Führungstypen bestehen signifikante Unterschiede hinsichtlich der Höhe des systembezogenen Markterfolges.

H_{ERF1b} Zwischen den Führungstypen bestehen signifikante Unterschiede hinsichtlich der Höhe des finanziellen Erfolges der Franchisenehmer.

H_{ERF1c} Zwischen den Führungstypen bestehen signifikante Unterschiede hinsichtlich der Höhe des sozialen Erfolges.

Zusätzlich erscheint es bei der Erfolgsanalyse sinnvoll, die typenbezogene Betrachtung um eine Analyse des Erfolgseinflusses der Führungsdimensionen zu ergänzen. Diese **dimensionsbezogene** Betrachtung bedingt den Einsatz kausalanalytischer Verfahren, über die eine differenzierte Beurteilung der Erfolgseinflüsse des Führungsverhaltens einschließlich der Unterscheidung direkter und indirekter Wirkungsbeziehungen erfolgen kann. Damit wird schließlich folgende Hypothese zu testen sein:

H_{ERF2} Die strukturellen, technokratischen und personellen Führungsdimensionen unterscheiden sich signifikant in ihrem Einfluß auf die einzelnen Erfolgsdimensionen.

---

[242] So hängt z.B. der Erfolg einer qualitätsorientierten Wettbewerbsstrategie auch davon ab, inwieweit über Verhaltenskontrollen die dauerhafte Einhaltung von Qualitätsstandards durch die Franchisenehmer gewährleistet werden kann.

3. Empirische Analyse von Einflußfaktoren und Wirkungen der innengerichteten Systemführung

Im Rahmen der nachfolgenden empirischen Untersuchung der Einflußfaktoren und Wirkungen der innengerichteten Systemführung wird zunächst das zuvor abgeleitete Hypothesengerüst in einen empirischen Bezugsrahmen überführt. Nach einer kurzen Kennzeichnung der für die Einflußfaktoren- und Wirkungsanalyse verwendeten statistischen Verfahren erfolgt sodann die empirische Überprüfung der spezifizierten Hypothesen.

3.1 Bezugsrahmen der empirischen Untersuchung und Methodik der Einflußfaktoren- und Wirkungsanalyse

Auf der Basis des bei der theoretischen Grundlegung der Arbeit entwickelten allgemeinen, kontingenztheoretischen Bezugsrahmens, der im Vorkapitel abgeleiteten Einflußfaktoren sowie der angenommenen Verhaltens- und Erfolgswirkungen der innengerichteten Systemführung kann der in der Abbildung 24 dargestellte **empirische Bezugsrahmen** aufgestellt werden.[243]

In diesem sind die acht zur Strukturierung der nachfolgenden empirischen Analyse gebildeten Hypothesengruppen erfaßt. Aufgrund der Komplexität der Variablenstruktur sind zusätzlich verschiedene Variablengruppen zu **Teilmodellen** zusammengefaßt, um die Übersichtlichkeit des nunmehr alle relevanten Variablen und Variablenbeziehungen enthaltenden Bezugsrahmens zu gewährleisten.

Als in ihrem Einfluß auf das Führungsverhalten zu untersuchende **Situationsvariablen** enthält der Bezugsrahmen zum einen die Markt- und Wettbewerbssituation (H_{SIT}) und zum anderen die Systemdemographie und -genese (H_{DEM}), die gemeinsam das Situationsmodell konstituieren. Im Zentrum der **Verhaltensvariablen** als zweiter Variablenkategorie steht das im B-Kapitel konzipierte und bereits empirisch bestätigte Modell der Systemführung mit elf Führungsdimensionen und den auf deren Grundlage gebildeten fünf Führungstypen.

---

[243] Vgl. zum allgemeinen Bezugsrahmen der Arbeit Abbildung 6 in Kap. A 5.

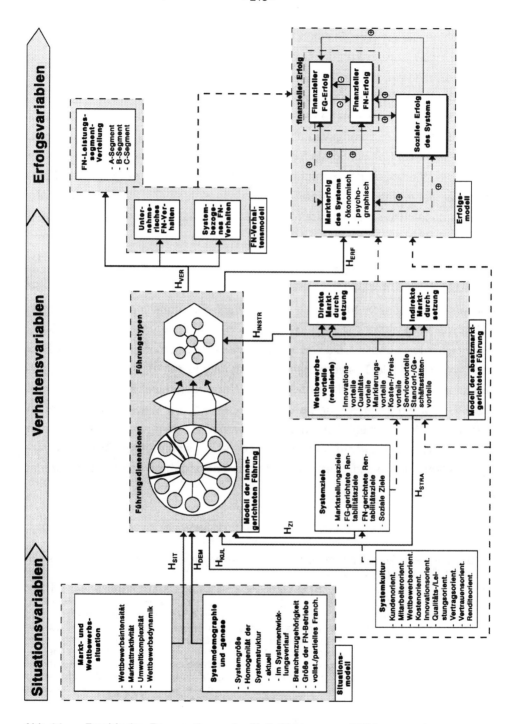

Abb. 24: Empirischer Bezugsrahmen der Einflußfaktoren- und Wirkungsanalyse

Als verhaltensbezogene Einflußfaktoren werden die Systemziele erfaßt und in ihrem Einfluß auf die Führungstypen empirisch analysiert (H_{ZI}).[244] Gleiches gilt für die Strategievariablen (H_{STRA}) sowie die Maßnahmen der direkten und indirekten Marktdurchsetzung (H_{INSTR}), die zum Teilmodell der absatzmarktgerichteten Systemführung zusammengefaßt sind. Schließlich wird die Systemkultur als Einflußfaktor des Führungsverhaltens in den Bezugsrahmen integriert (H_{KUL}), wobei diese nicht eindeutig als Situations- oder Verhaltensvariable einzuordnen ist.[245] Die Wirkungen des Führungsverhaltens werden mit Bezug auf das Franchisenehmerverhalten, spezifiziert durch das in Kapitel C 2.21 abgeleitete Verhaltensmodell (H_{VER}), sowie das Modell des Systemerfolges empirisch überprüft (H_{ERF}).

Die Analyse der Einflußfaktoren sowie der Verhaltens- und Erfolgswirkungen der innengerichteten Systemführung erfolgt gemäß den Basis- und Tendenzhypothesen hauptsächlich mit Bezug auf die fünf Führungstypen. Dabei werden **Mittelwertvergleiche** für die typenspezifischen Ausprägungen der Einflußfaktoren einerseits und für die Verhaltens- und Erfolgsdimensionen andererseits durchgeführt.[246] Als Testverfahren zur Überprüfung der Signifikanz von Mittelwertunterschieden wird die **einfaktorielle Varianzanalyse** eingesetzt, die mit dem F-Wert ein Kriterium für die Globalbeurteilung von Mittelwertunterschieden bereitstellt.[247] Um zusätzlich Aussagen darüber zu treffen, zwischen welchen Führungstypen signifikante Unterschiede bestehen, sind **multiple Mittelwertvergleichstests** notwendig. Hierzu wird auf das Testverfahren von Duncan zurück-

---

[244] Dabei sind die Systemziele dem eigentlichen Unternehmensverhalten unmittelbar vorgelagert; sie werden daher den verhaltensbezogenen Variablen subsumiert.

[245] Da die Systemkultur lediglich mittel- bis langfristig verändert werden kann, wird sie als systeminterne Situationsvariable erfaßt.

[246] Signifikante Mittelwertunterschiede können sodann als Indikator dafür angesehen werden, daß a) die jeweiligen Einflußfaktoren einen Erklärungsbeitrag für die Wahl eines bestimmten Führungstyps liefern und b) die Führungstypen einen Erklärungsbeitrag für Verhaltens- und Erfolgsunterschiede zwischen den Franchisesystemen in der Stichprobe leisten. Dabei ist jedoch zu berücksichtigen, daß varianz- und kontingenzanalytische Verfahren strenggenommen nur korrelative Beziehungen zwischen Variablen offenlegen, ohne aber Auskunft über die Einfluß- bzw. Wirkungsrichtung, d.h. die Kausalität der Beziehung, zu geben. Daher werden an besonders sensiblen Stellen der Untersuchung zusätzlich kausalanalytische Verfahren in Gestalt des LISREL-Ansatzes eingesetzt, über die eine zweifelsfreie Aufdeckung kausaler Beziehungen möglich ist.

[247] Vgl. *Sachs, L.*, Angewandte Statistik: Planung und auswertung, Methoden und Modelle, 4. Aufl., Berlin, Heidelberg, New York 1974, S. 205 ff.; *Diehl, J.M.*, Varianzanalyse, Frankfurt a.M. 1977, S. 39 f. Der F-Test gibt bei mehreren Mittelwerten lediglich Auskunft darüber, ob sich die Mittelwerte in ihrer Gesamtheit signifikant unterscheiden, nicht aber darüber, zwischen welchen einzelnen Mittelwerten signifikante Unterschiede bestehen.

gegriffen.[248] Bei nominalskalierten Variablen, wie sie insbesondere im Bereich der systemdemographischen Merkmale vorliegen, gelangt dagegen die **Kontingenzanalyse** zur Anwendung, bei der über den Chi Quadrat-Test signifikante Einfluß- und Wirkungsbeziehungen überprüft werden können.[249]

Bei der Untersuchung des Strategie-Führungs-Zusammenhangs sowie der Erfolgswirkungen des Führungsverhaltens wird zusätzlich zur typenbezogenen Betrachtung eine Analyse auf der Ebene der einzelnen Führungsdimensionen vorgenommen. Dazu gelangt der **LISREL-Ansatz** der Kausalanalyse zur Anwendung, der in der Abbildung 25 in seiner allgemeinen Form dargestellt ist. Im Gegensatz zu konfirmatorischen Faktorenanalysen höherer Ordnung beruht der LISREL-Ansatz nicht auf zwei sich überlappenden Meßmodellen, sondern auf je einem faktoranalytischen Meßmodell der unabhängigen, exogenen Konstrukte und der abhängigigen, endogenen Konstrukte, zwischen die ein Strukturmodell tritt. Die Beziehungen zwischen exogenen und endogenen Konstrukten innerhalb dieses Strukturmodells werden regressionsanalytisch berechnet.[250]

Zur Beurteilung spezifizierter Kausalmodelle stehen mit dem „goodness of fit-Index" (GFI), dem „adjusted goodness of fit-Index" (AGFI) sowie dem „root mean square residual-Index" (RMR) dieselben **Globalkriterien** zur Verfügung, wie sie bereits für die konfirmatorische Faktorenanalyse zweiter Ordnung hergeleitet worden sind.[251] Besondere Bedeutung für die nachfolgend zu untersuchenden Problemstellungen kommt dem „total coefficient of determination" (TCD) zu, anhand dessen die Reliabilität der gesamten Strukturbeziehungen eines Kausalmodells bestimmt werden kann. Der TCD gibt dabei als Bestimmtheitsmaß die Wirkungsstärke aller exogenen Konstrukte zur Erklärung der endogenen Kon-

---

[248] Der Duncan-Test gilt als der am wenigsten konservative multiple Mittelwertvergleichstest. Er wird im vorliegenden Fall angewendet, da die Stichprobe im Vergleich zur Grundgesamtheit sehr umfangreich ist, so daß auch relativ kleine Mittelwertunterschiede bereits als signifikant anzusehen sind. Ein konservativerer Test würde hier u.U. zu einer systematischen Unterschätzung signifikant unterschiedlicher Mittelwertpaare und damit zu einer Fehlinterpretation der Ergebnisse führen. Vgl. *Diehl, J.M.*, Varianzanalyse, a.a.O., S. 48 ff.

[249] Vgl. *Backhaus et al.*, Multivariate Analysemethoden, a.a.O., S. 164 ff.

[250] Vgl. *Backhaus et al.*, Multivariate Analysemethoden, a.a.O., S. 349 f. Für die Parameterschätzung wird - wie bereits bei der konfirmatorischen Faktorenanalyse - das Verfahren der ungewichteten kleinsten Quadrate (ULS-Verfahren) eingesetzt, da dieses keine Normalverteilung der zugrunde gelegten Daten voraussetzt.

[251] Vgl. zu den einzelnen Globalkriterien ausführlich Kapitel B 2.12 und die dort angegebene Literatur.

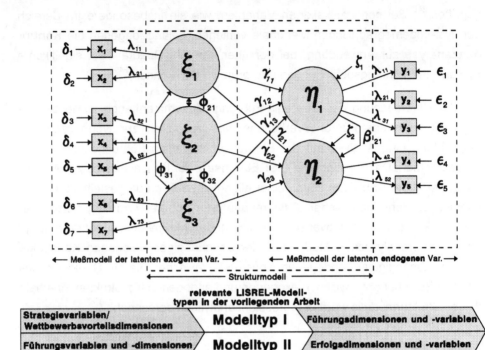

Abb. 25: Formale Struktur vollständiger LISREL-Modelle

strukte an.[252] Damit kann z.B. eine vergleichende Analyse der Erfolgswirkungen der strukturellen, technokratischen und personellen Führungsdimensionen vorgenommen werden. TCD-Werte nahe eins signalisieren eine sehr hohe Reliabilität des Strukturmodells.[253] Zusätzlich berechnet LISREL 7.20 zur Überprüfung von Teilstrukturen vollständiger Kausalmodelle standardmäßig für alle Parameter T-Werte, über die das **Signifikanzniveau der Parameterschätzungen** ermittelt werden kann.[254]

---

[252] Der TCD-Wert unterscheidet sich insofern in seinem Aussagegehalt ggü. der konfirmatorischen Faktorenanalyse zweiter Ordnung, bei der er die Reliabilität des zweiten, zwischen den Faktoren erster und zweiter Ordnung bestehenden *Meßmodells* und damit nicht die Stärke von Kausalbeziehungen angibt.

[253] Vgl. *Backhaus et al.*, Multivariate Analysemethoden, a.a.O., S. 398.

[254] Vgl. *Jöreskog, K.G., Sörbom, D.*, LISREL 7: A Guide to the Program and Applications, a.a.O., S. 41; *Backhaus et al.*, Multivariate Analysemethoden, a.a.O., S. 405 ff. Signifikant von null verschiedene Parameter innerhalb des Strukturmodells weisen im Rahmen dieser Arbeit beispielsweise auf Strategiedimensionen mit einem besonders hohen Erklärungsbeitrag für die Ausgestaltung des Führungsverhaltens hin.

Hinsichtlich der den folgenden Untersuchungen zugrunde liegenden Daten ist schließlich darauf zu verweisen, daß mit Ausnahme einiger **objektiver** Daten im Bereich der Systemdemographie für die Bestimmung der Einflußfaktoren sowie der Verhaltens- und Erfolgsdimensionen ausschließlich **subjektive** Einschätzungen der Führungskräfte in den befragten Systemzentralen erhoben worden sind. Um Meßfehler hier so weit wie möglich zu reduzieren und eine Vergleichbarkeit der Antworten zu gewährleisten, wurden bei der Variablenoperationalisierung vielfach beispielhafte Umschreibungen abstrakter Sachverhalte vorgegeben.[255]

3.2 Analyse des Einflusses der Markt- und Wettbewerbssituation auf das Führungsverhalten

Für die Erfassung der Markt- und Wettbewerbssituation stehen im Fragebogen zehn Variablen zur Verfügung.[256] Zur Verdichtung dieser Variablen wird zunächst eine **explorative Faktorenanalyse** durchgeführt.[257] Bei einer 4 Faktor-Lösung mit einem Varianzerklärungsanteil von 57,3 Prozent werden dabei die im Theorieteil abgeleiteten Dimensionen der Markt- und Wettbewerbssituation weitgehend repliziert, was die Güte des von Miller und Friesen entwickelten Umweltkonzeptes belegt. Damit wird die Markt- und Wettbewerbssituation nachfolgend über die Wettbewerbsintensität und Marktattraktivität[258], die Umwelt-Komplexität und -dynamik sowie die Wettbewerbsdynamik abgebildet.[259]

---

[255] Vgl. hierzu z.B. die Operationalisierung der Variablen zur direkten und indirekten Marktdurchsetzung der Systemstrategie in den Fragen 8 und 9 des Fragebogens.

[256] Vgl. zur Operationalisierung der Variablen die Frage 1 des Fragebogens im Anhang der Arbeit.

[257] Das Verfahren der explorativen Faktorenanalyse wird gewählt, da im Theorieteil die Feindlichkeit der Systemumwelt über die beiden Dimensionen der Wettbewerbsintensität und der Marktattraktivität erfaßt worden ist. Es ist daher nicht sicher, ob diese beiden Dimensionen differenziert oder kombiniert zu erfassen sind, so daß die Anwendungsvoraussetzung der konfirmatorischen Faktorenanalyse, nämlich die Existenz genauer Vorstellungen über die Anzahl relevanter Konstrukte, hier nicht erfüllt ist. Die explorative Faktorenanalyse wird nach dem Verfahren der Haupkomponentenanalyse mit anschließender Faktorrotation durchgeführt. Die Ergebnisse sind im Anhang der Arbeit dokumentiert.

[258] Die explorative Faktorenanalyse führt damit zu einer Separation dieser beiden, die Feindlichkeit der Unternehmensumwelt abbildenden Teildimensionen. Es sei an dieser Stelle noch einmal daran erinnert, daß eine feindliche Unternehmensumwelt durch eine hohe Wettbewerbsintensität und eine geringe Marktattraktivität gekennzeichnet ist.

[259] Dabei sind folgende Einschränkungen zu berücksichtigen: Zum einen wird der Preisdruck nicht der Wettbewerbsintensität, sondern der Marktattraktivität zugeordnet, was jedoch plausibel erscheint, weil ein hoher Preisdruck negativ auf die Attraktivität des relevanten Marktes wirkt. Insofern umfaßt die Dimension Wettbewerbsintensität schwerpunktmäßig den *leistungsbezogenen* Wettbewerb im relevanten Markt. Zum anderen ist die Variablenzuordnung zu den

Unter Zuordnung der zehn Einzelvariablen zu den faktoranalytisch ermittelten Dimensionen der Markt- und Wettbewerbssituation beinhaltet die Tabelle 17 den **Mittelwertvergleichstest** für die fünf Führungstypen. Die Betrachtung der F-Werte führt dabei zu dem bemerkenswerten Ergebnis, daß bei einem Signifikanzniveau von 10 Prozent (= α<10 Prozent) offensichtlich nur für die Variable „hohe Anzahl von Innovationen" als Indikator der Wettbewerbsintensität signifikante Mittelwertunterschiede bestehen, während für alle anderen neun Situationsvariablen Signifikanzniveaus ausgewiesen werden, bei denen von Mittelwertunterschieden für die fünf Führungstypen nicht mehr ausgegangen werden kann.

Dieses Ergebnis scheint zunächst darauf hinzudeuten, daß zwischen der Markt- und Umweltsituation von Franchisesystemen und der Ausgestaltung des Führungsverhaltens nur sehr schwache Beziehungen bestehen, so daß die Entstehung unterschiedlicher Führungstypen auf andere Einflußfaktoren zurückgeführt werden muß. Damit wären indes die im Theorieteil abgeleiteten Hypothesen, die im Einklang mit der herrschenden Literaturmeinung situative Einflüsse des situativen Kontextes auf die Führung unterstellen, in ihrer Gesamtheit abzulehnen.

Eine tiefergehende Analyse offenbart jedoch **zwei alternative Erklärungsansätze** für das Ergebnis des Mittelwertvergleichstests: Zum einen ist im Theorieteil herausgestellt worden, daß bereits die Wahl des Franchising als Organisationsform wahrscheinlich situativ erfolgt.[260] Daher wurde die Frage aufgeworfen, ob Franchisesysteme womöglich nur in relativ **homogenen situativen Kontexten** gegründet werden. Wenngleich diese Annahme aus verschiedenen Erwägungen zunächst als wenig realistisch eingeschätzt werden mußte, gewinnt sie durch die Ergebnisse des Mittelwertvergleichstests wiederum an Relevanz. Sofern nämlich der in der Tabelle 17 dargestellte Profilverlauf eine singuläre, für alle untersuchten Franchisesysteme gleichermaßen gültige Markt- und Umweltsituation abbildet, können situative Einflüsse auf das Führungsverhalten überhaupt nicht bestehen.

Kontextdimensionen der Komplexität und Dynamik nicht vollkommen trennscharf, da auf den dritten Faktor Indikatoren zur Erfassung beider Dimensionen laden.

[260] Vgl. hierzu die Ausführungen in Kapitel C 1.2 der Arbeit.

Markt- und Wettbewerbssituation der Franchisesysteme	Gesamtmittelwert (n = 182)[3]			Rigide-hierarchisch geführte Systeme	Partnerschaftlich-interaktiv geführte Systeme	Liberal-vertrauensbasiert geführte Systeme	Autoritär-minimalistisch geführte Systeme	Führungsaverse Systeme	F-Test[1] œ
	trifft gar nicht zu 1	Betroffenheit aus Sicht der Systeme 2 3 4	trifft sehr zu 5						
Wettbewerbsintensität (Leistungswettbewerb) (1) intensiver Qualitätswettbewerb		●(4)		+	–	0	+	0	0,664
(2) intensiver Systemwettbewerb	●(2)			0	0	0	0	0	0,730
(3) hohe Anzahl von Innovationen		●(3)		+	+	0	0	– –	0,068
Marktattraktivität (4) starkes Marktwachstum		●(4)		0	0	0	+	0	0,769
(5) hoher Preisdruck (indiziert geringe Marktattraktivität)		●(4)		0	0	– –	+	0	0,281
Umweltkomplexität und -dynamik (6) Kundenbedürfn./-verhalten schwer prognostizierbar		●(3)		0	+	0	–	0	0,595
(7) lfd. Veränderung der Rahmenbedingungen		●(3,5)		+	+	–	0	–	0,199
(8) viele verschiedene Kundengruppen		●(4)		0	+ +	0	0	–	0,257
Wettbewerbsdynamik (9) häufige Markteintritte neuer Wettbewerber		●(3)		0	+	–	0	0	0,520
(10) Wettbewerbsaktivitäten kaum vorhersehbar		●(3)		0	0	0	0	0	0,941

| 0-0,15 | ≙ 0	Rigide-hierarchisch geführte Systeme					
| 0,16-0,30 | ≙ +/–	Partnerschaftlich-interaktiv geführte Systeme	n.s.				
| 0,31-0,50 | ≙ ++/– –	Liberal-vertrauensbasiert geführte Systeme	[7][4]	n.s.			
| 0,51-0,70 | ≙ +++/– – –	Autoritär-minimalistisch geführte Systeme	n.s.	n.s.	(5)		
> | 0,70 | ≙ ++++/– – – –	Führungsaverse Systeme	(3)[7]	(3)(8)	[3]	n.s.	[2]

1) Oneway-Analyse zur Globalbeurteilung der Mittelwertunterschiede
2) Angabe der Signifikanzniveaus; (I) ≙ 0,05 / [I] ≙ 0,10
3) Standardabweichung vom Gesamtmittelwert zwischen: 1,02 und 1,23
4) Ziffern beziehen sich auf die jeweiligen Items in der Tabelle

Tab. 17: Einfluß der Markt- und Wettbewerbssituation auf die innengerichtete Systemführung

Ein zweiter Erklärungsansatz fußt auf dem **methodischen Vorgehen** des Mittelwertvergleichstests. Da die Führungstypen jeweils nur hinsichtlich einzelner Situationsvariablen verglichen werden, kann der situative Gesamtkontext, der durch die spezifische Kombination der Ausprägungen aller vier Dimensionen der Markt- und Wettbewerbssituation gebildet wird, in seiner Wirkung auf das Führungsverhalten nicht erfaßt werden.[261]

Da es aber plausibel erscheint, daß Systemzentralen die innengerichtete Führung der Franchisenehmer auf eben diesen, als komplexes Zusammenwirken zahlreicher Einzelfaktoren wahrgenommenen Gesamtkontext hin ausrichten, bedarf es einer weitergehenden Analyse, welche die Führungstypen in Beziehung zu derartigen situativen Gesamtkontexten setzt.[262]

Zu diesem Zweck wird ein **Clusteranalyse** für die zehn Situationsvariablen durchgeführt.[263] Nach einer Ausreißerselektion über das Single Linkage-Verfahren können anhand des Ward-Algorithmus **drei Kontexttypen** ermittelt werden[264], deren Clustermittelwerte und jeweilige Abweichungen vom Gesamtmittelwert in der Tabelle 18 zusammenfassend dargestellt sind. Die Kontexttypen können dabei wie folgt interpretiert werden:

---

[261] Zwar ergibt sich sich grundsätzlich bei Mittelwertvergleichen für jeden untersuchten Typ ein eigenständiger Profilverlauf, doch kann dieser im vorliegenden Fall nicht als typenspezifischer situativer Kontext gedeutet werden. Es zeigte sich nämlich bei der Datenanalyse, daß die Standardabweichungen für die meisten Situationsvariablen bei typenbezogener Betrachtung höher ausgeprägt sind als in der Gesamtstichprobe, in der Standardabweichungen zwischen 1,02 und 1,23 vorliegen. Dies deutet bereits darauf hin, daß die Führungstypen offenbar in unterschiedlichen situativen Kontexten realisiert werden.

[262] Sofern sich dabei unterschiedliche situative Gesamtkontexte identifizieren lassen, ist damit gleichzeitig der erste Erklärungsansatz zu verwerfen, der von einem singulären Kontext aller Systeme ausgeht.

[263] Da über die vier extrahierten Faktoren lediglich 57,3 Prozent der Varianz der Einzelvariablen erklärt werden kann, empfiehlt sich eine Clusterbildung auf der Basis der Einzelvariablen anstatt der Faktorwerte. Dies erleichtert im übrigen auch die spätere Clusterinterpretation. Verzerrungseffekte aufgrund von Interkorrelationen zwischen den Einzelvariablen können aufgrund der homogenen Faktorladungsstruktur (jeweils 2 bzw. 3 Indikatorvariablen) weitestgehend vernachlässigt werden.

[264] Dabei wurden von den 182 untersuchten Fällen (= Gesamtzahl der in die Bildung der Führungstypen einbezogenen Systeme) lediglich drei Ausreißer identifiziert. Neun weitere Fälle wurden aufgrund von Missing Values ausgeschlossen, so daß in die Clusteranalyse 170 Fälle eingingen. Zu einer Darstellung der für die Clusteranalyse eingesetzten Fusionierungsalgorithmen vgl. Kapitel B 2.31 und die dort zitierte Literatur.

Variablen / Ausprägungen		Mittelwerte und Abweichungen der clusterbildenden Variablen vom Gesamtmittelwert					
Kontext-dimensionen	Einflußfaktoren der Markt- und Wettbewerbssituation	Cluster I 23,4% n=40		Cluster II 31,6% n=54		Cluster III 45,0% n=77	
		Cluster-mittel-werte	Mittel-wertab-weich.	Cluster-mittel-werte	Mittel-wertab-weich.	Cluster-mittel-werte	Mittel-wertab-weich.
Wettbewerbsintensität (Leistungswettbewerb)	(1) intensiver Qualitätswettbewerb	3,80	++	3,02	--	3,34	0
	(2) intensiver Systemwettbewerb	2,75	++++	1,44	---	1,92	0
	(3) hohe Anzahl von Innovationen	3,48	+++	2,37	--	2,74	0
Marktattraktivität	(4) starkes Marktwachstum	3,97	++	2,85	---	3,64	+
	(5) hoher Preisdruck[1]	4,27	+++	3,80	+	3,13	--
Umweltkomplexität und -dynamik	(6) Kundenbedürfnisse/-verhalten schwer prognostizierbar	3,15	++	3,06	++	2,22	--
	(7) lfd. Veränderung der Rahmenbedingungen	3,75	++++	3,00	+	2,14	---
	(8) viele verschiedene Kundengruppen	4,00	+	4,35	+++	3,21	---
Wettbewerbs-dynamik	(9) häufige Markteintritte neuer Wettbewerber	4,07	++++	3,52	+	2,88	--
	(10) Wettbewerbsaktivitäten kaum vorhersehbar	2,70	0	3,17	+++	2,18	--

Abweichung der Cluster-Mittelwerte vom Gesamtmittelwert	$\bar{x}_i$	|0-0,15|	|0,16-0,30|	|0,31-0,50|	|0,51-0,70|	>|0,70|
	positiv	0	+	++	+++	++++
	negativ	0	-	--	---	----

1) indiziert geringe Marktattraktivität

Tab. 18: Clusterbildende Merkmale der ermittelten Kontexttypen

Für den **ersten Kontexttyp** läßt sich eine hohe und im Clustervergleich stark überdurchschnittliche Wettbewerbsintensität feststellen. Gleichzeitig besteht ein sehr hohes, ebenfalls deutlich überdurchschnittliches Marktwachstum (MW: 3,97).[265] Eine häufige Veränderung der relevanten technischen und rechtlichen Rahmenbedigungen, ein schwer prognostizierbares Kundenverhalten sowie häufige Markteintritte neuer Wettbewerber zeigen schließlich eine hohe Komplexität und Dynamik der Markt- und Wettbewerbssituation an. Zusammenfassend kennzeichnet dieser erste Situationstyp damit eindeutig **komplexe Wachstumsmärkte** mit **hoher Wettbewerbsintensität**. Immerhin nahezu ein Viertel der Franchisesysteme (23,4 Prozent) muß sich in derartigen situativen Kontexten behaupten.[266]

Demgegenüber zeichnet sich das **zweite Situationscluster**, das sich für ca. ein Drittel der befragten Systeme (31,6 Prozent) als relevant erweist, hinsichtlich der Wettbewerbsintensität durch eine mittlere, im Clustervergleich unterdurchschnittliche Intensität des Qualitätswettbewerbs, eine relativ geringe Zahl von Innovationen und einen stark unterdurchschnittlichen Systemwettbewerb aus. Ein deutlich unterdurchschnittliches Marktwachstum und ein starker Preisdruck weisen ferner auf eine eher geringe Marktattraktivität hin. Auch die auf die Komplexität und Dynamik bezogenen Situationsvariablen deuten auf insgesamt schwierige Marktbedingungen. Die entsprechenden Systeme sehen sich mit einer Vielzahl von Kundengruppen konfrontiert (MW: 4,35). Zudem ergibt sich im Clustervergleich die schwierigste Prognostizierbarkeit des Wettberbsverhaltens (MW: 3,17 im Vergleich zu MW(I): 2,70 und MW(III): 2,18). Es ist daher nur konsistent, wenn gleichzeitig die Zahl der Neueintritte überdurchschnittlich hoch ausgeprägt ist (MW: 3,52).

Offenbar handelt es sich bei diesem Kontexttyp um von Hoffman und Preble als für die Verbreitung von Franchisesystemen besonders relevant bezeichnete **fragmentierte Märkte**, in denen sich vor allem aufgrund geringer Skaleneffekte, regionaler Abnehmerpräferenzen oder hoher Transportkosten lokale oder regionale Wettbewerbsstrukturen herausgebildet haben.[267] Dies erklärt die spezifi-

---

[265] Die Abkürzung MW steht für Mittelwert.

[266] Ein typisches Beispiel dürfte hier der Computer-Markt darstellen, in dem sich bereits verschiedene Franchisesysteme etabliert haben.

[267] Vgl. *Hoffman, R.C., Preble, J.F.*, Franchising: Selecting a Strategy for Rapid Growth, a.a.O., S. 78.

sche Kombination eines geringen Systemwettbewerbs bei gleichzeitig häufigen Markteintritten neuer Wettbewerber in Verbindung mit der Existenz zahlreicher (lokaler oder regionaler) Kundengruppen.[268]

Der dritte Kontexttyp umfaßt schließlich Märkte mit geringer, im Clustervergleich deutlich unterdurchschnittlicher Komplexität und Dynamik. Bei einer durchschnittlichen Wettbewerbsintensität zeichnen sich diese durch ein stabiles Wachstum und einen vergleichsweise geringen Preisdruck aus. Gleichzeitig besteht eine nur relativ geringe Anzahl von Kundengruppen im relevanten Markt (MW: 3,21 im Vergleich zu MW(I): 4,00 und MW(II): 4,35) sowie eine im Typenvergleich ebenfalls deutlich unterdurchschnittliche Markteintritts-Frequenz von Wettbewerbern (MW: 2,88 im Vergleich zu MW(I): 4,07 und MW(II): 3,52). Folgerichtig wird daher die Prognose des Kunden- und Wettbewerberverhaltens mit Mittelwerten von 2,22 und 2,18 für dieses Situationscluster ebenfalls deutlich einfacher eingeschätzt.

Bei diesem Kontexttyp, der mit einem Anteil von 45 Prozent die für Franchisesysteme höchste Bedeutung einnimmt, handelt es sich vermutlich vor allem um Märkte mit einem mehr oder weniger stark ausgeprägten **Nischencharakter**, worauf der bei einem durchschnittlichen Leistungswettbewerb relativ geringe Preisdruck in Verbindung mit einer unterdurchschnittlichen Komplexität und Dynamik des relevanten Markt(-segment-)es hindeutet. Die dem dritten Kontexttyp zugehörigen Märkte werden daher nachfolgend als **attraktive Nischenmärkte** gekennzeichnet.

Mit dem empirischen Nachweis von drei eindeutig differenzierbaren Kontexttypen kann zunächst der o.g. **erste Erklärungsansatz** für das Ergebnis des Mittelwertvergleichstests, der von einem singulären situativen Kontext ausgeht, verworfen werden.[269] Gleichzeitig ist damit die Hypothese H_{SIT1} zu bestätigen: Franchise-

---

[268] Das kombinierte Auftreten häufiger Markteintritte mit einer stark unterdurchschnittlichen Ausprägung des Systemwettbewerbs deutet darauf hin, daß es sich in der Mehrzahl um kleine Wettbewerber handelt, die aufgrund vermutlich niedriger Markteintrittbarrieren trotz einer relativ geringen Marktattraktivität in einzelne lokale/regionale Märkte dringen. Dies erklärt auch den unterdurchschnittlichen Qualitäts- und Innovationswettbewerb, wie er für diesen Situationstyp festzustellen ist. Es erweist sich zudem als konsistent, wenn für dieses Situationscluster in einer tiefergehenden Analyse eine überdurchschnittliche Bedeutung handwerklicher Dienstleistungen ausgewiesen wird, die als klassisches Beispiel für die Herausbildung lokaler bzw. regionaler Markt- und Wettbewerbsstrukturen angesehen werden können.

[269] Die Güte der Clusterlösung wurde zudem im Rahmen einer Diskriminanzanalyse überprüft. Hierbei ergab sich ein Anteil korrekt klassifizierter Fälle von 84,8 Prozent. Damit kann von

systeme existieren offenbar in unterschiedlichen Markt- und Wettbewerbssituationen. Daher ist nachfolgend zu untersuchen, ob - im Sinne des **zweiten Erklärungsansatzes** - über die Kontexttypen ein höherer Erklärungsbeitrag für die Ausgestaltung des Führungsverhaltens geleistet wird als über die einzelnen Situationsvariablen.

Dazu werden die Kontext- und Führungstypen in einem zweiten Untersuchungsschritt in eine **Kontingenzanalyse** überführt. Mittels dieses Verfahrens kann untersucht werden, ob die identifizierten Führungstypen in einzelnen Kontexttypen signifikant häufiger auftreten als in anderen. Ist dies der Fall, dann kann von einem situativen Einfluß auf das Führungsverhalten ausgegangen werden. Die Ergebnisse der Kontingenzanalyse sind in der Tabelle 19 vollständig dokumentiert. Diese offenbart, daß entgegen der Ergebnisse des Mittelwertvergleichstests von den Kontexttypen sehr wohl Einflüsse auf die Wahl des Führungstyps ausgegangen, denn es ergeben sich zum Teil deutliche Abweichungen von den statistisch zu erwartenden Zellenhäufigkeiten.[270]

So wird ein **rigide-hierarchienahes** Führungsverhalten besonders häufig in komplexen Wachstumsmärkten mit hoher Wettbewerbsintensität realisiert (x_i= 17 ggü. (x_i)= 10,8).[271] Auch der **partnerschaftlich-interaktive** Führungstyp ist in diesem Situationscluster überdurchschnittlich oft vertreten (x_i= 9 ggü. (x_i)= 6,8). Beide Führungstypen werden dagegen vor allem in attraktiven Nischenmärkten mit ihrer geringen Komplexität und Dynamik deutlich unterdurchschnittlich realisiert. Bei diesem Kontexttyp praktizieren Systemzentralen häufiger als statistisch zu erwarten ein **liberal-vertrauensbasiertes** Führungsverhalten (x_i= 16 ggü. (x_i)= 13,1) bzw. ein **autoritär-minimalistisches** Führungsverhalten (x_i= 17 ggü. (x_i)= 13,1). Während sich damit für den ersten und dritten Kontexttyp relativ klare Tendenzen hinsichtlich der jeweils bevorzugt verfolgten Führungstypen

---

einer relativ trennscharfen Bildung der Situationscluster ausgegangen werden. Die Klassifikationsmatrix findet sich im Anhang der Arbeit.

[270] Die Kontingenzanalyse berechnet entsprechend des Umfangs der einzelnen Situations- und Führungstypen eine zu erwartende Häufigkeit für jede Zelle der Kontingenztabelle und stellt dieser jeweils die tatsächliche Häufigkeit gegenüber, wie sie sich aus dem Datensatz ergibt. Abweichungen der tatsächlichen von der statistisch zu erwartenden Häufigkeit deuten sodann auf Beziehungen zwischen Kontext- und Führungstypen. Da ein Einfluß der Führung auf die Situation per definitionem auszuschließen ist, können diese Beziehungen kausal im Sinne situativer Einflüsse auf das Führungsverhalten interpretiert werden.

[271] Dabei gibt x_i die tatsächliche und (x_i) die statistisch zu erwartende Häufigkeit eines Führungstyps bezogen auf ein einzelnes Situationscluster an.

Situations-Cluster [1] / x_i := tatsächlicher Zellenwert / (X_i) := erwarteter Zellenwert	Führungstypen [1]	Cluster I Rigide-hierarchienah geführte Systeme	Cluster II Partnerschaftlich-interaktiv geführte Systeme	Cluster III Liberal-vertrauensbasiert geführte Systeme	Cluster IV Autoritär-minimalistisch geführte Systeme	Cluster V Führungsaverse Systeme
Situations-Cluster I	Komplexe Wachstumsmärkte	17 (10,8)	9 (6,8)	3 (6,8)	4 (6,8)	7 (8,9)
		+ +	+	− −	−	−
Situations-Cluster II	Fragmentierte Märkte	12 (14,5)	9 (9,2)	10 (9,2)	8 (9,2)	15 (12,0)
		−	0	0	0	+
Situations-Cluster III	Attraktive (Nischen-) Märkte	17 (20,7)	11 (13,1)	16 (13,1)	17 (13,1)	16 (17,1)
		− −	−	+	+ +	0

Chi Quadrat-Test gemäß:	Signifikanzniveau:	$x_i - (X_i)$	0 - 1,5	1,51 - 3,0	> 3,0
Pearson	0,1372	positiv	0	+	+ +
Likelihood Ratio	0,1344	negativ	0	−	− −

1) Zuordnung von 171 Systemen bei 8 Fällen mit Missing Values und vorher. Selektion von 3 Ausreißern

Tab. 19: Zusammenhang zwischen Kontext- und Führungstypen

herausbilden, ist das Ergebnis mit Blick auf die fragmentierten Märkte des zweiten Situationsclusters weniger eindeutig. Deutlich überdurchschnittlich wird hier offensichtlich lediglich ein führungsaverses Verhalten (x_i= 15 ggü. (X_i)= 12), nicht aber einer der führungsintensiveren Typen realisiert.

Aus den Ergebnissen der Kontingenzanalyse ergeben sich folgende **Schlußfolgerungen** für die im Theorieteil formulierten **Tendenzhypothesen**: Die mit der Hypothese H_{SIT2a} angenommene Einfluß der Dynamik des Markt- und Wettbewerbsumfeldes auf das Führungsverhalten kann für den partnerschaftlich-interaktiven Führungstyp in der Tendenz bestätigt werden, während sich für den liberal-vertrauensbasierten Führungstyp offensichtlich eine sogar konträre Wirkungsbeziehung ergibt. So sind die attraktiven Nischenmärkte, in denen eine überdurchschnittliche Bedeutung des liberal-vertrauensbasierten Führungstyps besteht, durch die im Vergleich der Situationscluster geringste Dynamik gekennzeichnet.

Entsprechend ist dieser Führungstyp in dem die höchste **Dynamik** aufweisenden, ersten Situationscluster nahezu bedeutungslos (x_i= 3 ggü. (X_i)= 6,8). Dieses Ergebnis ist offensichtlich dahingehend zu deuten, daß die relativ hohe Autonomie als eines der wesentlichen Kennzeichen des liberal-vertrauensbasierten Führungsverhaltens weniger als Instrument zur Bewältigung eines sich dynamisch entwickelnden Umfeldes zu interpretieren ist, sondern eher als Konsequenz einer sicheren Nischenposition des Systems, die eine straffere Führung der Franchisenehmer nicht erfordert. Der partnerschaftlich-interaktive Führungstyp ist dagegen im hochdynamischen ersten Situationscluster überdurchschnittlich oft vertreten. Die ausgeprägte Partizipation der Franchisenehmer und die hohe vertikale und horizontale Kommunikationsintensität, die diesen Führungstyp prägen, können hier - gemäß der theoretischen Überlegungen - vermutlich als Mittel zur Bewältigung unsicherer Rahmenbedingungen gedeutet werden.

Die den Einfluß einer **geringen Markt-** und **Wettbewerbsdynamik** spezifizierende Hypothese H_{SIT2b} ist nach den Ergebnissen des Mittelwertvergleichstests und der Kontingenzanalyse ebenfalls nur partiell zu bestätigen. Im Einklang mit den theoretischen Überlegungen ergibt sich für den autoritär-minimalistischen Führungstyp eine deutlich überdurchschnittliche Präsenz im dritten Situationscluster mit seinen durch eine hohe Stabilität gekennzeichneten Markt- und Wettbewerbsbedingungen.

Dagegen wird ein rigide-hierarchienahes Führungsverhalten nicht, wie angenommen, bei einer geringen, sondern eher bei einer hohen Dynamik der Rahmenbedingungen, wie sie in den Märkten des ersten Situationsclusters besteht, praktiziert. Insgesamt bestätigen die Analysen des Führungseinflusses der Markt- und Wettbewerbsdynamik damit eindeutig die empirischen Ergebnisse Etgars, der ebenfalls entgegen seiner ursprünglichen Annahmen bei turbulenten Umweltsituationen eine höhere Führungsintensität in Absatzkanälen feststellt.[272] Die Begründung für dieses Verhalten dürfte in dem Versuch der Systemzentralen zu sehen sein, den sich aus einer dynamischen und unsicheren Umweltentwicklung ergebenden Risiken durch eine stärkere Verhaltensbeeinflussung der Franchisenehmer in Gestalt eines partnerschaftlich-interaktiven oder rigide-hierarchienahen Führungsverhaltens zu begegnen.[273]

Ebenfalls nur partiell zu bestätigen ist die Hypothese H_{SIT2c}, mit der für **heterogene** und damit **komplexe** Markt- und Wettbewerbssituationen eine besondere Relevanz des partnerschaftlich-interaktiven Führungstyps mit seiner ausgepräg-

---

[272] Vgl. *Etgar, M.*, Channel Environment and Channel Leadership, a.a.O., S. 72 und S. 75.
[273] Vgl. hierzu ausführlich die Diskussion in Kapitel C 1.2 der Arbeit.

ten Dezentralisierung, den professionellen Planungs- und Kontrollsystemen sowie einer intensiven Systemkommunikation unterstellt wird. Wie bereits zuvor dargelegt, wird dieser Führungstyp seltener als statistisch zu erwarten in attraktiven Nischenmärkten mit ihrer deutlich unterdurchschnittlichen Komplexität, dagegen häufiger als statistisch zu erwarten in den komplexen Wachstumsmärkten des ersten Kontexttyps realisiert. Die Abweichungen von den zu erwartenden Zellenhäufigkeiten erweisen sich indes als nicht besonders stark; zudem ist der partnerschaftlich-interaktive Führungstyp in den gleichfalls überdurchschnittlich komplexen, fragmentierten Märkten des zweiten Typs nur durchschnittlich oft vertreten.

Zu bestätigen ist die den Einfluß der **Wettbewerbsintensität** und der **Marktattraktivität** spezifizierende Hypothese H_{SIT2d}. Im Einklang mit den theoretischen Überlegungen verfolgen die Systemzentralen in den durch die - im Vergleich der Situationscluster - höchste Wettbewerbsintensität bei einer gleichzeitig nur mittleren Attraktivität gekennzeichneten Märkten des ersten Kontexttyps besonders häufig ein rigide-hierarchienahes oder partnerschaftlich-interaktives Führungsverhalten.[274] Die sich bei hoher Wettbewerbsintensität und geringer Marktattraktivität ergebende Notwendigkeit einer auf die Sicherung der Systemeffizienz ausgerichteten Führung der Franchisenehmer spiegelt sich insofern in der Wahl von Führungstypen wider, die eine besonders intensive Einflußnahme auf das Franchisenehmerverhalten vorsehen.

Schließlich kann die Hypothese H_{SIT2e} weitgehend bestätigt werden, wonach ein **führungsaverses** Verhalten der Systemzentrale nicht auf Einflüsse der Markt- und Wettbewerbssituation zurückzuführen ist. Offensichtlich ist dieser Führungstyp etwas häufiger als statistisch zu erwarten in fragmentierten Märkten mit ihrer geringen Wettbewerbsintensität anzutreffen, dagegen in komplexen Wachstumsmärkten mit hoher Wettbewerbsintensität entsprechend seltener. Dieses Ergebnis ist unmittelbar einsichtig, dürfte doch die Präsenz in einem wettbewerbsintensiven und komplexen Wachstumsmarkt Führungsdefizite wesentlich schneller evident werden lassen. Von einem gezielt auf die Markt- und Wettbewerbssituation ausgerichteten Führungsverhalten kann hier indes nicht ausgegangen werden.

---

[274] Wobei einschränkend wiederum auf die nur relativ geringe Abweichung von der zu erwartenden Zellenhäufigkeit beim partnerschaftlich-interaktiven Führungstyp hinzuweisen ist.

Im Ergebnis ist damit auch die Basishypothese H_{SIT2} im Grundsatz zu bestätigen, d.h. das Führungsverhalten von Systemzentralen wird durch die Markt- und Wettbewerbssituation beeinflußt.[275] Dabei sind jedoch drei wesentliche **Einschränkungen** zu berücksichtigen: Zum einen, dies offenbart vor allem die Diskussion der Hypothesen H_{SIT2a} und H_{SIT2b}, ergeben sich in **dynamischen** Umweltsituationen andere Wirkungsbeziehungen als nach dem Stand der Theorie zu erwarten. Weiterhin resultieren aus der Betrachtung gesamthafter Kontexttypen zwangsläufig **Überlagerungseffekte**, die eine eindeutige Trennung der Führungseinflüsse einzelner Kontextdimensionen wesentlich erschweren.[276]

Schließlich zeigt die Kontingenzanalyse mit einem Chi Quadrat-Wert von 0,137, daß de facto nur ein Teil der Systemzentralen sein Führungsverhalten situativ im Sinne der angenommenen Wirkungsbeziehungen ausrichtet, so daß von einer **konsequent situativen Führung** in Franchisesystemen nicht ausgegangen werden kann.

3.3 Analyse des Einflusses systeminhärenter Faktoren auf das Führungsverhalten

3.31 Zieleinflüsse auf die Systemführung

Im Theorieteil sind mit den Marktstellungszielen, den franchisegeber- und den Franchisenehmergerichteten Rentabilitätszielen sowie den sozialen Zielen vier Zielkategorien gebildet und hinsichtlich möglicher Einflüsse auf das Führungsverhalten analysiert worden.[277] Zur empirischen Erfassung dieser Zielkategorien stehen im Fragebogen insgesamt 14 Zielvariablen zur Verfügung.[278] Da hinsichtlich der Zuordnung dieser Teilziele zu den übergeordneten Zielkategorien präzise Vorstellungen bestehen, wird zur Variablenverdichtung eine **konfirmatorische Faktorenanalyse** durchgeführt. Deren Ergebnisse zeigt die Abbildung 26.

---

[275] Mit dieser Hypothese wirde der grundsätzliche Einfluß der Markt- und Wettbewerbssituation auf das Führungsverhalten spezifiziert.

[276] So kann z.B. mit Blick auf den ersten Kontexttyp nicht eindeutig festgestellt werden, ob die hohe Bedeutung von Führungstypen mit einer hohen Führungsintensität primär auf die hohe Wettbewerbsintensität oder aber die ausgeprägte Dynamik und Komplexität des Markt- und Wettbewerbsumfeldes zurückzuführen ist.

[277] Vgl. hierzu die Ausführungen in Kapitel C 1.31 der Arbeit.

[278] Vgl. hierzu die Fragen 3 a) und 4 a) im Fragebogen.

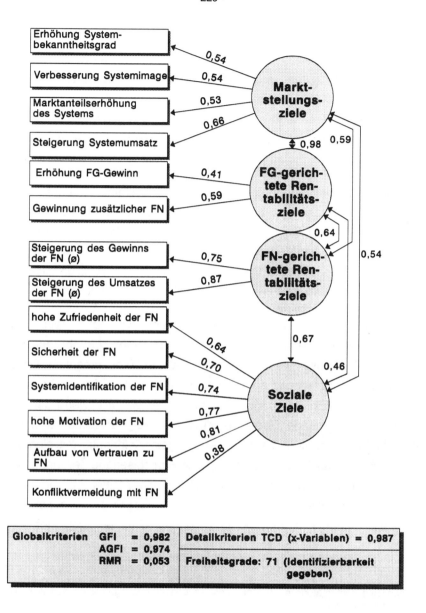

Abb. 26: Konfirmatorische Faktorenanalyse für die Systemziele

Angesichts der ausgewiesenen **Globalwerte** (GFI: 0,982; AGFI: 0,974; RMR: 0,053) kann von einer sehr guten Modellanpassung an die angenommene Faktorenstruktur ausgegangen werden.[279] Die theoretisch abgeleiteten Zielkategorien

---

[279] Vgl. zur Bedeutung der einzelnen Fitmaße die Ausführungen in Kapitel B 2.12. Im Gegensatz zur Überprüfung des Modells der innengerichteten Systemführung in Kapitel B handelt es sich

und deren Beziehung zu den Zielvariablen finden sich empirisch vollständig bestätigt.[280] Bemerkenswert erscheinen darüber hinaus vor allem die Interkorrelationen der Konstrukte, die im Sinne von **Zielbeziehungen** zu interpretieren sind.[281] Mit einem Korrelationskoeffizienten von 0,98 zwischen den Marktstellungszielen des Systems und den franchisegeberbezogenen Rentabilitätszielen besteht eine nahezu vollständige Korrelation zwischen beiden Zielkategorien.

Offensichtlich betrachten Franchisegeber damit ihre eigenen Ziele als untrennbar mit den Zielen für das System bzw. den Zielen des Systems verknüpft. Mit Bezug zur innengerichteten Systemführung sind zudem die Beziehungen der sozialen Ziele zu den übrigen Zielkategorien von besonderem Interesse. Hier deuten die positiven Korrelationskoeffizienten auf eine aus Sicht der Systemzentralen als **komplementär** eingeschätzte Beziehung zwischen den sozialen Zielen einerseits und den Marktstellungszielen sowie den Rentabilitätszielen andererseits.[282]

Zur Überprüfung der spezifizierten Untersuchungshypothesen wird in einem zweiten Untersuchungsschritt wiederum ein **Mittelwertvergleichstest** durchgeführt. Dessen Ergebnisse werden durch die Tabelle 20 dokumentiert. Dabei sind die 14 Teilziele entsprechend der Resultate der konfirmatorischen Faktorenanalyse den einzelnen Zielkategorien zugeordnet. Der die Mittelwerte der Gesamtstichprobe wiedergebende **Gesamtprofilverlauf** zeigt zunächst zwei wichtige Besonderheiten: Zum einen besteht die geringste Zielpriorität mit einem Mittelwert von 3,52 für das Teilziel „Erhöhung des Franchisegebergewinns", während das Franchisenehmergerichtete Gewinnziel bei einem Mittelwert von 4,23 deutlich priorisiert wird. Hierin kann sich einerseits die ausgeprägte Wachstumsorientierung vieler Systeme mit der Inkaufnahme von Anlaufverlusten widerspiegeln,

---

hier um eine konfirmatorische Faktorenanalyse erster Ordnung, bei der lediglich ein Meßmodell spezifiziert wird.

[280] Dabei wird bezüglich der Franchisenehmergerichteten Rentabilitätsziele neben dem durchschnittlichen Gewinn je Franchisenehmer der Durchschnittsumsatz je Franchisenehmer verwendet, da dieser in einer Mittel-Zweck-Beziehung zur Umsatzrentabilität steht.

[281] Eine hohe positive Korrelation besagt zunächst nur, daß Systemzentralen, sofern sie der einen Zielkategorie hohe Bedeutung beimessen, eine andere Zielkategorie ebenfalls hoch gewichten. Dies kann als Indikator dafür gelten, daß aus Sicht der Systemzentralen eine komplementäre Zielbeziehung angenommen wird. Bei konkurrierenden Zielen sind demgegenüber negative Korrelationen zu erwarten.

[282] Wahrscheinlich besteht aus Sicht der Systemzentralen hinsichtlich der sozialen Ziele eine Mittel-Zweck-Vermutung bezüglich der Erreichung der übrigen Zielkategorien. Da die konfirmatorische Faktorenanalyse lediglich Korrelationen berechnet, kann dies jedoch empirisch nicht bewiesen werden.

andererseits dürfte dieses Ergebnis aber auch die Einsicht der Systemzentralen zum Ausdruck bringen, daß nur bei ökonomisch gesunden Franchisenehmerbetrieben ein stabiles Wachstum des Gesamtsystems zu bewerkstelligen ist.[283]

Darüber hinaus offenbart die Globalanalyse der Zielprioritäten, daß der Kategorie der sozialen Ziele eine Bedeutung beigemessen wird, die z.T. deutlich über die Gewichtung der Marktstellungsziele hinausgeht.[284] Offensichtlich betrachten die Systemzentralen die Beziehungen zu den Franchisenehmern als einen **kritischen Faktor**, von dem der Erfolg des Gesamtsystems maßgeblich mitbestimmt wird.[285]

Mit Bezug zu den einzelnen Führungstypen weist der F-Test auf einem Signifikanzniveau von zehn Prozent für sieben der vierzehn Teilziele Mittelwertunterschiede aus. Der differenziertere Duncan-Test zeigt weiterhin, daß insgesamt 26 Mittelwertpaare mit Irrtumswahrscheinlichkeiten von maximal zehn Prozent signifikant unterschiedlich voneinander sind. Hinsichtlich der vier **Marktstellungsziele** ergeben sich nach dem F-Test für die Bekanntheitsgrad-, Marktanteils- und Umsatzziele keine signifikanten Mittelwertunterschiede zwischen den Führungstypen.

---

[283] Vgl. *Meffert, H., Meurer, J.*, Marktorientierte Führung von Franchisesystemen, a.a.O., S. 9 f.

[284] So ergibt sich für das Teilziel „hohe Motivation der Franchisenehmer" mit einem Wert von 4,49 der höchste Mittelwert innerhalb des Gesamtprofils. Demgegenüber wird das Teilziel „Steigerung des Systemumsatzes" als wichtigstes Marktstellungsziel mit einem Mittelwert von 4,23 gewichtet.

[285] Damit wird an dieser Stelle noch einmal die zentrale Bedeutung der innengerichteten Systemführung aus Franchisegebersicht und damit die Praxisrelevanz des Forschungsanliegens der vorliegenden Arbeit hervorgehoben.

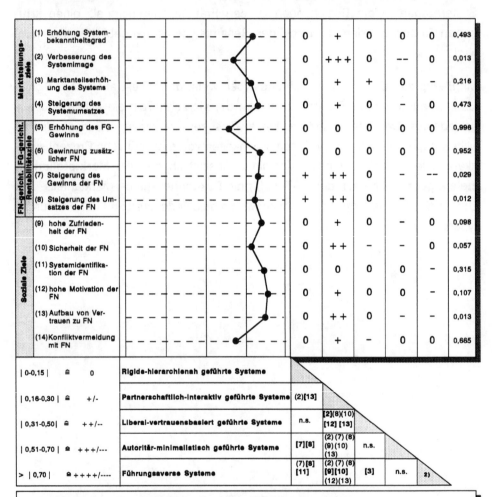

Tab. 20: Einfluß der Systemziele auf das innengerichtete Führungsverhalten

Dieses Ergebnis scheint zunächst die Hypothese H_{ZIa} zu bestätigen, derzufolge die Marktstellungsziele die Führung der Franchisenehmer durch die Systemzentrale nicht direkt beeinflussen, weil jene primär eine Lenkungsfunktion für die absatzmarktgerichtete Systemführung besitzen. Einschränkend ist jedoch zu berücksichtigen, daß von Imagezielen offensichtlich ein deutlicher Einfluß auch auf die innengerichtete Systemführung ausgeht.[286] Systemzentralen, die einen partnerschaftlich-interaktiven Führungstyp praktizieren, messen Imagezielen eine stark überdurchschnittliche Priorität zu.[287]

Dieses Ergebnis läßt sich **kausal** interpretieren, denn die hohe Planungs- und Kontrollintensität in Verbindung mit einer stark individualisierten Schulung der Franchisenehmer und einer intensiven Arbeit in Produkt- und Marketingbeiräten, wie sie diesen Führungstyp kennzeichnen, korrespondieren in hohem Maße mit der Verfolgung von Imagezielen.[288] Aufgrund dieses Ergebnisses muß aber die Hypothese H_{ZIa} abgelehnt werden. Marktstellungsziele wirken offensichtlich nicht nur indirekt - über eine Konkretisierung in Form von absatzmarktgerichteten Strategien - sondern z.T. auch **direkt** auf das innengerichtete Führungsverhalten.

Demgegenüber sind die sich auf den Einfluß **Franchisenehmergerichteter Rentabilitätsziele** beziehenden Hypothesen H_{ZIb} und H_{ZIc} uneingeschränkt anzunehmen. Bezüglich der Hypothese H_{ZIb} zeigt der Mittelwertvergleich, daß bei einer hohen Priorität der entsprechenden Teilziele Systemzentralen vornehmlich ein rigide-hierarchienahes und insbesondere partnerschaftlich-interaktives Führungsverhalten realisieren. Beide Führungstypen sind durch eine ausgeprägte Ex ante-Koordination, eine hohe Kontrollintensität und eine starke Differenzierung des Führungsverhaltens gekennzeichnet.[289] Diese Ausprägungen der techno-

---

[286] Der F-Test weist hier eine Wahrscheinlichkeit von 98,7 Prozent für das Bestehen derartiger Mittelwertunterschiede aus ($\alpha=1,3\%$).

[287] Auch hinsichtlich der übrigen Marktstellungsziele ergeben sich für den partnerschaftlich-interaktiven Führungstyp jeweils überdurchschnittliche, indes von den alternativen Typen nicht signifikant unterschiedliche Zielprioritäten.

[288] Unklar bleibt indes, wieso der rigide-hierarchienahe Führungstyp bei Verfolgung von Imagezielen eine offenbar nur mittlere Bedeutung besitzt, für den im Theorieteil eine noch höhere Eignung bei der Verfolgung von Imagezielen festgestellt worden ist. Möglicherweise findet hier eine Überlagerung durch weitere Einflußgrößen wie z.B. die soeben identifizierten situativen Einflüsse statt.

[289] Vgl. hierzu die ausführliche Typenbeschreibung in den Kapiteln B 2.321 und B 2.322.

kratischen Führungsdimensionen sind im Rahmen der theoretischen Überlegungen als in hohem Maße relevant bei der Verfolgung Franchisenehmergerichteter Rentabilitätsziele erkannt worden.

Umgekehrt korreliert im Sinne der Hypothese H_{ZIc} eine aus Sicht der Systemzentrale nur mittlere Bedeutung der durchschnittlichen Gewinne und Umsätze pro Franchisenehmer offensichtlich eher mit einem autoritär-minimalistischen oder führungsaversen Verhalten gegenüber den Franchisenehmern, denn es ergeben sich jeweils z.T. deutlich unterdurchschnittliche Zielprioritäten.[290] Beide Führungstypen indizieren insofern ein Führungsverhalten der Systemzentrale, das die finanziellen Eigeninteressen des Franchisegebers über die der Franchisenehmer stellt.

Zusammenfassend erlauben diese Ergebnisse die **Schlußfolgerung**, daß die Intensität der Verhaltensbeeinflussung der Franchisenehmer über technokratische Führungsdimensionen - und damit der Einsatz Franchisenehmergerichteter, betriebswirtschaftlicher Planungs- und Kontrollinstrumente - zu einem Teil auf die Priorität Franchisenehmergerichteter Rentabilitätsziele im Zielsystem der Systemzentrale zurückgeführt werden kann.

Hinsichtlich der **sozialen Ziele** ergeben sich für vier der sechs Teilziele signifikante Mittelwertunterschiede. Eine deutlich überdurchschnittliche Priorität dieser Zielkategorie besteht bei Systemen, die einen partnerschaftlich-interaktiven Führungstyp realisieren. Hier ergibt sich für das Teilziel „Aufbau von Vertrauen zu den Franchisenehmern" mit einem Mittelwert von 4,80 die höchste überhaupt gemessene Zielpriorität über alle Teilziele und Führungstypen. Ein partnerschaftlich-interaktives Führungsverhalten ist insofern als Ausdruck eines besonderen Gewichts der sozialen, auf die Qualität der Beziehungen zu den Franchisenehmern gerichteten Teilziele zu interpretieren. Signifikante Mittelwertunterschiede ergeben sich dabei insbesondere gegenüber dem führungsaversen sowie dem autoritär-minimalistischen Führungstyp. Im Ergebnis kann daher auch die Hypothese H_{ZId} uneingeschränkt bestätigt werden.

In einer zusammenfassenden Würdigung läßt sich festhalten, daß deutliche Führungseinflüsse insbesondere der Zielkategorien, die einen direkten Franchisenehmerbezug besitzen, nachzuweisen sind. Im Sinne der **Basishypothese H_{ZI}**

---

[290] Diese unterscheiden sich jeweils signifikant von den Zielprioritäten, wie sie in den rigide-hierarchienah sowie den partnerschaftlich-interaktiv geführten Systemen bestehen.

sind daher die Ziele der Systemzentrale bzw. die von dieser für das System formulierten Ziele als ein wichtiger Einflußfaktor der innengerichteten Systemführung zu kennzeichnen, so daß H_{ZI} im Ergebnis uneingeschränkt zu bestätigen ist.

3.32 Beziehungen zwischen innengerichteter und absatzmarktgerichteter Systemführung

3.321 Strategieeinflüsse auf das Führungsverhalten

Im Rahmen der theoretischen Überlegungen ist die wettbewerbsstrategische Ausrichtung von Franchisesystemen als ein zentraler Einflußfaktor des innengerichteten Führungsverhaltens herausgearbeitet worden. Zur Überprüfung der in diesem Zusammenhang formulierten Untersuchungshypothesen steht im Fragebogen eine Item-Batterie mit differenzierten Strategievariablen zur Verfügung.[291] Im Sinne des angenommenen Strategie-Führungs-Zusammenhangs beziehen sich diese Variablen auf die aus Sicht der Systemzentrale **realisierten Wettbewerbsvorteile** im Befragungszeitpunkt.[292]

Zur Verdichtung der einzelnen Strategievariablen wird, wie bereits bei der Untersuchung der Zieleinflüsse, auf das Verfahren der **konfirmatorischen Faktorenanalyse** zurückgegriffen, da über die Zahl der Wettbewerbsvorteilskonstrukte und deren Beziehung zu den Einzelvariablen aufgrund der theoretischen Vorüberlegungen genaue Vorstellungen bestehen. Zudem kann über die durch die konfirmatorische Faktorenanalyse vorgenommene Berechnung der Interkorrelationen zwischen den Konstrukten die zusätzliche Aufnahme der beiden Wettbewerbsvorteile „Service" und „Standort/Geschäftsstättenatmosphäre" kritisch überprüft werden.[293] Abbildung 27 zeigt die Ergebnisse der Variablenverdichtung auf die sechs Wettbewerbsvorteile.

---

[291] Vgl. zur Variablenoperationalisierung Frage 7 des Fragebogens im Anhang der Arbeit.

[292] Eine alternative Untersuchung des Einflusses der *angestrebten* Wettbewerbsvorteile auf das aktuelle Führungsverhalten erscheint indes weniger zielführend, da hier nur bedingt angenommen werden kann, daß sich bereits entsprechende Wirkungen auf das aktuelle Führungsverhalten herausgebildet haben.

[293] Eine derartige Überprüfung der Beziehungen zwischen den einzelnen Konstrukten ist nur anhand der konfirmatorischen, nicht aber mittels einer explorativen Faktorenanalyse möglich, da letztere eine Orthogonalität, also Unabhängigkeit der Faktoren unterstellt. Vgl. *Backhaus et al.*, Multivariate Analysemethoden, a.a.O., S. 410.

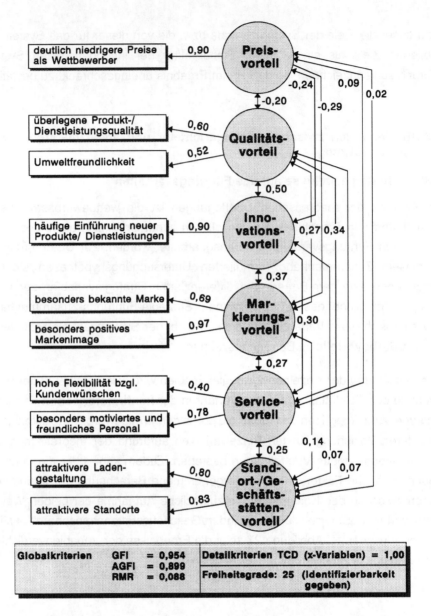

Abb. 27: Konfirmatorische Faktorenanalyse für die Strategiedimensionen (Wettbewerbsvorteile)

Die **Globalwerte** des Modells (GFI: 0,954; AGFI: 0,899; RMR: 0,088) sprechen für eine gute Anpassung an die angenommene Faktorenstruktur. Die höchste Korrelation ergibt sich zwischen den beiden Dimensionen „Qualitätsvorteil" und „Innovationsvorteil" (r=0,50). Demgegenüber weisen die beiden zusätzlich aufgenommenen Wettbewerbsvorteilsdimensionen maximale Korrelationen von r=0,34 und r=0,25 auf, so daß deren eigenständige Berücksichtigung als Quelle möglicher Wettbewerbsvorteile in Franchisesystemen auch empirisch abgesichert wird.[294]

Angesichts der besonderen praktischen wie theoretischen Bedeutung des Strategie-Führungs-Zusammenhangs wird nachfolgend ein **zweigleisiges methodisches Vorgehen** gewählt. Zusätzlich zur typenbezogenen Analyse des Mittelwertvergleichstests wird eine Betrachtung der Strategieeinflüsse auf die einzelnen Führungsdimensionen mit Hilfe des LISREL-Ansatzes der Kausalanalyse angestellt. Zunächst sollen die grundlegenden Ergebnisse beider Untersuchungsschritte vorgestellt werden, bevor dann im Rahmen einer integrierten Betrachtung die Tendenzhypothesen überprüft werden.

Das in der Tabelle 21 dargestellte **Gesamtstrategieprofil** als Grundlage des Mittelwertvergleichstests offenbart klare Schwerpunktsetzungen für einzelne Strategiedimensionen. Bemerkenswert ist einerseits die mit einem Mittelwert von 2,46 sehr geringe Bedeutung einer preisorientierten Profilierung von Franchisesystemen im Wettbewerb. Demgegenüber erfährt die Strategievariable „überlegene Produkt-/Dienstleistungsqualität" mit einem Mittelwert von 4,20 über alle befragten Systeme die innerhalb des Gesamtprofils höchste Bewertung durch die Systemzentralen. Offensichtlich dominieren qualitätsorientierte Strategien im Franchising also eindeutig kostenorientierte Strategien.[295] Andererseits besteht

---

[294] Für die Dimension „Servicevorteile" besteht mit einer Korrelation von r=0,34 der engste Zusammenhang zur Qualitätsdimension, die Dimension „Standort-/Geschäftsstättenvorteile" weist dagegen die engste Beziehung zur Servicedimension auf, während zu den übrigen, klassischen Wettbewerbsvorteilen eine maximale Korrelation von r=0,14 (Markierungsvorteile) ausgewiesen wird. Die eigenständige Berücksichtigung beider Wettbewerbsvorteilsdimensionen wird auch durch deren in der nachfolgenden Tabelle 21 erfaßte Bedeutung aus Sicht der Systemzentralen bestätigt. Für beide Dimensionen wird hier eine hohe Bedeutung für die aktuelle Wettbewerbsprofilierung von Franchisesystemen ausgewiesen.

[295] Eine erste mögliche Begründung hierfür kann darin liegen, daß eine einseitige Kostenorientierung letztlich dem Wesen des Franchising zuwiderläuft, da sie sich vermutlich auch auf die Betreuungsintensität der Franchisenehmer durch die Systemzentrale auswirkt und damit mittelfristig die Kohäsion des Gesamtsystems beeinträchtigt. Eine alternative Erklärung kann in einem zur Gewährleistung der Systemstabilität notwendigen, dauerhaften Kompetenzvorsprung der Systemzentralen gegenüber den Franchisenehmern liegen, da diese andernfalls die Führerschaft des Franchisegebers womöglich mittelfristig in Frage stellen. Ein solcher Kompetenzvorsprung dürfte aber durch eine eindimensionale, kostenorientierte Profilierung am Markt schwieriger zu erlangen sein als über eine mehrdimensionale Profilierung durch Leistungsvorteile. Vgl. zur Notwendigkeit eines dauerhaften Kompetenzvorsprungs der Systemzentrale gegenüber den Franchisenehmern *Meffert, H., Meurer, J.*, Marktorientierte Führung von Franchisesystemen, a.a.O., S. 4. Mit diesem Ergebnis wird zudem Wingefeld widerlegt, der eine primäre Profilierung von Franchisesystemen über Kosten- und nicht über Leistungsvorteile annimmt. Vgl. *Wingefeld, V.*, Wie Franchising erfolgreich wird, a.a.O., S. 123.

Realisierte Wettbewerbsvorteile	Gesamtmittelwert (n = 182)[3]					Rigide-hierarchisch geführte Systeme	Partnerschaftlich-interaktiv geführte Systeme	Liberal-vertrauensbasiert geführte Systeme	Autoritär-minimalistisch geführte Systeme	Führungsaverse Systeme	F-Test[1]
	trifft gar nicht zu 1	2 Einschätzung durch Systemzentralen 3		4	trifft sehr zu 5						Œ
(Preis-vorteil) (1) Deutlich niedrigere Preise als Wettbewerber			●			0	++	0	–	0	0,208
(Qualitäts-vorteil) (2) Überlegene Qualität				●		0	0	0	0	–	0,397
(3) Umweltfreundlichkeit			●			0	+	0	0	–	0,650
(Innovations-vorteil) (4) Häufige Einführung neuer Produktdienstleistungen			●			+	+	0	0	–	0,557
(Standort-/Geschäfts-stättenvorteil) (5) Attraktive Ladengestaltung			●			0	0	0	–	0	0,839
(6) Attraktive Standorte			●			++	++	---	0		0,047
(Servicevorteil) (7) Hohe Flexibilität bzgl. Kundenwünschen			●			0	++	+		---	0,000
(8) Besonders motiviertes/ freundliches Personal			●			++	+	0	–	--	0,001
(Markierungs-vorteil) (9) Besonders bekannte Marke		●				+	0	--	0	0	0,210
(10) Besonders positives Markenimage			●			++	0	–	0	0	0,231

			Rigide-hierarchisch geführte Systeme	Partnerschaftlich-interaktiv geführte Systeme	Liberal-vertrauensbasiert geführte Systeme	Autoritär-minimalistisch geführte Systeme	Führungsaverse Systeme
| 0-0,15 |	≙	0	Rigide-hierarchisch geführte Systeme				
| 0,16-0,30 |	≙	+/–	Partnerschaftlich-interaktiv geführte Systeme	[1][7]			
| 0,31-0,50 |	≙	++/--	Liberal-vertrauensbasiert geführte Systeme	(6)[8] (9)[10]	(6)		
| 0,51-0,70 |	≙	+++/---	Autoritär-minimalistisch geführte Systeme	(8)	[1](7) [8]	[7]	
> | 0,70 |	≙ ++++/----		Führungsaverse Systeme	(6)(7) (8)	(7)(8)	(7)[8]	n.s. [2]

1) Oneway-Analyse zur Globalbeurteilung der Mittelwertunterschiede
2) Angabe der Signifikanzniveaus; (i) ≙ 0,05 / [I] ≙ 0,10
3) Standardabweichung vom Gesamtmittelwert zwischen: 0,88 und 1,47

Tab. 21: Einfluß der Wettbewerbsstrategie auf das innengerichtete Führungsverhalten

in der dem Franchising immanenten, hohen Motivation der im direkten Kundenkontakt agierenden Franchisenehmer eine aus Franchisegebersicht wesentliche Quelle von Wettbewerbsvorteilen. Mittelwerte von 3,90 und 3,96 für die Strategievariablen „hohe Flexibilität bzgl. Kundenwünschen" und „besonders motiviertes und freundliches Personal in den Franchisenehmerbetrieben" weisen Servicevorteile als zentrale Ansatzpunkte zur Wettbewerbsprofilierung von Franchisesystemen aus.

Hinsichtlich der Strategieeinflüsse auf die einzelnen Führungstypen zeigt der F-Test bei einem Signifikanzniveau von 10 Prozent lediglich für drei der zehn Strategiedimensionen globale Mittelwertunterschiede an. Im Individualvergleich der Führungstypen nach dem Duncan-Test werden darüber hinaus 19 Mittelwertpaare als signifikant unterschiedlich voneinander ausgewiesen. Die Mittelwertunterschiede beziehen sich hier auf insgesamt sechs Strategievariablen, so daß das Ergebnis der Globalanalyse anhand des F-Tests in seinem Aussagegehalt zu relativieren ist.[296] Offensichtlich, dies kann zunächst als **Zwischenergebnis** festgehalten werden, bestehen also Wirkungsbeziehungen zwischen einem Teil der realisierten Wettbewerbsvorteile und dem innengerichteten Führungsverhalten.

Um weiterhin beurteilen zu können, ob es sich hierbei tatsächlich um **kausale** Einflüsse der Strategie auf die Führung handelt, werden drei vollständige LISREL-Modelle spezifiziert. Dabei erfolgt eine getrennte Analyse der Strategieeinflüsse auf die strukturellen, technokratischen und personellen Führungsdimensionen. In der Tabelle 22 sind die zentralen Ergebnisse der drei Kausalanalysen, insbesondere die Global- und Detailmaße zur Modellbeurteilung, die erklärten Varianzanteile der Führungsdimensionen sowie die signifikanten Pfadkoeffizienten zusammenfassend dokumentiert. Alle drei Modelle weisen gute bis zufriedenstellende Gobalwerte auf, so daß ihre Ergebnisse für die weitere Analyse herangezogen werden können.[297]

---

[296] Diskrepanzen zwischen beiden Testverfahren tauchen vor allem dann auf, wenn nur zwei Mittelwerte signifikant unterschiedlich voneinander sind und die übrigen eng um den Gesamtmittelwert streuen. In diesem Fall weist der F-Test regelmäßig relativ hohe α-Werte aus.

[297] Die vollständig dokumentierten Modelle finden sich im Anhang der Arbeit. Bei der Spezifikation der vollständigen LISREL-Modelle ergeben sich hinsichtlich des dritten, den Strategieeinfluß auf die personellen Führungsdimensionen umfassenden Modells, Probleme. Es erweist sich daher als notwendig, zur Verringerung der Modellkomplexität eine Reduzierung der Konstruktanzahl vorzunehmen. Dazu werden die beiden, die höchste Korrelation aufweisenden Strategiekonstrukte (Qualitäts- und Innovationsvorteil) zu einem Konstrukt Leistungsvorteil zusam-

Einen ersten zentralen Befund liefern die TCD-Werte, die den gesamten **Erklärungsbeitrag** der realisierten Wettbewerbsvorteile für die im jeweiligen Modell betrachtete Kategorie von Führungsdimensionen angeben. Offensichtlich ist dieser Erklärungsbeitrag für die **strukturellen** Führungsdimensionen am geringsten ausgeprägt. Hier werden 48 Prozent der gesamten Varianz und Kovarianz der beiden Führungsdimensionen durch die sechs Strategiekonstrukte erklärt. Die Ausgestaltung der strukturellen Führungsdimensionen Autonomie und Partizipation durch die Systemzentralen ist daher als nur begrenzt strategiedeterminiert zu betrachten, so daß hier weitere wichtige Einflußfaktoren neben der Systemstrategie existieren müssen. Dieses Ergebnis ist insofern bemerkenswert, als im Sinne des Strategie-Struktur-Zusammenhangs gerade für die strukturellen Führungsdimensionen stärkere Strategieeinflüsse zu erwarten wären.

Demgegenüber ist der Kausalzusammenhang hinsichtlich der technokratischen Führungsdimensionen mit einem TCD-Wert von 0,655 stärker ausgeprägt, wenngleich auch hier von einer primären bzw. schwerpunktmäßigen Ausrichtung der Führung an der Systemstrategie nicht ausgegangen werden kann.[298]

Eine differenziertere Analyse der Residualvariablen offenbart hier jedoch deutliche Unterschiede bezüglich der einzelnen Führungsdimensionen. Während die Varianz der Ex ante-Koordination nur zu 32 Prozent und die Varianz der Differenzierungsdimension zu 27 Prozent durch die Wettbewerbsvorteilskonstrukte erklärt werden, liegen die Varianzerklärungsanteile für die beiden Kontrolldimensionen mit 47 Prozent für die Verhaltenskontrolle und sogar 55 Prozent für die Ergebniskontrolle wesentlich höher. Das **Kontrollverhalten** der Systemzentralen ist insofern deutlichen Strategieeinflüssen unterworfen.

Bemerkenswert sind schließlich die Ergebnisse des dritten, die personellen Führungsdimensionen umfassenden Kausalmodells. Wenngleich diese aufgrund der weniger guten Globalwerte und der zur Parameterspezifikation erforderlichen Anpassung der Modellstruktur als Tendenzaussagen aufzufassen sind, deutet der

---

mengefaßt. Die Parameterschätzungen des dritten Modells sind angesichts dieser Spezifikationsprobleme als Tendenzaussagen zu werten.

[298] Vgl. zur Diskussion notwendiger Mindestwerte für den TCD *Burmann, Chr.*, Fläche und Personalintensität als Erfolgsfaktoren im Einzelhandel, a.a.O., S. 102 und die dort angegebene Literatur.

LISREL-Modellspezifikation		Globalmaße zur Modellbeurteilung		Total Coefficient of Determination (TCD)	Erklärte Varianzanteile der FD		Signifik. Pfadkoeffizienten		
exogene Konstrukte	endogene Konstrukte	Index	Auspräg.		Führungsdimensionen	Auspräg.	Wettbewerbsvorteil	Pfadkoeff. γ	Führungsdimension
Modell 1: 6 Wettbewerbsvorteilsdimensionen	2 strukturelle Führungsdimensionen	GFI	0,945	0,480	Partizipation	39%	Servicevorteil	γ = 0,78*	Partizipation
		AGFI	0,910		Autonomie	21%			
		RMR	0,066						
Modell 2: 6 Wettbewerbsvorteilsdimensionen	4 technokratische Führungsdimensionen	GFI	0,966	0,655	Ex ante-Koordination	32%	Preisvorteil	γ = –0,40****	Ex ante-Koordin.
		AGFI	0,949		Ergebniskontrolle	55%	Preisvorteil	γ = 0,34*	Ergebniskontrolle
		RMR	0,055		Verhaltenskontrolle	47%	Preisvorteil	γ = 0,41****	Verhaltenskontrolle
					Differenzierung des FV	27%	Standortvorteil	γ = 0,20****	Verhaltenskontrolle
							Servicevorteil	γ = 0,53****	Ex ante-Koordin.
							Markierungsvorteil	γ = 0,21***	Verhaltenskontrolle
Modell 3: 5 Wettbewerbsvorteilsdimensionen (Zsfg. von Qualit.- u. Innovat.vorteil)	5 personelle Führungsdimensionen	GFI	0,918	0,935	Franchisenehmerorientierung	83%	Markierungsvorteil	γ = 0,31*	Anreizgewährung
		AGFI	0,887		Rigidität des FV	48%	Servicevorteil	γ = –0,78**	Rigidität des FV
		RMR	0,071		Anreizgewährung	20%			
					Vertikale Systemkommunikation	77%	Servicevorteil	γ = 0,99*	Vertikale Systemkommunik.
					Horizontale Systemkommunik.	37%	Servicevorteil	γ = 0,69*	Horizontale Systemkommunik.

Signifik.: * α < 10%, ** 5%, *** 2%, **** 1%

Tab. 22: Zentrale Ergebnisse der LISREL-Analysen zum Strategie-Führungs-Zusammenhang

TCD-Wert von 0,935 auf einen offensichtlich starken kausalen Zusammenhang zwischen den Wettbewerbsvorteilen und den fünf personellen Führungsdimensionen. Vor allem die Franchisenehmerorientierung, die Rigidität des Führungsverhaltens und die vertikale Kommunikation erweisen sich angesichts der ausgewiesenen Varianzerklärungsanteile als in wesentlichem Umfang strategiedeterminiert.[299]

Angesichts dieser ersten globalen Befunde des Mittelwertvergleichstests und der Kausalmodelle kann die **Basishypothese H$_{STRA}$**, wonach die abnehmergerichtete Wettbewerbsstrategie einen Erklärungsbeitrag für die Ausgestaltung des Führungsverhaltens liefert, zunächst bestätigt werden. Allerdings sind die Kausaleinflüsse hinsichtlich der technokratischen und insbesondere der strukturellen Führungsdimensionen geringer, als dies nach dem Kenntnisstand der Theorie zu erwarten wäre.

Bezüglich der spezifizierten Tendenzhypothesen ergeben sich weiterhin folgende empirische Ergebnisse: Der mit H$_{STRAa}$ angenommene Zusammenhang zwischen einer Wettbewerbsprofilierung über **Innovationsvorteile** und einem partnerschaftlich-interaktiven Führungsverhalten kann nicht bestätigt werden. Zwar ergibt sich im Einklang mit den theoretischen Überlegungen gemäß Tabelle 21 für den partnerschaftlich-interaktiven Führungstyp der höchste Clustermittelwert bei der entsprechenden Strategievariable, doch wird dieser nicht als signifikant ausgewiesen.[300] Die theoretisch abgeleitete Bedeutung einer ausgeprägten Partizipation, einer geringen Rigidität und einer intensiven Systemkommunikation findet auch in den Kausalmodellen keine Bestätigung und wird sogar in der Tendenz empirisch widerlegt. Die in der Tabelle 22 erfaßten Pfadkoeffizienten zwischen dem Innovationskonstrukt und den einzelnen Führungsdimensionen offenbaren keine signifikanten Führungseinflüsse; es ergeben sich aber sowohl

---

[299] Hier werden 83 Prozent (Franchisenehmerorientierung), 48 Prozent (Rigidität des Führungsverhaltens) bzw. 77 Prozent (vertikale Systemkommunikation) der Varianz der Führungsdimensionen durch die realisierten Wettbewerbsvorteile erklärt. Zur Begründung dieses Befundes sei bereits an dieser Stelle darauf verwiesen, daß dieser vermutlich auf die besonders starken Kausaleinflüsse des Konstruktes „Servicevorteile" auf die personellen Führungsdimensionen zurückzuführen ist. Vgl. hierzu auch die weiteren Ausführungen insbesondere zur Signifikanz der Pfadkoeffizienten.

[300] Der entspechende Clustermittelwert beläuft sich auf 3,58 bei einem Gesamtmittelwert von 3,38. Es ergibt sich insofern eine nur leicht überdurchschnittliche Ausprägung.

für die Partizipation als auch für die Systemkommunikation tendenziell negative, hinsichtlich der Rigidität dagegen positive Einflüsse.[301]

Insgesamt sind diese Ergebnisse dahingehend zu interpretieren, daß die Systemzentralen die **Innovationspolitik** nicht als eine systembezogene, in enger Kooperation mit den Franchisenehmern zu bewältigende, sondern offenbar als ihre originäre Aufgabe betrachten, in welche die Franchisenehmer nur unwesentlich einbezogen werden. Daher können die theoretisch abgeleiteten Führungseinflüsse hier nicht nachgewiesen werden.[302]

Die Führungseinflüsse einer qualitäts- und markierungsorientierten Wettbewerbsstrategie, wie sie über H_{STRAb} und H_{STRAc} spezifiziert werden, können dagegen partiell bestätigt werden. Der Mittelwertvergleichstest zeigt hier zunächst erwartungsgemäß einen stark positiven Zusammenhang zwischen einer **Markierungsorientierung** und der Wahl eines rigide-hierarchienahen Führungsverhaltens. Die Kausalität dieser Beziehung wird über die Befunde aus den LISREL-Modellen gestützt. Hier ergibt sich ein signifikant positiver Pfadkoeffizient zwischen dem Markierungskonstrukt und der Durchführung von Verhaltenskontrollen, wie sie am stärksten beim rigide-hierarchienahen Führungstyp ausgeprägt sind ($\gamma=0{,}21$). Zudem wird, entsprechend den Merkmalen dieses Führungstyps, ein signifikant positiver Zusammenhang zur Anreizgewährung ($\gamma=0{,}31$) sowie ein tendenziell negativer Einfluß auf die Autonomie der Franchisenehmer ausgewiesen.[303]

Es läßt sich damit festhalten, daß Systemzentralen im Einklang mit den theoretischen Befunden eine Wettbewerbsprofilierung über Markierungsvorteile systemintern eher über eine **rigide-hierarchienahe** Führung der Franchisenehmer als über andere Führungstypen umsetzen. Die mit H_{STRAc} weiterhin unterstellte Bedeutung des **partnerschaftlich-interaktiven** Führungsverhaltens für die systeminterne Umsetzung von Markierungsvorteilen findet in den Ergebnissen des Mittelwertvergleichstests zunächst keine Bestätigung. Hierbei ist jedoch auf die

---

[301] Vgl. hierzu die entsprechenden Pfadkoeffizienten in den im Anhang befindlichen Teilmodellen.

[302] Hierin zeigt sich auch grundsätzliche Problematik einer Übertragung klassischer organisations- und führungstheoretischer Erkenntnisse auf netzwerkartige Organisationsformen. Zusammenhänge, wie sie in klassischen Unternehmenshierarchien Gültigkeit besitzen, können offensichtlich z.T. für Franchisesysteme nicht bestätigt werden bzw. sind sogar konträr ausgeprägt.

[303] Dieser fällt allerdings mit einem nicht-signifikanten Pfadkoeffizienten von $\gamma=-0{,}04$ sehr gering aus.

Ergebnisse des Vorkapitels zu rekurrieren, in dem für den partnerschaftlich-interaktiven Führungstyp eine im Typenvergleich signifikant höhere Bedeutung von Imagezielen - wie sie typischerweise einer markierungsorientierten Strategie zugrunde liegen - nachgewiesen worden ist. Offensichtlich hat hier die entsprechende Ziel- und Strategieformulierung noch nicht zu entsprechenden Wettbewerbsvorteilen, wohl aber bereits zu einer Adaption des Führungsverhaltens geführt. Damit kann die Hypothese H_{STRAc} im Ergebnis vollständig bestätigt werden.

Demgegenüber kann angesichts der empirischen Ergebnisse von einem nachweisbaren Führungseinfluß einer **qualitätsorientierten** Wettbewerbsstrategie nicht ausgegangen werden, so daß die Hypothese H_{STRAb} nicht angenommen werden kann. Es ergeben sich zum einen keine signifikanten Mittelwertunterschiede für die Führungstypen. Zum anderen können die angenommenen Einflüsse auf einzelne Führungsdimensionen auch kausalanalytisch nur partiell bestätigt werden.[304] Bei der Interpretation dieser Befunde ist jedoch zusätzlich zu berücksichtigen, daß - wie oben dargelegt - die Qualitätsorientierung eine insgesamt herausragende Stellung im Rahmen der Wettbewerbsprofilierung von Franchisesystemen einnimmt. Offenbar versuchen Systemzentralen also, qualitätsorientierte Wettbewerbsstrategien auch über weniger geeignet erscheinende Führungstypen zu implementieren. Es gilt daher abzuwarten, ob sich dies auch im Rahmen der Erfolgsanalyse in Kapitel C 3.42 niederschlägt.

Für die Analyse des Führungseinflusses **preisorientierter** Wettbewerbsstrategien liefern die Kausalmodelle wichtige empirische Erkenntnisse insbesondere hinsichtlich der Ausgestaltung der technokratischen Führungsdimensionen. Die Pfadkoeffizienten zeigen hier einerseits einen deutlichen, negativen Einfluß auf die Intensität der Ex ante-Koordination ($\gamma= -0,40$) und andererseits ausgeprägte positive Beziehungen zur Durchführung von Ergebnis- und Verhaltenskontrollen ($\gamma=0,34$ bzw. $\gamma=0,41$) an. Für die überwiegende Mehrzahl der übrigen Führungsdimensionen ergeben sich dagegen tendenziell negative Einflüsse, wobei diese

---

[304] Es ergeben sich tendenziell, also nicht-signifikant negative Einflüsse auf die Autonomiegewährung ($\gamma=-0,27$) und positive Einflüsse auf Verhaltenskontrollen ($\gamma=0,16$) sowie die Rigidität des Führungsverhaltens ($\gamma=0,40$), die jeweils im Einklang mit den theoretischen Überlegungen stehen. Offensichtlich findet hier eine Überlagerung der Führungseinflüsse durch diejenigen Systemzentralen statt, die Qualitätsvorteile durch weniger geeignete Führungstypen zu implementieren versuchen.

am stärksten hinsichtlich der Partizipation der Franchisenehmer und der vertikalen Kommunikation ausgeprägt sind.

Offensichtlich forcieren Systemzentralen bei preisorientierten Strategien ihre Kontrollaktivitäten zur Sicherung der Gesamteffizienz des Systems, während kostenintensive Betreuungsformen der Franchisenehmer bewußt reduziert werden. Interessant erscheint dabei der negative Einfluß auf die Ex ante-Koordination, der vermutlich darauf zurückzuführen ist, daß diese Form der technokratischen Verhaltensbeeinflussung einen hohen Personaleinsatz auf seiten der Systemzentrale erfordert und daher in ihrem Umfang deutlich begrenzt wird. Damit kommt es zu einer **Symbiose** der im Theorieteil herausgearbeiteten Führungseinflüsse dergestalt, daß offensichtlich kostenintensive Planungsinstrumente in ihrer Intensität reduziert, hingegen Kontrollaktivitäten entsprechend verstärkt werden.[305]

Bemerkenswert ist nun, daß das hierbei offenbar werdende Verhaltensmuster - die Kombination einer hohen Kontrollintensität mit einer geringem Ex ante-Koordinationsintensität - in dieser Form bei keinem Führungstyp nachzuweisen ist. Dieser zunächst widersprüchlich erscheinende Befund ist vermutlich dadurch zu erklären, daß - wie eingangs erwähnt - einer Profilierung über Preisvorteile die vergleichsweise geringste Bedeutung innerhalb der Wettbewerbsstrategien von Franchisesystemen zukommt. So zeigen auch die typenbezogenen Abweichungen vom Gesamtmittelwert in der Tabelle 21, daß offensichtlich keinem der Führungstypen im Bereich der absatzmarktgerichteten Führung eine ausschließliche Profilierung über Preisvorteile zugrunde liegt.[306] Damit ergeben sich zwangsläufig kombinative Effekte verschiedener Wettbewerbsvorteilsdimensionen, durch welche die kausalen Führungseinflüsse des Preiskonstruktes teilweise überlagert werden. Daher kann im Ergebnis die Hypothese H_{STRAd} nicht abgelehnt werden, denn wenngleich weder der rigide-hierarchienahe noch der autoritär-minimalistische Führungstyp sich durch signifikant höhere Mittelwerte für die

---

[305] Vgl. hierzu die Ausführungen in Kap. C 1.322. Hier sind eine straffe, filialsystemähnliche Führung mit intensiver Planungs- und Kontrolltätigkeit sowie eine bewußte Reduzierung der Betreuungsintensität als *alternative*, nicht aber symbiotisch auftretende Verhaltensmuster gekennzeichnet worden,

[306] Dazu müßte angesichts des Gesamtprofilverlaufs bei den typenspezifischen Mittelwertabweichungen eine sehr stark überdurchschnittliche Ausprägung bei der Strategievariablen „deutlich niedrigere Preise" bei gleichzeitig stark unterdurchschnittlichen Ausprägungen der übrigen Strategievariablen/Wettbewerbsvorteilsdimensionen bestehen.

entsprechende Strategievariable auszeichnen, bestätigt doch die Kausalanalyse die angenommenen Führungseinflüsse auf der Dimensionsebene.[307]

Die mit Abstand stärksten Führungseinflüsse gehen von **serviceorientierten** Wettbewerbsstrategien aus. Sowohl für die Flexibilitäts- als auch die Beratungskomponente signalisiert der F-Test hochsignifikante Globalunterschiede der Typenmittelwerte. Im Sinne der Hypothese H_{STRAd} ergeben sich für den liberal-vertrauensbasierten und insbesondere den partnerschaftlich-interaktiven Führungstyp positive Mittelwertabweichungen. Beiden Führungstypen kommt folglich bei der Realisierung von Servicevorteilen besondere Bedeutung zu.[308]

Dieses Ergebnis wird auch durch verschiedene Parameterschätzungen der **LISREL-Modelle** gestützt. Für keine andere Strategiedimension ergeben sich derart viele signifikante Führungseinflüsse. Dabei werden vor allem die personellen Führungsdimensionen in hohem Maße durch eine serviceorientierte Wettbewerbsprofilierung beeinflußt. Hier ergeben sich erwartungsgemäß stark positive Wirkungen auf die vertikale sowie die horizontale Systemkommunikation ($\gamma=0,69$ bzw. $\gamma=0,99$).[309] Zudem wirkt eine ausgeprägte Serviceorientierung stark negativ auf die Rigidität des Führungsverhaltens ($\gamma=-0,78$). Systemzentralen bemühen sich bei der Implementierung serviceorientierter Strategien offensichtlich um intensive Beziehungen zu den Franchisenehmern, wobei die Beziehungsqualität nicht über die Ausübung von Sanktionen beeinträchtigt werden soll. Dafür spricht auch die stark positive Wirkung auf die Partizipationsdimension ($\gamma=0,78$). Zudem handelt es sich um die einzige Strategiedimension, von der ein tendenziell positiver Einfluß auf die Autonomiegewährung ausgeht.[310]

---

[307] Ebenfalls zunächst inkonsistent erscheint die deutlich überdurchschnittliche Bedeutung des partnerschaftlich-interaktiven Führungstyps bei der Verfolgung preisorientierter Strategien. Offensichtlich liegen hier aber situative Einflüsse vor, denn in Kapitel C 3.2 ist gezeigt worden, daß dieser Führungstyp häufig in dynamischen Wachstumsmärkten mit hohem Preisdruck eingesetzt wird. Insofern kann dieser Führungstyp nicht als Mittel zur Implementierung preisorientierter Strategien interpretiert werden, zumal deutlich überdurchschnittliche Ausprägungen bei anderen Strategiedimensionen vorliegen.

[308] Darüber hinaus läßt sich gemäß Tabelle 21 für die Beratungskomponente aber auch mit Bezug zum rigide-hierarchienahen Führungstyp eine deutlich überdurchschnittliche Bedeutung feststellen.

[309] Die Beschreibung der Führungstypen in Kapitel B 2.32 hat gezeigt, daß das partnerschaftlich-interaktive und das liberal-vertrauensbasierte Führungsverhalten durch die im Typenvergleich mit Abstand höchste Kommunikationsintensität gekennzeichnet sind. Zudem ergibt sich eine positive, allerdings nicht signifikante Wirkung auf die Franchisenehmerorientierung ($\gamma=0,41$).

[310] Hier ergibt sich ein - allerdings nicht signifikanter - Pfadkoeffizient von $\gamma=0,38$.

Servicevorteile werden also auch durch bewußte Schaffung von Freiräumen für die Franchisenehmer umgesetzt.

Im Ergebnis kann die Hypothese H_{STRAe} angenommen werden, wobei einschränkend zu berücksichtigen ist, daß Systemzentralen auch über ein rigide-hierarchienahes Führungsverhalten die systeminterne Umsetzung von Servicevorteilen vornehmen. Grundsätzlich zu bestätigen ist schließlich auch die Hypothese H_{STRAf}, derzufolge eine Wettbewerbsprofilierung über **Standort- und Geschäftsstättenvorteile** eher mit einem rigide-hierarchienahen Führungsverhalten einher geht. Der Mittelwertvergleichstest in der Tabelle 21 zeigt hier allerdings nur für die Standortvariable signifikante Mittelwertunterschiede.

Wenngleich hypothesengemäß für den rigide-hierarchienahen Führungstyp der höchste Mittelwert ausgewiesen wird, besteht auch für den partnerschaftlich-interativen Führungstyp eine deutlich überdurchschnittliche Ausprägung der entsprechenden Strategievariablen. Demgegenüber wird bei Standortvorteilen nur sehr selten ein liberal-vertrauensbasiertes Führungsverhalten praktiziert. Einen wichtigen Erklärungsbeitrag für diesen empirischen Befund liefern die Kausalanalysen. Standort- und Geschäftsstättenvorteile wirken signifikant positiv auf die Durchführung von Verhaltenskontrollen ($\gamma=0{,}20$).[311] Diese sind beim liberal-vertrauensbasierten Führungstyp jedoch deutlich weniger intensiv ausgeprägt als beim partnerschaftlich-interaktiven und insbesondere rigide-hierarchienahen Führungstyp.[312]

In einem **Fazit** ist für die vorstehende Analyse festzuhalten, daß die abnehmergerichtete Wettbewerbsstrategie einen wichtigen Einflußfaktor der innengerichteten Systemführung darstellt. Dabei besitzt mit der **Serviceorientierung** diejenige Strategiedimension den mit Abstand stärksten Führungseinfluß, die unmittelbar an das Verhalten der Franchisenehmer, nämlich Flexibilität sowie Kompetenz und Freundlichkeit im Kundenkontakt anknüpft. Dennoch können die nach dem aktuellen Forschungsstand zum Zusammenhang von Strategie und Struktur bzw. Führung spezifizierten Tendenzhypothesen nur zum Teil bestätigt werden,

---

[311] Darin zeigt sich die im Theorieteil begründete Notwendigkeit, bei einer Profilierung über besonders exponierte Standorte und die Geschäftsstättenatmosphäre die stete Befolgung von Standards durch permanente Verhaltenskontrollen zu gewährleisten. Einschränkend ist hier jedoch zu vermerken, daß angesichts der Höhe des Pfadkoeffizienten der Strategieeinfluß zwar als signifikant, jedoch nicht besonders ausgeprägt zu bezeichnen ist.

[312] Vgl. hierzu die ausführlichen Beschreibungen der Führungstypen in Kapitel B 2.32.

so daß eine konsequente Ausrichtung des innengerichteten Führungsverhaltens an den realisierten Wettbewerbsvorteilen nicht diagnostiziert werden kann.[313]

Die wichtigste **offene Fragestellung** dürfte darin bestehen, warum angesichts der in den LISREL-Modellen ausgewiesenen TCD-Werte, die mittlere bis hohe Erklärungsbeiträge der Wettbewerbsstrategie signalisieren, nur relativ wenige signifikante Pfadkoeffizienten einerseits und signifikante Mittelwertunterschiede andererseits ausgewiesen werden. Eine mögliche Erklärung hierfür könnte - ähnlich wie bereits bei der Untersuchung der situativen Einflüsse auf die Führung - in der isolierten Betrachtung einzelner Strategiedimensionen anstelle einer integrierten Analyse der Gesamtstrategien, wie sie sich aus der spezifischen Kombination der einzelnen Strategiedimensionen ergeben, liegen.[314]

3.322 Beziehungen zwischen operativer Marktdurchsetzung und innengerichteter Führung

Mit der **Hypothese H$_{INSTR}$** ist im Rahmen der theoretischen Überlegungen ein hinsichtlich der Maßnahmenintensität positiver Zusammenhang zwischen der Verhaltensbeeinflussung der Franchisenehmer durch die Systemzentrale einerseits und den von dieser ergriffenen Maßnahmen zur direkten und indirekten Marktdurchsetzung der abnehmergerichteten Wettbewerbsstrategien andererseits spezifiziert worden.[315] Dem liegt die Annahme zugrunde, daß die Intensität der innengerichteten Führung nicht losgelöst von der Intensität der absatzmarktgerichteten Führung eines Franchisesystems zu betrachten ist, beide letztlich also Ausdruck einer **Gesamtführungsintensität** des Systems durch die Systemzentrale sind.

Diese Annahme findet sich in der empirischen Analyse vollständig bestätigt. Die Tabelle 23 zeigt zunächst die zur **direkten Marktdurchsetzung** ergriffenen Marketingmaßnahmen der Systemzentrale im Gesamtprofil über alle Systeme sowie die typenspezifischen Mittelwertabweichungen. Hinsichtlich des Gesamtprofils

---

[313] Damit wird an dieser Stelle noch einmal die Berechtigung des gewählten Untersuchungsansatzes unterstrichen, der von einer mehrdimensionalen Erklärung des Führungsverhaltens in Franchisesystemen ausgeht.

[314] Aufgrund einer gegebenen zeitlichen und umfangmäßigen Begrenzung der vorliegenden Untersuchung muß auf eine weiterführende empirische Analyse an dieser Stelle verzichtet werden.

[315] Vgl. hierzu die Ausführungen in Kapitel C 1.323 der Arbeit.

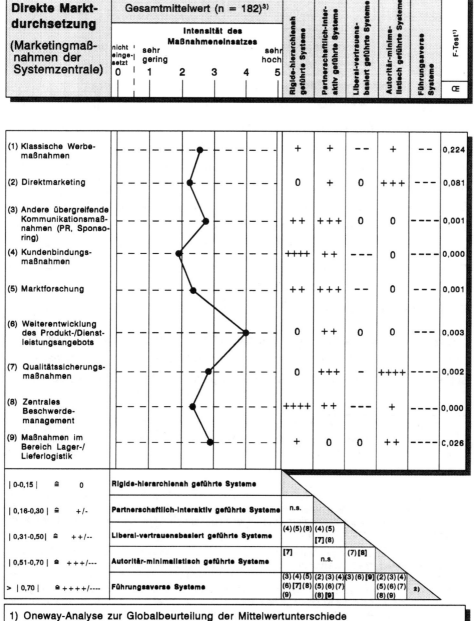

Tab. 23: Zusammenhang zwischen den Maßnahmen der direkten Marktdurchsetzung und den Führungstypen

ergeben sich für die Mehrzahl der Instrumentevariablen mittlere Intensitätsniveaus.

Betrachtet man die **typenspezifischen Mittelwertabweichungen** im einzelnen, dann zeigt sich hinsichtlich der meisten Marketingmaßnahmen ein stark überdurchschnittliches Intensitätsniveau sowohl für den rigide-hierarchienahen als auch den partnerschaftlich-interaktiven Führungstyp. So werden flankierende PR- und Sponsoring-Aktivitäten, spezielle Kundenbindungsmaßnahmen, ein zentrales Beschwerdemanagement, aber auch Maßnahmen im Bereich der Marktforschung[316] in den diesem Führungstyp zugehörigen Franchisesystemen weitaus häufiger und intensiver durchgeführt als dies in den übrigen Systemen der Stichprobe der Fall ist.[317] Bemerkenswert sind auch die sich für die führungsaversen Systeme ergebenden empirischen Befunde. Der Mittelwertvergleichstest weist für nahezu sämtliche Instrumentevariablen signifikante, sehr stark unterdurchschnittliche Ausprägungen auf.[318] In diesem Bereich werden überhaupt nur Maßnahmen der Programmentwicklung bei einem Mittelwert von 3,48 in nennenswertem Umfang ergriffen.[319]

Ein weiterer interessanter Befund ergibt sich für den autoritär-minimalistischen Führungstyp. Zeichnet sich dieser im Innenverhältnis durch eine mittlere, zwischen den Extremaltypen gelegene Führungsintensität aus[320], so werden für die

---

[316] Es sei an dieser Stelle darauf verwiesen, daß Marktforschungsaktivitäten keine originären Marketingmaßnahmen darstellen, sondern der maßnahmenvorbereitenden Informationsgewinnung dienen.

[317] Das deutlich höhere Aktivitätsniveau in den Bereichen Kundenbindung, Beschwerdemanagement und Marktforschung entspricht dem im Innenverhältnis wesentlich stärkeren Einsatz von Planungs- und Kontrollsystemen bei diesen beiden Führungstypen. Offensichtlich verfügen die entsprechenden Systemzentralen über eine insgesamt höhere Kompetenz im Bereich der betriebswirtschaftlichen Systeme.

[318] Aufgrund der sehr geringen Maßnahmenintensität erklärt sich auch, warum bei der Beurteilung der realisierten Wettbewerbsvorteile zumeist unterdurchschnittliche Ausprägungen für diesen Führungstyp ausgewiesen werden. Insgesamt besteht eine enge Korrelation zwischen den typenspezifischen Strategieprofilen und den sich für die operative Marktdurchsetzung ergebenden Profilen, was für die Konsistenz des Antwortverhaltens der befragten Systemzentralen und damit die Güte des erhobenen Datensatzes spricht.

[319] Für alle anderen Marketingmaßnahmen ergeben sich Mittelwerte, die zwischen 1,02 (Kundenbindungsmaßnahmen) und 2,21 (Werbung) liegen, so daß von geringen bis sehr geringen Aktivitätsniveaus auszugehen ist.

[320] Als Extremaltypen sind das rigide-hierarchienahe sowie das partnerschaftlich-interaktive Führungsverhalten einerseits und das führungsaverse Verhalten andererseits zu bezeichnen. Die Ausführungen in Kapitel B 2.34 haben gezeigt, daß der autoritär-minimalistische sowie der liberal-vertrauensbasierte Führungstyp hinsichtlich der Intensität der Verhaltensbeeinflussung der Franchisenehmer zwischen diesen Typen anzusiedeln sind.

Instrumente der direkten Marktdurchsetzung mehrheitlich überdurchschnittliche Ausprägungen ausgewiesen. Diese deuten auch im Absolutniveau auf intensive Bemühungen der entsprechenden Systemzentralen hin, durch systemübergreifende Marketingmaßnahmen eine Marktdurchsetzung der Systemstrategie zu forcieren. Insofern ergibt sich für diesen Führungstyp eine gewisse Abweichung von der **Linearitätsannahme** zwischen innen- und absatzmarktgerichteter Systemführung zugunsten der marktgerichteten Maßnahmen. Umgekehrt offenbart sich für den liberal-vertrauensbasierten Führungstyp bei mehreren Instrumentevariablen eine signifikant unterdurchschnittliche Ausprägung, während hinsichtlich der innengerichteten Systemführung eine mittlere Führungsintensität nachgewiesen werden konnte. Dies deutet tendenziell auf ein Übergewicht der innengerichteten gegenüber der absatzmarktgerichteten Führung in den entsprechenden Franchisesystemen hin.

Die soeben aufgezeigten Zusammenhänge finden ihre Bestätigung bei der Betrachtung der **indirekten Marktdurchsetzung** der Systemstrategie anhand von Marketingunterstützungsmaßnahmen der Franchisenehmer durch die Systemzentrale. Der in der Tabelle 24 dargestellte Gesamtprofilverlauf offenbart hier zunächst ein insgesamt deutlich höheres Intensitätsniveau für die einzelnen Instrumentevariablen. Darin kommt zunächst die für das Franchising typische **vertikale Arbeitsteilung** zum Ausdruck: Grundsätzlich werden nur bestimmte systemübergreifende Maßnahmen zentral durchgeführt, während der wesentliche Teil der Marktdurchsetzung dezentral durch die Franchisenehmer, allerdings mit entsprechender Unterstützung durch die Systemzentrale, erfolgt. Der Mittelwertvergleichstest weist aber auch für die Gewährung der verschiedenen Unterstützungsmaßnahmen signifikante Unterschiede zwischen den Führungstypen aus.[321]

Wiederum ergeben sich für den rigide-hierarchienahen und den partnerschaftlich-interaktiven Führungstyp deutlich überdurchschnittliche Ausprägungen der Instrumentevariablen, wobei die Unterstützungsintensität in den partnerschaftlich-interaktiv geführten Systemen noch höher ist.[322] Für die führungsaversen

---

[321] Der F-Test weist hier auf einem Signifikanzniveau von 10 Prozent für alle sechs Instrumentevariablen globale Mittelwertunterschiede aus. Nach dem Duncan-Test erweisen sich 27 der insgesamt 60 einzelnen Mittelwertpaare als signifikant unterschiedlich voneinander. Damit ergeben sich für die Maßnahmen der indirekten Marktdurchsetzung die stärksten Unterschiede im Vergleich aller beschreibenden Clustermerkmale, wie sie in Kapitel C diskutiert werden.

[322] Dies betrifft insbesondere die Ausstattung der Franchisenehmer mit Verkaufsförderungsmaterial, die Bereitstellung von Konzepten und Hilfsmitteln für eigene Werbemaßnahmen der Fran-

Systeme werden demgegenüber erneut bei der Mehrzahl der Unterstützungsmaßnahmen signifikant unterdurchschnittliche Intensitätsniveaus ausgewiesen. Allerdings lassen die Absolutwerte hier erkennen, daß die Systemzentralen zumindest ihre vertraglichen Mindestverpflichtungen gegenüber den Franchisenehmern in der Regel erfüllen.[323] Auch für die liberal-vertrauensbasiert geführten Systeme ergeben sich z.T. deutlich unterdurchschnittliche Intensitätsniveaus, während der autoritär-minimalistische Führungstyp hinsichtlich der Maßnahmen zur indirekten Marktdurchsetzung im Typenvergleich ebenfalls eine mittlere Position einnimmt. Auffallend ist die mit einem Mittelwert von 3,99 hohe Bedeutung einer Weiterentwicklung des Produkt- und Dienstleistungsprogramms durch die Systemzentrale, die gemäß der üblichen franchisevertraglichen Vereinbarungen in den originären Aufgabenbereich der Systemzentrale fällt.[324] Bei typenbezogener Betrachtung ergeben sich nach dem F-Test auf einem Signifikanzniveau von 10 Prozent für acht der insgesamt neun Instrumentevariablen signifikante Mittelwertunterschiede. Der Duncan-Test weist zudem 36 einzelne Mittelwertpaare als signifikant unterschiedlich voneinander aus.[325]

Angesichts dieser empirischen Befunde kann die Hypothese H_{INSTR} in vollem Umfang bestätigt werden. Offenbar existiert ein annähernd linearer Zusammenhang zwischen der Intensität der innengerichteten und absatzmarktgerichteten Systemführung, wie er schematisch in der Abbildung 28 für die fünf Führungstypen dargestellt ist. Die im Rahmen der theoretischen Überlegungen bei der Ableitung der **Intensitäts-Relationen** gebildeten asymmetrischen Beziehungen beider Führungsteilbereiche lassen sich erwartungsgemäß auch empirisch nicht nachweisen.[326] Dies spricht für die Annahme, daß derartige Relationen in der Tat nur temporär, nicht aber dauerhaft realisiert werden. Allerdings ergeben sich vor allem für den liberal-vertrauensbasierten und den autoritär-minimalistischen Führungstyp gewisse Asymmetrien.

---

chisenehmer sowie deren dauerhafte Unterstützung bei der Laden- und Umfeldgestaltung. Dieser Befund unterstützt noch einmal die hohe Konsistenz dieses Führungstyps, denn die partnerschaftliche Führung im Innenverhältnis findet ihr Pendant bei der absatzmarktgerichteten Systemführung, wo ebenfalls intensive Unterstützungsleistungen gewährt werden.

[323] Die Absolutniveaus der Instrumentevariablen erreichen hier einen Minimalwert von 2,74 (dauerhafte Unterstützung bei der Laden- und Umfeldgestaltung).

[324] Vgl. *Bauder, W.*, Der Franchise-Vertrag, a.a.O., S. 216.

[325] Damit erweisen sich 40 Prozent aller überhaupt möglichen Mittelwertpaare (=90) als signifikant unterschiedlich voneinander.

[326] Vgl. zur Ableitung der Intensitäts-Relationen und der Kennzeichnung des sich ergebenden Gleichgewichtssektors die Ausführungen in Kapitel C 1.323 der Arbeit.

Indirekte Markt-durchsetzung (Marketingunterstützung der FN durch die Systemzentrale)	Gesamtmittelwert (n = 182)[3] Intensität des Maßnahmeneinsatzes nicht eingesetzt 0 / sehr gering 1 / 2 / 3 / 4 / sehr hoch 5	Rigide-hierarchienah geführte Systeme	Partnerschaftlich-interaktiv geführte Systeme	Liberal-vertrauensbasiert geführte Systeme	Autoritär-minimalistisch geführte Systeme	Führungsaverse Systeme	F-Test[1] œ
(1) Ausstattung der FN mit Verkaufsförderungsmaterial	● ≈4	0	++	--	+	--	0,004
(2) Bereitstellung von Hilfsmitteln/Konzeptionen für Eigenwerbung der FN	● ≈3,5	0	++	-	0	0	0,025
(3) Dauerhafte Unterstützung bei Laden-/Umfeldgestaltung	● ≈3	++	++++	--	-	---	0,002
(4) Marketing-/Verkaufsschulungen für FN	● ≈3,5	++	+++	--	0	---	0,000
(5) Preispolitische Empfehlungen	● ≈3	+	++	0	0	---	0,093
(6) Maßnahmen für einheitlichen Außenauftritt (CI-Maßnahmen)	● ≈4	+	+	--	0	0	0,015

| 0-0,15 |	≙	0
| 0,16-0,30 |	≙	+/-
| 0,31-0,50 |	≙	++/--
| 0,51-0,70 |	≙	+++/---
> | 0,70 |	≙	++++/----

	Rigide-hierarchienah geführte Systeme	Partnerschaftlich-interaktiv geführte Systeme	Liberal-vertrauensbasiert geführte Systeme	Autoritär-minimalistisch geführte Systeme	Führungsaverse Systeme
Rigide-hierarchienah geführte Systeme					
Partnerschaftlich-interaktiv geführte Systeme	[2]				
Liberal-vertrauensbasiert geführte Systeme	[1](3)(4)(6)	(1)(2)(3)(4)(6)			
Autoritär-minimalistisch geführte Systeme	[3](4)	(3)(4)	[1]		
Führungsaverse Systeme	(1)(3)(4)(5)[6]	(1)(2)(3)(4)(5)	n.s.	(1)[4]	[2]

1) Oneway-Analyse zur Globalbeurteilung der Mittelwertunterschiede
2) Angabe der Signifikanzniveaus; (i) ≙ 0,05 / [I] ≙ 0,10
3) Standardabweichung vom Gesamtmittelwert zwischen: 0,68 und 1,62

Tab. 24: Zusammenhang zwischen den Maßnahmen der indirekten Marktdurchsetzung und den Führungstypen

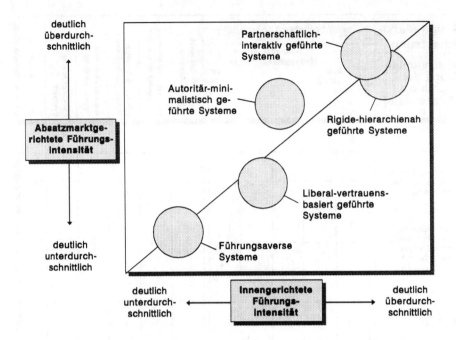

Abb. 28: Empirisch ermittelte Intensitäts-Relationen zwischen absatzmarkt- und innengerichteter Systemführung

Fraglich ist darüber hinaus, ob angesichts der für die führungsaversen Systeme festgestellten, stark unterdurchschnittlichen Intensität der innengerichteten und absatzmarktgerichteten Führung die entsprechenden Systeme langfristig am Markt bestehen können, oder ob diese nicht bereits außerhalb des im Theorieteil abgeleiteten **Gleichgewichtssektors** anzusiedeln sind. Zumindest sollte sich aber die relativ wie absolut niedrige Gesamtführungsintensität in signifikanten Erfolgsunterschieden gegenüber den übrigen Führungstypen manifestieren.

3.33 Einflüsse kulturprägender Grundorientierungen auf das Führungsverhalten

Im Zuge der theoretischen Überlegungen in Kapitel C 1.33 ist die besondere Bedeutung sog. Grundorientierungen für die empirische Kulturdiagnose herausgearbeitet worden. Demgemäß wurde im Fragebogen eine Item-Batterie aufgenommen, durch welche die **Grundorientierungen der Systemzentralen** detailliert erfaßt werden können.[327] Auf eine Variablenverdichtung kann in diesem

---

[327] Die nachfolgende Analyse thematisiert insofern nicht den Einfluß der Systemkultur, sondern der Unternehmenskultur der Systemzentrale auf das innengerichtete Führungsverhalten,

Kapitel verzichtet werden, da die einzelnen Grundorientierungen jeweils über nur eine Indikatorvariable gemessen werden. Die Tabelle 25 zeigt daher sogleich die Ergebnisse des Mittelwertvergleichstests für die insgesamt neun erhobenen Grundorientierungen.

Das **Gesamtprofil** über alle befragten Systeme offenbart zunächst mit der Kundenorientierung, der Qualitäts- bzw. Leistungsorientierung sowie der Innovationsorientierung drei eindeutige Kulturschwerpunkte.[328] Dagegen weisen die Mitarbeiter-, die Vertrags- und interessanterweise auch die Wettbewerbsorientierung der Systemzentralen eher geringe bis mittlere Ausprägungen auf. Die relativ geringe Wettbewerbsorientierung dürfte nicht zuletzt Ausdruck einer in Kapitel C 3.2 für zwei von drei Situationsclustern festgestellten, eher mittleren Wettbewerbsintensität sein, die ein ausgeprägtes Konkurrenzdenken der Systemzentralen vermutlich nicht forciert.

Mit Blick auf die verschiedenen Führungstypen zeigt der F-Test für fünf Grundorientierungen signifikante Mittelwertunterschiede an.[329] Offensichtlich bestehen also verschiedene Führungseinflüsse der Systemkultur. Die durch die Hypothese H_{KULa} spezifizierte Annahme, daß führungsaverse Systemzentralen durch eine schwache Unternehmenskultur und damit unterdurchschnittliche Ausprägungen der Grundorientierungen gekennzeichnet sind, kann empirisch allerdings nur in der Tendenz bestätigt werden.

---

wobei entsprechend der theoretischen Überlegungen in Kap. C 1.33 davon auszugehen ist, daß diese auch in entscheidendem Maße die Kultur des Gesamtsystems prägt. Ferner kann vorausgesetzt werden, daß die originären Grundorientierungen der Systemzentrale den stärksten Führungseinfluß besitzen. Dabei ist es für die Ausgestaltung des Führungsverhaltens zunächst zweitrangig, inwieweit diese Grundorientierungen auch systemweit verankert sind. Etwaige Kulturdivergenzen können allenfalls insoweit von Bedeutung sein, als das Führungsverhalten der Systemzentrale auf eine Angleichung der Teilkulturen ausgerichtet sein kann. Dieser Aspekt soll jedoch nicht weiter betrachtet werden. Vgl. weiterhin zur Variablenoperationalisierung die Frage 6 des Fragebogen im Anhang der Arbeit. Die Vertrags- und Vertrauensorientierung werden durch Items in den Fragen 12 und 13 operationalisiert.

[328] Während sich die starke Qualitäts- bzw. Leistungsorientierung als konsistent zu den im Vorkapitel dokumentierten Ergebnissen der empirischen Wettbewerbsvorteilsanalyse erweist, findet sich die Innovationsorientierung nicht in einer entsprechenden Realisierung von Innovationsvorteilen bestätigt. Eine Ursache hierfür kann darin begründet liegen, daß sich die Innovationsorientierung primär nach innen, auf die Gestaltung der systeminternen Prozesse richtet.

[329] Weiterhin weist der Duncan-Test 25 einzelne Mittelwertpaare als signifikant unterschiedlich voneinander aus, wobei die Dreiecksmatrix in der Tabelle 25 verdeutlicht, daß sich für alle zehn möglichen Typenvergleiche zumindest ein signifikanter Mittelwertunterschied ergibt.

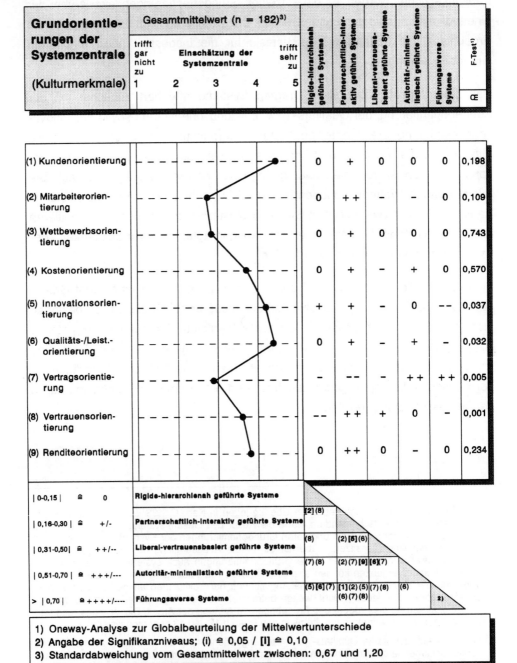

Tab. 25: Zusammenhang zwischen Systemkultur und innengerichtetem Führungsverhalten

Lediglich für drei Grundorientierungen ergeben sich im Typenvergleich signifikant niedrigere Ausprägungen.[330] Dieser Befund ist möglicherweise Ausdruck eines sozial erwünschten Antwortverhaltens. Entspricht er jedoch den tatsächlichen Einschätzungen der Systemzentralen, dann muß auf eine nur geringe Verhaltensrelevanz der Unternehmenskultur innerhalb der entsprechenden Systemzentralen geschlossen werden, da sich offensichtliche Widersprüche gegenüber der tatsächlichen innengerichteten und absatzmarktgerichteten Systemführung ergeben.[331]

Der weiterhin mit H_{KULb} unterstellte positive Zusammenhang zwischen den anspruchsgruppenbezogenen Grundorientierungen und der als Führungsdimension explizit erfaßten Franchisenehmerorientierung kann für den partnerschaftlich-interaktiven Führungstyp eindeutig bestätigt werden. Die für diesen Führungstyp nachgewiesene, hohe Franchisenehmerorientierung geht einher mit einer starken Orientierung an den Belangen des Marktes einerseits und derjenigen der Mitarbeiter in der Systemzentrale andererseits, die in durchweg überdurchschnittlichen Ausprägungen der entsprechenden Kulturvariablen zum Ausdruck kommt.

Offensichtlich ist in den nach diesem Führungstyp geführten Systemen das Denken im **„strategischen Dreieck"** zwischen Kunden, Wettbewerbern sowie den systeminternen Anspruchsgruppen der Franchisenehmer und eigenen Mitarbeiter am stärksten ausgeprägt. Demgegenüber weisen die ein rigide-hierarchienahes Führungsverhalten praktizierenden Systemzentralen lediglich durchschnittliche anspruchsgruppenbezogene Grundorientierungen auf, so daß die durch H_{KULb} vermutete Beziehung sich hier nicht bestätigt findet.[332]

---

[330] Dabei handelt es sich um die Innovationsorientierung, die Qualitäts- bzw. Leistungsorientierung sowie die Vertrauensorientierung.

[331] Insbesondere die mit Mittelwerten von 4,36 bzw. 4,26 angegebene Kundenorientierung und Qualitäts- bzw. Leistungsorientierung finden sich in den im Vorkapitel dargestellten Befunden zum absatzmarktgerichteten Verhalten dieses Führungstyps nicht bestätigt.

[332] Dieses Ergebnis stützt im übrigen die Kapitel B 2.321 geäußerte Vermutung, daß die auch für den rigide-hierarchienahen Führungstyp festgestellte hohe Franchisenehmerorientierung nicht unternehmenskulturell verankert, sondern vielmehr instrumentalistisch aufzufassen ist. Dieser Führungstyp ist damit durch eine im Vergleich zum partnerschaftlich-interaktiven Führungstyp durchweg geringere Ausrichtung des markt-, wie auch des innengerichteten Führungsverhaltens an den Belangen der externen und internen Anspruchsgruppen gekennzeichnet.

Als ausgesprochen fruchtbar erweist sich die zusätzliche Berücksichtigung der Vertrags- und Vertrauensorientierung für die Erklärung des Führungsverhaltens. Beide Kulturmerkmale trennen hochsignifikant zwischen den Führungstypen.[333] Im Einklang mit den im Theorieteil angestellten Überlegungen ergibt sich hinsichtlich der **Vertragsorientierung** eine klare Zweiteilung der fünf Führungstypen. Während sich das autoritär-minimalistische und das führungsaverse Verhalten durch eine stark überdurchschnittliche Vertragsorientierung auszeichnen, wird für die drei übrigen Führungstypen eine jeweils signifikant unterdurchschnittliche Vertragsorientierung ausgewiesen.

Die in dieser Grundorientierung zum Ausdruck kommende, dem Franchisevertrag als Steuerungsinstrument durch die Systemzentrale beigemessene Bedeutung beeinflußt also eindeutig das Führungsverhalten. Je geringer diese angestrebte **Steuerungsfunktion des Vertrages** ausgeprägt ist, desto differenzierter und vielschichtiger ist das zur Verhaltensbeeinflussung der Franchisenehmer eingesetzte Instrumentarium. Im umgekehrten Fall nehmen dagegen vertragliche Vereinbarungen eine Schlüsselfunktion bei der Verhaltensbeeinflussung der Franchisenehmer ein, was besonders beim autoritär-minimalistischen Führungstyp klar zutage tritt.[334] Die Hypothese H_{KULc} ist insofern in vollem Umfang zu bestätigen.

Auch die **Vertrauensorientierung** liefert wichtige Erklärungsbeiträge für die Ausgestaltung des Führungsverhaltens. Erwartungsgemäß ergibt sich eine signifikant überdurchschnittliche Vertrauensorientierung für der liberal-vertrauensbasierten Führungstyp. Darüber hinaus liegt aber auch dem partnerschaftlich-interaktiven Führungsverhalten eine, im übrigen noch stärkere, Vertrauensorientierung zugrunde. Dieser empirische Befund stützt die von Sydow in Fallstudien nachgewiesene Möglichkeit einer Koexistenz von Vertrauen und Kontrolle in Franchisesystemen, denn der partnerschaftlich-interaktive Führungstyp weist im Typenvergleich die zweithöchste Kontrollintensität auf.[335] Offenbar hat sich in

---

[333] So zeigt der F-Test zu vernachlässigende Irrtumswahrscheinlichkeiten für die Existenz globaler Mittelwertunterschiede von 0,5 und 0,1 Prozent an.

[334] Hier zeigte die Typenbeschreibung eine besonders hohe Bedeutung vertraglich fixierter Standards, vertraglicher Geschäftsentwicklungspläne sowie sich auf Vertragsklauseln stützender Sanktionen. Vgl. dazu insbesondere Kapitel B 2.324.

[335] Darin unterscheidet sich der partnerschaftlich-interaktive Führungstyp im übrigen auch nachhaltig vom rigide-hierarchienahem Führungstyp, dem nach den Ergebnissen dieser Analyse eine klassische, mißtrauensbasierte Kontrollphilosophie zugrunde liegt. Vgl. auch *Sydow, J.*, Franchisingsysteme als strategische Netzwerke - Über das Warum des Franchising hinaus, a.a.O., S. 39.

diesen Systemen eine, im Theorieteil beschriebene, spezifische Kontrollphilosophie mit stark unterstützenden Elementen herausgebildet, auf die sich ein komplementäres Verhältnis von Kontrolle und Vertrauen gründen kann. Auch die Hypothese H_{KULd} kann daher vollständig bestätigt werden.

Zusammenfassend zeigen die vorstehenden empirischen Befunde, daß auch die Grundorientierungen der Systemzentrale verschiedene, wenngleich nicht zentrale Erklärungsbeiträge für die Ausgestaltung des Führungsverhalten liefern, so daß die **Basishypothese H_{KUL}** anzunehmen ist.[336] Dabei gilt es jedoch zu berücksichtigen, daß nicht von den klassischen, abnehmer- und sachbezogenen Grundorientierungen, sondern von der Vertrags- und der Vertrauensorientierung der Systemzentrale die stärksten Führungseinflüsse ausgehen.

3.34 Führungseinflüsse der Systemdemographie und -genese

Bei der Analyse systemdemographischer Kontextfaktoren soll in einem ersten Schritt die **Systemgröße** in ihrem Einfluß auf das Führungsverhalten untersucht werden. Mit der Zahl der Franchisenehmer und dem Gesamtumsatz des Franchisesystems werden dabei zwei klassische Kennziffern zur Operationalisierung der Systemgröße herangezogen. In der Abbildung 29 sind zunächst die durchschnittliche Franchisenehmerzahl und der durchschnittliche Systemumsatz differenziert nach Führungstypen ausgewiesen.

Hinsichtlich der Anzahl der Franchisenehmer ergeben sich relativ ausgeprägte Unterschiede zwischen den Führungstypen. Die mit Abstand geringste Größe weisen gemäß der Hypothese H_{DEM1} mit durchschnittlich 24 Franchisenehmern die liberal-vertrauensbasiert geführten Systeme auf. Offensichtlich ist die für diesen Führungstyp festgestellte hohe Kommunikationsintensität und noch vergleichsweise geringe Formalisierung durch Standards nicht zuletzt Ausdruck einer für die Systemzentrale (noch) gut überschaubaren Gruppe von Franchisenehmern. Das Ergebnis findet seine Bestätigung auch bei umsatzbezogener Be-

---

[336] Hinsichtlich der drei sachbezogenen Grundorientierungen mit inhaltlicher Nähe zu den abnehmergerichteten Wettbewerbsstrategien (Kosten-, Innovations-, Qualitäts-/Leistungsorientierung) erbringt die empirische Analyse mit Ausnahme der Kostenorientierung signifikante, indes nur relativ geringe typenbezogene Mittelwertabweichungen. Die Befunde der kultur- und strategiebezogenen Teilanalysen erweisen sich als konsistent, ihr zusätzlicher Erkenntnisbeitrag allerdings als begrenzt, so daß auf eine nähere Betrachtung verzichtet werden kann.

trachtung. Auch hier wird für den liberal-vertrauensbasierten Führungstyp der geringste Mittelwert ausgewiesen.[337]

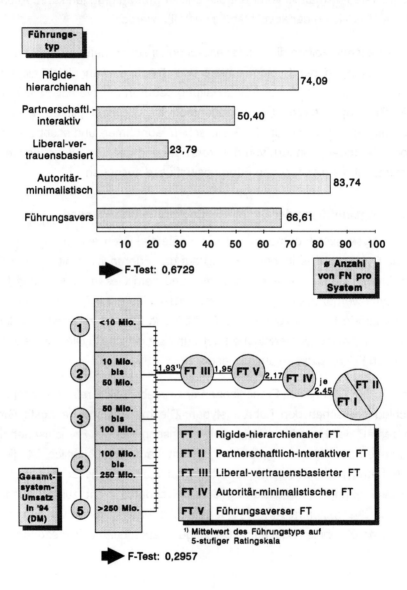

Abb. 29:   Franchisenehmerzahl und Systemumsatz differenziert nach Führungstypen

---

[337] Es sei jedoch darauf verwiesen, daß der F-Test jeweils nur ein sehr geringes Signifikanzniveau der Ergebnisse anzeigt. Vgl. zur Relativierung der empirischen Befunde die nachfolgende Kontingenzanalyse.

Mehr als dreimal so groß sind dagegen hinsichtlich der Franchisenehmerzahl im Durchschnitt rigide-hierarchienah (MW: 74) sowie autoritär-minimalistisch geführte Systeme (MW: 84). Während dieser Befund für den rigide-hierarchienahen Führungstyp unmittelbar einsichtig ist - in diesen Systemen sind die zur Komplexitätsbewältigung wichtigen Planungs- und Kontrollmechanismen am weitesten entwickelt -, überrascht die hohe Bedeutung des autoritär-minimalistischen Führungstyps für große Franchisesysteme.[338]

Das trotz der beträchtlichen Größenunterschiede insbesondere bei Franchisenehmerbezogener Betrachtung sehr geringe Signifikanzniveau des Mittelwertvergleichstests deutet jedoch auf starke Streuungen der Systemgrößen hin. Daher ist in der Tabelle 26 zusätzlich das Ergebnis einer **Kontingenzanalyse** unter Zugrundelegung von vier Größenklassen dargestellt.[339] Die zuvor herausgearbeiteten Zusammenhänge können dabei nur teilweise bestätigt werden: Es zeigt sich zunächst, daß im Sinne der Hypothese H_{DEM1} ein liberal-vertrauensbasiertes Führungsverhalten häufiger als statistisch zu erwarten in Kleinstsystemen mit bis zu 10 Franchisenehmern, dagegen deutlich seltener als statistisch zu erwarten in großen Systemen mit mehr als 100 Franchisenehmern realisiert wird.[340]

Dagegen ergibt sich für den rigide-hierarchienahen Führungstyp zwar eine deutlich über dem statistisch zu erwartenden Wert liegende Bedeutung in Systemen mittlerer Größe mit 30 bis 100 Franchisenehmern, doch weisen die Abweichungen von der statistisch zu erwartenden Verteilung über die Größen-

---

[338] Die Begründung hierfür sei für den Moment zurückgestellt; sie wird bei der Analyse des letzten systemdemographischen Einflußfaktors wieder aufgegriffen. Bemerkenswert ist auch, daß sich das Ergebnis der Franchisenehmerbezogenen Betrachtung nicht mit den umsatzbezogenen Befunden deckt, denn hier werden neben den rigide-hierarchienahen für die partnerschaftlich-interaktiv geführten Systeme die höchsten Systemumsätze ausgewiesen. Wie die nachfolgenden Analysen zeigen werden, sind diese Diskrepanzen jedoch auf unterschiedliche Durchschnittsgrößen der einzelnen Franchisenehmerbetriebe zurückzuführen.

[339] Der Chi Quadrat-Test signalisiert hier zwar eine deutlich höhere Signifikanz als der für die durchschnittlichen Systemgrößen durchgeführte F-Test; dennoch ist auch hier die Signifikanz der Ergebnisse und damit der Zusammenhang von Systemgröße und Führungsverhalten als relativ gering zu bezeichnen (Signifikanzniveau: 19,68 Prozent).

[340] So werden statt der aufgrund des Gesamtanteils dieses Führungstyps an der Stichprobe zu erwartenden 16 Prozent 23 Prozent der Kleinstsysteme liberal-vertrauensbasiert geführt. Dagegen ergibt sich für die Klasse oberhalb von 100 Franchisenehmern eine Unterbesetzung von 12 Prozent. Absolut bedeutet dies, daß lediglich ein System mit mehr als 100 Franchisenehmern liberal-vertrauensbasiert geführt wird.

Führungstyp / Anzahl von FN pro System (Größenklassen)	Rigide-hierarchienah 26%	Partnerschaftl.-interaktiv 17%	Liberal-vertrauensbasiert 16%	Autoritär-minimalistisch 18%	Führungs-avers 23%	Anteil der Führungs-typen an der Stich-probe
≤10 FN / n=82 / 35%	23% / -3%	19% / +2%	23% / +7%	16% / -2%	19% / -4%	
11-30 FN / n=49 / 28%	24% / -2%	14% / -3%	18% / +2%	10% / -8%	33% / +10%	
31-100 FN / n=42 / 24%	33% / +7%	14% / -3%	10% / -6%	29% / +11%	14% / -9%	
>100 FN / n=22 / 13%	23% / -3%	23% / +6%	4% / -12%	18% / +/-0%	32% / +9%	

Chi Quadrat-Test gemäß	Signifikanz-niveau
Pearson	0,1968
Likelihood Ratio	0,1755

x% = tatsächlicher Anteil des Führungstyps in der Größenklasse

+/- x% = Abweichung vom statistisch zu erwartenden Anteilswert in Prozentpunkten

Tab. 26: Kontingenzanalytische Untersuchung des Zusammenhangs zwischen Systemgröße und Führungsverhalten

klassen insgesamt kein systematisches Muster auf.[341] Die Hypothese H_{DEM1} kann daher nur bedingt bestätigt werden.

Hervorzuheben ist zudem das Ergebnis für den führungsaversen Typ: Nahezu ein Drittel der Systeme mit mehr als 100 Franchisenehmern praktiziert ein derartiges Führungsverhalten.[342] Dieser zunächst überraschende und wenig plausibel erscheinende Befund wird jedoch im weiteren Verlauf der Untersuchung noch begründet werden können. Im Ergebnis kann damit in der Systemgröße angesichts der insgesamt geringen Signifikanz der empirischen Befunde ein lediglich **peripherer Einflußfaktor** des Führungsverhaltens gesehen werden;[343]

---

[341] Während dieser Führungstyp in der mittleren Größenklasse überdurchschnittlich oft vertreten ist, wird für die Größenklasse über 100 Franchisenehmer wiederum ein leicht unterdurchschnittlicher Wert ausgewiesen. Insofern sind die mit Blick auf die durchschnittliche Systemgröße getroffenen Aussagen zu relativieren.

[342] Damit handelt es sich um den in dieser Größenklasse am häufigsten realisierten Führungstyp.

[343] Eine weiterhin durchgeführte Analyse für den Führungseinfluß des *Systemalters* erbringt ebenfalls keine signifikanten Ergebnisse. Bei einem durchschnittlichen Alter der in der Stichprobe erfaßten Franchisesysteme von etwa 7,5 Jahren ergeben sich nur geringe Mittelwertunterschiede zwischen den Führungstypen. Tendenziell handelt es sich bei den rigide-hierarchienahen sowie den autoritär-minimalistisch geführten Systemen um ältere, bei den liberal-vertrauensbasiert geführten Systemen dagegen um jüngere Systeme.

die Abweichungen von der erwarteten Verteilung der Führungstypen auf die Größenklassen erweisen sich insgesamt als relativ gering und zudem teilweise unsystematisch.[344]

Ebenfalls nur geringe bis mittlere Führungseinflüsse gehen von der **Homogenität der Systemstruktur** aus, d.h. der Frage, ob innerhalb eines Systems parallel franchisierte und filialisierte Outlets oder aber ausschließlich franchisierte Outlets geführt werden. Dies verdeutlicht die Tabelle 27, in der kontingenzanalytisch die Zahl der Mischsysteme differenziert nach Führungstypen analysiert wird.[345]

Grundsätzlich ergibt sich ein Übergewicht von Mischsystemen gegenüber reinen Franchisesystemen: 59 Prozent aller befragten Systeme führen parallel Filialen und franchisierte Outlets. Die mit der Hypothese H_{DEM2} angenommene besondere Bedeutung des rigide-hierarchienahen sowie des partnerschaftlich-interaktiven Führungsverhaltens läßt sich nur für den zweiten Führungstyp in der Tendenz bestätigen.

Hier zeigt die Tabelle 27, daß ein partnerschaftlich-interaktives Führungsverhalten in Mischsystemen häufiger als statistisch zu erwarten realisiert wird, wobei die ausgewiesene Abweichung relativ gering ausfällt.[346] Dies spricht für die im Theorieteil begründete Annahme eines **hybriden Führungstyps**, der bei entsprechenden Adaptionen in besonderem Maße geeignet ist, sowohl Franchisenehmer als auch angestellte Filialleiter zu führen. Für die vier anderen Führungstypen ergeben sich noch deutlich geringere Abweichungen gegenüber der statistisch zu erwartenden Häufigkeit, so daß der Chi Quadrat-Test ein nur geringes Signifikanzniveau der Ergebnisse und damit einen geringen Erklärungsbeitrag der Strukturhomogenität anzeigt.

---

[344] Unsystematische Abweichungsmuster weisen neben dem rigide-hierarchienahen Führungstyp auch der partnerschaftlich-interaktive sowie der führungsaverse Führungstyp auf.

[345] Bei einem Chi Quadrat-Wert von 0,485 kann von einer statistischen Abhängigkeit zwischen den Führungstypen und der Homogenität der Systemstruktur nicht ausgegangen werden. Dieses Globalergebnis schließt indes Einflüsse bei einzelnen Führungstypen nicht aus.

[346] Statt der aufgrund des Anteils des Führungstyps an der Gesamtstichprobe zu erwartenden 17 Prozent werden 21 Prozent der Mischsysteme partnerschaftlich-interaktiv geführt. Deutlicher wird der Zusammenhang, wenn man den Anteil der Mischsysteme an den partnerschaftlich-interaktiv geführten Systemen betrachtet. Statt der zu erwartenden 59 Prozent werden hier 71 Prozent der partnerschaftlich-interaktiv geführten Systeme als Mischsysteme ausgewiesen.

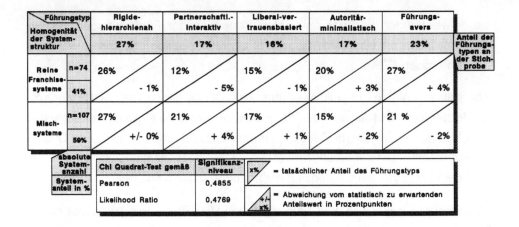

Tab. 27: Zusammenhang zwischen Systemstruktur und Führungsverhalten

Wie im Rahmen der theoretischen Überlegungen dargelegt, kann die Existenz eines Mischsystems das Ergebnis unterschiedlicher **Systementwicklungsverläufe** sein.[347] Zur Untersuchung des Einflusses der Systemgenese sind in der Tabelle 28 die bestehenden Mischsysteme differenziert nach Führungstypen und den drei möglichen Entwicklungsverläufen dargestellt.[348] Dabei sind besonders zwei Ergebnisse hervorzuheben: Einerseits zeigt sich für den rigide-hierarchienahen Führungstyp, daß dieser nicht etwa - wie zu erwarten - Ausdruck einer vormaligen vollständigen Filialisierung des Systems ist, sondern im Gegenteil in zunächst reinen Franchisesystemen, die aber eine partielle Filialisierung eingeleitet haben, überdurchschnitttlich häufig realisiert wird.[349] Zum anderen wird offenbar, daß der hohe Mischsystemanteil unter den partnerschaftlich-interaktiv geführten Systemen nicht Ausdruck einer auf eine langfristige Änderung der Systemstruktur in Richtung einer stärkeren Filialisierung hin ausgerichteten Strategie ist, sondern primär das Ergebnis einer dauerhaften Fortführung von Pilotbetrieben darstellt, die in der Entstehungsphase des Systems

---

[347] Vgl. hierzu die Ausführungen in Kapitel C 1.34 der Arbeit.

[348] Ein Chi Quadrat-Test auf Abhängigkeiten zwischen Führungstypen und Systementwicklungsverlauf ist hier nicht möglich, da 33 Prozent der erwarteten Zellenhäufigkeiten in der Kontingenztabelle einen Wert von n=5 unterschreiten. Als Anwendungsvoraussetzung für das Testverfahren gilt ein Grenzwert von 20 Prozent für Zellenbesetzungen kleiner n=5. Vgl. hierzu Backhaus et al., Multivariate Analysemethoden, a.a.O., S. 184 f.

[349] So werden 60 Prozent der mittlerweile auch filialisierenden Franchisesysteme rigide-hierarchienah geführt.

Führungstyp / Systementwicklungsverlauf	Rigide-hierarchienah 31%	Partnerschaftl.-interaktiv 21%	Liberal-vertrauensbasiert 16%	Autoritär-minimalistisch 14%	Führungsavers 18%	Anteil der Führungstypen an der Stichprobe
franchisierende Filialsysteme n=41 37%	24% / −7%	19% / −2%	19% / +3%	17% / +3%	20% / +2%	
filialisierende Franchisesysteme n=10 9%	60% / +29%	10% / −11%	10% / −6%	0% / −14%	20% / +2%	
fortgeführte Pilotbetriebe n=61 54%	31% / +/−0%	23% / +2%	15% / −1%	15% / +1%	16% / −2%	

absolute Systemanzahl / Systemanteil in %	Chi Quadrat-Test gemäß	Signifikanzniveau	x% = tatsächlicher Anteil des Führungstyps
	Pearson	χ 1)	+/− x% = Abweichung vom statistisch zu erwartenden Anteilswert in Prozentpunkten
	Likelihood Ratio	χ 1)	

1) aufgrund zu geringer Zellenbesetzungen nicht zu berechnen

Tab. 28: Systementwicklungsverläufe differenziert nach Führungstypen

gegründet und dann als Filialen durch die jeweilige Systemzentrale weitergeführt werden.[350]

Hinsichtlich der **Branchenzugehörigkeit** als drittem systemdemographischen Merkmal sind im Theorieteil nur wenige mögliche Führungseinflüsse herausgearbeitet worden. Die Überprüfung der beiden diesbezüglich formulierten Hypothesen kann anhand der in der Tabelle 29 dokumentierten Kontingenztabelle erfolgen.[351] Die für Franchisesysteme im Gastronomiebereich als notwendig erkannte hohe Kontrollintensität findet empirisch ihre Bestätigung. So sind gemäß Hypothese H_{DEM3} im Gastronomiebereich absolut nur zwei Systeme zu finden, für

---

[350] An dieser Stelle sei auf ein weiteres zentrales, wenngleich nicht unmittelbar führungsbezogenes Ergebnis hingewiesen: Die empirischen Befunde widerlegen nämlich für die deutsche Franchisewirtschaft eindeutig die auf Ochsenfeldt und Kelly zurückgehende These, alle erfolgreichen Franchisesysteme würden mittel- bis langfristig in Filialsysteme umgewandelt. Die Kontingenzanalyse zeigt nämlich eindeutig, daß weniger als zehn Prozent der Mischsysteme sich im Befragungszeitpunkt in einer Phase der verstärkten Filialisierung befinden, hingegen 37 Prozent als ehemalige Filialsysteme in einer Franchisierungsphase. Es besteht also ein eindeutiger Trend zur Franchisierung in Mischsystemen. Vgl. zu o.g. These *Ochsenfeldt A.R., Kelly, A.O.*, Will Successfull Franchise Systems Ultimately Become Wholly-Owned Chains?, a.a.O., S. 69 ff.

[351] Ein Chi Quadrat-Test auf Abhängigkeiten zwischen Führungstypen und Branchenzugehörigkeit kann auch hier nicht durchgeführt werden, da 40 Prozent der erwarteten Zellenhäufigkeiten in der Kontingenztabelle einen Wert von n=5 unterschreiten.

Führungstyp Branchen- zugehörigkeit	Rigide- hierarchienah 27%	Partnerschaftl.- interaktiv 17%	Liberal-ver- trauensbasiert 16%	Autoritär- minimalistisch 17%	Führungs- avers 23%	Anteil der Führungs- typen an der Stich- probe
Handel n=72 / 40%	26% / - 1%	14% / - 3%	21% / + 5%	15% / - 2%	24% / + 1%	
Hand- werk n=26 / 15%	19% / - 8%	23% / + 6%	12% / - 4%	27% / + 10%	19% / - 4%	
Gast- stätten/ Hotellerie n=16 / 9%	38% / + 11%	19% / + 2%	0% / - 16%	31% / + 14%	13% / - 10%	
Dienst- lei- stungen n=65 / 36%	29% / + 2%	17% / +/- 0%	15% / - 1%	12% / - 5%	26% / + 3%	

Chi Quadrat-Test gemäß	Signifikanz- niveau		
Pearson	$\chi^{1)}$	x%	= tatsächlicher Anteil des Führungstyps
Likelihood Ratio	$\chi^{1)}$	+/- x%	= Abweichung vom statistisch zu erwartenden Anteilswert in Prozentpunkten

1) aufgrund zu geringer Zellenbesetzungen nicht zu berechnen

Tab. 29: Zusammenhang zwischen Branchenzugehörigkeit und innengerichtetem Führungsverhalten

die ein führungsaverses oder liberal-vertrauensbasiertes Verhalten der Systemzentralen - beide Führungstypen sind durch eine stark unterdurchschnittliche Intensität vor allem von Verhaltenskontrollen gekennzeichnet - nachzuweisen ist. H_{DEM3} ist demnach anzunehmen.

Dagegen wird die über die Hypothese H_{DEM4} behauptete Notwendigkeit einer allenfalls mittleren Rigidität der Führung in Franchisesystemen des handwerklichen Sektors durch die empirischen Ergebnisse nur partiell gestützt. So ist der partnerschaftlich-interaktive Führungstyp überdurchschnittlich oft zu beobachten, während das durch die im Typenvergleich höchste Rigidität gekennzeichnete rigide-hierarchienahe Führungsverhalten erwartungsgemäß in handwerklichen Systemen seltener als statistisch zu erwarten praktiziert wird. Allerdings nimmt hier entgegen dem vermuteten Führungseinfluß der autoritär-minimalistische Führungstyp eine sogar deutlich überdurchschnittliche Bedeutung ein.

Eine mögliche, die bisherigen empirischen Ergebnisse einbeziehende Erklärungsmöglichkeit für diesen Befund ist darin zu sehen, daß in handwerklichen Systemen die oftmals bereits vor ihrem Systembeitritt selbständigen Franchisenehmer einer weniger intensiven betriebswirtschaftlichen Betreuung und stattdessen einer entsprechend umfassenderen Unterstützung im Bereich der absatzmarktgerichteten Aktivitäten bedürfen. Diese **Asymmetrie** der absatzmarktgerichteten gegenüber der innengerichteten Führung war aber als eines der wesentlichen Kennzeichen des autoritär-minimalistischen Führungsverhaltens herausgearbeitet worden.[352] Betrachtet man die Ergebnisse zu den Brancheneinflüssen zusammenfassend, dann ergeben sich jedoch auch hier nur wenig ausgeprägte Führungseinflüsse. Daher ist auch die Branchenzugehörigkeit als ein **peripherer Einflußfaktor** des Führungsverhaltens zu kennzeichnen.

Wichtige Beziehungen zum Führungsverhalten bestehen demgegenüber hinsichtlich der durchschnittlichen **Größe der Franchisenehmerbetriebe**, die das relative Machtgefälle zwischen der Systemzentrale und den Franchisenehmern widerspiegelt. Hier ist im Rahmen der theoretischen Überlegungen für das Großbetriebsfranchising die Notwendigkeit eines Führungsverhaltens hergeleitet worden, das durch stärkere partizipative Elemente, eine höhere Autonomiegewährung und eine allenfalls mittlere Rigidität geprägt ist. Abbildung 30 zeigt hierzu die Ergebnisse des Mittelwertvergleichstest, der für die fünf Führungstypen signifikante Unterschiede hinsichtlich der durchschnittlichen Franchisenehmerumsätze ausweist. Im Einklang mit den theoretischen Überlegungen ergeben sich für den partnerschaftlich-interaktiven wie auch den liberal-vertrauensbasierten Führungstyp, die beide den o.g. Anforderungen in besonderem Maße genügen, die höchsten Franchisenehmerumsätze.[353]

Weiterhin weist Abbildung 30 auch für den rigide-hierarchienahen Führungstyp überdurchschnittliche Franchisenehmerumsätze aus; ein Befund, der dem angenommenen Führungseinfluß widerspricht. Hier stellt sich jedoch die Frage nach der Richtung des Kausalzusammenhangs. Denn es ist zu vermuten, daß in diesem Fall nicht das Führungsverhalten durch die Größe der Franchisenehmerbetriebe beeinflußt wird, sondern umgekehrt durch die intensive betriebswirtschaftliche und absatzwirtschaftliche Unterstützung ein im Durchschnitt höheres Umsatzniveau der Franchisenehmer realisiert werden kann. Da diese **umgekehrte Kausalität** auch für den partnerschaftlich-interaktiven Führungstyp nicht

---

[352] Vgl. hierzu die Ausführungen in Kapitel C 3.322 der Arbeit.

[353] Durchschnittlich beläuft sich in diesen Systemen der Franchisenehmerumsatz auf DM 500.000 bis 1 Mio.

auszuschließen ist, ist im Ergebnis die Hypothese H_{DEM5} nur bedingt zu bestätigen.[354]

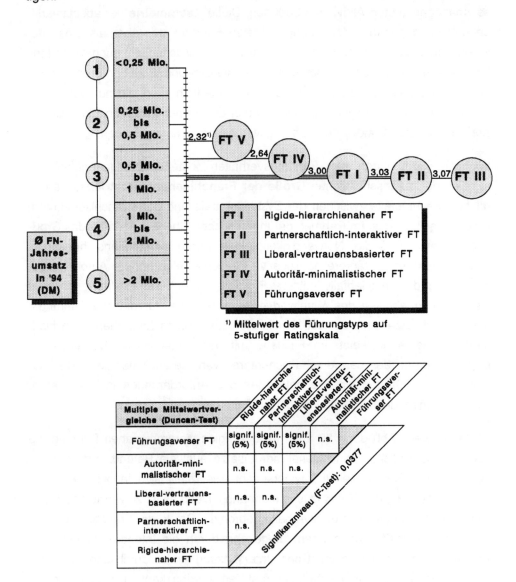

Abb. 30:   Größe der Franchisenehmerbetriebe differenziert nach Führungstypen

---

[354] Die Hypothese dürfte aber zumindest für den liberal-vertrauensbasierten Führungstyp zu bestätigen sein, da hier weder die betriebswirtschaftliche noch die absatzwirtschaftliche Unterstützung der Franchisenehmer so intensiv ausgeprägt ist, daß hierdurch ein signifikant höherer Franchisenehmerumsatz erklärt werden kann.

Das letzte zu betrachtende systemdemographische Merkmal, der Umfang des franchisierten Betriebsteils, ist im Rahmen der theoretischen Überlegungen als zentrale Ursache für die Herausbildung eines führungsaversen Verhaltens der Systemzentrale herausgearbeitet worden. Die Argumentation stützte sich hierbei auf die Annahme, daß beim **partiellen Franchising** aufgrund der nur begrenzten Bedeutung des Franchisekonzepts für die Einkommenserzielung der Franchisenehmer nicht nur die Möglichkeit, sondern vermutlich sogar die Notwendigkeit einer vergleichsweise moderaten Verhaltensbeeinflussung der Franchisenehmer besteht. Wie die in der Tabelle 30 dargestellte Kontingenzanalyse, deren Ergebnisse als hochsignifikant ausgewiesen werden, dokumentiert, wird der mit der Hypothese H_{DEM6} unterstellte Zusammenhang empirisch bestätigt.[355]

Führungstyp Umfang des franchisierten Betriebsteils	Rigide-hierarchienah 27%	Partnerschaftl.-interaktiv 18%	Liberal-vertrauensbasiert 17%	Autoritär-minimalistisch 17%	Führungsavers 22%	Anteil der Führungstypen an der Stichprobe
Vollständiges Franchising / n=118 / 68%	29% / + 2%	23% / + 5%	18% / + 1%	13% / - 4%	18% / - 4%	
Partielles Franchising / n=56 / 32%	23% / - 4%	7% / - 11%	14% / - 3%	25% / + 8%	30% / + 8%	

absolute Systemanzahl Systemanteil in %	Chi Quadrat-Test gemäß	Signifikanzniveau
	Pearson	0,0160
	Likelihood Ratio	0,0125

x% = tatsächlicher Anteil des Führungstyps
+/- x% = Abweichung vom statistisch zu erwartenden Anteilswert in Prozentpunkten

Tab. 30: Zusammenhang zwischen dem Umfang des franchisierten Betriebsteils beim Franchisenehmer und dem innengerichteten Führungsverhalten

So läßt sich ein führungsaverses Verhalten in 30 Prozent der Systeme, die ausschließlich oder teilweise partielles Franchising betreiben, nachweisen.[356] Es stellt damit den bei partiellem Franchising am häufigsten realisierten Führungstyp dar und tritt zudem deutlich häufiger auf, als dies statistisch zu erwarten

---

[355] Der Chi Quadrat-Test nach Pearson weist hier ein Signifikanzniveau von 1,6 Prozent, d.h. eine nur sehr geringe Irrtumswahrscheinlichkeit für die Annahme eines Zusammenhangs zwischen partiellem/vollständigem Franchising und dem realisierten Führungstyp aus.

[356] Eine weiterführende Analyse zeigt, daß in der Regel nicht das gesamte System als partielles Franchising betrieben wird, sondern nur ein - zumeist deutlich unter 50 Prozent liegender - Anteil.

ist.[357] Überdurchschnittlich oft wird bei partiellem Franchising aber auch der autoritär-minimalistische Führungstyp realisiert.[358] Dieser empirische Befund gewinnt vor dem Hintergrund der Branchenanalyse unmittelbar an Plausibilität. Das partielle Franchising ist nämlich insbesondere im handwerklichen Bereich weit verbreitet.[359] Hier aber besitzt auch der autoritär-minimalistische Führungstyp eine überdurchschnittliche Bedeutung.[360]

In einem vorläufigen **Fazit** kann für die Führungseinflüsse der Systemdemographie und -genese festgehalten werden, daß diese systeminhärenten situativen Faktoren einen geringen bis mittleren Erklärungsbeitrag für das Führungsverhalten liefern. Vor allem für die Systemgröße und die Homogenität der Systemstruktur lassen sich die nach dem Stand der Theorie zu erwartenden Führungseinflüsse nicht im angenommenen Umfang feststellen, während die Größe der Franchisenehmerbetriebe und der Umfang des franchisierten Betriebsteils als Strukturmerkmale auf der Franchisenehmerbetriebsebene das Führungsverhalten deutlich beeinflussen.

Damit sind an diesem Punkt der Arbeit alle im Theorieteil diskutierten Einflußfaktoren des Führungsverhaltens und die entsprechenden Untersuchungshypothesen umfassend empirisch überprüft. Bevor diese in einer integrierten Gesamtschau einander gegenübergestellt werden[361], sollen aber zuvor noch die Verhaltens- und Erfolgswirkungen des Führungsverhaltens einer empirischen Untersuchung unterzogen werden.

---

[357] Der Zusammenhang zwischen partiellem Franchising und einem führungsaversen Verhalten begründet auch die zu Beginn dieses Kapitels festgestellte hohe Bedeutung des führungsaversen sowie des autoritär-minimalistischen Führungstyps in Systemen mit mehr als 100 Franchisenehmern. Das z.B. als „shop in the shop"-Konzept umgesetzte partielle Franchising eignet sich besonders für eine schnelle Expansion, da es in bestehende Betriebe integriert wird.

[358] Hier wird der statistisch zu erwartende (Anteils-)Wert ebenfalls um 8 Prozentpunkte überschritten.

[359] Typische Beispiele sind hier Fliesen- und Parkettstudios. Letztere werden z.B. vielfach in Betrieben des holzverarbeitenden Gewerbes als partielles Franchising integriert.

[360] Dieser Befund wird weiterhin gestützt durch den geringen Durchschnittsumsatz der Franchisenehmerbetriebe, wie er zuvor für die autoritär-minimalistisch geführten Systeme nachgewiesen werden konnte. Niedrige Durchschnittsumsätze sind nämlich auch kennzeichnend für das partielle Franchising.

[361] Vgl. hierzu die Zusammenfassung der Untersuchungsergebnisse in Kapitel D 1.1 der Arbeit.

3.4 Analyse der Verhaltens- und Erfolgswirkungen des Führungsverhaltens

3.41 Analyse der Führungseinflüsse auf das Franchisenehmerverhalten

In Anlehnung an die Konzeptualisierung der Verhaltenswirkungen im Rahmen der theoretischen Ausführungen wird für die empirische Analyse der Führungseinflüsse auf das Franchisenehmerverhalten ein **zweigleisiges Vorgehen** gewählt: In einem ersten Schritt werden die Verhaltenswirkungen der fünf Führungstypen mit Bezug auf das abgeleitete zweidimensionale Modell des Franchisenehmerverhaltens untersucht. Daran schließt sich die stärker praxisorientierte, eindimensionale Analyse der typenbezogenen Franchisenehmer-Leistungssegmente an.[362] Es sei hier vorweggenommen, daß sich in den beiden Teilanalysen signifikante Wirkungen des Führungsverhaltens nachweisen lassen.

Zur Operationalisierung der beiden, das Verhalten der Franchisenehmer abbildenden Konstrukte „unternehmerisches Verhalten" und „systembezogenes Verhalten" stehen insgesamt neun Variablen zur Verfügung.[363] Diese erfassen die Beurteilung des **durchschnittlichen** Franchisenehmerverhaltens in einem System aus Sicht der Systemzentrale. Der nachfolgenden Untersuchung liegt insofern nicht das faktische, nur durch eine direkte Befragung der Franchisenehmer zu erfassende Verhalten, sondern das von der Systemzentrale **wahrgenommene** Franchisenehmerverhalten zugrunde.[364] Gemäß dem zuvor bereits mehrfach praktizierten Vorgehen wird die Variablenverdichtung wiederum anhand einer konfirmatorischen Faktorenanalyse vorgenommen, deren Ergebnisse in der Abbildung 31 dargestellt sind.

Die **Globalwerte** (GFI: 0,989; AGFI: 0,982; RMR: 0,047) lassen auf eine sehr gute Anpassung des Modells an die angenommene Faktorenstruktur schließen. Offensichtlich erweist sich die Verdichtung der differenzierten Verhaltens-

---

[362] Durch Anknüpfung an das wahrgenommene Leistungsniveau der Franchisenehmer aus Sicht der Systemzentrale wird damit bereits ein relativ enger Erfolgsbezug hergestellt.

[363] Vgl. hierzu die Frage 17 im Fragebogen und die zugehörigen Items.

[364] Eine Erfassung von Verhaltensvariablen auf Ebene der Franchisenehmer erwies sich aus befragungsmethodischen Gründen als nicht durchführbar. Hierzu hätte in allen 192 Systemen zusätzlich eine repräsentative Anzahl von Franchisenehmern befragt werden müssen. Es bedarf keiner weiteren Erläuterung, daß ein derart komplexes Untersuchungsdesign nicht realisierbar gewesen wäre.

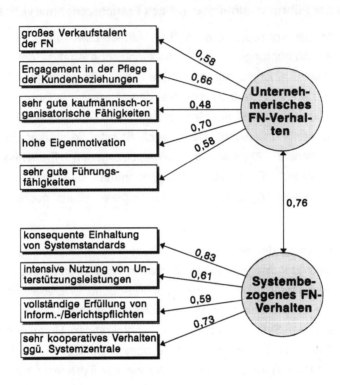

Abb. 31: Konfirmatorische Faktorenanalyse für die Dimensionen des Franchisenehmerverhaltens

variablen zu zwei übergeordneten Konstrukten als eine Lösung, die den Differenzierungsgrad der Verhaltenswahrnehmung durch die Systemzentralen widerspiegelt. Eine weitere, zentrale Information des Modells liefert der **Korrelationskoeffizient** zwischen den Konstrukten. Mit einem Wert von r=0,76 zeigt dieser an, daß bei einer Globalbeurteilung aller Franchisenehmer eines Systems durch die Systemzentrale beide Verhaltensdimensionen stark miteinander korrelieren. Das im Rahmen der theoretischen Überlegungen gebildete zweidimensionale Modell mit vier Verhaltenstypen von Franchisenehmern reduziert sich insofern bei einer Globalbeurteilung auf einen Korridor entlang der 45°-Achse, d.h. starke Asymmetrien zwischen dem unternehmerischen Verhalten und dem systembezogenen Verhalten werden offensichtlich durchaus für einzelne Franchisenehmer wahrgenommen, indes nicht für die Gesamtheit der Franchisenehmer eines Systems.

Der auf der Basis der neun Verhaltensvariablen durchgeführte, in der Tabelle 31 dargestellte **Mittelwertvergleichstest** zeigt für sämtliche Variablen signifikante Mittelwertunterschiede zwischen den Führungstypen an. Damit können die Hypothesen H_{VER1a} und H_{VER1b} zunächst in vollem Umfang bestätigt werden. Offensichtlich unterscheiden sich die Führungstypen also sowohl hinsichtlich ihrer Wirkungen auf das unternehmerische als auch das systembezogene Franchisenehmerverhalten signifikant voneinander.[365] Hinsichtlich des Kausalzusammenhangs zwischen Führungsverhalten und Franchisenehmerverhalten ist allerdings einschränkend zu berücksichtigen, daß Einflüsse auf das Franchisenehmerverhalten nicht nur von der Ausgestaltung der elf Führungsdimensionen, d.h. dem Typ der innengerichteten Führung, sondern auch von der absatzmarktgerichteten Führung des Systems ausgehen. Diese Einflüsse dürften sich aber vermutlich stärker auf die unternehmerische als auf die systembezogene Verhaltensdimension auswirken.[366]

Analysiert man die sich ergebenden Mittelwertabweichungen im Detail, dann können **drei Wirkungsniveaus** abgegrenzt werden: Ein führungsaverses Verhalten der Systemzentrale ist durch das im Vergleich der Führungstypen mit Abstand **geringste Wirkungsniveau** gekennzeichnet. Für diesen Führungstyp lassen sich deutlich unterdurchschnittliche Ausprägungen nicht nur des systembezogenen, sondern auch des unternehmerischen Franchisenehmerverhaltens festhalten.

---

[365] Zusätzlich weist der Duncan-Test 38 der insgesamt 90 einzelnen Mittelwertpaare als signifikant unterschiedlich voneinander aus. Dies entspricht einem Anteil von 42 Prozent aller Mittelwertpaarvergleiche und unterstützt insofern deutlich den empirischen Befund des globalen Mittelwertvergleichs anhand des F-Tests.

[366] Diese Annahme ist dadurch begründet, daß z.B. Marketingunterstützungsmaßnahmen der Systemzentrale in erster Linie die Franchisenehmer in ihrem unternehmerischen Verhalten unterstützen. Das systembezogene Verhalten dürfte dagegen von Maßnahmen der absatzmarktgerichteten Systemführung nur indirekt beeinflußt werden, indem sich z.B. Franchisenehmer bei dauerhafter Unzufriedenheit mit den gewährten Unterstützungsleistungen weniger kooperativ gegenüber der Systemzentrale verhalten.

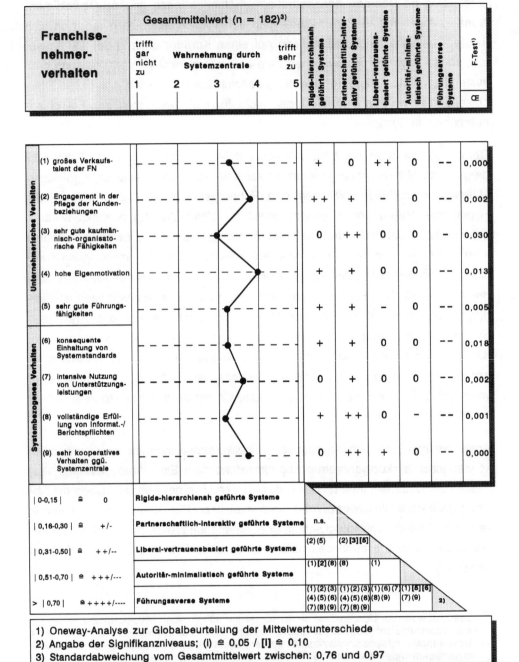

Tab. 31: Franchisenehmerverhalten differenziert nach Führungstypen

Von der für den führungsaversen Führungstyp ermittelten, äußerst geringen Führungsintensität gehen also entsprechend geringe, u.U. sogar negative Einflüsse auf beide Verhaltensdimensionen der Franchisenehmer aus.[367] Bemerkenswert ist dabei vor allem, daß hinsichtlich aller neun Verhaltensvariablen signifikante Mittelwertunterschiede gegenüber dem rigide-hierarchienahen und dem partnerschaftlich-interaktiven Führungstyp bestehen.[368]

Diese beiden Führungstypen stellen mit Bezug auf das Franchisenehmerverhalten die eindeutig zu präferierenden Formen der innengerichteten Systemführung dar, denn sie weisen das insgesamt **höchste Wirkungsniveau** auf. Die Franchisenehmer der entsprechend geführten Systeme weisen einerseits eine überdurchschnittliche unternehmerische Leistungsfähigkeit auf, verhalten sich anderseits aber auch innerhalb des Systems loyaler, indem sie z.B. Systemstandards konsequenter befolgen und ihre Informations- und Berichtspflichten vollständiger erfüllen. Zwischen beiden Führungstypen lassen sich keine signifikanten Unterschiede hinsichtlich der Verhaltenswirkungen feststellen; dennoch zeigt die Struktur der Mittelwertabweichungen in der Tendenz ein weiteres, sehr interessantes Ergebnis. Es ergeben sich nämlich für drei der vier zur Operationalisierung der systembezogenen Verhaltensdimension herangezogenen Indikatoren höhere Ausprägungen für den partnerschaftlich-interaktiven Führungstyp. Dieser Führungstyp führt damit zu der im Typenvergleich insgesamt positivsten Ausprägung des **systembezogenen** Verhaltens der Franchisenehmer gegenüber der Systemzentrale.[369] Ein rigide-hierarchienahes Führungsverhalten erbringt dagegen eher Vorteile im Bereich des **unternehmerischen** Franchisenehmerverhaltens.

Für den liberal-vertrauensbasierten und den autoritär-minimalistischen Führungstyp ergeben sich dagegen keine systematischen Abweichungen vom Gesamtdurchschnitt der Verhaltenswirkungen. Beide Führungstypen sind durch ein

---

[367] Von einer Negativwirkung ist auszugegehen, wenn sich z.B. die Kooperationsbereitschaft der Franchisenehmer aufgrund der geringen betriebswirtschaftlichen Unterstützung und der geringen Partizipation an systembezogenen Entscheidungen im Verlauf der Systemzugehörigkeit gegenüber dem Ausgangsniveau verringert.

[368] Vgl. hierzu Tabelle 31. Diese verdeutlicht, daß sich sämtliche Mittelwerte auf einem Signifikanzniveau von unter 5 Prozent unterscheiden.

[369] Dieser Befund erscheint plausibel, denn der für den partnerschaftlich-interaktiven Führungstyp ermittelte hohe Partizipationsgrad der Franchisenehmer, die nur durchschnittliche Rigidität des Führungsverhaltens in Verbindung mit einer ausgeprägten Franchisenehmerorientierung sowie die hohe Kommunikationsintensität lassen ein besonders konstruktives systembezogenes Verhalten der Franchisenehmer erwarten.

mittleres Wirkungsniveau gekennzeichnet. Sie induzieren im Vergleich zu einem führungsaversen Verhalten der Systemzentrale ein signifikant positiveres Franchisenehmerverhalten[370], sind andererseits aber dem die höchste Führungsintensität aufweisenden partnerschaftlich-interaktiven und rigide-hierarchienahen Führungstyp in ihren Verhaltenswirkungen unterlegen.[371]

Die Vorteilhaftigkeit des partnerschaftlich-interaktiven und des rigide-hierarchienahen Führungsverhaltens findet ihre weitgehende Bestätigung auch bei der Analyse der systemspezifischen Verteilung der Franchisenehmer-Leistungssegmente, wie sie in der Abbildung 32 dokumentiert ist.[372] Der F-Test weist für beide Anteilswerte signifikante Mittelwertunterschiede aus, so daß auch die Hypothese H_{VER2} zu bestätigen ist. Hinsichtlich des Umfangs des **A-Leistungssegments** ergeben sich erwartungsgemäß für den partnerschaftlich-interaktiven und den rigide-hierarchienahen Führungstyp mit 45,6 Pozent bzw. 40,7 Prozent die höchsten Anteilswerte.[373] Demgegenüber werden hier für die drei übrigen Führungstypen Werte zwischen 31,2 Prozent und 33,1 Prozent ausgewiesen.[374] Hervorzuheben ist an diesem Befund vor allem, daß die für die Verhaltensdimensionen ermittelte Dreiteilung der Wirkungsniveaus bei der Leistungssegmentverteilung nicht repliziert wird. Vermutlich bedarf es also einer sehr hohen Führungsintensität, wie sie den partnerschaftlich-interaktiven und den rigide-hierarchienahen Führungstyp kennzeichnet, um eine signifikante Vergrößerung des A-Leistungssegments zu erreichen.

---

[370] Hier ergeben sich nach dem Duncan-Test noch jeweils fünf signifikante Mittelwertunterschiede gegenüber einem führungsaversen Verhalten.

[371] Dabei ist einschränkend zu berücksichtigen, daß die Anzahl der signifikanten Mittelwertunterschiede nach dem Duncan-Test hier nur maximal drei beträgt. Die Verhaltensunterschiede sind hier also deutlich geringer ausgeprägt als im Vergleich zum führungsaversen Führungstyp.

[372] Hierbei wird lediglich der Umfang der A- und C-Leistungssegmente untersucht. Das die Franchisenehmer mit mittlerem Leistungsniveau umfassende B-Segment ergibt sich jeweils als Residualgröße.

[373] Über die hohe Führungsintensität nach dem Systemeintritt hinaus dürfte dieser Befund auch darauf zurückzuführen sein, daß beide Führungstypen die differenziertesten Auswahlverfahren bei der Partnerauswahl aufweisen.

[374] Es gilt hier einschränkend zu berücksichtigen, daß der Duncan-Test nur für den partnerschaftlich-interaktiven, nicht aber für den rigide-hierarchienahen Führungstyp signifikante Unterschiede gegenüber den drei übrigen Führungstypen ausweist. Dennoch erweisen sich die Anteilswertdifferenzen auch für den rigide-hierarchienahen Führungstyp mit Werten zwischen 9,5 Prozent und 7,6 Prozent als beträchtlich.

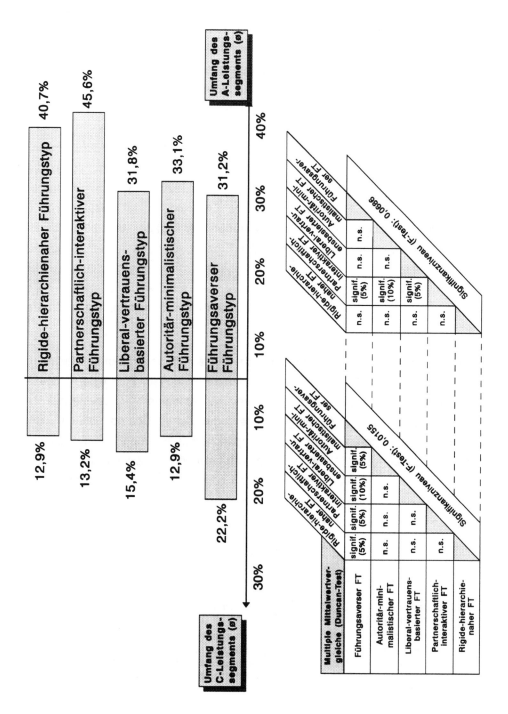

Abb. 32: Verteilung der Franchisenehmer-Leistungssegmente differenziert nach Führungstypen

Ebenfalls eine Zweiteilung ergibt sich für die Anteilswerte der **C-Leistungssegmente**, d.h. der jeweiligen Franchisenehmer-Fehlbesetzungsquote innerhalb eines Franchisesystems. Die niedrigsten Anteile werden hier für den rigide-hierarchienahen, den partnerschaftlich-interaktiven, aber auch den autoritär-minimalistischen Führungstyp ausgewiesen, für die jeweils nur etwa jeder achte Franchisenehmer dem C-Segment zuzurechnen ist.[375] Der geringe Anteilswert für den autoritär-minimalistischen Führungstyp dürfte auf die überdurchschnittliche Rigidität der Führung zurückzuführen sein. Offensichtlich reagieren die Systemzentralen hier eher mit Systemausschlüssen bzw. verweigern Vertragsverlängerungen, wenn Franchisenehmer die Erwartungen der Systemzentrale nicht erfüllen.[376] Leicht, jedoch nicht signifikant höher liegt der Wert beim liberal-vertrauensbasierten Führungstyp mit 15,4 Prozent. Der mit Abstand höchste Anteilswert wird mit 22,2 Prozent erwartungsgemäß für den führungsaversen Führungstyp ausgewiesen.[377] Ein führungsaverses Verhalten der Systemzentrale geht insofern mit dem im Durchschnitt kleinsten A-Leistungssegment und dem größten C-Leistungssegment einher.

Betrachtet man die Verhaltenswirkungen der Systemführung zusammenfassend, dann lassen sich **zwei wesentliche Ergebnisse** festhalten: Zum einen kristallisieren sich das partnerschaftlich-interaktive und das rigide-hierarchienahe Führungsverhalten unter Zugrundelegung aller empirischen Befunde dieses Teilkapitels als überlegene Typen der innengerichteten Führung von Franchisesystemen heraus, wobei in der Tendenz vom partnerschaftlich-interaktiven Führungstyp die positivsten Verhaltenswirkungen ausgehen.[378] Andererseits kann für ein führungsaverses Verhalten der Systemzentrale eine eindeutige Unterlegenheit im Vergleich zu allen vier alternativen Führungstypen diagnostiziert werden.

---

[375] Die entsprechenden Anteilswerte liegen hier bei jeweils 12,9 Prozent für den rigide-hierarchienahen und den autoritär-minimalistischen Führungstyp und bei 13,2 Prozent für den partnerschaftlich-interaktiven Führungstyp.

[376] Für den autoritär-minimalistischen Führungstyp konnte im Typenvergleich die zweithöchste Rigidität des Führungsverhaltens festgestellt werden. Der geringe Umgang des C-Segments ist insofern vermutlich weniger auf eine intensive Betreuung zurückzuführen, durch welche leistungsschwache Franchisenehmer gezielt gefördert werden.

[377] Dieser Anteilswert ist nach dem Duncan-Test signifikant höher ausgeprägt als die entsprechenden Anteilswerte für alle vier anderen Führungstypen.

[378] Unterschiede zwischen beiden Führungstypen ergeben sich insbesondere hinsichtlich des systembezogenen Verhaltens der Franchisenehmer sowie des Anteilswertes für das A-Leistungssegment.

Damit gelingt in der vorliegenden Arbeit die Replizierung eines der zentralen Ergebnisse der in den **Iowa-Studien** für den Bereich der interpersonellen Führung durchgeführten vergleichenden Führungsstil-Analysen. Ebenso, wie sich in den Iowa-Studien bei der unternehmensinternen Mitarbeiterführung durch Vorgesetzte jedwede Form einer gezielten Verhaltensbeeinflussung gegenüber einem laissez faire-Führungsstil als vorteilhaft erwiesen hat[379], kann angesichts der vorliegenden empirischen Befunde jede alternative Form einer gezielten Verhaltensbeeinflussung von Franchisenehmern als im Vergleich zu einem führungsaversen Verhalten der Systemzentrale eindeutig überlegen angesehen werden. Inwieweit diese unterschiedlichen Verhaltenswirkungen sich auch im Systemerfolg niederschlagen, soll abschließend im folgenden Kapitel untersucht werden.

3.42 Analyse der Erfolgseinflüsse des Führungsverhaltens

Im Rahmen der theoretischen Überlegungen in Kapitel C 2.22 ist in Anknüpfung an die relevanten Zielkategorien in Franchisesystemen ein vier Dimensionen umfassendes Erfolgsmodell abgeleitet worden. Zur Messung der einzelnen Erfolgsdimensionen stehen im Fragebogen insgesamt 14 Erfolgsvariablen zur Verfügung, durch welche die jeweils durchschnittliche Erreichung der durch die Variablen erfaßten Teilziele innerhalb der letzten drei Jahre vor dem Befragungszeitpunkt erhoben wird.[380] Die wiederum zur Variablenverdichtung durchgeführte **konfirmatorische Faktorenanalyse**, deren Ergebnisse in der Abbildung 33 dokumentiert sind, offenbart ähnliche Befunde wie die empirische Überprüfung der vier Zielkategorien in Kapitel C 3.31.

Die **Globalwerte** zeigen wiederum eine sehr gute Anpassung des Modells an die angenommene Faktorenstruktur an (GFI: 0,976; AGFI: 0,965; RMR: 0,062). Offensichtlich bewährt sich das Modell des Systemerfolgs an der Realität. Weitere zentrale Informationen stellen die zwischen den Erfolgskonstrukten ausgewiesenen **Interkorrelationen** dar. Wie bereits im konfirmatorischen Meßmodell der Unternehmensziele für die Beziehung zwischen marktgerichteten Zielen und

---

[379] Vgl. hierzu die Ausführungen in Kapitel B 1.21 und die dort angegebene Literatur.

[380] Ein Dreijahreszeitraum für die Erfassung der Zielerreichungsgrade wurde gewählt, um Verzerrungseffekte, die bei einer einperiodigen Betrachtung möglich sind, zu vermeiden. Zu diesem Vorgehen vgl. auch *Fritz, W.*, Marktorientierte Unternehmensführung und Unternehmenserfolg, a.a.O., S. 224.

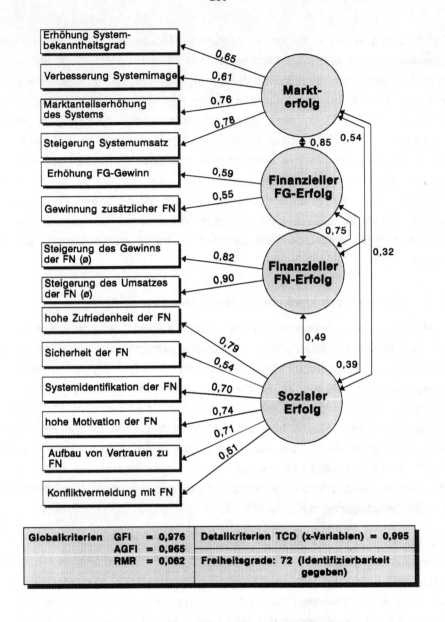

Abb. 33: Konfirmatorische Faktorenanalyse für die Erfolgsdimensionen

franchisegeberbezogenen Rentabilitätszielen festgestellt, so besteht auch zwischen dem Markterfolg des Systems und dem finanziellen Franchisegebererfolg ein sehr enger Zusammenhang (r=0,85). Eine Differenzierung zwischen beiden Erfolgsdimensionen ist zwar inhaltlich möglich, faktisch sind jedoch der Erfolg eines Franchisesystems am Markt und der finanzielle Erfolg der Systemzentrale hochgradig miteinander korreliert. Deutlich geringer sind demgegenüber die Beziehungen zwischen dem Markterfolg einerseits und dem finanziellen Franchisenehmererfolg sowie dem sozialen Erfolg andererseits ausgeprägt, die lediglich mit Korrelationskoeffizienten von r=0,54 und r=0,32 ausgewiesen werden.

Hervorzuheben ist zudem die hohe positive Korrelation zwischen dem finanziellen Franchisegeber- und Franchisenehmererfolg (r=0,75). Offensichtlich sehen die befragten Systemzentralen die im Theorieteil als tendenziell konfliktär gekennzeichnete Beziehung beider Erfolgsdimensionen als in hohem Maße **komplementär** an. Dies deutet, nicht zuletzt vor dem Hintergrund der dreijährigen Bezugsperiode für die Messung der Zielerreichungsgrade, darauf hin, daß der Franchisegeber- und der Franchisenehmererfolg mittel- bis langfristig auf das engste miteinander verknüpft sind und insbesondere Gewinnvorteile des Franchisegebers bei einer gleichzeitig deutlichen ökonomischen Schlechterstellung der Franchisenehmer dauerhaft nicht durchsetzbar sind.

Für die empirische Untersuchung des Einflusses der innengerichteten Systemführung auf die Erfolgsdimensionen wird angesichts der zentralen Bedeutung dieser Teilanalyse wiederum ein zweistufiges Vorgehen gewählt: Neben dem typenbezogenen Mittelwertvergleichstest sollen zusätzlich für die drei Kategorien von Führungsdimensionen **vollständige LISREL-Modelle** spezifiziert werden. Diese ermöglichen eine eindeutige Isolierung der originären Erfolgseinflüsse der einzelnen Führungsdimensionen und liefern insofern auch für die Ergebnisinterpretation des Mittelwertvergleichstests wichtige Beiträge. Angesichts der sehr hohen Korrelation zwischen dem Markterfolg und dem finanziellen Franchisegebererfolg wird in den LISREL-Modellen eine Zusammenfassung beider Erfolgsdimensionen vorgenommen.[381] Die dabei entstehende Erfolgsdimension soll nachfolgend vereinfachend als **Systemerfolg** bezeichnet werden.

Abbildung 34 zeigt zunächst das vollständige LISREL-Modell für die **strukturellen** Führungsdimensionen. Das Modell ist identifizierbar und weist eine hohe Anpassungsgüte auf (GFI: 0,949; AGFI: 0,935; RMR: 0,07). Angesichts des ausgewiesenen TCD-Werts muß auf einen nur relativ geringen Erfolgsbeitrag der

---

[381] Die Zusammenlegung begründet sich aus der Forderung nach Diskriminanzvalidität, d.h. der eindeutigen Unterscheidbarkeit der Konstrukte in vollständigen LISREL-Modellen. Vgl. hierzu *Bagozzi, R.P.*, Causal Modeling: A General Method for Developing and Testing Theories in Consumer Research, a.a.O., S. 197.

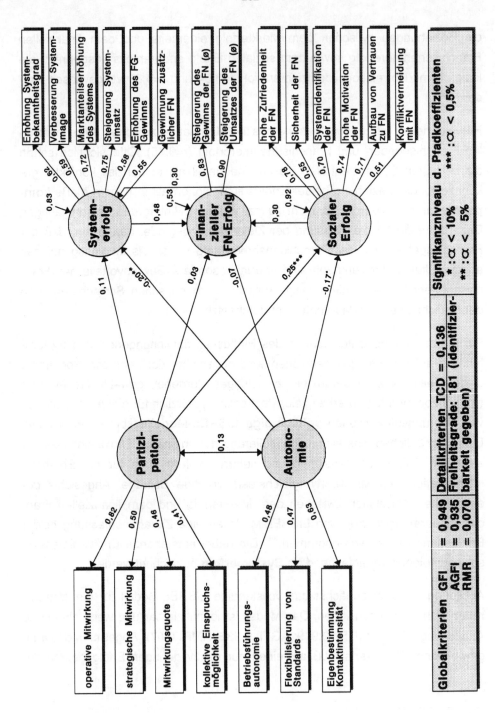

Abb. 34: Vollständiges LISREL-Modell für den Erfolgseinfluß der strukturellen Führungsdimensionen

beiden strukturellen Führungsdimensionen geschlossen werden; diese erklären lediglich 13,6 Prozent der Varianz und Kovarianz der drei Erfolgsdimensionen, wobei jedoch deutliche Unterschiede zwischen den erklärten Varianzanteilen der einzelnen Erfolgsdimensionen bestehen.[382] Die angenommenen positiven Einflüsse des sozialen Erfolges auf den finanziellen Franchisenehmererfolg und den Systemerfolg werden bestätigt (β-Koeffizienten jeweils 0,30). Die Qualität der Beziehungen zwischen der Systemzentrale und den Franchisenehmern wirkt also gleichermaßen auf den finanziellen Erfolg aller Systemmitglieder wie auch auf den Markterfolg des Systems.[383]

Die im Modell dargestellten Pfadkoeffizienten zwischen den exogenen und endogenen Konstrukten geben ferner Auskunft darüber, welcher Erfolgseinfluß von den einzelnen Führungsdimensionen ausgeht. Drei der sechs Pfadkoeffizienten werden dabei als signifikant ausgewiesen. Einen positiven Einfluß auf den sozialen Erfolg besitzt die **Partizipation** (γ=0,25), ein Befund, der die Ergebnisse sowohl von Schul, Pride und Little als auch Guiltinan, Rejab und Rodgers stützt.[384] Die systematische Einbindung der Franchisenehmer in systembezogene Entscheidungen verbessert erwartungsgemäß die Qualität der Beziehungen zwischen den Systemmitgliedern.

Leicht negative Einflüsse werden dagegen für die **Autonomiegewährung** ausgewiesen und zwar sowohl mit Bezug zum Systemerfolg (γ=-0,20) als auch zum sozialen Erfolg (γ=-0,17). Während der negative Einfluß auf den Systemerfolg angesichts einer zur Durchsetzung eines standardisierten Marktauftritts notwendigen Beschränkung von Handlungsspielräumen der Franchisenehmer unmittelbar einsichtig ist, überrascht die gleichfalls negative Beziehung zum sozialen

---

[382] Während 17 Prozent des Systemerfolges und immerhin 47 Prozent des finanziellen Franchisegebererfolges durch die Partizipation und Autonomie erklärt werden, beläuft sich der entsprechende Erklärungsbeitrag für den sozialen Erfolg auf lediglich 8 Prozent. Der hohe Erklärungsbeitrag für den finanziellen Franchisenehmererfolg dürfte darin begründet liegen, daß durch die strukturellen Führungsdimensionen in wesentlichem Maße die individuellen Handlungsspielräume der Franchisenehmer determiniert werden. Diese wiederum scheinen wesentlichen Einfluß auf den finanziellen Franchisenehmererfolg zu besitzen.

[383] Es sei an dieser Stelle daran erinnert, daß das Konstrukt „Systemerfolg" den Markterfolg und den finanziellen Franchisegebererfolg umfaßt.

[384] Diese haben den Einfluß der Partizipation jeweils aus Franchisenehmersicht untersucht. Die vorliegenden Befunde zeigen, daß auch aus der Perspektive der Systemzentrale ein signifikant positiver Einfluß auf die Beziehungen zu den Franchisenehmern besteht. Vgl. zu den o.g. Ergebnissen *Schul, P.L., Pride, W.M., Little Jr., T.E.,* The Impact of Channel Leadership on Intrachannel Conflict, a.a.O., S. 28 ff. *Guiltinan, J.P., Rejab, I.B., Rodgers, W.C.,* Factors Influencing Coordination in a Franchise Channel, a.a.O., S. 54 ff.

Erfolg. Offenbar manifestiert sich in diesem Befund ein Sicherheitsbedürfnis der Franchisenehmer, das bei Gewährung zu umfangreicher Handlungsspielräume nicht erfüllt werden kann.[385]

Ein im Vergleich zu den strukturellen Führungsdimensionen höherer Erfolgserklärungsbeitrag geht von den vier **technokratischen** Führungsdimensionen aus (TCD: 0,367). Für das in der Abbildung 35 spezifizierte vollständige LISREL-Modell kann angesichts der ausgewiesenen Fit-Maße ebenfalls von einer hohen Anpassungsgüte ausgegangen werden (GFI: 0,957; AGFI: 0,945; RMR: 0,064). Darauf deutet auch die Stabilität des Meßmodells der Erfolgsdimensionen und der zwischen diesen ermittelten β-Pfadkoeffizienten. Da über die den technokratischen Führungsdimensionen subsumierten betriebswirtschaftlichen Planungs- und Kontrollinstrumente unmittelbar auf die Betriebsführung der Franchisenehmer Einfluß genommen werden kann, erweist es sich als konsistent, daß für den finanziellen Franchisenehmererfolg mit 51 Prozent der höchste Varianzerklärungsanteil ausgewiesen wird.

Bemerkenswert ist zudem die relativ geringe Anzahl signifikanter γ-Pfadkoeffizienten zwischen den Führungs- und Erfolgsdimensionen. Für die Differenzierung des Führungsverhaltens besteht im Einklang mit den theoretischen Überlegungen ein leicht positiver Einfluß auf den Systemerfolg ($\gamma=0,23$), während sich jedoch ein geringer negativer Einfluß auf den Franchisenehmererfolg ergibt ($\gamma=-0,20$).[386] Weiterhin beeinflussen Verhaltenskontrollen den sozialen Erfolg positiv ($\gamma=0,39$).[387] Die Kombination aus einem hohen Anteil erklärter Varianz insbesondere für den finanziellen Franchisenehmererfolg, andererseits aber nur wenigen signifikanten Pfadkoeffizienten deutet auf ein weiteres zentrales Ergeb-

---

[385] Vgl. zum Sicherheitsbedürfnis von Franchisenehmern *Lakaschus, C.*, Franchising im Spiegelbild des Wertewandels, a.a.O., S. B5.

[386] Der negative Einfluß auf den Franchisenehmererfolg dürfte dadurch zu erklären sein, daß vor allem in kleineren Systemen die Intensivbetreuung einzelner Franchisenehmer mit gravierenden wirtschaftlichen Problemen zu einer Reduzierung der Betreuungsintensität der übrigen Franchisenehmer führt. Tendenziell kann daher eine starke Differenzierung der betriebswirtschaftlichen Betreuung mit einem Rückgang des durchschnittlichen finanziellen Erfolgs der Franchisenehmer einher gehen.

[387] Dieses zunächst wenig plausibel erscheinende Ergebnis ist vermutlich darauf zurückzuführen, daß Systemzentralen Verhaltenskontrollen vielfach mit der persönlichen Betreuung der Franchisenehmer verbinden. Der Franchisenehmer nimmt dann weniger den z.T. unbemerkt ablaufenden Kontrollprozeß als vielmehr den sozialen Kontakt zu seinem regionalen Betreuer wahr.

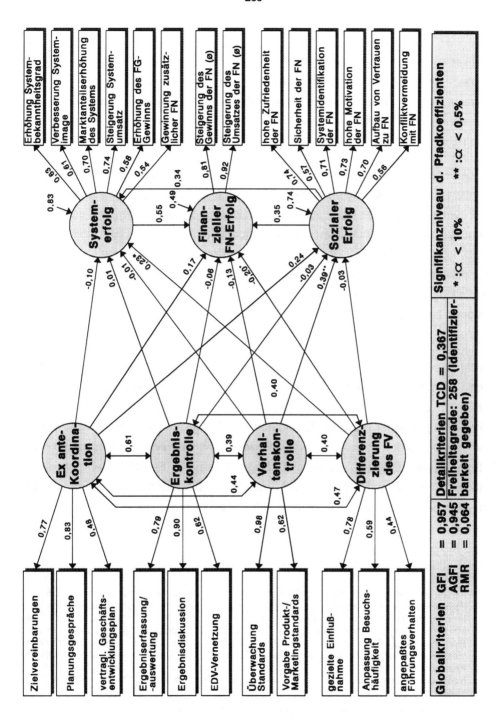

Abb. 35: Vollständiges LISREL-Modell für den Erfolgseinfluß der technokratischen Führungsdimensionen

nis der Untersuchung: Vermutlich gehen Erfolgseinflüsse nicht von einem isolierten Einsatz von Planungs- und Kontrollinstrumenten aus, sondern nur von einem weitgehend integrierten Instrumenteeinsatz. Dies spricht für die Notwendigkeit eines umfassenden **Franchisenehmer-Controlling**, wie es in den partnerschaftlich-interaktiv sowie den rigide-hierarchienah geführten Systemen betrieben wird.[388]

Das dritte vollständige LISREL-Modell erfaßt schließlich den Einfluß der **personellen** Führungsdimensionen auf den Erfolg (vgl. Abb. 36). Auch dieses Modell ist identifizierbar, indes signalisieren die globalen Fit-Maße hier eine schlechtere Anpassungsgüte als in den zuvor diskutierten Modellen (GFI: 0,893; AGFI: 0,871; RMR: 0,087).[389] Der TCD-Wert weist mit 0,634 auf einen relativ hohen Erklärungsbeitrag der personellen Führung für den Erfolg hin, wobei wiederum deutliche Unterschiede in den erkärten Varianzanteilen der drei Erfolgsdimensionen bestehen.[390]

Die γ-Pfadkoeffizienten dokumentieren zunächst einen stark positiven Einfluß der Franchisenehmerorientierung auf den sozialen Erfolg ($\gamma=0,50$). Erwartungsgemäß äußert sich ein die Franchisenehmer auch in ihren persönlichen Problemen unterstützendes, auf gegenseitiges Vertrauen gerichtetes Führungsverhalten in z.B. einer höheren Zufriedenheit und Motivation der Franchise nehmer, wie sie durch den sozialen Erfolg widergespiegelt werden. Damit können die von Schul, Little und Pride bei einer Befragung von 349 Franchisenehmern erhaltenen empirischen Befunde auch bei einer spiegelbildlichen Befragung der Systemzentralen repliziert werden.[391] Ein ebenfalls signifikant positiver Einfluß

---

[388] Als beispielhaft können hier die Controlling-Konzepte der Franchisesysteme von OBI und Family Frost genannt werden. Vgl. hierzu ausführlich *Creusen, U.*, Controlling-Konzepte im Franchising am Beispiel der OBI-Bau- und Heimwerkermärkte, in: Controlling-Konzepte, Mayer, E. (Hrsg.), 3. Aufl., Wiesbaden 1993, S. 282 ff.; *Schlott, M.*, Aufbau des Franchise-Systems „Family Frost" in den neuen Bundesländern: Führung - Motivation - Controlling, in: Vertikales Marketing im Wandel. Aktuelle Strategien und Operationalisierungen zwischen Hersteller und Handel, Irrgang, W. (Hrsg.), a.a.O., S. 251 ff.; *van der Burgt, T., Vollmer, M.*, Neue Bundesländer: Aufbau eines Controlling-Konzepts in einem Franchise-Unternehmen (Teil 2), a.a.O., S. 263 ff.

[389] Die Parameterschätzungen müssen hier daher als Tendenzaussagen aufgefaßt werden.

[390] Die Varianzerklärungsanteile betragen in diesem Modell 29 Prozent für den Systemerfolg, 63 Prozent für den finanziellen Franchisenehmererfolg und 33 Prozent für den sozialen Erfolg.

[391] Vgl. zu den genannten Ergebnissen *Schul, P.L., Little Jr., T.E., Pride, W.M.*, Channel Climate: Its Impact on Channel Member's Satisfaction, a.a.O., S. 27 ff.

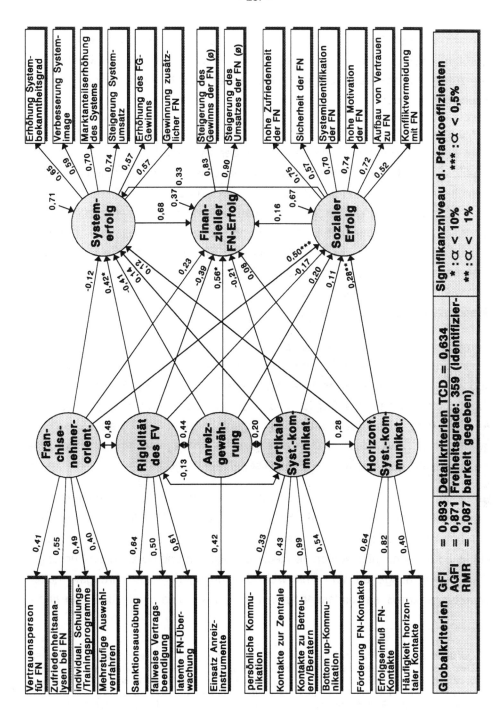

Abb. 36: Vollständiges LISREL-Modell für den Erfolgseinfluß der personellen Führungsdimensionen

auf den sozialen Erfolg geht von der horizontalen Systemkommunikation aus ($\gamma=0,28$). Intensive Kontakte zwischen den Franchisenehmern erweisen sich demzufolge für das Beziehungsgefüge zwischen den Systemmitgliedern als von wesentlicher Bedeutung.

Für die Rigidität des Führungsverhaltens gibt der entsprechende γ-Pfadkoeffizient einen deutlichen positiven Einfluß auf den Systemerfolg an ($\gamma=0,42$). Hierin manifestiert sich die Notwendigkeit, ein dauerhaftes Fehlverhalten einzelner Franchisenehmer zur Wahrung der Leistungsfähigkeit des Gesamtsystems durch Sanktionen möglichst einzudämmen. Allerdings wird der soziale Erfolg tendenziell negativ durch ein rigides Führungsverhalten beeinflußt.[392] Dieser Befund unterstützt das bei der Ableitung der Führungsdimension in Kapitel B 1.34 herausgearbeitete Dilemma einer Sanktionierung von Franchisenehmern, die zwar ökonomisch gerechtfertigt sein kann, aber die internen Beziehungen der Systemzentrale zu den Franchisenehmern grundsätzlich belastet.

Demgegenüber geht von der Gewährung von Anreizen ein tendenziell positiver Einfluß auf den sozialen Erfolg ($\gamma=0,20$) und ein signifikanter, stark positiver Einfluß auf den finanziellen Franchisenehmererfolg aus ($\gamma=0,56$). Angesichts dieser Ergebnisse erscheint es fraglich, ob allein die dem Franchising immanente Anreizwirkung eine dauerhaft hohe Eigenmotivation der Franchisenehmer gewährleistet. Zumindest ist über eine gezielte Anreizgewährung offenbar eine weitere Leistungssteigerung der Franchisenehmer möglich.[393]

Betrachtet man die drei spezifizierten LISREL-Modelle im Zusammenhang, dann kann die **Hypothese H$_{ERF2}$** zunächst bestätigt werden. Die drei Kategorien von Führungsdimensionen unterscheiden sich also in ihrem Erfolgseinfluß, wobei die stärksten Gesamteinflüsse von den technokratischen und personellen Führungsdimensionen ausgehen. Weiterhin wirkt das innengerichtete Führungsverhalten erwartungsgemäß am umfassendsten auf den sozialen Erfolg und den finan-

---

[392] Der entsprechende Pfadkoeffizient ($\gamma=-0,17$) wird jedoch als nicht signifikant ausgewiesen. Dies bestätigt die Ergebnisse von Sibley und Michie, die ebenfalls für den Einsatz von Sanktionsmechanismen keinen signifikant negativen Einfluß auf die wahrgenommene Kooperationsintensität und -qualität aus Franchisenehmersicht nachweisen konnten. Vgl. *Sibley, S.D., Michie, D.A.*, An Exploratory Investigation of Cooperation in a Franchise Channel, a.a.O., S. 35 f.

[393] Der negative Einfluß auf den Systemerfolg dürfte vor allem im Hinblick auf den dieser Erfolgsdimension subsumierten finanziellen Franchisegebererfolg zu deuten sein, da mit der Gewährung finanzieller Anreize für die Franchisenehmer ceteris paribus eine Belastung des Franchisegeber-Ergebnisses einher geht.

ziellen Franchisenehmererfolg, deutlich geringer sind die direkten Wirkungen auf den Systemerfolg. Allerdings ist zu berücksichtigen, daß hier zusätzlich indirekte Erfolgseinflüsse durch die Kausalbeziehung von sozialem Erfolg und finanziellem Franchisenehmererfolg zum Systemerfolg bestehen.

Mit Blick auf den relativ geringen Umfang signifikanter Erfolgseinflüsse einzelner Führungsdimension wird ferner deutlich, daß die analytisch durchaus plausibel erscheinende Zerlegung des komplexen Konstrukts der innengerichteten Systemführung empirisch gewisse Probleme bereitet. Die Systemführung scheint ihre Wirkungen primär durch das **synergetische Zusammenwirken** der zahlreichen, für die Verhaltensbeeinflussung der Franchisenehmer zur Verfügung stehenden Stellgrößen zu entfachen, was im Grundsatz durch die nachfolgende vergleichende Analyse der fünf Führungstypen gestützt wird.

In der Tabelle 32 sind dazu die Ergebnisse des **Mittelwertvergleichstests** für die Erfolgseinflüsse der Führungstypen zusammengefaßt. Das Gesamtprofil zeigt einen wenig differenzierten Verlauf. Die Zielerreichungsgrade in der Gesamtstichprobe bewegen sich zwischen einem Mittelwert von 3,01 für das franchisegeberbezogene Gewinnziel und 3,88 für das soziale Teilziel „Vertrauensaufbau zu den Franchisenehmern".[394] Bemerkenswert ist, daß für die sechs sozialen Teilziele insgesamt die höchsten Zielerreichungsgrade ausgewiesen werden. Die hohe, dieser Zielkategorie beigemessene Priorität, wie sie bei der empirischen Zielanalyse in Kapitel C 3.31 herausgearbeitet worden ist, scheint insofern innerhalb der betrachteten Dreijahresperiode zu verstärkten Anstrengungen vieler Systemzentralen im Bereich der innengerichteten Systemführung geführt zu haben.

Bei **typenbezogener** Betrachtung weist der F-Test für 8 der insgesamt 14 Teilziele signifikante Mittelwertunterschiede bezüglich der Zielerreichung aus. Deren Schwergewicht liegt im Bereich des sozialen Erfolgs.[395] Damit kann auch die **Hypothese H$_{ERF1c}$** bestätigt werden; die Führungstypen unterscheiden sich signifikant hinsichtlich der Höhe des sozialen Erfolgs. Dabei erweisen sich die Ergebnisse als konsistent zu den im Vorkapitel analysierten Verhaltenswirkun-

---

[394] Dies verdeutlicht, daß bei einer Gesamtbetrachtung der in der Stichprobe befindlichen Franchisesysteme offensichtlich lediglich mittlere Zielerreichungsgrade realisiert werden.

[395] Hier werden mit Ausnahme des Teilziels "Konfliktvermeidung mit Franchisenehmern" für alle fünf weiteren Erfolgsindikatoren signifikante Mittelwertunterschiede ausgewiesen.

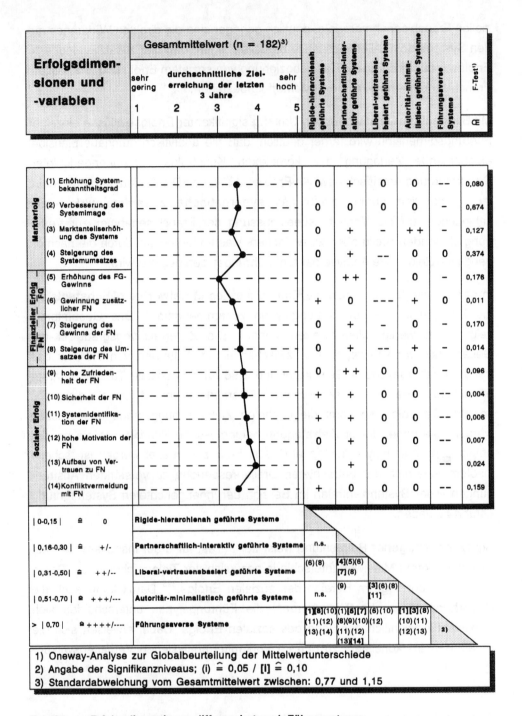

Tab. 32: Erfolgsdimensionen differenziert nach Führungstypen

gen der Führung. Ein führungsaverses Verhalten der Systemzentrale geht mit einem deutlich unterdurchschnittlichen sozialen Erfolg einher. Erklärt wird dieses Ergebnis durch die im Rahmen der LISREL-Analyse erhaltenen Befunde. Sämtliche, einen signifikanten Einfluß auf den sozialen Erfolg ausübenden Führungsdimensionen weisen für diesen Führungstyp Ausprägungen auf, die genau entgegengesetzt zu den für die Erreichung der sozialen Teilziele notwendigen Ausprägungen verlaufen.[396]

Ein **überdurchschnittlicher sozialer Erfolg** ergibt sich dagegen für den partnerschaftlich-interaktiven sowie in der Tendenz für den rigide-hierarchienahen Führungstyp, während für ein liberal-vertrauensbasiertes und ein autoritär-minimalistisches Führungsverhalten ausschließlich durchschnittliche Zielerreichungsgrade ausgewiesen werden. Wie bereits bei der Analyse der Verhaltenswirkungen zeigt sich auch hier eine tendenzielle Vorteilhaftigkeit des partnerschaftlich-interaktiven gegenüber dem rigide-hierarchienahen Führungstyp, wobei jedoch keine signifikante Unterschiede zwischen beiden Führungstypen bestehen. Anhand der spezifizierten LISREL-Modelle kann auch dieses Ergebnis begründet werden: Bei drei der für den sozialen Erfolg als wesentlich erkannten Führungsdimensionen - der Partizipation der Franchisenehmer, der Franchisenehmerorientierung sowie der horizontalen Systemkommunikation - lassen sich für den partnerschaftlich-interaktiven Führungstyp jeweils die höchsten Ausprägungen bzw. Aktivitätsniveaus der Systemzentralen feststellen.

Weniger deutliche Unterschiede zwischen den Führungstypen lassen sich hinsichtlich des **Markterfolges** kennzeichnen. Der F-Test deutet nur für die Erreichung von Bekanntheitsgradzielen auf signifikante Mittelwertunterschiede hin. In der Tendenz sind allerdings auch hier der partnerschaftlich-interaktive Führungstyp durch den höchsten, ein führungsaverses Verhalten der Systemzentrale dagegen durch den geringsten Erfolg gekennzeichnet.[397] Für den rigide-hierar-

---

[396] Dies gilt im einzelnen für die Partizipation, die Franchisenehmerorientierung, die horizontale Systemkommunikation und die Verhaltenskontrolle, die jeweils stark unterdurchschnittlich ausgeprägt sind, sowie die einen negativen Erfolgseinfluß ausübende Autonomie, die beim führungsaversen Führungstyp eine überdurchschnittliche Ausprägung aufweist.

[397] Hinsichtlich des liberal-vertrauensbasierten Führungstyps ergibt sich weiterhin ein unterdurchschnittlicher Markterfolg, was vermutlich auf die gleichfalls unterdurchschnittliche Intensität der absatzmarktgerichteten Führung in den entsprechenden Systemen zurückzuführen ist. Spiegelbildlich dazu wird für die autoritär-minimalistisch geführten Systeme ein leicht überdurchschnittlicher Markterfolg ausgewiesen, was angesichts des für die entsprechenden Systeme nachgewiesenen überdurchschnittlichen Intensitätsniveaus der absatzmarktgerichteten Führung ebenfalls plausibel erscheint.

chienahen Führungstyp ergeben sich dagegen interessanterweise ausschließlich durchschnittliche Zielerreichungsgrade, obwohl die entsprechenden Systeme innen- wie absatzmarktgerichtet durch eine hohe Führungsintensität gekennzeichnet sind.[398] Im Ergebnis kann angesichts der nur geringen, zudem mehrheitlich nicht signifikanten Unterschiede der Führungstypen beim Markterfolg die **Hypothese H$_{ERF1a}$** nur bedingt bestätigt werden.[399]

Mit der abschließend zu überprüfenden **Hypothese H$_{ERF1b}$** werden schließlich signifikante Unterschiede hinsichtlich der Höhe des **finanziellen Franchisenehmererfolgs** unterstellt. Bezüglich beider hier subsumierten Teilziele ergeben sich für den partnerschaftlich-interaktiven Führungstyp leicht überdurchschnittliche Erreichungsgrade. Diese werden sowohl im Vergleich zum führungsaversen als auch zum liberal-vertrauensbasierten Führungstyp als signifikant ausgewiesen. Auch dieser Befund erweist sich als konsistent zu den Ergebnissen der LISREL-Analysen, in denen ein umfassendes Franchisenehmer-Controlling sowie der Einsatz von Anreizsystemen als wesentliche Einflußfaktoren des finanziellen Franchisenehmererfolges ermittelt worden sind. Die jeweiligen Führungsdimensionen besitzen aber in den führungsaversen und den liberal-vertrauensbasiert geführten Systemen eine z.T. stark unterdurchschnittliche Bedeutung. Die **Hypothese H$_{ERF1b}$** ist daher zu bestätigen.

Betrachtet man die empirischen Befunde zusammenfassend, dann lassen sich Einflüsse der Systemführung primär für den sozialen Erfolg und den finanziellen Franchisenehmererfolg feststellen. Dieses Ergebnis erweist sich als plausibel, denn angesichts der definitorischen Eingrenzung der innengerichteten Systemführung auf die Verhaltensbeeinflussung der Franchisenehmer durch die Systemzentrale sind Erfolgseinflüsse in erster Linie bei solchen Erfolgsdimensionen zu erwarten, die in einem **unmittelbaren Franchisenehmerbezug** stehen.

---

[398] Dieses zunächst überraschende Ergebnis könnte sich aus dem *situativen Kontext* erklären. Die deutlich überdurchschnittliche Präsenz der rigide-hierarchienah geführten Systeme in komplexen Wachstumsmärkten mit hoher Wettbewerbsintensität beeinträchtigt hier womöglich die Erreichung der marktgerichteten Ziele. Vgl. hierzu auch die nachfolgenden Ausführungen zu Tabelle 33.

[399] Dieser Befund wird ebenfalls durch die Ergebnisse der LISREL-Analysen gestützt, bei denen für die dem Konstrukt des Systemerfolgs subsumierten marktbezogenen Erfolgsgrößen die geringsten Varianzerklärungsanteile festzustellen sind.

Da aber in Kapitel C 3.322 eine enge Beziehung zwischen der Intensität der innengerichteten und der absatzmarktgerichteten Führung festgestellt worden ist, verwundern vor allem die relativ geringen Unterschiede bei den marktbezogenen Erfolgsgrößen. Abgesehen von **Verzerrungseffekten** aufgrund der Sensibilität erfolgsbezogener Fragestellungen kann eine mögliche Ursache für dieses Ergebnis in einer Überlagerung der Erfolgswirkungen durch **situative Einflüsse** insbesondere des Markt- und Wettbewerbsumfeldes liegen. Zur Offenlegung derartiger situativer Einflüsse auf die vier relevanten Erfolgsdimensionen sind daher in der Tabelle 33 schließlich die Mittelwertabweichungen der Führungstypen differenziert nach den drei in Kapitel C 3.2 identifizierten Situationsclustern erfaßt. Aufgrund der sich dabei ergebenden, z.T. sehr geringen Fallzahlen für die einzelnen Führungstyp-Situations-Kombinationen können die Ergebnisse jedoch lediglich als Tendenzaussagen interpretiert werden.[400]

Sehr aufschlußreiche Befunde ergeben sich zunächst für ein **führungsaverses** Verhalten der Systemzentralen. Hier offenbaren sich deutliche Erfolgseinflüsse des situativen Kontextes. Offensichtlich erweist sich ein führungsaverses Verhalten unter den relativ einfachen Markt- und Wettbewerbsbedingungen attraktiver Nischenmärkte als nur wenig unterdurchschnittlich erfolgreich.[401] Demgegenüber ist der Erfolg führungsaverser Systeme in den durch die vergleichsweise schwierigsten Markt- und Wettbewerbsbedingungen gekennzeichneten Kontexttypen I (komplexe Wachstumsmärkte mit hoher Wettbewerbsintensität) und II (fragmentierte Märkte) stark unterdurchschnittlich ausgeprägt.[402]

---

[400] Die Fallzahlen für die einzelnen Kombinationen aus Führungs- und Situationstypen liegen in der Stichprobe zwischen 3 und 17 Systemen. Dabei ist jedoch zu berücksichtigen, daß aufgrund der im Vergleich zur Grundgesamtheit sehr umfangreichen Gesamtstichprobe auch diese kleinen Fallzahlen einem Anteil von jeweils ca. 40 Prozent der tatsächlichen Systemanzahl je Führungstyp-Situations-Kombination entsprechen. Da jedoch mit sinkender Fallzahl die Störeinflüsse von Ausreißern auf die jeweiligen Mittelwertausprägungen zunehmen, werden in der Tabelle 33 nur Ergebnisse für Fallzahlen größer als fünf ausgewiesen.

[401] Dies dürfte einen wesentlichen Erklärungsbeitrag dafür leisten, daß ein derartiger Führungstyp von nahezu jeder vierten Systemzentrale verfolgt wird, was bei einer über alle Kontexttypen geichermaßen stark unterdurchschnittlichen Erfolgsausprägung nicht zu erwarten wäre.

[402] Hinsichtlich der Kontexttypen I und II ergeben sich für den Markterfolg, insbesondere aber für den finanziellen Franchisenehmererfolg sowie den sozialen Erfolg z.T. eklatante Abweichungen von den durchschnittlichen Zielerreichungsgraden. Dagegen wird für die attraktiven Nischenmärkte bei führungsaversem Verhalten der Systemzentralen ein lediglich leicht unterdurchschnittlicher Markt- und sozialer Erfolg und sogar ein tendenziell überdurchschnittlicher finanzieller Franchisenehmererfolg ausgewiesen.

Tab. 33: Erfolgsdimensionen differenziert nach Führungs- und Kontexttypen

Erfolgsdimensionen	Führungstypen / Kontexttypen / Erfolgsvariablen (Teilzielerreichung)	Rigide-hierarchie-nah Ø[1]				Partnerschaftlich-interaktiv Ø				Liberal-vertrauensbasiert Ø				Autoritär-minimalistisch Ø				Führungsavers Ø			
			Situationscluster[2] I	II	III		Situationscluster I	II	III		Situationscluster I	II	III		Situationscluster I	II	III		Situationscluster I	II	III
Markterfolg	(1) Erhöhung Systembekanntheit	0	+	0	0	+	++	+	0	0	./.[3]	-	+	0	./.	0	0	-	./.	-	-
	(2) Verbesserung des Systemimage	0	0	0	+	0	0	++	-	0	./.	0	++	0	./.	0	0	-	./.	-	0
	(3) Marktanteilserhöhung d. Systems	0	++	0	-	+	+++	-	+	-	./.	-	-	++	./.	-	0	-	./.	0	-
	(4) Steigerung des Systemumsatzes	0	0	+	-	+	++	0	0	0	./.	0	-	0	./.	-	++	0	./.	+	0
Finanzieller Erfolg FG	(5) Erhöhung des FG-Gewinns	0	0	0	0	++	+++	++++	0	-	./.	-	-	0	./.	0	0	-	./.	-	0
	(6) Gewinnung zusätzlicher FN	+	++	+	0	0	0	0	0	-	./.	-	-	+	./.	0	++	0	./.	-	+
Finanzieller Erfolg FN	(7) Steigerung des Gewinns der FN	0	+	+	0	+	++	+	0	+	./.	+	-	0	./.	0	++	-	./.	-	0
	(8) Steigerung des Umsatzes der FN	0	0	++	0	+	++	+	0	+	./.	0	-	+	./.	0	++	-	./.	-	0
Sozialer Erfolg	(9) hohe Zufriedenheit der FN	0	0	0	0	++	++	++	++	0	./.	+++	-	0	./.	0	0	-	./.	-	-
	(10) Sicherheit der FN	+	-	0	++	++	+++	+	0	0	./.	0	0	0	./.	-	++	-	./.	-	-
	(11) Systemidentifikation der FN	+	0	0	0	+	+++	0	++	0	./.	+	+	0	./.	0	++	-	./.	-	-
	(12) hohe Motivation der FN	0	+	-	0	+	+++	++++	+	0	./.	++	-	0	./.	0	+	-	./.	-	0
	(13) Aufbau von Vertrauen zu FN	0	0	0	0	0	0	0	+	0	./.	0	0	0	./.	++	0	-	./.	-	-
	(14) Konfliktvermeidung mit FN	+	+	++	0	+	++	+	++	0	./.	-	0	0	./.	0	++	-	./.	-	0

1) Durchschnitt über alle drei Situationscluster 2) Kontexttypen gemäß Kap. C 3.2 3) keine Berechnung, da n<5

Mittelwertabweichungen vom Gesamtmittelwert	$\bar{X}_i$	|0-0,15|	|0,16-0,30|	|0,31-0,50|	|0,51-0,70|	>|0,70|
	positiv	0	0	+	++	+++
	negativ	0	0	-	-	-

Bemerkenswert ist nun, daß sich für den partnerschaftlich-interaktiven und insbesondere für den rigide-hierarchienahen Führungstyp ein tendenziell **inverser Zusammenhang** zeigt. Beide Führungstypen sind nach den Ergebnissen der Tabelle 33 in den Kontexttypen I und II z.T. stark überdurchschnittlich erfolgreich[403], während hingegen in den attraktiven Nischenmärkten des dritten Kontexttyps eine relative Vorteilhaftigkeit gegenüber einem führungsaversen Verhalten zwar bestehen bleibt, indes vor allem für den rigide-hierarchienahen Führungstyp nur noch sehr gering ausfällt.[404] Weiterhin wird deutlich, daß im dritten Kontexttyp die autoritär-minimalistisch geführten Systeme offenbar eindeutig erfolgreicher sind als Systeme, in denen die Systemzentralen ein rigide-hierarchienahes Führungsverhalten verfolgen.[405] Die Vorteilhaftigkeit des autoritär-minimalistischen Führungstyps gilt dabei in der Tendenz auch gegenüber einem partnerschaftlich-interaktiven Führungsverhalten, wobei die Erfolgsunterschiede jedoch deutlich geringer ausfallen.

Damit läßt sich - mit allen Einschränkungen aufgrund der geringen Fallzahlen - ein weiteres **zentrales Untersuchungsergebnis** festhalten: Offensichtlich erweist sich die hohe Führungsintensität, wie sie den rigide-hierarchienahen sowie den partnerschaftlich-interaktiven Führungstyp kennzeichnet, in den die vergleichsweise schwierigsten Markt- und Wettbewerbsbedingungen aufweisenden Kontexttypen I und II als unabdingbar für eine erfolgreiche Führung von Franchisesystemen, während in Märkten mit einer eher geringen bis mittleren Wettbewerbsintensität, Komplexität und Dynamik offensichtlich auch eine niedrige-

---

[403] Der im Vergleich aller Führungstyp-Situations-Kombinationen höchste Erfolg ergibt sich dabei für eine partnerschaftlich-interaktive Systemführung in den komplexen Wachstumsmärkten des ersten Kontexttyps. Insbesondere wird hier von den entsprechend geführten Systemen auch ein stark überdurchschnittlicher Markterfolg erzielt. Hervorzuheben ist ferner, daß in der Tendenz sowohl für den partnerschaftlich-interaktiven als auch für den rigide-hierarchienahen Führungstyp bei einer Gesamtbeurteilung aller vier Erfolgsdimensionen in den komplexen Wachstumsmärkten ein jeweils höherer Erfolg ausgewiesen wird als in den fragmentierten Märkten, obwohl erstere durch offensichtlich noch schwierigere Markt- und Wettbewerbsbedingungen gekennzeichnet sind.

[404] Hier ergeben sich für den rigide-hierarchienahen Führungstyp lediglich Vorteile im Bereich des sozialen Erfolgs, während hinsichtlich des Markt- und finanziellen Erfolgs eindeutige Erfolgsunterschiede nicht bestehen.

[405] Dies gilt vor allem für den finanziellen Erfolg, aber auch tendenziell für den Markt- sowie den sozialen Erfolg. Vermutlich erweist sich damit die spezifische Kombination aus einer nur mittleren Intensität der innengerichteten Systemführung und einem hohen Aktivitätsniveau im Bereich der absatzmarktgerichteten Systemführung, wie sie den autoritär-minimalistischen Führungstyp kennzeichnet, für Märkte mit einer allenfalls mittleren Wettbewerbsintensität, Komplexität und Dynamik als besonders geeignet.

re Intensität der innengerichteten Systemführung, wie sie den autoritär-minimalistischen Führungstyp auszeichnet, zu einem überdurchschnittlichen Systemerfolg führen kann.

D. Zusammenfassung und Implikationen der Untersuchung

1. Zusammenfassende Würdigung der Untersuchungsergebnisse

Geleitet von der Erkenntnis, daß die innengerichtete Systemführung einerseits eine der zentralen Herausforderungen an das Management in Franchisesystemen darstellt, andererseits dieses spezielle Problem der interorganisationalen Führung in der Betriebswirtschaftslehre bislang aber eine eher rudimentäre Würdigung erfahren hat, war es das Ziel der vorliegenden Arbeit, auf theoretisch-konzeptioneller wie auf empirischer Basis einen **Erklärungsansatz** des Führungsverhaltens in Franchisesystemen zu erarbeiten und gleichzeitig die **Verhaltens- und Erfolgswirkungen** der innengerichteten Systemführung aufzuzeigen.

Der zentrale, die vorliegende Arbeit insbesondere gegenüber dem traditionellen Vorgehen der in diesem Forschungsfeld vorliegenden empirischen Untersuchungen abgrenzende **methodisch-konzeptionelle Ansatzpunkt** bestand dabei in der Ableitung einer **Führungstypologie** als Grundlage der nachfolgenden Einflußfaktoren-, Verhaltens- und Erfolgsanalyse. Damit konnte die Untersuchung in weiten Teilen auf dem mittleren Aggregationsniveau der identifizierten Typen und nur, soweit dies die jeweilige Fragestellung sinnvoll erscheinen ließ, auf der komplexeren Ebene einzelner (typenbildender) Führungsdimensionen geführt werden.

Da für die Ableitung derartiger, für die Typenbildung notwendiger Führungsdimensionen weder in der Organisations-, noch in der Führungstheorie eine leistungsfähige **Heuristik** besteht, wurden zunächst vorliegende Typologien der interpersonellen und interorganisationalen Führung einer synoptischen Analyse unterzogen. Unter Zugrundelegung eines **instrumentalen** Begriffs der Führungsdimension und unter Einbeziehung relevanter organisations- und führungstheoretischer sowie franchisespezifischer Arbeiten konnten die dabei identifizierten Dimensionen zu einem **Modell der innengerichteten Systemführung** verdichtet werden. Anhand dieses Führungsmodells wird das reale, durch strukturelle, technokratische und personelle Einflußformen gekennzeichnete Führungsverhalten über elf Führungsdimensionen erfaßt.

Um Aussagen über die Wahrscheinlichkeit der Existenz unterschiedlicher Führungstypen zu ermöglichen, wurden in einem weiteren Schritt die Spielräume analysiert, die sich angesichts der konstitutiven Systemmerkmale des Franchising sowie der einschlägigen rechtlichen und franchisevertraglichen Rahmenbedingungen bei der Ausgestaltung der einzelnen Führungsdimensionen bieten. Mit Ausnahme der strukturellen Führungsdimensionen konnten dabei mittlere bis große Gestaltungsspielräume und damit ein beträchtlicher **Gesamtspielraum der innengerichteten Führung** von Franchisesystemen ermittelt werden.

In einem ersten **empirischen** Untersuchungsschritt wurde nachfolgend zunächst das Modell der innengerichteten Systemführung mit der Realität konfrontiert. Die verschiedenen, zur Modellbeurteilung herangezogenen Gütekriterien zeigten dabei, daß die angenommene Faktorenstruktur zwischen den Führungsdimensionen und ihren Meßindikatoren sowie zwischen dem Gesamtkonstrukt der innengerichteten Systemführung und den elf Führungsdimensionen empirisch weitestgehend bestätigt werden kann. Als ein weiteres zentrales Ergebnis konnte daher festgehalten werden, daß das Führungsverhalten sich offensichtlich als weitaus komplexer erweist, als dies über klassische, zweidimensionale Führungstypologien abbildbar ist. Daher ermöglicht nur ein **mehrdimensionales**, ein **differenziertes Set** von Führungsdimensionen umfassendes Modell der innengerichteten Systemführung eine Erfassung des realen Führungsverhaltens, wie sie der faktischen Komplexität und Vielschichtigkeit der sich bei der Führung von Franchisenehmern offenbarenden Verhaltensmuster angemessen ist. Kritisch ist an dieser Stelle anzumerken, daß sich die verwendeten Indikatoren nicht in allen Fällen für eine hinreichend präzise Operationalisierung der Führungsdimensionen als geeignet erwiesen. Hier ist offensichtlich ein Ansatzpunkt für eine zukünftige Verbesserung der **Kalibrierung des Führungsmodells** gegeben.

Auf der Basis des validierten Führungsmodells konnten sodann auf empirisch-explorativem Wege **fünf Führungstypen** identifiziert werden, für die stark divergierende Verhaltensmuster der innengerichteten Systemführung nachgewiesen wurden. Analog zu den ermittelten Gestaltungsspielräumen ergaben sich dabei für die technokratischen und die personellen Führungsdimensionen die größten Unterschiede im Typenvergleich. Gehen diese Führungstypen insgesamt im Detaillierungsgrad ihrer Erfassung sowie ihrem Aussagegehalt deutlich über den derzeitigen Forschungsstand im Bereich der interorganisationalen Führung hinaus, so besteht in der Identifikation eines **führungsaversen Verhaltensmusters**, bei dem eine systematische Führung der Franchisenehmer praktisch unterbleibt und das in nahezu jedem vierten deutschen Franchisesystem nachgewiesen werden konnte, ein weiterer bemerkenswerter Befund: Offensichtlich handelt es sich damit bei einem wesentlichen Anteil der deutschen Franchisewirtschaft um nicht definitions-, vertrags- oder sogar rechtskonform geführte Systeme.

Einen dem führungsaversen Verhalten diametral entgegengesetzten Führungstyp bilden die **rigide-hierarchienah** geführten Systeme, mit 26,9 Prozent der größte identifizierte Führungstyp. Hier wurde ein Führungsverhalten festgestellt, das hinsichtlich Intensität und Qualität der eingesetzten Instrumente deutliche Parallelen zu klassischen Niederlassungs- und Filialsystemen aufweist. Als konstitutive Typenmerkmale erwiesen sich vor allem eine intensive betriebswirtschaftlich-technokratische Führung der Franchisenehmer sowie eine stark ausgeprägte Rigidität des Führungsverhaltens. Franchisespezifische Führungstypen konnten dagegen mit dem partnerschaftlich-interaktiven, dem liberal-vertrauensbasierten sowie dem autoritär-minimalistischen Führungstyp nachgewiesen werden, die jeweils zwischen 15,9 und 17 Prozent der Systeme auf sich vereinigen.

Für den **partnerschaftlich-interaktiven** Führungstyp wurden eine sehr starke Partizipation, eine intensive Systemkommunikation und ein gleichermaßen unterstützendes wie vertrauensbildendes Franchisenehmer-Controlling, verbunden mit einer auch in der Systemkultur fest verankerten Franchisenehmerorientierung der Systemzentrale, als Wesensmerkmale identifiziert. Demgegenüber konnte mit dem **liberal-vertrauensbasierten** Führungstyp ein durch eine vergleichsweise geringe Führungsintensität gekennzeichnetes Verhaltensmuster der Systemführung nachgewiesen werden, bei dem den Franchisenehmern ausgeprägte Freiräume eingeräumt und gleichzeitig Sanktionen nur in sehr geringem Maße ergriffen werden. Als konstitutive Merkmale des **autoritär-minimalistischen** Führungstyps kristallisierten sich dagegen eine stark vertragsgestützte Systemführung in Verbindung mit einer relativ geringen betriebswirtschaftlichen Unterstützung der Franchisenehmer heraus.

Im Sinne des explikativen Teilziels der Arbeit wurden in einem nächsten Schritt gemäß dem zugrunde gelegten verhaltenswissenschaftlich-situativen Ansatz fünf Kategorien von Einflußfaktoren hinsichtlich ihrer **Erklärungsbeiträge** für die Herausbildung der identifizierten Führungstypen analysiert. Zusammenfassend konnten dabei die folgenden, in der Tabelle 34 synoptisch erfaßten, typenspezifischen Einflüsse ermittelt werden:

Einfluß-faktoren-kategorie	Hypothesen (Basis-/Tendenz-hypoth.)	Empirisch untersuchte (Kausal-)Beziehungen		Hypothesentest	Empirisch ermittelter Einfluß auf FT:				
		allg./einflußfaktorenübergreifend	einflußfaktorenbezogen		Rigide-hierar-chienah-er FT	Partner-schaftl.-interak-tiver FT	Liberal-vertrau-ensba-sierter FT	Autori-tär-mini-malisti-scher FT	Füh-rungs-averser FT
Markt- und Wettbewerbssituation	H_{SIT1}	Existenz unterschiedl. situativer Kontexte		⊕					
	H_{SIT2}	Situation erklärt Führungstypen		⊕ (partiell)[1]					
	H_{SIT2a} H_{SIT2b} H_{SIT2c}		Wettbewerbs-dynamik	⊕/⊖	↑	↗	↓	↓	→
			Umweltkomplexi-tät (u. -dynamik)	⊕/⊖	↗	↗	↘	↘	→
	H_{SIT2d}		Wettbewerbs-intensität	⊕/⊖	↑	↗	→	→	↗
			Marktattrak-tivität	⊕	↓	↘	↗	↗	→
	H_{SIT2e}	Führungsaver-ses Verhalten nicht situativ geprägt		⊕					
Systemziele	H_{ZI}	Zielsystem liefert Erklärungsbei-trag für FT		⊕					
	H_{ZIa}		Marktstel-lungsziele	⊖	→	↑	→	↘	→
			FG-gerichtete Rentab.ziele	⊕	→	→	→	→	→
	H_{ZIb} H_{ZIc}		FN-gerichtete Rentab.ziele	⊕	↑	→	→	→	↓
	H_{ZId}		Soziale Ziele	⊕	→	↑	↑	↘	→
Absatzmarktgerichtete Systemführung / Wettbewerbsstrategie	H_{STRA}	Wettbewerbs-strategie erklärt FT		⊕ (mit Ein-schrän-kung)[2]					
	H_{STRAa}		Innovations-vorteil[4]	⊖	↗	↗	→	→	↘
	H_{STRAb}		Qualitäts-vorteil	⊖	→	↗	→	→	↘
	H_{STRAc}		Markierungs-vorteil	⊕	↑	→	↓	→	→
	H_{STRAd}		Kosten-/Preis-vorteil	⊕/⊖	→	↑	→	↘	→
	H_{STRAe}		Service-vorteil	⊕	↗	↑	↗	→	→
	H_{STRAf}		Standort-/Ge-schäftsst.vorteil	⊕	↗	↗	↘	→	→
operative Marktdurch-setzung	H_{INSTR}		Direkte Markt-durchsetzung[3]	⊕	↑	↑	↘	↗	↓
			Indirekte Markt-durchsetzung[3]		↗	↑	↘	→	↓

1) FT sind situativ beeinflußt, aber nicht determiniert
2) Strategieeinflüsse bestehen, aber kein strenger Strategie-Führungs-Zusammenhang
3) keine kausalen, sondern korrelative Beziehungen
4) jeweils realisierte Wettbewerbsvorteile

↑ ↗ = (stark) positiver Einfluß
→ = kein/geringer Einfluß
↓ ↘ = (stark) negativer Einfluß

... auf die Wahl des jeweiligen Führungstyps

Hypothesentest: ⊕ = Bestätigung   ⊖ = Ablehnung

Tab. 34a: Synopse der Einflußfaktorenanalyse für die ermittelten Führungstypen (Teil 1)

Einfluß-faktoren-kategorie	Hypothesen (Basis-/Tendenzhypoth.)	Empirisch untersuchte (Kausal-)Beziehungen		Hypothesentest	Empirisch ermittelter Einfluß auf FT:				
		allg./einflußfaktorenübergreifend	einflußfaktorenbezogen		Rigidehierarchienaher FT	Partnerschaftl.-interaktiver FT	Liberal-vertrauensbasierter FT	Autoritär-minimalistischer FT	Führungsaverser FT
Systemkultur (Grundorientierungen d. Systemzentrale)	H_KUL	Systemkultur liefert Erklärungsbeitrag für FT		⊕[1]					
	H_KULa	Führungsaverser FT wird durch schwache Kultur erklärt		⊕/⊖					
	H_KULb	2)	Kundenorientierung	⊕/⊖	→	↗	→	→	→
			Mitarbeiterorientierung		→	↑	↘	↘	→
			Wettbewerbsorientierung		→	↗	→	→	→
			Kostenorientierung		→	↗	↘	↗	→
			Innovationsorientierung		↗	↗	↘	→	↓
			Qualitäts-/Leistungsorient.		→	↗	↘	↗	↘
	H_KULc		Vertragsorientierung	⊕	↘	↓	→	↑	↑
	H_KULd		Vertrauensorientierung	⊕	↓	↑	↗	→	↘
			Renditeorientierung		→	↑	→	↘	→
Systemdemographie/-genese[3]	H_DEM 1		Systemgröße	⊕/⊖	tendenziell größere Systeme	kein systemat. Einfluß	eher kleine Systeme	eher große Systeme	kein systemat. Einfluß
	H_DEM 2		Homogenität d. Systemstruktur	⊕/⊖	kein systemat. Einfluß	häufiger in Mischsystemen	kein systemat. Einfluß	tendenz. seltener in Mischsystemen	tendenz. seltener in Mischsystemen
	H_DEM 3 H_DEM 4		Branchenzugehörigkeit	⊕ ⊕/⊖	Handw.:↘ Gaststä./Hoteller.:↑	Handw.:↗ Handel:↘	Handel:↗ Gaststä./Hoteller.:↘	Handw.:↑ Gaststä./Hoteller.:↑	Gaststä./Hoteller.:↘
	H_DEM 5		Größe der FN-Betriebe	⊕/⊖	eher große Betriebe	eher große Betriebe	eher große Betriebe	tendenz. kleinere Betriebe	eher kleine Betriebe
	H_DEM 6		Vollständ./partielles Franch.	⊕	kein systemat. Einfluß	unterdurchschnittl. b. partiellem Franchis.	kein systemat. Einfluß	überdurchschnittl. b. partiellem Franchis.	überdurchschnittl. b. partiellem Franchis.

1) allerdings deutlich stärker für Vertrags- und Vertrauensorientierung als zusätzliche Grundorientierungen
2) keine Hypothesenformulierung aufgrund inhaltlicher Nähe zu Wettbewerbsvorteilen
3) Erfassung der Systemgenese primär über die "Homogenität der Systemstruktur"

↑ ↗ = (stark) positiver Einfluß
→ = kein/geringer Einfluß
↓ ↘ = (stark) negativer Einfluß
... auf die Wahl des jeweiligen Führungstyps

Hypothesentest: ⊕ = Bestätigung   ⊖ = Ablehnung

Tab. 34b: Synopse der Einflußfaktorenanalyse für die ermittelten Führungstypen (Teil 2)

(1) Der **rigide-hierarchienahe** Führungstyp kann einerseits als Reaktion der Systemzentralen auf schwierige Markt- und Wettbewerbsbedingungen begriffen werden. So sind die entsprechend geführten Systeme stark überdurchschnittlich in komplexen Wachstumsmärkten mit hoher Wettbewerbs-

intensität vertreten. Zudem bedingt offensichtlich eine hohe Bedeutung franchisenehmergerichteter Rentabilitätsziele die Realisierung eines rigide-hierarchienahen Führungsverhaltens mit seiner starken Betonung betriebswirtschaftlicher Planungs- und Kontrollsysteme zur Steuerung der Franchisenehmerbetriebe. Gleichzeitig ist dieser Führungstyp als Ausdruck der systeminternen Implementierung einer breiten absatzmarktgerichteten Profilierung zu verstehen, die schwerpunktmäßig über Markierungs-, Service- sowie Standort- und Geschäftsstättenvorteile erfolgt und durch eine konsequente operative Marktdurchsetzung flankiert wird.

Im Bereich der Systemkultur erwiesen sich vor allem eine geringe Vertragsorientierung sowie eine stark unterdurchschnittliche Vertrauensorientierung als ein rigide-hierarchienahes Führungsverhalten induzierende Grundorientierungen. Vergleichsweise geringe Erklärungsbeiträge konnten im Bereich der Systemdemographie und -genese festgestellt werden. Tendenziell handelt es sich jedoch um größere Systeme mit gleichfalls überdurchschnittlich großen Franchisenehmerbetrieben, die zudem besonders häufig im Gastronomie- und Hotelleriebereich vertreten sind.

(2) Eine überdurchschnittliche Präsenz in schwierigen situativen Kontexten konnte auch als erklärender Faktor für den **partnerschaftlich-interaktiven** Führungstyp nachgewiesen werden. Gleichzeitig ist dieses Verhaltensmuster als Konsequenz einer hohen Priorität franchisenehmergerichteter Ziele im Zielsystem der Systemzentrale zu deuten, wobei hier gleichermaßen Rentabilitäts- wie auch soziale Ziele kausale Einflüsse auf die Typenwahl entfalten. Wie bereits zuvor die rigide-hierarchienah geführten Systeme, so verfügen auch die partnerschaftlich-interaktiv geführten Systeme über eine breite Wettbewerbsprofilierung, deren Fokus im Bereich von Servicevorteilen liegt. In Verbindung mit einer intensiven operativen Marktdurchsetzung, gerade auch durch eine breite Marketingunterstützung der Franchisenehmer, findet die „Leadership follows Strategy"-These bei diesem Führungstyp ihre wohl eindeutigste Bestätigung.

Wichtige Erklärungsbeiträge für die Herausbildung eines partnerschaftlich-interaktiven Führungsverhaltens konnten zudem im Bereich der Systemkultur identifiziert werden. So wurde nachgewiesen, daß das Denken im strategischen Dreieck zwischen Kunden, Wettbewerbern und den eigenen Mitarbeitern für diesen Führungstyp am stärksten ausgeprägt ist und damit auch eine entsprechende Orientierung an den Belangen der Franchisenehmer hervorbringt. Gleichzeitig hat sich in diesen Systemen eine ausgeprägte Vertrauensorientierung etabliert sowie die in einer sehr geringen Vertragsorientierung zum Ausdruck kommende Überzeugung, daß die innengerichtete Systemführung ein über die konsequente Umsetzung des bilateralen Vertragswerks weit hinausgehendes Aufgabenspektrum für die Systemzentrale mit sich bringt. Mit Blick auf die systemdemographischen Merkmale konnten schließlich nur periphere Erklärungsbeiträge gekennzeichnet werden, deren wichtigster wohl in der überdurchschnittlich häufigen Realisierung eines partnerschaftlich-interaktiven Führungsverhaltens in Mischsystemen und der damit verbundenen Notwendigkeit eines hybriden, sowohl zur zielgerichteten Verhaltensbeeinflussung von Franchisenehmern als auch angestellter Filialleiter, geeigneten Führungstyps zu sehen ist.

(3) Der **liberal-vertrauensbasierte** Führungstyp mit seiner nur mittleren Führungsintensität konnte hinsichtlich des situativen Kontextes auf eher einfache Markt- und Wettbewerbsbedingungen zurückgeführt werden. Im Bereich des Zielsystems der Systemzentrale durch keinerlei Besonderheiten gekennzeichnet, zeigte die Analyse der absatzmarktgerichteten Führung, daß sich ein liberal-vertrauensbasiertes Verhaltensmuster mit einer weniger breiten Wettbewerbsprofilierung verbindet. Die vergleichsweise hohe, den Franchisenehmern gewährte Autonomie konnte dabei partiell durch die Verfolgung von Servicevorteilen begründet werden. Bei einer unterdurchschnittlich ausgeprägten operativen Marktdurchsetzung der verfolgten Wettbewerbsstrategie ließ sich für diesen Führungstyp ferner eine gewisse Asymmetrie zwischen der Intensität der innen- und absatzmarktgerichteten Systemführung kennzeichnen. Als wichtige Einflußfaktoren bei der Herausbildung eines liberal-vertrauensbasierten Führungsverhaltens konnten zudem eine ausgeprägte Vertrauensorientierung als Kulturmerkmal sowie eine deutlich unterdurchschnittliche, die persönliche Führung der Franchisenehmer wesentlich erleichternde, Systemgröße ermittelt werden.

(4) Ebenfalls durch weniger dynamische und komplexe Markt- und Wettbewerbsbedingungen konnte der **autoritär-minimalistische** Führungstyp begründet werden. Gleichzeitig gelang der Nachweis, daß dieses, die Belange der Franchisenehmer nur in vergleichsweise geringem Maße berücksichtigende Verhaltensmuster, auf Zielsysteme der Systemzentralen zurückzuführen ist, in denen sowohl franchisenehmergerichteten Rentabili-

tätszielen als auch sozialen, auf die systeminterne Beziehungsqualität gerichteten Zielen eine untergeordnete Priorität zukommt. Insofern erwies es sich als konsistent, wenn für diesen Führungstyp eine Asymmetrie zwischen der Intensität der innen- und absatzmarktgerichteten Führung zugunsten der operativen Marktdurchsetzung der abnehmergerichteten Wettbewerbsstrategien identifiziert werden konnte.

Gemäß den Ausprägungen der typenbildenden Führungsdimensionen durch eine stark überdurchschnittliche Vertragsorientierung der Systemzentrale als wesentliches Kulturmerkmal gekennzeichnet, konnten im Bereich der Systemdemographie eine hohe Anzahl von Franchisenehmern sowie eine Präsenz im handwerklichen sowie im Gastronomie- und Hotelleriesektor als die Entstehung eines autoritär-minimalistischen Führungsverhaltens induzierende Merkmale ermittelt werden.

(5) Für das **führungsaverse** Verhaltensmuster ergaben sich im Typenvergleich die mit Abstand geringsten Einflüsse der Markt- und Wettbewerbssituation, so daß eine situative Determiniertheit mit Sicherheit ausgeschlossen werden konnte. Wichtige Erklärungsbeiträge lieferte demgegenüber die Zielanalyse; hier wurden für den führungsaversen Typ die geringsten Prioritäten hinsichtlich der franchisenehmergerichteten Rentabilitätsziele wie auch der sozialen Ziele nachgewiesen. Das Fehlen ausgeprägter Wettbewerbsvorteile sowie eine stark unterdurchschnittliche operative Marktdurchsetzung der Wettbewerbsstrategie führten zu dem Schluß, daß in den entsprechenden Systemen eine äußerst geringe Gesamtführungsintensität vorliegen muß, die gleichermaßen auf die innengerichtete und die absatzmarktgerichtete Systemführung ausstrahlt. Gestützt wurde dieser Befund durch eine ebenfalls eher schwach ausgeprägte Systemkultur.

Im Gegensatz zu den übrigen Führungstypen erbrachte für das führungsaverse Verhalten die Analyse der systemdemographischen Merkmale einen weiteren zentralen Erklärungsbeitrag. Hier konnte mit der besonderen Bedeutung führungsaverser Verhaltensmuster bei partiellem Franchising die einzige Konstellation gekennzeichnet werden, in der eine betriebswirtschaftliche Legitimation der geringen Führungsintensität zu konstatieren ist.

Betrachtet man die **Ergebnisse der Einflußfaktorenanalyse** zusammenfassend, dann konnte eine zentrale Kategorie von Einflußfaktoren, über die - im

Sinne einer monokausalen Begründung - eine schwerpunktmäßige oder gar ausschließliche Erklärung der Führungstypen möglich ist, nicht identifiziert werden. Damit erweist sich gleichzeitig die Wahl eines breiten kontingenztheoretischen Bezugsrahmens ex post als gerechtfertigt. Gleichwohl muß eingeräumt werden, daß das Ziel der Ableitung eines umfassenden Erklärungsansatzes für die Entstehung differenzierter Führungstypen nicht in vollem Umfang erreicht wurde, denn trotz zahlreicher offengelegter Wirkungsbeziehungen konnte eine vollständige Erklärung der Führungstypen nicht geleistet werden.[1] Offensichtlich existieren damit weitere, im Rahmen der vorliegenden Arbeit nicht erfaßte Einflußfaktoren der innengerichteten Systemführung.

Eine eindeutige empirische Bestätigung fanden darüber hinaus die unterstellten **Verhaltens- und Erfolgswirkungen** der innengerichteten Führung, die synoptisch in der Tabelle 35 zusammengefaßt sind. Als **dominanter Führungstyp** stellte sich dabei eindeutig ein partnerschaftlich-interaktives Führungsverhalten heraus, für das hinsichtlich sämtlicher untersuchter Wirkungsdimensionen überdurchschnittliche Ausprägungen offengelegt wurden. Bei diesem Verhaltensmuster liegt offensichtlich der beste Fit zu den spezifischen, sich aus den konstitutiven Systemmerkmalen des Franchising ergebenden Herausforderungen an die innengerichtete Systemführung vor. Insbesondere scheint die Symbiose zwischen einer hohen Führungsintensität und einer konsequent partnerschaftlichen Führungsphilosophie in besonderem Maße geeignet, die Ambivalenz des Franchisenehmerstatus zwischen enger Systemanbindung und unternehmerischer Selbständigkeit zu bewältigen.

Ebenfalls überdurchschnittliche Verhaltens- und Erfolgswirkungen konnten mehrheitlich für den rigide-hierarchienahen Führungstyp nachgewiesen werden, wobei die ergänzende Analyse der sich aus den Markt- und Wettbewerbsbedingungen ergebenden Überlagerungseffekte hier jedoch eine stärkere **situative Bedingtheit** der Erfolgswirkungen offenbarte. Diese situative Bedingtheit gilt auch für den autoritär-minimalistischen Führungstyp, für den unter den vergleichsweise einfachen Markt- und Wettbewerbsbedingungen attraktiver Nischenmärkte das im Typenvergleich höchste - indes im Vergleich zum partnerschaftlich-interaktiven Führungstyp nicht signifikante - Erfolgsniveau ermittelt wurde.

---

[1] Trotz der Signifikanz der Ergebnisse hätten hierzu vielfach stärkere als die nachgewiesenen Wirkungseinflüsse vorliegen müssen.

Verhaltens- und Erfolgs-kategorie	Hypothe-sen (Basis-/Tendenz-hypoth.)	Untersuchte Verhaltens- und Erfolgsbeziehungen	Hypo-thesen-test	Typenspez. Verhaltens- u. Erfolgswirkungen				
				Rigide-hierar-chienah-er FT	Partner-schaftl.-interak-tiver FT	Liberal-vertrau-ensba-sierter FT	Autori-tär-mini-malisti-scher FT	Füh-rungs-averser FT
Verhaltens-dimensionen	H_{VER1a}	unternehmerisches FN-Verhalten	⊕	↑	↑	→	→	↓
	H_{VER1b}	systembezogenes FN-Verhalten	⊕	↗	↑	→	→	↓
	H_{VER2}	Leistungssegmentver-teilung der FN	⊕	↗	↑	↘	→	↓
Erfolgsdimensionen	H_{ERF2}	Kategorien der Führungsdi-mensionen unterscheiden sich im Erfolgseinfluß	⊕					
	H_{ERF1a}	systembezogener Markterfolg	⊕/⊖	→[1]	↗	↘	→[2]	↘
	H_{ERF1b}	finanzieller FN-Erfolg	⊕	→	↗	↘	→	↘
		finanzieller FG-Erfolg		↗	↗	↓	→	↘
	H_{ERF1c}	sozialer Erfolg	⊕	↗	↑	→	→	↓

1) aber: schwierigste Markt- und Wettbewerbssituation
2) aber: einfachste Markt- und Wettbewerbssituation

↑ ↗ = (stark) überdurchschnittliche
→ = durchschnittliche
↓ ↘ = (stark) unterdurchschnittliche
Verhaltens- bzw. Erfolgsaus-prägung

Hypothesentest: ⊕ = Bestätigung ⊖ = Ablehnung

Tab. 35: Synopse der Verhaltens- und Erfolgswirkungen der ermittelten Führungstypen

Als eindeutig **dominierter Führungstyp** wurde dagegen ein führungsaverses Verhalten von Systemzentralen identifiziert. In der damit für den Bereich der interorganisationalen Führung gelungenen Replizierung der im Rahmen der Ohio-Studien nachgewiesenen absoluten Nachteilhaftigkeit eines laissez faire-Führungsstils bei interpersoneller Führung ist ein weiteres zentrales Ergebnis der Arbeit zu sehen. In Verbindung mit dem gleichfalls unterdurchschnittlichen Erfolgsniveau, wie es für die liberal-vertrauensbasiert geführten Systeme ermittelt wurde, zeigte sich daher im Ergebnis die Notwendigkeit einer mittleren bis hohen Führungsintensität der Systemzentralen als Grundvoraussetzung einer erfolgreichen Führung von Franchisesystemen.

Über die inhaltliche Dimension hinaus erfordert eine umfassende Würdigung der Untersuchungsergebnisse schließlich eine kritische Auseinandersetzung mit der gewählten **methodischen Vorgehensweise** der Untersuchung. Folgende Aspekte sind hierbei hervorzuheben:

(1) Vorbehalte lassen sich gegen die nahezu ausschließliche Verwendung **qualitativer Daten** vorbringen, die lediglich subjektive Einschätzungen der in den Systemzentralen befragten Führungskräfte widerspiegeln und Verzerrungseffekte verursachen können. Dem ist entgegenzuhalten, daß die Breite des kontingenztheoretischen Bezugsrahmens in Verbindung mit einer ex ante als eher gering einzuschätzenden Bereitschaft der mehrheitlich mittelständischen Systemzentralen zur Teilnahme an umfangreichen Feldbefragungen eine zeiteffiziente Datenerhebung, wie sie nur die Verwendung geschlossener Fragen in Form von Ratingskalen gewährleistet, zwingend erforderlich erscheinen ließ. Außerdem wurde über die vorab geführten Expertengespräche sowie ausführliche Pretests des Fragebogens versucht, die Validität der Messungen zu erhöhen.

(2) Zudem erfolgte die Datenerhebung ausschließlich aus der **Perspektive der Systemzentralen**. Die bei einer Untersuchung von Führungsphänomenen gleichfalls essentielle Sicht der Franchisenehmer wurde demgegenüber nicht explizit berücksichtigt. Diesem Einwand muß indes entgegengehalten werden, daß eine parallele Befragung von Franchisenehmern in allen einbezogenen Franchisesystemen zu einem kaum realisierbaren Untersuchungsdesign geführt hätte.[2] Hervorzuheben ist demgegenüber die umfangreiche **Stichprobe**, die mit nahezu 200 befragten Systemen repräsentative Aussagen über das Führungsverhalten in deutschen Franchisesystemen ermöglicht.

(3) Hinsichtlich der grundsätzlichen **Forschungsstrategie** und der in diesem Zusammenhang verwendeten multivariaten Verfahren ist weiterhin das im Gegensatz zu den meisten vergleichbaren Studien gewählte **streng konfirmatorische** Vorgehen hervorzuheben, wie es insbesondere bei der Ableitung des der Führungstypologie zugrunde liegenden Modells der innengerichteteten Systemführung verfolgt wurde. Im Vergleich zu dem üblicher-

---

[2] Vgl. hierzu auch die entsprechenden Ausführungen zu den Implikationen für weitere Forschungsarbeiten, wie sie in im Kap. D 3 beschrieben werden.

weise gewählten explorativen Vorgehen erfordert eine konfirmatorisch ausgerichtete Forschungsstrategie eine wesentlich präzisere theoretisch-konzeptionelle Vorarbeit, wie sie in der vorliegenden Arbeit mit der ausführlichen Herleitung der insgesamt elf Führungsdimensionen geleistet wurde.

(4) Mit Bezug auf die Methodenwahl ist schließlich anzumerken, daß die eingesetzten varianz- und kontingenzanalytischen Verfahren strenggenommen nicht zur Aufdeckung von **Kausalbeziehungen** geeignet sind, da sie lediglich **Beziehungszusammenhänge** aufdecken, nicht aber die jeweilige **Wirkungsrichtung** spezifizieren. Diesem Einwand wurde zu begegnen versucht, indem an besonders sensiblen Stellen der Untersuchung, an denen auf die tatsächliche Wirkungsrichtung nicht aus logischen Überlegungen geschlossen werden konnte, zusätzlich der LISREL-Ansatz der Kausalanalyse herangezogen wurde. Wie die diesbezüglich dokumentierten Ergebnisse belegen, erwies sich die Kombination aus Varianz- und Kontingenzanalyse einerseits und klassischer Kausalanalyse andererseits als ausgesprochen fruchtbar, da die Ergänzung der typenbezogenen Analyse durch eine mit dem LISREL-Ansatz vorgenommene Betrachtung auf der Ebene von Führungsdimensionen wichtige zusätzliche Erklärungszusammenhänge aufzudecken vermochte.

2. Implikationen für die Unternehmenspraxis

Insbesondere aufgrund der Einbeziehung von Verhaltens- und Erfolgswirkungen des Führungsverhaltens in die Untersuchung und der damit möglichen Ableitung von Aussagen über die Vorteilhaftigkeit der identifizierten Führungstypen ergeben sich wichtige Implikationen für die Unternehmenspraxis. Diese betreffen in erster Linie die Führung von **Franchisesystemen**; darüber hinaus lassen sich aber auch Transferpotentiale auf **verwandte Systemtypen** kennzeichnen.

2.1 Implikationen für die Franchisewirtschaft

Die Implikationen für die Franchisewirtschaft erstrecken sich infolge des zugrunde gelegten, die zielgerichtete Verhaltensbeeinflussung der Franchisenehmer durch die Systemzentrale umfassenden Führungsbegriffs, schwerpunktmäßig auf **Systemzentralen** und ihr innengerichtetes Führungsverhalten. Darüber hinaus ergeben sich aber auch Konsequenzen für (potentielle) **Franchisenehmer** sowie **Interessenvertretungen** innerhalb des Franchisesektors:

(1) Offensichtlich, dies belegt die Existenz unterschiedlicher Führungstypen, sind in Franchisesystemen trotz ihrer vergleichsweise engen vertragsrechtlichen Rahmenbedingungen stark divergierende Verhaltensmuster der Systemführung realisierbar. Diese weisen differenzierte Verhaltens- und Erfolgswirkungen auf und zeigen insofern eindeutig, daß der Gesamtkomplex der innengerichteten Systemführung einen **erfolgskritischen Faktor** darstellt. Eine erste, grundsätzliche Implikation der Untersuchung ist insoweit auf die Möglichkeit gerichtet, über die absatzmarktgerichtete Führung hinaus durch die Implementierung eines (situativ) vorteilhaften Verhaltensmusters der innengerichteten Führung den Erfolg des Gesamtsystems und seiner Mitglieder nachhaltig zu beeinflussen.

Damit muß insbesondere die in der Literatur teilweise vertretene Auffassung, die Führung eines Franchisesystems werde durch die umfassenden bilateralen Rechte und Verpflichtungen, wie sie im Franchisevertrag vereinbart werden, maßgeblich vereinfacht, angesichts der empirischen Befunde deutlich relativiert werden. Eine **quasi-automatisierte** Verhaltenssteuerung i.S. einer **vertraglichen Programmierung** der systeminternen Prozesse ist angesichts der Komplexität der zur Verhaltensbeeinflussung der Franchisenehmer zur Verfügung stehenden Gestaltungsparameter und der Notwendigkeit einer integrierten Ausgestaltung dieser Parameter nicht möglich. Dies verlangt aber die Herausbildung einer ausgeprägten **Führungskompetenz** in den Systemzentralen, die über eine optimale Vertragsgestaltung und -umsetzung weit hinausgeht.

(2) Aus einer Gesamtsicht der Verhaltens- und Erfolgswirkungen erscheint es legitim, den partnerschaftlich-interaktiven Führungstyp als **Leitbild der Führung** von Franchisesystemen zu bezeichnen.[3] Für Systemzentralen, die einen alternativen Führungstyp verfolgen, angesichts der Ergebnisse der vorliegenden Untersuchung aber eine Anpassung in Richtung des partnerschaftlich-interaktiven Führungsverhaltens anstreben, stellt sich damit die zentrale Frage, wie ein **geplanter Wandel des Führungstyps** voll-

---

[3] Es sei daran erinnert, daß sich für diesen Führungstyp die eindeutig positivsten Verhaltenswirkungen sowie in allen drei Situationsclustern überdurchschnittliche Erfolgswirkungen ergeben haben, wobei lediglich in den attraktiven Nischenmärkten eine tendenzielle, hingegen nicht signifikante, Vorteilhaftigkeit des autoritär-minimalistischen Führungstyps ermittelt wurde. Gleichzeitig weist der partnerschaftlich-interaktive Führungstyp die höchste Deckungsgleichheit mit den jeweils erfolgswirksamen Ausprägungen der Führungsdimensionen auf, für die im Rahmen der LISREL-Analysen signifikante Erfolgseinflüsse ermittelt werden konnten.

zogen werden kann.⁴ Aufgrund der Tragweite einer Veränderung des Führungstyps erscheint eine breite Unterstützung des Wandlungsprozesses durch das Top Management innerhalb der Systemzentralen zwingend notwendig. Neben Machtpromotoren müssen aufgrund der Aufgabenkomplexität, wie sie sich bei einer Veränderung des Führungsverhaltens ergibt, Fachpromotoren in Gestalt von **Change Agents** eingeschaltet werden.⁵

Ein geplanter Wandel des Führungstyps umfaßt dabei nach Dyer und Dyer mit dem „system change" und dem „culture change" zwei zentrale Aufgabenbereiche (vgl. Abbildung 37).⁶ Dürfte ein **„system change"** durch die Einrichtung von Gremien und Erfa-Gruppen oder den Ausbau von Planungs- und Kontrollsystemen noch vergleichsweise einfach zu bewerkstelligen sein, so stellt ein **„culture change"**, der etwa die Schaffung einer Vertrauensorientierung oder die Stärkung der Franchisenehmerorientierung umfaßt, eine nur über tiefgreifende Lernprozesse zu vollziehende Anpassung dar.

Die im Rahmen des Forschungsprojektes durchgeführten Fallstudienerhebungen belegen im Einklang mit der herrschenden Literaturmeinung, daß ein kultureller Wandel vielfach nur über die Einbeziehung verhaltenswissenschaftlich geschulter, externer Change Agents sowie über eine Ersetzung der den traditionellen Führungstyp verkörpernden Führungskräfte vollzogen werden kann.⁷

(3) Die Ergebnisse der Einflußfaktorenanalyse belegen ferner, daß nur ein relativ geringer Teil der Systemzentralen eine konsequente Ausrichtung des innengerichteten Führungsverhaltens an den relevanten situativen Rahmenbedingungen und der gewählten Wettbewerbsstrategie vornimmt. Das Management des komplexen Zusammenhangs von Situation, Strategie und

---

⁴ Vgl. zum Begriff des geplanten Wandels *Staehle, W.H.*, Management: Eine verhaltenswissenschaftliche Perspektive, a.a.O., S. 547.

⁵ Vgl. zum Promotorenkonzept *Witte, E.*, Organisation für Innovationsentscheidungen - Das Promotorenmodell, Göttingen 1973 sowie zu Begriff und Aufgabe des Change Agent *Schanz, G.*, Organisationsgestaltung, Struktur und Verhalten, a.a.O., S. 343. Angesichts der vor allem in mittelständischen Systemzentralen begrenzten Managementkapazität kann die Rolle des Change Agent vermutlich nur über externe Berater wahrgenommen werden.

⁶ Vgl. *Dyer, W.G., Dyer, Jr., W.G.*, Organization Development: System Change or Culture Change? in: Personnel, Vol. 63 (1986), No. 2, S. 14 ff.

⁷ Vgl. *French, W.L., Bell, jr., C.H.*, Organisationsentwicklung. Sozialwissenschaftliche Strategien zur Organisationsveränderung, Bern, Stuttgart 1977, S. 174 ff. u. 183 ff.

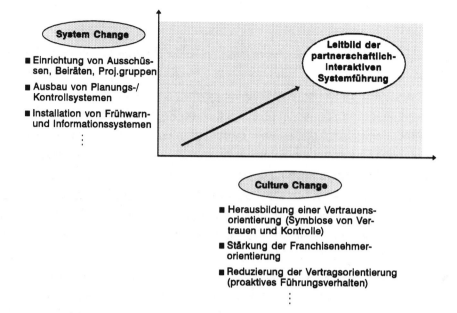

Abb. 37: Ansatzpunkte für einen geplanten Wandel der innengerichteten Systemführung

Führung/Struktur scheint vor allem mittelständische Systemzentralen an die Grenzen ihrer unternehmerischen Leistungsfähigkeit zu führen. Es erscheint daher für viele Systemzentralen zwingend notwendig, ihre **Managementkapazität** quantitativ und insbesondere auch qualitativ auszubauen, um zukünftig im Wettbewerb bestehen zu können.

(4) Eine weitere Implikation, die sich flankierend aus der Untersuchung des Zusammenhangs zwischen absatzmarkt- und innengerichteter Systemführung ergibt, richtet sich auf die Stärkung der **Marketingkompetenz** vieler Systemzentralen. Hier belegen die empirischen Ergebnisse, daß ein wesentlicher Anteil der untersuchten Franchisesysteme offensichtlich einerseits keine klare Wettbewerbsprofilierung besitzt und andererseits die operativen Marketingaktivitäten vielfach nur ein sich aus dem Franchisevertrag ergebendes Mindestniveau erreichen. Dagegen werden **neuere Marketinginstrumente** wie spezielle Kundenbindungsmaßnahmen, ein zentrales Beschwerdemanagement oder das Event-Marketing, die gerade für eine Profilierung in schwierigeren Markt- und Wettbewerbsumfeldern von

wesentlicher Bedeutung sind, nur von einem geringen Anteil der Systeme eingesetzt.

(5) Für den Erfolg von Franchisesystemen ist eine **gleichgewichtige Intensität** der absatzmarkt- und innengerichteten Führung von wesentlicher Bedeutung. Stärkere Asymmetrien zwischen beiden Teilbereichen der Systemführung können zwar aus aktuellen Problemlagen heraus temporär gerechtfertigt sein, sollten aber dauerhaft in jedem Fall vermieden werden. Wesentliche Bedeutung kommt in diesem Zusammenhang der **Installation von Frühwarnsystemen** zu, über die Probleme im Bereich der absatzmarkt- und innengerichteten Systemführung frühzeitig lokalisiert werden können. Wie durch die empirischen Ergebnisse ebenfalls belegt werden konnte, werden derartige Frühwarnsysteme, die für den Bereich der absatzmarktgerichteten Führung primär in Marktforschungsaktivitäten und einem systematischen Marketing-Controlling bestehen, im Bereich der innengerichteten Führung dagegen etwa Zufriedenheitsanalysen der Franchisenehmer umfassen, von einem Großteil der Systeme nicht regelmäßig eingesetzt.[8] Auch hier offenbart sich daher ein Handlungsbedarf für zahlreiche Systemzentralen.

(6) Aus Sicht **potentieller Franchisenehmer** spricht die Heterogenität der Führungstypen für die Notwendigkeit, vor einem Systembeitritt möglichst genau zu überprüfen, ob ein womöglich führungsaverses System vorliegt, dessen Aktivitätsniveau sowohl im Bereich der innengerichteten als auch der absatzmarktgerichteten Systemführung deutlich unterdurchschnittlich ausgeprägt ist. Da die Mehrzahl potentieller Franchisenehmer eine derartige Überprüfung nicht eigenständig leisten kann, gewinnt eine **Eigenkontrolle der Franchisewirtschaft**, wie sie primär durch den Deutschen Franchise-Verband sowie in Zukunft u.U. auch durch den neu gegründeten Verband der Franchisenehmer geleistet werden kann, essentielle Bedeutung für das weitere Wachstum des Franchising in Deutschland.

Eine derartige Eigenkontrolle kann vor allem einer sich alternativ anbietenden, stärkeren **gesetzlichen Regulierung** des Franchising entgegenwir-

---

[8] Stauss und Schulze sprechen im Zusammenhang mit Zufriedenheitserhebungen bei Mitarbeitern, die sie als spezifisches Instrument eines internen Marketing ansehen, von der sog. internen Marktforschung. Vgl. *Stauss, B., Schulze, H.S.*, Internes Marketing, in: Marketing ZFP, 12. Jg (1990), Nr. 3, S. 152.

ken, wie sie in verschiedenen Staaten insbesondere aus Gründen des Franchisenehmerschutzes eingeleitet worden ist. Dabei kann - dies belegen z.B. aktuelle Entwicklungen in Italien - über eine Verschärfung der Anforderungen an eine Systemmitgliedschaft in den jeweiligen nationalen Franchisegeberverbänden ein **zertifizierungsähnlicher Effekt** erzielt werden, der Franchisenehmern ein höheres Maß an Sicherheit vor einem Beitritt zu führungsaversen Systemen bietet und allein auf einer Eigenregulierung der Franchisesysteme und ihres Dachverbandes beruht.[9]

Offensichtlich sind allerdings die bislang durch den **deutschen Franchiseverband** an eine Systemmitgliedschaft geknüpften Anforderungskriterien trotz der Verpflichtung zur Anerkennung der im Europäischen Verhaltenskodex für das Franchising niedergelegten Regelungen noch zu wenig restriktiv.[10] Angesichts der empirischen Befunde ist auch unter den Mitgliedsunternehmen des Verbandes von einer nicht unerheblichen Zahl von Systemen mit schwerwiegenden Führungsdefiziten auszugehen.

2.2 Implikationen für das Management von Vertragshändler- und Filialsystemen

Neben den Implikationen für die Franchisewirtschaft ergeben sich Schlußfolgerungen für das Führungsverhaltens in verwandten Systemtypen. Diese betreffen einerseits die Führung von weniger stark integrierten **Vertragshändlersystemen**, bei denen die angeschlossenen Händler im Vergleich zu Franchisenehmern über eine höhere Autonomie und damit eine umfassendere wirtschaftliche Selbständigkeit verfügen, und anderseits von hierarchisch organisierten **Niederlassungs- und Filialsystemen** mit angestellten Führungskräften:

(1) Angesichts einer immer stärker voranschreitenden Produkthomogenität nimmt die Generierung von Wettbewerbsvorteilen im **Vertrieb** aus der Sicht von Automobilherstellern heute eine zentrale Bedeutung ein. Das Bemühen

---

[9] Vgl. *Vicario, F.*, Regulation of the Italian Franchise Association, unveröffentlichtes Manuskript anläßlich eines Vortrags im Rahmen der Sonderveranstaltung „Franchise Regulation vs. Self-Regulation" bei der 5th European Franchise Convention am 15. Juni 1995 in Essen, S. 1 ff.

[10] Dabei ist zu berücksichtigen, daß der Europäische Verhaltenskodex für das Franchising nur relativ pauschale Regelungen mit Bezug zur innengerichteten Systemführung umfaßt. Vgl. hierzu *Deutscher Franchise-Verband e.V. (Hrsg.)*, Europäischer Verhaltenskodex für Franchising, zugleich Ehrenkodex für Mitglieder des Deutschen Franchise-Verbandes e.V., München (gültig ab 1. Januar 1992), in: Jahrbuch Franchising 1994, a.a.O., S. 201 ff.

der Hersteller zielt angesichts dieser Profilierungsproblematik auf eine stärkere Integration aller hersteller- und händlerseitig ergriffenen, endkundengerichteten Marketingmaßnahmen.[11] Hier offenbaren sich interessante **Transferpotentiale** für Elemente des partnerschaftlich-interaktiven Führungstyps auf die im Automobilbereich vorherrschenden Vertragshändlersysteme.

So hat die Analyse des partnerschaftlich-interaktiven Führungstyps verdeutlicht, daß eine hohe Beziehungsqualität im Innenverhältnis, wie sie die Grundlage eines integrierten Einsatzes aller endkundengerichteten Marketingmaßnahmen darstellt, weniger durch ein primär auf vertragliche Regelungen gestütztes Führungsverhalten, sondern über starke partizipative, unterstützende und kommunikative Elemente erreicht werden kann. Daher bietet sich Automobilherstellern die Möglichkeit, über die Implementierung derartiger partnerschaftlich-interaktiver Verhaltensmuster in die Führung ihrer Vertragshändler auch ohne eine entsprechend stärkere vertragliche Regelung des Innenverhältnisses, die den wesentlichen Unterschied zwischen dem klassischen Vertragshändler- und dem Franchisevertrag bildet, eine stärkere Systemintegration sicherzustellen. De facto kommt es damit zu einer franchisesystemähnlichen Führung von Vertragshändlersystemen, wie sie sich teilweise bereits in den Händlernetzen der Automobilhersteller herauszubilden beginnt, und die infolge zu erwartender systeminterner Widerstände erfolgversprechender erscheint als der Versuch, die bestehenden Systeme auf Franchising umzustellen.[12]

(2) Aus dem Leitbild der partnerschaftlich-interaktiven Führung ergeben sich andererseits Implikationen für **klassische Niederlassungs- und Filialsysteme**. Zumindest in Teilbereichen erscheint eine Übertragung der als Erfolgsfaktoren der Führung von Franchisesystemen identifizierten Führungsdimensionen möglich, um insbesondere den diesem Systemtyp immanenten Motivations- und Effizienzproblemen entgegenzuwirken. Dies betrifft primär eine Forcierung der Partizipation von Niederlassungs- und

---

[11] Vgl. o.V., Opel: Es geht nicht darum, die Margen der Händler zu reduzieren, in: FAZ vom 27. Mai 1995, S. 15.

[12] Vgl. o.V., Opel: Es geht nicht darum, die Margen der Händler zu reduzieren, a.a.O., S. 15. Opel hat z.B. ein sog. Partner-Forum eingerichtet, das umfassende Partizipationsmöglichkeiten der Vertragshändler vorsieht und dessen Funktionen damit weit über die der üblichen Händler-Beiräte hinausgehen.

Filialleitern, die Ablösung der traditionellen Filialrevision durch ein stärker dienstleistungsorientiertes Niederlassungs- und Filial-Controlling sowie die Herausbildung einer ausgeprägten Personenorientierung in der Führung. Zudem kann über einen derartigen Wandel des Führungsverhaltens die Basis für eine mittelfristige Umstellung von Filialen auf franchisierte Outlets gelegt werden, bei der den Filialgeschäftsführern Franchiseverträge und damit die Möglichkeit der unternehmerischen Selbständigkeit angeboten werden.

In diesem Zusammenhang haben die empirischen Befunde aber auch gezeigt, daß eine erfolgreiche Führung von Franchisesystemen vor allem in schwierigen Markt- und Wettbewerbssituationen eine hohe **Intensität der Verhaltensbeeinflussung** von Franchisenehmern erfordert. Die dem Franchising immanente Anreizwirkung durch die unternehmerische Selbständigkeit der Franchisenehmer reicht also als Motor einer dauerhaft erfolgreichen Systementwicklung keinesfalls aus. Unternehmen, die angesichts zweifellos vorhandener komparativer Vorteile des Franchising gegenüber alternativen Organisationsformen der absatzmarktgerichteten Aktivitäten eine Umstellung von Niederlassungs- und Filialnetzen auf Franchising erwägen, müssen daher in Betracht ziehen, daß die innengerichtete Systemführung eines Franchisesystems vermutlich eher höhere und nicht etwa geringere **Anforderungen an das Systemmanagement** stellt.

3. Implikationen für weiterführende Forschungsarbeiten

Gemäß den formulierten Untersuchungszielen wurde mit der vorliegenden Arbeit versucht, ein Fundament für die Erfassung, Erklärung und Beurteilung des Führungsverhaltens in Franchisesystemen zu legen. Aufgrund der gewählten Untersuchungsperspektive, des zugrunde gelegten Theoriegerüsts sowie einer angesichts der Breite des Untersuchungsspektrums gebotenen Konzentration auf die zentralen Zusammenhänge bieten sich verschiedene Ansatzpunkte für weiterführende Forschungsarbeiten auf dem Gebiet der interorganisationalen Führung im allgemeinen und der Führung von Franchisesystemen im besonderen:

(1) Ein erster wesentlicher Ansatzpunkt zur Erweiterung und Vertiefung der Ergebnisse der vorliegenden Arbeit besteht in der Durchführung ebenfalls großzahliger empirischer Untersuchungen, die eine **spiegelbildliche Perspektive** einnehmen und anstelle von Systemzentralen eine systemüber-

greifende Befragung von Franchisenehmern vorsehen. Dabei können in Weiterführung der zentralen Befunde dieser Arbeit solche Befragungsdesigns gewählt werden, bei denen für jeden der fünf identifizierten Führungstypen eine jeweils **repräsentative Stichprobe von Franchisenehmern** befragt wird.

Dazu reicht ein wesentlich engerer Systemfokus mit jeweils wenigen, exemplarisch für die Franchisenehmerbefragung ausgewählten Franchisesystemen pro Führungstyp aus. Zentrale Zielsetzungen einer solchen spiegelbildlichen Befragung können z.B in der Analyse des **wahrgenommenen Führungsverhaltens** der Systemzentrale aus Franchisenehmersicht und in der Ableitung einer **Franchisenehmertypologie** bestehen. Damit können einerseits weitere Erklärungsbeiträge für die Entstehung der fünf identifizierten Führungstypen und andererseits zusätzliche wichtige Befunde für die zielgerichtete Verhaltensbeeinflussung der Franchisenehmer gewonnen werden.

(2) Wie die vorliegende Arbeit gezeigt hat, besteht in der **typologischen Methode** in Verbindung mit statistischen Klassifizierungsverfahren ein leistungsfähiger Ansatz zu einer wesentlichen Reduzierung der Komplexität bei der Untersuchung interorganisationaler Führungsphänomene. Daher kann eine Erweiterung des Untersuchungsfokus auf verwandte **netzwerkartige Organisationsformen** mit dem Versuch, entweder die identifizierten Führungstypen bei einer entsprechenden systembezogenen Anpassung der relevanten Führungsdimensionen zu replizieren oder aber eigenständige Führungstypen zu identifizieren, das Verständnis interorganisationaler Führungsphänomene wesentlich vertiefen. Die hohe Anschaulichkeit einer Typologisierung im Gegensatz zu einer rein dimensionsbezogenen Betrachtung erleichtert zudem den Praxistransfer der Ergebnisse.[13]

(3) Ebenfalls auf der Grundlage der abgeleiteten Führungstypologie erscheint es sinnvoll, eine tiefergehende, **fallstudienartige Analyse** einzelner Franchisesysteme für jeden Führungstyp anzustellen. Zumindest zwei zentrale

---

[13] Wie erste Diskussionen der im Rahmen dieser Arbeit gebildeten Typologie mit Führungskräften aus bundesdeutschen Franchisesystemen gezeigt haben, bieten Typen aufgrund ihres mittleren Aggregationsgrades eine bessere Orientierungsmöglichkeit als eine rein dimensionsbezogene Betrachtung und ermöglichen damit eine präzisere Eigeneinschätzung des realisierten Führungsverhaltens. Dementsprechend wird die Ableitung von Schlußfolgerungen für die Anpassung des eigenen Führungsverhaltens wesentlich erleichtert.

Zielsetzungen lassen sich für derartige Fallstudienerhebungen festhalten: Zum einen kann über derartige Einzelfallbetrachtungen ein noch besseres Verständnis des Zusammenhangs zwischen dem situativen Kontext einerseits sowie der absatzmarkt- und der innengerichteten Führung andererseits gefördert werden, wie sie durch die empirischen Befunde als besonders erfolgskritisch identifiziert werden konnten.

Zum anderen erweist sich ein derartiges Vorgehen insbesondere dann als wertvoll, wenn Systeme untersucht werden, die eine Anpassung des realisierten Führungsverhaltens anstreben oder bereits vollziehen. Hier können wichtige Erkenntnisse für das o.g. **Management des geplanten Wandels** in Franchisesystemen gewonnen werden, das angesichts des hohen Anteils von Systemzentralen, deren Führungsverhalten Defizite aufweist, eine zentrale Herausforderung für zahlreiche Franchisesysteme bilden dürfte.

(4) Die Untersuchung derartiger **Wandlungs- bzw. Anpassungsprozesse** des Führungsverhaltens, die aufgrund des Querschnittscharakters dieser Untersuchung notwendigerweise empirisch nicht geleistet werden konnte, dürfte genügend Potential für eigenständige Forschungsarbeiten nicht nur in Form der zuvor genannten **Einzelfallbetrachtungen**, sondern auch anhand **repräsentativer Längsschnittanalysen** bieten. Zentrale Problemstellungen richten sich in diesem Zusammenhang z.B. auf die Frage, ob sich Anpassungsprozesse angesichts des kooperativen Charakters von Franchisesystemen und der damit verbundenen Notwendigkeit einer Konsenserzielung zwischen den Systemmitgliedern zur Durchsetzung von Veränderungen eher diskontinuierlich und tiefgreifend oder aber evolutorisch-graduell vollziehen. Die Ergebnisse der im Vorfeld des vorliegenden Forschungsprojektes erhobenen Fallstudien scheinen darauf hinzudeuten, daß anders als in verwandten Organisationsformen diskontinuierlichen und tiefgreifenden Anpassungsschritten im Entwicklungszyklus von Franchisesystemen eine besonders hohe Bedeutung zukommt.

(5) Für die Erklärung unterschiedlicher Führungstypen erscheint eine tiefergehende Analyse des Einflusses von **Werten, Handlungsnormen und Überzeugungen** der Führungskräfte in Systemzentralen auf das Führungsverhalten fruchtbar.[14] Wurde die Systemzentrale in der vorliegenden Arbeit

---

[14] Vgl. hierzu die hohen Erklärungsbeiträge, die für die Vertrags- und Vertrauensorientierung als Merkmale der Systemkultur in Kap. C 3.33 ermittelt worden sind.

als einheitlich entscheidende und handelnde Kollektivinstanz behandelt, so kann von einer differenzierteren Erfassung der in die Systemführung involvierten Personen und der zwischen diesen bestehenden Beziehungen - ähnlich wie z.B. bei Buying Center-Konzepten im Bereich des Investitionsgütermarketing - ein tieferes Verständnis des Ablaufs von Führungsprozessen und der Herausbildung spezifischer Führungstypen ausgehen.

Ferner zeigen gerade Beispiele besonders erfolgreicher Franchisesysteme, daß oftmals charismatische Führerpersönlichkeiten die Systementwicklung nach der Gründung über lange Jahre hinweg maßgeblich bestimmen. Deren Persönlichkeitsstruktur dürfte einen wesentlichen Einfluß auf das innengerichtete Führungsverhalten besitzen. Eine solche Integration von **Persönlichkeitsfaktoren** der mit der Systemführung betrauten Führungskräfte und Mitarbeiter in Systemzentralen würde im Ergebnis zu einer noch stärkeren **verhaltenswissenschaftlichen Fundierung** des kontingenztheoretischen Ansatzes führen, wie er der vorliegenden Arbeit zugrunde liegt.[15]

(6) Hinsichtlich der Erfolgswirkungen der Führung mußte aus befragungstechnischen Gründen auf eine Erhebung objektiver Daten zugunsten der Verwendung von **subjektiv eingeschätzten Zielerreichungsgraden** verzichtet werden. Da aus der in der vorliegenden Arbeit erzielten hohen Rücklaufquote und der geringen Zahl unvollständig bearbeiteter Fragebögen vermutlich auf eine gleichfalls hohe Bereitschaft von Systemzentralen zur Teilnahme an empirischen Befragungen geschlossen werden kann, empfiehlt sich für zukünftige Untersuchungen die zusätzliche Berücksichtigung **objektiver Erfolgsgrößen**. Dadurch kann eine Verzerrung der Erfolgseinschätzung durch unterschiedliche Zielprioritäten, wie sie bei der Heranziehung von Zielerreichungsgraden als Erfolgsindikatoren in Kauf genommen werden muß, verhindert und eine Validitätserhöhung der Erfolgsmessung erreicht werden.

(7) Die Erklärung der identifizierten Führungstypen im Rahmen des zugrunde gelegten kontingenztheoretischen Ansatzes stützte sich schwerpunktmäßig auf organisations-, führungs- und verhaltenstheoretische Erkenntnisse. Der

---

[15] Möglicherweise liegt hierin eine weitere Einflußfaktorenkategorie, anhand derer das noch bestehende Erklärungsdefizit für die Entstehung differenzierter Führungstypen z.T. geheilt werden kann.

kontingenztheoretische Bezugsrahmen erweist sich aufgrund seiner konzeptionellen Offenheit aber auch für eine Integration alternativer theoretischer Ansätze als in besonderem Maße geeignet. Weiterführende Einsichten in die Entstehung und relative Vorteilhaftigkeit der einzelnen Führungstypen könnten hier von einer stärkeren Berücksichtigung der **Neuen Institutionen-Ökonomik** ausgehen.

So stützt sich beispielsweise der partnerschaftlich-interaktive Führungstyp offensichtlich auf ganz andere Kontroll- und Steuerungsmechanismen als etwa der autoritär-minimalistische Führungstyp. Hier offenbart sich ein Anwendungsfall für die **Principal Agent-Theorie**, in deren Mittelpunkt die optimale Gestaltung von Auftragsbeziehungen steht, die durch Informationsasymmetrien und Zielkonflikte gekennzeichnet sind. Eine wesentliche Bewährungsprobe für die Erklärungsmächtigkeit dieses Ansatzes dürfte nicht zuletzt darin bestehen, ob mit seiner Hilfe der hohe Differenzierungsgrad realen Führungsverhaltens, wie er sich in der Existenz von fünf stark divergierenden Führungstypen zeigt, begründet werden kann. Aus der Sicht der **Transaktionskostentheorie** wäre andererseits z.B. zu untersuchen, inwieweit die durch unterschiedliche Markt- und Wettbewerbsbedingungen induzierte **Unsicherheit der Transaktionssituation** differenzierte Führungstypen bedingt, die in der Terminologie der Transaktionskostentheorie als institutionelle Koordinationsstrukturen interpretiert werden können.[16]

Insgesamt verdeutlichen die Implikationen für die wirtschaftswissenschaftliche Forschung, daß zu einer vollständigen Erklärung und Wirkungsbeurteilung des Führungsverhaltens in Franchisesystemen noch eine Reihe wichtiger Problemstellungen einer Lösung zuzuführen sind. Von der Bereitstellung auch für die Unternehmenspraxis unmittelbar umsetzbarer Handlungsempfehlungen dürfte dabei ein nicht unwesentlicher Impuls für die weitere Entwicklung des Franchising ausgehen. Nachdem die Rechtswissenschaft bereits seit den achtziger Jahren das Franchising als Domäne erkannt und in der Folgezeit eine Vielzahl von Forschungsergebnissen vorgelegt hat, ist vor allem die Betriebswirtschaftslehre aufgefordert, ihr auf diesem Weg zu folgen.

---

[16] Sofern die aufgezeigten Fragen mit dem Instrumentarium der Neuen Institutionen-Ökonomik beantwortet werden können, kann diese aus der bislang vorherrschenden Erklärungsfunktion für die Vorteilhaftigkeit des Franchising gegenüber alternativen Organisationsformen herausgelöst werden und für die aus betriebswirtschaftlicher Sicht ebenso wichtige Frage der Führung bestehender Franchisesysteme stärkere Verwendung finden.

Gesamtverzeichnis des Anhangs

Anhang 1: Übersicht über die geführten Expertengespräche 323

Anhang 2: Ergänzende Abbildungen und Tabellen 329

Anhang 3: SPSS-Listings der durchgeführten Cluster-, Diskriminanz-, Faktoren- und Kausalanalysen[1] 341

Anhang 4: Fragebogen für die schriftliche Befragung von Systemzentralen 369

---

[1] Auf eine Dokumentation der weiterhin durchgeführten Varianz- und Kontingenzanalysen sowie aller univariaten Statistiken wird verzichtet.

Anhang 1: Übersicht über die geführten Expertengespräche[1]

Datum	Franchisesystem/ Institution	Gesprächspartner	Funktion	Thematik
21/07/1994	ADVISA GmbH/ Leverkusen	T. van der Burgt/ K. van der Burgt	Geschäftsführung	- Besonderheiten der Systemführung (Instrumente, Gestaltungsspielräume, zentrale Probleme etc.) - Spezifika des Systemwachstums
18/01/1995	Alznauer-Lesaar Personalberatung/ Bad Münstereifel u. Leverkusen	M. Alznauer-Lesaar	Geschäftsführer	- Operationalisierung/Messung des Führungserfolgs - Besonderheiten empirischer Befragungen im Franchisesektor - Abgrenzung von Entwicklungsphasen in Franchisesystemen
09/02/1995	Alznauer-Lesaar Personalberatung/ Bad Münstereifel u. Leverkusen	M. Alznauer-Lesaar	Geschäftsführer	- Abgrenzung von Entwicklungsphasen in Franchisesystemen/Besonderheiten der Systementwicklung - Franchisenehmerverhalten - Führungstypen in Franchisesystemen - Spezifika der eingesetzten Führungsinstrumente

[1] Die Expertengespräche wurden jeweils anhand eines Gesprächsleitfadens geführt und dauerten zwischen einer und zweieinhalb Stunden. Jedes Gespräch wurde ausführlich in schriftlicher Form, z.T. auch auf Tonträger, dokumentiert. Auf eine Beifügung der angefertigten Gesprächsprotokolle zum Anhang der vorliegenden Arbeit wird jedoch verzichtet.

Datum	Franchisesystem/ Institution	Gesprächs-partner	Funktion	Thematik
25/07/1994	Deutscher Franchise-Verband/München	H. Lang	Geschäftsführer	- Grundlagen der Systemführung - Besonderheiten des Systemwachstums - Kooperationsmöglichkeiten bzgl. Forschungsprojekt
05/01/1995	Deutscher Franchise-Verband/München	H. Lang	Geschäftsführer	- Diskussion zentraler Führungsinstrumente/-dimensionen in Franchisesystemen - zentrale Konfliktfelder in Franchisesystemen und Konfliktregelungsmechanismen - Konkretisierung der Systembefragung (Zeitplan, Stichprobe etc.)
02/03/1995	Deutscher Franchise-Verband/München	H. Lang	Geschäftsführer	- Diskussion Fragebogen (Praxisrelevanz, Verständlichkeit etc.)
25/07/1995	Verband der Franchise-Nehmer	J. Holländer	Geschäftsführerin	- Verbandsziele, -aufgaben und -leistungen/Gründungsmotive - Beurteilung des Führungsverhaltens deutscher Franchisegeber - Konfliktfelder zwischen FN und FG - Beurteilung der gängigen Vertragsgestaltung - (typische) Verhaltensmuster von Franchisenehmern - zentrale Anpassungs- und Reformbedarfe aus Verbandssicht

Datum	Franchisesystem/ Institution	Gesprächs- partner	Funktion	Thematik
17/06/1994	Milchhof Eiskrem GmbH & Co.KG/ Zentrale Mettmann	H. von Hanstein	Unternehmens- sprecher	- Grundlagen der Systemführung - Möglichkeiten für Fallstudien- erhebung bei Eismann
05/08/1994	Milchhof Eiskrem GmbH & Co.KG/ NL Castrop-Rauxel	W.-D. Nolte	Franchisenehmer	- Motive für Systembeitritt - Ablauf Auswahlverfahren/Betriebs- eröffnung - FN-Controlling durch die System- zentrale/NL (Planungs-, Kontroll-, Informationssysteme)
16/08/1994	Milchhof Eiskrem GmbH & Co.KG/ NL Castrop-Rauxel	W.-D. Nolte	Franchisenehmer	- Anreiz- und Entgeltsysteme - Schulungs-/Weiterbildungssysteme - Stärken/Schwächen-Analyse der Systemführung aus FN-Sicht (sub- jektive Wahrnehmung des Füh- rungsverhaltens) - Konfliktfelder
18/08/1994	Milchhof Eiskrem GmbH & Co.KG/ Zentrale Mettmann	U. Floto	Hauptgeschäfts- führer	- generelle Beurteilung des Franchi- sing - Diskussion der durchgeführten Systemreformen - zentrale Probleme der innengerich- teten Führung in konsolidierenden Systemen

Datum	Franchisesystem/ Institution	Gesprächspartner	Funktion	Thematik
18/08/1994	Milchhof Eiskrem GmbH & Co.KG/ Zentrale Mettmann	H. Kaiser	Leiter Personalreferat Vertrieb	- Auswahlverfahren für Franchisenehmer - Besonderheiten des Franchisenehmerverhaltens und Konsequenzen für die innengerichtete Systemführung
09/09/1994	Milchhof Eiskrem GmbH & Co.KG/ Zentrale Mettmann	Hr. Brüninghaus	Geschäftsführung	- Analyse der Systementwicklung bei Eismann - Analyse der Anreizsysteme sonst. Detailprobleme der Systemführung - Perspektiven für die Systementwicklung
20/10/1994	Milchhof Eiskrem GmbH & Co.KG/ Zentrale Mettmann	Dr. Zacharias/ Dr. Sitter	Geschäftsführung	- Analyse des Eismann-Informationssystems (FN-Controlling) - Analyse der Systemstruktur - Perspektiven für die Systementwicklung
16/01/1995	Milchhof Eiskrem GmbH & Co.KG/ NL Mettmann	Hr. Müller	Regional-Vertriebsleiter (RVL)	- Auswahl und Führung der RVL durch die Zentrale - Bestandsaufnahme Systemführung - Stärken/Schwächen-Analyse des Führungsverhaltens - Besonderheiten der Führung der FN durch RVL

Datum	Franchisesystem/ Institution	Gesprächs-partner	Funktion	Thematik
25/10/1994	Joey`s Pizza Service GmbH/Outlet Münster	R. Wachsmann	Franchisenehmer	- Motive für Systembeitritt - Ablauf Auswahlverfahren/Betriebseröffnung - FN-Controlling durch die Systemzentrale/NL (Planungs-, Kontroll-, Informationssysteme)
21/12/1994	Joey`s Pizza Service GmbH/Outlet Münster	R. Wachsmann	Franchisenehmer	- Anreiz- und Entgeltsysteme - Schulungs-/Weiterbildungssysteme - Stärken/Schwächen-Analyse der Systemführung aus FN-Sicht (subjektive Wahrnehmung des Führungsverhaltens) - Konfliktfelder
18/07/1995	Joey`s Pizza Service GmbH/Systemzentrale Hamburg	C. Gerlach/ Ch. Niemax	Geschäftsführer	- Besonderheiten der innengerichteten Führung in schnell wachsenden Systemen (Gremienarbeit, Rigidität, FN-Controlling, Systemkommunikation etc.) - Management des Wachstumsprozesses - Systemdemographie

Datum	Franchisesystem/ Institution	Gesprächs-partner	Funktion	Thematik
09/03/1995	grillmaster SYSTEM BETR.GES. mbH/ Zentrale Brüggen	Fr. Heynen	Geschäftsleitung	- Besonderheiten der innengerichteten Systemführung (Gremienarbeit, Rigidität, FN-Controlling, Systemkommunikation etc.) - Anforderungen an die (Verhaltens-) Kontrolle der FN in Systemen des Gastronomiebereichs - Systemdemographie
09/03/1995	Studienkreis F+P/ Systemzentrale Bochum	W. Feyh	Leiter Franchise- u. Partner-Abteil.	- Besonderheiten der innengerichteten Führung in schnell wachsenden Systemen (Gremienarbeit, Rigidität, FN-Controlling, Systemkommunikation etc.)
19/07/1995	Studienkreis F+P/ Systemzentrale Bochum	W. Feyh	Leiter Franchise- u. Partner-Abteil.	- Besonderheiten der innengerichteten Führung in schnell wachsenden Systemen (Gremienarbeit, Rigidität, FN-Controlling, Systemkommunikation etc.) - Management des Wachstumsprozesses - Systemdemographie

Anhang 2: Ergänzende Abbildungen und Tabellen

Anhangsverzeichnis

Abbildungen

Abb. A-01: Schrittweise Agglomeration der 5 Cluster-Lösung (Führungstypen) 330

Abb. A-02: Explorative Faktorenanalyse für die Variablen der Markt- und Wettbewerbssituation 331

Abb. A-03: Vollständiges LISREL-Modell für den Strategieeinfluß auf die strukturellen Führungsdimensionen (Modell 1) 332

Abb. A-04: Vollständiges LISREL-Modell für den Strategieeinfluß auf die technokratischen Führungsdimensionen (Modell 2) 333

Abb. A-05: Vollständiges LISREL-Modell für den Strategieeinfluß auf die personellen Führungsdimensionen (Modell 3) 334

Tabellen

Tab. A-01a: Synopse der wichtigsten Definitionen des Franchise-Begriffs (Teil 1) 335

Tab. A-01b: Synopse der wichtigsten Definitionen des Franchise-Begriffs (Teil 2) 336

Tab. A-02: Interkorrelationen der Führungsdimensionen gemäß der konfirmatorischen Faktorenanalyse 2. Ordnung 337

Tab. A-03: Klassifikationsmatrix der schrittweisen Diskriminanzanalyse für die ermittelten Führungstypen 338

Tab. A-04: Klassifikationsmatrix der Diskriminanzanalyse für die ermittelten Kontexttypen 339

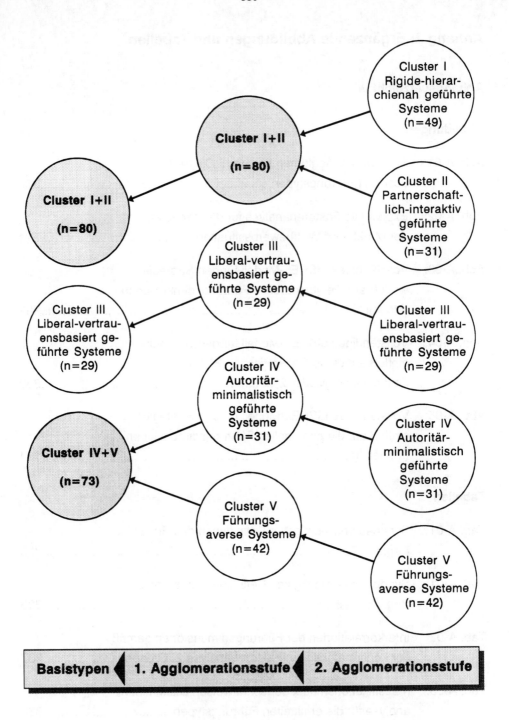

Abb. A-01: Schrittweise Agglomeration der 5 Cluster-Lösung (Führungstypen)

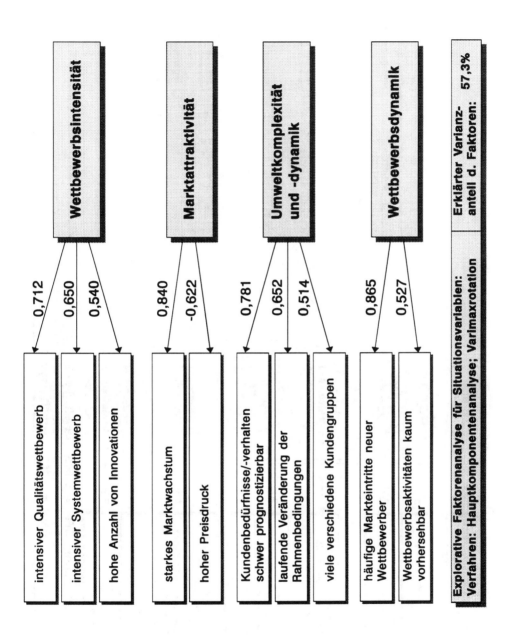

Abb. A-02: Explorative Faktorenanalyse für die Variablen der Markt- und Wettbewerbssituation

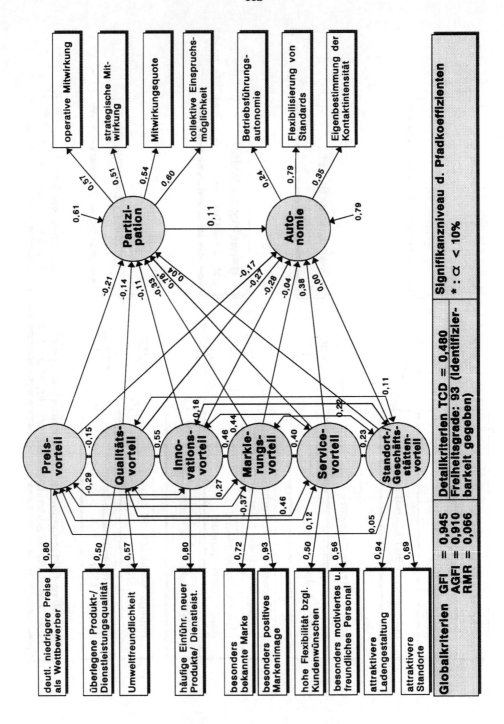

Abb. A-03: Vollständiges LISREL-Modell für den Strategieeinfluß auf die strukturellen Führungsdimensionen (Modell 1)

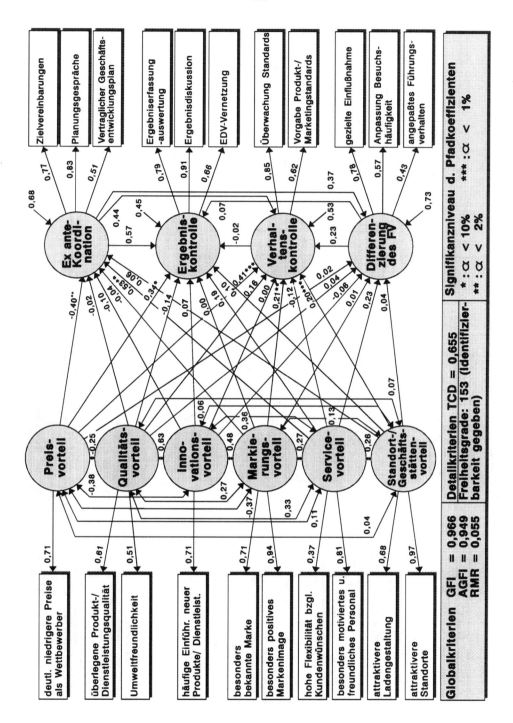

Abb. A-04: Vollständiges LISREL-Modell für den Strategieeinfluß auf die technokratischen Führungsdimensionen (Modell 2)

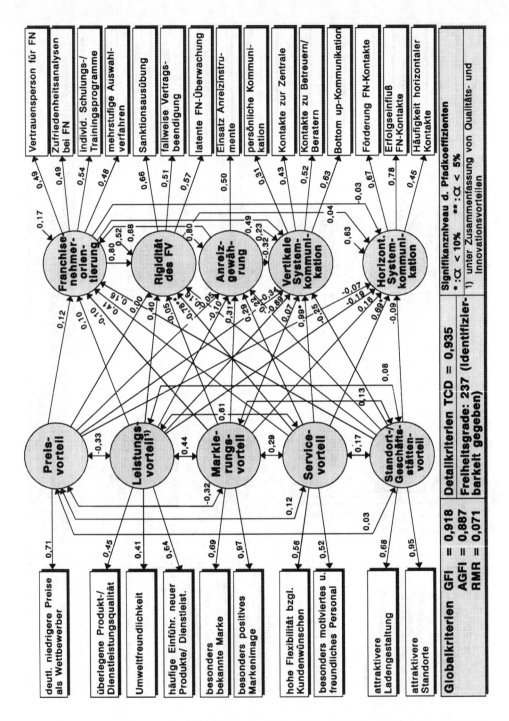

Abb. A-05: Vollständiges LISREL-Modell für den Strategieeinfluß auf die personellen Führungsdimensionen (Modell 3)

Autoren Merkmalsgruppen	Kaub	Ahlert	Bauder	Orthmann	Metzlaff	Martinek	Beyer	Europ. Verhaltenskodex	GFVO	Baumgarten
Wirtschaftswissensch. Def. (W)/Jurist. Def. (J)	W	W	J/W	W	J	J/W	W	W	J/W	J
① Systembezogene Merkmale										
• vertikale Organisat.-struktur	x	x	x	x	x	x	x	(x)	(x)	x
• kooperative Beziehung mit hoher Interaktionsintensität	x	x		x	x	x	x	(x)		x
② Vertragsrechtliche Merkmale										
• dauerhaft bindender schriftlicher Vertrag (Individualvertrag)	x	x	(x)	x	(x)	x	x	x	(x)	x
• Dauerschuldverhältnis	x	(x)	x	x	x	(x)[1]				(x)
③ Statusbezogene Merkmale										
• rechtliche u. finanzielle Selbständigkeit des FN (sowie des FG)	x	(x)	x	x	x	(x)[2]	(x)	x	x	x
• Systemführerschaft des FG durch Einräumung von Weisungs- und Kontrollrechten	(x)	(x)	x	x	x	(x)[2]	(x)	(x)	x	x

Legende: x : = explizite Nennung
(x): = Merkmale nur teilweise/unvollst./ implizit erfaßt

[1] teilweise, je nach Interessenstrukturtyp des Franchising
[2] mit deutl. Unterschieden zwischen den Interessenstrukturtypen

Tab. A-01a: Synopse der wichtigsten Definitionen des Franchise-Begriffs (Teil 1)

Autoren / Merkmalsgruppen	Kaub	Ahlert	Bauder	Orthmann	Metzlaff	Martinek	Beyer	Europ. Verhaltenskodex	GFVO	Baumgarten
Wirtschaftswissensch.-Def. (W)/Jurist. Def. (J)	W	W	J/W	W	J	J/W	W	W	J/W	J
④ Marketingbezogene Merkmale										
• vertikales Absatzsystem	x	x	x	x	x	x	x	x	x	x
• einheitlicher Marktauftritt	x			x	(x)	x			x	x
⑤ Funktionale Merkmale										
• arbeitsteiliges Leistungsprogramm	x	x	x	x	(x)	x	(x)	(x)		x
• dauerhafte, bilaterale Verpflichtungen und Rechte zur Erfüllung des Systemzwecks	x			x	x	x	x	x		x

Legende: x : = explizite Nennung
(x): = Merkmale nur teilweise/unvollst./ implizit erfaßt

Tab. A-01b: Synopse der wichtigsten Definitionen des Franchise-Begriffs (Teil 2)

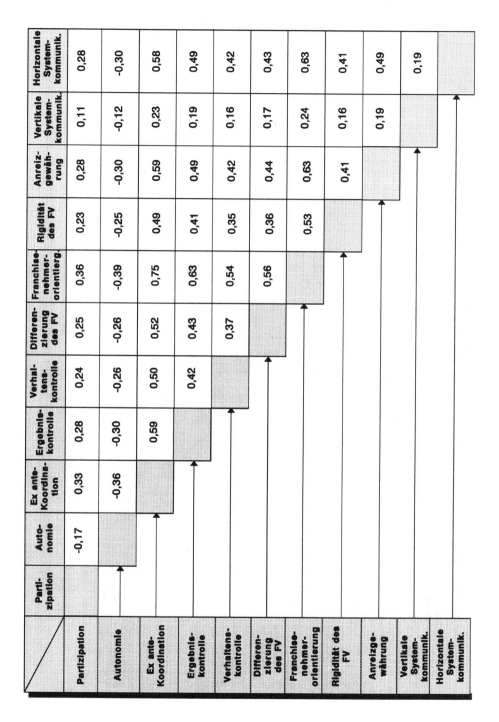

Tab. A-02: Interkorrelationen der Führungsdimensionen gemäß der konfirmatorischen Faktorenanalyse 2. Ordnung

Geschätzte Cluster-zugehörigkeit auf Basis der Diskriminanzanalyse / tatsächliche Clusterzugehörigkeit gemäß Clusteranalyse		Cluster I - Rigide-hierarchienah geführte Systeme n=52	Cluster II - Partnerschaftlich-interaktiv geführte Systeme n=26	Cluster III - Liberal-vertrauensbasiert geführte Systeme n=30	Cluster IV - Autoritär-minimalistisch geführte Systeme n=32	Cluster V - Führungsaverse Systeme n=42
Cluster I	Rigide-hierarchienah geführte Systeme n=49	n=46 / 93,9%	0 / 0%	0 / 0%	n=2 / 4,1%	n=1 / 2,0%
Cluster II	Partnerschaftlich-interaktiv geführte Systeme n=31	n=4 / 12,9%	n=25 / 80,6%	n=1 / 3,2%	n=1 / 3,2%	0 / 0%
Cluster III	Liberal-vertrauensbasiert geführte Systeme n=29	0 / 0%	n=1 / 3,4%	n=24 / 82,8%	n=1 / 3,4%	n=3 / 10,3%
Cluster IV	Autoritär-minimalistisch geführte Systeme n=31	n=2 / 6,5%	0 / 0%	0 / 0%	n=28 / 90,3%	n=1 / 3,2%
Cluster V	Führungsaverse Systeme n=42	0 / 0%	0 / 0%	n=5 / 11,9%	0 / 0%	n=37 / 88,1%

Anteil korrekt klassifizierter Fälle bei reduzierter Variablenstruktur = 87,91%

Tab. A-03: Klassifikationsmatrix der schrittweisen Diskriminanzanalyse für die ermittelten Führungstypen

Geschätzte Cluster-zugehörigkeit auf Basis der Diskriminanzanalyse → tatsächliche Clusterzugehörigkeit gemäß Clusteranalyse ↓		Cluster I Komplexe Wachstums-märkte n=38	Cluster II Fragmentierte Märkte n=56	Cluster III Attraktive (Nischen-) Märkte n=77
Cluster I	Komplexe Wachstums-märkte n=40	n=32 80,0%	n=2 5,0%	n=6 15,0%
Cluster II	Fragmentierte Märkte n=54	n=2 3,7%	n=47 87,0%	n=5 9,3%
Cluster III	Attraktive (Nischen-) Märkte n=77	n=4 5,2%	n=7 9,1%	n=66 85,7%

Anteil korrekt klassifizierter Fälle = 84,80%

Tab. A-04: Klassifikationsmatrix der Diskriminanzanalyse für die ermittelten Kontexttypen

Anhang 3: SPSS-Listings der durchgeführten Cluster-, Diskriminanz-, Faktoren- und Kausalanalysen

Anhangsverzeichnis

1. Konfirmatorische Faktorenanalyse 2. Ordnung für das Modell der innengerichteten Systemführung — 343

2. Clusteranalyse über die 33 Führungsvariablen: Verfahrensspezifikation und Verlauf des Fusionierungsprozesses — 346

3. Diskriminanzanalyse für die ermittelten Führungstypen: Verfahrensspezifikation, Diskriminanzfunktionen und Klassifikationsmatrix — 346

4. Schrittweise Diskriminanzanalyse für die ermittelten Führungstypen: Verfahrensspezifikation, Diskriminanzfunktionen und Klassifikationsmatrix — 348

5. Explorative Faktorenanalyse für die Variablen der Markt- und Wettbewerbssituation — 350

6. Diskriminanzanalyse für die ermittelten Situationstypen: Diskriminanzfunktionen und Klassifikationsmatrix — 351

7. Konfirmatorische Faktorenanalyse 1. Ordnung für die Systemziele — 352

8. Konfirmatorische Faktorenanalyse 1. Ordnung für die Strategiedimensionen — 353

9. Vollständiges LISREL-Modell 1: Strategie erklärt strukturelle Führungsdimensionen — 354

10. Vollständiges LISREL-Modell 2: Strategie erklärt technokratische Führungsdimensionen — 356

11. Vollständiges LISREL-Modell 3: Strategie erklärt personelle Führungsdimensionen — 358

12. Konfirmatorische Faktorenanalyse 1. Ordnung für das Modell des Franchisenehmerverhaltens — 360

13. Konfirmatorische Faktorenanalyse 1. Ordnung für das Modell des Systemerfolgs — 361

14. Vollständiges LISREL-Modell 4: Strukturelle Führungsdimensionen erklären Erfolg — 362

15. Vollständiges LISREL-Modell 5: Technokratische Führungsdimensionen erklären Erfolg — 363

16. Vollständiges LISREL-Modell 6: Personelle Führungsdimensionen erklären Erfolg — 365

Anhang 3

1. Konfirmatorische Faktorenanalyse 2. Ordnung für das Modell der innengerichteten Systemführung

Globalwerte

```
TOTAL COEFFICIENT OF DETERMINATION FOR STRUCTURAL EQUATIONS IS    .921

         CHI-SQUARE WITH 491 DEGREES OF FREEDOM =   933.86 (P = .000)

                       GOODNESS OF FIT INDEX = .873
              ADJUSTED GOODNESS OF FIT INDEX = .855
                    ROOT MEAN SQUARE RESIDUAL =      .089
```

T-VALUES

```
         GAMMA

         FUEHRUNG
        ---------
AUTO     -3.1769
PARTI     3.4294
KOORD     4.4689
ANREIZ    3.3949
VERK      4.8866
ERGK      5.8357
RIGID     4.4999
DIFFFV    4.6791
FNORI     2.3663
VKOMM     3.5886
HKOMM     4.4476
```

STANDARDIZED SOLUTION

         LAMBDA Y

	AUTO	PARTI	KOORD	ANREIZ	VERK	ERGK
F10_G	.4927	.0000	.0000	.0000	.0000	.0000
F10_I	.4841	.0000	.0000	.0000	.0000	.0000
F10_A	.0000	.5446	.0000	.0000	.0000	.0000
F10_B	.0000	.4960	.0000	.0000	.0000	.0000
F10_C	.0000	.6469	.0000	.0000	.0000	.0000
F10_D	.0000	.3267	.0000	.0000	.0000	.0000
F11_F	.0000	.0000	.8315	.0000	.0000	.0000
F11_G	.0000	.0000	.7703	.0000	.0000	.0000
F11_H	.0000	.0000	.5199	.0000	.0000	.0000
F11_I	.0000	.0000	.0000	.4222	.0000	.0000
F10_E	.0000	.0000	.0000	.0000	.6192	.0000
F10_F	.4540	.0000	.0000	.0000	.0000	.0000
F11_D	.0000	.0000	.0000	.0000	.8470	.0000
F11_A	.0000	.0000	.0000	.0000	.0000	.7858
F11_B	.0000	.0000	.0000	.0000	.0000	.9071
F11_C	.0000	.0000	.0000	.0000	.0000	.6577

LAMBDA Y

	RIGID	DIFFFV	FNORI	VKOMM	HKOMM
F11_E	.6050	.0000	.0000	.0000	.0000
F11_K	.6509	.0000	.0000	.0000	.0000
F11_L	.4678	.0000	.0000	.0000	.0000
F12_A	.0000	.7836	.0000	.0000	.0000
F12_B	.0000	.5706	.0000	.0000	.0000
F12_C	.0000	.4330	.0000	.0000	.0000
F13_C	.0000	.0000	.3860	.0000	.0000
F13_D	.0000	.0000	.4489	.0000	.0000
F11_J	.0000	.0000	.5584	.0000	.0000
F12_E	.0000	.0000	.5207	.0000	.0000
F16B_A	.0000	.0000	.0000	.9871	.0000
F16B_B	.0000	.0000	.0000	.3334	.0000
F16B_C	.0000	.0000	.0000	.0000	.3366
F13B_B	.0000	.0000	.0000	.4156	.0000
F13_E	.0000	.0000	.0000	.5458	.0000
F13_H	.0000	.0000	.0000	.0000	.4105
F13_I	.0000	.0000	.0000	.0000	.5163

GAMMA

	FUEHRUNG
AUTO	-.4283
PARTI	.3962
KOORD	.8340
ANREIZ	.7036
VERK	.5973
ERGK	.7023
RIGID	.5884
DIFFFV	.6187
FNORI	.8990
VKOMM	.2717
HKOMM	.6975

CORRELATION MATRIX OF ETA AND KSI

	AUTO	PARTI	KOORD	ANREIZ	VERK	ERGK
AUTO	1.0000					
PARTI	-.1697	1.0000				
KOORD	-.3572	.3305	1.0000			
ANREIZ	-.3014	.2788	.5868	1.0000		
VERK	-.2559	.2367	.4982	.4203	1.0000	
ERGK	-.3008	.2783	.5857	.4941	.4195	1.0000
RIGID	-.2520	.2331	.4907	.4140	.3515	.4132
DIFFFV	-.2650	.2452	.5161	.4353	.3696	.4345
FNORI	-.3851	.3562	.7498	.6325	.5370	.6314
VKOMM	-.1164	.1077	.2266	.1912	.1623	.1908
HKOMM	-.2988	.2764	.5817	.4907	.4166	.4898
FUEHRUNG	-.4283	.3962	.8340	.7036	.5973	.7023

CORRELATION MATRIX OF ETA AND KSI

	RIGID	DIFFFV	FNORI	VKOMM	HKOMM	FUEHRUNG
RIGID	1.0000					
DIFFFV	.3641	1.0000				
FNORI	.5290	.5563	1.0000			
VKOMM	.1599	.1681	.2443	1.0000		
HKOMM	.4104	.4316	.6271	.1895	1.0000	
FUEHRUNG	.5884	.6187	.8990	.2717	.6975	1.0000

PSI

AUTO	PARTI	KOORD	ANREIZ	VERK	ERGK
.8165	.8430	.3044	.5050	.6432	.5068

RIGID	DIFFFV	FNORI	VKOMM	HKOMM
.6538	.6172	.1918	.9262	.5135

Interkorrelationen der Führungsdimensionen gemäß konfirmatorischer Faktorenanalyse 1. Ordnung

PHI

	AUTO	PARTI	KOORD	ANREIZ	VERK	ERGK
AUTO	1.0000					
PARTI	.1605	1.0000				
KOORD	-.3669	.2481	1.0000			
ANREIZ	-.0634	.0037	.3831	1.0000		
VERK	-.5826	.0270	.4833	.1501	1.0000	
ERGK	-.3110	.3199	.5947	.1441	.4267	1.0000
RIGID	-.4674	.0648	.5590	.1849	.7039	.2734
DIFFFV	-.2450	.2717	.4720	.0692	.4510	.3939
FNORI	-.3083	.3680	.7767	.4033	.4624	.5861
VKOMM	.0271	.2819	.3129	.1079	.0708	.3972
HKOMM	.0289	.5176	.2768	.1356	.0684	.4185

PHI

	RIGID	DIFFFV	FNORI	VKOMM	HKOMM
RIGID	1.0000				
DIFFFV	.6014	1.0000			
FNORI	.5045	.5531	1.0000		
VKOMM	-.1467	.2094	.5188	1.0000	
HKOMM	.0006	.1830	.4043	.3655	1.0000

2. Clusteranalyse über die 33 Führungsvariablen: Verfahrensspezifikation und Verlauf des Fusionierungsprozesses

Verfahrensspezifikation

```
Data Information

        182 unweighted cases accepted.
          0 cases rejected because of missing value.

Squared Euclidean measure used.
```

Agglomeration Schedule using Ward Method (CONT.)

Stage	Clusters Combined		Coefficient	Stage Cluster 1st Appears		Next Stage
	Cluster 1	Cluster 2		Cluster 1	Cluster 2	
170	4	28	5190,616211	167	138	175
171	11	35	5289,979004	159	154	177
172	6	8	5406,308594	166	153	179
173	5	17	5524,089844	155	164	178
174	7	21	5643,980957	165	163	176
175	4	25	5771,138184	170	156	180
176	3	7	5920,233398	169	174	178
177	1	11	6070,834961	168	171	179
178	3	5	6254,821777	176	173	181
179	1	6	6492,158203	177	172	180
180	1	4	6755,722168	179	175	181
181	1	3	7687,823242	180	178	0

3. Diskriminanzanalyse für die ermittelten Führungstypen: Verfahrensspezifikation, Diskriminanzfunktionen und Klassifikationsmatrix

Verfahrensspezifikation

```
Direct method:  all variables passing the tolerance test are entered.

    Minimum tolerance level..................  ,00100

Canonical Discriminant Functions

    Maximum number of functions.............        4
    Minimum cumulative percent of variance... 100,00
    Maximum significance of Wilks' Lambda....   1,0000
```

```
Prior probabilities

   Group    Prior     Label

     1     ,23077
     2     ,26923
     3     ,15934
     4     ,17033
     5     ,17033

   Total   1,00000
```

Canonical Discriminant Functions

```
            Pct of   Cum   Canonical   After  Wilks'
Fcn Eigenvalue Variance Pct   Corr      Fcn   Lambda    Chi-square   df   Sig

                                   :     0   ,029648     569,977    132  ,0000
 1*   4,2027   59,46  59,46  ,8988 :     1   ,154246     302,811     96  ,0000
 2*   1,8247   25,82  85,28  ,8037 :     2   ,435702     134,589     62  ,0000
 3*    ,6471    9,16  94,43  ,6268 :     3   ,717632      53,751     30  ,0049
 4*    ,3935    5,57 100,00  ,5314 :
```

* Marks the 4 canonical discriminant functions remaining in the analysis.

Classification results

```
                    No. of    Predicted Group Membership
  Actual Group      Cases       1         2         3         4
-------------------  ------   --------  --------  --------  --------

Group     1           42        38         0         4         0
                                90,5%     ,0%       9,5%      ,0%

Group     2           49         0        47         0         1
                                ,0%      95,9%      ,0%      2,0%

Group     3           29         1         0        27         0
                                3,4%      ,0%      93,1%      ,0%

Group     4           31         0         4         1        25
                                ,0%      12,9%     3,2%      80,6%

Group     5           31         0         1         0         0
                                ,0%      3,2%      ,0%       ,0%

                    No. of    Predicted Group Membership
  Actual Group      Cases       5
-------------------  ------   --------

Group     1           42         0
                                ,0%

Group     2           49         1
                                2,0%

Group     3           29         1
                                3,4%
```

Group   4   31   1
                                 3,2%

Group   5   31   30
                                96,8%

Percent of "grouped" cases correctly classified: 91,76%

Classification processing summary

        194 (Unweighted) cases were processed.
          0 cases were excluded for missing or out-of-range group codes.
         12 cases had at least one missing discriminating variable.
        182 (Unweighted) cases were used for printed output.

Legende:

Gruppe 1: Führungsaverse Systeme

Gruppe 2: Rigide-hierarchienah geführte Systeme

Gruppe 3: Liberal-vertrauensbasiert geführte Systeme

Gruppe 4: Partnerschaftlich-interaktiv geführte Systeme

Gruppe 5: Autoritär-minimalistisch geführte Systeme

4. Schrittweise Diskriminanzanalyse für die ermittelten Führungstypen: Verfahrensspezifikation, Diskriminanzfunktionen und Klassifikationsmatrix

Verfahrensspezifikation

Stepwise variable selection
    Selection rule: minimize Wilks' Lambda
    Maximum number of steps.................   66
    Minimum tolerance level..................   ,00100
    Maximum significance of F to enter.......   ,02500
    Minimum significance of F to remove......   ,05000

Canonical Discriminant Functions

    Maximum number of functions.............   4
    Minimum cumulative percent of variance... 100,00
    Maximum significance of Wilks' Lambda....   1,0000

Prior probabilities

    Group   Prior   Label

        1   ,23077
        2   ,26923
        3   ,15934
        4   ,17033
        5   ,17033

    Total   1,00000

Summary Table

```
       Action        Vars  Wilks'
Step Entered Removed  in   Lambda   Sig.   Label

  1  F11_B             1   ,56458  ,0000  Ergebnisdiskussion
  2  F11_K             2   ,34325  ,0000  Sanktionen
  3  F11_D             3   ,25946  ,0000  Stand.überwachung
  4  F11_H             4   ,20801  ,0000  Gesch.entwickl.plan
  5  F10_B             5   ,16962  ,0000  strateg.MW
  6  F11_I             6   ,14260  ,0000  Anreizinstrumente
  7  F11_C             7   ,12363  ,0000  EDV-Verbindung
  8  F11_E             8   ,10825  ,0000  versteckteKontrolle
  9  F13_D             9   ,09622  ,0000  Zufriedenh.erheb.
 10  F10_E            10   ,08605  ,0000  Marketingstandards
 11  F13_I            11   ,07800  ,0000  Einfl.Erfahr.austausch
 12  F10_I            12   ,07117  ,0000  Eigenbst.Kontaktintens.
 13  F11_G            13   ,06572  ,0000  Zielvereinbarung
 14  F13_C            14   ,06093  ,0000  Vertrauensperson
```

Canonical Discriminant Functions

```
            Pct of  Cum  Canonical  After  Wilks'
Fcn Eigenvalue Variance Pct   Corr    Fcn   Lambda   Chi-square  df   Sig

                                     0   ,060932    479,856    56  ,0000
 1*  3,4077   65,10  65,10  ,8793  : 1   ,268569    225,462    39  ,0000
 2*  1,2390   23,67  88,78  ,7439  : 2   ,601324     87,229    24  ,0000
 3*   ,3974    7,59  96,37  ,5333  : 3   ,840291     29,842    11  ,0017
 4*   ,1901    3,63 100,00  ,3996  :
```

* Marks the 4 canonical discriminant functions remaining in the analysis.

Classification results

```
                  No. of   Predicted Group Membership
  Actual Group    Cases       1        2        3        4
------------------------------------------------------------------
Group    1         42         37        0        5        0
                             88,1%     ,0%    11,9%      ,0%

Group    2         49          1       46        0        0
                              2,0%   93,9%     ,0%       ,0%

Group    3         29          3        0       24        1
                             10,3%     ,0%    82,8%     3,4%

Group    4         31          0        4        1       25
                              ,0%    12,9%    3,2%     80,6%

Group    5         31          1        2        0        0
                              3,2%    6,5%     ,0%       ,0%
```

```
                        No. of     Predicted Group Membership
    Actual Group        Cases                  5
    ------------------  ------     --------

Group    1               42            0
                                       ,0%

Group    2               49            2
                                      4,1%

Group    3               29            1
                                      3,4%

Group    4               31            1
                                      3,2%

Group    5               31           28
                                     90,3%
```

Percent of "grouped" cases correctly classified: 87,91%

Classification processing summary

```
       194 (Unweighted) cases were processed.
         0 cases were excluded for missing or out-of-range group codes.
        12 cases had at least one missing discriminating variable.
       182 (Unweighted) cases were used for printed output.
```

Legende:

Gruppe 1: Führungsaverse Systeme

Gruppe 2: Rigide-hierarchienah geführte Systeme

Gruppe 3: Liberal-vertrauensbasiert geführte Systeme

Gruppe 4: Partnerschaftlich-interaktiv geführte Systeme

Gruppe 5: Autoritär-minimalistisch geführte Systeme

5. Explorative Faktorenanalyse für die Variablen der Markt- und Wettbewerbssituation

Verfahrensspezifikation

```
Analysis number 1   Pairwise deletion of cases with missing values
Extraction   1 for analysis    1, Principal Components Analysis (PC)
```

Final Statistics:

Variable	Communality	*	Factor	Eigenvalue	Pct of Var	Cum Pct
F01_A	,70086	*	1	2,02609	20,3	20,3
F01_B	,53371	*	2	1,45726	14,6	34,8
F01_C	,53108	*	3	1,17832	11,8	46,6
F01_D	,74143	*	4	1,06664	10,7	57,3
F01_E	,77577	*				
F01_F	,45376	*				
F01_G	,48218	*				
F01_H	,28165	*				
F01_I	,68327	*				
F01_J	,54459	*				

Rotated Factor Matrix:

	Factor 1	Factor 2	Factor 3	Factor 4
F01_I	,78088	-,08429	-,10243	-,23645
F01_J	,65222	,26619	,19275	,10576
F01_H	,51391	-,00580	,13201	,00946
F01_B	,01498	,71247	,15793	,03047
F01_F	-,04521	,64989	-,10120	-,13830
F01_C	,34328	,54052	-,01989	,34741
F01_E	,02752	,11774	,86513	,11269
F01_G	,36163	-,26594	,52705	-,05389
F01_D	-,03621	,06019	,17589	,83997
F01_A	,14732	,22945	,48913	-,62230

6. Diskriminanzanalyse für die ermittelten Situationstypen: Diskriminanzfunktionen und Klassifikationsmatrix

Canonical Discriminant Functions

Fcn	Eigenvalue	Pct of Variance	Cum Pct	Canonical Corr	:	After Fcn	Wilks' Lambda	Chi-square	df	Sig
					:	0	,234487	237,133	20	,0000
1*	1,2990	60,31	60,31	,7517	:	1	,539079	101,026	9	,0000
2*	,8550	39,69	100,00	,6789	:					

* Marks the 2 canonical discriminant functions remaining in the analysis.

Classification results

```
                    No. of    Predicted Group Membership
    Actual Group    Cases        1          2          3
    ------------    ------    --------   --------   --------

Group      1          40         32          2          6
                                80,0%       5,0%      15,0%

Group      2          54          2         47          5
                                 3,7%      87,0%       9,3%

Group      3          77          4          7         66
                                 5,2%       9,1%      85,7%
```

Percent of "grouped" cases correctly classified: 84,80%

Classification processing summary

```
    179 (Unweighted) cases were processed.
      0 cases were excluded for missing or out-of-range group codes.
      8 cases had at least one missing discriminating variable.
    171 (Unweighted) cases were used for printed output.
```

7. Konfirmatorische Faktorenanalyse 1. Ordnung für die Systemziele

Globalwerte

```
TOTAL COEFFICIENT OF DETERMINATION FOR X - VARIABLES IS   .987

        CHI-SQUARE WITH  71 DEGREES OF FREEDOM =   130.04 (P = .000)

                    GOODNESS OF FIT INDEX = .982
            ADJUSTED GOODNESS OF FIT INDEX = .974
                 ROOT MEAN SQUARE RESIDUAL =       .053
```

STANDARDIZED SOLUTION

LAMBDA X

	MARKT-ZI	FG-ZIELE	FN-ZIELE	SOZIA-ZI
F03A_A	.54	.00	.00	.00
F03A_B	.54	.00	.00	.00
F03A_C	.53	.00	.00	.00
F03A_D	.66	.00	.00	.00
F03A_E	.00	.41	.00	.00
F03A_F	.00	.59	.00	.00
F03A_G	.00	.00	.87	.00
F03A_H	.00	.00	.75	.00
F04A_A	.00	.00	.00	.64
F04A_B	.00	.00	.00	.70
F04A_C	.00	.00	.00	.74

```
        F04A_D         .00          .00          .00          .77
        F04A_E         .00          .00          .00          .81
        F04A_F         .00          .00          .00          .38


              PHI

                    MARKT-ZI     FG-ZIELE     FN-ZIELE     SOZIA-ZI

    MARKT-ZI          1.00
    FG-ZIELE           .98         1.00
    FN-ZIELE           .59          .64         1.00
    SOZIA-ZI           .54          .46          .67         1.00
```

8. Konfirmatorische Faktorenanalyse 1. Ordnung für die Strategiedimensionen

Globalwerte

```
        TOTAL COEFFICIENT OF DETERMINATION FOR X - VARIABLES IS   1.000

        CHI-SQUARE WITH  25 DEGREES OF FREEDOM =     67.96 (P = .000)

                     GOODNESS OF FIT INDEX = .954
            ADJUSTED GOODNESS OF FIT INDEX = .899
                  ROOT MEAN SQUARE RESIDUAL =       .088
```

STANDARDIZED SOLUTION

```
        LAMBDA X

                   PREISVOR    QUALIVOR    STANDVOR    INNOVOR    SERVIVOR    MARKVOR

        F07_A         .90         .00         .00        .00        .00         .00
        F07_B         .00         .60         .00        .00        .00         .00
        F07_C         .00         .00         .80        .00        .00         .00
        F07_D         .00         .00         .83        .00        .00         .00
        F07_G         .00         .00         .00        .90        .00         .00
        F07_H         .00         .52         .00        .00        .00         .00
        F07_I         .00         .00         .00        .00        .40         .00
        F07_J         .00         .00         .00        .00        .00         .69
        F07_K         .00         .00         .00        .00        .00         .97
        F07_L         .00         .00         .00        .00        .78         .00


              PHI

                   PREISVOR    QUALIVOR    STANDVOR    INNOVOR    SERVIVOR    MARKVOR

    PREISVOR         1.00
    QUALIVOR         -.20        1.00
    STANDVOR          .02         .07        1.00
    INNOVOR          -.24         .50         .07       1.00
    SERVIVOR          .09         .34         .25        .30       1.00
    MARKVOR          -.29         .27         .14        .37        .27        1.00
```

9. Vollständiges LISREL-Modell 1: Strategie erklärt strukturelle Führungsdimensionen

Globalwerte

```
TOTAL COEFFICIENT OF DETERMINATION FOR STRUCTURAL EQUATIONS IS   .480

        CHI-SQUARE WITH  93 DEGREES OF FREEDOM =   134.23 (P = .003)

                 GOODNESS OF FIT INDEX = .945
        ADJUSTED GOODNESS OF FIT INDEX = .910
             ROOT MEAN SQUARE RESIDUAL =       .066
```

T-VALUES

GAMMA

	PREISVOR	QUALIVOR	STANDVOR	INNOVOR	SERVIVOR	MARKVOR
AUTO	-.46	-.57	.00	-.88	.54	-.12
PARTI	-.74	-.40	.24	-.40	1.65	-1.42

STANDARDIZED SOLUTION

LAMBDA Y

	AUTO	PARTI
F10_G	.24	.00
F10_I	.35	.00
F10_F	.79	.00
F10_A	.00	.57
F10_B	.00	.51
F10_C	.00	.54
F10_D	.00	.60

LAMBDA X

	PREISVOR	QUALIVOR	STANDVOR	INNOVOR	SERVIVOR	MARKVOR
F07_A	.80	.00	.00	.00	.00	.00
F07_B	.00	.50	.00	.00	.00	.00
F07_C	.00	.00	.94	.00	.00	.00
F07_D	.00	.00	.69	.00	.00	.00
F07_G	.00	.00	.00	.80	.00	.00
F07_H	.00	.57	.00	.00	.00	.00
F07_I	.00	.00	.00	.00	.50	.00
F07_J	.00	.00	.00	.00	.00	.72
F07_K	.00	.00	.00	.00	.00	.93
F07_L	.00	.00	.00	.00	.56	.00

BETA

	AUTO	PARTI
AUTO	.00	.11
PARTI	.00	.00

GAMMA

	PREISVOR	QUALIVOR	STANDVOR	INNOVOR	SERVIVOR	MARKVOR
AUTO	-.17	-.27	.00	-.28	.38	-.04
PARTI	-.21	-.14	.04	-.11	.78	-.33

CORRELATION MATRIX OF ETA AND KSI

	AUTO	PARTI	PREISVOR	QUALIVOR	STANDVOR	INNOVOR
AUTO	1.00					
PARTI	.25	1.00				
PREISVOR	.02	.06	1.00			
QUALIVOR	-.22	.11	-.15	1.00		
STANDVOR	.01	.10	.05	.11	1.00	
INNOVOR	-.22	.07	-.29	.55	.16	1.00
SERVIVOR	.16	.52	.12	.46	.23	.44
MARKVOR	-.02	-.02	-.37	.27	.22	.46

CORRELATION MATRIX OF ETA AND KSI

	SERVIVOR	MARKVOR
SERVIVOR	1.00	
MARKVOR	.40	1.00

PSI

AUTO	PARTI
.79	.61

REGRESSION MATRIX ETA ON KSI (STANDARDIZED)

	PREISVOR	QUALIVOR	STANDVOR	INNOVOR	SERVIVOR	MARKVOR
AUTO	-.19	-.28	.00	-.30	.47	-.07
PARTI	-.21	-.14	.04	-.11	.78	-.33

10. Vollständiges LISREL-Modell 2: Strategie erklärt technokratische Führungsdimensionen

Globalwerte

```
TOTAL COEFFICIENT OF DETERMINATION FOR STRUCTURAL EQUATIONS IS   .655

      CHI-SQUARE WITH 153 DEGREES OF FREEDOM =   234.63 (P = .000)

                      GOODNESS OF FIT INDEX = .966
             ADJUSTED GOODNESS OF FIT INDEX = .949
                  ROOT MEAN SQUARE RESIDUAL =       .055
```

T-VALUES

GAMMA

	PREISVOR	QUALIVOR	STANDVOR	INNOVOR	SERVIVOR	MARKVOR
KOORD	-2.49	-.13	.85	-.61	2.73	-.50
VERK	2.76	.85	2.66	-.02	-.69	2.35
ERGK	1.87	-.71	1.52	.32	1.18	-.02
DIFFFV	.14	.33	.50	-.41	1.43	.06

STANDARDIZED SOLUTION

LAMBDA Y

	KOORD	VERK	ERGK	DIFFFV
F11_F	.83	.00	.00	.00
F11_G	.77	.00	.00	.00
F11_H	.51	.00	.00	.00
F10_E	.00	.62	.00	.00
F11_D	.00	.85	.00	.00
F11_A	.00	.00	.79	.00
F11_B	.00	.00	.91	.00
F11_C	.00	.00	.66	.00
F12_A	.00	.00	.00	.78
F12_B	.00	.00	.00	.57
F12_C	.00	.00	.00	.43

LAMBDA X

	PREISVOR	QUALIVOR	STANDVOR	INNOVOR	SERVIVOR	MARKVOR
F07_A	.71	.00	.00	.00	.00	.00
F07_B	.00	.61	.00	.00	.00	.00
F07_C	.00	.00	.68	.00	.00	.00
F07_D	.00	.00	.97	.00	.00	.00
F07_G	.00	.00	.00	.71	.00	.00
F07_H	.00	.51	.00	.00	.00	.00
F07_I	.00	.00	.00	.00	.37	.00

F07_J	.00	.00	.00	.00	.00	.71
F07_K	.00	.00	.00	.00	.00	.94
F07_L	.00	.00	.00	.00	.81	.00

BETA

	KOORD	VERK	ERGK	DIFFFV
KOORD	.00	.00	.00	.00
VERK	.44	.00	.00	.23
ERGK	.57	-.02	.00	.07
DIFFFV	.37	.00	.00	.00

GAMMA

	PREISVOR	QUALIVOR	STANDVOR	INNOVOR	SERVIVOR	MARKVOR
KOORD	-.40	-.02	.06	-.10	.53	-.04
VERK	.41	.16	.20	.00	-.12	.21
ERGK	.34	-.14	.10	.07	.19	.00
DIFFFV	.02	.04	.04	-.06	.23	.01

CORRELATION MATRIX OF ETA AND KSI

	KOORD	VERK	ERGK	DIFFFV	PREISVOR	QUALIVOR
KOORD	1.00					
VERK	.48	1.00				
ERGK	.60	.43	1.00			
DIFFFV	.47	.45	.40	1.00		
PREISVOR	-.28	.15	.20	-.05	1.00	
QUALIVOR	.18	.20	.00	.14	-.25	1.00
STANDVOR	.17	.34	.26	.16	.04	.07
INNOVOR	.21	.13	.06	.13	-.38	.63
SERVIVOR	.45	.37	.51	.40	.11	.33
MARKVOR	.20	.21	.06	.12	-.37	.27

CORRELATION MATRIX OF ETA AND KSI

	STANDVOR	INNOVOR	SERVIVOR	MARKVOR
STANDVOR	1.00			
INNOVOR	.06	1.00		
SERVIVOR	.26	.36	1.00	
MARKVOR	.13	.48	.27	1.00

PSI

KOORD	VERK	ERGK	DIFFFV
.68	.53	.45	.73

REGRESSION MATRIX ETA ON KSI (STANDARDIZED)

	PREISVOR	QUALIVOR	STANDVOR	INNOVOR	SERVIVOR	MARKVOR
KOORD	-.40	-.02	.06	-.10	.53	-.04
VERK	.20	.16	.24	-.07	.21	.19
ERGK	.09	-.15	.14	.01	.51	-.03
DIFFFV	-.13	.04	.06	-.10	.42	-.01

11. Vollständiges LISREL-Modell 3: Strategie erklärt personelle Führungsdimensionen

Globalwerte

```
TOTAL COEFFICIENT OF DETERMINATION FOR STRUCTURAL EQUATIONS  IS   .935

       CHI-SQUARE WITH 237 DEGREES OF FREEDOM =   392.28  (P = .000)

               GOODNESS OF FIT INDEX = .918
      ADJUSTED GOODNESS OF FIT INDEX = .887
            ROOT MEAN SQUARE RESIDUAL =       .071
```

T-VALUES

GAMMA

	PREISVOR	LEISTVOR	STANDVOR	MARKVOR	SERVIVOR
FNORI	.55	.32	1.07	-.50	1.31
RIGID	.01	1.24	1.35	-.31	-2.22
ANREIZ	-.15	-.21	-1.64	1.69	.66
HKOMM	-.46	-.76	-.79	1.15	1.74
VKOMM	-.69	-1.31	-.79	.22	1.92

STANDARDIZED SOLUTION

LAMBDA Y

	FNORI	RIGID	ANREIZ	HKOMM	VKOMM
F13_C	.49	.00	.00	.00	.00
F13_D	.49	.00	.00	.00	.00
F11_J	.48	.00	.00	.00	.00
F12_E	.54	.00	.00	.00	.00
F11_E	.00	.57	.00	.00	.00
F11_K	.00	.66	.00	.00	.00
F11_L	.00	.51	.00	.00	.00
F11_I	.00	.00	.50	.00	.00
F16B_C	.00	.00	.00	.45	.00
F13_H	.00	.00	.00	.67	.00
F13_I	.00	.00	.00	.78	.00
F16B_A	.00	.00	.00	.00	.52
F16B_B	.00	.00	.00	.00	.43
F13B_B	.00	.00	.00	.00	.31
F13_E	.00	.00	.00	.00	.63

LAMBDA X

	PREISVOR	LEISTVOR	STANDVOR	MARKVOR	SERVIVOR
F07_A	.80	.00	.00	.00	.00
F07_B	.00	.45	.00	.00	.00
F07_G	.00	.64	.00	.00	.00
F07_H	.00	.41	.00	.00	.00
F07_C	.00	.00	.68	.00	.00
F07_D	.00	.00	.95	.00	.00
F07_J	.00	.00	.00	.69	.00
F07_K	.00	.00	.00	.97	.00
F07_I	.00	.00	.00	.00	.56
F07_L	.00	.00	.00	.00	.52

BETA

	FNORI	RIGID	ANREIZ	HKOMM	VKOMM
FNORI	.00	.00	.68	.00	.00
RIGID	.80	.00	.00	.00	.00
ANREIZ	.00	.00	.00	.00	.00
HKOMM	-.03	.04	.00	.00	.00
VKOMM	.49	.00	-.32	.00	.00

GAMMA

	PREISVOR	LEISTVOR	STANDVOR	MARKVOR	SERVIVOR
FNORI	.12	.10	.16	-.10	.41
RIGID	.00	.40	.16	-.05	-.78
ANREIZ	-.05	-.10	-.22	.31	.29
HKOMM	-.07	-.19	-.09	.16	.69
VKOMM	-.34	-.89	-.25	.07	.99

CORRELATION MATRIX OF ETA AND KSI

	FNORI	RIGID	ANREIZ	HKOMM	VKOMM	PREISVOR
FNORI	1.00					
RIGID	.46	1.00				
ANREIZ	.75	.43	1.00			
HKOMM	.40	.00	.22	1.00		
VKOMM	.48	-.12	.21	.42	1.00	
PREISVOR	.11	-.11	-.09	.01	.13	1.00
LEISTVOR	.42	.25	.21	.32	-.03	-.33
STANDVOR	.12	.16	-.14	.03	-.05	.03
MARKVOR	.27	.14	.34	.29	.07	-.32
SERVIVOR	.67	.01	.27	.58	.62	.12

CORRELATION MATRIX OF ETA AND KSI

	LEISTVOR	STANDVOR	MARKVOR	SERVIVOR
LEISTVOR	1.00			
STANDVOR	.08	1.00		
MARKVOR	.44	.13	1.00	
SERVIVOR	.61	.17	.29	1.00

PSI

FNORI	RIGID	ANREIZ	HKOMM	VKOMM
.17	.52	.80	.63	.23

```
              REGRESSION MATRIX ETA ON KSI (STANDARDIZED)

              PREISVOR    LEISTVOR    STANDVOR    MARKVOR    SERVIVOR
              --------    --------    --------    -------    --------
    FNORI        .09         .03         .00        .11         .60
    RIGID        .08         .43         .17        .04        -.30
   ANREIZ       -.05        -.10        -.22        .31         .29
    HKOMM       -.06        -.17        -.09        .16         .66
    VKOMM       -.28        -.84        -.17        .03         .92
```

12. Konfirmatorische Faktorenanalyse 1. Ordnung für das Modell des Franchisenehmerverhaltens

Globalwerte

```
    TOTAL COEFFICIENT OF DETERMINATION FOR X - VARIABLES IS    .929


    CHI-SQUARE WITH  26 DEGREES OF FREEDOM =   40.03 (P = .039)

                GOODNESS OF FIT INDEX = .989
         ADJUSTED GOODNESS OF FIT INDEX = .982
             ROOT MEAN SQUARE RESIDUAL =       .047
```

STANDARDIZED SOLUTION

```
         LAMBDA X

                  UNTERVER    SYSTEVER
                  --------    --------
         F17_A       .58         .00
         F17_B       .66         .00
         F17_C       .48         .00
         F17_D       .70         .00
         F17_E       .58         .00
         F17_F       .00         .83
         F17_G       .00         .61
         F17_H       .00         .59
         F17_J       .00         .73


              PHI

                  UNTERVER    SYSTEVER
                  --------    --------
      UNTERVER      1.00
      SYSTEVER       .76        1.00
```

13. Konfirmatorische Faktorenanalyse 1. Ordnung für das Modell des Systemerfolgs

Globalwerte

```
TOTAL COEFFICIENT OF DETERMINATION FOR X - VARIABLES IS    .995

         CHI-SQUARE WITH  72 DEGREES OF FREEDOM =   183.06 (P = .000)

                      GOODNESS OF FIT INDEX = .976
             ADJUSTED GOODNESS OF FIT INDEX = .965
                  ROOT MEAN SQUARE RESIDUAL =       .062
```

STANDARDIZED SOLUTION

LAMBDA X

	MARKTERF	FG-ERFOL	FN-ERFOL	SOZIAERF
F03B_A	.65	.00	.00	.00
F03B_B	.61	.00	.00	.00
F03B_C	.76	.00	.00	.00
F03B_D	.78	.00	.00	.00
F03B_E	.00	.59	.00	.00
F03B_F	.00	.55	.00	.00
F03B_G	.00	.00	.90	.00
F03B_H	.00	.00	.82	.00
F04B_A	.00	.00	.00	.79
F04B_B	.00	.00	.00	.54
F04B_C	.00	.00	.00	.70
F04B_D	.00	.00	.00	.74
F04B_E	.00	.00	.00	.71
F04B_F	.00	.00	.00	.51

PHI

	MARKTERF	FG-ERFOL	FN-ERFOL	SOZIAERF
MARKTERF	1.00			
FG-ERFOL	.85	1.00		
FN-ERFOL	.54	.75	1.00	
SOZIAERF	.32	.39	.49	1.00

14. Vollständiges LISREL-Modell 4: Strukturelle Führungsdimensionen erklären Erfolg

Globalwerte

```
TOTAL COEFFICIENT OF DETERMINATION FOR STRUCTURAL EQUATIONS IS    .136

       CHI-SQUARE WITH 181 DEGREES OF FREEDOM =   339.32 (P = .000)

                    GOODNESS OF FIT INDEX = .949
           ADJUSTED GOODNESS OF FIT INDEX = .935
                 ROOT MEAN SQUARE RESIDUAL =        .070
```

T-VALUES

GAMMA

	AUTO	PARTI
SYSTERF	-1.91	1.18
FN-ERFOL	-.82	.46
SOZIAERF	-1.62	2.80

STANDARDIZED SOLUTION

LAMBDA Y

	SYSTERF	FN-ERFOL	SOZIAERF
F03B_A	.62	.00	.00
F03B_B	.59	.00	.00
F03B_C	.72	.00	.00
F03B_D	.75	.00	.00
F03B_E	.58	.00	.00
F03B_F	.55	.00	.00
F03B_G	.00	.90	.00
F03B_H	.00	.83	.00
F04B_A	.00	.00	.78
F04B_B	.00	.00	.55
F04B_C	.00	.00	.70
F04B_D	.00	.00	.74
F04B_E	.00	.00	.71
F04B_F	.00	.00	.51

LAMBDA X

	AUTO	PARTI
F10_G	.48	.00
F10_I	.63	.00
F10_F	.47	.00
F10_A	.00	.82
F10_B	.00	.50
F10_C	.00	.46
F10_D	.00	.41

```
            BETA

                  SYSTERF     FN-ERFOL    SOZIAERF
                  --------    --------    --------
    SYSTERF          .00         .00         .30
    FN-ERFOL         .48         .00         .30
    PSYCHOER         .00         .00         .00


            GAMMA

                    AUTO        PARTI
                  --------    --------
    SYSTERF         -.20         .11
    FN-ERFOL        -.07         .03
    SOZIAERF        -.17         .25


        CORRELATION MATRIX OF ETA AND KSI

                  SYSTERF     FN-ERFOL    SOZIAERF       AUTO        PARTI
                  --------    --------    --------    --------    --------
    SYSTERF         1.00
    FN-ERFOL         .61        1.00
    SOZIAERF         .35         .49        1.00
    AUTO            -.23        -.22        -.14        1.00
    PARTI            .15         .17         .23         .13        1.00


            PSI

                  SYSTERF     FN-ERFOL    SOZIAERF
                  --------    --------    --------
                    .83         .53         .92


        REGRESSION MATRIX ETA ON KSI (STANDARDIZED)

                    AUTO        PARTI
                  --------    --------
    SYSTERF         -.25         .18
    FN-ERFOL        -.25         .20
    SOZIAERF        -.17         .25
```

15. Vollständiges LISREL-Modell 5: Technokratische Führungsdimensionen erklären Erfolg

Globalwerte

```
TOTAL COEFFICIENT OF DETERMINATION FOR STRUCTURAL EQUATIONS  IS    .367

      CHI-SQUARE WITH 258 DEGREES OF FREEDOM =    438.51 (P = .000)

                  GOODNESS OF FIT INDEX = .957
         ADJUSTED GOODNESS OF FIT INDEX = .945
               ROOT MEAN SQUARE RESIDUAL =       .064
```

T-VALUES

GAMMA

	KOORD	VERK	ERGK	DIFFFV
SYSTERF	-.60	-.08	.10	1.55
FN-ERFOL	1.26	-.92	-.47	-1.46
SOZIAERF	1.26	2.89	-.22	-.23

STANDARDIZED SOLUTION

LAMBDA Y

	SYSTERF	FN-ERFOL	SOZIAERF
F03B_A	.63	.00	.00
F03B_B	.61	.00	.00
F03B_C	.70	.00	.00
F03B_D	.74	.00	.00
F03B_E	.58	.00	.00
F03B_F	.54	.00	.00
F03B_G	.00	.92	.00
F03B_H	.00	.81	.00
F04B_A	.00	.00	.74
F04B_B	.00	.00	.57
F04B_C	.00	.00	.71
F04B_D	.00	.00	.73
F04B_E	.00	.00	.70
F04B_F	.00	.00	.56

LAMBDA X

	KOORD	VERK	ERGK	DIFFFV
F11_F	.83	.00	.00	.00
F11_G	.77	.00	.00	.00
F11_H	.48	.00	.00	.00
F10_E	.00	.62	.00	.00
F11_D	.00	.98	.00	.00
F11_A	.00	.00	.79	.00
F11_B	.00	.00	.90	.00
F11_C	.00	.00	.62	.00
F12_A	.00	.00	.00	.78
F12_B	.00	.00	.00	.59
F12_C	.00	.00	.00	.44

BETA

	SYSTERF	FN-ERFOL	SOZIAERF
SYSTERF	.00	.00	.34
FN-ERFOL	.55	.00	.35
SOZIAERF	.00	.00	.00

```
         GAMMA

                    KOORD         VERK          ERGK         DIFFFV

 SYSTERF            -.10          -.01           .01           .23
 FN-ERFOL            .17          -.13          -.06          -.20
 SOZIAERF            .24           .39          -.03          -.03


         CORRELATION MATRIX OF ETA AND KSI

                  SYSTERF    FN-ERFOL    SOZIAERF      KOORD       VERK       ERGK

 SYSTERF           1.00
 FN-ERFOL           .61        1.00
 SOZIAERF           .35         .48        1.00
 KOORD              .15         .20         .38        1.00
 VERK               .20         .12         .47         .44       1.00
 ERGK               .13         .08         .26         .61        .39       1.00
 DIFFFV             .27         .03         .23         .47        .40        .40

         CORRELATION MATRIX OF ETA AND KSI

                   DIFFFV

 DIFFFV             1.00


         PSI

                  SYSTERF    FN-ERFOL    SOZIAERF

                     .83         .49         .74


         REGRESSION MATRIX ETA ON KSI (STANDARDIZED)

                    KOORD         VERK          ERGK         DIFFFV

 SYSTERF            -.02           .12           .00           .22
 FN-ERFOL            .24           .08          -.07          -.09
 SOZIAERF            .24           .39          -.03          -.03
```

16. Vollständiges LISREL-Modell 6: Personelle Führungsdimensionen erklären Erfolg

Globalwerte

```
 TOTAL COEFFICIENT OF DETERMINATION FOR STRUCTURAL EQUATIONS  IS    .634
           CHI-SQUARE WITH 359 DEGREES OF FREEDOM =    710.32 (P = .000)

                      GOODNESS OF FIT INDEX =  .893
             ADJUSTED GOODNESS OF FIT INDEX =  .871
                   ROOT MEAN SQUARE RESIDUAL =        .087
```

T-VALUES

GAMMA

	FNORI	RIGID	ANREIZ	HKOMM	VKOMM
SYSTERF	-.47	1.34	-1.24	.90	.82
FN-ERFOL	.88	-.97	1.40	.56	-1.02
SOZIAERF	2.73	-.63	.67	2.53	.74

STANDARDIZED SOLUTION

LAMBDA Y

	SYSTERF	FN-ERFOL	SOZIAERF
F03B_A	.65	.00	.00
F03B_B	.59	.00	.00
F03B_C	.70	.00	.00
F03B_D	.74	.00	.00
F03B_E	.57	.00	.00
F03B_F	.57	.00	.00
F03B_G	.00	.90	.00
F03B_H	.00	.83	.00
F04B_A	.00	.00	.75
F04B_B	.00	.00	.57
F04B_C	.00	.00	.70
F04B_D	.00	.00	.74
F04B_E	.00	.00	.72
F04B_F	.00	.00	.52

LAMBDA X

	FNORI	RIGID	ANREIZ	HKOMM	VKOMM
F13_C	.41	.00	.00	.00	.00
F13_D	.55	.00	.00	.00	.00
F11_J	.40	.00	.00	.00	.00
F12_E	.49	.00	.00	.00	.00
F11_E	.00	.61	.00	.00	.00
F11_K	.00	.64	.00	.00	.00
F11_L	.00	.50	.00	.00	.00
F11_I	.00	.00	.42	.00	.00
F16B_C	.00	.00	.00	.40	.00
F13_H	.00	.00	.00	.64	.00
F13_I	.00	.00	.00	.82	.00
F16B_A	.00	.00	.00	.00	.99
F16B_B	.00	.00	.00	.00	.43
F13B_B	.00	.00	.00	.00	.33
F13_E	.00	.00	.00	.00	.54

BETA

	SYSTERF	FN-ERFOL	SOZIAERF
SYSTERF	.00	.00	.33
FN-ERFOL	.68	.00	.16
SOZIAERF	.00	.00	.00

GAMMA

	FNORI	RIGID	ANREIZ	HKOMM	VKOMM
SYSTERF	-.12	.42	-.41	.12	.14
FN-ERFOL	.23	-.39	.56	.08	-.21
SOZIAERF	.50	-.17	.20	.28	.11

CORRELATION MATRIX OF ETA AND KSI

	SYSTERF	FN-ERFOL	SOZIAERF	FNORI	RIGID	ANREIZ
SYSTERF	1.00					
FN-ERFOL	.61	1.00				
SOZIAERF	.35	.49	1.00			
FNORI	.22	.25	.42	1.00		
RIGID	.21	.16	.15	.48	1.00	
ANREIZ	-.15	.26	.15	.00	.44	1.00
HKOMM	.27	.25	.31	.00	.00	.00
VKOMM	.12	.10	.25	.00	-.13	.20

CORRELATION MATRIX OF ETA AND KSI

	HKOMM	VKOMM
HKOMM	1.00	
VKOMM	.28	1.00

PSI

SYSTERF	FN-ERFOL	SOZIAERF
.71	.37	.67

REGRESSION MATRIX ETA ON KSI (STANDARDIZED)

	FNORI	RIGID	ANREIZ	HKOMM	VKOMM
SYSTERF	.05	.36	-.35	.22	.18
FN-ERFOL	.34	-.17	.35	.27	-.07
SOZIAERF	.50	-.17	.20	.28	.11

Anhang 4: Fragebogen für die schriftliche Befragung von Systemzentralen

1. Franchisesysteme findet man in ganz unterschiedlichen Märkten. Geben Sie bitte zunächst an, inwieweit die folgenden Aussagen **für den Markt** zutreffen, in dem **Ihr Franchisesystem** tätig ist. Sofern in dem von Ihrem System bearbeiteten Markt **regionale** Unterschiede gelten, bitten wir Sie, **Durchschnittswerte** anzugeben.
Dabei bedeutet "1" "Die Aussage trifft gar nicht zu" und "5" "Die Aussage trifft sehr zu". Mit den übrigen Ziffern können Sie Ihre Einschätzung abstufen.

Die Aussage:	trifft gar nicht zu				trifft sehr zu
	1	2	3	4	5
in unserem Markt herrscht ein intensiver Preiswettbewerb	o	o	o	o	o
es besteht ein intensiver Qualitätswettbewerb	o	o	o	o	o
die Zahl der Innovationen ist sehr hoch	o	o	o	o	o
unser System ist in einem stark wachsenden Markt tätig	o	o	o	o	o
es treten häufig neue Wettbewerber in den Markt ein	o	o	o	o	o
die meisten unserer Wettbewerber sind ebenfalls als Franchise- oder andere vertragliche Systeme organisiert	o	o	o	o	o
die Aktivitäten unserer Wettbewerber sind für uns kaum vorhersehbar	o	o	o	o	o
es gibt viele verschiedene Kundengruppen in unserem Markt	o	o	o	o	o
die Bedürfnisse und das Verhalten der Kunden sind nur schwer prognostizierbar	o	o	o	o	o
die Rahmenbedingungen in unserem Markt verändern sich laufend (technische Entwicklung, Rechtsvorschriften etc.)	o	o	o	o	o

2. Im folgenden haben wir **mögliche Vorteile** des Franchising für den Franchisegeber zusammengestellt. Wie wichtig waren diese Vorteile bei der **Gründung Ihres Systems** (Teil a)? Ist die Bedeutung der Vorteile **heute** für Ihr System eher höher, eher geringer oder unverändert (Teil b)?

	a) Bedeutung bei der **Gründung** unseres Systems					b) **heutige** Bedeutung für **unser System**				
	sehr gering				sehr hoch	deutlich geringer		unverändert		deutlich höher
	1	2	3	4	5	-2	-1	0	+1	+2
schnelles Wachstum/schnelle Marktdurchdringung	o	o	o	o	o	o	o	o	o	o
die FN bringen eigenes Kapital mit	o	o	o	o	o	o	o	o	o	o
Risikobegrenzung für den FG	o	o	o	o	o	o	o	o	o	o
höhere Motivation der FN im Vergleich zu Angestellten	o	o	o	o	o	o	o	o	o	o
einheitlicher Marktauftritt des Systems	o	o	o	o	o	o	o	o	o	o
geringer Führungs-/Betreuungsaufwand der FN für die Zentrale	o	o	o	o	o	o	o	o	o	o
schnelle und gute Entscheidungen der FN vor Ort (Marktnähe)	o	o	o	o	o	o	o	o	o	o

3. Bitte geben Sie an, welche **Bedeutung** die nachfolgend aufgeführten **Ziele** für Ihre Geschäftspolitik besitzen (Teil a). Inwieweit ist es Ihrem System **im Durchschnitt der letzten Jahre** gelungen, diese Ziele **tatsächlich zu erreichen** (Teil b)?

	a) **Bedeutung** des Ziels	b) durchschn. **Zielerreichung** in den **letzten 3 Jahren**
	sehr gering — sehr hoch 1 2 3 4 5	sehr gering — sehr hoch 1 2 3 4 5
Erhöhung des Bekanntheitsgrades unseres Systems	o----o----o----o----o	o----o----o----o----o
Verbesserung unseres Image am Markt	o----o----o----o----o	o----o----o----o----o
Steigerung unseres Marktanteils im Inland	o----o----o----o----o	o----o----o----o----o
Umsatzsteigerung des Gesamtsystems	o----o----o----o----o	o----o----o----o----o
Erhöhung des Gewinns für den FG	o----o----o----o----o	o----o----o----o----o
weitere Expansion durch Gewinnung zusätzlicher FN (Wachstum)	o----o----o----o----o	o----o----o----o----o
Steigerung der Umsätze der einzelnen FN	o----o----o----o----o	o----o----o----o----o
Steigerung der Gewinne der einzelnen FN	o----o----o----o----o	o----o----o----o----o

4. Daneben gibt es Ziele, die auf das **Verhältnis der Systemzentrale zu den FN** gerichtet sind. Wie in Frage 3 möchten wir zunächst fragen, welche **Bedeutung** diese Ziele für die Geschäftspolitik Ihrer Systemzentrale besitzen (Teil a). Danach bitten wir Sie wieder anzugeben, inwieweit diese Ziele **im Durchschnitt der letzten 3 Jahre tatsächlich erreicht** werden konnten (Teil b).

	a) **Bedeutung** des Ziels	b) durchschn. **Zielerreichung** in den **letzten 3 Jahren**
	sehr gering — sehr hoch 1 2 3 4 5	sehr gering — sehr hoch 1 2 3 4 5
hohe Zufriedenheit unserer FN	o----o----o----o----o	o----o----o----o----o
Sicherheit der FN auch in Krisenzeiten	o----o----o----o----o	o----o----o----o----o
hohe Identifikation der FN mit dem System	o----o----o----o----o	o----o----o----o----o
hohe Motivation unserer FN	o----o----o----o----o	o----o----o----o----o
Aufbau von Vertrauen zu den FN	o----o----o----o----o	o----o----o----o----o
Vermeidung von Konflikten	o----o----o----o----o	o----o----o----o----o

5. Wenn Sie einmal versuchen, die **FN** in Ihrem System insgesamt zu **beurteilen**, wieviel Prozent ihrer **derzeitigen FN**

   a) ... erbringen deutlich überdurchschnittliche Leistungen, bilden also die „Leistungsspitze" Ihres Systems?   => Dies sind ca. _____ Prozent der FN.

   b) ... sind eigentlich ungeeignet für ihre Aufgabe und erfüllen die Erwartungen der Zentrale überhaupt nicht?   => Dies sind ca. _____ Prozent der FN.

   (**Hinweis**: bei der Beantwortung der Frage soll das „Mittelfeld" der FN unberücksichtigt bleiben.)

6. In jedem Unternehmen bestehen **Grundorientierungen**, die einen wichtigen Teil der **Firmenkultur** bilden. Inwieweit treffen die folgenden Aussagen, die derartige Grundorientierungen beschreiben, für Ihr Franchisesystem zu?

	Dies trifft gar nicht zu				Dies trifft sehr zu
	1	2	3	4	5

Wir orientieren uns bei unseren Entscheidungen als Systemzentrale sehr stark
- an den Wünschen der Endverbraucher/Kunden   o-------o-------o-------o-------o
- an den Bedürfnissen unserer eigenen Mitarbeiter   o-------o-------o-------o-------o
- an den FN und ihren Ansprüchen   o-------o-------o-------o-------o
- an unseren wichtigsten Wettbewerbern   o-------o-------o-------o-------o

Wir sind als Systemzentrale besonders

	1	2	3	4	5

- kostenorientiert   o-------o-------o-------o-------o
- innovationsorientiert   o-------o-------o-------o-------o
- qualitätsorientiert   o-------o-------o-------o-------o
- renditeorientiert   o-------o-------o-------o-------o

7. Wenn Sie die Leistungen Ihres Systems einmal aus **Kunden-** bzw. **Endverbrauchersicht** betrachten und mit Ihren **wichtigsten Wettbewerbern** vergleichen, wie beurteilen Sie dann folgende Aussagen?

Ein besonderer Vorteil unseres Systems für die Kunden liegt in:

	trifft gar nicht zu				trifft sehr zu
	1	2	3	4	5

deutlich niedrigeren Preisen im Vergleich zu den Wettbewerbern   o-------o-------o-------o-------o

der überlegenen Qualität unserer Produkte/Dienstleistungen   o-------o-------o-------o-------o

der attraktiven Ladengestaltung der FN-Betriebe   o-------o-------o-------o-------o

den attraktiven Standorten der FN-Betriebe   o-------o-------o-------o-------o

der überlegenen Breite und Tiefe des Produktprogramms/ Sortiments   o-------o-------o-------o-------o

einer Spezialisierung auf einzelne Kundengruppen   o-------o-------o-------o-------o

unserem hohen Innovationsgrad, denn wir bringen ständig neue Produkte/Dienstleistungen auf den Markt   o-------o-------o-------o-------o

der Umweltfreundlichkeit unserer Produkte/Dienstleistungen   o-------o-------o-------o-------o

der großen Flexibilität, mit der unsere FN und wir sofort auf neue Kundenwünsche reagieren   o-------o-------o-------o-------o

einer besonders bekannten Marke   o-------o-------o-------o-------o

einer Marke mit besonders positivem Image   o-------o-------o-------o-------o

besonders motiviertem und freundlichem Personal in den FN-Betrieben   o-------o-------o-------o-------o

8. Die Systemzentrale stellt den **FN** in der Regel **Unterstützungsleistungen** zur Verfügung, damit sie sich erfolgreich im **regionalen** oder **lokalen Wettbewerbsumfeld** behaupten können. Erhalten Ihre FN zur **Marketingunterstützung** auch **nach Betriebseröffnung** folgende Leistungen und falls ja, in welchem Umfang?

	Diese Leistung wird gewährt, und zwar:		Diese Leistung wird **nicht** gewährt
	in **sehr geringem** Umfang	in **sehr hohem** Umfang	
Ausstattung der FN mit Verkaufsförderungsmaterial (z.B. Prospekte, Kataloge, Displays)	1 2 3 4 5 o-------o-------o-------o-------o		o
Bereitstellung von Ideen/Hilfsmitteln für Werbemaßnahmen der FN (z.B. Anzeigenvorlagen, Muster für Werbebriefe, Konzepte für Aktionswochen)	o-------o-------o-------o-------o		o
dauerhafte Unterstützung bei der attraktiven Laden- und Umfeldgestaltung des FN-Betriebes	o-------o-------o-------o-------o		o
Marketing- und Verkaufsschulungen für die FN	o-------o-------o-------o-------o		o
Preispolitische Empfehlungen (z.B. für Sonderangebote, besondere Preisaktionen etc.)	o-------o-------o-------o-------o		o
Maßnahmen für einen einheitlichen Außenauftritt (z.B. einheitliche Kleidung, gleiche Rechnungs- und Briefbögen etc., standardisierte Verpackungen)	o-------o-------o-------o-------o		o

9. Zur **Durchsetzung des Franchisekonzepts am Markt** kann der **FG** zudem verschiedene übergreifende Maßnahmen einsetzen. Werden die folgenden übergreifenden Maßnahmen von **Ihrer Zentrale** eingesetzt und falls ja, mit welcher Intensität?

	Diese Maßnahme wird eingesetzt, und zwar:		Diese Maßnahme wird **nicht** eingesetzt
	mit **sehr geringer** Intensität	mit **sehr hoher** Intensität	
klassische Werbemaßnahmen der Zentrale (z.B. TV- oder Kino-Spots, Anzeigen in Zeitschriften)	1 2 3 4 5 o-------o-------o-------o-------o		o
Direktmarketing durch die Systemzentrale (z.B. Mailing-/Werbebrief-Aktionen)	o-------o-------o-------o-------o		o
andere übergreifende Kommunikationsmaßnahmen (z.B. PR-Maßnahmen/Sponsoring)	o-------o-------o-------o-------o		o
spezielle Kundenbindungsmaßnahmen (z.B. Kundenkarten, Service-Telefon, Kundenclub)	o-------o-------o-------o-------o		o
Marktforschung (z.B. Konsumentenbefragungen)	o-------o-------o-------o-------o		o
Weiterentwicklung des Produkt-/Dienstleistungsangebots bzw. Sortiments	o-------o-------o-------o-------o		o
Maßnahmen zur Qualitätssicherung (z.B. Zertifizierung nach ISO-Norm)	o-------o-------o-------o-------o		o
zentrale Erfassung und Bearbeitung von Kundenbeschwerden	o-------o-------o-------o-------o		o
Maßnahmen zur Verbesserung der Lager- und Lieferlogistik im Vertriebsbereich	o-------o-------o-------o-------o		o

10. Neben der Durchsetzung eines Franchisekonzepts am Markt besteht eine weitere Aufgabe für die Systemzentrale in der **Ausgestaltung der Beziehungen zu den FN**. Inwieweit treffen die folgenden Aussagen, die sich auf die **Mitwirkungsrechte** und die **Autonomie der FN** beziehen, auf die **aktuelle Situation** in Ihrem Franchisesystem zu?

Die Aussage:	trifft gar nicht zu				trifft sehr zu
	1	2	3	4	5
unsere FN besitzen bei <u>operativen</u> Fragen des Marketing umfassende <u>Mitwirkungsrechte</u> (z.B. Fragen der Werbe- und Produktgestaltung)	o	o	o	o	o
unsere FN besitzen bei <u>strategischen</u> Fragen der Systementwicklung umfangreiche <u>Mitwirkungsrechte</u> (z.b. Festlegung von Gebietsgrößen)	o	o	o	o	o
bei Entscheidungen, die von <u>großer Tragweite</u> für das System sind, versuchen wir, <u>möglichst viele FN</u> in den Willensbildungsprozeß einzubeziehen	o	o	o	o	o
Entscheidungen werden von der Zentrale <u>nicht</u> durchgesetzt, wenn eine <u>größere Anzahl von FN</u> sich dagegen ausspricht	o	o	o	o	o
im <u>Produkt- und Marketingbereich</u> müssen sich die FN an umfassende <u>Vorgaben und Standards</u> halten (z.B. Sortiment, Werbung, Ladengestaltung, Produkt-/Dienstleistungsqualität)	o	o	o	o	o
die FN dürfen sich über bestimmte <u>Systemstandards hinwegsetzen</u>, wenn es z.B. der regionale Wettbewerb erfordert	o	o	o	o	o
bei der <u>betriebswirtschaftlichen Führung</u> und <u>Organisation</u> ihres Betriebes besitzen die FN viele Freiheiten (z.B. Abwicklung der Buchführung, Beschäftigung eigener Mitarbeiter)	o	o	o	o	o
wir gewähren unseren FN umfangreiche <u>Expansionsrechte</u> (z.B. Eröffnung weiterer Betriebe, zusätzliche Franchisen)	o	o	o	o	o
wie <u>eng die Kontakte</u> eines FN zur Systemzentrale und unseren Mitarbeitern sind, kann dieser letztlich <u>selber</u> bestimmen	o	o	o	o	o
die FN sind über <u>Bezugsbindungen</u> für Waren/Rohstoffe etc. <u>weitestgehend</u> an Lieferungen der Systemzentrale oder von uns ausgesuchter Lieferanten gebunden	o	o	o	o	o
die FN erhalten einen umfangreichen <u>Gebietsschutz</u>, so daß ein systeminterner Wettbewerb vollständig verhindert wird	o	o	o	o	o

11. Darüber hinaus hat die Systemzentrale verschiedene Möglichkeiten zur **Steuerung der FN**. Inwieweit sind die folgenden Aussagen wiederum für die **aktuelle Situation** in Ihrem System zutreffend?

Die Aussage:	trifft gar nicht zu				trifft sehr zu
	1	2	3	4	5
die <u>Betriebsergebnisse</u> unserer FN mit den wichtigsten Kosten- und Erlösgrößen werden regelmäßig durch Mitarbeiter der Systemzentrale <u>erfaßt</u> und <u>ausgewertet</u>	o	o	o	o	o
die <u>Ergebnisse</u> dieser Analysen werden intensiv mit den FN <u>diskutiert</u>	o	o	o	o	o
wir sind durch <u>EDV</u> permanent über alle <u>wichtigen Daten</u> eines FN-Betriebes informiert (z.B. Warenwirtschaftssystem mit Online-Datenverbindung)	o	o	o	o	o

Die Aussage:	trifft gar nicht zu				trifft sehr zu
	1	2	3	4	5
die Einhaltung der Systemstandards durch die FN (z.B. Ladengestaltung, Qualität) wird streng überwacht	o	o	o	o	o
ein effektives Controlling macht es notwendig, die FN-Betriebe z.T. auch unangemeldet bzw. vom FN unbemerkt zu überprüfen	o	o	o	o	o
im Rahmen von regelmäßigen Planungsgesprächen wird die Entwicklung eines Betriebes gemeinsam mit dem FN detailliert vorausgeplant	o	o	o	o	o
mit den einzelnen FN werden jährlich Ziele für die wirtschaftliche Entwicklung ihres Betriebes vereinbart	o	o	o	o	o
wir steuern unsere FN durch einen vertraglich vorgegebenen Geschäftsentwicklungsplan (im Sinne von Mindestumsätzen)	o	o	o	o	o
zur Sicherstellung einer hohen Motivation unserer FN setzen wir intensiv Anreizinstrumente ein (z.B. finanzielle Belohnungen, Leistungswettbewerbe)	o	o	o	o	o
wer sich als FN bewirbt, muß zunächst ein aufwendiges, mehrstufiges Auswahlverfahren erfolgreich durchlaufen	o	o	o	o	o
um das System leistungsfähig am Markt zu halten, scheuen wir uns nicht, Sanktionen ggü. FN zu ergreifen (z.B. Abmahnungen, Vertragsstrafen)	o	o	o	o	o
wenn die Leistung von FN nicht unseren Ansprüchen genügt, verlängern wir die Verträge in der Regel nicht	o	o	o	o	o

12. Die Steuerung und Betreuung der FN kann **einheitlich** erfolgen oder aber **differenziert** - d.h. je nach FN unterschiedlich - ausgestaltet sein. Inwieweit beschreiben die folgenden Aussagen die **aktuelle Situation** in Ihrem Franchisesystem zutreffend?

Die Aussage:	trifft gar nicht zu				trifft sehr zu
	1	2	3	4	5
auf FN, die sich nicht nach unseren Erwartungen entwickeln, versuchen wir gezielt Einfluß zu nehmen	o	o	o	o	o
wir richten die Besuchshäufigkeit bei unseren FN sehr stark nach der Erfahrung und Leistungsfähigkeit eines FN aus	o	o	o	o	o
die Unterschiedlichkeit der FN erfordert es, parallel verschiedene Führungsstile zu praktizieren	o	o	o	o	o
für die „alten Hasen" im System haben wir spezielle Anreize (z.B. Leitung von Erfa-Gruppen, spezielle Weiterbildungen)	o	o	o	o	o
die Schulungs- und Trainingsaktivitäten sind individuell auf die Stärken und Schwächen jedes FN hin ausgerichtet	o	o	o	o	o
die Zusammenarbeit mit unseren FN ist so komplex, daß man sie im Franchisevertrag nur ansatzweise regeln kann	o	o	o	o	o
es kommt vor, daß sich zwischen FG und FN Verhaltensweisen herausbilden, die teilweise sogar im Widerspruch zu einzelnen Vertragsklauseln stehen	o	o	o	o	o

13. Die folgenden Aussagen beziehen sich auf die **Art der Kontakte** der Zentrale zu den FN sowie der einzelnen FN untereinander. Inwieweit treffen diese Aussagen auf die **aktuelle Situation** in Ihrem System zu?

Die Aussage:	trifft gar nicht zu — trifft sehr zu
	1 2 3 4 5
gemessen am <u>Zeit-</u> bzw. <u>Personalaufwand</u> kümmern wir uns stärker um die <u>Betreuung der FN</u> als um Fragen der Systementwicklung und des Marketing	o-------o-------o-------o-------o
Kontakte zwischen Zentrale und FN erfolgen viel häufiger <u>schriftlich oder per EDV</u> als <u>persönlich oder telefonisch</u>	o-------o-------o-------o-------o
jeder FN hat eine <u>Vertrauensperson</u> auf FG-Seite, die ihn bei Problemen <u>persönlich</u> unterstützt	o-------o-------o-------o-------o
wir erheben über schriftliche oder mündliche <u>Befragungen</u> regelmäßig die <u>Zufriedenheit unserer FN</u>	o-------o-------o-------o-------o
die FN suchen oft den Kontakt zur Zentrale, um <u>Anregungen</u> zu geben oder <u>Probleme</u> direkt zu besprechen	o-------o-------o-------o-------o
wir fühlen uns durch die vielfältigen <u>Ansprüche der FN</u> in unserer Funktion als Systemzentrale <u>manchmal überlastet</u>	o-------o-------o-------o-------o
wir ersetzen <u>direkte Einflußnahme</u> und <u>Kontrolle</u> soweit wie möglich durch <u>Vertrauen</u>	o-------o-------o-------o-------o
wir ermöglichen unseren <u>FN</u> auch untereinander einen intensiven <u>Erfahrungsaustausch</u>	o-------o-------o-------o-------o
die <u>gegenseitige Unterstützung der FN</u> und das <u>Lernen voneinander</u> ist wichtig für den Erfolg unseres Systems (z.B. „Patenschaften" der FN)	o-------o-------o-------o-------o

14. Haben Sie in Ihrem System die **folgenden Gremien** bzw. **regelmäßigen Treffen** eingerichtet?

	ja	nein	ist geplant
- Erfa-Tagungen/Regionaltreffen	o	o	o
- Beiräte für Marketing etc./sonstige Ausschüsse	o	o	o
- regelmäßige Gesamttreffen aller FN/Partnerkongresse	o	o	o
- sonstiges: _____	o	o	o

15. Sofern Sie diese Gremien bzw. regelmäßigen Treffen eingerichtet haben; wie oft nimmt ein FN Ihres Systems **im Durchschnitt** teil an...?

	mindestens einmal pro Monat	mindestens alle drei Monate	mindestens zweimal pro Jahr	mindestens einmal pro Jahr	seltener
- Erfa-Tagungen/Regionaltreffen	o	o	o	o	o
- Sitzungen von Beiräten/Ausschüssen (sofern Mitglied)	o	o	o	o	o

	mindestens einmal pro Monat	mindestens alle drei Monate	mindestens zweimal pro Jahr	mindestens einmal pro Jahr	seltener
- Gesamttreffen aller FN/Partnerkongresse	o	o	o	o	o
- Schulungen/Trainings (nach der Einarbeitungsphase)	o	o	o	o	o
- sonstiges: _____	o	o	o	o	o

16. Wie oft - schätzen Sie - hat ein FN in Ihrem System **durchschnittlich** zu folgenden Personen **direkten Kontakt** (persönlich oder telefonisch)?

	praktisch täglich	ungefähr einmal pro Woche	mindestens einmal pro Monat	mindestens alle drei Monate	seltener
- FN-Betreuer/Fachberater	o	o	o	o	o
- Mitarbeiter der Systemzentrale	o	o	o	o	o
- andere FN	o	o	o	o	o
- sonstige: _____	o	o	o	o	o

17. Die nächste Frage bezieht sich noch einmal auf **Ihre FN**. Wenn Sie - bei allen individuellen Unterschieden - versuchen, die FN in Ihrem System **in Ihrer Gesamtheit** zu beurteilen, inwieweit halten Sie dann die folgenden Eigenschaften und Verhaltensweisen für zutreffend?

Unsere FN	trifft gar nicht zu trifft sehr zu
	1 2 3 4 5
besitzen großes <u>Verkaufstalent</u>	o-----o-----o-----o-----o
sind sehr engagiert in der <u>Pflege der Kundenbeziehungen</u>	o-----o-----o-----o-----o
haben sehr gute <u>kaufmännisch-organisatorische</u> Fähigkeiten	o-----o-----o-----o-----o
sind von sich aus hoch <u>motiviert</u>	o-----o-----o-----o-----o
verstehen es sehr gut, <u>eigene Angestellte</u> zu <u>führen</u>	o-----o-----o-----o-----o
halten sich konsequent an die vereinbarten <u>Systemstandards</u>	o-----o-----o-----o-----o
nutzen die <u>Unterstützungsleistungen</u> der Zentrale intensiv	o-----o-----o-----o-----o
erfüllen vollständig ihre <u>Informations- und Berichtspflichten</u>	o-----o-----o-----o-----o
legen großen Wert darauf, an <u>übergeordneten Entscheidungen</u> im System beteiligt zu werden	o-----o-----o-----o-----o
verhalten sich ggü. der Systemzentrale sehr <u>kooperativ</u>	o-----o-----o-----o-----o

18. Abschließend wollen wir Ihnen noch einige Fragen stellen, die sich insbesondere auf die **Entstehung** sowie verschiedene **Größen- und Strukturmerkmale** Ihres Franchisesystems beziehen. Sie sind für die Auswertung des Fragebogens von wesentlicher Bedeutung.

   a) **Wieviele FN** sind derzeit Ihrem System angeschlossen und wieviele **Betriebe** führen diese FN insgesamt?

   => Anzahl aller FN: _____   => Anzahl aller FN-Betriebe: _____

   b) Werden alle FN **direkt** von der **Zentrale** aus gesteuert oder gibt es in Ihrem System eine oder mehrere organisatorische **Zwischenstufen** (z.B. Regionalzentren, Niederlassungen)?

   => alle FN werden von der Zentrale gesteuert   o

   => es bestehen derartige Zwischenstufen   o   und zwar _____ (Anzahl)

   c) Gehören zu Ihrem System neben den FN-Betrieben auch **eigene Filialen**?

   o => nein, keine eigenen Filialen   o => ja, und zwar insgesamt: _____ Filialen

   d) Falls zu Ihrem System außer den FN-Betrieben auch **eigene Filialen gehören** oder früher einmal **gehörten**, handelt es sich von der **Entstehungsgeschichte** her:

   => ...um ein ehemaliges Filialsystem, das mittlerweile parallel Franchising betreibt
      oder nach vollständiger Umstellung ausschließlich Franchising betreibt?   o

   => ...um ein zunächst reines Franchisesystem, das mittlerweile auch filialisiert?   o

   => ...um ein Franchisesystem, bei dem lediglich die ersten Pilotbetriebe
      des FG als Filialen weitergeführt werden (bzw. wurden)?   o

   e) Im Hinblick auf die **Anzahl der FN** verzeichnet unser System derzeit **pro Jahr** ...:

einen Rückgang von mehr als 5 %	mit -5 % bis +5 % kaum Veränderung	6 % bis 15 % Wachstum	16 % bis 30 % Wachstum	mehr als 30 % Wachstum
o	o	o	o	o

   f) In welcher **Branche** ist Ihr Franchisesystem tätig?

   - Handel   o   - Gaststätten/Hotellerie   o

   - Industrie   o   - sonst. Dienstleistungen   o

   - Handwerk   o   - sonstiges: _____

   g) Wie hoch war 1994 der **Gesamtumsatz Ihres Systems**, d.h. die Summe aller Endverbraucherumsätze Ihrer Franchisenehmer und ggf. Filialen?

unter 10 Mio. DM	10 Mio. bis 50 Mio. DM	50 Mio. bis 100 Mio. DM	100 Mio. bis 250 Mio. DM	über 250 Mio. DM
o	o	o	o	o

h) In welchem Jahr wurden die **ersten Verträge mit FN** geschlossen, d.h. wann ist das Franchisesystem entstanden?

=> Die ersten Verträge wurden geschlossen im Jahr: **19**____

i) Wie hat sich - bezogen auf die **letzten 3 Jahre** - der **Jahresumsatz Ihres Systems** im Durchschnitt **pro Jahr** entwickelt?

=> Der Jahresumsatz des Systems (FN- und ggf. Filialbetriebe) ist pro Jahr:

stagniert/ gesunken	um bis zu 10% gestiegen	um zwischen 11% und 25% gestiegen	um zwischen 26% und 40% gestiegen	um mehr als 40% gestiegen
o	o	o	o	o

j) Wie hoch war 1994 der **durchschnittliche Jahresumsatz pro FN**? (Bitte beziehen Sie Ihre Antwort nur auf Umsätze der FN, die mit **Ihrem Franchisekonzept** erzielt wurden)

unter 250.000 DM	250.000 bis 500.000 DM	500.000 bis 1 Mio. DM	1 Mio. bis 2 Mio. DM	über 2 Mio. DM
o	o	o	o	o

k) Wieviele **Personen** sind in der Systemzentrale und „vor Ort" in etwa mit der **Betreuung** (inkl. **Schulung**), **Steuerung** und **Kontrolle** der FN betraut? (**Hinweis**: dabei sollen z.B. Fahrer, durch die ein FN mit Ware versorgt wird, unberücksichtigt bleiben)

weniger als 5 Personen	zwischen 5 und 15 Personen	zwischen 16 und 30 Personen	zwischen 31 und 50 Personen	mehr als 50 Personen
o	o	o	o	o

l) Gibt es in Ihrem System FN, die **in einem Betrieb** gleichzeitig die Leistungen Ihres Systems und in größerem Umfang weitere Produkte/Dienstleistungen anbieten (z.B. Holzhändler, der in seinem Betrieb gleichzeitig als FN ein Parkettstudio führt)?

=>nein   o   =>ja   o , wobei der Anteil an unseren FN ca. ____ Prozent beträgt.

Vielen Dank für Ihre freundliche Unterstützung!

Literaturverzeichnis

Achrol R.S., Reve, T., Stern, L.W.	The Environment of Marketing Channel Dyads: A Framework for Comparative Analysis, in: JoM, Vol. 47 (1983), No. 3, S. 55-67
Adams, W., Brock, J.W.	Warum Großfirmen träge werden, Landsberg a.L. 1988
Ahlert, D. (Hrsg.)	Vertragliche Vertriebssysteme zwischen Industrie und Handel. Grundzüge einer betriebswirtschaftlichen, rechtlichen und volkswirtschaftlichen Beurteilung, Wiesbaden 1981
Ahlert, D.	Absatzkanalstrategien des Konsumgüterherstellers auf der Grundlage Vertraglicher Vertriebssysteme mit dem Handel, in: Vertragliche Vertriebssysteme zwischen Industrie und Handel. Grundzüge einer betriebswirtschaftlichen, rechtlichen und volkswirtschaftlichen Beurteilung, Ahlert, D. (Hrsg.), Wiesbaden 1981, S. 43-98
Albach, H.	Kosten, Transaktionen und externe Effekte im betrieblichen Rechnungswesen, in: ZfB, 58. Jg. (1988), Nr. 11, S. 1143-1170
Albert, H.	Traktat über die kritische Vernunft, 2. Aufl., Tübingen 1969
Alznauer-Lesaar, M.	Bewußtseinsänderung statt Verhaltensschulung, in: acquisa - Zeitschrift für Verkauf, Marketing, Motivation, Beilage K&K, 42. Jg. (1994), Nr. 7, S. 28-29
Alznauer-Lesaar, M.	Ein wichtiger Baustein gelebter Franchise-Kultur, in: acquisa - Zeitschrift für Verkauf, Marketing, Motivation, Beilage K&K, 42. Jg. (1994), Nr. 8, S. 28-29
Alznauer-Lesaar, M.	Voraussetzung für den Unternehmenserfolg, in: acquisa - Zeitschrift für Verkauf, Marketing, Motivation, Beilage K&K, 42. Jg. (1994), Nr. 10, S. 28-29
Alznauer-Lesaar, M.	Die wirkliche Macht ist die Vollmacht, in: acquisa - Zeitschrift für Verkauf, Marketing, Motivation, Beilage K&K, 42. Jg. (1994), Nr. 11, S. 28-29

Alznauer-Lesaar- Personalberatung (Hrsg.)	Das Unbehagen der Franchise-Geber hinsichtlich der Franchise-Nehmer-Auswahl, Ergebnisse einer Umfrage, Unterlagen zum Spezialseminar „Die Auswahl von Franchise-Nehmern" des DFI Deutsches Franchise-Institut GmbH am 17. Januar 1994 in München, München 1994, S. 1-7
Andritzky, K.	Die Operationalisierbarkeit von Theorien zum Konsumentenverhalten, Berlin 1976
Backhaus et al.	Multivariate Analysemethoden. Eine anwendungsorientierte Einführung, 7. Aufl., Berlin u.a. 1994
Bagozzi, R.P.	Causal Modeling: A General Method for Developing and Testing Theories in Consumer Research, in: Monroe, 1981, S. 195-202
Bagozzi, R.P.	A Field Investigation of the Causal Relations among Cognitions, Affect, Intentions, and Behavior, in: JoMR, Vol. 19 (1982), No. 3, S. 562-583
Balderjahn, I.	Strukturen sozialen Konsumentenbewußtseins, in: Marketing ZFP, 7. Jg. (1985), Nr. 4, S. 253-262
Balderjahn, I.	Das umweltbewußte Konsumentenverhalten. Eine empirische Studie, Berlin 1986
Bauder, W.	Der Franchise-Vertrag. Eine systematische Darstellung von Rechtstatsachen, Diss., Stuttgart 1988
Baumgarten, A.K.	Das Franchising als Gesellschaftsverhältnis. Eine Studie zur spezifischen zivilrechtlichen Qualität des Rechtsverhältnisses zwischen Franchise-Geber und Franchise-Nehmer, Diss., Göttingen 1993
Bea, F.X., Dichtl, E., Schweitzer, M. (Hrsg.)	Allgemeine Betriebswirtschaftslehre, Bd. 2: Führung, 6. Aufl., Stuttgart, Jena 1993
Bergen, M, Dutta, S., Walker, O.C., Jr.	Agency Relationships in Marketing: A Review of the Implications and Applications of Agency and Related Theories, in: JoM, Vol. 56 (1992), No. 3, S. 1-24
Bergs, S.	Optimalität bei Clusteranalysen: Experimente zur Bewertung numerischer Klassifikationsverfahren, Diss., Münster 1980

Beyer, W.E.	Franchising als Instrument zur „Festigung der Marktstellung": Möglichkeiten und Grenzen einer Unternehmung als Franchise-Geber unter besonderer Berücksichtigung der Zielkonzeptionen der Franchise-Nehmer, Diss., Berlin 1988
Bierhoff, H.W.	Vertrauen in Führungs- und Organisationsbeziehungen, in: Handwörterbuch der Führung, Kieser, A. (Hrsg.), 2. Aufl., Stuttgart 1995, Sp. 2148-2158
Biffar, O.D.	Boom, in: FAZ vom 30. Mai 1995, S. B1
Binzberger, J.	Komplexitätsbewältigung durch organisatorische Gestaltung - Theoretische Grundlagen und explorative Fallbeispiele, Diss., Mannheim 1983
Blake, R., Mouton, J.	The New Managerial Grid, Houston 1978
Bleicher, K.	Organisation: Strategien, Strukturen, Kulturen, 2. Aufl., Wiesbaden 1990
Bleicher, K.	Unternehmenspolitische und unternehmenskulturelle Voraussetzungen erfolgreicher strategischer Partnerschaften, in: Strategische Partnerschaften im Handel, Zentes, J. (Hrsg.), Stuttgart 1992, S. 307-325
Bleymüller, J.	Multivariate Analyse für Wirtschaftswissenschaftler, Manuskript, Münster 1989
Boehm, H.	Aufbau eines Franchisesystems, in: Boehm, H., Kuhn, G., Skaupy, W., Checklist Franchising. Franchise-Systeme aufbauen und erfolgreich führen, München 1980, S. 68-141
Boehm, H.	Die Betreuung von Franchise-Nehmern, in: Jahrbuch Franchising 1992, Deutscher Franchise-Verband (Hrsg.), Frankfurt a.M. 1992, S. 205-213
Bössmann, E.	Unternehmungen, Märkte, Transaktionskosten: Die Koordination ökonomischer Aktivitäten, in: WiSt, 12. Jg. (1983), Nr. 3, S. 105-111
Boettcher, E.	Kooperation und Demokratie in der Wirtschaft, Schriften zur Kooperationsforschung, Bd. 10, Boettcher, E. (Hrsg.), Tübingen 1974
Bolz, J.	Wettbewerbsorientierte Standardisierung der internationalen Marktbearbeitung: Eine empirische Analyse in europäischen Schlüsselmärkten, Darmstadt 1992

Bonus, H.	The Cooperative Association as a Business Enterprise, in: JITE, Vol. 142 (1986), No. 2, S. 310-339
Bonus, H.	Bestandsaufnahme und Entwicklungsperspektiven des Franchising, in: Führung von Franchise-Systemen, Dokumentationspapier Nr. 94 der Wissenschaftlichen Gesellschaft für Marketing und Unternehmensführung e.V., Meffert, H., Wagner, H., Backhaus, K. (Hrsg.), Münster 1995, S. 5-15
Bonus, H.	Precarious Relationships in Economics, Volkswirtschaftliche Diskussionsbeiträge, Nr. 210, Münster 1995
Bonus, H., Wessels, A.M.	Der Franchise-Nehmer - Ein moderner Sklave?, Westfälische Wilhelms-Universität Münster, Volkswirtschaftliche Diskussionsbeiträge, Nr. 198, Münster 1994
Breilmann, U.	Dimensionen der Organisationsstruktur. Ergebnisse einer empirischen Analyse, in: ZfO, 64. Jg (1995), Nr. 3, S. 159-164
Brickley, J.A., Dark, F.H.	The Choice of Organizational Form: The Case of Franchising, in: Journal of Financial Economics, Vol. 18 (1987), June, S. 401-420
Brickley, J.A., Dark, F.H., Weisbach, M.S.	An Agency Perspective on Franchising, in: Financial Management, Vol. 20 (1991), No. 1, S. 27-35
Brose, P.	Konzeption, Varianten und Perspektiven der Kontingenztheorie, in: Journal für Betriebswirtschaft, 34. Jg. (1984), Nr. 5, S. 230-243
Brosius, G.	SPSS/PC+ Advanced Statistics and Tables - Einführung und praktische Beispiele, Hamburg u.a. 1989
Brown, J.R., Day, R.L.	Measures of Manifest Conflict in Distribution Channels, in: JoMR, Vol. 18 (1981), No. 3, S. 263-274
Burmann, Chr.	Fläche und Personalintensität als Erfolgsfaktoren im Einzelhandel, Schriftenreihe Unternehmensführung und Marketing, Bd. 27, Meffert, H., Steffenhagen, H., Freter, H. (Hrsg.), Wiesbaden 1995
Burns, T., Stalker, G.M.	The Management of Innovation, London 1961

Carney, M., Gedajlovic, E.,	Vertical Integration in Franchise Systems: Agency Theory and Resource Explanations, in: SMJ, Vol. 12 (1991), No. 8, S. 607-629
Chandler, A.D.	Strategy and Structure, Cambridge, Mass. 1962
Child, J.	Organizational Structure, Environment and Performance: The Role of Strategic Choice, in: Sociology, Vol. 6 (1972), No. 1, S. 2-22
Child, J.	Organization: A Guide to Problems and Practice, London u.a. 1977
Clemens, R.	Die Bedeutung des Franchising in der Bundesrepublik Deutschland: Eine empirische Studie von Franchisenehmern und -systemen, Schriften zur Mittelstandsforschung, Nr. 23 N.F., Albach, H., Hax, H. (Hrsg.), Stuttgart 1988
Creusen, U.	Controlling-Konzepte im Franchising am Beispiel der OBI-Bau- und Heimwerkermärkte, in: Controlling-Konzepte, Mayer, E. (Hrsg.), 3. Aufl., Wiesbaden 1993, S. 282-297
Cronin Jr., J.J., Baker, T.L., Hawes, J.M.	An Assessment of the Role Performance Measurement of Power-Dependency in Marketing Channels, in: JoBR, Vol. 30 (1994), o. Nr., S. 201-210
Cross, J.C., Walker, B.J.	Service Marketing and Franchising: A Practical Business Marriage, in: Business Horizons, Nov.-Dec. 1987, S. 50-58
Deal, T.E., Kennedy, A.A.	Corporate Cultures: The Rites and Rituals of Corporate Life, Reading, Mass. u.a. 1982
deLuca, F.	Vortrag beim 10. Deutschen Franchise-Tag am 14. Juni 1994 in Essen, ohne Manuskript
Deutscher Franchise-Verband (Hrsg.)	Franchise-Telex 1993, München 1993, o.S.
Deutscher Franchise-Verband (Hrsg.)	Europäischer Verhaltenskodex für Franchising, zugleich Ehrenkodex für Mitglieder des Deutschen Franchise-Verbandes, München (gültig ab 1. Januar 1992), in: Jahrbuch Franchising 1994, Frankfurt a.M. 1994, S. 201-206
Deutscher Franchise-Verband (Hrsg.)	Franchise-Telex 1994, München 1994, o.S.

Deutscher Franchise-Verband (Hrsg.)	Franchise-Telex 1995, München 1995, o.S.
Diehl, J.M.	Varianzanalyse, Frankfurt a.M. 1977
Dill, P., Hügler, G.	Unternehmenskultur und Führung betriebswirtschaftlicher Organisationen - Ansatzpunkte für ein kulturbewußtes Management, in: Unternehmenskultur: Perspektiven für Wissenschaft und Praxis, Heinen, E. (Hrsg.), München 1987, S. 141-209
Diller, H., Kusterer, M.	Erlebnisbetonte Ladengestaltung im Einzelhandel - Eine empirische Studie, in: Handelsforschung 1986, Jahrbuch der Forschungsstelle für den Handel Berlin (FfH) e.V., Bd. 1, Trommsdorff, V. (Hrsg.), Heidelberg 1986, S. 105-123
Diller, H., Kusterer, M.	Beziehungsmanagement. Theoretische Grundlagen und explorative Befunde, in: Marketing ZFP, 10. Jg. (1988), Nr. 3, S. 211-220
Dnes, A.W.	The Economic Analysis of Franchising and its Regulation, in: Franchising and the Law: Theoretical and Comparative Approaches in Europe and the United States, Joerges, Ch. (Hrsg.), Baden-Baden 1991, S. 133-142
Donovan, R.J., Rossiter, J.R.	Store Atmosphere: An Environmental Psychology Approach, in: JoR, Vol. 58 (1982), No. 1, S. 34-57
Dülfer, E.	Organisationskultur: Phänomen - Philosophie - Technologie. Eine Einführung in die Diskussion, in: Organisationskultur: Phänomen - Philosophie - Technologie, Dülfer, E. (Hrsg.), 2. Aufl., Stuttgart 1991, S. 1-20
Dyer, W.G., Dyer, Jr., W.G.	Organization Development: System Change or Culture Change? in: Personnel, Vol. 63 (1986), No. 2, S. 14-22
Ebers, M., Gotsch, W.	Institutionenökonomische Theorien der Organisation, in: Organisationstheorien, Kieser, A. (Hrsg.), Stuttgart, Berlin, Köln 1993, S. 193-242

Ekkenga, J.	Die Inhaltskontrolle von Franchise-Verträgen: eine Studie zu den zivilrechtlichen Grenzen der Vertragsgestaltung im Bereich des Franchising unter Einschluß des Vertragshändlerrechts, Abhandlungen zum Arbeits- und Wirtschaftsrecht, Bd. 60, Hefermehl, W. (Hrsg.), Heidelberg 1990
Elschen, R.	Gegenstand und Anwendungsmöglichkeiten der Agency-Theorie, in: ZfbF, 43. Jg (1991), Nr. 11, S. 1002-1012
Erdmann, G.	Quo Vadis - Franchising, in: FAZ vom 30. Mai 1995, S. B2
Etgar, M.	Channel Environment and Channel Leadership, in: JoMR, Vol. 14 (1977), No. 1, S. 69-76
European Franchise Federation (Hrsg.)	E.F.F. Newsletter, Quarterly No. 4/October, Paris 1994, o.S.
Evan, W.M.	Toward a Theory of Interorganizational Relations, in: Distribution Channels: Behavioral Dimensions, Stern, L.W. (Hrsg.), New York u.a. 1969
Fahrmeir, L., Häußler, W., Tutz, G.	Diskriminanzanalyse, in: Multivariate statistische Verfahren, Fahrmeir, L., Hamerle, A. (Hrsg.), Berlin, New York 1984, S. 301-370
Falter, H.	Wettbewerbsvorteile von Filialsystemen. Das Beispiel des deutschen Non-Food-Einzelhandels, Wiesbaden 1992
Fiedler, F.E.	A Theory of Leadership Effectiveness, New York 1967
Fischer, M.	Make-or-Buy-Entscheidungen im Marketing. Neue Institutionenlehre und Distributionspolitik, Wiesbaden 1993
Fischer M. et al.	Marketing und neuere ökonomische Theorie: Ansätze zu einer Systematisierung, in: BFuP, 45. Jg (1993), Nr. 4, S. 444-470.
Flohr, E. (Hrsg.)	Franchise-Handbuch: Recht, Steuern, Versicherungen, Finanzierung, Berlin, München 1994
Florenz, P.J.	Konzept des vertikalen Marketing: Entwicklung und Darstellung am Beispiel der deutschen Automobilwirtschaft, Bergisch-Gladbach, Köln 1992

Frazier, G.L., Summers, J.O.	Perceptions of Interfirm Power and its Use within a Franchise Channel of Distribution, in: JoMR, Vol. 23 (1986), No. 2, S. 169-176
French, W.L., Bell, jr., C.H.	Organisationsentwicklung. Sozialwissenschaftliche Strategien zur Organisationsveränderung, Bern, Stuttgart 1977
Fritz, W.	Marketing - ein Schlüsselfaktor des Unternehmenserfolges? Eine kritische Analyse vor dem Hintergrund der empirischen Erfolgsfaktorenforschung, in: Marketing ZFP, 12. Jg. (1990), Nr. 2, S. 91-110
Fritz, W.	Marktorientierte Unternehmensführung und Unternehmenserfolg: Grundlagen und Ergebnisse einer empirischen Untersuchung, Stuttgart 1992
Fritzemeyer, W.	Franchise-Nehmer als Arbeitnehmer?, in: FAZ vom 30. Mai 1995, S. B7
Gabele, E.	Unternehmensstrategie und Organisationsstruktur, in: ZfO, 48. Jg. (1979), Nr. 4, S. 181-190
Gaitanides, M.	Strategie und Struktur: Zur Bedeutung ihres Verhältnisses für die Unternehmensentwicklung, in: ZfO, 54. Jg. (1985), Nr. 2, S. 115-122
Gaski, J.F.	The Theory of Power and Conflict in Channels of Distribution, in: JoM, Vol. 48 (1984), No. 2, S. 9-29
Gill, L.E., Stern, L.W.	Roles and Role Theory in Distribution Channel Systems, in: Distribution Channels: Behavioral Dimensions, Stern, L.W. (Hrsg.), New York u.a. 1969, S. 22-47
Görge, A.	Die Internationalisierung von Franchisesystemen, Organisation und Management, Bd. 1, Dülfer, E. (Hrsg.), Göttingen 1979
Gottschlich, W.	Strategische Führung in mittleren Unternehmen: Konzepte, Operationalisierung und Messung, Marktorientierte Unternehmensführung, Bd. 8, Freter H. (Hrsg.), Frankfurt a.M. u.a. 1989
Granovetter, M.	Economic Action and Social Structure: The Problem of Embeddedness, in: American Journal of Sociology, Vol. 90 (1985), No. 3, S. 481-510

Gregor, Chr., Busch, R.	Franchising - Ein Instrument zur Ausschöpfung nationaler und internationaler Märkte, in: Marktforschung & Management, 36. Jg. (1992), Nr. 3, S. 140-146
Grochla, E.	Systemtheoretisch-kybernetische Modellbildung betrieblicher Systeme, in: Systemtheorie und Betrieb, Grochla, E., Fuchs, H., Lehmann, H. (Hrsg.), ZfbF, Sonderheft Nr. 3, 26. Jg. (1974), S. 11-22
Grochla, E.	Einführung in die Organisationstheorie, Stuttgart 1978
Grossekettler, H.	Die volkswirtschaftliche Problematik Vertraglicher Vertriebssysteme, Arbeitspapier Nr. 3 des Lehrstuhls für Betriebswirtschaftslehre, insbes. Distribution und Handel, Ahlert, D. (Hrsg.), Münster 1978
Grossekettler, H.	Funktionale Kooperation. Eine Untersuchung der Störungen von Marktprozessen und der Möglichkeit ihrer Heilung durch Kooperation, Schriften zur Kooperationsforschung, Boettcher, E. (Hrsg.), Tübingen 1978
Grote, B.	Ausnutzung von Synergiepotentialen durch verschiedene Koordinationsformen ökonomischer Aktivitäten - Zur Eignung der Transaktionskosten als Entscheidungskriterium, Frankfurt u.a. 1990
Guiltinan, J.P., Rejab, I.B., Rodgers, W.C.	Factors Influencing Coordination in a Franchise Channel, in: JoR, Vol. 56 (1980), No. 3, S. 41-58
Hackett, D.W.	Franchising: The State of the Art, Chicago Ill. 1977
Hall, D.J., Saias, M.A.	Strategy follows Structure!, in: SMJ, Vol. 1 (1980), No. 2, S. 149-163
Halpert, B.P.	Antecedents, in: Interorganizational Coordination, Rogers, D.L., Whetten, D.A. (Hrsg.), Ames, Iowa 1982, S. 54-72
Hanke, J.	Hybride Koordinationsstrukturen: Liefer- und Leistungsbeziehungen kleiner und mittlerer Unternehmen der Automobilzulieferindustrie aus transaktionskostentheoretischer Sicht, Bergisch-Gladbach, Köln 1992
Hanrieder, M.	Franchising - Planung und Praxis, München 1975
Hansen, U.	Absatz- und Beschaffungsmarketing des Einzelhandels, Göttingen 1990

Hanser, P.	Turbolader für den Eismann, in: Absatzwirtschaft, 36. Jg. (1993), Nr. 4, S. 86-88
Hauschildt, J.	Entscheidungsziele, Tübingen 1977
Hayes, J.P.	Trotz der Rezession hat Franchising als Rettungsanker funktioniert, in: HB vom 7. Mai 1992, S. B5
Heide, J.B.	Interorganizational Governance in Marketing Channels, in: JoM, Vol. 58 (1994), No. 1, S. 71-85
Heimeran-Emans, S.	Wie schwierig ist es für eine Frau, ein Unternehmen zu gründen?, in: HB vom 7. Mai 1992, S. B5
Heinen, E.	Grundlagen betriebswirtschaftlicher Entscheidungen: Das Zielsystem der Unternehmung, Die Betriebswirtschaft in Forschung und Praxis, Bd. 1, Heinen, E. et al. (Hrsg.), 2. Aufl., Wiesbaden 1971
Heinen, E.	Führung als Gegenstand der Betriebswirtschaftslehre, in: Betriebswirtschaftliche Führungslehre: Grundlagen - Strategien - Modelle, Heinen, E. (Hrsg.), 2. Aufl., Wiesbaden 1984
Heinen, E.	Unternehmenskultur als Gegenstand der Betriebswirtschaftslehre, in: Unternehmenskultur: Perspektiven für Wissenschaft und Praxis, Heinen, E. (Hrsg.), München 1987, S. 1-48
Hersey, P., Blanchard, K.H.	Management of Organizational Behavior, 3. Aufl., Englewood Cliffs, N.J. 1977
Hildebrandt, L.,	Kausalanalytische Validierung in der Marketingforschung, in: Marketing ZFP, 6. Jg. (1984), S. 41-51
Hill, W., Fehlbaum, R., Ulrich, P.	Organisationslehre 1: Ziele, Instrumente und Bedingungen sozialer Systeme, 4. Aufl., Bern, Stuttgart 1989
Hippler, H.-J.	Methodische Aspekte schriftlicher Befragungen: Probleme und Forschungsperspektiven, in: Planung und Analyse, 6. Jg. (1988), Nr. 6, S. 244-248
Hoffman, R.C., Preble, J.F.	Franchising: Selecting a Strategy for Rapid Growth, in: LRP, Vol. 24 (1991), No. 4, S. 74-85
Hoffmann, F., Kreder, M.	Situationsabgestimmte Strukturform: Ein Erfolgspotential der Unternehmung, in: ZfbF, 37. Jg. (1985), Nr. 6, S. 455-485

Hulbert, J.M., Brandt, W.K.,	Managing the Multinational Subsidiary, New York 1980
Irrgang, W. (Hrsg)	Vertikales Marketing im Wandel, Aktuelle Strategien und Operationalisierungen zwischen Hersteller und Handel, München 1993
Jacobsen, R.	The Validity of ROI as a Measure of Business Performance, in: The American Economic Review, Vol. 77 (1987), No. 3, S. 470-478
Jarillo, J.C.	On Strategic Networks, in: SMJ, Vol. 9 (1988), No. 1, S. 31-41
Javanovski, M.	Ergebnisse einer empirischen Erfolgsfaktorenstudie über das vertikal-kooperative Absatzsystem Franchising, in: Jahrbuch Franchising 1994, Deutscher Franchise-Verband (Hrsg.), Frankfurt a.M. 1994, S. 24-51
Jensen, M.C.	Organization Theory and Methodology, in: The Accounting Review, Vol. 58 (1983), No. 2, S. 319-339
Joerges, Ch.	Franchise-Verträge und Europäisches Wettbewerbsrecht, in: Zeitschrift für das gesamte Handelsrecht und Wirtschaftsrecht, 151. Jg. (1987), o. Nr., S. 195-223
Joerges, Ch. (Hrsg.)	Franchising and the Law: Theoretical and Comparative Approaches in Europe and the United States, Baden-Baden 1991
Jöreskog, K.G., Sörbom, D.	LISREL 7: A Guide to the Program and Applications, SPSS Inc. (Hrsg.), 2. Aufl., Chicago 1989
Jurkovich, R.	A Core Typology of Organizational Environments, in: Administrative Science Quarterly, Vol. 19 (1974), o. Nr., S. 380-394
Kappler, E.	Autonomie, in: Handwörterbuch der Organisation, Frese, E. (Hrsg.), 3. Aufl., Stuttgart 1992, Sp. 272-280
Kartte, W.	Kampf gegen den Etikettenschwindel, HB vom 23. April 1991, S. B1
Kaub, E.	Franchise-Systeme in der Gastronomie, Diss., Saarbrücken 1980
Kern, E.	Der Interaktionsansatz im Investitionsgütermarketing: eine konfirmatorische Analyse, Berlin 1990

Khandwalla, P.N.	Uncertainty and the „Optimal" Design of Organizations. Arbeitspapier zum 19. TIMS-Meeting, Houston, Tex. 1972 (deutsche Übersetzung in: Organisationstheorie Bd. 1, E. Grochla (Hrsg.), Stuttgart 1975, S. 140-156)
Khandwalla, P.	The Design of Organizations, New York u.a. 1977
Kieser, A. (Hrsg.)	Organisationstheorien, Stuttgart, Berlin, Köln 1993
Kieser, A.	Der situative Ansatz, in: Organisationstheorien, Kieser, A. (Hrsg.), Stuttgart, Berlin, Köln 1993, S. 161-192
Kieser, A., Kubicek, H.	Organisationstheorien I: Wissenschaftstheoretische Anforderungen und kritische Analyse klassischer Ansätze, Stuttgart u.a. 1978
Kieser, A., Kubicek, H.	Organisationstheorien II: Wissenschaftstheoretische Anforderungen und kritische Analyse klassischer Ansätze, Stuttgart u.a. 1978
Kieser, A., Kubicek, H.	Organisation, 3. Aufl., Berlin, New York 1992
Kirchgeorg, M.	Ökologieorientiertes Unternehmensverhalten. Typologien und Erklärungsansätze auf empirischer Grundlage, Schriftenreihe Unternehmensführung und Marketing, Bd. 24, Meffert, H., Steffenhagen, H., Freter, H. (Hrsg.), Wiesbaden 1990
Kirchherr, M.	Franchising für Investitionsgüter: Optionen für Marktbearbeitungsstrategien, Diss., Saarbrücken 1993
Kirsch, W.	Die Unternehmensziele in organisationstheoretischer Sicht, in: ZfbF, 21. Jg (1969), o. Nr., S. 665-675
Kirsch, W.	Organisatorische Führungssysteme: Bausteine zu einem verhaltenswissenschaftlichen Bezugsrahmen, Planungs- und organisationswissenschaftliche Schriften, Kirsch, W. (Hrsg.), München 1976
Kleer, M.	Gestaltung von Kooperationen zwischen Industrie- und Logistikunternehmen, Berlin 1991
Knigge, J.	Franchise-Systeme im Dienstleistungssektor, Betriebswirtschaftliche Schriften, Heft 63, Berlin 1973

Knigge, J.	Entwicklung und voraussichtliche Zukunftstrends des Franchising in der Bundesrepublik Deutschland. Aktualisierter Bericht, München 1985
Knigge, J.	Aktuelle Tendenzen im Franchising, in: Vertikales Marketing im Wandel, Aktuelle Strategien und Operationalisierungen zwischen Hersteller und Handel, Irrgang, W. (Hrsg), München 1993, S. 295-313
Knoblich, H.	Die typologische Methode in der Betriebswirtschaftslehre, in: WiSt, 1. Jg. (1972), Nr. 4, S. 141-147
Kobi, J.-M., Wüthrich, H.A.	Unternehmenskultur verstehen, erfassen und gestalten, Landsberg a. L. 1986
Kogelheide, B.	Entwicklung realer Organisationsstrukturen: Eine lebenszyklus-orientierte Analyse, Wiesbaden 1992
Kohn, A.	Why Incentive Plans Cannot Work, in: HBR, Vol. 71 (1993), No. 5, S. 54-63
Kommission der Europäischen Gemeinschaften	Verordnung (EWG) Nr. 4087/88 der Kommission vom 30. November 1988 über die Anwendung von Artikel 85 Absatz 3 des Vertrags auf Gruppen von Franchisevereinbarungen, in: Amtsblatt der Europäischen Gemeinschaften vom 28. Dezember 1988, Nr. L 359/46-52
Kopp, M.	Hypothesenformulierung in der Absatzforschung, Betriebswirtschaftliche Schriften, Heft 60, Berlin 1972
Korte, Chr.	Customer Satisfaction Measurement: Kundenzufriedenheitsmessung als Informationsgrundlage des Hersteller- und Handelsmarketing am Beispiel der Automobilwirtschaft, Frankfurt a.M. u.a. 1995
Kroeber-Riel, W.	Konsumentenverhalten, 5. Aufl., München 1992
Krystek, U., Zumbrock, S.	Planung und Vertrauen: Die Bedeutung von Vertrauen und Mißtrauen für die Qualität von Planungs- und Kontrollsystemen, Stuttgart 1993
Kube, Ch.	Erfolgsfaktoren von Filialsystemen, Diagnose und Umsetzung im Strategischen Controlling, Wiesbaden 1991
Kubicek, H.	Empirische Organisationsforschung. Konzeption und Methodik, Stuttgart 1975

Kümpers, A. Marketingführerschaft. Eine verhaltenswissenschaftliche Analyse des vertikalen Marketing, Diss., Münster 1976

Kunkel, M. Franchising und asymmetrische Informationen: Eine institutionenökonomische Untersuchung, Wiesbaden 1994

Küpper, H.-U. Betriebswirtschaftliche Steuerungs- und Lenkungsmechanismen organisationsinterner Kooperation, in: Wunderer, R. (Hrsg.), Kooperation - Gestaltungsprinzipien und Steuerung der Zusammenarbeit zwischen Organisationseinheiten, Stuttgart 1991, S. 175-203

Lakaschus, C. Franchising im Spiegelbild des Wertewandels, in: FAZ vom 3. Mai 1994, S. B5.

Lal, R. Improving Channel Coordination Through Franchising, in: Marketing Science, Vol. 9 (1990), No. 4, S. 299-318

Lang, H. Fall Benetton: Warum das Vertriebskonzept des italienischen Bekleidungsherstellers nichts mit Franchising zu tun hat, in: Franchise International, o. Jg. (1995), Nr. 1, S. 34

Laux, H., Liermann, F. Grundlagen der Organisation. Die Steuerung von Entscheidungen als Grundproblem der Betriebswirtschaftslehre, 3. Aufl., Berlin u.a. 1993

Lawrence, P.R., Lorsch, J.W. Organization and Environment, Managing Differentiation and Integration, Homewood, Ill. 1969

Lehnert, S. Die Bedeutung von Kontingenzansätzen für das Strategische Management: Analyse und Realisationsmöglichkeiten des Strategischen Managements, Frankfurt a.M., Berlin, New York 1983

Lewis, M.Chr., Lambert, D.M. A Model of Channel Member Performance, Dependence and Satisfaction, in: JoR, Vol. 67 (1991), No. 2, S. 205-224

Liesegang, H.C.F. Der Franchise-Vertrag, 3. Aufl., Heidelberg 1990

Lillis, Ch.M., Narayana, Ch.L., Gilman, J.L. Competitive Advantage Variation over the Life Cycle of a Franchise, in: JoM, Vol. 40, (1976), No. 4, S. 77-80

Loose, A., Sydow, J.	Vertrauen und Ökonomie in Netzwerkbeziehungen - Strukturationstheoretische Betrachtungen, in: Management interorganisationaler Beziehungen: Vertrauen, Kontrolle und Informationstechnik, Sydow, J., Windeler, A. (Hrsg.), Opladen 1994, S. 160-193
Lübbert, H.	Vertikale Integrationsformen beim Absatz von Waren und Dienstleistungen, Berlin 1986
Luhmann, N.	Vertrauen. Ein Mechanismus der Reduktion sozialer Komplexität, 2. Aufl., Stuttgart 1973
Lusch, R.F.	Sources of Power: Their Impact on Intrachannel Conflict, in: JoMR, Vol. 13 (1976), No. 4, S. 382-390
Maas, P.	Franchising in wirtschaftspsychologischer Perspektive - Handlungsspielraum und Handlungskompetenz in Franchise-Systemen: Eine empirische Studie bei Franchise-Nehmern, Frankfurt a.M. u.a. 1990
Macaulay, S.	Long-Term Continuing Relations: The American Experience Regulating Dealerships and Franchising, in: Franchising and the Law: Theoretical and Comparative Approaches in Europe and the United States, Joerges, Ch. (Hrsg.), Baden-Baden 1991, S. 189
Macharzina, K.	Unternehmensführung: das internationale Managementwissen: Konzepte - Methoden - Praxis, Wiesbaden 1983
Mack, M.	Neuere Vertragssysteme in der Bundesrepublik Deutschland. Eine Studie zum Franchising, Industrie und Gesellschaft, Bd. 5, Rehbinder, M., Rebe, B. (Hrsg.), Bielefeld 1975
Mag, W.	Ausschüsse, in: Handwörterbuch der Organisation, Frese, E. (Hrsg.), 3. Aufl., Stuttgart 1992, Sp. 252-262
Martinek, M.	Franchising, Grundlagen der zivil- und wettbewerbsrechtlichen Behandlung der vertikalen Gruppenkooperation beim Absatz von Waren und Dienstleistungen, Heidelberg 1987
Martinek, M.	Moderne Vertragstypen, Bd. II: Franchising, Know-how-Verträge, Management- und Consultingverträge, Schriftenreihe der Juristischen Schulung H. 110, Weber, H. (Hrsg.), München 1992

Maus, M.	Der lange Weg aus der Kommandowirtschaft, in: HB vom 23. April 1991, S. B1
Maus, M., Hommerich, B.	Warum muß Personalmarketing auf die Arbeitsethik reagieren?, in: Der Arbeitgeber, 44. Jg. (1992), Nr. 3, S. 89-91
Meffert, H.	Verhaltenswissenschaftliche Aspekte Vertraglicher Vertriebssysteme, in: Vertragliche Vertriebssysteme zwischen Industrie und Handel. Grundzüge einer betriebswirtschaftlichen, rechtlichen und volkswirtschaftlichen Beurteilung, Ahlert, D. (Hrsg.), Wiesbaden 1981, S. 99-123
Meffert, H.	Zur Bedeutung von Konkurrenzstrategien im Marketing, in: Marketing ZFP, 7. Jg. (1985), Nr. 1, S. 13-19
Meffert, H.	Marketing: Grundlagen der Absatzpolitik, 7. Aufl., Wiesbaden 1986
Meffert, H.	Marketing und strategische Unternehmensführung - ein wettbewerbsorientierter Kontingenzansatz, Arbeitspapier Nr. 32 der Wissenschaftlichen Gesellschaft für Marketing und Unternehmensführung e.V., Meffert, H., Wagner, H. (Hrsg.), Münster 1986
Meffert, H.	Marketing und allgemeine Betriebswirtschaftslehre - Eine Standortbestimmung im Lichte neuerer Herausforderungen der Unternehmensführung, in: Die Betriebswirtschaftslehre im Spannungsfeld zwischen Generalisierung und Spezialisierung, Kirsch, W., Picot, A. (Hrsg.), Wiesbaden 1989, S. 339-357
Meffert, H.	Marketingforschung und Käuferverhalten, 2. Aufl., Wiesbaden 1992
Meffert, H.	Marketing-Management. Analyse-Strategie-Implementierung, Wiesbaden 1994
Meffert, H.	Marktorientierte Führung von Dienstleistungsunternehmen, in: DBW, 54. Jg. (1994), Nr. 4, S. 519-541
Meffert, H., Bruhn, M.,	Dienstleistungsmarketing: Grundlagen, Konzepte, Methoden, Wiesbaden 1995

Meffert, H., Hafner, K.	Unternehmenskultur und marktorientierte Unternehmensführung: Bestandsaufnahme und Wirkungsanalyse, Arbeitspapier Nr. 35 der Wissenschaftlichen Gesellschaft für Marketing und Unternehmensführung e.V., Meffert, H., Wagner, H. (Hrsg.), Münster 1987
Meffert, H., Hafner, K., Poggenpohl, M.	Unternehmenskultur und Unternehmensführung: Ergebnisse einer empirischen Untersuchung, Arbeitspapier Nr. 43 der Wissenschaftlichen Gesellschaft für Marketing und Unternehmensführung e.V., Meffert, H., Wagner, H. (Hrsg.), Münster 1988
Meffert, H., Kimmeskamp, G.	Industrielle Vertriebssysteme im Zeichen der Handelskonzentration, in: Absatzwirtschaft, 26. Jg. (1983), Nr. 3, S. 214-231
Meffert, H., Meurer, J.	Marktorientierte Führung von Franchisesystemen - theoretische Grundlagen und empirische Befunde, Arbeitspapier Nr. 98 der Wissenschaftlichen Gesellschaft für Marketing und Unternehmensführung e.V., Meffert, H., Wagner, H., Backhaus, K. (Hrsg.), Münster 1995
Meffert, H., Wagner, H., Backhaus, K. (Hrsg.)	Führung von Franchise-Systemen, Dokumentationspapier Nr. 94 der Wissenschaftlichen Gesellschaft für Marketing und Unternehmensführung e.V., Münster 1995
Metzlaff, K.	Franchiseverträge und EG-Kartellrecht. Die GruppenfreistellungsVO Nr. 4087/88 für Franchiseverträge, Juristische Schriftenreihe, Bd. 45, Münster, Hamburg 1994
Miles, R.E., Snow, C.C.	Organizational Strategy, Structure, and Process, New York 1978
Miller, D.	Configurations of Strategy and Structure: Towards a Synthesis, in: SMJ, Vol. 7 (1986), No. 3, S. 233-249
Miller, D.	Relating Porter's Business Strategies to Environment and Structure: Analysis and Performance Implications, in: Academy of Management Journal, Vol. 31 (1988), No. 2, S. 280-308
Miller, D., Friesen, P.H.	Momentum and Revolution in Organizational Adaptation, in: Academy of Management Journal, Vol. 23 (1980), No. 4, S. 591-614

Miller, D., Friesen, P.H.	Innovation in Conservative and Entrepreneurial Firms: Two Models of Strategic Momentum, in: SMJ, Vol. 3 (1982), No. 1, S. 1-25
Miller, D., Friesen, P.H.	A Longitudinal Study of the Corporate Life Cycle, in: Management Science, Vol. 30 (1984), No. 10, S. 1161-1183
Mintzberg, H.	The Structuring of Organizations. A Synthesis of the Research, Englewood Cliffs, N.J. 1979
Mohr, J, Nevin, J.R.	Communication Strategies in Marketing Channels: A Theoretical Perspective, in: JoM, Vol. 54 (1990), No. 4, S. 36-51
Moorthy, S.K.	Managing Channel Profits: Comment, in: Marketing Science, Vol. 6 (1987), No. 4, S. 375-379
Morgan, R.M., Hunt, S.D.	The Commitment-Trust Theory of Relationship Marketing, in: JoM, Vol. 58 (1994), No. 3, S. 20-38
Mühlhaus, K.	Geld verdienen mit Franchising. Vor- und Nachteile der Partnerschaft in Franchise-Systemen, München 1989
Mühlhaus, K.	Gefahr im Verzug, in: Franchise International, o. Jg. (1994), Nr. 1, S. 146
Mulford, C.L.	Interorganizational Relations, New York 1982
Niemeier, J.	Wettbewerbsumwelt und interne Konfiguration: Theoretische Ansätze und empirische Prüfung, Frankfurt a.M., Bern, New York 1986
Norton, S.W.	An Empirical Look at Franchising as an Organizational Form, in: JoB, Vol. 61 (1988), No. 2, S. 197-218
o.V.	Dem Benetton-Vertriebssystem droht der Zusammenbruch, in: FAZ vom 17. Januar 1995, S. 15
o.V.	Die besten im Test, in: Die Geschäftsidee. Fachzeitschrift für Unternehmensgründung und neue Märkte, 20. Jg. (1995), Nr. 2, S. 43-50
o.V.	Franchise gibt Handwerkern Sicherheit, in: HB vom 14. März 1995, S. 20
o.V.	Opel: Es geht nicht darum, die Margen der Händler zu reduzieren, in: FAZ vom 27. Mai 1995, S. 15

o.V.	Franchising klappt nicht auf Knopfdruck. Interview mit Heinz Wicorek, in: FAZ vom 30. Mai 1995, S. B3
o.V.	Franchise-Nehmer suchen den Schulterschluß, in: HB vom 12. Juni 1995, S. 14
o.V.	Franchising gewinnt in Deutschland weiter an Bedeutung, in: BddW vom 13. Juni 1995, S. 1
o.V.	Der Franchise-Markt steuert auf einen Qualitätswettbewerb zu, in: HB vom 23./24. Juni 1995, S. K1
o.V.	Hinter der Provokation verbirgt sich kaltes Kalkül: Benettons Werbung hält der Prüfung nicht stand, in: FAZ vom 7. Juli 1995, S. 3
Ochsenfeldt A.R., Kelly, A.O.	Will Successfull Franchise Systems Ultimately Become Wholly-Owned Chains?, in: JoR, Vol. 44 (1969), No. 4, S. 69-88
Oehme, W.	Handels-Marketing. Entstehung, Aufgabe, Instrumente, München 1983
Orthmann, Chr.	Umfang, Struktur und Ausprägung des Franchisings in der Bundesrepublik Deutschland, Deutsches Franchise-Institut München (Hrsg.), München 1990
Ostmann, S.	Die Macht der Beiräte, in: Franchise International, o.Jg. (1995), Nr. 1, S. 26-29
Patt, P.-J.	Strategische Erfolgsfaktoren im Einzelhandel: Eine empirische Analyse am Beispiel des Bekleidungsfachhandels, Schriften zu Marketing und Management, Bd. 14, Meffert, H. (Hrsg.), Frankfurt a.M. u.a. 1988
Pauli, K.S.	Franchising, Düsseldorf, Wien, New York 1990
Perrow, C.	Complex Organizations, 3. Aufl., New York 1986
Petersen, T.	Optimale Anreizsysteme. Betriebswirtschaftliche Implikationen der Prinzipal-Agenten-Theorie, Beiträge zur Betriebswirtschaftlichen Forschung, Bd. 63, Albach H. et al. (Hrsg.), Wiesbaden 1989
Pfohl, H.-Chr.	Planung und Kontrolle, Stuttgart u.a. 1981

Picot, A.	Transaktionskostenansatz in der Organisationstheorie: Stand der Diskussion und Aussagewert, in: DBW, 42. Jg (1982), Nr. 2, S. 267-284
Picot, A.	Der Einfluß wettbewerbsrechtlicher Rahmenbedingungen auf Organisationsstrukturen am Beispiel des Franchising, in: Stabilität und Effizienz hybrider Organisationsformen. Die Kooperation im Lichte der Neuen Institutionenökonomik, Wagner, H., Jäger, W. (Hrsg.), Kooperations- und Genossenschaftswissenschaftliche Beiträge, Bd. 36, begr. von Boettcher, E., Münster 1995, S. 39-61
Porter, L.W., Lawler, E.E., Hackman, J.R.	Behavior in Organizations, New York u.a. 1975
Preble, J.F., Hoffman, R.C.	Competitive Advantage through Specialty Franchising, in: Journal of Services Marketing, Vol. 8 (1994), No. 2, S. 5-18
Rahn, H.-J.	Betriebliche Führung, 2. Aufl., Kiel 1992
Reinecke, G.	Das Franchising im Würgegriff des Arbeitsrechts?, in: Jahrbuch Franchising 1992, Deutscher Franchise-Verband (Hrsg.), Frankfurt a.M. 1992, S. 79-98
Reuss, H.	Konfliktmanagement im Franchise-Vertriebssystem der Automobilindustrie, Frankfurt a.M, New York 1993
Rexrodt, G.	Franchising als Chance für Existenzgründer, FAZ vom 3. Mai 1994, S. B1
Rosenberg, L.J., Stern, L.W.	Toward the Analysis of Conflict in Distribution Channels: A Descriptive Model, in: JoM, Vol. 34 (1970), No. 4, S. 40-46
Rößl, D.	Die Steuerbarkeit komplexer Austauschbeziehungen vor dem Hintergrund von Informationsasymmetrie und Unsicherheit, unveröffentlichtes Manuskript
Rotering, J.	Zwischenbetriebliche Kooperation als alternative Organisationsform. Ein transaktionskostentheoretischer Erklärungsansatz, Stuttgart 1993
Rubin, P.H.	The Theory of the Firm and the Structure of the Franchise Contract, in: The Journal of Law and Economics, Vol. 21 (1978), No. 1, S. 223-233

Rudolph, H.	Absatzpolitische Aspekte des Franchisesystems, in: DBW, 38. Jg. (1978), Nr. 4, S. 557-565
Rühli, E.	Ein Ansatz zu einem integrierten kooperativen Führungskonzept, in: Unternehmensführung und Organisation, Kirsch, W. (Hrsg.), Wiesbaden 1973, S. 71-92
Sachs, L.	Angewandte Statistik: Planung und Auswertung, Methoden und Modelle, 4. Aufl., Berlin, Heidelberg, New York 1974
Sathe, V.	Culture and Related Corporate Realities. Text, Cases and Readings on Organizational Entry, Establishment, and Change, Homewood, Ill. 1985
Schanz, G.	Einführung in die Methodologie der Betriebswirtschaftslehre, Köln 1975
Schanz, G.	Zwei Arten von Empirismus, in: ZfbF, 27. Jg. (1975), o. Nr., S. 307-331
Schanz, G.	Organisationsgestaltung, Struktur und Verhalten, München 1982
Schanz, G.	Methodologie für Betriebswirte, 2. Aufl., Stuttgart 1988
Schanze, E.	Symbiotic Contracts: Exploring Long-Term Agency Structures Between Contract and Corporation, in: Franchising and the Law: Theoretical and Comparative Approaches in Europe and the United States, Joerges, Ch. (Hrsg.), Baden-Baden 1991, S. 67-103
Scharrer, E.	Qualität - ein betriebswirtschaftlicher Faktor, in: ZfB, 61. Jg. (1991), Nr. 7, S. 695-720
Schein, E.H.	Organizational Culture and Leadership. A Dynamic View, San Francisco u.a. 1985
Schertler, W.	Unternehmensorganisation, München, Wien 1982
Schlott, M.	Aufbau des Franchise-Systems „Family Frost" in den neuen Bundesländern: Führung - Motivation - Controlling, in: Vertikales Marketing im Wandel. Aktuelle Strategien und Operationalisierungen zwischen Hersteller und Handel, Irrgang, W. (Hrsg.), München 1993, S. 238-258
Scholz, Ch., Hofbauer, W.	Organisationskultur. Die vier Erfolgsprinzipien, Wiesbaden 1990

Schreyögg, G.	Umwelt, Technologie und Organisationsstruktur: Eine Analyse des kontingenztheoretischen Ansatzes, Berlin, Stuttgart 1978
Schreyögg, G.	Unternehmensstrategie: Grundfragen einer Theorie strategischer Unternehmensführung, Berlin, New York 1984
Schröder, H.	Erfolgsfaktorenforschung im Handel: Stand der Forschung und kritische Würdigung der Ergebnisse, in: Marketing ZFP, 16. Jg. (1994), Nr. 2, S. 89-105
Schubö, W. et al.	SPSS: Handbuch der Programmversionen 4.0 und SPSS-X 3.0, Stuttgart, New York 1991
Schul, P.L., Little, Jr., T.E., Pride, W.M.	Channel Climate: Its Impact on Channel Member's Satisfaction, in: JoR, Vol. 61 (1985), No. 2, S. 9-37
Schul, P.L., Pride, W.M., Little Jr., T.E.	The Impact of Channel Leadership on Intrachannel Conflict, in: JoM, Vol. 47 (1983), No. 3, S. 21-34
Schwarz, G.	Unternehmenskultur als Element des Strategischen Managements, Betriebswirtschaftliche Forschungsergebnisse, Bd. 92, Schmidt, R.-B., Schweitzer, M. (Hrsg.), Berlin 1989
Selzner, H.	Betriebsverfassungsrechtliche Mitbestimmung in Franchise-Systemen, Baden-Baden 1994
Shetty, Y.K.	Product Quality and Competitive Strategy, in: Business Horizons, Vol. 30 (1987), No. 3, S. 46-52
Sibley, S.D., Michie, D.A.	An Exploratory Investigation of Cooperation in a Franchise Channel, in: JoR, Vol. 58 (1982), No. 4, S. 23-45
Siebers, S.	Mehr Power beim Start, in: Franchise International, o. Jg. (1995), Nr. 1, S. 148-150
Silberer, G.	Die Bedeutung und Messung von Kauferlebnissen im Handel, in: Handelsforschung 1989 - Grundsatzfragen, Jahrbuch der Forschungsstelle für den Handel Berlin (FfH) e.V., Trommsdorff, V. (Hrsg.), Wiesbaden 1989, S. 59-76
Skaupy, W.	Die neue EG-Gruppen-Freistellungsverordnung für Franchisevereinbarungen, in: DB, 42. Jg. (1989), H. 15 vom 14. April 1989, S. 765-770

Skaupy, W.	Franchising: Handbuch für die Betriebs- und Rechtspraxis, 2. Aufl., München 1995
Söllner, A.	Commitment in Geschäftsbeziehungen: Das Beispiel Lean Production, Wiesbaden 1993
Sprenger, H.-P.	Kooperative Führungskonzepte in deutschen Unternehmen. Einführungsprobleme und Strategien zu ihrer Bewältigung, Berlin 1987
Sprenger, R.K.	Mythos Motivation: Wege aus einer Sackgasse, 8. Aufl., Frankfurt a.M., New York 1995
Staehle, W.H.	Management: Eine verhaltenswissenschaftliche Perspektive, 4. Aufl., Müchen 1989
Stauss, B., Schulze, H.S.	Internes Marketing, in: Marketing ZFP, 12. Jg (1990), Nr. 3, S. 149-158
Steffenhagen, H.	Konflikt und Kooperation in Absatzkanälen: Ein Beitrag zur verhaltensorientierten Marketingtheorie, Schriftenreihe Unternehmensführung und Marketing, Bd. 5, Meffert, H. (Hrsg.), Wiesbaden 1975
Steinhausen, D., Langer, K.	Clusteranalyse: Einführung in Methoden und Verfahren der automatischen Klassifikation, Berlin, New York 1977
Steinle, C.	Führung. Grundlagen, Prozesse und Modelle der Führung in der Unternehmung, Stuttgart 1978
Steinmann, H., Schreyögg, G.	Management: Grundlagen der Unternehmensführung: Konzepte, Funktionen, Praxisfälle, Wiesbaden 1990
Stern, L.W., Reve, T.	Distribution Channels as Political Economies: A Framework for Comparative Analysis, in: JoM, Vol. 44 (1980), No. 3, S. 52-64
Sydow, J.	Organisationsspielraum und Büroautomation: Zur Bedeutung von Spielräumen bei der Organisation automatisierter Büroarbeit, Mensch und Organisation, Bd. 1, Staehle, W.H. (Hrsg.), Berlin, New York 1985
Sydow, J.	Strategische Netzwerke: Evolution und Organisation, Wiesbaden 1992
Sydow, J.	Franchisingnetzwerke. Ökonomische Analyse einer Organisationsform der Dienstleistungsproduktion und -distribution, in: ZfB, 64. Jg. (1994), Nr. 1, S. 95-113

Sydow, J.	Franchisingsysteme als strategische Netzwerke - Über das Warum des Franchising hinaus, in: Führung von Franchise-Systemen, Dokumentationspapier Nr. 94 der Wissenschaftlichen Gesellschaft für Marketing und Unternehmensführung e.V., Meffert, H., Wagner, H., Backhaus, K. (Hrsg.), Münster 1995, S. 16-44
Sydow, J., Kloyer, M.	Management von Franchisingnetzwerken - Erkenntnisse aus sechs Fallstudien. Forschungsbericht, Universität Wuppertal 1995
Sydow, J., Windeler, A.	Über Netzwerke, virtuelle Integration und Interorganisationsbeziehungen, in: Management interorganisationaler Beziehungen: Vertrauen, Kontrolle und Informationstechnik, Sydow, J., Windeler, A. (Hrsg.), Opladen 1994, S. 1-21
Tannenbaum, R., Schmidt, W.H.	How to Choose a Leadership Pattern, in: HBR, Vol. 36 (1958), No. 2, S. 95-101
Thieme, H.R.	Verhaltensbeeinflussung durch Kontrolle: Wirkung von Kontrollmaßnahmen und Folgerungen für die Kontrollpraxis, Berlin 1982
Thompson, D.N. (Hrsg.)	Contractual Marketing Systems, Lexington, Mass. 1971
Tichy, N., Tushman, M., Fombrum, C.	Social Network Analysis for Organizations, in: Academy of Management Review, Vol. 4 (1979), No. 4, S. 507-519
Tietz, B.	Franchising (I), in: WISU, 17. Jg. (1988), Nr. 4, S. 205-210
Tietz, B.	Handbuch Franchising. Zukunftsstrategien für die Marktbearbeitung, 2. Aufl., Landsberg a. L. 1991
Tietz, B., Mathieu, G.	Das Franchising als Kooperationsmodell für den mittelständischen Groß- und Einzelhandel, Köln u.a. 1979
Töpfer, A.	Planungs- und Kontrollsysteme industrieller Unternehmungen. Eine theoretische, technologische und empirische Analyse, Betriebswirtschaftliche Forschungsergebnisse, Bd. 73, Kosiol, E. et al. (Hrsg.), Berlin 1976
Tröndle, D.	Kooperationsmanagement, Bergisch-Gladbach, Köln 1987

Ulrich, H.	Management, Bern, Stuttgart 1984
Ulrich, P, Fluri, E.	Management. Eine konzentrierte Einführung, Bern, Stuttgart 1975
van der Burgt, T., Vollmer, M.,	Neue Bundesländer: Aufbau eines Controlling-Konzepts in einem Franchise-Unternehmen (Teil 2), in: Der Controlling-Berater, 1993, Nr. 2, S. 273-336
Vaughn, Ch.L.	Franchising. Its Nature, Scope, Advantages, and Developments, 2. Aufl., Lexington, Mass., Toronto 1979
Verband der Franchisenehmer (Hrsg.)	Franchise Forum, 1. Jg (1995), Nr. 1
Vicario, F.	Regulation of the Italian Franchise Association, unveröffentlichtes Manuskript anläßlich eines Vortrags im Rahmen der Sonderveranstaltung „Franchise Regulation vs. Self-Regulation" bei der 5th European Franchise Convention am 15. Juni 1995 in Essen
Vogt, A.	Franchising von Produktivgütern: Voraussetzungen, Beurteilungskriterien und Einsatzmöglichkeiten, Diss., Darmstadt 1976
von Plüskow, H.-J.	Franchise: 2500 Angebote für Existenzgründer, in: Impulse, 1995, Nr. 5, S. 109-112
Vroom, V.H., Yetton, P.	Leadership and Decision-Making, Pittsburg 1973
Wahlers, R.G., Etzel, M.J.	A Structural Examination of Two Optimal Simulation Level Measurement Models, in: Advances in Consumer Research, Goldberg, M.E. et al. (Hrsg.), Vol. 17, Provo, UT 1990, S. 415-425
Welge, M.K.	Unternehmensführung, Bd. 2: Organisation, Stuttgart 1987
Wenger, E., Terberger, E.	Die Beziehung zwischen Agent und Prinzipal als Baustein einer ökonomischen Theorie der Organisation, in: WiSt, 17. Jg. (1988), Nr. 10, S. 506-514

Wessels, A.M.	Franchise-Verträge im Vergleich: Die häufigsten und schwerwiegendsten Fehler bei der Vertragsgestaltung - eine erste und umfassende empirische Ermittlung wesentlicher Regelungsinhalte deutscher Franchise-Verträge, in: Jahrbuch Franchising 1992, Deutscher Franchise-Verband (Hrsg.), Frankfurt a.M. 1992, S. 118-137
Wessels, A.M.	Alles, was Recht ist, in: Franchise International, o. Jg. (1993), Nr. 1, S. 136-141
White, R.K., Lippitt, R.	Autocracy and Democracy: An Experimental Inquiry, New York 1960
Williamson, O.E.	Die ökonomischen Institutionen des Kapitalismus. Unternehmen, Märkte, Kooperationen, Tübingen 1990
Willke, H.	Systemtheorie. Eine Einführung in die Grundprobleme der Theorie sozialer Systeme, 4. Aufl., Stuttgart, Jena 1993
Wingefeld, V.	Wie Franchising erfolgreich wird, in: HM, 11. Jg. (1989), Nr. 3, S. 122-128
Witte, E.	Organisation für Innovationsentscheidungen - Das Promotorenmodell, Göttingen 1973
Wolf, J.	Internationales Personalmanagement: Kontext - Koordination - Erfolg, Wiesbaden 1993
Wöllenstein, S.	Betriebstypenprofilierung in vertraglichen Vertriebssystemen. Eine Analyse von Einflußfaktoren und Erfolgswirkungen auf der Grundlage eines Vertragshändlersystems im Automobilhandel, Diss., Münster 1994, in Vorbereitung
Wunderer, R.	Führung und Zusammenarbeit. Beiträge zu einer Führungslehre, Stuttgart 1992
Yukl, G.A.	Leadership in Organizations, Englewood Cliffs, N.J. 1981
Zimmermann, T.	Marketing im Handwerk, Schriftenreihe des Rheinisch-Westfälischen Instituts für Wirtschaftsforschung Essen, Heft 41 N.F., Berlin 1979